정보처리기사 필기 단기완성

2024
시나공

길벗알앤디 지음

KB109164

길벗

지은이 **길벗알앤디**

강윤석, 김용갑, 김우경, 김종일

IT 서적을 기획하고 집필하는 출판 기획 전문 집단으로, 2003년부터 길벗출판사의 IT 수험서인 〈시험에 나오는 것만 공부한다!〉 시리즈를 기획부터 집필 및 편집까지 총괄하고 있다.

30여 년간 자격증 취득에 관한 교육, 연구, 집필에 몰두해 온 강윤석 실장을 중심으로 IT 자격증 시험의 분야별 전문가들이 모여 국내 IT 수험서의 수준을 한 단계 높이기 위한 다양한 연구와 집필 활동에 전념하고 있다.

정보처리기사 필기 ― 시나공 시리즈 ㉑
The Written Examination for Engineer Information Processing

초판 발행 · 2024년 1월 15일

발행인 · 이종원
발행처 · (주)도서출판 길벗
출판사 등록일 · 1990년 12월 24일
주소 · 서울시 마포구 월드컵로 10길 56(서교동)
주문 전화 · 02)332-0931   팩스 · 02)323-0586
홈페이지 · www.gilbut.co.kr   이메일 · gilbut@gilbut.co.kr

기획 및 책임 편집 · 강윤석(kys@gilbut.co.kr), 김미정(kongkong@gilbut.co.kr), 임은정, 정혜린(sunriin@gilbut.co.kr)
디자인 · 강은경, 윤석남   제작 · 이준호, 손일순, 이진혁, 김우식   마케팅 · 김학흥, 박민주
영업관리 · 김명자   독자지원 · 윤정아, 전희수

편집진행 및 교정 · 길벗알앤디(강윤석 · 김용갑 · 김우경 · 김종일)   일러스트 · 윤석남
전산편집 · 예다움   CTP 출력 및 인쇄 · 정민   제본 · 정민

ISBN   979-11-407-0808-6 13000
(길벗 도서번호 030924)

가격 29,000원

독자의 1초까지 아껴주는 길벗출판사

(주)도서출판 길벗 | IT교육서, IT단행본, 경제경영서, 어학&실용서, 인문교양서, 자녀교육서 www.gilbut.co.kr
길벗스쿨 | 국어학습, 수학학습, 어린이교양, 주니어 어학학습, 학습단행본 www.gilbutschool.co.kr

인스타그램 • @study_with_sinagong

짜잔~ 'Quick & Easy 단기완성' 시리즈를 소개합니다~

요즘같이 힘든 시대에 자격증 취득에까지 돈과 시간을 낭비하면 되겠습니까?
꼭 취득해야 할 자격증이라면 쉽고 빠르게 취득하는 게 좋지 않겠습니까?
시나공 퀵이지(Quick & Easy) 단기완성을 기획하면서 딱 두 가지만 생각했습니다.

시나공 퀵앤이지(Quick & Easy) 단기완성, 줄여서 '퀵이지 단기완성!'은 시나공 자격증 수험서로 공부하면 빠르고 쉽게 취득한다는 의미를 담고 있습니다.

Quick, 빠르게 합격하자!

▶ 이론상 중요할지라도 시험 문제와 거리가 있는 내용, 출제 비중이 낮은 내용은 과감하게 제외하였습니다.
▶ 중요한 내용을 먼저 확인한 후 필요한 내용을 빠르게 학습할 수 있도록 구성했습니다.

Easy, 쉽게 공부하자!

▶ 소설책을 읽듯이 술술 넘어갈 수 있도록 쉽게, 그래도 어려운 부분은 예제를 통해 충분히 이해할 수 있도록 자세하게 설명했습니다.
▶ 이해가 어려운 수험생을 위해 핵심 단위로 동영상 강의를 붙였습니다.

"정보처리기사" 자격증, 꼭 취득하여 여러분의 즐거운 인생살이에 조금이라도 보탬이 되었으면 하는 간절함이 있습니다.

2024년 새로운 한해를 시작하며

강윤석

목차

1 과목 소프트웨어 설계

2 과목
소프트웨어 개발

④ 애플리케이션 테스트 관리

⑤ 인터페이스 구현

3 과목 데이터베이스 구축

① 논리 데이터베이스 설계

② 물리 데이터베이스 설계

4 과목
프로그래밍 언어 활용

③ 응용 SW 기초 기술 활용

5 과목
정보시스템 구축 관리

① 소프트웨어 개발 방법론 활용

수험생을 위한 아주 특별한 서비스

⊙ 하나, 합격 도우미

'시험정보/후기' 게시판

자격증 준비를 위한 시험정보와
합격전략을 제공합니다.

📢 둘, 수험생 지원 센터

'묻고 답하기' 게시판

공부하다 궁금하면 참지말고
게시판에 질문을 남기세요!

셋, 유형별 기출문제

'자료실' 게시판

자세한 해설이 포함된 기출문제로
현장 감각을 키우세요.

※ 서비스 '하나'부터 '넷'까지는 시나공 홈페이지(sinagong.co.kr)에서 제공합니다.

 넷, 온라인 실기 특강

실기 시험 대비 온라인 특강

시나공 카페에서는 실기 시험 준비를
위한 온라인 특강을 무료로 제공합니다.

 다섯, 무료 동영상 강의

합격에 필요한 내용은 모두 동영상 강의로!

482개의 핵심을 모두 동영상 강의로 담았습니다.
혼자 공부하다가 어려운 부분이 나와도 고민하지 말고
QR 코드를 스캔하세요!

방법1 스마트폰으로 QR코드를 스캔하세요.
방법2 시나공 홈페이지의 [동영상 강좌] → [토막강의(무료)]에서 QR코드 번호를 입력하세요.
방법3 유튜브 검색 창에 "시나공"+QR코드 번호를 입력하세요.

시나공350001 🔍

한눈에 살펴보는 시나공의 구성

23.5, 23.2

4. 프로토타이핑 모형(Prototyping Model)에 대한 설명으로 옳지 않은 것은?
① 실제 개발될 소프트웨어에 대한 견본품(Prototype)을 만들어 최종 결과물을 예측하는 모형이다.
② 의뢰자나 개발자 모두에게 공동의 참조 모델을 제공한다.
③ 프로토타이핑이 진행되는 과정에서 새로운 요구사항이 도출되지 않아야 한다.
④ 단기간 제작 목적으로 인하여 비효율적인 언어나 알고리즘을 사용할 수 ...

해설
프로토타이핑 모형은 새로운 요구사항이 도출될 때마다 이를 반영한 프로토타입을 ... 게 만들면서 소프트웨어를 구현하는 방법으로, 새롭게 도출된 요구사항을 충분히 ... 합니다.

23.7, 23.5, 21.5, 20.8

애자일 모형 **B**

... 항 변화에 ... 반복하면서 ... 개발 과 ...
애자일 모형을 ... 하는 소프트웨어 개발 모형
– 스크럼(Scrum)
– XP(eXtreme Programming)
...
– ... (Adaptive Software Development)
– 기능 중심 개발(FDD; Feature Driven Development)
– DSDM(Dynamic System Development Method)
– DAD(Disciplined Agile Delivery) 등

실기공통

350002 실기공통
005 나 ...

A

· 나선형 모형(Spiral Model) ... 점진적 ...
(Boehm)이 제안한 ... 모형 ...
모형의 장점에 위험 ...
· 나선을 따라 돌듯이 ... 을 거쳐 점진적으로 ... 최종 ... 는 것이다.
· '계획 수립 → 위험 분석 → 개발 및 검증 → 고객 평가' 과정이 반복적으로 수행된다.
· 핵심 기술에 문제가 ... 사용자의 요구사항이 이해 ... 하기 어려운 경우 ...

기출체크

23.7, 21.3, 20.9, 20.8
5. 소프트웨어 개발 모델 중 ... 모델의 4가지 ... 서대로 나열된 것은?

Ⓐ 계획 수립   Ⓑ 고객 평가   Ⓒ 개발 및 검증

① Ⓐ–Ⓑ–Ⓒ–Ⓓ 순으로 반복
② Ⓐ–Ⓑ–Ⓒ–Ⓓ 순으로 반복
③ Ⓐ–Ⓒ–Ⓑ–Ⓓ 순으로 반복
④ Ⓐ–Ⓒ–Ⓑ–Ⓓ 순으로 반복

... 법론에 해당하지 않는 것은?
... 심 개발
... 래밍

23.7, 22.4, 22.3, 21.8, 21.3, 20.8
... 개발 4가지 핵심 가치 **A**

... 스와 도구 ... 상호작용에 더 가치를 ...
... 문서 ... 행되는 SW에 더 가치를 둔다.
... 객과 협업에 더 가치를 둔다.
... 는 변화에 반응하는 것에 더 가치를 ...

기출체크 4.③ 5.② 6.④

시험 접수부터 자격증을 받기까지 한눈에 살펴볼까요?

※ 신청할 때 준비할 것은~

▶ 접수 수수료 3,100원, 등기 우편 수수료 3,010원

4 합격여부 확인 →

**실기
시험**

1 실기원서접수

실기 시험은
인터넷 접수만
가능합니다!

◎정보처리기사 / 산업기사
(www.q-net.or.kr에서 접수)

◎검정 수수료
- 정보처리기사 : 22,600원
- 산업기사 : 20,800원

**최종
합격**

3 합격여부 확인 ←

2 실기시험

실기시험은
필답형으로
치러집니다!

실기시험은 과락이
없습니다. 60점 이상만
얻으면 합격입니다!

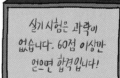

정보처리기사 시험, 이것이 궁금하다!

Q 정보처리기사 시험은 국가직무능력표준(NCS)을 기반으로 하여 문제가 출제된다고 하는데, 국가직무능력표준(NCS)이 뭔가요?

A 국가직무능력표준(NCS; National Competency Standards)이란 산업현장에서 직무를 수행하기 위해 요구되는 지식·기술·소양 등의 내용을 국가가 산업부문별·수준별로 체계화한 것으로 산업현장의 직무를 성공적으로 수행하기 위해 필요한 능력을 국가적 차원에서 표준화한 것을 의미하며, NCS의 능력 단위를 교육 및 훈련할 수 있도록 구성한 '교수·학습 자료'를 NCS 학습 모듈이라고 합니다.

정보처리기사 시험은 NCS 학습 모듈 중 정보통신 분야의 '정보기술' 분류에 포함된 '정보기술개발'과 '정보기술운영'에 속한 125개의 학습 모듈을 기반으로 하고 있으며, 본 교재는 정보처리기사 필기 출제 기준에 포함된 125개의 학습 모듈을 완전 분해하여 정보처리기사 수준에 맞게 482개의 핵심으로 엄선하여 정리하였습니다.

Q 정보처리기사/산업기사 필기 시험은 어디서 접수해야 하나요?

A 인터넷으로만 접수할 수 있습니다. q-net.or.kr에 접속하여 신청하면 됩니다.

Q 필기 시험에 합격한 후 실기 시험에 여러번 응시할 수 있다고 하던데 몇 번이나 응시할 수 있나요?

A 필기 시험에 합격한 후 실기 시험 응시 횟수에 관계 없이 필기 시험 합격자 발표일로부터 2년 동안 실기 시험에 응시할 수 있습니다.

Q 정보처리기사/산업기사는 정기 시험만 있나요? 아니면 상시 시험도 있나요?

A 기사/산업기사는 상시 시험이 없습니다. 상시 시험은 제빵 기능사, 미용사 등 일부 기능사 종목에만 있습니다.

Q 필기 시험 시 입실 시간이 지난 후 시험장에 도착할 경우 시험 응시가 가능 한가요?

A 입실 시간 미준수 시 시험에 응시할 수 없습니다. 반드시 시험 시간 30분 전에 입실해야 합니다.

Q 필기 시험 시 챙겨야 할 준비물에는 어떤 것들이 있나요?

A 필기 시험은 CBT로 진행되므로, 수검표, 신분증(주민등록증, 운전면허증 등)만 지참하면 됩니다.
※ 신분증을 지참하지 않으면 시험에 응시할 수 없으니 반드시 신분증을 지참하세요.

Q 정보처리기사 필기 시험에 합격하려면 몇 점 이상 취득해야 하나요?

A 과목당 40점 이상, 평균 60점 이상 되어야 합격입니다. 즉, 평균 60점 이상이지만 어느 한 과목이라도 40점 미만이면 불합격입니다.

Ⓠ 응시 자격 서류는 어떻게 제출해야 하나요?

Ⓐ 큐넷 홈페이지(q-net.or.kr)에서 로그인 후 [마이페이지] → [응시자격] → [응시자격서류 온라인 제출]을 클릭하여 업로드하거나, 한국산업인력공단 지역 본부 또는 각 지방 사무소에 직접 방문하여 제출하면 됩니다.

Ⓠ 필기 시험 합격자 발표 후 언제까지 응시 자격 서류를 제출해야 하나요? 응시 자격 서류를 제출하면 반드시 첫 실기 시험에 응시해야 하나요?

Ⓐ 필기 시험 합격자 발표 후 첫 실기 시험에 응시하려면 필기 시험 합격자 발표일로부터 4일 이내에 응시 자격 서류를 제출해야 합니다. 그렇지 않고 다음 실기 시험에 응시하려면 필기 시험 합격자 발표일로부터 8일 이내에 응시 자격 서류를 제출하면 됩니다.

Ⓠ 응시 자격 서류를 제출한 후 실기 시험을 치렀는데 불합격됐어요. 다음 실기 시험을 치를 때 응시 서류를 또 제출해야하나요?

Ⓐ 아닙니다. 시험에 불합격되었다고 하더라도 응시 자격 서류를 다시 제출할 필요는 없습니다.

1 과목

소프트웨어 설계

1장

요구사항 확인

▶ 350001

21.3

001 소프트웨어 공학 B

- 소프트웨어 공학은 소프트웨어의 위기를 극복하기 위한 방안으로 연구된 학문이다.
- 소프트웨어의 개발, 운용, 유지보수에 대한 체계적인 접근 방법이다.
- 소프트웨어의 품질과 생산성을 향상시킬 목적으로 한다.
- 경제적인 비용을 들여 신뢰성 높은 소프트웨어를 개발하기 위해 공학적 원리를 정립하고 이를 적용하는 것이다.

기출체크 ✓

21.3

1. 소프트웨어 공학에 대한 설명으로 거리가 먼 것은?

① 소프트웨어 공학이란 소프트웨어의 개발, 운용, 유지보수 및 파기에 대한 체계적인 접근 방법이다.
② 소프트웨어 공학은 소프트웨어 제품의 품질을 향상시키고 소프트웨어 생산성과 작업 만족도를 증대시키는 것이 목적이다.
③ 소프트웨어 공학의 궁극적 목표는 최대의 비용으로 계획된 일정보다 가능한 빠른 시일 내에 소프트웨어를 개발하는 것이다.
④ 소프트웨어 공학은 신뢰성 있는 소프트웨어를 경제적인 비용으로 획득하기 위해 공학적 원리를 정립하고 이를 이용하는 것이다.

해설
소프트웨어 공학은 소프트웨어의 품질과 생산성 향상을 목적으로 합니다.

▶ 350002

20.8

002 소프트웨어 공학의 기본 원칙 C

- 현대적인 프로그래밍 기술을 계속적으로 적용해야 한다.
- 개발된 소프트웨어의 품질이 유지되도록 지속적으로 검증해야 한다.
- 소프트웨어 개발 관련 사항 및 결과에 대한 명확한 기록을 유지해야 한다.

기출체크 ✓

20.8

2. 소프트웨어 공학의 기본 원칙이라고 볼 수 없는 것은?

① 품질 높은 소프트웨어 상품 개발
② 지속적인 검증 시행
③ 결과에 대한 명확한 기록 유지
④ 최대한 많은 인력 투입

해설
인력은 최대한 많이 투입하는 것이 아니라 가능한 효율적으로 투입되어야 합니다.

▶ 350003

21.8, 21.3, 20.9, 20.8, 20.6

003 폭포수 모형 A

- 폭포수 모형(Waterfall Model)은 이전 단계로 돌아갈 수 없다는 전제하에 각 단계를 확실히 매듭짓고 그 결과를 철저하게 검토하여 승인 과정을 거친 후에 다음 단계를 진행하는 개발 방법론이다.
- 보헴(Boehm)이 제시한 고전적 생명 주기 모형이다.
- 가장 오래되고 가장 폭넓게 사용된 고전적인 소프트웨어 생명 주기 모형이다.
- 개발 과정
  타당성 검토 → 계획 → 요구 분석 → 설계 → 구현(코딩) → 시험(검사) → 유지보수

기출체크 ✓

21.8, 21.3, 20.9, 20.8

3. 소프트웨어 생명 주기 모형 중 고전적 생명 주기 모형으로, 선형 순차적 모델이라고도 하며, 타당성 검토, 계획, 요구사항 분석, 구현, 테스트, 유지보수의 단계를 통해 소프트웨어를 개발하는 모형은?

① 폭포수 모형
② 애자일 모형
③ 컴포넌트 기반 방법론
④ 6GT 모형

▶ 350004

23.5, 23.2

004 프로토타입 모형 A

- 프로토타입 모형(Prototype Model, 원형 모형)은 사용자의 요구사항을 정확히 파악하기 위해 실제 개발될 소프트웨어에 대한 견본(시제)품(Prototype)을 만들어 최종 결과물을 예측하는 모형이다.
- 시제품은 의뢰자나 개발자 모두에게 공동의 참조 모델이 된다.
- 시스템의 일부 혹은 시스템의 모형을 만드는 과정으로서 요구된 소프트웨어를 구현하는데, 이는 추후 구현 단계에서 사용될 골격 코드가 된다.
- 새로운 요구사항이 도출될 때마다 이를 반영한 프로토타입을 새롭게 만들면서 소프트웨어를 구현하는 방법이다.
- 단기간 제작 목적으로 인하여 비효율적인 언어나 알고리즘이 사용될 수 있다.

기출체크 정답   1.③ 2.④ 3.①

23.5, 23.2

4. 프로토타이핑 모형(Prototyping Model)에 대한 설명으로 옳지 않은 것은?

① 실제 개발될 소프트웨어에 대한 견본품(Prototype)을 만들어 최종 결과물을 예측하는 모형이다.
② 의뢰자나 개발자 모두에게 공동의 참조 모델을 제공한다.
③ 프로토타이핑이 진행되는 과정에서 새로운 요구사항이 도출되지 않아야 한다.
④ 단기간 제작 목적으로 인하여 비효율적인 언어나 알고리즘을 사용할 수 있다.

해설

프로토타이핑 모형은 새로운 요구사항이 도출될 때마다 이를 반영한 프로토타입을 새롭게 만들면서 소프트웨어를 구현하는 방법으로, 새롭게 도출된 요구사항을 충분히 반영합니다.

▶ 350005

005 나선형 모형 **A**

23.7, 23.2, 22.7, 22.3, 21.8, 21.3, 20.9, 20.8, 20.6

- 나선형 모형(Spiral Model, 점진적 모형)은 보헴(Boehm)이 제안한 것으로, 폭포수 모형과 프로토타입 모형의 장점에 위험 분석 기능을 추가한 모형이다.

- 나선을 따라 돌듯이 여러 번의 소프트웨어 개발 과정을 거쳐 점진적으로 완벽한 최종 소프트웨어를 개발하는 것이다.

- '계획 수립 → 위험 분석 → 개발 및 검증 → 고객 평가' 과정이 반복적으로 수행된다.

- 핵심 기술에 문제가 있거나 사용자의 요구사항이 이해하기 어려운 경우에 적합한 모델이다.

기출체크 ✓

23.7, 21.3, 20.9, 20.8

5. 소프트웨어 개발 모델 중 나선형 모델의 4가지 주요 활동이 순서대로 나열된 것은?

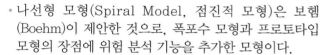

| ⓐ 계획 수립 | ⓑ 고객 평가 | ⓒ 개발 및 검증 | ⓓ 위험 분석 |

① ⓐ-ⓑ-ⓓ-ⓒ 순으로 반복
② ⓐ-ⓓ-ⓒ-ⓑ 순으로 반복
③ ⓐ-ⓑ-ⓒ-ⓓ 순으로 반복
④ ⓐ-ⓒ-ⓑ-ⓓ 순으로 반복

▶ 350006 실기공통

21.5, 20.8, 실기 20.7

006 애자일 모형 **B**

- 애자일 모형(Agile Model)은 고객의 요구사항 변화에 유연하게 대응할 수 있도록 일정한 주기를 반복하면서 개발 과정을 진행한다.

- 애자일 모형을 기반으로 하는 소프트웨어 개발 모형
  - 스크럼(Scrum)
  - XP(eXtreme Programming)
  - 칸반(Kanban)
  - 린(Lean)
  - 크리스탈(Crystal)
  - ASD(Adaptive Software Development)
  - 기능 중심 개발(FDD; Feature Driven Development)
  - DSDM(Dynamic System Development Method)
  - DAD(Disciplined Agile Delivery) 등

기출체크 ✓

21.5, 20.8

6. 애자일 방법론에 해당하지 않는 것은?

① 기능 중심 개발
② 스크럼
③ 익스트림 프로그래밍
④ 모듈 중심 개발

▶ 350007

23.7, 22.4, 22.3, 21.8, 21.3, 20.8

007 애자일 개발 4가지 핵심 가치 **A**

- 프로세스와 도구보다는 개인과 상호작용에 더 가치를 둔다.

- 방대한 문서보다는 실행되는 SW에 더 가치를 둔다.

- 계약 협상보다는 고객과 협업에 더 가치를 둔다.

- 계획을 따르기 보다는 변화에 반응하는 것에 더 가치를 둔다.

23.7, 22.4, 22.3, 21.8, 21.3, 20.8

1. 애자일 기법에 대한 설명으로 맞지 않은 것은?

① 절차와 도구보다 개인과 소통을 중요하게 생각한다.
② 계획에 중점을 두어 변경 대응이 난해하다.
③ 소프트웨어가 잘 실행되는데 가치를 둔다.
④ 고객과의 피드백을 중요하게 생각한다.

해설

애자일은 계획을 따르기 보다는 변화에 반응하는 것에 더 가치를 두는 개발 방법론입니다.

▶350008

008 스크럼 개발 프로세스 23.2, 22.3 **B**

- 제품 백로그(Product Backlog) : 제품 개발에 필요한 모든 요구사항(User Story)을 우선순위에 따라 나열한 목록
- 스프린트 계획 회의(Sprint Planning Meeting) : 제품 백로그 중 이번 스프린트에서 수행할 작업을 대상으로 단기 일정을 수립하는 것
- 스프린트(Sprint) : 실제 개발 작업을 진행하는 과정으로, 보통 2 ~ 4주 정도의 기간 내에서 진행함
- 일일 스크럼 회의(Daily Scrum Meeting) : 모든 팀원이 매일 약속된 시간에 약 15분 정도의 짧은 시간동안 진행 상황을 점검함
- 스프린트 검토 회의(Sprint Review) : 부분 또는 전체 완성 제품이 요구사항에 잘 부합되는지 사용자가 포함된 참석자 앞에서 테스팅을 수행함
- 스프린트 회고(Sprint Retrospective) : 스프린트 주기를 되돌아보며 정해놓은 규칙을 잘 준수했는지, 개선할 점은 없는지 등을 확인하고 기록함

기출체크 ✓

22.3

2. 애자일(Agile) 기법 중 스크럼(Scrum)과 관련된 용어에 대한 설명이 틀린 것은?

① 스크럼 마스터(Scrum Master)는 스크럼 프로세스를 따르고, 팀이 스크럼을 효과적으로 활용할 수 있도록 보장하는 역할 등을 맡는다.
② 제품 백로그(Product Backlog)는 스크럼 팀이 해결해야 하는 목록으로 소프트웨어 요구사항, 아키텍처 정의 등이 포함될 수 있다.
③ 스프린트(Sprint)는 하나의 완성된 최종 결과물을 만들기 위한 주기로 3달 이상의 장기간으로 결정된다.
④ 속도(Velocity)는 한 번의 스프린트에서 한 팀이 어느 정도의 제품 백로그를 감당할 수 있는지에 대한 추정치로 볼 수 있다.

해설

스프린트는 보통 2~4주 정도의 기간으로 결정해 작업을 진행합니다.

▶350009

009 스크럼(Scrum) 팀 23.2, 22.3 **B**

- 제품 책임자(PO; Product Owner)
  - 이해관계자들 중 개발될 제품에 대한 이해도가 높고, 요구사항을 책임지고 의사 결정할 사람으로 선정하는데, 주로 개발 의뢰자나 사용자가 담당한다.
  - 이해관계자들의 의견을 종합하여 제품에 대한 요구사항을 작성하는 주체다.
  - 요구사항이 담긴 백로그(Backlog)를 작성하고 백로그에 대한 우선순위를 지정한다.
- 스크럼 마스터(SM; Scrum Master) : 스크럼 팀이 스크럼을 잘 수행할 수 있도록 객관적인 시각에서 조언을 해주는 가이드 역할을 수행함
- 개발팀(DT; Development Team) : 제품 책임자와 스크럼 마스터를 제외한 모든 팀원으로, 개발자 외에도 디자이너, 테스터 등 제품 개발을 위해 참여하는 모든 사람이 대상이 됨

기출체크 ✓

23.2

3. 다음 중 스크럼에 대한 설명으로 잘못된 것은?

① 스크럼은 제품 책임자(Product Owner), 스크럼 마스터(Scrum Master), 개발 팀(Development Team)으로 구성된다.
② 스프린트 회고를 통해 개선할 점은 없는지 등을 확인하고 기록한다.
③ 스프린트는 실제 개발 작업을 진행하는 과정으로, 보통 1~4주 정도의 기간 내에서 진행한다.
④ 스프린트 이벤트에는 스프린트 계획 회의, 월별 스크럼 회의, 스프린트 회고, 스프린트 검토 회의가 있다

해설

스프린트의 진행 상황을 점검하기 위한 스크럼 회의는 월 단위가 아니라 매일 진행하는데, 이를 일일 스크럼 회의(Daily Scrum Meeting)라고 합니다.

---

010   XP의 개요   A

- XP(eXtreme Programming)는 수시로 발생하는 고객의 요구사항에 유연하게 대응하기 위해 고객의 참여와 개발 과정의 반복을 극대화하여 개발 생산성을 향상시키는 방법이다.
- 대표적인 애자일 개발 방법론 중 하나이다.
- 짧고 반복적인 개발 주기, 단순한 설계, 고객의 적극적인 참여를 통해 소프트웨어를 빠르게 개발하는 것을 목적으로 한다.
- 자동화된 테스팅 도구를 사용하여 테스트를 지속적으로 수행한다.

기출체크 ✓

21.8

4. 익스트림 프로그래밍(XP)에 대한 설명으로 틀린 것은?

① 빠른 개발을 위해 테스트를 수행하지 않는다.
② 사용자의 요구사항은 언제든지 변할 수 있다.
③ 고객과 직접 대면하며 요구사항을 이야기하기 위해 사용자 스토리(User Story)를 활용할 수 있다.
④ 기존의 방법론에 비해 실용성(Pragmatism)을 강조한 것이라고 볼 수 있다.

해설
XP는 테스트가 지속적으로 진행될 수 있도록 자동화된 테스팅 도구를 사용합니다.

▶ 350012   **실기공통**

23.5, 22.4, 20.9, 실기 20.10

012   XP의 주요 실천 방법   A

- Pair Programming(짝 프로그래밍) : 다른 사람과 함께 프로그래밍을 수행함으로써 개발에 대한 책임을 공동으로 나눠 갖는 환경을 조성함
- Collective Ownership(공동 코드 소유) : 개발 코드에 대한 권한과 책임을 공동으로 소유함
- Continuous Integration(계속적인 통합) : 모듈 단위로 나눠서 개발된 코드들은 하나의 작업이 마무리될 때마다 지속적으로 통합됨
- Refactoring(리팩토링) : 프로그램 기능의 변경 없이, 단순화, 유연성 강화 등을 통해 시스템의 내부 구조를 재구성함

기출체크 ✓

22.4

6. 소프트웨어를 보다 쉽게 이해할 수 있고 적은 비용으로 수정할 수 있도록 겉으로 보이는 동작의 변화 없이 내부 구조를 변경하는 것은?

① Refactoring
② Architecting
③ Specification
④ Renewal

▶ 350011

23.7, 22.7, 20.9, 20.6

011   XP의 핵심 가치   A

- 의사소통(Communication)
- 단순성(Simplicity)
- 용기(Courage)
- 존중(Respect)
- 피드백(Feedback)

기출체크 ✓

23.7, 22.7, 20.9, 20.6

5. 익스트림 프로그래밍(eXtreme Programming)의 5가지 가치에 속하지 않는 것은?

① 의사소통
② 단순성
③ 피드백
④ 정형 분석

▶ 350013

21.3

013   현행 시스템 파악 절차   C

- 1단계 : 시스템 구성, 시스템 기능, 시스템 인터페이스 파악
- 2단계 : 아키텍처 구성, 소프트웨어(DBMS, 운영체제 등) 구성 파악
- 3단계 : 하드웨어 구성, 네트워크 구성 파악

기출체크 ✓

21.3

7. 현행 시스템 분석에서 고려하지 않아도 되는 항목은?

① DBMS 분석
② 네트워크 분석
③ 운영체제 분석
④ 인적 자원 분석

해설
인적 자원 분석은 시스템과 관계가 없으므로 현행 시스템 분석에서 고려할 대상이 아닙니다. 현행 시스템 파악은 말 그대로 현재 사용하고 있는 정보 시스템에 대한 현황을 파악하는 것입니다.

기출체크 정답   4.①   5.④   6.①   7.④

014 DBMS 분석 시 고려사항 C

20.6

- 가용성
- 성능
- 기술 지원
- 상호 호환성
- 구축 비용

기출체크 ✓

20.6
1. DBMS 분석 시 고려사항으로 거리가 먼 것은?

① 가용성
② 성능
③ 네트워크 구성도
④ 상호 호환성

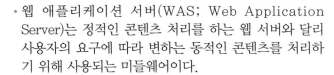

015 웹 애플리케이션 서버(WAS) C

21.3

- 웹 애플리케이션 서버(WAS; Web Application Server)는 정적인 콘텐츠 처리를 하는 웹 서버와 달리 사용자의 요구에 따라 변하는 동적인 콘텐츠를 처리하기 위해 사용되는 미들웨어이다.
- 종류 : Tomcat, GlassFish, JBoss, Jetty, JEUS, Resin, WebLogic, WebSphere 등

기출체크 ✓

21.3
2. WAS(Web Application Server)가 아닌 것은?

① JEUS
② JVM
③ Tomcat
④ WebSphere

해설
JVM은 자바가상머신으로, Java 실행을 위한 프로그램입니다.

016 비기능 요구사항 A

23.2, 22.4, 21.8

- **성능 요구사항** : 처리 속도 및 시간, 처리량 등의 요구사항
- **보안 요구사항** : 시스템의 데이터 및 기능, 운영 접근을 통제하기 위한 요구사항
- **품질 요구사항** : 품질 평가 대상에 대한 요구사항

기출체크 ✓

22.4
3. 요구사항 분석에서 비기능적(Nonfunctional) 요구에 대한 설명으로 옳은 것은?

① 시스템의 처리량(Throughput), 반응 시간 등의 성능 요구나 품질 요구는 비기능적 요구에 해당하지 않는다.
② '차량 대여 시스템이 제공하는 모든 화면이 3초 이내에 사용자에게 보여야 한다'는 비기능적 요구이다.
③ 시스템 구축과 관련된 안전, 보안에 대한 요구사항들은 비기능적 요구에 해당하지 않는다.
④ '금융 시스템은 조회, 인출, 입금, 송금의 기능이 있어야 한다'는 비기능적 요구이다.

해설
① 성능 요구나 품질 요구는 비기능 요구사항에 해당합니다.
③ 안전이나 보안에 대한 요구사항은 비기능 요구사항에 해당합니다.
④ 기능 요구사항에 해당합니다.

017 기능 요구사항 A

23.2, 22.4, 21.8

- 시스템이 무엇을 하는지, 어떤 기능을 하는지에 대한 사항
- 시스템의 입력이나 출력으로 무엇이 포함되어야 하는지, 시스템이 어떤 데이터를 저장하거나 연산을 수행해야 하는지에 대한 사항
- 시스템이 반드시 수행해야 하는 기능
- 사용자가 시스템을 통해 제공받기를 원하는 기능

23.2

4. 다음 중 비기능 요구사항에 대한 설명으로 옳은 것은?

① 은행의 조회, 입금, 출금, 이체 등이 어떻게 수행되는지 여부는 비기능 요구사항에 해당한다.
② 처리 속도 및 시간, 처리량 등의 성능에 대한 요구사항은 비기능 요구사항에 해당하지 않는다.
③ 보안 및 접근 통제를 위한 요구사항은 비기능 요구사항에 해당하지 않는다.
④ "차량 대여 시스템에서 제공하는 모든 화면은 3초 안에 사용자에게 보여야 한다"는 것은 비기능 요구사항에 해당한다.

해설
• ①번은 시스템이 수행해야 하는 기능에 대한 것으로, 기능 요구사항입니다.
• ②, ④번은 성능에 관한 비기능 요구사항입니다.
• ③번은 보안에 관한 비기능 요구사항입니다.

23.5, 21.8, 20.8

019 요구사항 도출 **A**

• 요구사항 도출(Requirement Elicitation, 요구사항 수집)은 시스템, 사용자, 그리고 시스템 개발에 관련된 사람들이 서로 의견을 교환하여 요구사항이 어디에 있는지, 어떻게 수집할 것인지를 식별하고 이해하는 과정이다.
• 요구사항 도출 기법 : 청취와 인터뷰, 설문, 브레인스토밍, 워크샵, 프로토타이핑, 유스케이스 등

23.5, 20.8

6. 요구사항을 도출하기 위한 주요 기법이 아닌 것은?

① 사용자 인터뷰
② 설문 조사
③ 사용자 교육
④ 라피도 프로토타이핑

▶ 350020

20.9

020 요구사항 명세 기법 **C**

구분	정형 명세 기법	비정형 명세 기법
기법	• 수학적 원리 기반 • 모델 기반	상태/기능/객체 중심
작성 방법	수학적 기호, 정형화된 표기법	• 자연어를 기반으로 작성 • 다이어그램으로 작성
특징	요구사항을 정확하고 간결하게 표현	• 일관성이 떨어짐 • 의사소통이 용이함
종류	VDM, Z, Petri-net, CSP 등	FSM, Decision Table, ER 모델링, State Chart(SADT) 등

20.9

7. 요구사항 명세 기법에 대한 설명으로 틀린 것은?

① 비정형 명세 기법은 사용자의 요구를 표현할 때 자연어를 기반으로 서술한다.
② 비정형 명세 기법은 사용자의 요구를 표현할 때 Z 비정형 명세 기법을 사용한다.
③ 정형 명세 기법은 사용자의 요구를 표현할 때 수학적인 원리와 표기법을 이용한다.
④ 정형 명세 기법은 비정형 명세 기법에 비해 표현이 간결하다.

해설
Z 명세 기법은 비정형 명세가 아니라 정형 명세 기법의 한 종류입니다.

▶ 350018

21.5

018 요구사항 개발 프로세스 **C**

도출(Elicitation) → 분석(Analysis) → 명세(Specification) → 확인(Validation)

21.5

5. 요구사항 개발 프로세스의 순서로 옳은 것은?

| ㉠ 도출(Elicitation) | ㉡ 분석(Analysis) |
| ㉢ 명세(Specification) | ㉣ 확인(Validation) |

① ㉠ → ㉡ → ㉢ → ㉣
② ㉠ → ㉢ → ㉡ → ㉣
③ ㉠ → ㉣ → ㉡ → ㉢
④ ㉠ → ㉡ → ㉣ → ㉢

021 요구사항 확인 C

21.8

- 요구사항 확인(Requirement Validation, 요구사항 검증)은 분석가가 요구사항을 정확하게 이해한 후 요구사항 명세서를 작성했는지 확인(Validation)하는 것이 필요하다.
- 요구사항이 실제 요구를 반영하는지, 서로 상충되는 요구사항은 없는지 등을 점검한다.
- 개발이 완료된 후 문제가 발견되면 재작업 비용이 발생할 수 있으므로 요구사항 검증은 매우 중요하다.
- 요구사항 검증 과정을 통해 모든 문제를 확인할 수 있는 것은 아니다.

기출체크 ✓

21.8

1. 요구사항 검증(Requirements Validation)과 관련한 설명으로 틀린 것은?

① 요구사항이 고객이 정말 원하는 시스템을 제대로 정의하고 있는지 점검하는 과정이다.
② 개발 완료 이후에 문제점이 발견될 경우 막대한 재작업 비용이 들 수 있기 때문에 요구사항 검증은 매우 중요하다.
③ 요구사항이 실제 요구를 반영하는지, 문서상의 요구사항은 서로 상충되지 않는지 등을 점검한다.
④ 요구사항 검증 과정을 통해 모든 요구사항 문제를 발견할 수 있다.

해설

검증 과정에서 모든 요구사항 문제를 발견하기란 쉽지 않습니다.

022 요구사항 분석의 개요 A

22.3, 21.8, 20.9, 20.6

- 요구사항 분석은 소프트웨어 개발의 실제적인 첫 단계로 개발 대상에 대한 사용자의 요구사항을 이해하고 문서화(명세화)하는 활동을 의미한다.
- 사용자의 요구를 정확하게 추출하여 목표를 정하고, 어떤 방식으로 해결할 것인지를 결정한다.
- 사용자 요구의 타당성을 조사하고 비용과 일정에 대한 제약을 설정한다.
- 개발 대상에 대한 사용자의 요구사항 중 명확하지 않거나 모호하여 이해되지 않는 부분을 발견하고 이를 걸러내기 위한 과정이다.

- 사용자의 요구사항은 예외가 많고 지속적으로 변하므로 열거와 구조화가 어렵다.
- 내용이 중복되거나 하나로 통합되어야 하는 등 서로 상충되는 요구사항이 있으면 이를 중재하는 과정이다.
- 요구사항 분석을 위해 UML(Unified Modeling Language), 자료 흐름도(DFD), 자료 사전(DD), 소단위 명세서(Mini-Spec.), 개체 관계도(ERD), 상태 전이도(STD), 제어 명세서 등의 도구를 이용한다.

기출체크 ✓

20.9

2. 소프트웨어 개발 단계에서 요구분석 과정에 대한 설명으로 거리가 먼 것은?

① 분석 결과의 문서화를 통해 향후 유지보수에 유용하게 활용할 수 있다.
② 개발 비용이 가장 많이 소요되는 단계이다.
③ 자료 흐름도, 자료 사전 등이 효과적으로 이용될 수 있다.
④ 보다 구체적인 명세를 위해 소단위 명세서(Mini-Spec)가 활용될 수 있다.

해설

요구사항 분석은 소프트웨어 개발의 실제적인 첫 단계로, 이 단계에서는 사용자 요구의 타당성을 조사하고 비용과 일정에 대한 제약을 설정합니다. 비용을 설정하는 단계에서 비용이 많이 소요되지는 않습니다.

023 자료 흐름도의 구성 요소 A

23.7, 22.7, 22.3, 20.9, 20.8, 20.6

기 호	표기법
프로세스(Process)	(물품 확인)
자료 흐름(Data Flow)	물품 코드 →
자료 저장소(Data Store)	물품대장
단말(Terminator)	[공장]

기출체크 ✓

23.7, 22.3

3. 자료 흐름도(DFD)의 각 요소별 표기 형태의 연결이 옳지 않은 것은?

① Process : 원
② Data Flow : 화살표
③ Data Store : 삼각형
④ Terminator : 사각형

해설

자료 저장소(Data Store)는 평행선(=) 안에 자료 저장소 이름을 기입합니다.

024 자료 흐름도 작성 지침 [C]

▶ 350024

23.2

- 자료 흐름은 처리(Process)를 거쳐 변환될 때마다 새로운 이름을 부여한다.
- 어떤 처리(Process)가 출력 자료를 산출하기 위해서는 반드시 입력 자료가 발생해야 한다.
- 상위 단계의 처리(Process)와 하위 자료 흐름도의 자료 흐름은 서로 일치되어야 한다.
- 입력 화살표가 있다고 하여 반드시 출력 화살표가 있어야 하는 것은 아니다.

기출체크 ✓

23.2
4. 자료 흐름도(DFD)를 작성하는데 지침이 될 수 없는 항목은?

① 자료 흐름은 처리(Process)를 거쳐 변환될 때마다 새로운 이름을 부여한다.
② 어떤 처리(Process)가 출력 자료를 산출하기 위해서는 반드시 입력 자료가 발생해야 한다.
③ 자료 저장소에 입력 화살표가 있으면 반드시 출력 화살표도 표시되어야 한다.
④ 상위 단계의 처리(Process)와 하위 자료 흐름도의 자료 흐름은 서로 일치되어야 한다.

해설
자료 저장소의 입력 화살표는 데이터의 입력 및 수정을 의미하는 것으로, 입력 화살표가 있다고 하여 반드시 출력 화살표가 있어야 하는 것은 아닙니다.

025 자료 사전의 표기 기호 [B]

▶ 350025

20.9, 20.8, 20.6

기 호	의 미
=	자료의 정의 : ~로 구성되어 있다(is composed of)
+	자료의 연결 : 그리고(and)
( )	자료의 생략 : 생략 가능한 자료(Optional)
[|]	자료의 선택 : 또는(or)
{ }	자료의 반복 : Iteration of
* *	자료의 설명 : 주석(Comment)

기출체크 ✓

20.9
5. 다음 중 자료 사전(Data Dictionary)에서 선택의 의미를 나타내는 것은?

① [ ]   ② { }
③ +   ④ =

026 SADT [C]

▶ 350026

20.9

- SADT(Structured Analysis and Design Technique)는 SoftTech 사에서 개발한 구조적 분석 및 설계 도구이다.
- 블록 다이어그램을 채택한 자동화 도구이다.

기출체크 ✓

20.9
6. SoftTech 사에서 개발한 것으로 구조적 요구 분석을 하기 위해 블록 다이어그램을 채택한 자동화 도구는?

① SREM   ② PSL/PSA
③ HIPO   ④ SADT

027 HIPO [A]

▶ 350027

23.7, 22.7, 20.6

- HIPO(Hierarchy Input Process Output)는 시스템의 분석 및 설계나 문서화할 때 사용되는 기법으로, 시스템 실행 과정인 입력, 처리, 출력의 기능을 나타낸다.
- 하향식 소프트웨어 개발을 위한 문서화 도구이다.
- 기호, 도표 등을 사용하므로 보기 쉽고 이해하기도 쉽다.
- 기능과 자료의 의존 관계를 동시에 표현할 수 있다.
- 시스템의 기능을 여러 개의 고유 모듈들로 분할하여 이들 간의 인터페이스를 계층 구조로 표현한 것을 HIPO Chart라고 한다.
- HIPO Chart의 종류 : 가시적 도표(Visual Table of Contents), 총체적 도표(Overview Diagram), 세부적 도표(Detail Diagram)

기출체크 ✓

23.7, 22.7, 20.6
7. HIPO(Hierarchy Input Process Output)에 대한 설명으로 거리가 먼 것은?

① 상향식 소트트웨어 개발을 위한 문서화 도구이다.
② HIPO 차트 종류에는 가시적 도표, 총체적 도표, 세부적 도표가 있다.
③ 기능과 자료의 의존 관계를 동시에 표현할 수 있다.
④ 보기 쉽고 이해하기 쉽다.

해설
HIPO는 하향식 소프트웨어 개발을 위한 문서화 도구입니다.

기출체크 정답   4.③ 5.① 6.④ 7.①

▶ 350028

22.3, 20.9

028 UML B

- UML(Unified Modeling Language)은 시스템 분석, 설계, 구현 등 시스템 개발 과정에서 시스템 개발자와 고객 또는 개발자 상호간의 의사소통이 원활하게 이루어지도록 표준화한 대표적인 객체지향 모델링 언어이다.
- 구성 요소 : 사물(Things), 관계(Relationships), 다이어그램(Diagram)

기출체크 ✓

22.3

1. 다음의 설명에 해당하는 언어는?

객체지향 시스템을 개발할 때 산출물을 명세화, 시각화, 문서화하는 데 사용된다. 즉, 개발하는 시스템을 이해하기 쉬운 형태로 표현하여 분석가, 의뢰인, 설계자가 효율적인 의사소통을 할 수 있게 해 준다. 따라서, 개발 방법론이나 개발 프로세스가 아니라 표준화된 모델링 언어이다.

① JAVA ② C
③ UML ④ Python

▶ 350029

23.2

029 사물 C

- 사물(Things)은 모델을 구성하는 가장 중요한 기본 요소로, 다이어그램 안에서 관계가 형성될 수 있는 대상들을 말한다.
- 종류
  - 구조 사물(Structural Things)
  - 행동 사물(Behavioral Things)
  - 그룹 사물(Grouping Things)
  - 주해 사물(Annotation Things)

기출체크 ✓

23.2

2. UML의 구성 요소 중 사물(Things)의 종류가 아닌 것은?

① Annotation Things
② Internet of Things
③ Behavioral Things
④ Structural Things

▶ 350030

23.5, 22.7, 21.8

030 의존 관계 A

- 의존(Dependency) 관계는 연관 관계와 같이 사물 사이에 서로 연관은 있으나 필요에 의해 서로에게 영향을 주는 짧은 시간 동안만 연관을 유지하는 관계를 표현한다.
- 일반적으로 한 클래스가 다른 클래스를 오퍼레이션의 매개 변수로 사용하는 경우에 나타나는 관계이다.

기출체크 ✓

23.5, 22.7, 21.8

3. UML 모델에서 한 사물의 명세가 바뀌면 다른 사물에 영향을 주며, 일반적으로 한 클래스가 다른 클래스를 오퍼레이션의 매개 변수로 사용하는 경우에 나타나는 관계는?

① Association
② Dependency
③ Realization
④ Generalization

▶ 350031

21.5

031 실체화 관계 C

- 실체화(Realization) 관계는 사물이 할 수 있거나 해야 하는 기능(오퍼레이션, 인터페이스)으로 서로를 그룹화할 수 있는 관계를 표현한다.
- 한 사물이 다른 사물에게 오퍼레이션을 수행하도록 지정하는 의미적 관계이다.

기출체크 ✓

21.5

4. UML 모델에서 한 객체가 다른 객체에게 오퍼레이션을 수행하도록 지정하는 의미적 관계로 옳은 것은?

① Dependency
② Realization
③ Generalization
④ Association

기출체크 정답 1.③ 2.② 3.② 4.②

032 일반화 관계 C

▶ 350032   20.8

- 일반화(Generalization) 관계는 하나의 사물이 다른 사물에 비해 더 일반적인지 구체적인지를 표현한다.
- 예를 들어 차는 버스, 트럭, 택시보다 일반적인 개념이고 반대로 버스, 트럭, 택시는 차보다 구체적인 개념이다.

기출체크 ✓

20.8
5. 아래의 UML 모델에서 '차' 클래스와 각 클래스의 관계로 옳은 것은?

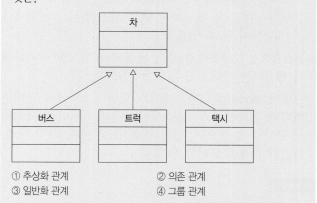

① 추상화 관계
② 의존 관계
③ 일반화 관계
④ 그룹 관계

해설
문제의 UML 모델은 하나의 사물이 다른 사물에 비해 더 일반적인지 구체적인지를 표현하는 일반화(Generalization) 관계를 표현하고 있습니다. 차를 구체적으로 표현하면 버스, 트럭, 택시가 되고, 반대로 버스, 트럭, 택시를 일반적으로 표현하면 차가 됩니다.

034 행위(동적) 다이어그램의 종류 A

▶ 350034   23.7, 23.5, 23.2, 22.4, 21.8, 21.3, 21.3, 20.8

- 유스케이스 다이어그램
- 순차(Sequence) 다이어그램
- 커뮤니케이션 다이어그램
- 상태(State) 다이어그램
- 활동(Activity) 다이어그램
- 상호작용 개요(Interaction Overview) 다이어그램
- 타이밍 다이어그램

기출체크 ✓

23.5
7. UML 다이어그램 중 동적 다이어그램이 아닌 것은?
① 유스케이스 다이어그램
② 순차 다이어그램
③ 컴포넌트 다이어그램
④ 상태 다이어그램

033 구조적(정적) 다이어그램의 종류 A

▶ 350033   23.2, 22.3, 21.8, 20.6

- 클래스 다이어그램
- 객체(Object) 다이어그램
- 컴포넌트 다이어그램
- 배치(Deployment) 다이어그램
- 복합체 구조(Composite Structure) 다이어그램
- 패키지 다이어그램

기출체크 ✓

22.3, 20.6
6. UML 다이어그램 중 정적 다이어그램이 아닌 것은?
① 컴포넌트 다이어그램
② 배치 다이어그램
③ 순차 다이어그램
④ 패키지 다이어그램

035 상태 다이어그램 A

▶ 350035   23.7, 21.3, 20.9

- 상태(State) 다이어그램은 하나의 객체가 자신이 속한 클래스의 상태 변화 혹은 다른 객체와의 상호 작용에 따라 상태가 어떻게 변화하는지를 표현한다.
- 객체들 사이에서 발생하는 이벤트(event)에 의한 객체들의 상태 변화를 그림으로 표현한다.
- 럼바우(Rumbaugh) 객체지향 분석 기법에서 동적 모델링에 활용된다.

기출체크 ✓

23.7
8. 다음 중 상태 다이어그램에서 객체 전이의 요인이 되는 요소는?
① event
② state
③ message
④ transition

기출체크 정답   5.③ 6.③ 7.③ 8.①

036 활동 다이어그램 B

- 활동(Activity) 다이어그램은 시스템이 어떤 기능을 수행하는지 객체의 처리 로직이나 조건에 따른 처리의 흐름을 순서에 따라 표현한다.
- 오퍼레이션이나 처리 과정이 수행되는 동안 일어나는 일들을 단계적으로 표현한다.

기출체크 ✓

23.2
1. 다음 중 활동 다이어그램에 대한 설명으로 옳은 것은?

① 클래스와 클래스가 가지는 속성, 클래스 사이의 관계를 표현한 다이어그램이다.

② 상호 작용하는 시스템이나 객체들이 주고받는 메시지를 표현하는 다이어그램이다.

③ 하나의 객체가 자신이 속한 클래스의 상태 변화 혹은 다른 객체와의 상호작용에 따라 상태가 어떻게 변하는지를 표현하는 다이어그램이다.

④ 오퍼레이션이나 처리 과정이 수행되는 동안 일어나는 일들을 단계적으로 표현한 다이어그램이다.

해설
①번은 클래스(Class) 다이어그램, ②번은 순차(Sequence) 다이어그램, ③번은 상태(State) 다이어그램에 대한 설명입니다.

---

037 스테레오 타입 A

- 스테레오 타입(Stereotype)은 UML에서 표현하는 기본 기능 외에 추가적인 기능을 표현하기 위해 사용한다.
- 길러멧(Guilemet)이라고 부르는 겹화살괄호(《 》) 사이에 표현할 형태를 기술한다.

기출체크 ✓

23.7, 22.7, 20.6
2. UML 확장 모델에서 스테레오 타입 객체를 표현할 때 사용하는 기호로 맞는 것은?

① 〈 〉

② (( ))

③ {{ }}

④ [[ ]]

---

038 유스케이스 다이어그램의 구성 요소 A

- 시스템 /시스템 범위 : 시스템 내부에서 수행되는 기능들을 외부 시스템과 구분하기 위해 시스템 내부의 유스케이스들을 사각형으로 묶어 시스템의 범위를 표현함
- 액터 : 시스템과 상호작용을 하는 모든 외부 요소로, 사람이나 외부 시스템을 의미함
  - 주액터(사용자 액터) : 시스템을 사용함으로써 이득을 얻는 대상으로, 주로 사람이 해당함
  - 부액터(시스템 액터) : 주액터의 목적 달성을 위해 시스템에 서비스를 제공하는 외부 시스템으로, 조직이나 기관 등이 될 수 있음
- 유스케이스 : 사용자가 보는 관점에서 시스템이 액터에게 제공하는 서비스 또는 기능을 표현한 것
- 관계(Relationship) : 유스케이스 다이어그램에서 관계는 액터와 유스케이스, 유스케이스와 유스케이스 사이에서 나타날 수 있으며, 연관 관계, 포함 관계, 확장 관계, 일반화 관계를 표현할 수 있음

기출체크 ✓

22.4, 21.5
3. 유스케이스(Usecase)에 대한 설명 중 옳은 것은?

① 유스케이스 다이어그램은 개발자의 요구를 추출하고 분석하기 위해 주로 사용한다.

② 액터는 대상 시스템과 상호 작용하는 사람이나 다른 시스템에 의한 역할이다.

③ 사용자 액터는 본 시스템과 데이터를 주고받는 연동 시스템을 의미한다.

④ 연동의 개념은 일방적으로 데이터를 파일이나 정해진 형식으로 넘겨주는 것을 의미한다.

해설
① 유스케이스 다이어그램은 사용자의 요구를 분석하는 데 사용합니다.

③ 사용자 액터(주액터)는 시스템을 사용함으로써 이득을 얻는 대상을 의미합니다. 본 시스템과 데이터를 주고받는 연동 시스템을 시스템 액터(부액터)라고 합니다.

④ 연동은 2개 이상의 시스템이 일방이 아닌 상호 간의 동작에 영향을 줄 수 있도록 연결망을 구성하는 것을 의미합니다.

---

039 유스케이스 확장 관계 B

유스케이스가 특정 조건에 부합되어 유스케이스의 기능이 확장될 때 원래의 유스케이스와 확장된 유스케이스와의 관계이다.

기출체크 정답   1.④   2.①   3.②

23.5, 21.3

4. 유스케이스 사용 시 특별한 조건이 만족할 경우에만 수행하는 유스케이스를 무엇이라고 하는가?

① 포함　　　　　　　　② 확장
③ 예외　　　　　　　　④ 연결

22.4, 21.8

6. 순차 다이어그램(Sequence Diagram)과 관련한 설명으로 틀린 것은?

① 객체들의 상호 작용을 나타내기 위해 사용한다.
② 시간의 흐름에 따라 객체들이 주고 받는 메시지의 전달 과정을 강조한다.
③ 동적 다이어그램보다는 정적 다이어그램에 가깝다.
④ 교류 다이어그램(Interaction Diagram)의 한 종류로 볼 수 있다.

해설
순차 다이어그램은 동적 다이어그램의 한 종류입니다.

▶ 350040

21.8

040 클래스 다이어그램 - 오퍼레이션 **C**

· 클래스 다이어그램(Class Diagram)은 클래스와 클래스, 클래스의 속성 사이의 관계를 나타내는 정적 다이어그램이다.
· 오퍼레이션(Operation)은 클래스가 수행할 수 있는 동작으로, 함수(메소드, Method)라고도 한다.

21.8

5. 클래스 다이어그램의 요소로, 다음 설명에 해당하는 용어는?

> · 클래스의 동작을 의미한다.
> · 클래스에 속하는 객체에 대하여 적용될 메소드를 정의한 것이다.
> · UML에서는 동작에 대한 인터페이스를 지칭한다고 볼 수 있다.

① Instance　　　　　　② Operation
③ Item　　　　　　　　④ Hiding

▶ 350042

23.2, 22.7, 20.8

042 순차 다이어그램의 구성 요소 **A**

· 액터(Actor)
· 객체(Object)
· 생명선(Lifeline)
· 실행 상자(Active Box)
· 메시지(Message)
· 회귀 메시지(Reply/Return Message)
· 제어 블록(Loop)

22.7, 20.8

7. UML에서 시퀀스 다이어그램의 구성 항목에 해당하지 않는 것은?

① 생명선　　　　　　　② 실행
③ 확장　　　　　　　　④ 메시지

▶ 350041

23.2, 22.7, 22.4, 21.8, 20.8

041 순차 다이어그램의 개요 **A**

· 순차(Sequence) 다이어그램은 시스템이나 객체들이 메시지를 주고받으며 시간의 흐름에 따라 상호 작용하는 과정을 액터, 객체, 메시지 등의 요소를 사용하여 그림으로 표현한 것이다.
· 순차 다이어그램은 시스템이나 객체들의 상호 작용 과정에서 주고받는 메시지를 표현한다.
· 순차 다이어그램에서 수직 방향은 시간의 흐름을 나타낸다.
· 순차 다이어그램은 행위(동적) 다이어그램이다.

23년 2월

01 다음 중 프로토타입 모형을 선택하는 것이 가장 적합한 경우는?

① 구축하고자 하는 시스템의 요구사항이 불분명할 때

② 고객이 완성된 제품만을 보기 원할 때

③ 고객이 개발 과정에 참여하지 않을 때

④ 소프트웨어 개발 과정에서 발생할 수 있는 위험을 최소화하고자 할 때

22년 7월, 20년 6월

02 프로토타입을 지속적으로 발전시켜 최종 소프트웨어 개발까지 이르는 개발 방법으로 위험 관리가 중심인 소프트웨어 생명 주기 모형은?

① 나선형 모형

② 델파이 모형

③ 폭포수 모형

④ 기능점수 모형

23년 2월, 22년 3월

03 소프트웨어 생명 주기 모델 중 나선형 모델(Spiral Model)과 관련한 설명으로 틀린 것은?

① 소프트웨어 개발 프로세스를 위험 관리(Risk Management) 측면에서 본 모델이다.

② 위험 분석(Risk Analysis)은 반복적인 개발 진행 후 주기의 마지막 단계에서 최종적으로 한 번 수행해야 한다.

③ 시스템을 여러 부분으로 나누어 여러 번의 개발 주기를 거치면서 시스템이 완성된다.

④ 요구사항이나 아키텍처를 이해하기 어렵다거나 중심이 되는 기술에 문제가 있는 경우 적합한 모델이다.

23년 5월

04 XP(eXtreme Programming)에 대한 설명으로 틀린 것은?

① XP는 빠른 개발을 위해 단순함을 포기한다.

② 변화에 대응하기 보다는 변화에 반응하는 것에 더 가치를 둔다.

③ 스파이크 솔루션은 기술 문제가 발생한 경우 이를 해결하기 위해 사용한다.

④ 짝 프로그램(Pair Programming)은 독립적으로 코딩할 때보다 더 나은 환경을 조성한다.

22년 4월

05 익스트림 프로그래밍에 대한 설명으로 틀린 것은?

① 대표적인 구조적 방법론 중 하나이다.

② 소규모 개발 조직이 불확실하고 변경이 많은 요구를 접하였을 때 적절한 방법이다.

③ 익스트림 프로그래밍을 구동시키는 원리는 상식적인 원리와 경험을 최대한 끌어 올리는 것이다.

④ 구체적인 실천 방법을 정의하고 있으며, 개발 문서 보다는 소스코드에 중점을 둔다.

21년 8월

06 요구 분석(Requirement Analysis)에 대한 설명으로 틀린 것은?

① 요구 분석은 소프트웨어 개발의 실제적인 첫 단계로, 사용자의 요구에 대해 이해하는 단계라 할 수 있다.

② 요구 추출(Requirement Elicitation)은 프로젝트 계획 단계에 정의한 문제의 범위 안에 있는 사용자의 요구를 찾는 단계이다.

③ 도메인 분석(Domain Analysis)은 요구에 대한 정보를 수집하고 배경을 분석하여 이를 토대로 모델링을 하게 된다.

④ 기능적(Functional) 요구에서 성능, 보안, 품질, 안정 등에 대한 요구사항을 도출한다.

22년 7월, 20년 8월, 6월

07 자료 흐름도(Data Flow Diagram)의 구성 요소로 옳은 것은?

① process, data flow, data store, comment

② process, data flow, data store, terminator

③ data flow, data store, terminator, data dictionary

④ process, data store, terminator, mini-spec

20년 9월

08 DFD(Data Flow Diagram)에 대한 설명으로 틀린 것은?

① 자료 흐름 그래프 또는 버블(Bubble) 차트라고도 한다.

② 구조적 분석 기법에 이용된다.

③ 시간 흐름을 명확하게 표현할 수 있다.

④ DFD의 요소는 화살표, 원, 사각형, 직선(단선/이중선)으로 표시한다.

20년 8월

09 자료 사전에서 자료의 반복을 의미하는 것은?

① =   ② ( )
③ { }   ④ [ ]

22년 3월

10 소프트웨어 설계에서 요구사항 분석에 대한 설명으로 틀린 것은?

① 소프트웨어가 무엇을 해야 하는가를 추적하여 요구사항 명세를 작성하는 작업이다.

② 사용자의 요구를 추출하여 목표를 정하고 어떤 방식으로 해결할 것인지 결정하는 단계이다.

③ 소프트웨어 시스템이 사용되는 동안 발견되는 오류를 정리하는 단계이다.

④ 소프트웨어 개발의 출발점이면서 실질적인 첫 번째 단계이다.

20년 6월

11 자료 사전에서 자료의 생략을 의미하는 기호는?

① { }   ② **
③ =   ④ ( )

12 HIPO(Hierarchy Input Process Output)에 대한 설명으로 옳지 않은 것은?

① HIPO 다이어그램에는 가시적 도표(Visual Table of Contents), 총체적 다이어그램(Overview Diagram), 세부적 다이어그램(Detail Diagram)의 세 종류가 있다.

② 가시적 도표(Visual Table of Contents)는 시스템에 있는 어떤 특별한 기능을 담당하는 부분의 입력, 처리, 출력에 대한 전반적인 정보를 제공한다.

③ HIPO 다이어그램은 분석 및 설계 도구로서 사용된다.

④ HIPO는 시스템의 설계나 시스템 문서화용으로 사용되고 있는 기법이며, 기본 시스템 모델은 입력, 처리, 출력으로 구성된다.

13 프로그램을 구성하는 기능을 기술한 것으로 입력, 처리, 출력을 기술하는 HIPO 패키지에 해당하는 것은?

① Overview Diagram
② Detail Diagram
③ Visual Table of Contents
④ Index Diagram

23년 2월, 21년 5월

14 UML 다이어그램이 아닌 것은?

① 액티비티 다이어그램(Activity Diagram)
② 절차 다이어그램(Procedural Diagram)
③ 클래스 다이어그램(Class Diagram)
④ 시퀀스 다이어그램(Sequence Diagram)

23년 5월

15 하나의 사물의 변화가 다른 사물에도 영향을 미치는 관계로, 일반적으로 한 클래스가 다른 클래스를 오퍼레이션의 매개 변수로 사용하는 경우에 나타나는 관계는?

① Generalization
② Association
③ Dependency
④ Realization

21년 3월

16 UML(Unified Modeling Language)에 대한 설명 중 틀린 것은?

① 기능적 모델은 사용자 측면에서 본 시스템 기능이며, UML에서는 Use Case Diagram을 사용한다.

② 정적 모델은 객체, 속성, 연관관계, 오퍼레이션의 시스템의 구조를 나타내며, UML에서는 Class Diagram을 사용한다.

③ 동적 모델은 시스템의 내부 동작을 말하며, UML에서는 Sequence Diagram, State Diagram, Activity Diagram을 사용한다.

④ State Diagram은 객체들 사이의 메시지 교환을 나타내며, Sequence Diagram은 하나의 객체가 가진 상태와 그 상태의 변화에 의한 동작순서를 나타낸다.

20년 9월

17 럼바우(Rumbaugh) 객체지향 분석 기법에서 동적 모델링에 활용되는 다이어그램은?

① 객체 다이어그램(Object Diagram)
② 패키지 다이어그램(Package Diagram)
③ 상태 다이어그램(State Diagram)
④ 자료 흐름도(Data Flow Diagram)

▶ 정답 : 1.① 2.① 3.② 4.① 5.① 6.④ 7.② 8.③ 9.③ 10.③ 11.④ 12.② 13.① 14.② 15.③ 16.④ 17.③

 해설은 38쪽에 있습니다.

23년 2월, 22년 4월

18 순차 다이어그램(Sequence Diagram)과 관련한 설명으로 틀린 것은?

① 주로 정적인 측면에서 모델링을 설계하기 위해 사용한다.

② 시간의 흐름에 따라 객체들이 주고 받는 메시지의 전달 과정을 강조한다.

③ 수직 방향이 시간의 흐름을 나타낸다.

④ 구성 요소에는 회귀 메시지, 제어 블록 등이 있다.

20년 8월

19 UML에서 활용되는 다이어그램 중, 시스템의 동작을 표현하는 행위(Behavioral) 다이어그램에 해당하지 않는 것은?

① 유스케이스 다이어그램(Use Case Diagram)

② 시퀀스 다이어그램(Sequence Diagram)

③ 활동 다이어그램(Activity Diagram)

④ 배치 다이어그램(Deployment Diagram)

20년 6월

20 UML 모델에서 사용하는 Structural Diagram에 속하지 않은 것은?

① Class Diagram

② Object Diagram

③ Component Diagram

④ Activity Diagram

22년 4월

21 유스케이스(Use Case)의 구성 요소 간의 관계에 포함되지 않는 것은?

① 연관

② 확장

③ 구체화

④ 일반화

22 UML 다이어그램 중 시스템 내 클래스의 정적 구조를 표현하고 클래스와 클래스, 클래스의 속성 사이의 관계를 나타내는 것은?

① Activity Diagram

② Model Diagram

③ State Diagram

④ Class Diagram

23년 7월, 22년 4월

23 유스케이스 다이어그램(Use Case Diagram)에 관련된 내용으로 틀린 것은?

① 시스템과 상호 작용하는 외부 시스템은 액터로 파악해서는 안된다.

② 유스케이스는 사용자 측면에서의 요구사항으로, 사용자가 원하는 목표를 달성하기 위해 수행할 내용을 기술한다.

③ 시스템 액터는 다른 프로젝트에서 이미 개발되어 사용되고 있으며, 본 시스템과 데이터를 주고받는 등 서로 연동되는 시스템을 말한다.

④ 액터가 인식할 수 없는 시스템 내부의 기능을 하나의 유스케이스로 파악해서는 안된다.

01 핵심 004

프로토타입 모형은 구축하고자 하는 시스템의 요구사항이 불분명할 때 요구사항을 정확히 파악하기 위해 실제 개발될 소프트웨어에 대한 견본(Prototype)을 만들어 최종 결과물을 예측하는 개발 모형이다.

02 핵심 005

문제에서 설명하는 소프트웨어 생명 주기 모형은 나선형 모형(Spiral Model)이다.

• **폭포수 모형(Waterfall Model)** : 폭포에서 한번 떨어진 물은 거슬러 올라갈 수 없듯이 소프트웨어 개발도 이전 단계로 돌아갈 수 없다는 전제하에 각 단계를 확실히 매듭짓고 그 결과를 철저하게 검토하여 승인 과정을 거친 후에 다음 단계를 진행하는 개발 방법론

03 핵심 005

나선형 모델에서 위험 분석(Risk Analysis)은 개발 과정에 포함되므로 개발 진행 과정에서 반복적으로 수행된다.

04 핵심 010

XP는 단순한 설계를 통해 소프트웨어를 빠르게 개발하는 것을 목적으로 한다.

05 핵심 010

스크럼이나 XP는 애자일 개발 방법론을 기반으로 한 대표적인 모형이다.

06 핵심 016, 017, 022

• 기능적(Functional) 요구에서는 시스템이 무엇을 하는지, 어떤 기능을 하는지 등의 기능이나 수행과 관련된 요구사항을 도출한다.

• 성능, 보안, 품질, 안정 등에 대한 요구사항은 비기능적 요구사항에 해당한다.

07 핵심 023

자료 흐름도(DFD)의 구성 요소에는 프로세스(Process), 자료 흐름(Data Flow), 자료 저장소(Data Store), 단말(Terminator)이 있다.

08 핵심 023

DFD(자료 흐름도)는 자료(Data)의 흐름(Flow)을 표현(Diagram)하는 도구이다.

09 핵심 025

자료의 반복을 의미하는 것은 { }이다.

• = : 자료의 정의

• ( ) : 자료의 생략

• [ ] : 자료의 선택

10 핵심 022

소프트웨어 시스템이 사용되는 동안 발견되는 오류를 정리하는 과정은 형상 관리이다.

11 핵심 025

자료의 생략을 의미하는 것은 ( )이다.

• { } : 자료의 반복

• ** : 자료의 설명(주석)

• = : 자료의 정의

12 핵심 027

• 가시적 도표는 시스템의 전체적인 기능과 흐름을 보여주는 계층(Tree) 구조도이다.

• ②번의 내용은 총체적 도표를 설명한 것이다.

13 핵심 027

가시적 도표(Visual Table of Contents)는 전체적인 기능을 보여주는 것, 총체적 도표(Overview Diagram)는 기능에 대한 입력, 처리, 출력의 전반적인 정보를 제공하는 것, 세부적 도표(Detail Diagram)는 총체적 도표의 기본 요소를 상세히 기술하는 것이다.

14 핵심 033, 034

UML 다이어그램 중 절차 다이어그램은 없다.

15 핵심 030

문제에서 설명하는 관계는 의존(Dependency) 관계이다.

• Generalization(일반화) : 하나의 사물이 다른 사물에 비해 더 일반적인지 구체적인지를 표현하는 관계

- Association(연관) : 2개 이상의 사물이 서로 관련되어 있음을 표현하는 관계
- Realization(실체화) : 사물이 할 수 있거나 해야 하는 기능(오퍼레이션, 인터페이스)으로 서로를 그룹화 할 수 있는 관계를 표현함

16 핵심 035, 041

상태 다이어그램(State Diagram)은 하나의 객체가 가진 상태와 그 상태의 변화에 의한 동작순서를 나타내며, 순차 다이어그램(Sequence Diagram)은 객체들 사이의 메시지 교환을 나타낸다.

17 핵심 035

럼바우 분석 기법에서 동적 모델링은 상태 다이어그램을 이용한다.

- 럼바우 분석 기법 중 객체 모델링은 객체 다이어그램을, 기능 모델링은 자료 흐름도를 이용한다.

18 핵심 041

순차 다이어그램은 주로 동적인 측면에서 모델링을 설계하기 위해 사용한다.

19 핵심 033, 034

- 배치 다이어그램은 구조적(Structural) 다이어그램에 해당된다.
- 행위 다이어그램에는 유스케이스, 순차, 커뮤니케이션, 상태, 활동, 상호작용 개요, 타이밍 다이어그램이 있다.

20 핵심 033, 034

- 활동(Activity) 다이어그램은 행위(Behavioral) 다이어그램에 속한다.
- 구조적 다이어그램에는 클래스, 객체, 컴포넌트, 배치, 복합체 구조, 패키지 다이어그램이 있다.

21 핵심 038

유스케이스 다이어그램에서는 연관 관계, 포함 관계, 확장 관계, 일반화 관계를 표현할 수 있다.

22 핵심 040

클래스와 클래스 사이의 관계를 나타내는 것은 클래스 다이어그램이다.

- 활동 다이어그램(Activity Diagram) : 시스템이 어떤 기능을 수행하는지 객체의 처리 로직이나 조건에 따른 처리의 흐름을 순서에 따라 표현함
- 상태 다이어그램(State Diagram) : 하나의 객체가 자신이 속한 클래스의 상태 변화 혹은 다른 객체와의 상호 작용에 따라 상태가 어떻게 변화하는지를 표현함

23 핵심 038

시스템과 상호 작용하는 모든 외부 요소를 액터라고 한다.

2 장

화면 설계

043 인터페이스 C

인터페이스(Interface)는 서로 다른 두 시스템이나 소프트웨어 등을 서로 이어주는 부분 또는 접속 장치를 의미한다.

기출체크 ☑

22.4
1. 소프트웨어 개발 영역을 결정하는 요소 중 다음 사항과 관계있는 것은?

- 소프트웨어에 의해 간접적으로 제어되는 장치와 소프트웨어를 실행하는 하드웨어
- 기존의 소프트웨어와 새로운 소프트웨어를 연결하는 소프트웨어
- 순서적 연산에 의해 소프트웨어를 실행하는 절차

① 기능(Function)　　　　② 성능(Performance)
③ 제약조건(Constraint)　　④ 인터페이스(Interface)

---

044 사용자 인터페이스(UI)의 특징 C

- 사용자의 편리성과 가독성을 높임으로써 작업 시간을 단축시키고 업무에 대한 이해도를 높여준다.
- 최소한의 노력으로 원하는 결과를 얻을 수 있게 한다.
- 사용자 중심으로 설계되어 사용자 중심의 상호 작용이 되도록 한다.
- 수행 결과의 오류를 줄인다.
- 사용자의 막연한 작업 기능에 대해 구체적인 방법을 제시해 준다.

기출체크 ☑

21.5
2. 사용자 인터페이스(UI)의 특징으로 틀린 것은?
① 구현하고자 하는 결과의 오류를 최소화한다.
② 사용자의 편의성을 높임으로써 작업 시간을 증가시킨다.
③ 막연한 작업 기능에 대해 구체적인 방법을 제시하여 준다.
④ 사용자 중심의 상호 작용이 되도록 한다.

해설
사용자 인터페이스(UI)는 사용자의 편리성과 가독성을 높임으로써 작업 시간을 단축시키고 업무에 대한 이해도를 높여줍니다.

---

045 사용자 인터페이스의 구분 A

- CLI(Command Line Interface) : 명령과 출력이 텍스트 형태로 이뤄지는 인터페이스
- GUI(Graphical User Interface) : 아이콘이나 메뉴를 마우스로 선택하여 작업을 수행하는 그래픽 환경의 인터페이스
- NUI(Natural User Interface) : 사용자의 말이나 행동으로 기기를 조작하는 인터페이스
- OUI(Organic User Interface) : 모든 사물과 사용자 간의 상호작용을 위한 인터페이스

기출체크 ☑

22.7, 21.8
3. 대표적으로 DOS 및 Unix 등의 운영체제에서 조작을 위해 사용하던 것으로, 정해진 명령 문자열을 입력하여 시스템을 조작하는 사용자 인터페이스(User Interface)는?
① GUI(Graphical User Interface)
② CLI(Command Line Interface)
③ CUI(Cell User Interface)
④ MUI(Mobile User Interface)

---

046 주요 모바일 제스처(Mobile Gesture) B

- Tap(누르기) : 화면을 가볍게 한 번 터치하는 동작
- Double Tap(두 번 누르기) : 화면을 빠르게 두 번 터치하는 동작
- Press(오래 누리기) : 화면의 특정 위치를 손가락으로 꾹 누르는 동작
- Flick(빠르게 스크롤) : 화면에 손가락을 터치하면서 수평 또는 수직으로 빠르게 드래그하는 동작
- Pinch(두 손가락으로 넓히기/좁히기) : 두 손가락으로 화면을 터치한 후 두 손가락을 서로 다른 방향으로 움직이는 동작

기출체크 ☑

23.5, 22.7
4. 모바일 기기에서 사용하는 NUI 인터페이스에 속하지 않는 것은 무엇인가?
① Pinch　　　　　② Press
③ Flow　　　　　④ Flick

---

047 사용자 인터페이스의 기본 원칙 **A**

실기 공통

22.7, 20.8, 20.6, 실기 20.10, 20.6

- **직관성** : 누구나 쉽게 이해하고 사용할 수 있어야 함
- **유효성** : 사용자의 목적을 정확하고 완벽하게 달성해야 함
- **학습성** : 누구나 쉽게 배우고 익힐 수 있어야 함
- **유연성** : 사용자의 요구사항을 최대한 수용하고 실수를 최소화해야 함

기출체크 ✅

22.7, 20.8, 20.6

5. UI 설계 원칙 중 누구나 쉽게 이해하고 사용할 수 있어야 한다는 원칙은?

① 희소성
② 유연성
③ 직관성
④ 멀티운용성

---

049 사용자 인터페이스 개발 시스템의 기능 **C**

20.9

- 사용자의 입력을 검증할 수 있어야 한다.
- 에러 처리와 그와 관련된 에러 메시지를 표시할 수 있어야 한다.
- 도움과 프롬프트(Prompt)를 제공해야 한다.

기출체크 ✅

20.9

7. 소프트웨어의 사용자 인터페이스 개발 시스템(User Interface Development System)이 가져야 할 기능이 아닌 것은?

① 사용자 입력의 검증
② 에러 처리와 에러 메시지 처리
③ 도움과 프롬프트(prompt) 제공
④ 소스 코드 분석 및 오류 복구

---

048 사용자 인터페이스의 설계 지침 **A**

실기 공통

22.4, 22.3, 21.8, 20.8, 20.6, 실기 20.10, 20.6

- **사용자 중심** : 사용자가 쉽게 이해하고 편리하게 사용할 수 있는 환경을 제공하며, 실사용자에 대한 이해가 바탕이 되어야 함
- **사용성** : 사용자가 소프트웨어를 얼마나 빠르고 쉽게 이해할 수 있는지, 얼마나 편리하고 효율적으로 사용할 수 있는지를 말하는 것으로, 사용자 인터페이스 설계 시 가장 우선적으로 고려해야 함
- **심미성** : 디자인적으로 완성도 높게 글꼴이나 색상을 적용하고 그래픽 요소를 배치하여 가독성을 높일 수 있도록 설계해야 함
- **오류 발생 해결** : 오류가 발생하면 사용자가 쉽게 인지할 수 있도록 설계해야 함

기출체크 ✅

22.3

6. 사용자 인터페이스를 설계할 경우 고려해야 할 가이드라인과 가장 거리가 먼 것은?

① 심미성을 사용성보다 우선하여 설계해야 한다.
② 효율성을 높이게 설계해야 한다.
③ 발생하는 오류를 쉽게 수정할 수 있어야 한다.
④ 사용자에게 피드백을 제공해야 한다.

해설
사용자 인터페이스 설계 시 사용성을 가장 우선적으로 고려해야 합니다.

---

050 목업 **B**

23.2, 22.3

- 목업(Mockup)은 디자인, 사용 방법 설명, 평가 등을 위해 와이어프레임보다 좀 더 실제 화면과 유사하게 만든 정적인 형태의 모형이다.
- 시각적으로만 구성 요소를 배치하는 것으로 실제로 구현되지는 않는다.
- **목업 툴** : 파워 목업, 발사믹 목업 등

기출체크 ✅

23.2, 22.3

8. 다음 내용이 설명하는 UI 설계 도구는?

> - 디자인, 사용 방법 설명, 평가 등을 위해 실제 화면과 유사하게 만든 정적인 형태의 모형
> - 시각적으로만 구성 요소를 배치하는 것으로 일반적으로 실제로 구현되지는 않음

① 스토리보드(Storyboard)
② 목업(Mockup)
③ 프로토타입(Prototype)
④ 유스케이스(Usecase)

기출체크 정답 5.③ 6.① 7.④ 8.②

051 유스케이스

23.5

C

- 유스케이스(Use Case)는 사용자 측면에서의 요구사항으로, 사용자가 원하는 목표를 달성하기 위해 수행할 내용을 기술한다.
- 사용자의 요구사항을 빠르게 파악함으로써 프로젝트의 초기에 시스템의 기능적인 요구를 결정하고 그 결과를 문서화할 수 있다.
- 유스케이스는 자연어로 작성된 사용자의 요구사항을 구조적으로 표현한 것으로, 일반적으로 다이어그램 형식으로 묘사된다.
- 유스케이스 다이어그램이 완성되면, 각각의 유스케이스에 대해 유스케이스 명세서를 작성한다.

기출체크 ✓

23.5
1. 유스케이스에 대한 설명으로 옳지 않은 것은?

① 사용자 측면에서의 요구사항으로, 사용자가 원하는 목표를 달성하기 위해 수행할 내용을 기술한다.
② 사용자의 요구사항을 빠르게 파악함으로써 프로젝트의 초기에 시스템의 기능적인 요구를 결정하고 그 결과를 문서화할 수 있다.
③ 페이지의 개략적인 레이아웃이나 UI 구성 요소 등 뼈대를 설계하는 단계이다.
④ 자연어로 작성된 사용자의 요구사항을 구조적으로 표현한 것으로, 일반적으로 다이어그램 형식으로 묘사된다.

해설
③번은 와이어프레임(Wireframe)의 개념입니다.

052 ISO/IEC 12119

20.8

C

- ISO/IEC 9126을 준수한 품질 표준이다.
- 테스트 절차를 포함하여 규정한다.

기출체크 ✓

20.8
2. 패키지 소프트웨어의 일반적인 제품 품질 요구사항 및 테스트를 위한 국제 표준은?

① ISO/IEC 2196
② IEEE 19554
③ ISO/IEC 12119
④ ISO/IEC 14959

053 S/W 품질 특성 – 기능성

20.6

C

- 기능성(Functionality)은 소프트웨어가 사용자의 요구사항을 정확하게 만족하는 기능을 제공하는지 여부를 나타낸다.
- 하위 특성 : 적절성/적합성, 정밀성/정확성, 상호 운용성, 보안성, 준수성

기출체크 ✓

20.6
3. ISO/IEC 9126의 소프트웨어 품질 특성 중 기능성(Functionality)의 하위 특성으로 옳지 않은 것은?

① 학습성
② 적합성
③ 정확성
④ 보안성

054 S/W 품질 특성 – 신뢰성

20.8

C

신뢰성(Reliability)은 소프트웨어가 요구된 기능을 정확하고 일관되게 오류 없이 수행할 수 있는 정도를 나타낸다.

기출체크 ✓

20.8
4. 소프트웨어 품질 목표 중 주어진 시간동안 주어진 기능을 오류 없이 수행하는 정도를 나타내는 것은?

① 직관성
② 사용 용이성
③ 신뢰성
④ 이식성

055 S/W 품질 특성 – 사용성

21.3

C

사용성(Usability)은 사용자와 컴퓨터 사이에 발생하는 어떠한 행위에 대하여 사용자가 쉽게 배우고 사용할 수 있으며, 향후 다시 사용하고 싶은 정도를 나타낸다.

기출체크 ✓

21.3
5. 소프트웨어 품질 목표 중 쉽게 배우고 사용할 수 있는 정도를 나타내는 것은?

① Correctness
② Reliability
③ Usability
④ Integrity

기출체크 정답 1.③ 2.③ 3.① 4.③ 5.③

▶350056

056 S/W 품질 특성 – 이식성

21.8
C

이식성(Portability)은 소프트웨어가 다른 환경에서도 얼마나 쉽게 적용할 수 있는지 정도를 나타낸다.

기출체크 ✓

21.8
6. 소프트웨어 품질 목표 중 하나 이상의 하드웨어 환경에서 운용되기 위해 쉽게 수정될 수 있는 시스템 능력을 의미하는 것은?

① Portability
② Efficiency
③ Usability
④ Correctness

▶350057

057 UI 요소

21.3
C

- **체크 박스(Check Box)** : 여러 개의 선택 상황에서 1개 이상의 값을 선택할 수 있는 버튼
- **라디오 버튼(Radio Button)** : 여러 항목 중 하나만 선택할 수 있는 버튼
- **텍스트 박스(Text Box)** : 사용자가 데이터를 입력하고 수정할 수 있는 상자
- **콤보 상자(Combo Box)** : 이미 지정된 목록 상자에 내용을 표시하여 선택하거나 새로 입력할 수 있는 상자
- **목록 상자(List Box)** : 콤보 상자와 같이 목록을 표시하지만 새로운 내용을 입력할 수 없는 상자

기출체크 ✓

21.3
7. 여러 개의 선택 항목 중 하나의 선택만 가능한 경우 사용하는 사용자 인터페이스(UI) 요소는?

① 토글 버튼
② 텍스트 박스
③ 라디오 버튼
④ 체크 박스

▶350058

058 HCI

출제예상
D

HCI(Human Computer Interaction or Interface)는 사람이 시스템을 보다 편리하고 안전하게 사용할 수 있도록 연구하고 개발하는 학문으로, 최종 목표는 시스템을 사용하는데 있어 최적의 사용자 경험(UX)을 만드는 것이다.

예상체크 ✓

출제예상
8. 다음 설명에 가장 근접한 것은 무엇인가?

> 사람과 컴퓨터 시스템 간의 상호작용을 연구하고 설계하는 것으로, 사람이 컴퓨터를 편리하게 사용할 수 있도록 한다.

① UX
② UI
③ HCI
④ IA

기출체크 정답 6.① 7.③ 8.③

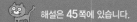
22년 4월, 3월

01 UI의 설계 지침으로 틀린 것은?

① 이해하기 편하고 쉽게 사용할 수 있는 환경을 제공해야 한다.

② 주요 기능을 메인 화면에 노출하여 조작이 쉽도록 하여야 한다.

③ 치명적인 오류에 대한 부정적인 사항은 사용자가 인지할 수 없도록 한다.

④ 사용자의 직무, 연령, 성별 등 다양한 계층을 수용하여야 한다.

23년 7월, 22년 4월

02 UI의 종류로 멀티 터치(Multi-Touch), 동작 인식(Gesture Recognition) 등 사용자의 자연스러운 움직임을 인식하여 서로 주고 받는 정보를 제공하는 사용자 인터페이스를 의미하는 것은?

① GUI(Graphical User Interface)

② OUI(Organic User Interface)

③ NUI(Natural User Interface)

④ CLI(Command Line Interface)

22년 3월

03 User Interface 설계 시 오류 메시지나 경고에 관한 지침으로 가장 거리가 먼 것은?

① 메시지는 이해하기 쉬워야 한다.

② 오류로부터 회복을 위한 구체적인 설명이 제공되어야 한다.

③ 오류로 인해 발생될 수 있는 부정적인 내용을 적극적으로 사용자들에게 알려야 한다.

④ 소리나 색의 사용을 줄이고 텍스트로만 전달하도록 한다.

22년 5월

04 모바일 기기에서 사용하는 모바일 제스처(Mobile Gesture)에 속하지 않는 것은 무엇인가?

① Press

② Drag

③ Flow

④ Flick

21년 8월

05 사용자 인터페이스(User Interface)에 대한 설명으로 틀린 것은?

① 사용자와 시스템이 정보를 주고받는 상호작용이 잘 이루어지도록 하는 장치나 소프트웨어를 의미한다.

② 편리한 유지보수를 위해 개발자 중심으로 설계되어야 한다.

③ 배우기가 용이하고 쉽게 사용할 수 있도록 만들어져야 한다.

④ 사용자 요구사항이 UI에 반영될 수 있도록 구성해야 한다.

01 핵심 048

사용자 인터페이스는 오류가 발생하면 사용자가 쉽게 인지할 수 있도록 설계해야 한다.

02 핵심 045

사용자의 자연스러운 움직임을 인식하여 서로 주고받는 정보를 제공하는 사용자 인터페이스는 NUI(Natural User Interface)이다.
- CLI(Command Line Interface) : 명령과 출력이 텍스트 형태로 이뤄지는 인터페이스
- GUI(Graphical User Interface) : 아이콘이나 메뉴를 마우스로 선택하여 작업을 수행하는 그래픽 환경의 인터페이스
- OUI(Organic User Interface) : 모든 사물과 사용자 간의 상호작용을 위한 인터페이스

03 핵심 048

오류 메시지나 경고는 소리나 색 등을 이용하여 듣거나 보기 쉽게 의미를 전달해야 한다.

04 핵심 046

모바일 기기에서 사용하는 행동, 즉 제스처(Gesture)에는 Tap(누르기), Double Tap(두 번 누르기), Drag(누른 채 움직임), Pan(누른 채 계속 움직임), Press(오래 누르기), Flick(빠르게 스크롤), Pinch(두 손가락으로 넓히기/좁히기) 등이 있다.

05 핵심 048

사용자 인터페이스(UI)는 사용자가 쉽게 이해하고 편리하게 사용할 수 있도록 사용자 중심으로 설계되어야 한다.

MEMO

애플리케이션 설계

20.9

059 상위 설계와 하위 설계 C

	상위 설계	하위 설계
별칭	아키텍처 설계, 예비 설계	모듈 설계, 상세 설계
설계 대상	시스템의 전체적인 구조	시스템의 내부 구조 및 행위
세부 목록	구조, DB, 인터페이스	컴포넌트, 자료 구조, 알고리즘

기출체크 ✓

20.9
1. 소프트웨어의 상위 설계에 속하지 않는 것은?

① 아키텍처 설계
② 모듈 설계
③ 인터페이스 정의
④ 사용자 인터페이스 설계

350060

23.7, 22.3, 21.8

060 모듈화 A

- 모듈화(Modularity)는 소프트웨어의 성능을 향상시키거나 시스템의 수정 및 재사용, 유지 관리 등이 용이하도록 시스템의 기능들을 모듈 단위로 나누는 것을 의미한다.
- 모듈화를 통해 기능의 분리가 가능하여 인터페이스가 단순해진다.
- 모듈화를 통해 프로그램의 효율적인 관리가 가능하고 오류의 파급 효과를 최소화할 수 있다.
- 모듈의 크기를 너무 작게 나누면 개수가 많아져 모듈 간의 통합 비용이 많이 들고, 너무 크게 나누면 개수가 적어 통합 비용은 적게 들지만 모듈 하나의 개발 비용이 많이 든다.

기출체크 ✓

23.7, 21.8
2. 모듈화(Modularity)와 관련한 설명으로 틀린 것은?

① 소프트웨어의 모듈은 프로그래밍 언어에서 Subroutine, Function 등으로 표현될 수 있다.
② 모듈의 수가 증가하면 상대적으로 각 모듈의 크기가 커지며, 모듈 사이의 상호교류가 감소하여 과부하(Overload) 현상이 나타난다.
③ 모듈화는 시스템을 지능적으로 관리할 수 있도록 해주며, 복잡도 문제를 해결하는 데 도움을 준다.
④ 모듈화는 시스템의 유지보수와 수정을 용이하게 한다.

해설
모듈의 수가 증가하면 상대적으로 각 모듈의 크기는 작아집니다.

350061

21.8

061 추상화의 유형 C

- 과정 추상화
- 데이터(자료) 추상화
- 제어 추상화

기출체크 ✓

21.8
3. 소프트웨어 설계에서 사용되는 대표적인 추상화(Abstraction) 기법이 아닌 것은?

① 자료 추상화
② 제어 추상화
③ 과정 추상화
④ 강도 추상화

350062

21.8

062 정보 은닉 C

- 정보 은닉(Information Hiding)은 한 모듈 내부에 포함된 절차와 자료들의 정보가 감추어져 다른 모듈이 접근하거나 변경하지 못하도록 하는 기법이다.
- 어떤 모듈이 소프트웨어 기능을 수행하는데 반드시 필요한 기능이 있어 정보 은닉된 모듈과 커뮤니케이션할 필요가 있을 때는 필요한 정보만 인터페이스를 통해 주고 받는다.
- 정보 은닉을 통해 모듈을 독립적으로 수행할 수 있고, 하나의 모듈이 변경되더라도 다른 모듈에 영향을 주지 않으므로 수정, 시험, 유지보수가 용이하다.

기출체크 정답 1.② 2.② 3.④

48   **1과목** | 소프트웨어 설계

기출체크 ✓

21.8

4. 객체지향 설계에서 정보 은닉(Information Hiding)과 관련한 설명으로 틀린 것은?

① 필요하지 않은 정보는 접근할 수 없도록 하여 한 모듈 또는 하부 시스템이 다른 모듈의 구현에 영향을 받지 않게 설계되는 것을 의미한다.

② 모듈들 사이의 독립성을 유지시키는 데 도움이 된다.

③ 설계에서 은닉되어야 할 기본 정보로는 IP 주소와 같은 물리적 코드, 상세 데이터 구조 등이 있다.

④ 모듈 내부의 자료 구조와 접근 동작들에만 수정을 국한하기 때문에 요구사항 등 변화에 따른 수정이 불가능하다.

해설

정보 은닉은 모듈이 독립성을 갖게 해주므로, 요구사항 등 변화에 따른 수정이 가능합니다.

▶ 350064

064 협약에 의한 설계 ⓑ

23.2, 20.8

• 협약(Contract)에 의한 설계는 컴포넌트를 설계할 때 클래스에 대한 여러 가정을 공유할 수 있도록 명세한 것으로, 소프트웨어 컴포넌트에 대한 정확한 인터페이스를 명세한다.

• 협약에 의한 설계 시 명세에 포함될 조건에는 선행 조건, 결과 조건, 불변 조건이 있다.

– 선행 조건(Precondition) : 오퍼레이션이 호출되기 전에 참이 되어야 할 조건

– 결과 조건(Postcondition) : 오퍼레이션이 수행된 후 만족되어야 할 조건

– 불변 조건(Invariant) : 오퍼레이션이 실행되는 동안 항상 만족되어야 할 조건

기출체크 ✓

23.2, 20.8

6. 다음 (   ) 안에 들어갈 내용으로 옳은 것은?

컴포넌트 설계 시 "(   )에 의한 설계"를 따를 경우, 해당 명세에서는
(1) 컴포넌트의 오퍼레이션 사용 전에 참이 되어야 할 선행 조건
(2) 사용 후 만족되어야 할 결과 조건
(3) 오퍼레이션이 실행되는 동안 항상 만족되어야 할 불변 조건 등이 포함되어야 한다.

① 협약(Contract)　　　　② 프로토콜(Protocol)
③ 패턴(Pattern)　　　　④ 관계(Relation)

▶ 350063

063 소프트웨어 아키텍처의 설계 과정 Ⓐ

23.5, 23.2, 22.3

설계 목표 설정 → 시스템 타입 결정 → 아키텍처 패턴 적용 → 서브시스템 구체화 → 검토

기출체크 ✓

23.5, 23.2, 22.3

5. 아키텍처 설계 과정이 올바른 순서로 나열된 것은?

㉠ 설계 목표 설정
㉡ 시스템 타입 결정
㉢ 스타일 적용 및 커스터마이즈
㉣ 서브시스템의 기능, 인터페이스 동작 작성
㉤ 아키텍처 설계 검토

① ㉠ → ㉡ → ㉢ → ㉣ → ㉤
② ㉢ → ㉠ → ㉡ → ㉣ → ㉤
③ ㉠ → ㉢ → ㉡ → ㉣ → ㉤
④ ㉠ → ㉡ → ㉣ → ㉢ → ㉤

▶ 350065

065 파이프-필터 패턴 Ⓐ

23.7, 22.7, 21.8, 21.5, 20.9

• 파이프–필터 패턴(Pipe–Filter Pattern)은 데이터 스트림 절차의 각 단계를 필터(Filter) 컴포넌트로 캡슐화하여 파이프(Pipe)를 통해 데이터를 전송하는 패턴이다.

• 필터 간 데이터 이동 시 데이터 변환으로 인한 오버헤드가 발생한다.

23.7, 22.7, 20.9
1. 파이프 필터 형태의 소프트웨어 아키텍처에 대한 설명으로 옳은 것은?

① 노드와 간선으로 구성된다.
② 서브시스템이 입력 데이터를 받아 처리하고 결과를 다음 서브시스템으로 넘겨주는 과정을 반복한다.
③ 계층 모델이라고도 한다.
④ 3개의 서브시스템(모델, 뷰, 제어)으로 구성되어 있다.

해설
①번은 자료 구조 중 그래프, ③번은 레이어 패턴, ④번은 모델-뷰-컨트롤러 패턴에 대한 설명입니다.

350066

23.2, 22.4

066 모델-뷰-컨트롤러(MVC) 패턴 B

- 모델-뷰-컨트롤러 패턴(Model-View-Controller Pattern)은 서브시스템을 3개의 부분으로 구조화하는 패턴이며, 각 부분의 역할은 다음과 같다.
- 모델(Model) : 서브시스템의 핵심 기능과 데이터를 보관함
- 뷰(View) : 사용자에게 정보를 표시함
- 컨트롤러(Controller) : 사용자로부터 입력된 변경 요청을 처리하기 위해 모델에게 명령을 보냄

기출체크 ✓

23.2, 22.4
2. 소프트웨어 아키텍처 모델 중 MVC(Model-View-Controller)와 관련한 설명으로 틀린 것은?

① MVC 모델은 사용자 인터페이스를 담당하는 계층의 응집도를 높일 수 있고, 여러 개의 다른 UI를 만들어 그 사이에 결합도를 낮출 수 있다.
② 모델(Model)은 뷰(View)와 제어(Controller) 사이에서 전달자 역할을 하며, 뷰마다 모델 서브시스템이 각각 하나씩 연결된다.
③ 뷰(View)는 모델(Model)에 있는 데이터를 사용자 인터페이스에 보이는 역할을 담당한다.
④ 제어(Controller)는 모델(Model)에 명령을 보냄으로써 모델의 상태를 변경할 수 있다.

해설
모델은 서브시스템의 핵심 기능과 데이터를 보관하는 역할을 합니다.

350067

23.5, 21.8

067 마스터-슬레이브 패턴 B

- 마스터-슬레이브 패턴(Master-Slave Pattern)은 동일한 구조의 슬레이브 컴포넌트로 작업을 분할한 후, 슬레이브 컴포넌트에서 처리된 결과물을 다시 돌려받는 방식으로 작업을 수행하는 패턴이다.
- 마스터 컴포넌트는 모든 작업의 주체이고, 슬레이브 컴포넌트는 마스터 컴포넌트의 지시에 따라 작업을 수행하여 결과를 반환한다.
- 장애 허용 시스템과 병렬 컴퓨팅 시스템에서 주로 활용된다.

기출체크 ✓

23.5, 21.8
3. 분산 시스템을 위한 마스터-슬레이브(Master-Slave) 아키텍처에 대한 설명으로 틀린 것은?

① 일반적으로 실시간 시스템에서 사용된다.
② 마스터 프로세스는 일반적으로 연산, 통신, 조정을 책임진다.
③ 슬레이브 프로세스는 데이터 수집 기능을 수행할 수 없다.
④ 마스터 프로세스는 슬레이브 프로세스들을 제어할 수 있다.

해설
마스터와 슬레이브는 구조가 동일하므로 기능도 동일하게 수행할 수 있습니다. 다만 연산, 통신, 조정 기능은 슬레이브 제어를 위해 일반적으로 마스터가 수행합니다.

350068

23.7, 23.2, 22.7, 22.4, 21.5

068 객체 A

객체(Object)는 데이터와 데이터를 처리하는 함수(Method)를 묶어 놓은(캡슐화한) 하나의 소프트웨어 모듈이다.

기출체크 ✓

23.7
4. 객체지향의 주요 구성 요소 중 데이터와 데이터를 처리하는 메소드를 묶어 놓은 하나의 소프트웨어 모듈을 무엇이라고 하는가?

① 클래스(Class)
② 객체(Object)
③ 상속(Inheritance)
④ 관계(Relationship)

▶ 350069

23.2, 22.7, 21.5

069 메시지   A

메시지(Message)는 객체들 간에 상호작용을 하는 데 사용되는 수단으로, 객체에게 어떤 행위를 하도록 지시하는 명령 또는 요구사항이다.

▶ 350070

23.5, 22.3, 21.5, 20.8, 20.6

070 클래스   A

- 클래스(Class)는 공통된 속성과 연산(행위)을 갖는 객체의 집합으로, 객체의 일반적인 타입(Type)을 의미한다.
- 클래스는 객체지향 프로그램에서 데이터를 추상화하는 단위이다.
- 클래스에 속한 각각의 객체를 인스턴스(Instance)라 한다.

▶ 350071

23.5, 23.2, 22.7, 22.4, 21.5, 21.3, 20.9, 20.8

071 캡슐화   A

- 캡슐화(Encapsulation)는 데이터(속성)와 데이터를 처리하는 함수를 하나로 묶는 것을 의미한다.
- 캡슐화된 객체는 외부 모듈의 변경으로 인한 파급 효과가 적다.
- 캡슐화를 수행하면 인터페이스가 단순화된다.
- 캡슐화된 객체들은 재사용이 용이하다.

▶ 350072

23.2, 22.3, 21.8

072 상속   A

상속(Inheritance)은 이미 정의된 상위 클래스(부모 클래스)의 모든 속성과 연산을 하위 클래스(자식 클래스)가 물려받는 것이다.

▶ 350073

23.2, 22.4

073 다형성   B

- 다형성(Polymorphism)은 메시지에 의해 객체(클래스)가 연산을 수행하게 될 때 하나의 메시지에 대해 각각의 객체(클래스)가 가지고 있는 고유한 방법(특성)으로 응답할 수 있는 능력을 의미한다.
- **예1** 오버로딩(Overloading) 기능의 경우 메소드(Method)의 이름은 같지만 인수를 받는 자료형과 개수를 달리하여 여러 기능을 정의할 수 있다.
- **예2** 오버라이딩(Overriding, 메소드 재정의) 기능의 경우 상위 클래스에서 정의한 메소드(Method)와 이름은 같지만 메소드 안의 실행 코드를 달리하여 자식 클래스에서 재정의해서 사용할 수 있다.

기출체크 ✓

23.2, 22.4
1. 객체지향 개념에서 다형성(Polymorphism)과 관련한 설명으로 틀린 것은?

① 다형성은 현재 코드를 변경하지 않고 새로운 클래스를 쉽게 추가할 수 있게 한다.

② 다형성이란 여러 가지 형태를 가지고 있다는 의미로, 여러 형태를 받아들일 수 있는 특징을 말한다.

③ 메소드 오버라이딩(Overriding)은 상위 클래스에서 정의한 일반 메소드의 구현을 하위 클래스에서 무시하고 재정의할 수 있다.

④ 메소드 오버로딩(Overloading)의 경우 매개 변수 타입은 동일하지만 메소드 명을 다르게 함으로써 구현, 구분할 수 있다.

해설

메소드 오버로딩(Overloading)은 메소드명은 같지만 매개 변수의 개수나 타입을 다르게 함으로써 구현, 구분할 수 있습니다.

074 객체지향 분석 방법론 – Coad와 Yourdon 방법 **B**
350074   21.3, 20.6

• 객체지향 분석(OOA; Object Oriented Analysis)은 사용자의 요구사항을 분석하여 요구된 문제와 관련된 모든 클래스(객체), 이와 연관된 속성과 연산, 그들 간의 관계 등을 정의하여 모델링하는 작업이다.

• Coad와 Yourdon 방법은 E-R 다이어그램을 사용하여 객체의 행위를 모델링하며, 객체 식별, 구조 식별, 주제 정의, 속성과 인스턴스 연결 정의, 연산과 메시지 연결 정의 등의 과정으로 구성하는 기법이다.

 기출체크 ✓

20.6
2. 객체지향 분석 방법론 중 E-R 다이어그램을 사용하여 객체의 행위를 모델링하며, 객체 식별, 구조 식별, 주제 정의, 속성 및 관계 정의, 서비스 정의 등의 과정으로 구성되는 것은?

① Coad와 Yourdon 방법
② Booch 방법
③ Jacobson 방법
④ Wirfs-Brocks 방법

 350075
23.7, 22.7, 22.3, 21.8, 21.5, 21.3, 20.9, 20.8, 20.6
075 럼바우의 분석 기법 **A**

• 럼바우(Rumbaugh)의 분석 기법은 모든 소프트웨어 구성 요소를 그래픽 표기법을 이용하여 모델링하는 기법으로, 객체 모델링 기법(OMT, Object-Modeling Technique)이라고도 한다.

• 분석 활동은 '객체 모델링 → 동적 모델링 → 기능 모델링' 순으로 이루어진다.

• 객체(Object) 모델링 : 정보 모델링이라고도 하며, 시스템에서 요구되는 객체를 찾아내어 속성과 연산 식별 및 객체들 간의 관계를 규정하여 객체 다이어그램으로 표시하는 것

• 동적(Dynamic) 모델링 : 상태 다이어그램(상태도)을 이용하여 시간의 흐름에 따른 객체들 간의 제어 흐름, 상호 작용, 동작 순서 등의 동적인 행위를 표현하는 모델링

• 기능(Functional) 모델링 : 자료 흐름도(DFD)를 이용하여 다수의 프로세스들 간의 자료 흐름을 중심으로 처리 과정을 표현한 모델링

기출체크 ✓

23.7, 21.5, 20.6
3. 럼바우(Rumbaugh)의 객체지향 분석 절차를 가장 바르게 나열한 것은?

① 객체 모형 → 동적 모형 → 기능 모형
② 객체 모형 → 기능 모형 → 동적 모형
③ 기능 모형 → 동적 모형 → 객체 모형
④ 기능 모형 → 객체 모형 → 동적 모형

 350076 실기 공통
23.5, 23.2, 22.7, 22.3, 20.9, 20.8, 실기 22.7
076 객체지향 설계 원칙(SOLID 원칙) **A**

• 단일 책임 원칙(SRP; Single Responsibility Principle) : 객체는 단 하나의 책임만 가져야 한다는 원칙으로, 응집도는 높고, 결합도는 낮게 설계하는 것을 의미함

• 개방-폐쇄 원칙(OCP; Open-Closed Principle) : 기존의 코드를 변경하지 않고 기능을 추가할 수 있도록 설계해야 한다는 원칙으로, 공통 인터페이스를 하나의 인터페이스로 묶어 캡슐화하는 방법이 대표적임

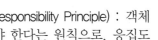

- **리스코프 치환 원칙(LSP; Liskov Substitution Principle)** : 자식 클래스는 최소한 자신의 부모 클래스에서 가능한 행위는 수행할 수 있어야 한다는 설계 원칙으로, 자식 클래스는 부모 클래스의 책임을 무시하거나 재정의하지 않고 확장만 수행하도록 해야함
- **인터페이스 분리 원칙(ISP; Interface Segregation Principle)** : 자신이 사용하지 않는 인터페이스와 의존 관계를 맺거나 영향을 받지 않아야 한다는 원칙으로, 단일 책임 원칙이 객체가 갖는 하나의 책임이라면, 인터페이스 분리 원칙은 인터페이스가 갖는 하나의 책임임
- **의존 역전 원칙(DIP; Dependency Inversion Principle)** : 각 객체들 간의 의존 관계가 성립될 때, 추상성이 낮은 클래스보다 추상성이 높은 클래스와 의존 관계를 맺어야 한다는 원칙으로, 일반적으로 인터페이스를 활용하면 이 원칙은 준수됨

기출체크 ✓

23.5, 20.9

4. 다음 내용이 설명하는 객체지향 설계 원칙은?

> - 클라이언트는 자신이 사용하지 않는 메소드와 의존관계를 맺으면 안 된다.
> - 클라이언트가 사용하지 않는 인터페이스 때문에 영향을 받아서는 안 된다.

① 인터페이스 분리 원칙
② 단일 책임 원칙
③ 개방 폐쇄의 원칙
④ 리스코프 교체의 원칙

기출체크 ✓

22.3

5. 소프트웨어 개발에서 모듈(Module)이 되기 위한 주요 특징에 해당하지 않는 것은?

① 다른 것들과 구별될 수 있는 독립적인 기능을 가진 단위(Unit)이다.
② 독립적인 컴파일이 가능하다.
③ 유일한 이름을 가져야 한다.
④ 다른 모듈에서의 접근이 불가능해야 한다.

해설

모듈들은 상호 작용을 통해 더 큰 시스템을 구성해야 하므로 모듈은 상호 접근이 가능해야 합니다.

▶350077

077 모듈의 개요

22.4, 22.3, 21.9

A

- 모듈(Module)은 모듈화를 통해 분리된 시스템의 각 기능들로, 서브루틴, 서브시스템, 소프트웨어 내의 프로그램, 작업 단위 등과 같은 의미로 사용된다.
- 모듈은 단독으로 컴파일이 가능하며, 재사용할 수 있다.
- 모듈은 다른 모듈에서의 접근이 가능하다.

▶350078
실기공통

078 결합도

23.7, 22.7, 22.4, 20.9, 20.8, 실기 21.4, 20.5

A

- 결합도(Coupling)는 모듈 간에 상호 의존하는 정도 또는 두 모듈 사이의 연관 관계를 의미한다.
- **자료(Data) 결합도** : 모듈 간의 인터페이스가 자료 요소로만 구성될 때의 결합도
- **스탬프(Stamp) 결합도** : 모듈 간의 인터페이스로 배열이나 레코드 등의 자료 구조가 전달될 때의 결합도
- **제어(Control) 결합도** : 어떤 모듈이 다른 모듈 내부의 논리적인 흐름을 제어하기 위해 제어 신호를 이용하여 통신하거나 제어 요소를 전달하는 결합도
- **외부(External) 결합도** : 어떤 모듈에서 선언한 데이터(변수)를 외부의 다른 모듈에서 참조할 때의 결합도
- **공통(Common) 결합도** : 공유되는 공통 데이터 영역을 여러 모듈이 사용할 때의 결합도
- **내용(Content) 결합도** : 한 모듈이 다른 모듈의 내부 기능 및 그 내부 자료를 직접 참조하거나 수정할 때의 결합도

23.7, 22.4, 20.9

1. 결합도(Coupling)에 대한 설명으로 틀린 것은?

① 데이터 결합도(Data Coupling)는 두 모듈이 매개변수로 자료를 전달할 때, 자료 구조 형태로 전달되어 이용될 때 데이터가 결합되어 있다고 한다.

② 내용 결합도(Content Coupling)는 하나의 모듈이 직접적으로 다른 모듈의 내용을 참조할 때 두 모듈은 내용적으로 결합되어 있다고 한다.

③ 공통 결합도(Common Coupling)는 두 모듈이 동일한 전역 데이터를 접근한다면 공통 결합되어 있다고 한다.

④ 결합도(Coupling)는 두 모듈 간의 상호작용, 또는 의존도 정도를 나타내는 것이다.

해설

• 데이터 결합도는 모듈 간의 인터페이스가 자료 요소로만 구성될 때의 결합도입니다.

• ①번은 스탬프 결합도에 대한 설명입니다.

---

079 결합도의 정도[약함 → 강함] **A**

23.2, 21.5, 21.3, 20.8

자료(Data) 결합도 → 스탬프(Stamp) 결합도 → 제어 (Control) 결합도 → 외부(External) 결합도 → 공통 (Common) 결합도 → 내용(Content) 결합도

20.8

2. 다음 중 가장 결합도가 강한 것은?

① Date Coupling ② Stamp Coupling
③ Common Coupling ④ Control Coupling

---

080 응집도의 개념 **C**

23.5

응집도(Cohesion)는 명령어나 호출문 등 모듈의 내부 요소들의 서로 관련되어 있는 정도, 즉 모듈이 독립적인 기능으로 정의되어 있는 정도를 의미한다.

23.5

3. 한 모듈 내의 각 구성 요소들이 공통의 목적을 달성하기 위하여 서로 얼마나 관련이 있는지의 기능적 연관의 정도를 나타내는 것은?

① Cohesion ② Coupling
③ Structure ④ Unity

  실기공통

081 응집도의 종류 **A**

21.8, 20.9, 20.8, 실기 21.7

• 우연적(Coincidental) 응집도 : 모듈 내부의 각 구성 요소들이 서로 관련 없는 요소로만 구성된 경우의 응집도

• 논리적(Logical) 응집도 : 유사한 성격을 갖거나 특정 형태로 분류되는 처리 요소들로 하나의 모듈이 형성되는 경우의 응집도

• 시간적(Temporal) 응집도 : 특정 시간에 처리되는 몇 개의 기능을 모아 하나의 모듈로 작성할 경우의 응집도

• 절차적(Procedural) 응집도 : 모듈이 다수의 관련 기능을 가질 때 모듈 안의 구성 요소들이 그 기능을 순차적으로 수행할 경우의 응집도

• 교환적(Communication) 응집도 : 동일한 입력과 출력을 사용하여 서로 다른 기능을 수행하는 구성 요소들이 모였을 경우의 응집도

• 순차적(Sequential) 응집도 : 모듈 내 하나의 활동으로부터 나온 출력 데이터를 그 다음 활동의 입력 데이터로 사용할 경우의 응집도

• 기능적(Functional) 응집도 : 모듈 내부의 모든 기능 요소들이 단일 문제와 연관되어 수행될 경우의 응집도

21.8

4. 모듈 내 구성 요소들이 서로 다른 기능을 같은 시간대에 함께 실행하는 경우의 응집도(Cohesion)는?

① Temporal Cohesion ② Logical Cohesion
③ Coincidental Cohesion ④ Sequential Cohesion

---

082 응집도의 정도[약함 → 강함] **A**

22.4, 21.5, 21.3, 20.6

우연적(Coincidental) 응집도 → 논리적(Logical) 응집도 → 시간적(Temporal) 응집도 → 절차적(Procedural) 응집도 → 교환적(Communication) 응집도 → 순차적 (Sequential) 응집도 → 기능적(Functional) 응집도

22.4, 20.6

5. 응집도가 가장 낮은 것은?

① 기능적 응집도 ② 시간적 응집도
③ 절차적 응집도 ④ 우연적 응집도

---

083 실기 공통 **팬인 / 팬아웃** **B**

22.7, 21.3, 실기 22.7, 20.5

- 팬인(Fan-In) : 어떤 모듈을 제어(호출)하는 모듈의 수
- 팬아웃(Fan-Out) : 어떤 모듈에 의해 제어(호출)되는 모듈의 수

기출체크 ✓

22.7, 21.3

6. 다음은 어떤 프로그램 구조를 나타낸다. 모듈 F에서의 fan-in과 fan-out의 수는 얼마인가?

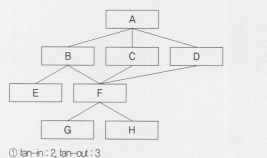

① fan-in : 2, fan-out : 3
② fan-in : 3, fan-out : 2
③ fan-in : 1, fan-out : 2
④ fan-in : 2, fan-out : 1

해설
모듈에 들어오면(in) 팬인(fan-in), 모듈에서 나가면(out) 팬아웃(fan-out)입니다. F에 들어오는 선은 3개, 나가는 선은 2개이므로, 팬인과 팬아웃은 각각 3과 2입니다.

---

084 **N-S 차트** **B**

22.3, 20.9

- N-S 차트(Nassi-Schneiderman Chart)는 논리의 기술에 중점을 둔 도형을 이용한 표현 방법으로 박스 다이어그램, Chapin Chart라고도 한다.
- 연속, 선택 및 다중 선택, 반복 등의 제어 논리 구조를 표현한다.
- GOTO나 화살표를 사용하지 않는다.
- 조건이 복합되어 있는 곳의 처리를 시각적으로 명확히 식별하는 데 적합하다.
- 이해하기 쉽고, 코드 변환이 용이하다.

기출체크 ✓

22.3, 20.9

7. N-S(Nassi-Schneiderman) Chart에 대한 설명으로 거리가 먼 것은?

① 논리의 기술에 중점을 둔 도형식 표현 방법이다.
② 연속, 선택 및 다중 선택, 반복 등의 제어 논리 구조로 표현한다.
③ 주로 화살표를 사용하여 논리적인 제어 구조로 흐름을 표현한다.
④ 조건이 복합되어 있는 곳의 처리를 시각적으로 명확히 식별하는데 적합하다.

해설
N-S 차트에서는 GOTO나 화살표를 사용하지 않습니다.

---

085 **공통 모듈 - 명확성** **C**

20.6

명확성(Clarity)은 해당 기능을 이해할 때 중의적으로 해석되지 않도록 명확하게 작성하는 원칙이다.

기출체크 ✓

20.6

8. 공통 모듈에 대한 명세 기법 중 해당 기능에 대해 일관되게 이해되고 한 가지로 해석될 수 있도록 작성하는 원칙은?

① 상호작용성
② 명확성
③ 독립성
④ 내용성

---

086 **재사용** **A**

22.4, 21.3, 20.9

- 재사용(Reuse)은 이미 개발된 기능을 새로운 시스템이나 기능 개발에 사용할 수 있는 정도를 의미한다.
- 재사용 규모에 따른 분류 : 함수와 객체, 컴포넌트, 애플리케이션

기출체크 ✓

20.9

9. 공통 모듈의 재사용 범위에 따른 분류가 아닌 것은?

① 컴포넌트 재사용
② 더미코드 재사용
③ 함수와 객체 재사용
④ 애플리케이션 재사용

기출체크 정답 6.② 7.③ 8.② 9.②

087 컴포넌트

22.4 **C**

- 컴포넌트(Component)는 독립적인 업무 또는 기능을 수행하는 실행 코드 기반으로 작성된 모듈이다.
- 컴포넌트 자체에 대한 수정 없이 인터페이스를 통해 통신하는 방식으로 재사용한다.

기출체크 ☑

22.4
1. 명백한 역할을 가지고 독립적으로 존재할 수 있는 시스템의 부분으로 넓은 의미에서는 재사용되는 모든 단위라고 볼 수 있으며, 인터페이스를 통해서만 접근할 수 있는 것은?

① Model
② Sheet
③ Component
④ Cell

088 효과적인 모듈 설계 방안

22.3, 21.3, 20.9, 20.8 **A**

- 결합도는 줄이고 응집도는 높여서 모듈의 독립성과 재사용성을 높인다.
- 모듈의 제어 영역 안에서 그 모듈의 영향 영역을 유지시킨다.
- 복잡도와 중복성을 줄이고 일관성을 유지시킨다.
- 모듈의 기능은 예측이 가능해야 하며 지나치게 제한적이어서는 안 된다.
- 유지보수가 용이해야 한다.

기출체크 ☑

22.3, 21.3, 2.9
2. 바람직한 소프트웨어 설계 지침이 아닌 것은?

① 적당한 모듈의 크기를 유지한다.
② 모듈 간의 접속 관계를 분석하여 복잡도와 중복을 줄인다.
③ 모듈 간의 결합도는 강할수록 바람직하다.
④ 모듈 간의 효과적인 제어를 위해 설계에서 계층적 자료 조직이 제시되어야 한다.

해설
효과적으로 모듈을 설계하려면, 결합도는 줄이고 응집도는 높여야 합니다.

089 순차 코드

23.7, 20.6 **B**

순차 코드(Sequence Code)는 자료의 발생 순서, 크기 순서 등 일정 기준에 따라서 최초의 자료부터 차례로 일련번호를 부여하는 방법으로, 순서 코드 또는 일련번호 코드라고도 한다.

기출체크 ☑

23.7, 20.6
3. 코드 설계에서 일정한 일련번호를 부여하는 방식의 코드는?

① 연상 코드
② 블록 코드
③ 순차 코드
④ 표의 숫자 코드

090 표의 숫자 코드

23.2, 20.9 **B**

표의 숫자 코드(Significant Digit Code)는 코드화 대상 항목의 성질, 즉 길이, 넓이, 부피, 지름, 높이 등의 물리적 수치를 그대로 코드에 적용시키는 방법으로, 유효 숫자 코드라고도 한다.

기출체크 ☑

23.2, 20.9
4. 코드화 대상 항목의 중량, 면적, 용량 등의 물리적 수치를 이용하여 만든 코드는?

① 순차 코드
② 10진 코드
③ 표의 숫자 코드
④ 블록 코드

23.5, 22.3, 20.9, 20.8, 실기 20.11

091 디자인 패턴 **A**

- 디자인 패턴(Design Pattern)은 각 모듈의 세분화된 역할이나 모듈들 간의 인터페이스와 같은 코드를 작성하는 수준의 세부적인 구현 방안을 설계할 때 참조할 수 있는 전형적인 해결 방식 또는 예제를 의미한다.
- 디자인 패턴은 문제 및 배경, 실제 적용된 사례, 재사용이 가능한 샘플 코드 등으로 구성되어 있다.
- **디자인 패턴 유형** : 생성 패턴, 구조 패턴, 행위 패턴

기출체크 ✓

22.3
5. 소프트웨어 설계에서 자주 발생하는 문제에 대한 일반적이고 반복적인 해결 방법을 무엇이라고 하는가?

① 모듈 분해
② 디자인 패턴
③ 연관 관계
④ 클래스 도출

 350092

21.3, 20.9

092 디자인 패턴 사용의 장·단점 **B**

- 범용적인 코딩 스타일로 인해 구조 파악이 용이하다.
- 객체지향 설계 및 구현의 생산성을 높이는 데 적합하다.
- 검증된 구조의 재사용을 통해 개발 시간과 비용이 절약된다.
- 초기 투자 비용이 부담될 수 있다.
- 개발자 간의 원활한 의사소통이 가능하다.

기출체크 ✓

20.9
6. 디자인 패턴 사용의 장·단점에 대한 설명으로 거리가 먼 것은?

① 소프트웨어 구조 파악이 용이하다.
② 객체지향 설계 및 구현의 생산성을 높이는 데 적합하다.
③ 재사용을 위한 개발 시간이 단축된다.
④ 절차형 언어와 함께 이용될 때 효율이 극대화된다.

해설
디자인 패턴은 객체지향을 기반으로 한 설계와 구현을 다루므로 다른 기반의 애플리케이션 개발에는 적합하지 않습니다.

 350093
실 기 공 통

23.7, 23.5, 23.2, 22.7, 22.3, 21.8, 21.5, 21.3, 20.8, 실기 23.7

093 생성 패턴의 종류 **A**

- **추상 팩토리(Abstract Factory)** : 구체적인 클래스에 의존하지 않고, 인터페이스를 통해 서로 연관·의존하는 객체들의 그룹으로 생성하여 추상적으로 표현함
- **빌더(Builder)** : 작게 분리된 인스턴스를 건축 하듯이 조합하여 객체를 생성함
- **팩토리 메소드(Factory Method)** : 객체 생성을 서브 클래스에서 처리하도록 분리하여 캡슐화한 패턴으로, 상위 클래스에서 인터페이스만 정의하고 실제 생성은 서브 클래스가 담당함. 가상 생성자(Virtual Constructor) 패턴이라고도 함
- **프로토타입(Prototype)** : 원본 객체를 복제하는 방법으로 객체를 생성하는 패턴
- **싱글톤(Singleton)** : 하나의 객체를 생성하면 생성된 객체를 어디서든 참조할 수 있지만, 여러 프로세스가 동시에 참조할 수는 없음

기출체크 ✓

23.7, 20.8
7. 다음 내용이 설명하는 디자인 패턴은?

- 객체를 생성하기 위한 인터페이스를 정의하여 어떤 클래스가 인스턴스화 될 것인지는 서브 클래스가 결정하도록 하는 것
- Virtual−Constructor 패턴이라고도 함

① Visitor 패턴
② Observer 패턴
③ Factory Method 패턴
④ Bridge 패턴

▶350094 실기 공통
23.7, 23.2, 22.4, 21.5, 실기 23.4, 22.10

094 구조 패턴의 종류 　A

- **어댑터(Adapter)** : 호환성이 없는 클래스들의 인터페이스를 다른 클래스가 이용할 수 있도록 변환해주는 패턴
- **브리지(Bridge)** : 구현부에서 추상층을 분리하여, 서로가 독립적으로 확장할 수 있도록 구성한 패턴
- **컴포지트(Composite)** : 여러 객체를 가진 복합 객체와 단일 객체를 구분 없이 다루고자 할 때 사용하는 패턴
- **데코레이터(Decorator)** : 객체 간의 결합을 통해 능동적으로 기능들을 확장할 수 있는 패턴으로, 임의의 객체에 부가적인 기능을 추가하기 위해 다른 객체들을 덧붙이는 방식으로 구현함
- **퍼싸드(Facade)** : 복잡한 서브 클래스들을 피해 더 상위에 인터페이스를 구성함으로써 서브 클래스들의 기능을 간편하게 사용할 수 있도록 하는 패턴
- **플라이웨이트(Flyweight)** : 인스턴스가 필요할 때마다 매번 생성하는 것이 아니고 가능한 한 공유해서 사용함으로써 메모리를 절약하는 패턴
- **프록시(Proxy)** : 접근이 어려운 객체와 여기에 연결하려는 객체 사이에서 인터페이스 역할을 수행하는 패턴

기출체크 ✅

23.7, 23.2, 22.4
1. 디자인 패턴 중 구조 패턴에 속하지 않는 것은?
① Observer
② Decorator
③ Adapter
④ Proxy

해설
옵서버(Observer)는 행위 패턴입니다.

- **인터프리터(Interpreter)** : 언어에 문법 표현을 정의하는 패턴으로, SQL이나 통신 프로토콜과 같은 것을 개발할 때 사용함
- **반복자(Iterator)** : 자료 구조와 같이 접근이 잦은 객체에 대해 동일한 인터페이스를 사용하도록 하는 패턴
- **중재자(Mediator)** : 수많은 객체들 간의 복잡한 상호작용(Interface)을 캡슐화하여 객체로 정의하는 패턴
- **메멘토(Memento)** : 특정 시점에서의 객체 내부 상태를 객체화함으로써 이후 요청에 따라 객체를 해당 시점의 상태로 돌릴 수 있는 기능을 제공하는 패턴으로, Ctrl + Z 와 같은 되돌리기 기능을 개발할 때 주로 이용함
- **옵서버(Observer)** : 한 객체의 상태가 변화하면 객체에 상속되어 있는 다른 객체들에게 변화된 상태를 전달하는 패턴
- **상태(State)** : 객체의 상태에 따라 동일한 동작을 다르게 처리해야 할 때 사용하는 패턴
- **전략(Strategy)** : 동일한 계열의 알고리즘들을 개별적으로 캡슐화하여 상호 교환할 수 있게 정의하는 패턴
- **템플릿 메소드(Template Method)** : 상위 클래스에서 골격을 정의하고, 하위 클래스에서 세부 처리를 구체화하는 구조의 패턴
- **방문자(Visitor)** : 각 클래스들의 데이터 구조에서 처리 기능을 분리하여 별도의 클래스로 구성하는 패턴

기출체크 ✅

21.8, 20.9
2. GoF(Gang of Four) 디자인 패턴과 관련한 설명으로 틀린 것은?
① 디자인 패턴을 목적(Purpose)으로 분류할 때 생성, 구조, 행위로 분류할 수 있다.
② Strategy 패턴은 대표적인 구조 패턴으로 인스턴스를 복제하여 사용하는 구조를 말한다.
③ 행위 패턴은 클래스나 객체들이 상호작용하는 방법과 책임을 분산하는 방법을 정의한다.
④ Singleton 패턴은 특정 클래스의 인스턴스가 오직 하나임을 보장하고, 이 인스턴스에 대한 접근 방법을 제공한다.

해설
- 전략(Strategy) 패턴은 동일한 계열의 알고리즘들을 개별적으로 캡슐화하여 상호 교환할 수 있게 정의하는 행위 패턴입니다.
- 인스턴스를 복제하여 사용하는 패턴은 프로토타입(Prototype) 패턴입니다.

▶350095 실기 공통
23.5, 23.2, 21.8, 21.5, 20.9, 20.8, 20.6, 실기 23.7, 22.10, 21.7, 20.7

095 행위 패턴의 종류 　A

- **책임 연쇄(Chain of Responsibility)** : 요청을 처리할 수 있는 객체가 둘 이상 존재하여 한 객체가 처리하지 못하면 다음 객체로 넘어가는 형태의 패턴
- **커맨드(Command)** : 요청을 객체의 형태로 캡슐화하여 재이용하거나 취소할 수 있도록 요청에 필요한 정보를 저장하거나 로그에 남기는 패턴

기출문제은행

 해설은 63쪽에 있습니다.

23년 7월

01 모듈화를 통해 분리된 시스템의 각 기능들로, 서브루틴, 서브시스템, 소프트웨어 내의 프로그램, 작업 단위 등과 같은 의미로 사용되는 것은?

① Module
② Component
③ Things
④ Prototype

22년 3월

02 소프트웨어 모듈화의 장점이 아닌 것은?

① 오류의 파급 효과를 최소화한다.
② 기능의 분리가 가능하여 인터페이스가 복잡하다.
③ 모듈의 재사용 가능으로 개발과 유지보수가 용이하다.
④ 프로그램의 효율적인 관리가 가능하다.

21년 3월

03 소프트웨어 설계 시 제일 상위에 있는 main user function 에서 시작하여 기능을 하위 기능들로 분할해 가면서 설계하는 방식은?

① 객체 지향 설계
② 데이터 흐름 설계
③ 상향식 설계
④ 하향식 설계

21년 5월

04 서브시스템이 입력 데이터를 받아 처리하고 결과를 다른 시스템에 보내는 작업이 반복되는 아키텍처 스타일은?

① 클라이언트 서버 구조
② 계층 구조
③ MVC 구조
④ 파이프 필터 구조

21년 8월

05 소프트웨어 아키텍처와 관련한 설명으로 틀린 것은?

① 파이프 필터 아키텍처에서 데이터는 파이프를 통해 양방향으로 흐르며, 필터 이동 시 오버헤드가 발생하지 않는다.
② 외부에서 인식할 수 있는 특성이 담긴 소프트웨어의 골격이 되는 기본 구조로 볼 수 있다.
③ 데이터 중심 아키텍처는 공유 데이터저장소를 통해 접근자 간의 통신이 이루어지므로 각 접근자의 수정과 확장이 용이하다.
④ 이해 관계자들의 품질 요구사항을 반영하여 품질 속성을 결정한다.

21년 5월

06 객체지향 기법에서 같은 클래스에 속한 각각의 객체를 의미하는 것은?

① Instance
② Message
③ Method
④ Module

20년 8월

07 객체지향에서 정보 은닉과 가장 밀접한 관계가 있는 것은?

① Encapsulation
② Class
③ Method
④ Instance

22년 4월

08 객체에 대한 설명으로 틀린 것은?

① 객체는 상태, 동작, 고유 식별자를 가진 모든 것이라 할 수 있다.
② 객체는 공통 속성을 공유하는 클래스들의 집합이다.
③ 객체는 필요한 자료 구조와 이에 수행되는 함수들을 가진 하나의 독립된 존재이다.
④ 객체의 상태는 속성값에 의해 정의된다.

23년 5월

09 객체지향 소프트웨어 공학에서 하나 이상의 유사한 객체들을 묶어서 하나의 공통된 특성을 표현한 것은?

① 트랜잭션
② 클래스
③ 시퀀스
④ 서브루틴

23년 5월

10 데이터와 데이터를 처리하는 함수를 하나로 묶는 것을 의미하는 객체지향 용어는 무엇인가?

① Operation
② Class
③ Inheritance
④ Encapsulation

20년 9월

11 객체지향 기법의 캡슐화(Encapsulation)에 대한 설명으로 틀린 것은?

① 인터페이스가 단순화 된다.
② 소프트웨어 재사용성이 높아진다.
③ 변경 발생 시 오류의 파급 효과가 적다.
④ 상위 클래스의 모든 속성과 연산을 하위 클래스가 물려받는 것을 의미한다.

▶ 정답 : 1.① 2.② 3.④ 4.④ 5.① 6.① 7.① 8.② 9.② 10.④ 11.④

21년 8월, 20년 9월

12 객체지향의 주요 개념에 대한 설명으로 틀린 것은?

① 캡슐화는 상위 클래스에서 속성이나 연산을 전달받아 새로운 형태의 클래스로 확장하여 사용하는 것을 의미한다.

② 객체는 실세계에 존재하거나 생각할 수 있는 것을 말한다.

③ 클래스는 하나 이상의 유사한 객체들을 묶어 공통된 특성을 표현한 것이다.

④ 다형성은 상속받은 여러 개의 하위 객체들이 다른 형태의 특성을 갖는 객체로 이용될 수 있는 성질이다.

23년 2월

13 다음 중 객체지향 소프트웨어의 특성에 대한 설명으로 틀린 것은?

① 메소드를 오버라이딩으로 처리하는 것과 관련된 특성은 추상화이다.

② 데이터와 데이터를 처리하는 함수를 하나로 묶는 것을 캡슐화라고 한다.

③ 이미 정의된 상위 클래스의 모든 속성과 연산을 하위 클래스가 물려받는 것을 상속이라고 한다.

④ 한 모듈 내부에 포함된 절차와 자료들의 정보가 감추어져 다른 모듈이 접근하거나 변경하지 못하도록 하는 기법을 정보 은닉이라고 한다.

21년 3월, 20년 6월

14 객체지향 분석 방법론 중 Coad-Yourdon 방법에 해당하는 것은?

① E-R 다이어그램을 사용하여 객체의 행위를 데이터 모델링하는데 초점을 둔 방법이다.

② 객체, 동적, 기능 모델로 나누어 수행하는 방법이다.

③ 미시적 개발 프로세스와 거시적 개발 프로세스를 모두 사용하는 방법이다.

④ Use-Case를 강조하여 사용하는 방법이다.

21년 8월

15 럼바우(Rumbaugh)의 객체지향 분석 기법 중 자료 흐름도(DFD)를 주로 이용하는 것은?

① 기능 모델링

② 동적 모델링

③ 객체 모델링

④ 정적 모델링

21년 3월

16 럼바우(Rumbaugh) 분석 기법에서 정보 모델링이라고도 하며, 시스템에서 요구되는 객체를 찾아내어 속성과 연산 식별 및 객체들 간의 관계를 규정하여 다이어그램을 표시하는 모델링은?

① Object

② Dynamic

③ Function

④ Static

22년 3월, 20년 8월

17 클래스 설계 원칙에 대한 바른 설명은?

① 단일 책임 원칙 : 하나의 클래스만 변경 가능해야 한다.

② 개방-폐쇄의 원칙 : 클래스는 확장에 대해 열려 있어야 하며 변경에 대해 닫혀 있어야 한다.

③ 리스코프 교체의 원칙 : 여러 개의 책임을 가진 클래스는 하나의 책임을 가진 클래스로 대체되어야 한다.

④ 의존관계 역전의 원칙 : 클라이언트는 자신이 사용하는 메소드와 의존관계를 갖지 않도록 해야 한다.

23년 2월

18 다음 중 객체지향 설계 원칙에 속하지 않는 것은?

① 개방-폐쇄 원칙(OCP; Open-Closed Principle)

② 의존 역전 원칙(DIP; Dependency Inversion Principle)

③ 인터페이스 통합 원칙(IIP; Interface Integration Principle)

④ 단일 책임 원칙(SRP; Single Responsibility Principle)

20년 8월

19 객체지향 설계 원칙 중 서브타입(상속받은 하위 클래스)은 어디에서나 자신의 기반타입(상위 클래스)으로 교체할 수 있어야 함을 의미하는 원칙은?

① ISP(Interface Segregation Principle)

② DIP(Dependency Inversion Principle)

③ LSP(Liskov Substitution Principle)

④ SRP(Single Responsibility Principle)

21년 3월

20 소프트웨어를 개발하기 위한 비즈니스(업무)를 객체와 속성, 클래스와 멤버, 전체와 부분 등으로 나누어서 분석해내는 기법은?

① 객체지향 분석

② 구조적 분석

③ 기능적 분석

④ 실시간 분석

22년 7월, 3월, 20년 9월, 8월

21 그래픽 표기법을 이용하여 소프트웨어 구성 요소를 모델링하는 럼바우 분석 기법에 포함되지 않는 것은?

① 객체 모델링   ② 기능 모델링

③ 동적 모델링   ④ 블랙박스 분석 모델링

21년 8월

22 다음 설명에 부합하는 용어로 옳은 것은?

> • 소프트웨어 구조를 이루며, 다른 것들과 구별될 수 있는 독립적인 기능을 갖는 단위이다.
> • 하나 또는 몇 개의 논리적인 기능을 수행하기 위한 명령어들의 집합이라고도 할 수 있다.
> • 서로 모여 하나의 완전한 프로그램으로 만들어질 수 있다.

① 통합 프로그램   ② 저장소

③ 모듈   ④ 데이터

22년 7월, 20년 8월

23 어떤 모듈이 다른 모듈의 내부 논리 조직을 제어하기 위한 목적으로 제어 신호를 이용하여 통신하는 경우이며, 하위 모듈에서 상위 모듈로 제어 신호가 이동하여 상위 모듈에게 처리 명령을 부여하는 권리 전도 현상이 발생하게 되는 결합도는?

① Data Coupling   ② Stamp Coupling

③ Control Coupling   ④ Common Coupling

20년 9월

24 응집도의 종류 중 서로 간에 어떠한 의미 있는 연관 관계도 지니지 않은 기능 요소로 구성되는 경우이며, 서로 다른 상위 모듈에 의해 호출되어 처리상의 연관성이 없는 서로 다른 기능을 수행하는 경우의 응집도는?

① Functional Cohesion

② Sequential Cohesion

③ Logical Cohesion

④ Coincidental Cohesion

22년 4월, 3월

25 모듈화(Modularity)와 관련한 설명으로 틀린 것은?

① 시스템을 모듈로 분할하면 각각의 모듈을 별개로 만들고 수정할 수 있기 때문에 좋은 구조가 된다.

② 응집도는 모듈과 모듈 사이의 상호의존 또는 연관 정도를 의미한다.

③ 모듈 간의 결합도가 약해야 독립적인 모듈이 될 수 있다.

④ 모듈 내 구성 요소들 간의 응집도가 강해야 좋은 모듈 설계이다.

23년 2월, 21년 5월, 3월

26 결합도가 낮은 것부터 높은 순으로 옳게 나열한 것은?

> (ㄱ) 내용 결합도   (ㄴ) 자료 결합도
> (ㄷ) 공통 결합도   (ㄹ) 스탬프 결합도
> (ㅁ) 외부 결합도   (ㅂ) 제어 결합도

① (ㄱ) → (ㄴ) → (ㄹ) → (ㅂ) → (ㅁ) → (ㄷ)

② (ㄴ) → (ㄹ) → (ㅁ) → (ㅂ) → (ㄷ) → (ㄱ)

③ (ㄴ) → (ㄹ) → (ㅂ) → (ㅁ) → (ㄷ) → (ㄱ)

④ (ㄱ) → (ㄴ) → (ㄹ) → (ㅁ) → (ㅂ) → (ㄷ)

21년 5월, 3월

27 다음 중 가장 강한 응집도(Cohesion)는?

① Sequential Cohesion

② Procedural Cohesion

③ Logical Cohesion

④ Coincidental Cohesion

22년 7월

28 다음 결합도의 종류에 대한 설명 중 틀린 것은?

① 자료 결합도 : 모듈 간의 인터페이스가 자료 요소로만 구성될 때의 결합도

② 내용 결합도 : 한 모듈이 다른 모듈과 제어 신호를 이용하여 통신하고, 공유되는 공통 데이터 영역을 사용할 때의 결합도

③ 스탬프 결합도 : 모듈 간의 인터페이스로, 배열의 자료 구조가 전달될 때의 결합도

④ 외부 결합도 : 어떤 모듈에서 선언한 데이터를 다른 모듈에서 참조할 때의 결합도

21년 3월

29 소프트웨어의 일부분을 다른 시스템에서 사용할 수 있는 정도를 의미하는 것은?

① 신뢰성(Reliability)

② 유지보수성(Maintainability)

③ 가시성(Visibility)

④ 재사용성(Reusability)

▶ 정답 : 12.① 13.① 14.① 15.① 16.① 17.② 18.③ 19.③ 20.① 21.④ 22.③ 23.③ 24.④ 25.② 26.③ 27.① 28.② 29.④

20년 8월

30 효과적인 모듈 설계를 위한 유의사항으로 거리가 먼 것은?

① 모듈간의 결합도를 약하게 하면 모듈 독립성이 향상된다.

② 복잡도와 중복성을 줄이고 일관성을 유지시킨다.

③ 모듈의 기능은 예측이 가능해야 하며 지나치게 제한적이어야 한다.

④ 유지보수가 용이해야 한다.

22년 3월

31 GoF(Gangs of Four) 디자인 패턴에서 생성(Creational) 패턴에 해당하는 것은?

① 컴포지트(Composite)

② 어댑터(Adapter)

③ 추상 팩토리(Abstract Factory)

④ 옵서버(Observer)

20년 8월, 6월

32 디자인 패턴 중에서 행위적 패턴에 속하지 않는 것은?

① 커맨드(Command) 패턴

② 옵서버(Observer) 패턴

③ 프로토타입(Prototype) 패턴

④ 상태(State) 패턴

20년 8월

33 객체지향 소프트웨어 설계 시 디자인 패턴을 구성하는 요소로서 가장 거리가 먼 것은?

① 개발자 이름　　　　② 문제 및 배경

③ 사례　　　　　　　④ 샘플 코드

23년 2월, 21년 5월

34 GoF(Gangs of Four) 디자인 패턴에 대한 설명으로 틀린 것은?

① Factory Method Pattern은 상위 클래스에서 객체를 생성하는 인터페이스를 정의하고, 하위 클래스에서 인스턴스를 생성하도록 하는 방식이다.

② Prototype Pattern은 Prototype을 먼저 생성하고 인스턴스를 복제하여 사용하는 구조이다.

③ Bridge Pattern은 기존에 구현되어 있는 클래스에 기능 발생 시 기존 클래스를 재사용할 수 있도록 중간에서 맞춰주는 역할을 한다.

④ Mediator Pattern은 객체간의 통제와 지시의 역할을 하는 중재자를 두어 객체지향의 목표를 달성하게 해준다.

21년 5월

35 GoF(Gangs of Four) 디자인 패턴 중 생성 패턴으로 옳은 것은?

① Singleton Pattern　　② Adapter Pattern

③ Decorator Pattern　　④ State Pattern

23년 5월, 20년 9월

36 GoF(Gangs of Four) 디자인 패턴 분류에 해당하지 않는 것은?

① 생성 패턴　　　　　② 객체 패턴

③ 행위 패턴　　　　　④ 구조 패턴

21년 3월

37 GoF(Gangs of Four) 디자인 패턴의 생성 패턴에 속하지 않는 것은?

① 추상 팩토리　　　　② 빌더

③ 어댑터　　　　　　④ 싱글턴

23년 5월

38 디자인 패턴 중 Singleton에 대한 설명으로 옳은 것은?

① 하나의 객체를 생성하면 생성된 객체를 어디서든 참조할 수 있지만, 여러 프로세스가 동시에 참조할 수는 없는 패턴이다.

② 원본 객체를 복제하는 방법으로 객체를 생성하는 패턴이다.

③ 여러 객체를 가진 복합 객체와 단일 객체를 구분 없이 다루고자 할 때 사용하는 패턴이다.

④ 수많은 객체들 간의 복잡한 상호작용을 캡슐화하여 객체로 정의하는 패턴이다.

23년 5월

39 디자인 패턴 중 알고리즘은 상위 클래스에서 정의하고 나머지는 하위 클래스에서 구체화하는 패턴은 무엇인가?

① 옵서버　　　　　　② 템플릿 메소드

③ 상태　　　　　　　④ 컴포지트

21년 3월

40 디자인 패턴을 이용한 소프트웨어 재사용으로 얻어지는 장점이 아닌 것은?

① 소프트웨어 코드의 품질을 향상시킬 수 있다.

② 개발 프로세스를 무시할 수 있다.

③ 개발자들 사이의 의사소통을 원활하게 할 수 있다.

④ 소프트웨어의 품질과 생산성을 향상시킬 수 있다.

▶ 정답 : 30.③ 31.③ 32.③ 33.① 34.③ 35.① 36.② 37.③ 38.① 39.② 40.②

01 핵심 077

모듈화를 통해 분리된 시스템의 각 기능들을 모듈(Module)이라고 한다.

- 컴포넌트(Component) : 명백한 역할을 가지고 독립적으로 존재할 수 있는 시스템의 부분으로 넓은 의미에서는 재사용되는 모든 단위라고 볼 수 있으며, 인터페이스를 통해서만 접근할 수 있는 것
- 프로토타입(Prototype) : 와이어프레임이나 스토리보드 등에 인터랙션을 적용함으로써 실제 구현된 것처럼 테스트가 가능한 동적인 형태의 모형

02 핵심 060

모듈화의 장점은 기능의 분리가 가능하여 인터페이스가 단순해진다는 것이다.

03 핵심 059

프로그램의 상위 모듈에서 하위 모듈 방향으로 설계하는 기법을 하향식 설계라고 하며 대표적인 하향식 설계 전략으로 단계적 분해(Stepwise Refinement)가 있다.

04 핵심 065

시스템이 파이프처럼 연결되어 있어서 앞 시스템의 처리 결과물을 파이프를 통해 전달받아 처리한 후 그 결과물을 다시 파이프를 통해 다음 시스템으로 넘겨주는 패턴을 반복하는 아키텍처 스타일은 파이프-필터이다.

- 레이어 패턴(Layers Pattern) : 시스템을 계층(Layer)으로 구분하여 구성하는 고전적인 방법 중의 하나로 각각의 서브시스템들이 계층 구조를 이루며, 하위 계층은 상위 계층에 대한 서비스 제공자가 되고, 상위 계층은 하위 계층의 클라이언트가 됨
- 클라이언트-서버 패턴(Clinent-Server Pattern) : 하나의 서버 컴포넌트와 다수의 클라이언트 컴포넌트로 구성되는 패턴으로, 클라이언트가 서버에 요청하고 응답을 받아 사용자에게 제공하는 방식
- 모델-뷰-컨트롤러 패턴(Model-View-Controller Pattern) : 서브시스템을 모델(Model), 뷰(View), 컨트롤러(Controller)의 세 부분으로 구조화하는 패턴

05 핵심 065

파이프 필터 패턴은 데이터가 필터를 통과할 때 변환이 필요하며, 이로 인해 오버헤드가 발생한다.

06 핵심 070

클래스에 속한 각각의 객체를 인스턴스(Instance)라고 한다.

- 메소드(Method) : 객체가 메시지를 받아 실행해야 할 때 구체적인 연산을 정의하는 것으로, 객체의 상태를 참조하거나 변경하는 수단이 됨
- 모듈(Module) : 모듈화를 통해 분리된 시스템의 각 기능들로, 서브루틴, 서브시스템, 소프트웨어 내의 프로그램, 작업 단위 등과 같은 의미로 사용됨
- 메시지(Message) : 객체에게 어떤 행위를 하도록 지시하는 명령

07 핵심 071

정보 은닉(Information Hiding)은 한 모듈 내부에 포함된 절차와 자료들의 정보가 감추어져 다른 모듈이 접근하거나 변경하지 못하도록 하는 기법으로 캡슐화(Encapsulation)와 관계가 있다.

08 핵심 068, 070

객체가 클래스의 집합이 아니라 클래스가 공통된 속성과 연산(행위)을 갖는 객체의 집합이다.

09 핵심 070

하나 이상의 유사한 객체들을 묶어서 하나의 공통된 특성을 표현한 것을 클래스(Class)라고 한다.

- 트랜잭션(Transaction) : 데이터베이스의 상태를 변환시키는 하나의 논리적 기능을 수행하기 위한 작업의 단위
- 순차(Sequence) : 특정 시간동안 수행되는 사건이나 행동 등의 순서
- 서브 루틴(Subroutine) : 메인 루틴에 의해 필요할 때 마다 호출되는 루틴

10 핵심 071

데이터와 데이터를 처리하는 함수를 하나로 묶는 것을 Encapsulation(캡슐화)이라고 한다.

- 오퍼레이션(Operation) : 클래스가 수행할 수 있는 동작으로, 함수(메소드, Method)라고도 함
- 클래스(Class) : 공통된 속성과 연산(행위)을 갖는 객체의 집합으로, 객체의 일반적인 타입(Type)을 의미함
- 상속(Inheritance) : 이미 정의된 상위 클래스(부모 클래스)의 모든 속성과 연산을 하위 클래스(자식 클래스)가 물려받는 것

11 핵심 071, 072

④번은 상속(inheritance)에 대한 설명이다.

12 핵심 068, 070, 072, 073

- 캡슐화(Encapsulation)는 외부에서 접근을 제한하기 위해 인터페이스를 제외한 세부 내용을 은닉하는 것이다.
- ①번은 상속(Inheritance)에 대한 설명이다.

13 핵심 062, 071, 072, 073

- 메소드 오버라이딩이란 상위 클래스에서 정의한 메소드와 이름은 같지만 메소드 안의 실행 코드를 달리하여 자식 클래스에서 재정의해서 사용하는 것을 말한다. 이와 같이 하나의 메시지에 대해 각각의 객체가 가지고 있는 고유한 방법(특성)으로 응답할 수 있는 능력을 다형성(Polymorphism)이라고 한다.
- 추상화는 불필요한 부분을 생략하고 객체의 속성 중 가장 중요한 것에만 중점을 두어 개략화하는 것으로, 이와 관련된 객체지향 소프트웨어의 요소는 클래스이다.

14 핵심 074, 075

E-R 다이어그램은 Coad와 Yourdon, 미시적(Micro)과 거시적(Macro)은 Booch, Use-Case 강조는 Jacobson, 객체, 동적, 기능 모델은 Rumbaugh 기법과 관련이 있다.

15 핵심 075

객체 모델링은 객체 다이어그램, 동적 모델링은 상태 다이어그램, 기능 모델링은 자료 흐름도(DFD)를 이용한다.

16 핵심 075

객체의 식별이나 객체들 간의 관계는 객체(Object) 모델링, 객체들 간의 동적인 행위를 표현하는 것은 동적(Dynamic) 모델링, 자료 흐름을 중심으로 처리 과정을 표현한 것은 기능(Functional) 모델링이다.

17 핵심 076

클래스 설계 원칙에 대한 바른 설명은 ②번이다.
① 단일 책임 원칙은 객체는 단 하나의 책임만 가져야 한다는 원칙이다.
③ 리스코프 교체의 원칙은 자식 클래스는 최소한 자신의 부모 클래스에서 가능한 행위는 수행할 수 있어야 한다는 설계 원칙이다.
④ 의존관계 역전의 원칙은 각 객체들이 의존 관계가 성립될 때, 추상성이 낮은 클래스 보다 추상성이 높은 클래스와 의존 관계를 맺어야 한다는 원칙이다.

18 핵심 076

객체지향 설계 원칙 중 하나는 인터페이스 통합 원칙이 아니라 인터페이스 분리 원칙(ISP)이다.

19 핵심 076

문제에 제시된 내용은 SOLID 중 리스코프 치환 원칙(LSP)에 대한 설명이다.

- 인터페이스 분리 원칙(ISP; Interface Segregation Principle) : 자신이 사용하지 않는 인터페이스와 의존 관계를 맺거나 영향을 받지 않아야 한다는 원칙
- 의존 역전 원칙(DIP; Dependency Inversion Principle) : 각 객체들 간의 의존 관계가 성립될 때, 추상성이 낮은 클래스보다 추상성이 높은 클래스와 의존 관계를 맺어야 한다는 원칙
- 단일 책임 원칙(SRP; Single Responsibility Principle) : 객체는 단 하나의 책임만 가져야 한다는 원칙

20 핵심 074

객체지향 분석(OOA; Object Oriented Analysis)은 사용자의 요구사항을 분석하여 요구된 문제와 관련된 모든 클래스(객체), 이와 연관된 속성과 연산, 그들 간의 관계 등을 정의하여 모델링하는 작업이다.

21 핵심 075

럼바우 분석 기법의 분석 활동은 '객체 모델링, 동적 모델링, 기능 모델링' 순으로 이루어진다.

22 핵심 077

소프트웨어를 구성하는 독립적인 각 기능들로, 소프트웨어 내의 프로그램, 작업 단위 등과 같은 의미로 사용되는 것은 모듈(Module)이다.

23 핵심 078

어떤 모듈이 다른 모듈을 제어하기 위한 목적의 결합도는 제어 결합도(Control Coupling)이다.

- 자료(Data) 결합도 : 모듈 간의 인터페이스가 자료 요소로만 구성될 때의 결합도
- 스탬프(Stamp) 결합도 : 모듈 간의 인터페이스로 배열이나 레코드 등의 자료 구조가 전달될 때의 결합도
- 공통(Common) 결합도 : 공유되는 공통 데이터 영역을 여러 모듈이 사용할 때의 결합도

24 핵심 081

모듈 내부의 각 구성 요소들이 서로 관련 없는 요소로만 구성된 경우의 응집도는 우연적 응집도(Coincidental Cohesion)이다.

- 기능적(Functional) 응집도 : 모듈 내부의 모든 기능 요소들이 단일 문제와 연관되어 수행될 경우의 응집도
- 순차적(Sequential) 응집도 : 모듈 내 하나의 활동으로부터 나온 출력 데이터를 그 다음 활동의 입력 데이터로 사용할 경우의 응집도
- 논리적(Logical) 응집도 : 유사한 성격을 갖거나 특정 형태로 분류되는 처리 요소들로 하나의 모듈이 형성되는 경우의 응집도

25 핵심 060, 080

- 응집도(Cohesion)는 명령어나 호출문 등 모듈의 내부 요소들의 서로 관련되어 있는 정도를 의미한다.
- 모듈과 모듈 사이의 상호 의존하는 정도 또는 두 모듈 사이의 연관 관계를 의미하는 것은 결합도(Coupling)이다.

26 핵심 079

결합도의 정도(약함 → 강함)

자료(Data) 결합도 → 스탬프(검인, Stamp) 결합도 → 제어(Control) 결합도 → 외부(External) 결합도 → 공통(공유, Common) 결합도 → 내용(Content) 결합도

27 핵심 082

응집도의 정도(강함 → 약함)

기능적(Functional) 응집도 → 순차적(Sequential) 응집도 → 교환(통신)적(Communication) 응집도 → 절차적(Procedural) 응집도 → 시간적(Temporal) 응집도 → 논리적(Logical) 응집도 → 우연적(Coincidental) 응집도

28 핵심 078

- 내용 결합도(Content Coupling)는 한 모듈이 다른 모듈의 내부 기능 및 그 내부 자료를 직접 참조하거나 수정할 때의 결합도를 의미한다.
- ②번은 제어 결합도(Control Coupling)에 대한 설명이다.

29 핵심 086

비용과 개발 시간을 절약하기 위해 이미 개발된 기능들을 파악하고 재구성하여 새로운 시스템 또는 기능 개발에 사용하기 적합한 정도를 재사용성(Reusability)이라고 한다.

30 핵심 088

모듈의 기능을 지나치게 제한적으로 설계할 필요는 없다.

31 핵심 093, 094, 095

추상 팩토리(Abstract Factory)는 생성 패턴, 컴포지트(Composite)와 어댑터(Adapter)는 구조 패턴, 옵서버(Observer)는 행위 패턴에 해당한다.

32 핵심 093, 095

프로토타입(Prototype) 패턴은 생성 패턴에 속한다.

33 핵심 091

- 개발자 이름은 디자인 패턴의 구성 요소가 아니다.
- 디자인 패턴은 일반적으로 해당 패턴을 만들게 된 배경, 실제 적용된 사례, 다른 개발자들이 이해 및 사용하기 쉽도록 제시된 샘플 코드로 이루어져 있다.

34 핵심 093, 094, 095

- 브리지 패턴(Bridge Pattern)은 구현부에서 추상층을 분리하여, 서로가 독립적으로 확장할 수 있도록 구성한 패턴이다.
- 기존 클래스를 이용하고 싶을 때 중간에서 맞춰주는 역할을 수행하는 패턴은 어댑터 패턴(Adapter Patten)이다.

35 핵심 093, 094, 095

싱글톤(Singleton)은 생선 패턴, 어댑터(Adapter)와 데코레이터(Decorator)는 구조 패턴, 상태(State)는 행위 패턴에 해당한다.

36 핵심 091

GoF의 디자인 패턴은 생성 패턴, 구조 패턴, 행위 패턴으로 분류된다.

37 핵심 093, 094

어댑터(Adpater) 패턴은 구조 패턴에 속한다.

38 핵심 093, 094, 095

싱글톤(Singleton) 패턴에 대한 설명으로 옳은 것은 ①번이다.

- ②번은 프로토타입(Prototype), ③번은 컴포지트(Composite), ④번은 중재자(Mediator) 패턴에 대한 설명이다.

39 핵심 095

알고리즘은 상위 클래스에서 정의하고 나머지는 하위 클래스에서 구체화하는 패턴은 템플릿 메소드(Template Method)이다.

- 옵서버(Observer) : 한 객체의 상태가 변화하면 객체에 상속되어 있는 다른 객체들에게 변화된 상태를 전달하는 패턴
- 상태(State) : 객체의 상태에 따라 동일한 동작을 다르게 처리해야 할 때 사용하는 패턴
- 컴포지트(Composite) : 여러 객체를 가진 복합 객체와 단일 객체를 구분 없이 다루고자 할 때 사용하는 패턴

40 핵심 092

디자인 패턴을 이용하더라도 기존의 개발 프로세스를 무시할 수는 없다.

4 장

인터페이스 설계

096 시스템 인터페이스 요구사항 분석 D

출제예상

- 시스템 인터페이스 요구사항 분석은 요구사항 명세서에서 요구사항을 기능적 요구사항과 비기능적 요구사항으로 분류하고 조직화하여 요구사항 명세를 구체화하고 이를 이해관계자에게 전달하는 일련의 과정이다.
- 요구사항 분석은 소프트웨어 요구사항 분석 기법을 적절히 이용한다.
- 요구사항의 분해가 필요한 경우 적절한 수준으로 세분화한다.
- 요구사항 분석 시 누락된 요구사항이나 제한조건을 추가한다.

예상체크 ✓

출제예상
1. 다음 중 시스템 인터페이스 요구사항 분석에 대한 설명으로 옳지 않은 것은?

① 시스템 인터페이스 요구사항 분석은 요구사항 명세서를 통해 요구사항을 기능·비기능적 요구사항으로 분류하고 명세화 하는 것이다.
② 시스템 인터페이스 요구사항 분석은 소프트웨어 요구사항 분석 기법을 적절히 이용한다.
③ 시스템 인터페이스 요구사항 분석 시 정의된 인터페이스 요구사항은 분해할 수 없다.
④ 시스템 인터페이스 요구사항 분석 시 요구사항의 중요도에 따라 우선순위를 부여할 수 있다.

해설
필요한 경우 인터페이스 요구사항을 분해할 수 있습니다.

097 시스템 인터페이스 요구사항 분석 절차 D

출제예상

요구사항 선별 → 요구사항 관련 자료 준비 → 요구사항 분류 → 요구사항 분석 및 명세서 구체화 → 요구사항 명세서 공유

예상체크 ✓

출제예상
2. 다음 중 시스템 인터페이스 요구사항 분석 절차를 올바르게 나열한 것은?

> ㉠ 요구사항 분석 및 명세서 구체화
> ㉡ 요구사항 분류
> ㉢ 요구사항 관련 자료 준비
> ㉣ 요구사항 선별
> ㉤ 요구사항 명세서 공유

① ㉢ → ㉡ → ㉣ → ㉠ → ㉤
② ㉣ → ㉡ → ㉢ → ㉠ → ㉤
③ ㉢ → ㉣ → ㉡ → ㉠ → ㉤
④ ㉣ → ㉢ → ㉡ → ㉠ → ㉤

098 요구사항 검증 방법 A

22.7, 22.4, 20.8, 20.6

- **동료검토(Peer Review)** : 요구사항 명세서 작성자가 명세서 내용을 직접 설명하고 동료들이 이를 들으면서 결함을 발견하는 형태의 검토 방법
- **워크스루(Walk Through)** : 검토 회의 전에 요구사항 명세서를 미리 배포하여 사전 검토한 후에 짧은 검토 회의를 통해 결함을 발견하는 형태의 검토 방법
- **인스펙션(Inspection)** : 요구사항 명세서 작성자를 제외한 다른 검토 전문가들이 요구사항 명세서를 확인하면서 결함을 발견하는 형태의 검토 방법
- **CASE(Computer Aided Software Engineering) 도구 활용** : 일관성 분석(Consistency Analysis)을 통해 요구사항 변경사항의 추적 및 분석, 관리하고, 표준 준수 여부를 확인함
- 동료검토와 워크스루가 비공식적인 검토 방법인데 반해 인스펙션은 공식적인 검토 방법이다.

기출체크 ✓

20.8
3. 인터페이스 요구사항 검토 방법에 대한 설명이 옳은 것은?

① 리팩토링 : 작성자 이외의 전문 검토 그룹이 요구사항 명세서를 상세히 조사하여 결함, 표준 위배, 문제점 등을 파악
② 동료검토 : 요구사항 명세서 작성자가 요구사항 명세서를 설명하고 이해관계자들이 설명을 들으면서 결함을 발견
③ 인스펙션 : 자동화된 요구사항 관리 도구를 이용하여 요구사항 추적성과 일관성을 검토
④ CASE 도구 : 검토 자료를 회의 전에 배포해서 사전 검토한 후 짧은 시간 동안 검토 회의를 진행하면서 결함을 발견

해설
①번은 인스펙션, ③번은 CASE 도구 활용, ④번은 워크스루에 대한 설명입니다.

▶350099

099 시스템 연계 기술 – Socket **C**

21.3

서버는 통신을 위한 소켓(Socket)을 생성하여 포트를 할당하고 클라이언트의 통신 요청 시 클라이언트와 연결하여 통신하는 네트워크 기술이다.

기출체크 ✓

21.3

4. 통신을 위한 프로그램을 생성하여 포트를 할당하고, 클라이언트의 통신 요청 시 클라이언트와 연결하는 내·외부 송·수신 연계 기술은?

① DB링크 기술
② 소켓 기술
③ 스크럼 기술
④ 프로토타입 기술

▶350100

100 연계 매커니즘 구성 요소 **C**

21.5

- **송신 시스템** : 연계 프로그램으로부터 생성된 데이터를 전송 형식에 맞게 인터페이스 테이블이나 파일(xml, csv, text 등)로 변환한 후 송신하는 시스템
- **수신 시스템** : 수신한 인터페이스 테이블이나 파일을 연계 프로그램에서 처리할 수 있는 형식으로 변환한 후 연계 프로그램에 반영하는 시스템
- **연계 서버** : 송·수신 시스템 사이에 위치하여 데이터의 송·수신 현황을 모니터링하는 역할을 수행함

기출체크 ✓

21.5

5. 다음 설명에 해당하는 시스템으로 옳은 것은?

> 시스템 인터페이스를 구성하는 시스템으로, 연계할 데이터를 데이터베이스와 애플리케이션으로부터 연계 테이블 또는 파일 형태로 생성하며 송신하는 시스템이다.

① 연계 서버
② 중계 서버
③ 송신 시스템
④ 수신 시스템

▶350101

101 미들웨어의 개요 **A**

22.7, 22.4, 21.8, 21.3, 20.9, 20.8

- 미들웨어(Middleware)는 분산 컴퓨팅 환경에서 서로 다른 기종 간의 하드웨어나 프로토콜, 통신 환경 등을 연결한다.
- 운영체제와 응용 프로그램, 또는 서버와 클라이언트 사이에서 원만한 통신이 이루어지도록 다양한 서비스를 제공한다.
- 위치 투명성을 제공한다.
- 사용자가 미들웨어의 내부 동작을 확인하려면 별도의 응용 소프트웨어를 사용해야 한다.
- 시스템들을 1:1, 1:N, N:M 등 여러 가지 형태로 연결할 수 있다.
- **종류** : DB, RPC, MOM, TP-Monitor, ORB, WAS 등

기출체크 ✓

22.7, 21.3

6. 분산 컴퓨팅 환경에서 서로 다른 기종 간의 하드웨어나 프로토콜, 통신 환경 등을 연결하여 응용 프로그램과 운영 환경 간에 원만한 통신이 이루어질 수 있게 서비스를 제공하는 소프트웨어는?

① 미들웨어
② 하드웨어
③ 오픈허브웨어
④ 그레이웨어

▶350102

102 RPC **B**

23.7, 21.3

RPC(Remote Procedure Call)는 응용 프로그램의 프로시저를 사용하여 원격 프로시저를 마치 로컬 프로시저처럼 호출하는 방식의 미들웨어이다.

기출체크

21.3

7. 응용 프로그램의 프로시저를 사용하여 원격 프로시저를 로컬 프로시저처럼 호출하는 방식의 미들웨어는?

① WAS(Web Application Server)
② MOM(Message Oriented Middleware)
③ RPC(Remote Procedure Call)
④ ORB(Object Request Broker)

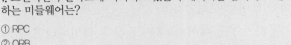

103 TP-Monitor

23.5, 20.6

B

TP-Monitor(Transaction Processing Monitor)는 항공기나 철도 예약 업무 등과 같은 온라인 트랜잭션 업무에서 트랜잭션을 처리 및 감시하는 미들웨어이다.

기출체크 ✓

23.5, 20.6

1. 트랜잭션이 올바르게 처리되고 있는지 데이터를 감시하고 제어하는 미들웨어는?

① RPC
② ORB
③ TP Monitor
④ HUB

105 ORB

23.7, 23.2

B

ORB(Object Request Broker)는 객체 지향 미들웨어로 코바(CORBA) 표준 스펙을 구현한 미들웨어이다.

기출체크 ✓

23.7

3. 미들웨어에 대한 설명으로 옳지 않은 것은?

① DB는 데이터베이스 벤더에서 제공하는 클라이언트에서 원격의 데이터베이스와 연결하기 위한 미들웨어이다.
② WAS는 사용자의 요구에 따라 변하는 동적인 콘텐츠를 처리하기 위해 사용되는 미들웨어이다.
③ MOM은 메시지 기반의 비동기형 메시지를 전달하는 방식의 미들웨어이다.
④ RPC는 코바(CORBA) 표준 스펙을 구현한 객체 지향 미들웨어이다.

해설
• ④번은 ORB(Object Request Broker)에 대한 설명입니다.
• RPC(Remote Procedure Call)는 응용 프로그램의 프로시저를 사용하여 원격 프로시저를 마치 로컬 프로시저처럼 호출하는 방식의 미들웨어입니다.

104 MOM

23.7, 23.2, 22.4

A

• MOM(Message Oriented Middleware)은 메시지 기반의 비동기형 메시지를 전달하는 방식의 미들웨어이다.
• 온라인 업무보다는 이기종 분산 데이터 시스템의 데이터 동기를 위해 많이 사용된다.

기출체크 ✓

23.2

2. 미들웨어에 대한 설명으로 틀린 것은?

① WAS : 웹 콘텐츠를 처리하기 위한 미들웨어
② ORB : 객체 지향 미들웨어로 코바 표준 스펙을 구현한 미들웨어
③ MOM : 온라인 트랜잭션 업무에서 트랜잭션을 처리 및 감시하는 미들웨어
④ DB : 데이터베이스와 데이터베이스 관리 시스템을 연결하기 위한 미들웨어

해설
③번은 TP-Monitor(트랜잭션 처리 모니터)에 대한 설명입니다.

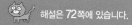
20년 6월

01 검토 회의 전에 요구사항 명세서를 미리 배포하여 사전 검토한 후 짧은 검토 회의를 통해 오류를 조기에 검출하는데 목적을 두는 요구사항 검토 방법은?

① 빌드 검증

② 동료검토

③ 워크스루

④ 개발자검토

22년 7월, 4월

02 소프트웨어 공학에서 워크스루(Walkthrough)에 대한 설명으로 틀린 것은?

① 사용사례를 확장하여 명세하거나 설계 다이어그램, 원시코드, 테스트 케이스 등에 적용할 수 있다.

② 복잡한 알고리즘 또는 반복, 실시간 동작, 병행 처리와 같은 기능이나 동작을 이해하려고 할 때 유용하다.

③ 인스펙션(Inspection)과 동일한 의미를 가진다.

④ 단순한 테스트 케이스를 이용하여 프로덕트를 수작업으로 수행해 보는 것이다.

21년 8월

03 분산 시스템에서의 미들웨어(Middleware)와 관련한 설명으로 틀린 것은?

① 분산 시스템에서 다양한 부분을 관리하고 통신하며 데이터를 교환하게 해주는 소프트웨어로 볼 수 있다.

② 위치 투명성(Location Transparency)을 제공한다.

③ 분산 시스템의 여러 컴포넌트가 요구하는 재사용 가능한 서비스의 구현을 제공한다.

④ 애플리케이션과 사용자 사이에서만 분산 서비스를 제공한다.

20년 9월

04 클라이언트와 서버 간의 통신을 담당하는 시스템 소프트웨어를 무엇이라고 하는가?

① 웨어러블

② 하이웨어

③ 미들웨어

④ 응용 소프트웨어

22년 4월

05 미들웨어(Middleware)에 대한 설명으로 틀린 것은?

① 여러 운영체제에서 응용 프로그램들 사이에 위치한 소프트웨어이다.

② 미들웨어의 서비스 이용을 위해 사용자가 정보 교환 방법 등의 내부 동작을 쉽게 확인할 수 있어야 한다.

③ 소프트웨어 컴포넌트를 연결하기 위한 준비된 인프라 구조를 제공한다.

④ 여러 컴포넌트를 1 대 1, 1 대 다, 다 대 다 등 여러 가지 형태로 연결이 가능하다.

20년 8월

06 미들웨어 솔루션의 유형에 포함되지 않는 것은?

① WAS

② Web Server

③ RPC

④ ORB

22년 4월

07 메시지 지향 미들웨어(Message—Oriented Middleware, MOM)에 대한 설명으로 틀린 것은?

① 느리고 안정적인 응답보다는 즉각적인 응답이 필요한 온라인 업무에 적합하다.

② 독립적인 애플리케이션을 하나의 통합된 시스템으로 묶기 위한 역할을 한다.

③ 송신측과 수신측의 연결 시 메시지 큐를 활용하는 방법이 있다.

④ 상이한 애플리케이션 간 통신을 비동기 방식으로 지원한다.

01 핵심 098

요구사항 검토 방법별 핵심내용은 동료검토는 '작성자가 명세서 내용을 직접 설명', 워스크루는 '명세서를 미리 배포', 인스펙션은 '검토 전문가들이 명세서 확인', 프로토타이핑은 '견본품(Prototype)을 통한 결과물 예측', 테스트 설계는 '테스트 케이스를 생성', CASE 도구는 '일관성 분석, 추적 및 분석, 관리'이다.

02 핵심 098

워크스루는 ①, ②, ④번과 같은 방법으로 동료 혹은 개발자 그룹 내에서 수행하는 비공식적인 검토 방법인데 반해 인스펙션은 개발자가 제외된 상태에서 전문가가 검토를 수행하는 공식적인 방법으로 워크스루와 인스펙션은 서로 다르다.

03 핵심 101

미들웨어는 애플리케이션과 사용자 사이뿐만 아니라 클라이언트와 서버, 운영체제와 응용 프로그램과 같이 두 시스템 사이에서 다양한 서비스를 제공하는 소프트웨어이다.

04 핵심 101

클라이언트와 서버 중간(Middle)에 있는 소프트웨어(Software)는 미들웨어(Middleware)이다.

05 핵심 101

사용자가 미들웨어의 정보 교환 방법 등의 내부 동작을 쉽게 확인할 수 있다면, 보안의 위협이 될 수 있으므로 확인할 수 없도록 해야 한다.

06 핵심 101

미들웨어의 유형에는 DB, RPC, MOM, TP-Monitor, ORB, WAS 등이 있다.

07 핵심 104

MOM은 온라인 업무보다는 이기종 분산 데이터 시스템의 데이터 동기를 위해 많이 사용된다.

MEMO

2과목

소프트웨어 개발

1장

데이터 입·출력 구현

106 자료 구조의 분류 A

23.7, 22.3, 21.8

- 선형 구조 : 배열(Array), 선형 리스트(Linear List), 스택(Stack), 큐(Queue), 데크(Deque)
- 비선형 구조 : 트리(Tree), 그래프(Graph)

기출체크 ✓

23.7, 22.3, 21.8

1. 다음 중 선형 구조로만 묶인 것은?

① 스택, 트리　　　　　　　② 큐, 데크
③ 큐, 그래프　　　　　　　④ 리스트, 그래프

107 연결 리스트 C

22.7

- 연결 리스트(Linked List)는 자료들을 반드시 연속적으로 배열시키지는 않고 임의의 기억공간에 기억시키되, 자료 항목의 순서에 따라 노드의 포인터 부분을 이용하여 서로 연결시킨 자료 구조이다.
- 노드의 삽입 · 삭제 작업이 용이하다.
- 연결을 위한 링크(포인터) 부분이 필요하다.
- 연결을 위한 포인터를 찾는 시간이 필요하기 때문에 접근 속도가 느리다.
- 중간 노드 연결이 끊어지면 그 다음 노드를 찾기 힘들다.

기출체크 ✓

22.7

2. 연결 리스트(Linked List)에 대한 설명으로 거리가 먼 것은?

① 노드의 삽입이나 삭제가 쉽다.
② 노드들이 포인터로 연결되어 검색이 빠르다.
③ 연결을 해주는 포인터(Pointer)를 위한 추가 공간이 필요하다.
④ 연결 리스트 중에서 중간 노드 연결이 끊어지면 그 다음 노드를 찾기 힘들다.

해설

연결 리스트는 포인터로 연결되어 포인터를 찾아가는 시간이 필요하므로 선형 리스트에 비해 접근 속도가 느립니다.

108 스택 A

23.2, 22.4, 22.3, 21.5, 21.3

- 스택(Stack)은 리스트의 한쪽 끝으로만 자료의 삽입, 삭제 작업이 이루어지는 자료 구조이다.
- 스택은 가장 나중에 삽입된 자료가 가장 먼저 삭제되는 후입선출(LIFO) 방식으로 자료를 처리한다.
- 스택을 이용한 연산은 '재귀 호출, 후위(Postfix) 표기법, 깊이 우선 탐색'과 같이 왔던 길을 되돌아가는 경우
- 스택의 모든 기억 공간이 꽉 채워져 있는 상태에서 데이터가 삽입되면 오버플로(Overflow)가 발생하며, 더 이상 삭제할 데이터가 없는 상태에서 데이터를 삭제하면 언더플로(Underflow)가 발생한다.

기출체크 ✓

21.3

3. 스택에 대한 설명으로 틀린 것은?

① 입출력이 한쪽 끝으로만 제한된 리스트이다.
② Head(front)와 Tail(rear)의 2개 포인터를 갖고 있다.
③ LIFO 구조이다.
④ 더 이상 삭제할 데이터가 없는 상태에서 데이터를 삭제하면 언더플로(Underflow)가 발생한다.

해설

Head(front)와 Tail(rear)의 2개 포인터를 갖고 있는 자료 구조는 큐(Queue)입니다.

109 스택의 응용 분야 B

22.7, 22.3, 21.3

- 함수 호출의 순서 제어
- 인터럽트의 처리
- 수식 계산 및 수식 표기법
- 컴파일러를 이용한 언어 번역
- 부 프로그램 호출 시 복귀 주소 저장
- 서브루틴 호출 및 복귀 주소 저장

기출체크 정답　1.②　2.②　3.②

22.7

4. 스택(STACK)의 응용 분야로 거리가 먼 것은?

① 인터럽트의 처리
② 수식의 계산
③ 서브루틴의 복귀 번지 저장
④ 운영체제의 작업 스케줄링

해설
운영체제의 작업 스케줄링에 사용되는 것은 큐(Queue)입니다.

▶ 350110

110 스택의 삽입과 삭제 A

23.7, 23.2, 22.7, 22.3, 21.8

삽입(PUSH)은 스택에 자료를 입력하는 명령이고, 삭제(POP)는 스택에서 자료를 출력하는 명령이다.

예 순서가 A, B, C, D로 정해진 입력 자료를 스택에 입력하였다가 B, C, D, A 순서로 출력하는 과정을 나열하시오.

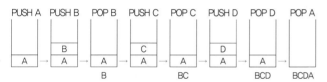

23.7, 23.2, 22.7, 22.3, 21.8

5. 순서가 A, B, C, D로 정해진 입력 자료를 스택에 입력한 후 출력한 결과로 불가능한 것은?

① D, C, B, A
② B, C, D, A
③ C, B, A, D
④ D, B, C, A

해설
A, B, C, D 순으로 입력된 상태에서는 D, B, C, A 순으로 출력할 수 없습니다.
①번을 먼저 살펴볼게요.

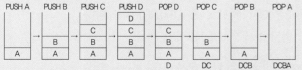

④번은 D를 출력한 후 B를 출력해야 하는데, C를 출력하지 않고는 B를 출력할 수 없으므로 불가능합니다.

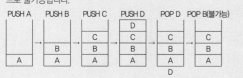

▶ 350111

111 큐 C

21.3

• 큐(Queue)는 리스트의 한쪽에서는 삽입 작업이 이루어지고 다른 한 쪽에서는 삭제 작업이 이루어지도록 구성한 자료 구조이다.

• 큐는 가장 먼저 삽입된 자료가 가장 먼저 삭제되는 선입선출(FIFO) 방식으로 처리한다.

• 큐는 운영체제의 작업 스케줄링에 사용한다.

21.3

6. 자료 구조에 대한 설명으로 틀린 것은?

① 큐는 비선형 구조에 해당한다.
② 큐는 First In – First Out 처리를 수행한다.
③ 스택은 Last In – First Out 처리를 수행한다.
④ 스택은 서브루틴 호출, 인터럽트 처리, 수식 계산 및 수식 표기법에 응용된다.

해설
큐(Queue)는 선형 구조입니다.

▶ 350112

112 데크 A

23.7, 23.2

• 데크(Deque)는 삽입과 삭제가 리스트의 양쪽 끝에서 모두 발생할 수 있는 자료 구조이다.

• 입력이 한쪽에서만 발생하고 출력은 양쪽에서 일어날 수 있는 입력 제한과, 입력은 양쪽에서 일어나고 출력은 한 곳에서만 이루어지는 출력 제한이 있다.

23.7, 23.2

7. 다음 설명이 의미하는 것은?

• 삽입과 삭제가 리스트의 양쪽 끝에서 발생할 수 있는 형태이다.
• 입력이 한쪽에서만 발생하고 출력은 양쪽에서 일어날 수 있는 입력 제한과, 입력은 양쪽에서 일어나고 출력은 한 곳에서만 이루어지는 출력 제한이 있다.

① 스택
② 큐
③ 다중 스택
④ 데크

기출체크 정답 **4.**④ **5.**④ **6.**① **7.**④

113 방향/무방향 그래프의 최대 간선 수 A

350113

23.2, 20.9

n개의 정점으로 구성된 무방향 그래프에서 최대 간선 수는 $\frac{n(n-1)}{2}$이고, 방향 그래프에서 최대 간선 수는 n(n-1)이다.

기출체크 ✓

23.2

1. 정점이 5개인 방향 그래프가 가질 수 있는 최대 간선 수는? (단, 자기 간선과 중복 간선은 배제한다.)

① 7개　　　　　　② 10개
③ 20개　　　　　　④ 27개

해설

n개의 정점으로 구성된 방향 그래프에서 최대 간선 수는 n(n-1)이므로, 5(5-1) = 20개입니다.

기출체크 ✓

23.2, 20.8, 20.6

2. 다음 트리의 차수(Degree)와 단말 노드(Terminal Node)의 수는?

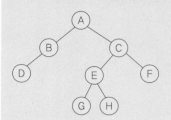

① 차수 : 4, 단말 노드 : 4　　② 차수 : 2, 단말 노드 : 4
③ 차수 : 4, 단말 노드 : 8　　④ 차수 : 2, 단말 노드 : 8

해설

- 트리의 차수(Degree)는 가장 차수가 많은 노드의 차수이고, 단말 노드(Terminal Node)는 자식이 하나도 없는 노드입니다.
- A, C, E의 차수 2가 차수 중 가장 높으므로 트리의 차수는 2가 되고, 자식이 하나도 없는 노드는 D, G, H, F로 총 4개가 됩니다.

---

114 트리 A

350114

23.7, 23.2, 21.3, 20.8, 20.6

트리(Tree)는 정점(Node)과 선분(Branch)을 이용하여 사이클을 이루지 않도록 구성한 그래프의 특수한 형태이다.

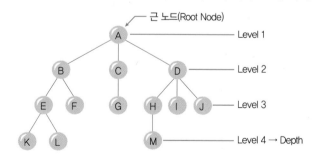

- 디그리(Degree, 차수) : 각 노드에서 뻗어나온 가지의 수
  예 A = 3, B = 2, C = 1, D = 3
- 단말 노드(Terminal Node) : 자식이 하나도 없는 노드, 즉 디그리가 0인 노드
  예 K, L, F, G, M, I, J
- 트리의 디그리 : 노드들의 디그리 중에서 가장 많은 수
  예 노드 A나 D가 3개의 디그리를 가지므로 앞 트리의 디그리는 3이다.

---

115 트리의 운행법 A

350115

23.5, 22.7, 22.4, 21.8, 21.3, 20.9, 20.8, 20.6

예 다음 트리를 Inorder, Preorder, Postorder 방법으로 운행했을 때 각 노드를 방문한 순서는?

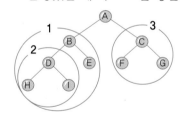

Preorder 운행법의 방문 순서

① Preorder는 Root → Left → Right이므로 A13이 된다.
② 1은 B2E이므로 AB2E3이 된다.
③ 2는 DHI이므로 ABDHIE3이 된다.
④ 3은 CFG이므로 ABDHIECFG가 된다.

∴ 방문 순서 : ABDHIECFG

Inorder 운행법의 방문 순서

① Inorder는 Left → Root → Right이므로 1A3이 된다.
② 1은 2BE이므로 2BEA3이 된다.
③ 2는 HDI이므로 HDIBEA3이 된다.
④ 3은 FCG이므로 HDIBEAFCG가 된다.

∴ 방문 순서 : HDIBEAFCG

Postorder의 방문 순서

① Postorder는 Left → Right → Root이므로 13A가 된다.

② 1은 2EB이므로 2EB3A가 된다.

③ 2는 HID이므로 HIDEB3A가 된다.

④ 3은 FGC이므로 HIDEBFGCA가 된다.

∴ 방문 순서 : HIDEBFGCA

22.7, 22.4

3. 아래 이진 트리를 후위 순서(Postorder)로 운행한 결과는?

① ABCDEFGH
② DBGHEFCA
③ ABDCEGHF
④ BDGHEFAC

해설

먼저 서브트리를 하나의 노드로 생각할 수 있도록 서브트리 단위로 묶습니다.

❶ Postorder는 Left → Right → Root이므로 **12A**가 됩니다.

❷ 1은 DB이므로 DB**2**A가 됩니다.

❸ 2는 3FC이므로 DB**3**FCA가 됩니다.

❹ 3은 GHE이므로 DBGHEFCA가 됩니다.

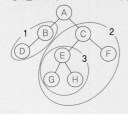

116 **수식의 표기법(Infix → Postfix)** **A**

21.5, 21.3, 20.9

Infix로 표기된 수식에서 연산자를 해당 피연산자 두 개의 뒤(오른쪽)에 오도록 이동하면 Postfix가 된다.

X = A / B * (C + D) + E → X A B / C D + * E + =

① 연산 우선순위에 따라 괄호로 묶는다.

(X = (((A / B) * (C + D)) + E))

② 연산자를 해당 괄호의 뒤로 옮긴다.

X = ((((A / B) * (C + D)) + E))

↓

(X (((AB) / (CD) +) * E) +) =

③ 괄호를 제거한다.

X A B / C D + * E + =

21.3

4. 다음 전위식(prefix)을 후위식(postfix)으로 옳게 표현한 것은?

− / * A + B C D E

① A B C + D / * E −
② A B * C D / + E −
③ A B * C + D / E −
④ A B C + * D / E −

해설

❶ 인접한 피연산자 두 개와 왼쪽의 연산자를 괄호로 묶습니다.

(− (/ (* A (+ B C)) D) E)

❷ 연산자를 피연산자의 뒤로 옮깁니다.

(− (/ (* A (+ B C)) D) E)

❸ 괄호를 제거합니다.

A B C + * D / E −

▶350117

20.9

117 **삽입 정렬** **B**

삽입 정렬(Insertion Sort)은 두 번째 키와 첫 번째 키를 비교해 순서대로 나열하고, 이어서 세 번째 키를 첫 번째, 두 번째 키와 비교해 순서대로 나열하고, 계속해서 n번째 키를 앞의 n−1개의 키와 비교하여 알맞은 순서에 삽입하여 정렬한다.

예 8, 5, 6, 2, 4를 삽입 정렬로 정렬하시오.

· 초기 상태 : | 8 | 5 | 6 | 2 | 4 |

· 1회전 : | 8 | 5 | 6 | 2 | 4 | → | 5 | 8 | 6 | 2 | 4 |

두 번째 값 5를 첫 번째 값과 비교하여 첫 번째 자리에 삽입하고 8을 한 칸 뒤로 이동시킨다.

· 2회전 : | 5 | 8 | 6 | 2 | 4 | → | 5 | 6 | 8 | 2 | 4 |

세 번째 값 6을 첫 번째, 두 번째 값과 비교하여 8자리에 삽입하고 8을 한 칸 뒤로 이동시킨다.

· 3회전 : | 5 | 6 | 8 | 2 | 4 | → | 2 | 5 | 6 | 8 | 4 |

네 번째 값 2를 처음부터 비교하여 맨 처음에 삽입하고 나머지를 한 칸씩 뒤로 이동시킨다.

· 4회전 : | 2 | 5 | 6 | 8 | 4 | → | 2 | 4 | 5 | 6 | 8 |

다섯 번째 값 4를 처음부터 비교하여 5자리에 삽입하고 나머지를 한 칸씩 뒤로 이동시킨다.

20.9

1. 다음 초기 자료에 대하여 삽입 정렬(Insertion Sort)을 이용하여 오름차순 정렬할 경우 1회전 후의 결과는?

초기 자료 : 8, 3, 4, 9, 7

① 3, 4, 8, 7, 9
② 3, 4, 9, 7, 8
③ 7, 8, 3, 4, 9
④ 3, 8, 4, 9, 7

해설

• 1회전 : 8 3 4 9 7 → 3 8 4 9 7
두 번째 값 3을 첫 번째 값과 비교하여 첫 번째 자리에 삽입하고 8을 한 칸 뒤로 이동시킵니다.

• 2회전 : 3 8 4 9 7 → 3 4 8 9 7
세 번째 값 4를 첫 번째, 두 번째 값과 비교하여 8자리에 삽입하고 8을 한 칸 뒤로 이동시킵니다.

• 3회전 : 3 4 8 9 7 → 3 4 8 9 7
네 번째 값 9를 첫 번째, 두 번째, 세 번째 값과 비교한 후 삽입할 곳이 없다면 다음 회전으로 넘어갑니다.

• 4회전 : 3 4 8 9 7 → 3 4 7 8 9
다섯 번째 값 7을 처음부터 비교하여 8자리에 삽입하고 나머지를 한 칸씩 뒤로 이동시킵니다.

22.7, 21.3, 20.8

2. 다음 자료에 대하여 선택(Selection) 정렬을 이용하여 오름차순으로 정렬하고자 한다. 3회전 후의 결과로 옳은 것은?

37, 14, 17, 40, 35

① 14, 17, 37, 40, 35
② 14, 37, 17, 40, 35
③ 17, 14, 37, 35, 40
④ 14, 17, 35, 40, 37

해설

• 1회전 : 14 37 17 40 35 → 14 37 17 40 35 → 14 37 17 40 35 → 14 37 17 40 35

• 2회전 : 14 17 37 40 35 → 14 17 37 40 35 → 14 17 37 40 35

• 3회전 : 14 17 37 40 35 → 14 17 35 40 37

• 4회전 : 14 17 35 37 40

▶ 350118

22.7, 21.3, 20.8

118 선택 정렬 **A**

선택 정렬(Selection Sort)은 n개의 레코드 중에서 최소값을 찾아 첫 번째 레코드 위치에 놓고, 나머지 (n−1)개 중에서 다시 최소값을 찾아 두 번째 레코드 위치에 놓는 방식을 반복하여 정렬한다.

예 8, 5, 6, 2, 4를 선택 정렬로 정렬하시오.

• 초기 상태 : 8 5 6 2 4

• 1회전 : 5 8 6 2 4 → 5 8 6 2 4
→ 2 8 6 5 4 → 2 8 6 5 4

• 2회전 : 2 6 8 5 4 → 2 5 8 6 4
→ 2 4 8 6 5

• 3회전 : 2 4 6 8 5 → 2 4 5 8 6

• 4회전 : 2 4 5 6 8

▶ 350119

23.2, 22.4, 21.8, 21.5

119 버블 정렬 **A**

버블 정렬(Bubble Sort)은 주어진 파일에서 인접한 두 개의 레코드 키 값을 비교하여 그 크기에 따라 레코드 위치를 서로 교환한다.

예 8, 5, 6, 2, 4를 버블 정렬로 정렬하시오.

• 초기 상태 : 8 5 6 2 4

• 1회전 : 5 8 6 2 4 → 5 6 8 2 4
→ 5 6 2 8 4 → 5 6 2 4 8

• 2회전 : 5 6 2 4 8 → 5 2 6 4 8
→ 5 2 4 6 8

• 3회전 : 2 5 4 6 8 → 2 4 5 6 8

• 4회전 : 2 4 5 6 8

기출체크 ✓

23.2, 22.4, 21.8, 21.5

3. 다음 자료를 버블 정렬을 이용하여 오름차순으로 정렬할 경우 PASS 2의 결과는?

9, 6, 7, 3, 5

① 3, 5, 6, 7, 9
② 6, 7, 3, 5, 9
③ 3, 5, 9, 6, 7
④ 6, 3, 5, 7, 9

해설

• 1회전 : 6 9 7 3 5 → 6 7 9 3 5 → 6 7 3 9 5 → 6 7 3 5 9

• 2회전 : 6 7 3 5 9 → 6 3 7 5 9 → 6 3 5 7 9

• 3회전 : 3 6 5 7 9 → 3 5 6 7 9

• 4회전 : 3 5 6 7 9

120 퀵 정렬 [A]

▶ 350120

23.5, 23.2, 22.3, 21.3

• 퀵 정렬(Quick Sort)은 레코드의 많은 자료 이동을 없애고 하나의 파일을 부분적으로 나누어 가면서 정렬하는 방법이다.

• 분할(Divide)과 정복(Conquer)을 통해 자료를 정렬한다.

• 피봇(pivot)을 사용하며, 최악의 경우 $\frac{n(n-1)}{2}$회의 비교를 수행한다.

• 평균 수행 시간 복잡도는 O(nlog₂n)이고, 최악의 수행 시간 복잡도는 O(n²)이다.

기출체크 ✓

23.5, 23.2, 22.3, 21.3

4. 다음 설명에 해당하는 정렬(Sort)은?

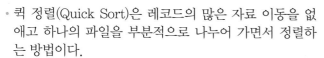

• 레코드의 많은 자료 이동을 없애고 하나의 파일을 부분적으로 나누어 가면서 정렬하는 방법이다.
• 분할(Divide)과 정복(Conquer)을 통해 자료를 정렬한다.
• 피봇(pivot)을 사용하며, 최악의 경우 $\frac{n(n-1)}{2}$회의 비교를 수행해야 한다.

① 힙 정렬
② 퀵 정렬
③ 선택 정렬
④ 버블 정렬

121 힙 정렬 [A]

▶ 350121

23.5, 21.5

• 힙 정렬(Heap Sort)은 전이진 트리(Complete Binary Tree)를 이용한 정렬 방식이다.

• 구성된 전이진 트리를 Heap Tree로 변환하여 정렬한다.

• 평균과 최악 모두 시간 복잡도는 O(nlog₂n)이다.

기출체크 ✓

21.5

5. 힙 정렬(Heap Sort)에 대한 설명으로 틀린 것은?

① 정렬할 입력 레코드들로 힙을 구성하고 가장 큰 키 값을 갖는 루트 노드를 제거하는 과정을 반복하여 정렬하는 기법이다.
② 평균 수행 시간은 O(nlog₂n)이다.
③ 완전 이진 트리(Complete Binary Tree)로 입력자료의 레코드를 구성한다.
④ 최악의 수행 시간은 O(2n⁴)이다.

해설

힙 정렬의 평균과 최악 모두 시간 복잡도는 O(nlog₂n)입니다.

122 이분 검색 [A]

▶ 350122

23.7, 22.4, 21.3

• 이분 검색(이진 검색, Binary Search)은 전체 파일을 두 개의 서브파일로 분리해가면서 Key 레코드를 검색하는 방식이다.

• 반드시 순서화(정렬)된 파일이어야 검색할 수 있다.

• 비교 횟수를 거듭할 때마다 검색 대상이 되는 데이터의 수가 절반으로 줄어든다.

• 탐색 효율이 좋고 탐색 시간이 적게 소요된다.

• 중간 레코드 번호(M) : $\frac{F+L}{2}$

(단, F : 첫 번째 레코드 번호, L : 마지막 레코드 번호)

23.7, 22.4

1. 다음과 같이 레코드가 구성되어 있을 때, 이진 검색 방법으로 14를 찾을 경우 비교되는 횟수는?

1 2 3 4 5 6 7 8 9 10 11 12 13 14 15

① 2
③ 4
② 3
④ 5

해설

❶ 첫 번째 값(F)과 마지막 값(L)을 이용하여 중간 값 M을 구한 후 찾으려는 값과 비교합니다.
M = (1+15) / 2 = 8, 8이 찾으려는 값인지 확인합니다. 8은 찾으려는 값 14보다 작으므로 찾는 값은 9~15에 있습니다. ← 1회 비교

❷ F = 9, L = 15, M = (9+15) / 2 = 12, 12가 찾으려는 값인지 확인합니다. 12는 찾으려는 값 14보다 작으므로 찾는 값은 13~15에 있습니다. ← 2회 비교

❸ F = 13, L = 15, M = (13+15) / 2 = 14, 14가 찾으려는 값인지 비교합니다. 14는 찾는 값입니다. ← 3회 비교

▶ 350123

123 해싱 함수(Hashing Function) **B**

22.7, 21.3, 20.9

- **제산법(Division)** : 레코드 키(K)를 해시표(Hash Table)의 크기보다 큰 수 중에서 가장 작은 소수(Prime, Q)로 나눈 나머지를 홈 주소로 삼는 방식, 즉 h(K) = K mod Q임
- **제곱법(Mid-Square)** : 레코드 키 값(K)을 제곱한 후 그 중간 부분의 값을 홈 주소로 삼는 방식
- **폴딩법(Folding)** : 레코드 키 값(K)을 여러 부분으로 나눈 후 각 부분의 값을 더하거나 XOR(배타적 논리합)한 값을 홈 주소로 삼는 방식
- **기수 변환법(Radix)** : 키 숫자의 진수를 다른 진수로 변환시켜 주소 크기를 초과한 높은 자릿수는 절단하고, 이를 다시 주소 범위에 맞게 조정하는 방식
- **대수적 코딩법(Algebraic Coding)** : 키 값을 이루고 있는 각 자리의 비트 수를 한 다항식의 계수로 간주하고, 이 다항식을 해시표의 크기에 의해 정의된 다항식으로 나누어 얻은 나머지 다항식의 계수를 홈 주소로 삼는 방식
- **숫자 분석법(Digit Analysis, 계수 분석법)** : 키 값을 이루는 숫자의 분포를 분석하여 비교적 고른 자리를 필요한 만큼 택해서 홈 주소로 삼는 방식
- **무작위법(Random)** : 난수(Random Number)를 발생시켜 나온 값을 홈 주소로 삼는 방식

22.7, 21.3

2. 해싱 함수(Hashing Function)의 종류가 아닌 것은?

① 제곱법(Mid-Square)
② 숫자 분석법(Digit Analysis)
③ 개방 주소법(Open Addressing)
④ 제산법(Division)

▶ 350124

23.5

124 Collision(충돌 현상) 해결 방법 **C**

- **체이닝(Chaining)** : Collision이 발생하면 버킷에 할당된 연결 리스트(Linked List)에 데이터를 저장하는 방법
- **개방 주소법(Open Addressing)** : Collision이 발생하면 순차적으로 그 다음 빈 버킷을 찾아 데이터를 저장하는 방법
- **재해싱(Rehashing)** : Collision이 발생하면 새로운 해싱 함수로 새로운 홈 주소를 구하는 방법

23.5

3. 해시 함수가 서로 다른 키에 대해 같은 주소값을 반환해서 충돌이 발생하면 각 데이터를 해당 주소에 있는 링크드 리스트(Linked List)에 삽입하여 문제를 해결하는 기법은?

① Chaining
② Rehashing
③ Open Addressing
④ Linear Probing

▶ 350125

23.2

125 DBMS **C**

- DBMS(Data Base Management System, 데이터베이스 관리 시스템)는 사용자와 데이터베이스 사이에서 사용자의 요구에 따라 정보를 생성해주고, 데이터베이스를 관리해 주는 소프트웨어이다.
- **정의 기능(Definition)** : 모든 응용 프로그램들이 요구하는 데이터 구조를 지원하기 위해 데이터베이스에 저장될 데이터의 형(Type)과 구조에 대한 정의, 이용 방식, 제약 조건 등을 명시하는 기능

- 조작 기능(Manipulation) : 데이터 검색, 갱신, 삽입, 삭제 등을 체계적으로 처리하기 위해 사용자와 데이터베이스 사이의 인터페이스 수단을 제공하는 기능
- 제어 기능(Control) : 데이터베이스를 접근하는 갱신, 삽입, 삭제 작업이 정확하게 수행되어 데이터의 무결성이 유지되도록 제어하는 기능

기출체크 ✓

23.2
4. DBMS의 필수 기능 중 모든 응용 프로그램들이 요구하는 데이터 구조를 지원하기 위해 데이터베이스에 저장될 데이터의 타입과 구조에 대한 정의, 이용 방식, 제약 조건 등을 명시하는 것은?

① Manipulation 기능　　　② Definition 기능
③ Control 기능　　　　　④ Procedure 기능

---

127 테스트와 디버깅의 목적　**C**

21.5

테스트(Test)를 통해 오류를 발견한 후 디버깅(Debugging)을 통해 오류가 발생한 소스 코드를 추적하며 수정한다.

기출체크 ✓

21.5
6. 테스트와 디버그의 목적으로 옳은 것은?

① 테스트는 오류를 찾는 작업이고 디버깅은 오류를 수정하는 작업이다.
② 테스트는 오류를 수정하는 작업이고 디버깅은 오류를 찾는 작업이다.
③ 둘 다 소프트웨어의 오류를 찾는 작업으로 오류 수정은 하지 않는다.
④ 둘 다 소프트웨어 오류의 발견, 수정과 무관하다.

350126　실 기 공 통

126 스키마　21.3, 20.9, 실기 23.4, 20.10　**B**

- 스키마(Schema)는 데이터베이스의 구조와 제약 조건에 관한 전반적인 명세(Specification)를 기술(Description)한 메타데이터(Meta-Data)의 집합이다.
- 스키마의 3계층

외부 스키마	사용자나 응용 프로그래머가 각 개인의 입장에서 필요로 하는 데이터베이스의 논리적 구조를 정의한 것
개념 스키마	• 데이터베이스의 전체적인 논리적 구조로서, 모든 응용 프로그램이나 사용자들이 필요로 하는 데이터를 종합한 조직 전체의 데이터베이스로, 하나만 존재함 • 개체 간의 관계와 제약 조건을 나타내고, 데이터베이스의 접근 권한, 보안 및 무결성 규칙에 관한 명세를 정의함
내부 스키마	물리적 저장장치의 입장에서 본 데이터베이스 구조로서, 실제로 데이터베이스에 저장될 레코드의 형식을 정의하고 저장 데이터 항목의 표현 방법, 내부 레코드의 물리적 순서 등을 나타냄

기출체크 ✓

21.3
5. 다음에서 설명하는 스키마(Schema)는?

데이터베이스 전체를 정의한 것으로, 데이터 개체, 관계, 제약 조건, 접근 권한, 무결성 규칙 등을 명세한 것

① 개념 스키마　　　　　② 내부 스키마
③ 외부 스키마　　　　　④ 내용 스키마

기출체크 **정답**　4.②　5.①　6.①

01 자료 구조의 분류 중 선형 구조가 아닌 것은?

① 트리   ② 리스트

③ 스택   ④ 데크

02 스택에서 순서가 A, B, C, D로 정해진 입력 자료를, push → push → pop → push → push → pop → pop → pop 으로 연산 했을 때 출력은?

① C, B, D, A

② B, C, D, A

③ B, D, C, A

④ C, B, A, D

03 다음은 스택의 자료 삭제 알고리즘이다. ⓐ에 들어갈 내용으로 옳은 것은? (단, Top : 스택포인터, S : 스택의 이름)

```
if Top = 0 Then
   (  ⓐ  )
Else {
   remove S(Top)
   Top = Top − 1
}
```

① Overflow

② Top = Top + 1

③ Underflow

④ Top = Top

04 다음 중 스택을 이용한 연산과 거리가 먼 것은?

① 선택 정렬

② 재귀 호출

③ 후위 표현(Post-Fix Expression)의 연산

④ 깊이 우선 탐색

05 스택(Stack)에 대한 옳은 내용으로만 나열된 것은?

> ㉠ FIFO 방식으로 처리된다.
> ㉡ 순서 리스트의 뒤(Rear)에서 노드가 삽입되며, 앞(Front)에서 노드가 제거된다.
> ㉢ 선형 리스트의 양쪽 끝에서 삽입과 삭제가 모두 가능한 자료구조이다.
> ㉣ 인터럽트 처리, 서브루틴 호출 작업 등에 응용된다.

① ㉠, ㉡   ② ㉡, ㉢

③ ㉣   ④ ㉠, ㉡, ㉢, ㉣

06 n개의 노드로 구성된 무방향 그래프의 최대 간선수는?

① $n-1$ ② $n/2$

③ $n(n-1)/2$ ④ $n(n+1)$

07 그래프의 특수한 형태로, 노드(Node)와 선분(Branch)으로 되어 있고, 정점 사이에 사이클(Cycle)이 형성되어 있지 않으며, 자료 사이의 관계성이 계층 형식으로 나타나는 비선형 구조는?

① Tree   ② Network

③ Stack   ④ Distributed

08 이진 트리의 특성으로 틀린 것은? (단, n_0 : 단말 노드 수, n_1 : 차수 1인 노드 수, n_2 : 차수 2인 노드 수, n : 노드 총 수, e : 간선 총 수)

① $n_0 = n_2 + 2$

② $e = n_1 + 2n_2$

③ $n = e + 1$

④ $n = n_0 + n_1 + n_2$

해설은 87쪽에 있습니다.

20년 6월

09 다음 트리를 전위 순회(Preorder Traversal)한 결과는?

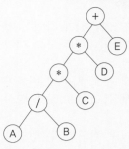

① + * A B / * C D E

② A B / C * D * E +

③ A / B * C * D + E

④ + * * / A B C D E

21년 3월, 20년 8월

10 다음 트리를 Preorder 운행법으로 운행할 경우 가장 먼저 탐색되는 것은?

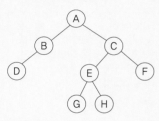

① A ② B

③ D ④ G

23년 5월, 21년 8월, 20년 9월

11 다음 트리에 대한 INORDER 운행 결과는?

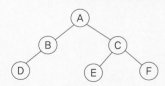

① D B A E C F

② A B D C E F

③ D B E C F A

④ A B C D E F

21년 5월, 20년 9월

12 다음 Postfix 연산식에 대한 연산 결과로 옳은 것은?

3 4 * 5 6 * +

① 35 ② 42

③ 77 ④ 360

23년 2월, 22년 3월

13 분할 정복(Divide and Conquer)에 기반한 알고리즘으로 피봇(pivot)을 사용하며 최악의 경우 $\dfrac{n(n-1)}{2}$ 회의 비교를 수행해야 하는 정렬(Sort)은?

① Selection Sort ② Bubble Sort

③ Insertion Sort ④ Quick Sort

23년 5월

14 이진 트리의 레코드 R = (88, 74, 63, 55, 37, 25, 33, 19, 26, 14, 9)에 대하여 힙(Heap) 정렬을 만들 때, 37의 왼쪽과 오른쪽의 자노드(Child Node)의 값은?

① 55, 25 ② 63, 33

③ 33, 19 ④ 14, 9

22년 7월, 21년 3월

15 다음 자료에 대하여 선택(Selection) 정렬을 이용하여 오름차순으로 정렬하고자 한다. 1회전 수행 결과는?

8, 3, 4, 9, 7

① 3, 4, 7, 8, 9 ② 3, 4, 7, 9, 8

③ 3, 4, 8, 9, 7 ④ 3, 8, 4, 9, 7

21년 3월

16 이진 검색 알고리즘에 대한 설명으로 틀린 것은?

① 탐색 효율이 좋고 탐색 시간이 적게 소요된다.

② 검색할 데이터가 정렬되어 있어야 한다.

③ 피보나치 수열에 따라 다음에 비교할 대상을 선정하여 검색한다.

④ 비교 횟수를 거듭할 때마다 검색 대상이 되는 데이터의 수가 절반으로 줄어든다.

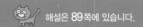
해설은 89쪽에 있습니다.

20년 9월

17 해싱 함수 중 레코드 키를 여러 부분으로 나누고, 나눈 부분의 각 숫자를 더하거나 XOR한 값을 홈 주소로 사용하는 방식은?

① 제산법   ② 폴딩법
③ 기수 변환법   ④ 숫자 분석법

23년 7월

18 다음과 같이 레코드가 구성되어 있을 때, 이진 검색 방법으로 F를 찾을 경우 비교되는 횟수는?

> ABCDEFGHIJKLMN

① 4   ② 5
③ 6   ④ 7

19 DBMS의 필수 기능 중 데이터베이스를 접근하여 데이터의 검색, 삽입, 삭제, 갱신 등의 연산 작업을 위한 사용자와 데이터베이스 사이의 인터페이스 수단을 제공하는 기능은?

① 정의 기능   ② 조작 기능
③ 제어 기능   ④ 절차 기능

20 데이터베이스 관리 시스템(DBMS)의 주요 필수 기능과 거리가 먼 것은?

① 데이터베이스 구조를 정의할 수 있는 정의 기능
② 데이터 사용자의 통제 및 보안 기능
③ 데이터베이스 내용의 정확성과 안정성을 유지할 수 있는 제어 기능
④ 데이터 조작어로 데이터베이스를 조작할 수 있는 조작 기능

21 데이터베이스 관리 시스템(DBMS)의 필수 기능 중 제어 기능에 대한 설명으로 거리가 먼 것은?

① 데이터베이스를 접근하는 갱신, 삽입, 삭제 작업이 정확하게 수행되어 데이터의 무결성이 유지되도록 제어해야 한다.
② 데이터의 논리적 구조와 물리적 구조 사이에 변환이 가능하도록, 두 구조 사이의 사상(Mapping)을 명시하여야 한다.
③ 정당한 사용자가 허가된 데이터만 접근할 수 있도록 보안(Security)을 유지하고 권한(Authorit)을 검사할 수 있어야 한다.
④ 여러 사용자가 데이터베이스를 동시에 접근하여 데이터를 처리할 때 처리 결과가 항상 정확성을 유지하도록 병행 제어(Concurrency Control)를 할 수 있어야 한다.

20년 9월

22 다음 설명에 해당하는 것은?

> 물리적 저장장치의 입장에서 본 데이터베이스 구조로서, 실제로 데이터베이스에 저장될 레코드의 형식을 정의하고 저장 데이터 항목의 표현 방법, 내부 레코드의 물리적 순서 등을 나타낸다.

① 외부 스키마   ② 내부 스키마
③ 개념 스키마   ④ 슈퍼 스키마

▶ 정답 : 17.② 18.① 19.② 20.② 21.② 22.②

기출문제은행 해설

01 핵심 106
- 선형 구조 : 배열, 선형 리스트, 스택, 큐, 데크
- 비선형 구조 : 트리, 그래프

02 핵심 110
PUSH는 스택에 자료를 입력하는 명령이고, POP은 스택에서 자료를 출력하는 명령이다. 문제에 제시된 대로 PUSH와 POP을 수행하면 다음의 순서로 입출력이 발생한다.

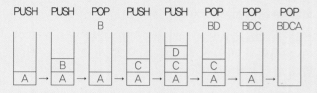

03 핵심 108
스택 포인터가 0이면 스택의 바닥이므로 더 이상 삭제할 자료가 없는 것을 의미하며, 이런 경우 Underflow를 처리한다.

04 핵심 108
스택(Stack)을 이용한 연산은 '재귀 호출, 후위(Postfix) 표기법, 깊이 우선 탐색'과 같이 왔던 길을 되돌아가는 경우에 사용한다.

05 핵심 108, 109
스택(Stack)의 내용으로 옳은 것은 ㉣이다.
㉠ 스택은 후입선출(LIFO; Last In First Out) 방식으로 자료를 처리한다.
㉡은 큐(Queue), ㉢은 데크(Deque)에 대한 설명이다.

06 핵심 113
n개의 정점으로 구성된 무방향 그래프에서 최대 간선 수는 $\frac{n(n-1)}{2}$ 이고, 방향 그래프에서 최대 간선 수는 n(n-1)이다.

07 핵심 114
그래프의 특수한 형태로 노드(Node)와 선분(Branch)으로 되어 있는 비선형 구조는 트리(Tree)이다.

08 핵심 114

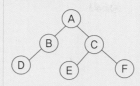

다음 트리를 예로들어 값을 구해보면
- n_0 : 단말 노드의 수는 3(D, E, F)이다.
- n_1 : 차수가 1인 노드의 수는 1(B)이다.
- n_2 : 차수가 2인 노드의 수는 2(A, C)이다.
- n : 노드의 총수는 6(A~F)이다.
- e : 간선의 총수는 5이다.
① $n_0 = n_2 + 2$: 3 ≠ 2 + 2
② $e = n_1 + 2n_2$: 5 = 1 + 4(2×2)
③ n = e + 1 : 6 = 5+1
④ $n = n_0 + n_1 + n_2$: 6 = 3 + 1 + 2

09 핵심 115
먼저 서브트리를 하나의 노드로 생각할 수 있도록 서브트리 단위로 묶는다.
❶ Preorder는 Root → Left → Right 이므로 +1E이다.
❷ 1은 *2D이므로 +*2DE이다.
❸ 2는 *3C이므로 +**3CDE이다.
❹ 3은 /AB이므로 +**/ABCDE이다.

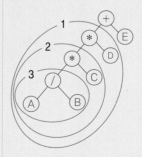

10 핵심 115
먼저 서브트리를 하나의 노드로 생각할 수 있도록 서브트리 단위로 묶는다.
❶ Preorder는 Root → Left → Right 이므로 A12가 된다.
❷ 1은 BD이므로 ABD2가 된다.
❸ 2는 C3F이므로 ABDC3F가 된다.
❹ 3은 EGH이므로 ABDCEGHF가 된다.

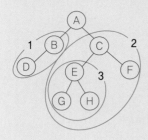

11 핵심 115

먼저 서브트리를 하나의 노드로 생각할 수 있도록 서브 트리 단위로 묶는다.

❶ Inorder는 Left → Root → Right 이므로 1A2가 된다.

❷ 1은 DB이므로 DBA2가 된다.

❸ 2는 ECF이므로 DBAECF가 된다.

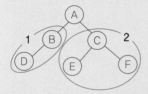

12 핵심 116

Postfix(후위 표기 방식) 연산식은 연산자가 해당 피연산자 두 개의 뒤(오른쪽)에 놓인 것을 말한다. 피연자 2개와 연산자를 묶은 후 연산자를 피연산자 사이에 옮겨 놓고 계산하면 된다.

❶ 피연산자 2개와 오른쪽으로 인접한 연산자 1개를 묶는다.

$$3\ 4\ *\ 5\ 6\ *\ +$$
$$\downarrow$$
$$(\ (\ 3\ 4\ *\ )\ (\ 5\ 6\ *\ )\ +\ )$$

❷ 연산자를 피연산자 사이로 옮긴다.

$$(\ (\ 3\ 4\ *\ )\ (\ 5\ 6\ *\ )\ +\ )$$
$$\downarrow$$
$$(\ (\ 3\ *\ 4\ )\ +\ (\ 5\ *\ 6\ )\ )$$

❸ 연산을 수행한다.

$$(\ (\ 3\ *\ 4\ )\ +\ (\ 5\ *\ 6\ )\ )\ =\ 12\ +\ 30\ =\ 42$$

13 핵심 120

분할 정복(Divide and Conquer)에 기반한 알고리즘으로 피봇(pivot)을 사용하는 정렬은 퀵 정렬(Quick Sort)이다.

• 선택 정렬(Selection Sort) : n개의 레코드 중에서 최소값을 찾아 첫 번째 레코드 위치에 놓고, 나머지 (n−1)개 중에서 다시 최소값을 찾아 두 번째 레코드 위치에 놓는 방식을 반복하여 정렬하는 방식

• 버블 정렬(Bubble Sort) : 주어진 파일에서 인접한 두 개의 레코드 키 값을 비교하여 그 크기에 따라 레코드 위치를 서로 교환하는 정렬 방식

• 삽입 정렬(Insertion Sort) : 가장 간단한 정렬 방식으로 이미 순서화된 파일에 새로운 하나의 레코드를 순서에 맞게 삽입시켜 정렬함

14 핵심 121

힙 정렬은 자료를 전이진 트리로 구성해 보면 간단하게 알 수 있다.

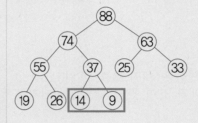

15 핵심 118

선택 정렬은 n개의 레코드 중에서 최소값을 찾아 첫 번째 레코드 위치에 놓고, 나머지 n−1개 중에서 다시 최소값을 찾아 두 번째 레코드 위치에 놓는 방식을 반복하여 정렬하는 방식이다.

• 원본 : 8, 3, 4, 9, 7

❶ 1회전

| 3 | 8 | 4 | 9 | 7 | → | 3 | 8 | 4 | 9 | 7 | → | 3 | 8 | 4 | 9 | 7 | → | 3 | 8 | 4 | 9 | 7 |

❷ 2회전

| 3 | 4 | 8 | 9 | 7 | → | 3 | 4 | 8 | 9 | 7 | → | 3 | 4 | 8 | 9 | 7 |

❸ 3회전

| 3 | 4 | 8 | 9 | 7 | → | 3 | 4 | 7 | 9 | 8 |

❹ 4회전

| 3 | 4 | 7 | 8 | 9 |

16 핵심 122
- 이분 검색은 피보나치 수열을 이용하지 않는다.
- 이분 검색은 파일을 둘로 나눠가면서 Key 레코드와 비교하는 방법을 사용한다.

17 핵심 123
XOR한 값을 홈 주소로 사용하는 해싱 함수는 폴딩법 (Folding)이다.
- 제산법(Division) : 레코드 키(K)를 해시표(Hash Table)의 크기보다 큰 수 중에서 가장 작은 소수(Prime, Q)로 나눈 나머지를 홈 주소로 삼는 방식, 즉 h(K) = K mod Q 임
- 기수 변환법(Radix) : 키 숫자의 진수를 다른 진수로 변환시켜 주소 크기를 초과한 높은 자릿수는 절단하고, 이를 다시 주소 범위에 맞게 조정하는 방식
- 숫자 분석법(Digit Analysis, 계수 분석법) : 키 값을 이루는 숫자의 분포를 분석하여 비교적 고른 자리를 필요한 만큼 택해서 홈 주소로 삼는 방식

18 핵심 122
이진 검색 방법으로 F를 찾을 경우 비교되는 횟수는 4회이다. A~N을 1~14로 가정하고 이진 검색 방법으로 F(6)를 찾는 방법은 다음과 같다.
❶ 첫 번째 값(F)과 마지막 값(L)을 이용하여 중간 값 M 을 구한 후 찾으려는 값과 비교한다.
  M = (1+14) / 2 = 7.5, 7이 찾으려는 값인지 확인한다. 7은 찾으려는 값 6보다 크므로 찾는 값은 1~6에 있다. ← 1회 비교
❷ F = 1, L = 6, M = (1+6) / 2 = 3.5, 3이 찾으려는 값 인지 확인한다. 3은 찾으려는 값 6보다 작으므로 찾는 값은 4~6에 있다. ← 2회 비교
❸ F = 4, L = 6, M = (4+6) / 2 = 5, 5가 찾으려는 값 인지 비교한다. 5는 찾으려는 값 6보다 작으므로 찾는 값은 6에 있다. ← 3회 비교
❹ F = 6, L = 6, M = (6+6) / 2 = 6, 6이 찾으려는 값 인지 비교한다. 6은 찾는 값이다. ← 4회 비교

19 핵심 125
사용자와 데이터베이스 사이의 인터페이스 수단을 제공하는 기능은 조작(Manipulation) 기능이다.
- 정의(Definition) 기능 : 모든 응용 프로그램들이 요구하는 데이터 구조를 지원하기 위해 데이터베이스에 저장될 데이터의 형(Type)과 구조에 대한 정의, 이용 방식, 제약 조건 등을 명시하는 기능
- 제어(Control) 기능 : 데이터베이스를 접근하는 갱신, 삽입, 삭제 작업이 정확하게 수행되어 데이터의 무결성이 유지되도록 제어해야 함

20 핵심 125
DBMS의 필수 기능 3가지는 정의·조작·제어 기능이다.

21 핵심 125
- ②번은 데이터베이스를 생성하기 위한 정의 기능에 해당된다.
- 제어 기능의 핵심은 무결성, 보안, 권한, 병행 제어이다.

22 핵심 126
문제의 지문에 제시된 내용은 내부 스키마에 대한 설명이다.
- 외부 스키마 : 사용자나 응용 프로그래머가 각 개인의 입장에서 필요로 하는 데이터베이스의 논리적 구조를 정의한 것
- 개념 스키마 : 모든 응용 프로그램이나 사용자들이 필요로 하는 데이터를 종합한 조직 전체의 데이터베이스로, 개체 간의 관계와 제약 조건을 나타내고, 데이터베이스의 접근 권한, 보안 및 무결성 규칙에 관한 명세를 정의함

MEMO

2장

통합 구현

128 단위 모듈

출제예상 **D**

- 단위 모듈(Unit Module)은 소프트웨어 구현에 필요한 여러 동작 중 한 가지 동작을 수행하는 기능을 모듈로 구현한 것이다.
- 단위 모듈의 구성 요소에는 처리문, 명령문, 데이터 구조 등이 있다.
- 단위 모듈은 독립적인 컴파일이 가능하며, 다른 모듈에 호출되거나 삽입되기도 한다.
- 단위 모듈을 구현하기 위해서는 단위 기능 명세서를 작성한 후 입·출력 기능과 알고리즘을 구현해야 한다.

예상체크 ✓

출제예상
1. 다음 중 단위 모듈을 구현하는 과정에 속하지 않는 것은?

① 단위 기능 명세서 작성 ② 입·출력 기능 구현
③ 알고리즘 구현 ④ 모듈 통합

---

129 IPC

실 기 공 통 실기 21.4 **D**

- IPC(Inter-Process Communication)는 모듈 간 통신 방식을 구현하기 위해 사용되는 대표적인 프로그래밍 인터페이스 집합이다.
- 복수의 프로세스를 수행하며 이뤄지는 프로세스 간 통신까지 구현이 가능하다.
- IPC의 대표 메소드 : Shared Memory, Socket, Semaphores, Pipes&named Pipes, Message Queueing

예상체크 ✓

출제예상
2. 단위 모듈의 데이터 입·출력을 구현하는 과정 중 다음 설명이 의미하는 것은?

> - 모듈 간 통신 방식을 구현하기 위해 사용되는 대표적인 프로그래밍 인터페이스 집합이다.
> - 복수의 프로세스를 수행하며 이뤄지는 프로세스 간 통신까지 구현이 가능하다.
> - 대표적인 메소드로 Shared Memory, Socket, Semaphores 등이 있다.

① IPC(Inter-Process Communication)
② API(Application Interface)
③ Spring
④ ORM(Object-Relational Mapping)

---

130 단위 모듈 테스트

출제예상 **D**

- 단위 모듈 테스트는 프로그램의 단위 기능을 구현하는 모듈이 정해진 기능을 정확히 수행하는지 검증하는 것으로, 단위 테스트(Unit Test)라고도 한다.
- 단위 모듈 테스트는 화이트박스 테스트와 블랙박스 테스트 기법을 사용한다.
- 단위 모듈 테스트의 기준은 단위 모듈에 대한 코드이므로 시스템 수준의 오류는 잡아낼 수 없다.
- 단위 모듈을 테스트하기 전에 테스트에 필요한 입력 데이터, 테스트 조건, 예상 결과 등을 모아 테스트 케이스를 만든다.

예상체크 ✓

출제예상
3. 단위 모듈 테스트에 대한 설명 중 가장 옳지 않은 것은?

① 블랙박스 테스트 기법 외에는 사용이 불가능하다.
② 모듈 통합 이후에는 찾기 어려운 에러들을 간단히 찾을 수 있도록 해준다.
③ 단위 모듈에 대한 코드이므로 시스템 수준의 오류들을 찾아내기는 어렵다.
④ 테스트 케이스를 활용하여 수행할 수 있다.

해설
단위 모듈 테스트는 화이트박스 테스트나 블랙박스 테스트 기법을 사용할 수 있습니다.

---

131 테스트 케이스의 구성 요소

21.3 **C**

- 식별자(Identifier) : 항목 식별자, 일련번호
- 테스트 항목(Test Item) : 테스트 대상(모듈 또는 기능)
- 입력 명세(Input Specification) : 입력 데이터 또는 테스트 조건
- 출력 명세(Output Specification) : 테스트 케이스 수행 시 예상되는 출력 결과
- 환경 설정(Environmental Needs) : 필요한 하드웨어나 소프트웨어의 환경
- 특수 절차 요구(Special Procedure Requirement) : 테스트 케이스 수행 시 특별히 요구되는 절차
- 의존성 기술(Inter-case Dependencies) : 테스트 케이스 간의 의존성

기출체크 ✓

21.3
4. 테스트 케이스에 일반적으로 포함되는 항목이 아닌 것은?

① 테스트 조건　　　　② 테스트 데이터
③ 테스트 비용　　　　④ 예상 결과

 350132

132 통합 개발 환경(IDE)　A

- 통합 개발 환경(IDE; Integrated Development Environment)은 코딩, 디버그, 컴파일, 배포 등 프로그램 개발과 관련된 모든 작업을 하나의 프로그램에서 처리할 수 있도록 제공하는 소프트웨어적인 개발 환경을 말한다.

- 통합 개발 환경 도구의 기능

  - 코딩(Coding) : C, JAVA, Python 등의 프로그래밍 언어로 프로그램을 작성하는 기능

  - 컴파일(Compile) : 개발자가 작성한 고급 언어로 된 프로그램을 컴퓨터가 이해할 수 있는 목적 프로그램으로 번역하여 컴퓨터에서 실행 가능한 형태로 변환하는 기능

  - 디버깅(Debugging) : 소프트웨어나 하드웨어의 오류나 잘못된 동작, 즉 버그(Bug)를 찾아 수정하는 기능

  - 배포(Deployment) : 소프트웨어를 사용자에게 전달하는 기능

기출체크 ✓

23.7, 22.4
5. IDE(Integrated Development Environment) 도구의 각 기능에 대한 설명으로 틀린 것은?

① Coding – 프로그래밍 언어를 가지고 컴퓨터 프로그램을 작성할 수 있는 환경을 제공
② Compile – 저급 언어의 프로그램을 고급 언어 프로그램으로 변환하는 기능
③ Debugging – 프로그램에서 발견되는 버그를 찾아 수정할 수 있는 기능
④ Deployment – 소프트웨어를 최종 사용자에게 전달하기 위한 기능

> **해설**
> 컴파일(Compile)은 고급 언어로 작성한 프로그램을 컴퓨터가 이해할 수 있는 기계어(저급 언어)로 변환하는 기능입니다.

 350133

133 빌드 도구　B

빌드 도구는 소스 코드를 소프트웨어로 변환하는 과정에 필요한 전처리(Preprocessing), 컴파일(Compile) 등의 작업들을 수행하는 소프트웨어를 말한다.

Ant	• 아파치 소프트웨어 재단에서 개발한 소프트웨어로, 자바 프로젝트의 공식적인 빌드 도구로 사용되고 있음 • XML 기반의 빌드 스크립트를 사용하며, 자유도와 유연성이 높아 복잡한 빌드 환경에도 대처가 가능함
Maven	• Ant와 동일한 아파치 소프트웨어 재단에서 개발된 것으로, Ant의 대안으로 개발되었음 • 규칙이나 표준이 존재하여 예외 사항만 기록하면 되며, 컴파일과 빌드를 동시에 수행할 수 있음
Gradle	• 기존의 Ant와 Maven을 보완하여 개발된 빌드 도구 • Maven과 동일하게 의존성을 활용하며, 그루비(Groovy) 기반의 빌드 스크립트를 사용함

기출체크 ✓

23.5, 22.3
6. 개발 환경 구성을 위한 빌드(Build) 도구에 해당하지 않는 것은?

① Ant　　　　② Kerberos
③ Maven　　　④ Gradle

기출문제은행

01 소프트웨어 구현을 위해 필요한 여러 동작 중 한 가지 동작을 수행하는 작은 기능을 모듈로 구현한 것은?

① 통합 모듈
② 단위 모듈
③ 컴포넌트
④ 인터페이스

02 단위 모듈에 대한 설명으로 가장 옳지 않은 것은?

① 처리문, 명령문, 데이터 구조 등이 포함되어 있다.
② 사용자나 다른 모듈로부터 값을 제공받아 시작되는 작은 프로그램이라고 할 수 있다.
③ 하나의 기능을 구현하므로, 두 개의 모듈을 통합하는 경우 두 개의 기능을 구현할 수 있다.
④ 독립적인 컴파일이 불가능하여, 모듈 통합이 이루어진 후에야 컴파일이 가능하다.

03 IPC(Inter-Process Communication)의 메소드에 해당하지 않는 것은?

① Identifier
② Message Queueing
③ Socket
④ Semaphores

23년 5월
04 소프트웨어나 하드웨어의 오류나 잘못된 동작 등을 찾아 수정하는 기능은?

① Coding
② Compile
③ Debugging
④ Deployment

23년 5월
05 통합 개발 환경(IDE)에 대한 설명으로 옳지 않은 것은?

① 프로그램 개발과 관련된 모든 작업을 하나의 프로그램에서 처리할 수 있도록 제공하는 소프트웨어적인 개발 환경을 말한다.
② 통합 개발 환경 도구의 기능에는 코딩, 컴파일, 디버깅 등이 있다.
③ C, JAVA 등의 다양한 프로그래밍 언어로 프로그램을 작성하는 기능을 지원한다.
④ Python과 같은 인터프리터 언어로 프로그램을 작성하는 기능은 지원하지 않는다.

06 개발 지원 도구 중 다음 설명에 해당하는 소프트웨어는?

- 안드로이드 스튜디오의 공식 빌드 도구이다.
- 의존성(Dependency)을 활용하여 라이브러리를 관리한다.
- 동적 객체지향 프로그래밍 언어 Groovy를 빌드 스크립트로 사용한다.

① Ant
② Maven
③ Zeplin
④ Gradle

01 핵심 128
소프트웨어 구현을 위해 필요한 여러 동작 중 한 가지 동작을 수행하는 작은 기능을 모듈로 구현한 것을 단위 모듈(Unit Module)이라고 한다.

02 핵심 129
단위 모듈은 독립적인 컴파일이 가능하며, 다른 모듈에 호출되거나 삽입될 수도 있다.

03 핵심 129
IPC의 대표 메소드에는 Shared Memory, Socket, Semaphores, Pipes&named Pipes, Message Queueing 등이 있다.

04 핵심 132
소프트웨어나 하드웨어의 오류나 잘못된 동작 등을 찾아 수정하는 기능을 디버깅(Debugging)이라고 한다.

- 코딩(Coding) : C, JAVA, Python 등의 프로그래밍 언어로 프로그램을 작성하는 기능
- 컴파일(Compile) : 개발자가 작성한 고급 언어로 된 프로그램을 컴퓨터가 이해할 수 있는 목적 프로그램으로 번역하여 컴퓨터에서 실행 가능한 형태로 변환하는 기능
- 배포(Deployment) : 소프트웨어를 사용자에게 전달하는 기능

05 핵심 132
통합 개발 환경(IDE)은 Python과 같은 인터프리터 언어로 프로그램을 작성하는 기능도 지원한다.

06 핵심 133
동적 객체지향 프로그래밍 언어 Groovy를 빌드 스크립트로 사용하는, 안드로이드 스튜디오의 공식 빌드 도구는 Gradle이다.

- Ant : 아파치 소프트웨어 재단에서 개발한 소프트웨어로, XML 기반의 빌드 스크립트를 사용하며, 자유도와 유연성이 높아 복잡한 빌드 환경에도 대처가 가능함
- Maven : Ant의 대안으로 개발된 것으로, 규칙이나 표준이 존재하여 예외 사항만 기록하면 되며, 컴파일과 빌드를 동시에 수행할 수 있음

MEMO

제품 소프트웨어 패키징

134 소프트웨어 패키징 **A**

23.2, 22.7, 22.3, 21.5

- 소프트웨어 패키징은 모듈별로 생성한 실행 파일들을 묶어 배포용 설치 파일을 만드는 것을 말한다.
- 개발자가 아니라 사용자를 중심으로 진행한다.
- 소스 코드는 향후 관리를 고려하여 모듈화하여 패키징 한다.
- 다양한 환경에서 소프트웨어를 손쉽게 사용할 수 있도록 일반적인 배포 형태로 패키징한다.

기출체크 ☑

23.2, 22.7, 22.3, 21.5

1. 소프트웨어 패키징에 대한 설명으로 틀린 것은?

① 패키징은 개발자 중심으로 진행한다.
② 신규 및 변경 개발소스를 식별하고, 이를 모듈화하여 상용제품으로 패키징 한다.
③ 고객의 편의성을 위해 매뉴얼 및 버전관리를 지속적으로 한다.
④ 범용 환경에서 사용이 가능하도록 일반적인 배포 형태로 패키징이 진행된다.

해설
소프트웨어를 설계하거나 개발할 때 그리고 개발된 소프트웨어를 패키징 할 때까지도 모든 과정에서 가장 먼저 고려되어야 할 대상은 소프트웨어를 사용할 사용자입니다.

135 패키징 시 고려사항 **B**

20.9, 20.8, 20.6

- 사용자의 시스템 환경, 즉 운영체제(OS), CPU, 메모리 등에 필요한 최소 환경을 정의한다.
- 사용자에게 배포되는 소프트웨어이므로 내부 콘텐츠에 대한 암호화 및 보안을 고려한다.
- 다른 여러 콘텐츠 및 단말기 간 DRM(디지털 저작권 관리) 연동을 고려한다.
- 사용자의 편의성을 위한 복잡성 및 비효율성 문제를 고려한다.
- 제품 소프트웨어 종류에 적합한 암호화 알고리즘을 적용한다.

기출체크 ☑

20.9, 20.8, 20.6

2. 소프트웨어 패키징 도구 활용 시 고려사항으로 틀린 것은?

① 반드시 내부 콘텐츠에 대한 암호화 및 보안을 고려한다.
② 보안을 위하여 이기종 연동을 고려하지 않아도 된다.
③ 사용자 편의성을 위한 복잡성 및 비효율성 문제를 고려한다.
④ 제품 소프트웨어 종류에 적합한 암호화 알고리즘을 적용한다.

해설
패키징 도구를 활용하여 패키징 할 때는 다른 여러 콘텐츠 및 단말기 간 연동을 고려해야 합니다.

136 디지털 저작권 관리(DRM) **B**

23.5, 22.4

- 디지털 저작권 관리(DRM; Digital Rights Management)는 저작권자가 배포한 디지털 콘텐츠가 저작권자가 의도한 용도로만 사용되도록 디지털 콘텐츠의 생성, 유통, 이용까지의 전 과정에 걸쳐 사용되는 디지털 콘텐츠 관리 및 보호 기술이다.
- 디지털 미디어의 생명 주기 동안 발생하는 사용 권한 관리, 과금, 유통 단계를 관리하는 기술로도 볼 수 있다.
- 원본 콘텐츠가 아날로그인 경우에는 디지털로 변환한 후 패키저(Packager)에 의해 DRM 패키징을 수행한다.
- 패키징을 수행하면 콘텐츠에는 암호화된 저작권자의 전자서명이 포함되고 저작권자가 설정한 라이선스 정보가 클리어링 하우스(Clearing House)에 등록된다.

기출체크 ☑

23.5, 22.4

3. DRM(Digital Rights Management)과 관련한 설명으로 틀린 것은?

① 디지털 콘텐츠와 디바이스의 사용을 제한하기 위해 하드웨어 제조업자, 저작권자, 출판업자 등이 사용할 수 있는 접근 제어 기술을 의미한다.
② 디지털 미디어의 생명 주기 동안 발생하는 사용 권한 관리, 과금, 유통 단계를 관리하는 기술로도 볼 수 있다.
③ 클리어링 하우스(Clearing House)는 사용자에게 콘텐츠 라이선스를 발급하고 권한을 부여해주는 시스템을 말한다.
④ 원본을 안전하게 유통하기 위한 전자적 보안은 고려하지 않기 때문에 불법 유통과 복제의 방지는 불가능하다.

해설
DRM은 콘텐츠를 안전하게 유통하기 위한 전자적 보안 장치인 보안 컨테이너(Security Container)를 통해 불법 유통과 복제를 방지할 수 있습니다.

기출체크 정답 1.① 2.② 3.④

137 디지털 저작권 관리(DRM)의 구성 요소 [A]

22.4, 21.8, 21.5, 20.9

- 클리어링 하우스(Clearing House) : 저작권에 대한 사용 권한, 라이선스 발급, 사용량에 따른 결제 관리 등을 수행하는 곳
- 콘텐츠 제공자(Contents Provider) : 콘텐츠를 제공하는 저작권자
- 패키저(Packager) : 콘텐츠를 메타 데이터와 함께 배포 가능한 형태로 묶어 암호화하는 프로그램
- 콘텐츠 분배자(Contents Distributor) : 암호화된 콘텐츠를 유통하는 곳이나 사람
- 콘텐츠 소비자(Customer) : 콘텐츠를 구매해서 사용하는 주체
- DRM 컨트롤러(DRM Controller) : 배포된 콘텐츠의 이용 권한을 통제하는 프로그램
- 보안 컨테이너(Security Container) : 콘텐츠 원본을 안전하게 유통하기 위한 전자적 보안 장치

기출체크 ✓

21.8, 20.9

4. 저작권 관리 구성 요소에 대한 설명이 틀린 것은?

① 콘텐츠 제공자(Contents Provider) : 콘텐츠를 제공하는 저작권자
② 콘텐츠 분배자(Contents Distributor) : 콘텐츠를 메타 데이터와 함께 배포 가능한 단위로 묶는 기능
③ 클리어링 하우스(Clearing House) : 키 관리 및 라이선스 발급 관리
④ DRM 컨트롤러 : 배포된 콘텐츠의 이용 권한을 통제

해설

- 콘텐츠 분배자는 암호화된 콘텐츠를 유통하는 곳이나 사람을 의미합니다.
- ②번은 패키저(Packager)에 대한 설명입니다.

138 디지털 저작권 관리(DRM)의 기술 요소 [A]

23.7, 23.2, 22.7, 21.3, 20.9, 20.8, 20.6

- 암호화(Encryption) : 콘텐츠 및 라이선스를 암호화하고 전자 서명을 할 수 있는 기술
- 키 관리(Key Management) : 콘텐츠를 암호화한 키에 대한 저장 및 분배 기술
- 암호화 파일 생성(Packager) : 콘텐츠를 암호화된 콘텐츠로 생성하기 위한 기술
- 식별 기술(Identification) : 콘텐츠에 대한 식별 체계 표현 기술

- 저작권 표현(Right Expression) : 라이선스의 내용 표현 기술
- 정책 관리(Policy Management) : 라이선스 발급 및 사용에 대한 정책 표현 및 관리 기술
- 크랙 방지(Tamper Resistance) : 크랙에 의한 콘텐츠 사용 방지 기술
- 인증(Authentication) : 라이선스 발급 및 사용의 기준이 되는 사용자 인증 기술

기출체크 ✓

23.7, 23.2, 22.7, 21.3, 20.6

5. 디지털 저작권 관리(DRM)의 기술 요소가 아닌 것은?

① 크랙 방지 기술
② 정책 관리 기술
③ 암호화 기술
④ 방화벽 기술

해설

방화벽 기술은 기업이나 조직 내부의 네트워크와 인터넷 간에 전송되는 정보를 선별하여 수용·거부·수정하는 침입 차단 시스템입니다.

139 소프트웨어 설치 매뉴얼 [C]

20.9

- 소프트웨어 설치 매뉴얼은 개발 초기에서부터 적용된 기준이나 사용자가 소프트웨어를 설치하는 과정에 필요한 내용을 기록한 설명서와 안내서이다.
- 설치 매뉴얼은 사용자 기준으로 작성한다.
- 설치 시작부터 완료할 때까지의 전 과정을 빠짐없이 순서대로 설명한다.
- 설치 과정에서 표시될 수 있는 오류 메시지 및 예외 상황에 관한 내용을 별도로 분류하여 설명한다.
- 소프트웨어 설치 매뉴얼에는 목차 및 개요, 서문, 기본 사항 등이 기본적으로 포함되어야 한다.

기출체크 ✓

20.9

6. 소프트웨어 설치 매뉴얼에 대한 설명으로 틀린 것은?

① 설치 과정에서 표시될 수 있는 예외 상황에 관련 내용을 별도로 구분하여 설명한다.
② 설치 시작부터 완료할 때까지의 전 과정을 빠짐없이 순서대로 설명한다.
③ 설치 매뉴얼은 개발자 기준으로 작성한다.
④ 설치 매뉴얼에는 목차, 개요, 기본 사항 등이 기본적으로 포함되어야 한다.

해설

설치 매뉴얼을 보는 사람이 사용자이므로, 사용자 기준으로 작성해야 합니다.

기출체크 정답 4.② 5.④ 6.③

140 소프트웨어 설치 매뉴얼의 기본 사항 **B**

23.5, 21.3

- **소프트웨어 개요** : 소프트웨어의 주요 기능 및 UI 설명
- **설치 관련 파일** : 소프트웨어 설치에 필요한 exe, ini, log 등의 파일 설명
- **설치 아이콘(Installation)** : 설치 아이콘 설명
- **프로그램 삭제** : 설치된 소프트웨어의 삭제 방법 설명
- **관련 추가 정보** : 소프트웨어 이외의 관련 설치 프로그램 정보와 소프트웨어 제작사 등의 추가 정보 기술

기출체크 ✓

23.5, 21.3

1. 소프트웨어 설치 매뉴얼에 포함될 항목이 아닌 것은?

① 제품 소프트웨어 개요
② 설치 관련 파일
③ 프로그램 삭제
④ 소프트웨어 개발 기간

141 소프트웨어 사용자 매뉴얼 **C**

21.8

- 소프트웨어 사용자 매뉴얼은 사용자가 소프트웨어를 사용하는 과정에서 필요한 내용을 문서로 기록한 설명서와 안내서이다.
- 사용자 매뉴얼은 사용자가 소프트웨어 사용에 필요한 절차, 환경 등의 제반 사항이 모두 포함되도록 작성한다.
- **사용자 메뉴얼의 기본 사항** : 소프트웨어 개요 및 사용 환경, 소프트웨어 관리, 모델 및 버전별 특징, 기능 및 인터페이스의 특징, 소프트웨어 구동 환경 등
- **사용자 매뉴얼의 작성 순서** : 작성 지침 정의 → 사용자 매뉴얼 구성 요소 정의 → 구성 요소별 내용 작성 → 사용자 매뉴얼 검토

기출체크 ✓

21.8

2. 제품 소프트웨어의 사용자 매뉴얼 작성 절차로 (가)~(다)와 [보기]의 기호를 바르게 연결한 것은?

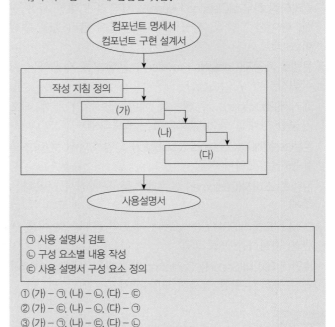

- ㉠ 사용 설명서 검토
- ㉡ 구성 요소별 내용 작성
- ㉢ 사용 설명서 구성 요소 정의

① (가) – ㉠, (나) – ㉡, (다) – ㉢
② (가) – ㉢, (나) – ㉡, (다) – ㉠
③ (가) – ㉠, (나) – ㉢, (다) – ㉡
④ (가) – ㉢, (나) – ㉠, (다) – ㉡

실기공통

23.7, 22.7, 22.4, 21.8, 21.5, 21.3, 20.9, 20.6, 실기 22.10, 20.7

142 소프트웨어 패키징의 형상 관리 **A**

- 형상 관리(SCM; Software Configuration Management)는 소프트웨어의 개발 과정에서 소프트웨어의 변경 사항을 관리하기 위해 개발된 일련의 활동이다.
- 소프트웨어 개발의 전체 비용을 줄이고, 개발 과정의 여러 방해 요인이 최소화되도록 보증하는 것을 목적으로 한다.
- **관리 항목** : 소스 코드, 프로젝트 계획, 분석서, 설계서, 프로그램, 테스트 케이스 등
- **형상 관리 도구** : Git, CVS, Subversion, Mercurial 등

기출체크 ✓

23.7, 22.4

3. 소프트웨어의 개발 과정에서 소프트웨어의 변경 사항을 관리하기 위해 개발된 일련의 활동을 뜻하는 것은?

① 복호화
② 형상 관리
③ 저작권
④ 크랙

143 형상 관리의 중요성 C

20.8

- 지속적인 소프트웨어의 변경 사항을 체계적으로 추적하고 통제할 수 있다.
- 제품 소프트웨어에 대한 무절제한 변경을 방지할 수 있다.
- 제품 소프트웨어에서 발견된 버그나 수정 사항을 추적할 수 있다.
- 소프트웨어의 배포본을 효율적으로 관리할 수 있다.
- 소프트웨어를 여러 명의 개발자가 동시에 개발할 수 있다.

기출체크 ✓

20.8

4. 제품 소프트웨어의 형상 관리 역할로 틀린 것은?

① 형상 관리를 통해 이전 리버전이나 버전에 대한 정보에 접근 가능하여 배포본 관리에 유용
② 불필요한 사용자의 소스 수정 제한
③ 프로젝트 개발 비용을 효율적으로 관리
④ 동일한 프로젝트에 대해 여러 개발자 동시 개발 가능

해설

형상 관리 항목에는 비용 관련 내용이 포함되지 않습니다.

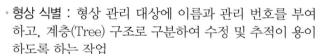

실기공통

144 형상 관리 기능 B

21.8, 21.3, 실기 20.10

- **형상 식별** : 형상 관리 대상에 이름과 관리 번호를 부여하고, 계층(Tree) 구조로 구분하여 수정 및 추적이 용이하도록 하는 작업
- **버전 제어** : 소프트웨어 업그레이드나 유지 보수 과정에서 생성된 다른 버전의 형상 항목을 관리하고, 이를 위해 특정 절차와 도구를 결합시키는 작업
- **형상 통제(변경 관리)** : 식별된 형상 항목에 대한 변경 요구를 검토하여 현재의 기준선(Base Line)이 잘 반영될 수 있도록 조정하는 작업
- **형상 감사** : 기준선의 무결성을 평가하기 위해 확인, 검증, 검열 과정을 통해 공식적으로 승인하는 작업
- **형상 기록(상태 보고)** : 형상의 식별, 통제, 감사 작업의 결과를 기록·관리하고 보고서를 작성하는 작업

기출체크 ✓

21.8

5. 형상 관리의 개념과 절차에 대한 설명으로 틀린 것은?

① 형상 식별은 형상 관리 계획을 근거로 형상 관리의 대상이 무엇인지 식별하는 과정이다.
② 형상 관리를 통해 가시성과 추적성을 보장함으로써 소프트웨어의 생산성과 품질을 높일 수 있다.
③ 형상 통제 과정에서는 형상 목록의 변경 요구를 즉시 수용 및 반영해야 한다.
④ 형상 감사는 형상 관리 계획대로 형상 관리가 진행되고 있는지, 형상 항목의 변경이 요구 사항에 맞도록 제대로 이뤄졌는지 등을 살펴보는 활동이다.

해설

형상 통제 과정은 식별된 형상 항목에 대한 변경 요구를 검토하여 현재의 기준선(Base Line)이 잘 반영될 수 있도록 조정하는 작업입니다.

145 소프트웨어의 버전 등록 관련 주요 기능 A

23.2, 21.5, 20.8

- **저장소(Repository)** : 최신 버전의 파일들과 변경 내역에 대한 정보들이 저장되어 있는 곳
- **가져오기(Import)** : 버전 관리가 되고 있지 않은 아무것도 없는 저장소(Repository)에 처음으로 파일을 복사함
- **체크아웃(Check-Out)** : 프로그램을 수정하기 위해 저장소(Repository)에서 파일을 받아오며, 소스 파일과 함께 버전 관리를 위한 파일들도 받아옴
- **체크인(Check-In)** : 체크아웃 한 파일의 수정을 완료한 후 저장소(Repository)의 파일을 새로운 버전으로 갱신함
- **커밋(Commit)** : 체크인을 수행할 때 이전에 갱신된 내용이 있는 경우에는 충돌(Conflict)을 알리고 diff 도구를 이용해 수정한 후 갱신을 완료함
- **동기화(Update)** : 저장소에 있는 최신 버전으로 자신의 작업 공간을 동기화함

기출체크 ✓

23.2, 21.5

6. 버전 관리 항목 중 저장소에 새로운 버전의 파일로 갱신하는 것을 의미하는 용어는?

① 형상 감사(Configuration Audit)
② 롤백(Rollback)
③ 단위 테스트(Unit Test)
④ 체크인(Check-In)

기출체크 정답 4.③ 5.③ 6.④

146 소프트웨어 버전 관리 도구 – 공유 폴더 방식

22.4 **C**

- 공유 폴더 방식은 버전 관리 자료가 로컬 컴퓨터의 공유 폴더에 저장되어 관리되는 방식이다.
- 개발자들은 개발이 완료된 파일을 약속된 공유 폴더에 매일 복사한다.
- 담당자는 공유 폴더의 파일을 자기 PC로 복사한 후 컴파일 하여 이상 유무를 확인한다.
- 종류 : SCCS, RCS, PVCS 등
- ※ RCS(Revision Control System) : 여러 개발자가 프로젝트를 수행할 때 시간에 따른 파일 변화 과정을 관리하는 소프트웨어 버전 관리 도구로, 소스 파일을 동시에 수정하는 것을 방지하고, 다른 방향으로 진행된 개발 결과를 합치거나 변경 내용을 추적할 수 있음

기출체크 ✓

22.4
1. 동시에 소스를 수정하는 것을 방지하며 다른 방향으로 진행된 개발 결과를 합치거나 변경 내용을 추적할 수 있는 소프트웨어 버전 관리 도구는?

① RCS(Revision Control System)
② RTS(Reliable Transfer Service)
③ RPC(Remote Procedure Call)
④ RVS(Relative Version System)

147 소프트웨어 버전 관리 도구 – 분산 저장소 방식

21.5 **C**

- 분산 저장소 방식은 버전 관리 자료가 하나의 원격 저장소와 분산된 개발자 PC의 로컬 저장소에 함께 저장되어 관리되는 방식이다.
- 로컬 저장소에서 버전 관리가 가능하므로 원격 저장소에 문제가 생겨도 로컬 저장소의 자료를 이용하여 작업할 수 있다.
- 종류 : Git, GNU arch, DCVS 등

기출체크 ✓

21.5
2. 다음 설명의 소프트웨어 버전 관리 도구 방식은?

- 버전 관리 자료가 원격 저장소와 로컬 저장소에 함께 저장되어 관리된다.
- 로컬 저장소에서 버전 관리가 가능하므로 원격 저장소에 문제가 생겨도 로컬 저장소의 자료를 이용하여 작업할 수 있다.
- 대표적인 버전 관리 도구로 Git이 있다.

① 단일 저장소 방식
② 분산 저장소 방식
③ 공유 폴더 방식
④ 클라이언트 · 서버 방식

148 빌드 자동화 도구

20.9 **C**

빌드란 소스 코드 파일들을 컴파일한 후 여러 개의 모듈을 묶어 실행 파일로 만드는 과정이며, 이러한 빌드를 포함하여 테스트 및 배포를 자동화하는 도구를 빌드 자동화 도구라고 한다.

Jenkins	• JAVA 기반의 오픈 소스 형태로, 가장 많이 사용되는 빌드 자동화 도구 • 서블릿 컨테이너에서 실행되는 서버 기반 도구 • SVN, Git 등 대부분의 형상 관리 도구와 연동이 가능함 • 여러 대의 컴퓨터를 이용한 분산 빌드나 테스트가 가능함
Gradle	• Groovy를 기반으로 한 오픈 소스 형태의 자동화 도구 • 안드로이드 앱 개발 환경에서 사용됨 • Groovy를 사용해서 만든 DSL을 스크립트 언어로 사용함 • 실행할 처리 명령들을 모아 태스크(Task)로 만든 후 태스크 단위로 실행함

기출체크 ✓

20.9
3. 빌드 자동화 도구에 대한 설명으로 틀린 것은?

① Gradle은 실행할 처리 명령들을 모아 태스크로 만든 후 태스크 단위로 실행한다.
② 빌드 자동화 도구는 지속적인 통합 개발 환경에서 유용하게 활용된다.
③ 빌드 자동화 도구에는 Ant, Gradle, Jenkins 등이 있다.
④ Jenkins는 Groovy를 기반으로 한 오픈 소스로 안드로이드 앱 개발 환경에서 사용된다.

해설
- Jenkins는 Java 기반 오픈 소스 형태의 서버 서블릿 컨테이너에서 실행되는 서버 기반 도구입니다.
- ④번은 Gradle에 대한 설명입니다.

기출문제은행

해설은 105쪽에 있습니다.

20년 8월

01 제품 소프트웨어 패키징 도구 활용 시 고려사항이 아닌 것은?

① 제품 소프트웨어의 종류에 적합한 암호화 알고리즘을 고려한다.

② 추가로 다양한 이기종 연동을 고려한다.

③ 사용자 편의성을 위한 복잡성 및 비효율성 문제를 고려한다.

④ 내부 콘텐츠에 대한 보안은 고려하지 않는다.

20년 9월

02 SW 패키징 도구 활용 시 고려 사항과 거리가 먼 것은?

① 패키징 시 사용자에게 배포되는 SW이므로 보안을 고려한다.

② 사용자 편의성을 위한 복잡성 및 비효율성 문제를 고려한다.

③ 보안상 단일 기종에서만 사용할 수 있도록 해야 한다.

④ 제품 SW종류에 적합한 암호화 알고리즘을 적용한다.

20년 9월, 8월

03 디지털 저작권 관리(DRM) 기술과 거리가 먼 것은?

① 콘텐츠 암호화 및 키 관리

② 콘텐츠 식별 체계 표현

③ 콘텐츠 오류 감지 및 복구

④ 라이센스 발급 및 관리

21년 5월

04 디지털 저작권 관리(DRM) 구성 요소가 아닌 것은?

① Dataware House

② DRM Controller

③ Packager

④ Contents Distributor

23년 5월

05 디지털 콘텐츠와 디바이스의 사용을 제한하기 위해 하드웨어 제조업자, 저작권자, 출판업자 등이 사용할 수 있는 접근 제어 기술을 의미하는 것은?

① DRM ② DLP

③ DOI ④ PKI

21년 8월

06 저작권 관리 구성 요소 중 패키저(Packager)의 주요 역할로 옳은 것은?

① 콘텐츠를 제공하는 저작권자를 의미한다.

② 콘텐츠를 메타 데이터와 함께 배포 가능한 단위로 묶는다.

③ 라이선스를 발급하고 관리한다.

④ 배포된 콘텐츠의 이용 권한을 통제한다.

23년 7월

07 디지털 저작권 관리(DRM)의 기술 요소가 아닌 것은?

① 식별 기술 ② 저작권 표현

③ 복호화 기술 ④ 정책 관리 기술

23년 5월

08 소프트웨어 설치 매뉴얼에 기본적으로 포함되어야 할 사항이 아닌 것은?

① 소프트웨어 개요

② 소프트웨어 설치 관련 파일

③ 소프트웨어 개발 비용

④ 소프트웨어 설치 및 삭제

23년 7월, 20년 6월

09 소프트웨어 형상 관리의 의미로 적절한 것은?

① 비용에 관한 사항을 효율적으로 관리하는 것

② 개발 과정의 변경 사항을 관리하는 것

③ 테스트 과정에서 소프트웨어를 통합하는 것

④ 개발 인력을 관리하는 것

20년 9월

10 소프트웨어 형상 관리에서 관리 항목에 포함되지 않는 것은?

① 프로젝트 요구 분석서

② 소스 코드

③ 운영 및 설치 지침서

④ 프로젝트 개발 비용

▶ 정답 : 1.④ 2.③ 3.③ 4.① 5.① 6.② 7.③ 8.③ 9.② 10.④

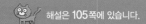
해설은 105쪽에 있습니다.

20년 8월

11 형상 관리 도구의 주요 기능으로 거리가 먼 것은?

① 정규화(Normalization)

② 체크인(Check-in)

③ 체크아웃(Check-out)

④ 커밋(Commit)

21년 5월

12 소프트웨어 형상 관리에 대한 설명으로 거리가 먼 것은?

① 소프트웨어에 가해지는 변경을 제어하고 관리한다.

② 프로젝트 계획, 분석서, 설계서, 프로그램, 테스트 케이스 모두 관리 대상이다.

③ 대표적인 형상 관리 도구로 Ant, Maven, Gradle 등이 있다.

④ 유지 보수 단계뿐만 아니라 개발 단계에도 적용할 수 있다.

22년 7월, 21년 3월

13 소프트웨어 형상 관리(Configuration Management)에 관한 설명으로 틀린 것은?

① 소프트웨어에서 일어나는 수정이나 변경을 알아내고 제어하는 것을 의미한다.

② 소프트웨어 개발의 전체 비용을 줄이고, 개발 과정의 여러 방해 요인이 최소화되도록 보증하는 것을 목적으로 한다.

③ 형상 관리를 위하여 구성된 팀을 "Chief Programmer Team"이라고 한다.

④ 형상 관리의 기능 중 하나는 버전 제어 기술이다.

14 대표적인 빌드 자동화 도구인 Jenkins와 Gradle에 대한 설명으로 잘못된 것은?

① 빌드, 테스트, 배포 과정을 자동화하는 도구이다.

② Jenkins는 친숙한 Web GUI 제공으로 사용이 쉽다.

③ Gradle은 Groovy를 사용해서 만든 DSL을 스크립트 언어로 사용한다.

④ Jenkins는 실행할 처리 명령들을 모아 태스크(Task)로 만든 후 태스크 단위로 실행한다.

▶ 정답 : 11.① 12.③ 13.③ 14.④

기출문제은행 해설

01 핵심 135
저작권자가 아닌 일반 사용자에게 배포되는 소프트웨어이므로 내부 콘텐츠에 대한 암호화 및 보안이 고려되어야 한다.

02 핵심 135
SW 패키징 도구 사용 시에는 사용자의 편의성을 고려하여 다양한 기종과 호환되도록 해야 한다.

03 핵심 138
- 오류 감지 및 복구는 디지털 저작권 관리(DRM)의 기술 요소에 속하지 않는다.
- 디지털 저작권 관리(DRM)의 기술 요소에는 '암호화, 키 관리, 암호화 파일 생성, 식별 기술, 저작권 표현, 정책 관리, 크랙 방지, 인증' 등이 있다.

04 핵심 137
디지털 저작권 관리의 구성 요소 중 하나는 데이터웨어하우스(Dataware House)가 아니라 클리어링 하우스(Clearing House)이다.

05 핵심 136
하드웨어 제조업자, 저작권자, 출판업자 등이 사용할 수 있는 접근 제어 기술을 DRM(Digital Rights Management, 디지털 저작권 관리)이라고 한다.
- DLP(Data Leakage/Loss Prevention, 데이터 유출 방지) : 내부 정보의 외부 유출을 방지하는 보안 솔루션
- DOI(Digital Object Identifier, 디지털 콘텐츠 식별자) : 인터넷에 유통되는 모든 디지털 콘텐츠에 부여되는 고유 식별자
- PKI(Public Key Infrastructure, 공개키 기반 구조) : 공개키 암호 시스템을 안전하게 사용하고 관리하기 위한 정보 보호 표준 방식

06 핵심 137
패키저(Packager)는 콘텐츠를 메타 데이터와 함께 배포 가능한 형태로 묶어 암호화하는 프로그램이다.

07 핵심 138
- 복호화 기술은 디지털 저작권 관리(DRM)의 기술 요소에 속하지 않는다.

- 디지털 저작권 관리(DRM)의 기술 요소에는 '암호화, 키 관리, 암호화 파일 생성, 식별 기술, 저작권 표현, 정책 관리, 크랙 방지, 인증' 등이 있다.

08 핵심 140
- 소프트웨어 개발 비용은 소프트웨어 설치 매뉴얼에 기본적으로 포함되어야 할 사항이 아니다.
- 소프트웨어 설치 매뉴얼의 기본적인 포함 사항에는 '소프트웨어 개요, 설치 관련 파일, 설치 아이콘, 프로그램 삭제, 관련 추가 정보' 등이 있다.

09 핵심 142
형상 관리는 소프트웨어의 개발 과정에서 소프트웨어의 변경 사항을 관리하기 위해 개발된 일련의 활동을 의미한다.

10 핵심 142
- 프로젝트 개발 비용은 형상 관리 항목에 해당하지 않는다.
- 소프트웨어 형상 관리의 관리 항목에는 '소스 코드, 프로젝트 계획, 분석서, 설계서, 프로그램, 테스트 케이스' 등이 있다.

11 핵심 145
- 정규화는 테이블의 속성들이 상호 종속적인 관계를 갖는 특성을 이용하여 테이블을 무손실 분해하는 과정으로, 형상 관리 도구와는 관계가 없다.
- 형상 관리 도구의 주요 기능에는 '동기화, 체크인, 체크아웃, 가져오기, 커밋, 저장소' 등이 있다.

12 핵심 142
- 'Ant, Maven, Gradle'은 빌드 자동화 도구이다.
- 형상 관리 도구에는 'Git, CVS, Subversion, Mercurial' 등이 있다.

13 핵심 142
'Chief Programmer Team'은 효율성을 증대시키기 위해 경험과 능력이 풍부한 책임 프로그래머를 중심으로 구성한 개발 팀의 구성 방식 중 하나로 형상 관리와는 관계가 없다.

14 핵심 148
태스크의 재사용이나 다른 시스템의 태스크를 공유할 수 있는 빌드 캐시 기능이 지원되는 빌드 자동화 도구는 Gradle이다.

4 장

애플리케이션 테스트 관리

149 애플리케이션 테스트 C

21.8

- 애플리케이션 테스트는 애플리케이션에 잠재되어 있는 결함을 찾아내는 일련의 행위 또는 절차이다.
- 애플리케이션 테스트는 개발된 소프트웨어가 고객의 요구사항을 만족시키는지 확인(Validation)하고 소프트웨어가 기능을 정확히 수행하는지 검증(Verification)한다.

확인 (Validation)	사용자의 입장에서 개발한 소프트웨어가 고객의 요구사항에 맞게 구현되었는지를 확인하는 것
검증 (Verification)	개발자의 입장에서 개발한 소프트웨어가 명세서에 맞게 만들어졌는지를 점검하는 것

기출체크 ✓

21.8

1. 소프트웨어 테스트에서 검증(Verification)과 확인(Validation)에 대한 설명으로 틀린 것은?

① 소프트웨어 테스트에서 검증과 확인을 구별하면 찾고자하는 결함 유형을 명확하게 하는 데 도움이 된다.
② 검증은 소프트웨어 개발 과정을 테스트하는 것이고, 확인은 소프트웨어 결과를 테스트 것이다.
③ 검증은 작업 제품이 요구 명세의 기능, 비기능 요구사항을 얼마나 잘 준수하는지 측정하는 작업이다.
④ 검증은 작업 제품이 사용자의 요구에 적합한지 측정하며, 확인은 작업 제품이 개발자의 기대를 충족시키는지를 측정한다.

해설

검증(Verification)은 개발자의 입장에서 개발한 소프트웨어가 명세서에 맞게 만들어졌는지를 점검하는 것이고, 확인(Validation)은 사용자의 입장에서 개발한 소프트웨어가 고객의 요구사항에 맞게 구현되었는지를 확인하는 것입니다.

150 애플리케이션 테스트의 기본 원리 B

실기 공통

22.7, 20.6, 실기 20.5

- 애플리케이션 테스트는 소프트웨어의 잠재적인 결함을 줄일 수 있지만 소프트웨어에 결함이 없다고 증명할 수는 없다.
- 애플리케이션의 결함은 대부분 개발자의 특성이나 애플리케이션의 기능적 특징 때문에 특정 모듈에 집중되어 있다. 애플리케이션의 20%에 해당하는 코드에서 전체 80%의 결함이 발견된다고 하여 파레토(Pareto) 법칙을 적용하기도 한다.
- 애플리케이션 테스트에서는 동일한 테스트 케이스로 동일한 테스트를 반복하면 더 이상 결함이 발견되지 않는 '살충제 패러독스(Pesticide Paradox)' 현상이 발생한다.

기출체크 ✓

22.7, 20.6

2. 소프트웨어 테스트에서 오류의 80%는 전체 모듈의 20% 내에서 발견된다는 법칙은?

① Brooks의 법칙
② Boehm의 법칙
③ Pareto의 법칙
④ Jackson의 법칙

151 결함 집중 C

21.5

- 결함 집중은 애플리케이션 대부분의 결함이 소수의 특정 모듈에 집중해서 발생하는 것을 의미한다.
- 파레토 법칙이 좌우한다.
- 결함은 발생한 모듈에서 계속 추가로 발생할 가능성이 높다.

기출체크 ✓

21.5

3. 다음 설명의 소프트웨어 테스트의 기본 원칙은?

- 파레토 법칙이 좌우한다.
- 애플리케이션 결함의 대부분은 소수의 특정한 모듈에 집중되어 존재한다.
- 결함은 발생한 모듈에서 계속 추가로 발생할 가능성이 높다.

① 살충제 패러독스
② 결함 집중
③ 오류 부재의 궤변
④ 완벽한 테스팅은 불가능

152 애플리케이션의 목적에 따른 테스트 C

21.8

- 회복(Recovery) 테스트 : 시스템에 여러 가지 결함을 주어 실패하도록 한 후 올바르게 복구되는지를 확인하는 테스트
- 안전(Security) 테스트 : 시스템에 설치된 시스템 보호 도구가 불법적인 침입으로부터 시스템을 보호할 수 있는지를 확인하는 테스트

- 강도(Stress) 테스트 : 시스템에 과도한 정보량이나 빈도 등을 부과하여 과부하 시에도 소프트웨어가 정상적으로 실행되는지를 확인하는 테스트
- 성능(Performance) 테스트 : 소프트웨어의 실시간 성능이나 전체적인 효율성을 진단하는 테스트
- 구조(Structure) 테스트 : 소프트웨어 내부의 논리적인 경로, 소스 코드의 복잡도 등을 평가하는 테스트
- 회귀(Regression) 테스트 : 소프트웨어의 변경 또는 수정된 코드에 새로운 결함이 없음을 확인하는 테스트
- 병행(Parallel) 테스트 : 변경된 소프트웨어와 기존 소프트웨어에 동일한 데이터를 입력하여 결과를 비교하는 테스트

기출체크 ✓

21.8

4. 테스트를 목적에 따라 분류했을 때, 강도(Stress) 테스트에 대한 설명으로 옳은 것은?

① 시스템에 고의로 실패를 유도하고 시스템이 정상적으로 복귀하는지 테스트한다.
② 시스템에 과다 정보량을 부과하여 과부하 시에도 시스템이 정상적으로 작동되는지를 테스트한다.
③ 사용자의 이벤트에 시스템이 응답하는 시간, 특정 시간 내에 처리하는 업무량, 사용자 요구에 시스템이 반응하는 속도 등을 테스트한다.
④ 부당하고 불법적인 침입을 시도하여 보안 시스템이 불법적인 침투를 잘 막아내는지 테스트한다.

실기 공통

153 **화이트박스 테스트** A

23.7, 23.2, 22.7, 22.4, 21.5, 20.6, 실기 22.5, 21.7

- 화이트박스 테스트(White Box Test)는 모듈의 원시 코드를 오픈시킨 상태에서 원시 코드의 논리적인 모든 경로를 테스트하여 테스트 케이스를 설계하는 방법이다.
- 원시 코드(모듈)의 모든 문장을 한 번 이상 실행함으로써 수행된다.
- 프로그램의 제어 구조에 따라 선택, 반복 등의 분기점 부분들을 수행함으로써 논리적 경로를 제어한다.
- 모듈 안의 작동을 직접 관찰한다.
- 종류 : 기초 경로 검사(Base Path Testing), 제어 구조 검사(Control Structure Testing) 등

기출체크 ✓

23.7, 20.6

5. White Box Testing에 대한 설명으로 옳지 않은 것은?

① Base Path Testing, Boundary Value Analysis가 대표적인 기법이다.
② Source Code의 모든 문장을 한 번 이상 수행함으로써 진행된다.
③ 모듈 안의 작동을 직접 관찰할 수 있다.
④ 산출물의 각 기능별로 적절한 프로그램의 제어 구조에 따라 선택, 반복 등의 부분들을 수행함으로써 논리적 경로를 점검한다.

해설

경계값 분석(Boundary Value Analysis)은 블랙박스 테스트 기법입니다.

▶350154 **실기 공통**

23.7, 22.3, 21.5, 20.6, 실기 22.5, 21.7

154 **화이트박스 테스트의 종류** A

- 기초 경로 검사(Base Path Testing) : 테스트 케이스 설계자가 절차적 설계의 논리적 복잡성을 측정할 수 있게 해주는 테스트 기법으로, 테스트 측정 결과는 실행 경로의 기초를 정의하는 데 지침으로 사용됨
  ※ 기초 경로(Base Path = Basis Path) : 수행 가능한 모든 경로를 의미함
- 제어 구조 검사(Control Structure Testing)
  - 조건 검사(Condition Testing) : 프로그램 모듈 내에 있는 논리적 조건을 테스트하는 테스트 케이스 설계 기법
  - 루프 검사(Loop Testing) : 프로그램의 반복(Loop) 구조에 초점을 맞춰 실시하는 테스트 케이스 설계 기법
  - 데이터 흐름 검사(Data Flow Testing) : 프로그램에서 변수의 정의와 변수 사용의 위치에 초점을 맞춰 실시하는 테스트 케이스 설계 기법

기출체크 ✓

23.7, 22.3

6. 화이트박스 검사 기법에 해당하는 것으로만 짝지어진 것은?

㉠ 데이터 흐름 검사	㉡ 루프 검사
㉢ 동등 분할 검사	㉣ 경계값 분석
㉤ 원인 결과 그래프 기법	㉥ 오류 예측 기법

① ㉠, ㉡
② ㉠, ㉣
③ ㉡, ㉤
④ ㉢, ㉥

해설

㉢~㉥은 블랙박스 테스트에 해당합니다.

155 블랙박스 테스트   A

- 블랙박스 테스트(Black Box Test)는 소프트웨어가 수행할 특정 기능을 알기 위해서 각 기능이 완전히 작동되는 것을 입증하는 테스트로, 기능 테스트라고도 한다.
- 프로그램의 구조를 고려하지 않기 때문에 테스트 케이스는 프로그램 또는 모듈의 요구나 명세를 기초로 결정한다.
- 블랙박스 테스트로 발견 가능한 오류
  - 비정상적인 자료를 입력해도 오류 처리를 수행하지 않는 경우
  - 정상적인 자료를 입력해도 요구된 기능이 제대로 수행되지 않는 경우
  - 경계값을 입력할 경우 요구된 출력 결과가 나오지 않는 경우

기출체크 ✓

23.2, 21.5

1. 블랙박스 테스트를 이용하여 발견할 수 있는 오류가 아닌 것은?

① 비정상적인 자료를 입력해도 오류 처리를 수행하지 않는 경우
② 정상적인 자료를 입력해도 요구된 기능이 제대로 수행되지 않는 경우
③ 반복 조건을 만족하는데도 루프 내의 문장이 수행되지 않는 경우
④ 경계값을 입력할 경우 요구된 출력 결과가 나오지 않는 경우

해설

블랙박스 테스트는 수행할 기능을 알기 위한 테스트로, 루프 내의 문장 수행 여부를 알 수는 없습니다.

156 블랙박스 테스트의 종류   A

- 동치 분할 검사(Equivalence Partitioning Testing) : 프로그램의 입력 조건에 타당한 입력 자료와 타당하지 않은 입력 자료의 개수를 균등하게 하여 테스트 케이스를 정하고, 해당 입력 자료에 맞는 결과가 출력되는지 확인하는 기법
- 경계값 분석(Boundary Value Analysis) : 입력 조건의 중간값보다 경계값에서 오류가 발생될 확률이 높다는 점을 이용하여 입력 조건의 경계값을 테스트 케이스로 선정하여 검사하는 기법

- 원인-효과 그래프 검사(Cause-Effect Graphing Testing) : 입력 데이터 간의 관계와 출력에 영향을 미치는 상황을 체계적으로 분석한 다음 효용성이 높은 테스트 케이스를 선정하여 검사하는 기법
- 오류 예측 검사(Error Guessing) : 과거의 경험이나 확인자의 감각으로 테스트하는 기법
- 비교 검사(Comparison Testing) : 여러 버전의 프로그램에 동일한 테스트 자료를 제공하여 동일한 결과가 출력되는지 테스트하는 기법

기출체크 ✓

20.9, 20.8

2. 블랙박스 테스트 기법으로 거리가 먼 것은?

① 기초 경로 검사   ② 동치 클래스 분해
③ 경계값 분석   ④ 원인 결과 그래프

해설

기초 경로 검사는 화이트박스 테스트 기법에 해당합니다.

157 단위 테스트   A

- 단위 테스트(Unit Test)는 코딩 직후 소프트웨어 설계의 최소 단위인 모듈이나 컴포넌트에 초점을 맞춰 테스트하는 것이다.
- 단위 테스트로 발견 가능한 오류
  - 알고리즘 오류에 따른 원치 않는 결과
  - 탈출구가 없는 반복문의 사용
  - 틀린 계산 수식에 의한 잘못된 결과

기출체크 ✓

21.8

3. 개별 모듈을 시험하는 것으로, 모듈이 정확하게 구현되었는지, 예정한 기능이 제대로 수행되는지를 점검하는 것이 주 목적인 테스트는?

① 통합 테스트(Integration Test)
② 단위 테스트(Unit Test)
③ 시스템 테스트(System Test)
④ 인수 테스트(Acceptance Test)

기출체크 정답   1.③ 2.① 3.②

158 인수 테스트 A

23.7, 23.5, 22.7, 21.3, 20.9, 20.8, 20.6, 실기 22.7

실기 공통

- 인수 테스트(Acceptance Test)는 개발한 소프트웨어가 사용자의 요구사항을 충족하는지에 중점을 두고 테스트하는 방법이다.
- 알파 테스트 : 개발자의 장소에서 사용자가 개발자 앞에서 행하는 테스트 기법
- 베타 테스트 : 선정된 최종 사용자가 여러 명의 사용자 앞에서 행하는 테스트 기법으로, 필드 테스팅(Field Testing)이라고도 불림

기출체크 ✓

22.7, 20.8

4. 알파, 베타 테스트와 가장 밀접한 연관이 있는 테스트 단계는?

① 단위 테스트   ② 인수 테스트
③ 통합 테스트   ④ 시스템 테스트

159 하향식 통합 테스트 B

22.4 20.8, 실기 21.7

실기 공통

- 하향식 통합 테스트(Top Down Integration Test)는 프로그램의 상위 모듈에서 하위 모듈 방향으로 통합하면서 테스트하는 기법이다.
- 주요 제어 모듈을 기준으로 하여 아래 단계로 이동하면서 통합하는데, 이때 깊이 우선 통합법이나 넓이 우선 통합법을 사용한다.
- 테스트 초기부터 사용자에게 시스템 구조를 보여줄 수 있다.

기출체크 ✓

20.8

5. 다음이 설명하는 애플리케이션 통합 테스트 유형은?

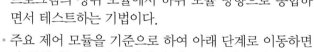

- 깊이 우선 방식 또는 너비 우선 방식이 있다.
- 상위 컴포넌트를 테스트 하고 점증적으로 하위 컴포넌트를 테스트 한다.
- 하위 컴포넌트 개발이 완료되지 않은 경우 스텁(Stub)을 사용하기도 한다.

① 하향식 통합 테스트
② 상향식 통합 테스트
③ 회귀 테스트
④ 빅뱅 테스트

160 상향식 통합 테스트 C

22.4

- 상향식 통합 테스트(Bottom Up Integration Test)는 프로그램의 하위 모듈에서 상위 모듈 방향으로 통합하면서 테스트하는 기법이다.
- 가장 하위 단계의 모듈부터 통합 및 테스트가 수행되므로 스텁(Stub)은 필요하지 않지만, 하나의 주요 제어모듈과 관련된 종속 모듈의 그룹인 클러스터(Cluster)가 필요하다.

기출체크 ✓

22.4

6. 통합 테스트(Integration Test)와 관련한 설명으로 틀린 것은?

① 시스템을 구성하는 모듈의 인터페이스와 결합을 테스트하는 것이다.
② 하향식 통합 테스트의 경우 넓이 우선(Breadth First) 방식으로 테스트를 할 모듈을 선택할 수 있다.
③ 상향식 통합 테스트의 경우 시스템 구조도의 최상위에 있는 모듈을 먼저 구현하고 테스트한다.
④ 모듈 간의 인터페이스와 시스템의 동작이 정상적으로 잘되고 있는지를 빨리 파악하고자 할 때 상향식 보다는 하향식 통합 테스트를 사용하는 것이 좋다.

해설

상향식 통합 테스트는 프로그램의 하위 모듈에서 상위 모듈 방향으로 통합하면서 테스트하는 기법입니다.

161 테스트 드라이버 B

22.7, 21.8, 실기 23.7

실기 공통

- 테스트 드라이버(Test Driver)는 테스트 대상의 하위모듈을 호출하는 도구로, 매개 변수(Parameter)를 전달하고, 모듈 테스트 수행 후의 결과를 도출한다.
- 상위 모듈 없이 하위 모듈이 있는 경우 하위 모듈을 구동한다.
- 상향식 통합 테스트에 사용된다.

22.7, 21.8

1. 테스트 드라이버(Test Driver)에 대한 설명으로 틀린 것은?

① 시험 대상 모듈을 호출하는 간이 소프트웨어이다.
② 필요에 따라 매개 변수를 전달하고 모듈을 수행한 후의 결과를 보여줄 수 있다.
③ 상향식 통합 테스트에서 사용된다.
④ 테스트 대상 모듈이 호출하는 하위 모듈의 역할을 한다.

해설
비어있는 하위 모듈을 대체하는 것은 스텁(Stub), 상위 모듈을 대체하는 것은 드라이버(Driver)입니다.

22.4

3. 테스트 케이스와 관련한 설명으로 틀린 것은?

① 테스트의 목표 및 테스트 방법을 결정하기 전에 테스트 케이스를 작성해야 한다.
② 프로그램에 결함이 있더라도 입력에 대해 정상적인 결과를 낼 수 있기 때문에 결함을 검사할 수 있는 테스트 케이스를 찾는 것이 중요하다.
③ 개발된 서비스가 정의된 요구사항을 준수하는지 확인하기 위한 입력 값과 실행 조건, 예상 결과의 집합으로 볼 수 있다.
④ 테스트 케이스 실행이 통과되었는지 실패하였는지 판단하기 위한 기준을 테스트 오라클(Test Oracle)이라고 한다.

해설
테스트 케이스는 테스트 목표와 방법을 설정한 후 작성합니다.

▶350162 **실기공통**   21.3, 20.6, 실기 23.7

162 **테스트 스텁** **B**

• 테스트 스텁(Test Stub)은 제어 모듈이 호출하는 타 모듈의 기능을 단순히 수행하는 도구로, 일시적으로 필요한 조건만을 가지고 있는 시험용 모듈이다.
• 상위 모듈은 있지만 하위 모듈이 없는 경우 하위 모듈을 대체한다.
• 하향식 통합 테스트에 사용된다.

21.3, 20.6

2. 하향식 통합에 있어서 모듈 간의 통합 시험을 위해 일시적으로 필요한 조건만을 가지고 임시로 제공되는 시험용 모듈을 무엇이라고 하는가?

① Stub   ② Driver
③ Procedure   ④ Function

▶350164   23.2, 22.4, 20.9

164 **테스트 오라클** **A**

• 테스트 오라클(Test Oracle)은 테스트 결과가 올바른지 판단하기 위해 사전에 정의된 참 값을 대입하여 비교하는 기법 및 활동을 말한다.
• 테스트 오라클은 결과를 판단하기 위해 테스트 케이스에 대한 예상 결과를 계산하거나 확인한다.
• 특징 : 제한된 검증, 수학적 기법, 자동화 가능 등
• 종류 : 참 오라클, 샘플링 오라클, 추정오라클, 일관성 검사 오라클 등

20.9

4. 다음이 설명하는 테스트 용어는?

• 테스트의 결과가 참인지 거짓인지를 판단하기 위해서 사전에 정의된 참값을 입력하여 비교하는 기법 및 활동을 말한다.
• 종류에는 참, 샘플링, 휴리스틱, 일관성 검사가 존재한다.

① 테스트 케이스
② 테스트 시나리오
③ 테스트 오라클
④ 테스트 데이터

▶350163   22.4
163 **테스트 케이스** **C**

• 테스트 케이스(Test Case)는 구현된 소프트웨어가 사용자의 요구사항을 정확하게 준수했는지를 확인하기 위해 설계된 입력 값, 실행 조건, 기대 결과 등으로 구성된 테스트 항목에 대한 명세서이다.
• 테스트 케이스를 미리 설계하면 테스트 오류를 방지할 수 있고 테스트 수행에 필요한 인력, 시간 등의 낭비를 줄일 수 있다.
• 테스트 케이스는 테스트 목표와 방법을 설정한 후 작성한다.

165 테스트 오라클의 종류

▶350165 실기공통 22.7, 실기 20.11

C

- 참(True) 오라클 : 모든 테스트 케이스의 입력 값에 대해 기대하는 결과를 제공하는 오라클로, 발생된 모든 오류를 검출할 수 있음
- 샘플링(Sampling) 오라클 : 특정한 몇몇 테스트 케이스의 입력 값들에 대해서만 기대하는 결과를 제공하는 오라클
- 추정(Heuristic) 오라클 : 특정 테스트 케이스의 입력 값에 대해 기대하는 결과를 제공하고, 나머지 입력 값들에 대해서는 추정으로 처리하는 오라클
- 일관성 검사(Consistent) 오라클 : 애플리케이션의 변경이 있을 때, 테스트 케이스의 수행 전과 후의 결과 값이 동일한지를 확인하는 오라클

기출체크 ✓

22.7

5. 다음 중 테스트 오라클에 대한 설명으로 옳지 않은 것은?

① 샘플링 오라클 : 특정한 몇몇 테스트 케이스의 입력 값들에 대해서만 기대하는 결과를 제공하는 오라클이다.
② 토탈 오라클 : 모든 테스트 케이스의 입력 값에 대해 기대하는 결과를 제공하는 오라클이다.
③ 휴리스틱 오라클 : 특정 테스트 케이스의 입력 값에 대해 기대하는 결과를 제공하고, 나머지 입력 값들에 대해서는 추정으로 처리하는 오라클이다.
④ 일관성 검사 오라클 : 애플리케이션의 변경이 있을 경우 테스트 케이스의 수행 전과 후의 결과 값이 동일한지를 확인하는 오라클이다.

해설
모든 테스트 케이스의 입력 값에 대해 기대하는 결과를 제공하는 오라클은 참 오라클입니다.

166 테스트 자동화 도구 – 테스트 케이스 생성 도구

▶350166 23.2, 21.8

B

- 자료 흐름도 : 자료 원시 프로그램을 입력받아 파싱한 후 자료 흐름도를 작성함
- 기능 테스트 : 주어진 기능을 구동시키는 모든 가능한 상태를 파악하여 이에 대한 입력을 작성함
- 입력 도메인 분석 : 원시 코드의 내부를 참조하지 않고, 입력 변수의 도메인을 분석하여 테스트 데이터를 작성함
- 랜덤 테스트 : 입력 값을 무작위로 추출하여 테스트함

기출체크 ✓

23.2, 21.8

6. 테스트 케이스 자동 생성 도구를 이용하여 테스트 데이터를 찾아내는 방법이 아닌 것은?

① 스텁(Stub)과 드라이버(Driver)
② 입력 도메인 분석
③ 랜덤(Random) 테스트
④ 자료 흐름도

167 테스트 자동화 도구 – 성능 테스트 도구

▶350167 21.5

C

성능 테스트 도구는 애플리케이션의 처리량, 응답 시간, 경과 시간, 자원 사용률 등을 인위적으로 적용한 가상의 사용자를 만들어 테스트를 수행함으로써 성능의 목표 달성 여부를 확인한다.

기출체크 ✓

21.5

7. 애플리케이션의 처리량, 응답 시간, 경과 시간, 자원 사용률에 대해 가상의 사용자를 생성하고 테스트를 수행함으로써 성능 목표를 달성하였는지를 확인하는 테스트 자동화 도구는?

① 명세 기반 테스트 설계 도구
② 코드 기반 테스트 설계 도구
③ 기능 테스트 수행 도구
④ 성능 테스트 도구

168 결함

▶350168 21.8

C

- 결함(Fault)은 오류(Error) 발생, 작동 실패 등과 같이 소프트웨어가 개발자가 설계한 것과 다르게 동작하거나 다른 결과가 발생되는 것을 의미한다.
- 사용자가 예상한 결과와 실행 결과 간의 차이나 업무 내용과의 불일치 등으로 인해 변경이 필요한 부분도 모두 결함에 해당된다.

기출체크 ✓

21.8

8. 소프트웨어 개발 활동을 수행함에 있어서 시스템이 고장(Failure)을 일으키게 하며, 오류(Error)가 있는 경우 발생하는 것은?

① Fault
② Testcase
③ Mistake
④ Inspection

기출체크 정답 5.② 6.① 7.④ 8.①

23.7, 22.7, 21.5, 20.6

169 시간 복잡도 **A**

O(1)	입력값(n)에 관계 없이 일정하게 문제 해결에 하나의 단계만을 거침 에 스택의 삽입, 삭제
O(log₂n)	문제 해결에 필요한 단계가 입력값(n) 또는 조건에 의해 감소함 에 이진 트리, 이진 검색
O(n)	문제 해결에 필요한 단계가 입력값(n)과 1:1의 관계를 가짐 에 for문
O(nlog₂n)	문제 해결에 필요한 단계가 n(log₂n)번만큼 수행됨 에 힙 정렬, 2-Way 합병 정렬
O(n²)	문제 해결에 필요한 단계가 입력값(n)의 제곱만큼 수행됨 에 삽입 정렬, 쉘 정렬, 선택 정렬, 버블 정렬, 퀵 정렬
O(2ⁿ)	문제 해결에 필요한 단계가 2의 입력값(n) 제곱만큼 수행됨 에 피보나치 수열

기출체크 ✓

23.7, 22.7, 20.6

1. 알고리즘 시간 복잡도 O(1)이 의미하는 것은?

① 컴퓨터 처리가 불가
② 알고리즘 입력 데이터 수가 한 개
③ 알고리즘 수행시간이 입력 데이터 수와 관계 없이 일정
④ 알고리즘 길이가 입력 데이터보다 작음

23.2, 20.8

170 순환 복잡도 **B**

순환 복잡도(Cyclomatic Complexity)는 한 프로그램의 논리적인 복잡도를 측정하기 위한 소프트웨어의 척도로, 맥케이브 순환도(McCabe's Cyclomatic)라고도 한다.

예제 제어 흐름 그래프가 다음과 같을 때 McCabe의 Cyclomatic 수를 계산하시오.

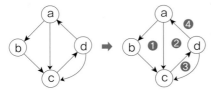

해설 순환 복잡도는 제어 흐름도의 영역 수와 일치하므로 영역 수를 계산합니다.
∴ 내부 영역 3(❶, ❷, ❸) + 외부 영역 1(❹) = 4

기출체크 ✓

20.8

2. 제어 흐름 그래프가 다음과 같을 때 McCabe의 Cyclomatic 수는 얼마인가?

① 3   ② 4
③ 5   ④ 6

해설
순환 복잡도는 화살표로 구분되는 각 영역의 개수를 구하면 됩니다.

∴ 내부 영역 3(❶, ❷, ❸) + 외부 영역 1(❹) = 4

22.7, 22.3, 21.5, 20.9, 20.8

171 클린 코드 작성 원칙 **A**

가독성	• 누구든지 코드를 쉽게 읽을 수 있도록 작성함 • 코드 작성 시 쉬운 용어를 사용하거나 줄 나눔과 들여쓰기, 괄호 등을 적절히 사용함
단순성	• 코드를 간단하게 작성함 • 한 번에 한 가지를 처리하도록 코드를 작성함 • 클래스/메소드/함수 등을 최소 단위로 분리함
의존성 배제	코드가 다른 모듈에 미치는 영향을 최소화함
중복성 최소화	코드의 중복을 최소화함
추상화	상위 클래스/메소드/함수에서는 간략하게 애플리케이션의 특성을 나타내고, 상세 내용은 하위 클래스/메소드/함수에서 구현함

기출체크 ✓

22.7, 21.5, 20.8

3. 다음 중 클린 코드 작성 원칙으로 거리가 먼 것은?

① 누구든지 쉽게 이해하는 코드 작성
② 중복이 최대화된 코드 작성
③ 다른 모듈에 미치는 영향 최소화
④ 단순, 명료한 코드 작성

해설
클린 코드로 작성하려면 코드의 중복을 최소화해야 합니다.

172 나쁜 코드

B

- 나쁜 코드(Bad Code)는 프로그램의 로직(Logic)이 복잡하고 이해하기 어려운 코드이다.
- 스파게티 코드(Spaghetti Code) : 코드의 로직이 서로 복잡하게 얽혀 있는 코드
- 외계인 코드(Alien Code) : 아주 오래되거나 참고문서 또는 개발자가 없어 유지 보수 작업이 어려운 코드

기출체크 ✓

22.3, 20.6

4. 외계인 코드(Alien Code)에 대한 설명으로 옳은 것은?

① 프로그램의 로직이 복잡하여 이해하기 어려운 프로그램을 의미한다.
② 아주 오래되거나 참고문서 또는 개발자가 없어 유지 보수 작업이 어려운 프로그램을 의미한다.
③ 오류가 없어 디버깅 과정이 필요 없는 프로그램을 의미한다.
④ 사용자가 직접 작성한 프로그램을 의미한다.

실기공통

173 소스 코드 품질 분석 도구 – 정적 분석 도구

A

- 정적 분석 도구는 작성한 소스 코드를 실행하지 않고 코딩 표준이나 코딩 스타일, 결함 등을 확인한다.
- 자료 흐름이나 논리 흐름을 분석하여 비정상적인 패턴을 찾을 수 있다.
- 하드웨어적인 방법 또는 소프트웨어적인 방법으로 코드를 분석한다.
- 종류 : pmd, checkstyle, cppcheck 등

기출체크 ✓

23.7, 22.7, 20.9, 20.6

5. 소스 코드 품질 분석 도구 중 정적 분석 도구가 아닌 것은?

① pmd
② checkstyle
③ valMeter
④ cppcheck

기출문제은행

01 다음 중 프로그램의 검증(Verification)에 대한 설명으로 옳은 것은?

① 개발한 프로그램이 명세서에 맞게 만들어졌는지 점검한다.

② 개발한 프로그램이 고객의 요구사항에 맞게 구현되었는지를 점검한다.

③ 개발한 프로그램이 생산성이 높게 만들어졌는지 점검한다.

④ 사용자의 입장에서 하는 점검이다.

02 다음 중 살충제 패러독스(Pesticide Paradox)에 대한 설명으로 옳은 것은?

① 애플리케이션의 20%에 해당하는 코드에서 전체 결함의 80%가 발견된다는 법칙이다.

② 대부분의 결함이 소수의 특정 모듈에 집중해서 발생하는 것을 의미한다.

③ 소프트웨어의 결함을 모두 제거해도 사용자의 요구사항을 만족시키지 못하면 해당 소프트웨어는 품질이 높다고 말할 수 없는 것을 의미한다.

④ 동일한 테스트 케이스로 동일한 테스트를 반복하면 더 이상 결함이 발견되지 않는 현상을 의미한다.

03 테스트를 목적에 따라 분류했을 때, 회귀(Regression) 테스트에 대한 설명으로 옳은 것은?

① 소프트웨어 내부의 논리적인 경로, 소스 코드의 복잡도 등을 평가하는 테스트이다.

② 소프트웨어의 실시간 성능이나 전체적인 효율성을 진단하는 테스트이다.

③ 소프트웨어의 변경 또는 수정된 코드에 새로운 결함이 없음을 확인하는 테스트이다.

④ 시스템에 여러 가지 결함을 주어 실패하도록 한 후 올바르게 복구되는지를 확인하는 테스트이다.

23년 7월

04 화이트박스 테스트에 대한 설명으로 옳지 않은 것은?

① 제품의 내부 요소들이 명세서에 따라 수행되고 충분히 실행되는가를 보장하기 위한 검사이다.

② 모듈 안의 작동을 직접 관찰한다.

③ 프로그램 원시 코드의 논리적인 구조를 커버하도록 테스트 케이스를 설계한다.

④ 화이트박스 테스트 기법에는 기초 경로 검사, 동치 분할, 경계값 분석 등이 있다.

23년 7월

05 화이트박스 테스트 기법에 해당하는 것은?

① 기초 경로 검사

② 동치 분할 검사

③ 경계값 분석

④ 원인 효과 그래프 검사

22년 7월, 21년 5월

06 소프트웨어 테스트와 관련한 설명으로 틀린 것은?

① 화이트박스 테스트는 모듈의 논리적인 구조를 체계적으로 점검할 수 있다.

② 블랙박스 테스트는 프로그램의 구조를 고려하지 않는다.

③ 테스트 케이스에는 일반적으로 시험 조건, 테스트 데이터, 예상 결과가 포함되어야 한다.

④ 화이트박스 테스트에서 기본 경로(Basis Path)란 흐름 그래프의 시작 노드에서 종료 노드까지의 서로 독립된 경로로 싸이클을 허용하지 않는 경로를 말한다.

20년 6월

07 평가점수에 따른 성적부여는 다음 표와 같다. 이를 구현한 소프트웨어를 경계값 분석 기법으로 테스트 하고자 할 때 다음 중 테스트 케이스의 입력값으로 옳지 않은 것은?

평가점수	성적
80~100	A
60~79	B
0~59	C

① 59

② 80

③ 90

④ 101

23년 2월, 22년 4월

08 화이트박스 테스트와 관련한 설명으로 틀린 것은?

① 화이트박스 테스트의 이해를 위해 논리 흐름도(Logic-Flow Diagram)를 이용할 수 있다.

② 테스트 데이터를 이용해 실제 프로그램을 실행함으로써 오류를 찾는 동적 테스트(Dynamic Test)에 해당한다.

③ 프로그램의 구조를 고려하지 않기 때문에 테스트 케이스는 프로그램 또는 모듈의 요구나 명세를 기초로 결정한다.

④ 테스트 데이터를 선택하기 위하여 검증 기준(Test Coverage)을 정한다.

21년 3월

09 다음 중 블랙박스 검사 기법은?

① 경계값 분석
② 조건 검사
③ 기초 경로 검사
④ 루프 검사

23년 5월

10 명세 기반 테스트 중 프로그램의 입력 조건에 중점을 두고, 어느 하나의 입력 조건에 대하여 타당한 값과 그렇지 못한 값을 설정하여 해당 입력 자료에 맞는 결과가 출력되는지 확인하는 테스트 기법은?

① Cause-Effect Graphing Testing
② Equivalence Partitioning Testing
③ Boundary Value Analysis
④ Comparison Testing

23년 5월, 21년 5월

11 다음 중 단위 테스트를 통해 발견할 수 있는 오류가 아닌 것은?

① 알고리즘 오류에 따른 원치 않는 결과
② 탈출구가 없는 반복문의 사용
③ 모듈 간의 비정상적 상호 작용으로 인한 원치 않는 결과
④ 틀린 계산 수식에 의한 잘못된 결과

22년 4월

12 단위 테스트(Unit Test)와 관련한 설명으로 틀린 것은?

① 구현 단계에서 각 모듈의 개발을 완료한 후 개발자가 명세서의 내용대로 정확히 구현되었는지 테스트한다.

② 모듈 내부의 구조를 구체적으로 볼 수 있는 구조적 테스트를 주로 시행한다.

③ 필요 데이터를 인자를 통해 넘겨주고, 테스트 완료 후 그 결과값을 받는 역할을 하는 가상의 모듈을 테스트 스텁(Stub)이라고 한다.

④ 테스트할 모듈을 호출하는 모듈도 있고, 테스트할 모듈이 호출하는 모듈도 있다.

23년 7월, 20년 9월, 6월

13 검증(Validation) 검사 기법 중 개발자의 장소에서 사용자가 개발자 앞에서 행해지며, 오류와 사용상의 문제점을 사용자와 개발자가 함께 확인하면서 검사하는 기법은?

① 디버깅 검사
② 형상 검사
③ 자료구조 검사
④ 알파 검사

21년 3월

14 필드 테스팅(Field Testing)이라고도 불리며, 개발자 없이 고객의 사용 환경에 소프트웨어를 설치하여 검사를 수행하는 인수 검사 기법은?

① 베타 검사
② 알파 검사
③ 형상 검사
④ 복구 검사

23년 5월

15 개발한 소프트웨어가 사용자의 요구사항을 충족하는지에 중점을 두고 테스트하는 방법은?

① 단위 테스트
② 인수 테스트
③ 시스템 테스트
④ 통합 테스트

16 다음 중 상향식 통합 테스트에 대한 설명으로 옳지 않은 것은?

① 하위 모듈에서 상위 모듈 방향으로 통합하면서 테스트한다.
② 테스트를 위해 드라이버를 생성한다.
③ 하위 모듈들을 클러스터로 결합한다.
④ 깊이 우선 통합법 또는 넓이 우선 통합법에 따라 스텁을 실제 모듈로 대치한다.

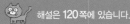 해설은 **120**쪽에 있습니다.

17 하향식 통합 검사(Test)에 대한 설명으로 가장 옳지 않은 것은?

① 시스템 구조의 위층에 있는 모듈부터 아래층의 모듈로 내려오면서 통합한다.

② 일반적으로 스텁(Stub)을 드라이버(Driver)보다 쉽게 작성할 수 있다.

③ 테스트 초기에는 시스템의 구조를 사용자에게 보여줄 수 없다.

④ 상위층에서 테스트 케이스를 쓰기가 어렵다.

23년 2월
18 테스트 결과가 올바른지 판단하기 위해 사용되는 것은?

① 테스트 오라클

② 테스트 시나리오

③ 테스트 케이스

④ 테스트 데이터

22년 3월
19 단위 테스트에서 테스트의 대상이 되는 하위 모듈을 호출하고, 파라미터를 전달하는 가상의 모듈로 상향식 테스트에 필요한 것은?

① 테스트 스텁(Test Stub)

② 테스트 드라이버(Test Driver)

③ 테스트 슈트(Test Suites)

④ 테스트 케이스(Test Case)

23년 7월, 21년 5월, 20년 6월
20 정렬된 N개의 데이터를 처리하는데 O(Nlog₂N)의 시간이 소요되는 정렬 알고리즘은?

① 선택 정렬 　　　　② 삽입 정렬

③ 버블 정렬 　　　　④ 합병 정렬

20년 9월
21 다음에서 설명하는 클린 코드 작성 원칙은?

> • 한 번에 한 가지 처리만 수행한다.
> • 클래스/메소드/함수를 최소 단위로 분리한다.

① 다형성 　　　　② 단순성

③ 추상화 　　　　④ 의존성

21년 8월
22 소스 코드 정적 분석(Static Analysis)에 대한 설명으로 틀린 것은?

① 소스 코드를 실행시키지 않고 분석한다.

② 코드에 있는 오류나 잠재적인 오류를 찾아내기 위한 활동이다.

③ 하드웨어적인 방법으로만 코드 분석이 가능하다.

④ 자료 흐름이나 논리 흐름을 분석하여 비정상적인 패턴을 찾을 수 있다.

21년 8월
23 코드의 간결성을 유지하기 위해 사용되는 지침으로 틀린 것은?

① 공백을 이용하여 실행문 그룹과 주석을 명확히 구분한다.

② 복잡한 논리식과 산술식은 괄호와 들여쓰기(Indentation)를 통해 명확히 표현한다.

③ 빈 줄을 사용하여 선언부와 구현부를 구별한다.

④ 한 줄에 최대한 많은 문장을 코딩한다.

21년 5월
24 클린 코드 작성 원칙에 대한 설명으로 틀린 것은?

① 코드의 중복을 최소화 한다.

② 코드가 다른 모듈에 미치는 영향을 최대화하도록 작성한다.

③ 누구든지 코드를 쉽게 읽을 수 있도록 작성한다.

④ 간단하게 코드를 작성한다.

22년 7월, 20년 9월
25 소스 코드 품질 분석 도구 중 정적 분석 도구가 아닌 것은?

① pmd 　　　　　② checkstyle

③ valance 　　　　④ cppcheck

01 핵심 149

개발자의 입장에서 명세서에 맞게 만들어졌는지를 점검하는 것은 검증(Verification), 사용자의 입장에서 고객의 요구사항에 맞게 구현되었는지 점검하는 것은 확인(Validation)이다.

02 핵심 150

살충제 패러독스(Pesticide Paradox)는 동일한 테스트 케이스로 동일한 테스트를 반복하면 더 이상 결함이 발견되지 않는 현상을 의미한다.

· ①번은 파레토 법칙(Pareto Principle), ②번은 결함 집중(Defect Clustering), ③번은 오류-부재의 궤변(Absence of Errors Fallacy)에 대한 설명이다.

03 핵심 152

회귀(Regression) 테스트는 소프트웨어의 변경 또는 수정된 코드에 새로운 결함이 없음을 확인하는 테스트이다.

· ①번은 구조(Structure) 테스트, ②번은 성능(Performance) 테스트, ④번은 회복(Recovery) 테스트에 대한 설명이다.

04 핵심 153

· 화이트박스 테스트 기법에는 기초 경로 검사, 제어 구조 검사 등이 있다.

· 동치 분할과 경계값 분석은 블랙박스 테스트 기법에 해당한다.

05 핵심 154

기초 경로 검사는 화이트박스 테스트 기법이고, 나머지는 블랙박스 테스트 기법에 해당한다.

06 핵심 154

기본 경로(Basis Path)는 수행 가능한 모든 경로를 의미한다.

07 핵심 156

경계값 분석 기법은 입력 조건의 경계값을 테스트 케이스로 선정하여 검사하는 기법으로, 성적이 분리되는 평가점수의 경계값인 101, 100, 80, 79, 60, 59, 0, −1이 적절한 입력값에 해당한다.

08 핵심 153

③번은 블랙박스 테스트에 대한 설명이다.

09 핵심 156

경계값 분석은 블랙박스 텍스트, 나머지는 화이트박스 테스트에 해당한다.

10 핵심 156

문제에 제시된 내용은 동치 분할 검사(Equivalence Partitioning Testing)에 대한 설명이다.

· 원인-효과 그래프 검사(Cause-Effect Graphing Testing) : 입력 데이터 간의 관계와 출력에 영향을 미치는 상황을 체계적으로 분석한 다음 효용성이 높은 테스트 케이스를 선정하여 검사하는 기법

· 경계값 분석(Boundary Value Analysis) : 입력 자료에만 치중한 동치 분할 기법을 보완하기 위한 기법으로, 입력 조건의 중간값보다 경계값에서 오류가 발생될 확률이 높다는 점을 이용하여 입력 조건의 경계값을 테스트 케이스로 선정하여 검사함

· 비교 검사(Comparison Testing) : 여러 버전의 프로그램에 동일한 테스트 자료를 제공하여 동일한 결과가 출력되는지 테스트하는 기법

11 핵심 157

모듈 간의 비정상적 상호 작용 오류 검사를 위해서는 통합 테스트를 수행해야 한다.

12 핵심 157, 161, 162

· ③번은 테스트 드라이버(Test Driver)에 대한 설명이다.

· 테스트 스텁(Test Stub)은 제어 모듈이 호출하는 타 모듈의 기능을 단순히 수행하는 도구로, 일시적으로 필요한 조건만을 가지고 있는 시험용 모듈이다.

13 핵심 158

개발자의 장소에서 사용자가 개발자 앞에서 행해지는 검사 기법은 알파 검사이다.

14 핵심 158

사용자가 여러 명의 사용자 앞에서 행하는 검사는 베타 검사, 사용자가 개발자 앞에서 행하는 검사는 알파 검사이다.

15 핵심 158

개발한 소프트웨어가 사용자의 요구사항을 충족하는지에 중점을 두고 하는 테스트는 인수 테스트(Acceptance Test)이다.

- 단위 테스트(Unit Test) : 코딩 직후 소프트웨어 설계의 최소 단위인 모듈이나 컴포넌트에 초점을 맞춰 하는 테스트
- 시스템 테스트(System Test) : 개발된 소프트웨어가 해당 컴퓨터 시스템에서 완벽하게 수행되는가를 점검하는 테스트
- 통합 테스트(Integration Test) : 단위 테스트가 완료된 모듈들을 결합하여 하나의 시스템으로 완성시키는 과정에서의 테스트

16 핵심 158

④번은 하향식 통합 테스트에 대한 설명이다.

17 핵심 159

상위 모듈에서 테스트를 시작하는 하향식 통합 테스트에서는 테스트 초기부터 사용자에게 시스템 구조를 보여줄 수 있다.

18 핵심 164

테스트 결과가 올바른지 판단하기 위해 사전에 정의된 참 값을 대입하여 비교하는 기법 및 활동을 테스트 오라클(Test Oracle)이라고 한다.

- 테스트 시나리오(Test Scenario) : 테스트 케이스를 적용하는 순서에 따라 여러 개의 테스트 케이스들을 묶은 집합으로, 테스트 케이스들을 적용하는 구체적인 절차를 명세한 문서
- 테스트 케이스(Test Case) : 구현된 소프트웨어가 사용자의 요구사항을 정확하게 준수했는지를 확인하기 위해 설계된 입력 값, 실행 조건, 기대 결과 등으로 구성된 테스트 항목에 대한 명세서
- 테스트 데이터(Test Data) : 시스템의 기능이나 적합성 등을 테스트하기 위해 만든 데이터 집합으로, 소프트웨어의 기능을 차례대로 테스트할 수 있도록 만든 데이터

19 핵심 161

단위 테스트에서 테스트의 대상이 되는 하위 모듈을 호출하고, 파라미터를 전달하는 가상의 모듈을 테스트 드라이버(Test Driver)라고 한다.

- 테스트 스텁(Test Stub) : 제어 모듈이 호출하는 타 모듈의 기능을 단순히 수행하는 도구로, 일시적으로 필요한 조건만을 가지고 있는 테스트용 모듈
- 테스트 슈트(Test Suites) : 테스트 대상 컴포넌트나 모듈, 시스템에 사용되는 테스트 케이스의 집합
- 테스트 케이스(Test Case) : 사용자의 요구사항을 정확하게 준수했는지 확인하기 위한 입력 값, 실행 조건, 기대 결과 등으로 만들어진 테스트 항목의 명세서

20 핵심 169

힙 정렬과 2-Way 합병 정렬의 시간 복잡도는 $O(n\log_2 n)$, 나머지 정렬의 시간 복잡도는 $O(n^2)$이다.

21 핵심 171

한 번에 한 가지를 처리하도록 코드를 작성하고 클래스/메소드/함수 등을 최소 단위로 분리하는 작성 원칙은 단순성이다.

22 핵심 173

소스 코드 정적 분석 도구 중 pmd, cppcheck는 소프트웨어적인 방법으로 코드를 분석한다.

23 핵심 171

한 줄에 많은 문장을 코딩하면 가독성이 떨어지므로 가독성을 위해 줄 바꿈과 들여쓰기, 괄호를 적절하게 사용해야 한다.

24 핵심 171

클린 코드(Clean Code)는 의존성 배제 원칙에 따라 코드가 다른 모듈에 미치는 영향을 최소화해야 한다.

25 핵심 173

정적 분석 도구에는 'pmd, cppcheck, SonarQube, checkstyle, ccm, cobertura' 등이 있다.

인터페이스 구현

174 모듈 간 공통 기능 및 데이터 인터페이스 D

▶ 350174

출제예상

- 모듈 간 공통 기능 및 데이터 인터페이스는 인터페이스 설계서에서 정의한 모듈의 기능을 기반으로 확인한다.
- 공통 기능 : 모듈의 기능 중에서 공통적으로 제공되는 기능을 의미함
- 데이터 인터페이스 : 모듈 간 교환되는 데이터가 저장될 파라미터(매개변수)를 의미함

예상체크 ✓

출제예상

1. 다음 중 모듈 간 교환되는 데이터가 저장될 매개변수(Parameter)를 의미하는 용어는?

① 인터페이스 설계서
② 공통 기능
③ 데이터 인터페이스
④ 모듈 연계

176 EAI의 구축 유형 A

▶ 350176

실기공통

23.2, 22.7, 21.5, 20.9, 20.6, 실기 21.4, 20.10

- EAI(Enterprise Application Integration)는 기업 내 각종 애플리케이션 및 플랫폼 간의 정보 전달, 연계, 통합 등 상호 연동이 가능하게 해주는 솔루션이다.
- Point-to-Point : 가장 기본적인 애플리케이션 통합 방식으로, 애플리케이션을 1:1로 연결함
- Hub & Spoke : 단일 접점인 허브 시스템을 통해 데이터를 전송하는 중앙 집중형 방식
- Message Bus(ESB 방식) : 애플리케이션 사이에 미들웨어를 두어 처리하는 방식
- Hybrid : Hub & Spoke와 Message Bus의 혼합 방식으로, 필요한 경우 한 가지 방식으로 EAI 구현이 가능함

기출체크 ✓

23.2, 22.7, 20.6

3. EAI(Enterprise Application Integration)의 구축 유형으로 옳지 않은 것은?

① Point-to-Point   ② Hub & Spoke
③ Message Bus   ④ Tree

175 인터페이스 설계서 D

▶ 350175

출제예상

- 인터페이스 설계서는 시스템 사이의 데이터 교환 및 처리를 위해 교환 데이터 및 관련 업무, 송·수신 시스템 등에 대한 내용을 정의한 문서이다.
- 일반적인 인터페이스 설계서 : 시스템의 인터페이스 목록, 각 인터페이스의 상세 데이터 명세, 각 기능의 세부 인터페이스 정보를 정의한 문서
- 정적·동적 모형을 통한 인터페이스 설계서 : 정적·동적 모형으로 각 시스템의 구성 요소를 표현한 다이어그램을 이용하여 만든 문서

예상체크 ✓

출제예상

2. 서로 다른 시스템 또는 컴포넌트 간에 데이터 교환 및 처리를 위한 목적으로 각 시스템의 교환 데이터 및 업무, 송·수신 주체 등이 정의되어 있는 문서는?

① 인터페이스 요구사항 정의서
② 인터페이스 설계서
③ 인터페이스 업무정의서
④ 인터페이스 데이터 표준

177 ESB D

▶ 350177

출제예상

- ESB(Enterprise Service Bus)는 애플리케이션 간 연계, 데이터 변환, 웹 서비스 지원 등 표준 기반의 인터페이스를 제공하는 솔루션이다.
- 특정 서비스에 국한되지 않고 범용적으로 사용하기 위하여 애플리케이션과의 결합도(Coupling)를 약하게(Loosely) 유지한다.
- 관리 및 보안 유지가 쉽고, 높은 수준의 품질 지원이 가능하다.

예상체크 ✓

출제예상

4. 내·외부 모듈 연계 방법 중 ESB(Enterprise Service Bus)에 대한 설명으로 가장 옳지 않은 것은?

① ESB는 애플리케이션과의 결합도(Coupling)를 약하게(Loosely) 유지한다.
② ESB는 크게 Point-to-Point형, Hub & Spoke 방식, Hybrid 형태의 구성으로 분류될 수 있다.
③ 높은 수준의 품질 지원이 가능하다.
④ 관리 및 보안이 쉽다.

해설

Point-to-Point, Hub & Spoke, Hybrid는 EAI의 구축 유형입니다.

---

178 인터페이스 데이터 표준 B

23.5

- 인터페이스 데이터 표준은 모듈 간 인터페이스에 사용되는 데이터의 형식을 표준화하는 것이다.
- 기존의 데이터 중에서 공통 영역을 추출하거나 어느 한쪽의 데이터를 변환하여 정의한다.
- '데이터 인터페이스'와 '인터페이스 기능'을 통해 인터페이스 표준을 확인 및 검토하여 최종적인 인터페이스 데이터 표준을 확인한다.

기출체크 ✓

23.5
5. 다음 중 내 · 외부 모듈 간 인터페이스 데이터 표준을 확인하는 데 사용되는 정보로만 짝지어진 것은?

① 인터페이스 목록, 인터페이스 명세
② 인터페이스 명세, 데이터 인터페이스
③ 인터페이스 기능, 인터페이스 목록
④ 데이터 인터페이스, 인터페이스 기능

---

180 AJAX C

실기 공통   20.8, 실기 23.4

AJAX(Asynchronous JavaScript and XML)는 자바 스크립트(JavaScript) 등을 이용하여 클라이언트와 서버 간에 XML 데이터를 교환 및 제어함으로써 이용자가 웹 페이지와 자유롭게 상호 작용할 수 있도록 하는 비동기 통신 기술을 의미한다.

기출체크 ✓

20.8
7. 인터페이스 구현 시 사용하는 기술 중 다음 내용이 설명하는 것은?

> JavaScript를 사용한 비동기 통신 기술로, 클라이언트와 서버 간에 XML 데이터를 주고 받는 기술

① Procedure   ② Trigger
③ Greedy   ④ AJAX

---

179 JSON A

23.5, 22.4, 20.6

- JSON(JavaScript Object Notation)은 속성-값 쌍(Attribute-Value Pairs)으로 이루어진 데이터 객체를 전달하기 위해 사람이 읽을 수 있는 텍스트를 사용하는 개방형 표준 포맷이다.
- 비동기 처리에 사용되는 AJAX에서 XML을 대체하여 사용되고 있다.

기출체크 ✓

23.5, 22.4, 20.6
6. 웹과 컴퓨터 프로그램에서 용량이 적은 데이터를 교환하기 위해 데이터 객체를 속성 · 값의 쌍 형태로 표현하는 형식으로, 자바 스크립트(JavaScript)를 토대로 개발되어진 형식은?

① Python   ② XML
③ JSON   ④ WEB SEVER

---

181 인터페이스 보안 기능 적용 A

실기 공통   20.9, 20.8, 20.6, 실기 20.7

인터페이스 보안 기능은 일반적으로 네트워크, 애플리케이션, 데이터베이스 영역에 적용한다.

네트워크 영역	• 인터페이스 송 · 수신 간 스니핑(Sniffing) 등을 이용한 데이터 탈취 및 변조 위협을 방지하기 위해 네트워크 트래픽에 대한 암호화를 설정함 • 암호화는 인터페이스 아키텍처에 따라 IPSec, SSL, S-HTTP 등의 다양한 방식으로 적용함
애플리케이션 영역	소프트웨어 개발 보안 가이드를 참조하여 애플리케이션 코드 상의 보안 취약점을 보완하는 방향으로 애플리케이션 보안 기능을 적용함
데이터베이스 영역	데이터베이스, 스키마, 엔티티의 접근 권한과 프로시저(Procedure), 트리거(Trigger) 등 데이터베이스 동작 객체의 보안 취약점에 보안 기능을 적용함

기출체크 ✓

20.9, 20.8, 20.6
8. 인터페이스 보안을 위해 네트워크 영역에 적용될 수 있는 것으로 거리가 먼 것은?

① IPSec   ② SSL
③ SMTP   ④ S-HTTP

해설
SMTP(Simple Mail Transfer Protocol)는 전자 우편을 교환하는 서비스입니다.

기출체크 정답 5.④ 6.③ 7.④ 8.③

182 IPSec **B**

- IPSec(IP Security)는 네트워크 계층에서 IP 패킷 단위의 데이터 변조 방지 및 은닉 기능을 제공하는 프로토콜이다.
- 암호화와 복호화가 모두 가능한 양방향 암호 방식이다.
- 동작 모드에는 전송(Transport) 모드와 터널(Tunnel) 모드가 있다.

기출체크 ✓

22.7, 21.5

1. IPSec(IP Security)에 대한 설명으로 틀린 것은?

① 암호화 수행시 일방향 암호화만 지원한다.
② ESP는 발신지 인증, 데이터 무결성, 기밀성 모두 보장한다.
③ 운영 모드는 Tunnel 모드와 Transport 모드로 분류된다.
④ AH는 발신지 호스트를 인증하고, IP 패킷의 무결성을 보장한다.

해설
IPSec는 암호화와 복호화가 모두 가능한 양방향 암호 방식입니다.

---

184 인터페이스 구현 검증 도구 **A**

- xUnit : JUnit, CppUnit, NUnit, HttpUnit 등 다양한 언어에 적용되는 단위 테스트 프레임워크
- STAF : 서비스 호출 및 컴포넌트 재사용 등 다양한 환경을 지원하는 테스트 프레임워크
- FitNesse : 웹 기반 테스트케이스 설계, 실행, 결과 확인 등을 지원하는 테스트 프레임워크
- NTAF : FitNesse와 STAF의 장점을 통합한 NHN(Naver)의 테스트 자동화 프레임워크
- watir : Ruby를 사용하는 애플리케이션 테스트 프레임워크

기출체크 ✓

23.7, 22.7, 21.5, 20.9

3. 인터페이스 구현 검증 도구가 아닌 것은?

① ESB   ② xUnit
③ STAF   ④ NTAF

해설
ESB는 대표적인 모듈 연계 방법입니다.

---

183 데이터 무결성 검사 도구 **B**

- 데이터 무결성 검사 도구는 시스템 파일의 변경 유무를 확인하고, 파일이 변경되었을 경우 이를 관리자에게 알려주는 도구이다.
- 크래커 등이 시스템에 침입하면 백도어를 만들어 놓거나 시스템 파일을 변경하여 자신의 흔적을 감추는데, 무결성 검사 도구를 이용하여 이를 감지할 수 있다.
- **종류** : Tripwire, AIDE, Samhain 등

기출체크 ✓

21.3, 20.6

2. 크래커가 침입하여 백도어를 만들어 놓거나, 설정 파일을 변경했을 때 분석하는 도구는?

① trace   ② tripwire
③ udpdump   ④ cron

---

185 APM **D**

- APM(Application Performance Management/Monitoring)은 애플리케이션의 성능 관리를 위해 접속자, 자원 현황, 트랜잭션 수행 내역, 장애 진단 등 다양한 모니터링 기능을 제공하는 도구를 의미한다.
- 리소스 방식과 엔드투엔드(End-to-End)의 두 가지 유형이 있다.

예상체크 ✓

출제예상

4. 다음 중 애플리케이션의 흐름 모니터링과 성능 예측을 통해 최적의 애플리케이션 상태를 보장 및 관리하는 것을 의미하는 용어는?

① APM   ② EAI
③ API   ④ ESB

기출체크 정답   1.① 2.② 3.① 4.①

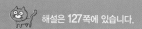

해설은 **127**쪽에 있습니다.

01 다음 설명에 해당하는 모듈 연계 방법은?

> • 기업 내 각종 애플리케이션 및 플랫폼 간의 정보 전달, 연계, 통합 등 상호 연동이 가능하게 해주는 솔루션이다.
> • 구축 유형에는 Point-to-Point, Hub & Spoke, Message Bus, Hybrid 등이 있다.

① EAI(Enterprise Application Integration)
② ESB(Enterprise Service Bus)
③ APM(Application Performance Management)
④ API(Application Programming Interface)

20년 9월
02 EAI(Enterprise Application Integration) 구축 유형 중 Hybrid에 대한 설명으로 틀린 것은?

① Hub & Spoke와 Message Bus의 혼합 방식이다.
② 필요한 경우 한 가지 방식으로 EAI 구현이 가능하다.
③ 데이터 병목 현상을 최소화할 수 있다.
④ 중간에 미들웨어를 두지 않고 각 애플리케이션을 Point to Point로 연결한다.

03 EAI 구축 유형 중 Message Bus에 대한 설명으로 옳은 것은?

① 애플리케이션 사이에 미들웨어(Middle Ware)를 두어 처리하는 방식이다.
② 단일 접점이 허브 시스템을 통해 데이터를 전송하는 중앙 집중형 방식이다.
③ 각 애플리케이션들이 트리 형태로 연결된 구조이다.
④ 각 애플리케이션을 Point to Point 형태로 연결하는 가장 기본적인 방식이다.

04 다음 설명이 의미하는 것은?

> 인터페이스를 위해 인터페이스가 되어야 할 범위의 데이터들의 형식과 표준을 정의하는 것으로, 기존에 있던 데이터 중 공통의 영역을 추출하여 정의하는 경우도 있고, 인터페이스를 위해 한쪽의 데이터를 변환하는 경우도 있다.

① 인터페이스 요구사항 정의서
② 프로그램 명세서
③ 인터페이스 데이터 표준
④ 인터페이스 목록

22년 4월
05 인터페이스 구현 시 사용하는 기술로 속성-값 쌍(Attribute-Value Pairs)으로 이루어진 데이터 오브젝트를 전달하기 위해 사용하는 개방형 표준 포맷은?

① JSON
② HTML
③ AVPN
④ DOF

22년 3월
06 인터페이스 간의 통신을 위해 이용되는 데이터 포맷이 아닌 것은?

① AJTML
② JSON
③ XML
④ YAML

20년 6월
07 인터페이스 구현 검증 도구 중 아래에서 설명하는 것은?

> • 서비스 호출, 컴포넌트 재사용 등 다양한 환경을 지원하는 테스트 프레임워크
> • 각 테스트 대상 분산 환경에 데몬을 사용하여 테스트 대상 프로그램을 통해 테스트를 수행하고, 통합하여 자동화하는 검증 도구

① xUnit
② STAF
③ FitNesse
④ watir

23년 7월, 21년 5월
08 인터페이스 구현 검증 도구가 아닌 것은?

① Foxbase
② STAF
③ watir
④ xUnit

▶ 정답 : 1.① 2.④ 3.① 4.③ 5.① 6.① 7.② 8.①

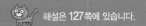 해설은 127쪽에 있습니다.

23년 2월

09 다음 중 인터페이스 구현 검증 도구에 대한 설명으로 옳지 않은 것은?

① STAF : Ruby를 사용하는 애플리케이션 테스트 프레임워크이다.

② xUnit : NUnit, JUnit 등 다양한 언어를 지원하는 단위 테스트 프레임워크이다.

③ FitNesse : 웹 기반 테스트케이스 설계, 실행, 결과 확인 등을 지원하는 테스트 프레임워크이다.

④ NTAF : Naver의 테스트 자동화 프레임워크로, FitNesse와 STAF을 통합하였다.

22년 4월

10 다음 중 단위 테스트 도구로 사용될 수 없는 것은?

① CppUnit   ② JUnit

③ HttpUnit   ④ IgpUnit

01 핵심 176

기업 내 각종 애플리케이션 및 플랫폼 간의 정보 전달, 연계, 통합 등 상호 연동이 가능하게 해주는 솔루션은 EAI(Enterprise Application Integration)이다.

- **ESB(Enterprise Service Bus)** : 애플리케이션 간 연계, 데이터 변환, 웹 서비스 지원 등 표준 기반의 인터페이스를 제공하는 솔루션
- **APM(Application Performance Management/Monitoring)** : 애플리케이션의 성능 관리를 위해 접속자, 자원 현황, 트랜잭션 수행 내역, 장애 진단 등 다양한 모니터링 기능을 제공하는 도구를 의미함
- **API(Application Programming Interface)** : 응용 프로그램 개발 시 운영체제나 DBMS 등을 이용할 수 있도록 규칙 등에 대해 정의해 놓은 인터페이스를 의미함

02 핵심 176

Hybrid는 Hub & Spoke와 Message Bus의 혼합 방식으로, 단말들 사이에 버스와 허브를 미들웨어로 두어 애플리케이션을 연결한다.

03 핵심 176

Message Bus는 애플리케이션 사이에 미들웨어(Middle Ware)를 두어 처리하는 방식이다.

- ②번은 Hub & Spoke, ④번은 Point-to-Point에 대한 설명이다.

04 핵심 178

인터페이스 데이터 표준은 인터페이스를 위해 인터페이스가 되어야 할 범위의 데이터들의 형식과 표준을 정의하는 것이다.

05 핵심 179

속성-값 쌍(Attribute-Value Pairs)으로 이루어진 데이터 오브젝트를 전달하기 위해 사용하는 개방형 표준 포맷은 JSON(JavaScript Object Notation)이다.

06 핵심 179

인터페이스 간의 통신을 위해 이용되는 데이터 포맷에는 JSON, XML, YAML 등이 있다.

- **JSON(JavaScript Object Notation)** : 속성-값 쌍 (Attribute-Value Pairs)으로 이루어진 데이터 객체를 전달하기 위해 사람이 읽을 수 있는 텍스트를 사용하는 개방형 표준 포맷
- **XML(eXtensible Markup Language)** : 특수한 목적을 갖는 마크업 언어를 만드는 데 사용되는 다목적 마크업 언어
- **YAML(YAML Ain't Markup Language)** : XML, C, Python 등에서 정의된 이메일 양식에서 개념을 얻어 만들어진, 사람이 쉽게 읽을 수 있는 데이터 포맷

07 핵심 184

서비스 호출, 컴포넌트 재사용 등 다양한 환경을 지원하는 테스트 프레임워크는 STAF이다.

- **xUnit** : JUnit, CppUnit, NUnit, HttpUnit 등 다양한 언어에 적용되는 단위 테스트 프레임워크
- **FitNesse** : 웹 기반 테스트케이스 설계, 실행, 결과 확인 등을 지원하는 테스트 프레임워크
- **watir** : Ruby를 사용하는 애플리케이션 테스트 프레임워크

08 핵심 184

인터페이스 구현 검증 도구에는 'xUnit, STAF, FitNesse, NTAF, Selenium, watir' 등이 있다.

09 핵심 184

- STAF는 서비스 호출 및 컴포넌트 재사용 등 다양한 환경을 지원하는 테스트 프레임워크이다.
- ①번은 watir에 대한 설명이다.

10 핵심 184

단위 테스트 프레임워크인 xUnit의 종류에는 'JUnit, CppUnit, NUnit, HttpUnit' 등이 있다.

3과목

데이터베이스 구축

1장

논리 데이터베이스 설계

186 데이터베이스 설계 순서

실기 공통 · D
실기 23.7, 20.7

```
요구 조건 분석     요구 조건 명세서 작성
     ↓
개념적 설계       개념 스키마, 트랜잭션 모델링, E-R 모델
     ↓
논리적 설계       목표 DBMS에 맞는 논리 스키마 설계, 트랜잭션 인터
                페이스 설계
     ↓
물리적 설계       목표 DBMS에 맞는 물리적 구조의 데이터로 변환
     ↓
   구현          목표 DBMS의 DDL(데이터 정의어)로 데이터베이스
                생성, 트랜잭션 작성
```

예상체크 ✓

출제예상

1. 데이터베이스 설계 순서로 옳은 것은?

① 요구 조건 분석 → 개념적 설계 → 논리적 설계 → 물리적 설계 → 구현
② 요구 조건 분석 → 논리적 설계 → 개념적 설계 → 물리적 설계 → 구현
③ 요구 조건 분석 → 논리적 설계 → 물리적 설계 → 개념적 설계 → 구현
④ 요구 조건 분석 → 개념적 설계 → 물리적 설계 → 논리적 설계 → 구현

---

187 개념적 설계

실기 공통 · B
23.2, 22.4, 실기 21.4

- 개념적 설계(정보 모델링, 개념화)는 정보의 구조를 얻기 위하여 현실 세계의 무한성과 계속성을 이해하고, 다른 사람과 통신하기 위하여 현실 세계에 대한 인식을 추상적 개념으로 표현하는 과정이다.
- 요구 분석 단계에서 나온 결과인 요구 조건 명세를 DBMS에 독립적인 E-R 다이어그램으로 작성한다.
- DBMS에 독립적인 개념 스키마를 설계한다.

기출체크 ✓

23.2, 22.4

2. 데이터베이스에서 개념적 설계 단계에 대한 설명으로 틀린 것은?

① 산출물로 E-R Diagram을 만들 수 있다.
② DBMS에 독립적인 개념 스키마를 설계한다.
③ 트랜잭션 인터페이스를 설계 및 작성한다.
④ 논리적 설계 단계의 앞 단계에서 수행된다.

해설
트랜잭션 인터페이스를 설계 및 작성하는 단계는 논리적 설계 단계입니다.

---

188 논리적 설계

실기 공통 · B
22.7, 20.6, 실기 21.4

- 논리적 설계(데이터 모델링)는 현실 세계에서 발생하는 자료를 컴퓨터가 이해하고 처리할 수 있는 물리적 저장장치에 저장할 수 있도록 변환하기 위해 특정 DBMS가 지원하는 논리적 자료 구조로 변환(Mapping)시키는 과정이다.
- 개념 스키마를 평가 및 정제하고 DBMS에 따라 서로 다른 논리적 스키마를 설계하는 단계이다.
- 트랜잭션의 인터페이스를 설계한다.

기출체크 ✓

20.6

3. 데이터베이스의 논리적 설계(Logical Design) 단계에서 수행하는 작업이 아닌 것은?

① 레코드 집중의 분석 및 설계
② 논리적 데이터베이스 구조로 매핑(Mapping)
③ 트랜잭션 인터페이스 설계
④ 스키마의 평가 및 정제

해설
레코드 집중의 분석 및 설계는 물리적 설계 단계에서 수행하는 작업입니다.

---

189 물리적 설계

실기 공통 · A
22.4, 22.3, 21.8, 21.5, 21.3, 20.9, 실기 21.4

- 물리적 설계(데이터 구조화)는 논리적 설계 단계에서 논리적 구조로 표현된 데이터를 디스크 등의 물리적 저장장치에 저장할 수 있는 물리적 구조의 데이터로 변환하는 과정이다.
- 다양한 데이터베이스 응용에 대해 처리 성능을 얻기 위해 데이터베이스 파일의 저장 구조 및 액세스 경로를 결정한다.
- 저장 레코드의 형식, 순서, 접근 경로, 조회가 집중되는 레코드와 같은 정보를 사용하여 데이터가 컴퓨터에 저장되는 방법을 묘사한다.
- 저장 레코드의 양식을 설계할 때는 데이터 타입, 데이터 값의 분포, 접근 빈도 등을 고려해야 한다.
- 물리적 설계 시 고려할 사항 : 트랜잭션 처리량, 응답 시간, 디스크 용량, 저장 공간의 효율화 등

기출체크 정답 1.① 2.③ 3.①

21.5, 20.9

4. 데이터베이스 설계 시 물리적 설계 단계에서 수행하는 사항이 아닌 것은?

① 저장 레코드 양식 설계
② 레코드 집중의 분석 및 설계
③ 접근 경로 설계
④ 목표 DBMS에 맞는 스키마 설계

해설
목표 DBMS에 맞는 스키마 설계는 논리적 설계 단계에서 수행합니다.

실기공통 23.2, 22.4, 20.9, 실기 21.4

191 데이터 모델에 표시할 요소 [A]

- **구조(Structure)** : 논리적으로 표현된 개체 타입들 간의 관계로서 데이터 구조 및 정적 성질을 표현함
- **연산(Operation)** : 데이터베이스에 저장된 실제 데이터를 처리하는 작업에 대한 명세로서 데이터베이스를 조작하는 기본 도구임
- **제약 조건(Constraint)** : 데이터베이스에 저장될 수 있는 실제 데이터의 논리적인 제약 조건임

기출체크 ✅

23.2

6. 다음 중 데이터 모델에 표시해야 할 요소가 아닌 것은?

① Structure ② Operation
③ Constraint ④ Entity

---

190 관계의 형태 [C]

23.5

- 관계(Relationship)는 개체 간의 관계 또는 속성 간의 논리적인 연결을 의미한다.
- **일 대 일(1:1)** : 개체 집합 A의 각 원소가 개체 집합 B의 원소 한 개와 대응하는 관계
- **일 대 다(1:N)** : 개체 집합 A의 각 원소는 개체 집합 B의 원소 여러 개와 대응하고 있지만, 개체 집합 B의 각 원소는 개체 집합 A의 원소 한 개와 대응하는 관계
- **다 대 다(N:M)** : 개체 집합 A의 각 원소는 개체 집합 B의 원소 여러 개와 대응하고, 개체 집합 B의 각 원소도 개체 집합 A의 원소 여러 개와 대응하는 관계

기출체크 ✅

23.5

5. 집합 A와 B에 대해 개체 집합 A의 각 원소는 개체 집합 B의 원소 여러 개와 대응하고 있지만, 개체 집합 B의 각 원소는 개체 집합 A의 원소 한 개와 대응하는 관계의 종류는 무엇인가?

① 일 대 일 ② 일 대 다
③ 다 대 다 ④ 다 대 일

실기공통 23.7, 23.5, 22.7, 22.3, 21.5, 21.3, 20.9, 20.6, 실기 22.10

192 E-R 다이어그램 [A]

기호	기호 이름	의미
▭	사각형	개체(Entity) 타입
◇	마름모	관계(Relationship) 타입
◯	타원	속성(Attribute)
⬭	이중 타원	다중값 속성(복합 속성)
—	선, 링크	개체 타입과 속성을 연결

기출체크 ✅

21.5, 21.3, 20.9, 20.6

7. 개체-관계 모델의 E-R 다이어그램에서 사용되는 기호와 그 의미의 연결이 틀린 것은?

① 사각형 – 개체 타입
② 삼각형 – 속성
③ 선 – 개체 타입과 속성을 연결
④ 마름모 – 관계 타입

해설
속성은 타원으로 표시합니다.

실기 공통
193 관계형 데이터베이스의 Relation 구조 **A**

릴레이션 (Relation)	데이터들을 표(Table)의 형태로 표현한 것으로 구조를 나타내는 릴레이션 스키마와 실제 값들인 릴레이션 인스턴스로 구성됨
튜플 (Tuple)	• 릴레이션을 구성하는 각각의 행 • 튜플의 수 = 카디널리티(Cardinality) = 기수 = 대응수
속성 (Attribute)	• 데이터베이스를 구성하는 가장 작은 논리적 단위 • 속성의 수 = 디그리(Degree) = 차수
도메인 (Domain)	하나의 애트리뷰트가 취할 수 있는 같은 타입의 원자(Atomic)값들의 집합

〈학생〉 릴레이션

속성

학번	이름	학년	신장	학과
19001	김예소	2	170	CD
20002	고강민	1	169	CD
19012	이향기	2	180	ID
17032	김동준	4	174	ED

← 릴레이션 스키마

릴레이션 인스턴스

} 릴레이션

튜플

학년의 도메인

기출체크 ✓

23.2, 22.3, 21.3, 20.8

1. 다음 관계형 데이터 모델에 대한 설명으로 옳은 것은?

고객ID	고객이름	거주도시
S1	홍길동	서울
S2	이정재	인천
S3	신보라	인천
S4	김흥국	서울
S5	도요새	용인

① Relation 3개, Attribute 3개, Tuple 5개
② Relation 3개, Attribute 5개, Tuple 3개
③ Relation 1개, Attribute 5개, Tuple 3개
④ Relation 1개, Attribute 3개, Tuple 5개

해설
Relation은 테이블, Attribute는 테이블의 열, Tuple은 테이블의 행을 의미하므로, 위의 표는 한 개의 릴레이션(Relation), 3개의 속성(Attribute), 5개의 튜플(Tuple)을 표현하고 있습니다.

---

194 릴레이션의 특징 **A**

• 한 릴레이션에 포함된 튜플들은 모두 상이하다.

• 한 릴레이션에 포함된 튜플 사이에는 순서가 없다.

• 튜플들의 삽입, 삭제 등의 작업으로 인해 릴레이션은 시간에 따라 변한다.

• 릴레이션 스키마를 구성하는 속성들 간의 순서는 중요하지 않다.

• 속성의 유일한 식별을 위해 속성의 명칭은 유일해야 하지만, 속성을 구성하는 값은 동일한 값이 있을 수 있다.

• 속성은 더 이상 쪼갤 수 없는 원자값만을 저장한다.

기출체크 ✓

23.7, 21.5

2. 관계형 데이터 모델의 릴레이션에 대한 설명으로 틀린 것은?

① 모든 속성 값은 원자 값을 갖는다.
② 한 릴레이션에 포함된 튜플은 모두 상이하다.
③ 한 릴레이션에 포함된 튜플 사이에는 순서가 없다.
④ 한 릴레이션을 구성하는 속성 사이에는 순서가 존재한다.

해설
릴레이션 스키마를 구성하는 속성들 간의 순서는 중요하지 않습니다.

---

195 후보키 **A**

• 후보키(Candidate Key)는 릴레이션을 구성하는 속성들 중에서 튜플을 유일하게 식별하기 위해 사용하는 속성들의 부분 집합이다.

• 릴레이션에 있는 모든 튜플에 대해서 유일성과 최소성을 만족시켜야 한다.

– 유일성(Unique) : 하나의 키 값으로 하나의 튜플만을 유일하게 식별할 수 있어야 함

– 최소성(Minimality) : 모든 레코드들을 유일하게 식별하는 데 꼭 필요한 속성으로만 구성되어야 함

기출체크 ✓

22.4, 20.6

3. 다음 설명의 (　　　) 안에 들어갈 내용으로 적합한 것은?

> 후보키는 릴레이션에 있는 모든 튜플에 대해 유일성과 (　　　)을 모두 만족시켜야 한다.

① 중복성
② 최소성
③ 참조성
④ 동일성

---

196 기본키 B

- 기본키(Primary Key)는 후보키 중에서 특별히 선정된 주키(Main Key)로 중복된 값을 가질 수 없다.
- 한 릴레이션에서 특정 튜플을 유일하게 구별할 수 있는 속성이다.
- NULL 값을 가질 수 없다.

기출체크 ✓

23.2, 22.4

4. 테이블의 기본키(Primary Key)로 지정된 속성에 관한 설명으로 가장 거리가 먼 것은?

① NOT NULL로 널 값을 가지지 않는다.
② 릴레이션에서 튜플을 구별할 수 있다.
③ 외래키로 참조될 수 있다.
④ 검색할 때 반드시 필요하다.

해설
기본키가 지정되어 있지 않아도 검색할 수 있습니다.

198 슈퍼키 A

- 슈퍼키(Super Key)는 한 릴레이션 내에 있는 속성들의 집합으로 구성된 키이다.
- 릴레이션을 구성하는 모든 튜플들 중 슈퍼키로 구성된 속성의 집합과 동일한 값은 나타나지 않는다.
- 릴레이션을 구성하는 모든 튜플에 대해 유일성은 만족시키지만, 최소성은 만족시키지 못한다.

기출체크 ✓

23.7, 21.8, 20.9

6. 릴레이션에 있는 모든 튜플에 대해 유일성은 만족시키지만 최소성은 만족시키지 못하는 키는?

① 후보키 ② 슈퍼키
③ 기본키 ④ 외래키

197 대체키 C

- 대체키(Alternate Key)는 후보키가 둘 이상일 때 기본키를 제외한 나머지 후보키를 의미한다.
- 보조키라고도 한다.

기출체크 ✓

22.7

5. 키는 개체 집합에서 고유하게 개체를 식별할 수 있는 속성이다. 데이터베이스에서 사용되는 키의 종류에 대한 설명 중 옳지 않은 것은?

① 후보키는 개체들을 고유하게 식별할 수 있는 속성이다.
② 슈퍼키는 한 개 이상의 속성들의 집합으로 구성된 키이다.
③ 외래키는 다른 테이블의 기본키로 사용되는 속성이다.
④ 대체키는 슈퍼키 중에서 기본키를 제외한 나머지 키를 의미한다.

해설
대체키는 후보키 중에서 기본키를 제외한 나머지 키를 의미합니다.

199 외래키 A

- 외래키(Foreign Key)는 다른 릴레이션의 기본키를 참조하는 속성 또는 속성들의 집합을 의미한다.
- 한 릴레이션에 속한 속성 A와 참조 릴레이션의 기본키인 B가 동일한 도메인 상에서 정의되었을 때의 속성 A를 외래키라고 한다.
- 외래키로 지정되면 참조 릴레이션의 기본키에 없는 값은 입력할 수 없다.

기출체크 ✓

22.3

7. 다른 릴레이션의 기본키를 참조하는 키를 의미하는 것은?

① 필드키 ② 슈퍼키
③ 외래키 ④ 후보키

기출체크 정답 4.④ 5.④ 6.② 7.③

실기공통 23.2, 22.7, 22.4, 21.8, 21.5, 21.3, 20.8, 20.6, 실기 23.10

200 무결성의 종류 A

- 무결성(Integrity)은 데이터베이스에 저장된 데이터 값과 그것이 표현하는 현실 세계의 실제 값이 일치하는 정확성을 의미한다.
- **개체 무결성** : 기본 테이블의 기본키를 구성하는 어떤 속성도 Null 값이나 중복값을 가질 수 없다는 규정
- **참조 무결성** : 외래키 값은 Null이거나 참조 릴레이션의 기본키 값과 동일해야 함. 즉 릴레이션은 참조할 수 없는 외래키 값을 가질 수 없다는 규정
- **도메인 무결성** : 주어진 속성 값이 정의된 도메인에 속한 값이어야 한다는 규정
- **사용자 정의 무결성** : 속성 값들이 사용자가 정의한 제약 조건에 만족해야 한다는 규정

기출체크 ✓

23.2, 22.7, 22.4, 21.8, 21.5, 20.8, 20.6

1. 데이터 무결성 제약 조건 중 "개체 무결성 제약" 조건에 대한 설명으로 맞는 것은?

① 릴레이션 내의 튜플들이 각 속성의 도메인에 지정된 값만을 가져야 한다.
② 기본키에 속해 있는 애트리뷰트는 널 값이나 중복값을 가질 수 없다.
③ 릴레이션은 참조할 수 없는 외래키 값을 가질 수 없다.
④ 외래키 값은 참조 릴레이션의 기본키 값과 동일해야 한다.

해설
①번은 도메인 무결성, ③, ④번은 참조 무결성에 대한 설명입니다.

 350201

201 관계대수 A

22.7, 21.8, 21.5, 21.3, 20.9, 20.8

- 관계대수는 관계형 데이터베이스에서 원하는 정보와 그 정보를 어떻게 유도하는가를 기술하는 절차적인 언어이다.
- 릴레이션을 처리하기 위해 연산자와 연산규칙을 제공하는 언어로 피연산자가 릴레이션이고, 결과도 릴레이션이다.
- 질의에 대한 해를 구하기 위해 수행해야 할 연산의 순서를 명시한다.
- 관계대수에는 관계 데이터베이스에 적용하기 위해 특별히 개발한 순수 관계 연산자와 수학적 집합 이론에서 사용하는 일반 집합 연산자가 있다.

기출체크 ✓

21.8, 20.9

2. 관계대수에 대한 설명으로 틀린 것은?

① 주어진 릴레이션 조작을 위한 연산의 집합이다.
② 일반 집합 연산과 순수 관계 연산으로 구분된다.
③ 질의에 대한 해를 구하기 위해 수행해야 할 연산의 순서를 명시한다.
④ 원하는 정보와 그 정보를 어떻게 유도하는가를 기술하는 비절차적 방법이다.

해설
- 관계대수는 관계형 데이터베이스에서 원하는 정보와 그 정보를 검색하기 위해서 어떻게 유도하는가를 기술하는 절차적인 언어입니다.
- 원하는 정보가 무엇이라는 것만 정의하는 비절차적 언어는 관계해석입니다.

 350202 실기공통 23.7, 23.2, 22.3, 21.8, 21.5, 21.3, 20.8, 20.6, 실기 23.10, 22.10

202 순수 관계 연산자 A

연산자	설명	기호	표기 형식
Select	• 릴레이션에 존재하는 튜플 중에서 선택 조건을 만족하는 튜플의 부분집합을 구하여 새로운 릴레이션을 만드는 연산 • 릴레이션의 행(가로)에 해당하는 튜플(Tuple)을 추출함	시그마 (σ)	σ(조건)(R)
Project	• 주어진 릴레이션에서 속성 리스트에 제시된 속성 값만을 추출하여 새로운 릴레이션을 만드는 연산 • 릴레이션의 열(세로)에 해당하는 속성(Attribute)을 추출함	파이 (π)	π(속성리스트)(R)
Join	공통 속성을 중심으로 두 개의 릴레이션을 하나로 합쳐서 새로운 릴레이션을 만드는 연산	⋈	R⋈키속성=키속성S
Division	X⊃Y인 두 개의 릴레이션 R(X)와 S(Y)가 있을 때, R의 속성이 S의 속성 값을 모두 가진 튜플에서 S가 가진 속성을 제외한 속성만을 구하는 연산	÷	R[속성r÷속성s]S

기출체크 ✓

21.8, 21.5, 20.8

3. 관계대수의 순수 관계 연산자가 아닌 것은?

① Select ② Cartesian Product
③ Division ④ Project

해설
교차곱(Cartesian Product)은 일반 집합 연산자입니다.

기출체크 정답 1.② 2.④ 3.②

실기공통

203 일반 집합 연산자 A

23.7, 23.5, 21.8, 21.5, 실기 22.10

연산자	카디널리티	기호
합집합(UNION)	카디널리티는 두 릴레이션 카디널리티의 합보다 크지 않음	∪
교집합 (INTERSECTION)	카디널리티는 두 릴레이션 중 카디널리티가 적은 릴레이션의 카디널리티보다 크지 않음	∩
차집합 (DIFFERENCE)	카디널리티는 릴레이션 R의 카디널리티 보다 크지 않음	−
교차곱(CARTESIAN PRODUCT)	디그리는 두 릴레이션의 디그리를 더한 것과 같고, 카디널리티는 두 릴레이션의 카디널리티를 곱한 것과 같음	×

기출체크

23.7, 23.5, 21.8, 21.5

4. 릴레이션 R의 차수가 4이고 카디널리티가 5이며, 릴레이션 S의 차수가 6이고 카디널리티가 7일 때, 두 개의 릴레이션을 카티션 프로덕트한 결과의 새로운 릴레이션의 차수와 카디널리티는 얼마인가?

① 24, 35
② 24, 12
③ 10, 35
④ 10, 12

해설

카티션 프로덕트는 두 릴레이션의 차수(Degree)는 더하고, 카디널리티(Cardinality)는 곱하면 되므로 차수는 4+6 = 10이고, 카디널리티는 5×7 = 35입니다.

▶ 350204

204 관계해석 A

23.7, 23.2, 22.7, 22.3

- 관계해석(Relational Calculus)은 코드(E. F. Codd)가 수학의 Predicate Calculus(술어 해석)에 기반을 두고 관계 데이터베이스를 위해 제안했다.
- 관계해석은 원하는 정보가 무엇이라는 것만 정의하는 비절차적 특성을 지닌다.
- 기본적으로 관계해석과 관계대수는 관계 데이터베이스를 처리하는 기능과 능력면에서 동등하다.
- 주요 논리 기호

기호	구성 요소	설명
∀	전칭 정량자	가능한 모든 튜플에 대하여(For All)
∃	존재 전량자	하나라도 일치하는 튜플이 있음(There Exists)

기출체크

23.7

5. 관계해석(Relational Calculus)에 대한 설명으로 잘못된 것은?

① 튜플 관계해석과 도메인 관계해석이 있다.
② 원하는 정보와 그 정보를 어떻게 유도하는가를 기술하는 절차적인 특성을 가진다.
③ 기본적으로 관계해석과 관계대수는 관계 데이터베이스를 처리하는 기능과 능력 면에서 동등하다.
④ 수학의 Predicate Calculus에 기반을 두고 있다.

해설

- 관계해석은 원하는 정보가 무엇이라는 것만 정의하는 비절차적 방법입니다.
- ②번은 관계대수에 대한 설명입니다.

▶ 350205

205 정규화 A

23.7, 23.5, 22.7, 21.8, 20.9

- 정규화(Normalization)는 함수적 종속성 등의 종속성 이론을 이용하여 잘못 설계된 관계형 스키마를 더 작은 속성의 세트로 쪼개어 바람직한 스키마로 만들어 가는 과정이다.
- 하나의 종속성이 하나의 릴레이션에 표현될 수 있도록 분해해가는 과정이라 할 수 있다.
- 정규화는 데이터베이스의 논리적 설계 단계에서 수행한다.
- 정규화된 데이터 모델은 일관성, 정확성, 단순성, 비중복성, 안정성 등을 보장한다.

기출체크 ✓

21.8

6. 정규화에 대한 설명으로 적절하지 않은 것은?

① 데이터베이스의 개념적 설계 단계 이전에 수행한다.
② 데이터 구조의 안정성을 최대화한다.
③ 중복을 배제하여 삽입, 삭제, 갱신 이상의 발생을 방지한다.
④ 데이터 삽입 시 릴레이션을 재구성할 필요성을 줄인다.

해설

정규화는 개념적 설계의 다음 단계인 논리적 설계 단계에서 수행하는 작업입니다.

기출체크 정답 **4.**③ **5.**② **6.**①

206 정규화의 목적

23.2, 21.8, 20.8

A

- 데이터 구조의 안정성 및 무결성을 유지한다.
- 어떠한 릴레이션이라도 데이터베이스 내에서 표현 가능하게 만든다.
- 효과적인 검색 알고리즘을 생성할 수 있다.
- 데이터 중복을 배제하여 이상(Anomaly)의 발생 방지 및 자료 저장 공간의 최소화가 가능하다.
- 데이터 삽입 시 릴레이션을 재구성할 필요성을 줄인다.

기출체크 ✓

23.2, 20.8

1. 정규화의 목적으로 틀린 것은?

① 어떠한 릴레이션이라도 데이터베이스 내에서 표현 가능하게 만든다.
② 데이터 삽입 시 릴레이션을 재구성할 필요성을 줄인다.
③ 중복을 배제하여 삽입, 삭제, 갱신 이상의 발생을 야기한다.
④ 효과적인 검색 알고리즘을 생성할 수 있다.

해설
정규화의 목적 중 하나는 중복을 배제하여 이상(Anomaly)의 발생을 방지하는 것입니다.

기출체크 ✓

23.2, 21.8, 20.8

2. 데이터의 중복으로 인하여 관계 연산을 처리할 때 예기치 못한 곤란한 현상이 발생하는 것을 무엇이라 하는가?

① 이상(Anomaly)
② 제한(Restriction)
③ 종속성(Dependency)
④ 변환(Translation)

실기 공통

207 이상

23.2, 21.8, 21.5, 21.3, 20.8, 실기 20.11

A

- 이상(Anomaly)은 정규화를 거치지 않으면 데이터베이스 내에 데이터들이 불필요하게 중복되어 릴레이션 조작 시 발생하는 예기치 못한 곤란한 현상을 의미한다.
- 삽입 이상(Insertion Anomaly) : 릴레이션에 데이터를 삽입할 때 의도와는 상관없이 원하지 않은 값들도 함께 삽입되는 현상
- 삭제 이상(Deletion Anomaly) : 릴레이션에서 한 튜플을 삭제할 때 의도와는 상관없는 값들도 함께 삭제되는 연쇄가 일어나는 현상
- 갱신 이상(Update Anomaly) : 릴레이션에서 튜플에 있는 속성값을 갱신할 때 일부 튜플의 정보만 갱신되어 정보에 모순이 생기는 현상

실기 공통

208 정규화 과정

23.5, 23.2, 22.7, 22.4, 22.3, 21.8, 21.5, 21.3, 20.9, 20.8, 20.6, 실기 21.7

A

```
┌─────────────────────┐
│     비정규 릴레이션      │
└─────────────────────┘
        ↓ 도메인이 원자값
┌─────────────────────┐
│         1NF         │
└─────────────────────┘
        ↓ 부분적 함수 종속 제거
┌─────────────────────┐
│         2NF         │
└─────────────────────┘
        ↓ 이행적 함수 종속 제거
┌─────────────────────┐
│         3NF         │
└─────────────────────┘
        ↓ 결정자이면서 후보키가 아닌 것 제거
┌─────────────────────┐
│        BCNF         │
└─────────────────────┘
        ↓ 다치 종속 제거
┌─────────────────────┐
│         4NF         │
└─────────────────────┘
        ↓ 조인 종속성 이용
┌─────────────────────┐
│         5NF         │
└─────────────────────┘
```

정규화 단계 암기 요령

두부를 좋아하는 정규화가 두부가게에 가서 가게에 있는 두부를 다 달라고 말하니 주인이 깜짝 놀라며 말했다.

두부이걸줘? ≒ **도부이결다조**

도메인이 원자값
부분적 함수 종속 제거
이행적 함수 종속 제거
결정자이면서 후보키가 아닌 것 제거
다치 종속 제거
조인 종속성 이용

기출체크 ✓

22.7

3. 정규화에 대한 설명으로 옳지 않은 것은?

① 정규형에는 제 1정규형, 제 2정규형, 제 3정규형, BCNF형, 제 4정규형 등이 있다.

② 릴레이션에 속한 모든 도메인이 원자값만으로 되어 있는 정규형은 제1정규형이다.

③ 제1정규형이 제2정규형이 되기 위해서는 기본키가 아닌 모든 속성이 기본키에 대하여 완전 함수적 종속을 만족해야 한다.

④ 결정자가 모두 후보키인 정규형은 제3정규형이다.

해설

결정자가 모두 후보키인 정규형은 BCNF로, 제3정규형에서 결정자가 후보키가 아닌 것을 제거하면 BCNF가 됩니다.

기출체크 ✓

22.3, 20.8, 20.6

5. 이행적 함수 종속 관계를 의미하는 것은?

① A → B이고 B → C일 때, A → C를 만족하는 관계

② A → B이고 B → C일 때, C → A를 만족하는 관계

③ A → B이고 B → C일 때, B → A를 만족하는 관계

④ A → B이고 B → C일 때, C → B를 만족하는 관계

209 함수적 종속 C

350209

21.8

함수적 종속(Functional Dependency)은 데이터들이 어떤 기준값에 의해 종속되는 것을 의미한다.

예 〈수강〉 릴레이션이 (학번, 이름, 과목명)으로 되어 있을 때, '학번'이 결정되면 '과목명'에 상관없이 '학번'에는 항상 같은 '이름'이 대응된다. '학번'에 따라 '이름'이 결정될 때 '이름'을 '학번'에 함수 종속적이라고 하며 '학번 → 이름'과 같이 쓴다.

기출체크 ✓

21.8

4. 어떤 릴레이션 R에서 X와 Y를 각각 R의 애트리뷰트 집합의 부분집합이라고 할 경우 애트리뷰트 X의 값 각각에 대해 시간에 관계없이 항상 애트리뷰트 Y의 값이 오직 하나만 연관되어 있을 때 Y는 X에 함수 종속이라고 한다. 이 함수 종속의 표기로 옳은 것은?

① Y → X   ② Y ⊂ X

③ X → Y   ④ X ⊂ Y

350211 **실기 공통**

211 반정규화 B

23.7, 20.9, 실기 21.4, 20.5

• 반정규화(Denormalization)는 시스템의 성능 향상, 개발 및 운영의 편의성 등을 위해 정규화된 데이터 모델을 통합, 중복, 분리하는 과정으로, 의도적으로 정규화 원칙을 위배하는 행위이다.

• 반정규화 방법에는 테이블 통합, 테이블 분할, 중복 테이블 추가, 중복 속성 추가 등이 있다.

기출체크 ✓

23.7, 20.9

6. 정규화된 엔티티, 속성, 관계를 시스템의 성능 향상과 개발 운영의 단순화를 위해 중복, 통합, 분리 등을 수행하는 데이터 모델링 기법은?

① 인덱스정규화   ② 반정규화

③ 집단화   ④ 머징

350212

212 중복 테이블 추가 방법 C

20.6

• 집계 테이블의 추가 : 집계 데이터를 위한 테이블을 생성하고, 각 원본 테이블에 트리거(Trigger)를 설정하여 사용하는 것으로, 트리거의 오버헤드(Overhead)에 유의해야 함

• 진행 테이블의 추가 : 이력 관리 등의 목적으로 추가하는 테이블로, 적절한 데이터 양의 유지와 활용도를 높이기 위해 기본키를 적절히 설정함

• 특정 부분만을 포함하는 테이블의 추가 : 데이터가 많은 테이블의 특정 부분만을 사용하는 경우 해당 부분만으로 새로운 테이블을 생성함

210 이행적 종속 관계 A

350210

22.3, 20.8, 20.6

이행적 종속(Transitive Dependency) 관계는 A → B이고 B → C일 때 A → C를 만족하는 관계를 의미한다.

20.6

1. 반정규화(Denormalization) 유형 중 중복 테이블을 추가하는 방법에 해당하지 않는 것은?

① 빌드 테이블의 추가
② 집계 테이블의 추가
③ 진행 테이블의 추가
④ 특정 부분만을 포함하는 테이블 추가

▶350213

23.7, 22.7, 22.4, 21.5, 21.3

213 시스템 카탈로그 Ａ

- 시스템 카탈로그(System Catalog)는 시스템 그 자체에 관련이 있는 다양한 객체에 관한 정보를 포함하는 시스템 데이터베이스이다.
- 좁은 의미로는 데이터 사전(Data Dictionary)이라고도 한다.
- 시스템 카탈로그에 저장된 정보를 메타 데이터(Meta-Data)라고 한다.
- 카탈로그 자체도 시스템 테이블로 구성되어 있어 일반 이용자도 SQL을 이용하여 내용을 검색해 볼 수 있다.
- INSERT, DELETE, UPDATE문으로 카탈로그를 갱신 하는 것은 허용되지 않는다.
- 카탈로그는 DBMS가 스스로 생성하고 유지한다.

23.7, 21.5, 21.3

2. 시스템 카탈로그에 대한 설명으로 옳지 않은 것은?

① 사용자가 직접 시스템 카탈로그의 내용을 갱신하여 데이터베이스 무결성을 유지한다.
② 시스템 자신이 필요로 하는 스키마 및 여러 가지 객체에 관한 정보를 포함하고 있는 시스템 데이터베이스이다.
③ 시스템 카탈로그에 저장되는 내용을 메타 데이터라고도 한다.
④ 시스템 카탈로그는 DBMS가 스스로 생성하고 유지한다.

해설
시스템 카탈로그는 사용자가 조회할 수 있으나 갱신하는 것은 불가능합니다.

기출문제은행

해설은 145쪽에 있습니다.

22년 7월
01 물리적 데이터베이스를 설계하는 전 단계로서, 데이터 모델링이라 불리는 데이터베이스 설계 단계는?

① 개념적 데이터베이스 설계
② 논리적 데이터베이스 설계
③ 정보 모델링
④ 데이터베이스 구현

21년 8월
02 물리적 데이터베이스 설계에 대한 설명으로 거리가 먼 것은?

① 물리적 설계의 목적은 효율적인 방법으로 데이터를 저장하는 것이다.
② 트랜잭션 처리량과 응답시간, 디스크 용량 등을 고려해야 한다.
③ 저장 레코드의 형식, 순서, 접근 경로와 같은 정보를 사용하여 설계한다.
④ 트랜잭션의 인터페이스를 설계하며, 데이터 타입 및 데이터 타입들 간의 관계로 표현한다.

22년 3월
03 데이터베이스 설계 단계 중 물리적 설계 시 고려 사항으로 적절하지 않은 것은?

① 스키마의 평가 및 정제
② 응답 시간
③ 저장 공간의 효율화
④ 트랜잭션 처리량

21년 3월
04 데이터베이스 설계 단계 중 저장 레코드 양식 설계, 레코드 집중의 분석 및 설계, 접근 경로 설계와 관계되는 것은?

① 논리적 설계
② 요구 조건 분석
③ 개념적 설계
④ 물리적 설계

22년 4월
05 물리적 데이터베이스 구조의 기본 데이터 단위인 저장 레코드의 양식을 설계할 때 고려 사항이 아닌 것은?

① 데이터 타입
② 데이터 값의 분포
③ 트랜잭션 모델링
④ 접근 빈도

20년 9월
06 데이터 모델에 표시해야 할 요소로 거리가 먼 것은?

① 논리적 데이터 구조
② 출력 구조
③ 연산
④ 제약 조건

22년 4월
07 데이터 모델의 구성 요소 중 데이터 구조에 따라 개념 세계나 컴퓨터 세계에서 실제로 표현된 값들을 처리하는 작업을 의미하는 것은?

① Relation
② Data Structure
③ Constraint
④ Operation

22년 7월
08 개체-관계(E-R) 모델에 대한 설명으로 잘못된 것은?

① 특정 DBMS를 고려하여 제작하지 않는다.
② 개체는 마름모, 속성은 사각형을 이용하여 표현한다.
③ 개념적 데이터베이스 단계에서 제작된다.
④ E-R 모델의 기본적인 아이디어를 시각적으로 가장 잘 나타낸 것이 E-R 다이어그램이다.

22년 3월
09 E-R 모델에서 다중값 속성의 표기법은?

① ◇   ② ▭
③ ⬭   ④ ──

21년 5월
10 개체-관계 모델(E-R)의 그래픽 표현으로 옳지 않은 것은?

① 개체 타입 - 사각형
② 속성 - 원형
③ 관계 타입 - 마름모
④ 연결 - 삼각형

20년 6월
11 하나의 애트리뷰트가 가질 수 있는 원자값들의 집합을 의미하는 것은?

① 도메인
② 튜플
③ 엔티티
④ 다형성

▶ 정답 : 1.② 2.④ 3.① 4.④ 5.③ 6.② 7.④ 8.② 9.③ 10.④ 11.①

22년 4월

12 관계 데이터 모델에서 릴레이션(Relation)에 포함되어 있는 튜플(Tuple)의 수를 무엇이라고 하는가?

① Degree
② Cardinality
③ Attribute
④ Cartesian Product

20년 9월

13 A1, A2, A3 3개 속성을 갖는 한 릴레이션에서 A1의 도메인은 3개 값, A2의 도메인은 2개 값, A3의 도메인은 4개 값을 갖는다. 이 릴레이션에 존재할 수 있는 가능한 튜플(Tuple)의 최대 수는?

① 24
② 12
③ 8
④ 9

22년 3월

14 다음 릴레이션의 Degree와 Cardinality는?

학번	이름	학년	학과
13001	홍길동	3학년	전기
13002	이순신	4학년	기계
13003	강감찬	2학년	컴퓨터

① Degree : 4, Cardinality : 3
② Degree : 3, Cardinality : 4
③ Degree : 3, Cardinality : 12
④ Degree : 12, Cardinality : 3

21년 3월

15 관계 데이터 모델에서 릴레이션(Relation)에 관한 설명으로 옳은 것은?

① 릴레이션의 각 행을 스키마(Schema)라 하며, 예로 도서 릴레이션을 구성하는 스키마에는 도서번호, 도서명, 저자, 가격 등이 있다.
② 릴레이션의 각 열을 튜플(Tuple)이라 하며, 하나의 튜플은 각 속성에서 정의된 값을 이용하여 구성된다.
③ 도메인(Domain)은 하나의 속성이 가질 수 있는 같은 타입의 모든 값의 집합으로 각 속성의 도메인은 원자 값을 갖는다.
④ 속성(Attribute)은 한 개의 릴레이션의 논리적인 구조를 정의한 것으로, 릴레이션의 이름과 릴레이션에 포함된 속성들의 집합을 의미한다.

20년 9월

16 한 릴레이션 스키마가 4개 속성, 2개 후보키 그리고 그 스키마의 대응 릴레이션 인스턴스가 7개 튜플을 갖는다면 그 릴레이션의 차수(Degree)는?

① 1
② 2
③ 4
④ 7

21년 5월

17 속성(Attribute)에 대한 설명으로 틀린 것은?

① 속성은 개체의 특성을 기술한다.
② 속성은 데이터베이스를 구성하는 가장 작은 논리적 단위이다.
③ 속성은 파일 구조상 데이터 항목 또는 데이터 필드에 해당된다.
④ 속성의 수를 "Cardinality"라고 한다.

22년 7월

18 관계형 데이터베이스의 구성 요소에 대한 설명으로 틀린 것은?

① 속성을 구성하는 값에는 동일한 값이 있을 수 있다.
② 한 릴레이션에 포함된 튜플은 모두 상이하다.
③ 한 릴레이션에는 동일한 이름의 속성이 있을 수 있다.
④ 한 릴레이션을 구성하는 속성 사이에는 순서가 없다.

22년 4월

19 데이터베이스에서 릴레이션에 대한 설명으로 틀린 것은?

① 모든 튜플은 서로 다른 값을 가지고 있다.
② 하나의 릴레이션에서 튜플은 특정한 순서를 가진다.
③ 각 속성은 릴레이션 내에서 유일한 이름을 가진다.
④ 모든 속성 값은 원자값(Atomic Value)을 가진다.

23년 7월

20 다음 중 외래키에 대한 설명으로 옳은 것은?

> ㉠ Null을 입력할 수 없다.
> ㉡ 후보키 중 기본키를 제외한 나머지를 의미한다.
> ㉢ 기본키의 일부가 외래키가 될 수 있다.
> ㉣ 유일성과 최소성을 가진다.
> ㉤ 참조 무결성과 관련이 있다.

① ㉠, ㉡
② ㉡, ㉤
③ ㉢, ㉤
④ ㉢, ㉣

23년 5월, 20년 6월

21 다음 두 릴레이션에서 외래키로 사용된 것은? (단, 밑줄 친 속성은 기본키이다.)

과목(<u>과목번호</u>, 과목명)
수강(<u>수강번호</u>, 학번, 과목번호, 학기)

① 수강번호
② 과목번호
③ 학번
④ 과목명

22년 4월

22 키의 종류 중 유일성과 최소성을 만족하는 속성 또는 속성들의 집합은?

① Atomic Key
② Super Key
③ Candidate Key
④ Test Key

23년 7월, 21년 8월

23 관계형 데이터베이스에서 다음 설명에 해당하는 키(Key)는?

한 릴레이션 내의 속성들의 집합으로 구성된 키로서, 릴레이션을 구성하는 모든 튜플에 대한 유일성은 만족시키지만 최소성은 만족시키지 못한다.

① 후보키
② 대체키
③ 슈퍼키
④ 외래키

23년 5월

24 외래키에 대한 설명으로 옳지 않은 것은?

① 외래키로 지정되면 참조 릴레이션의 기본키에 없는 값은 입력할 수 없다.
② 다른 릴레이션의 기본키를 참조하는 속성 또는 속성들의 집합을 의미한다.
③ 참조되는 릴레이션의 기본키와 대응되어 릴레이션 간에 참조 관계를 표현하는데 중요한 도구이다.
④ 외래키는 유일성은 만족시키지만, 최소성은 만족시키지 못하므로 Null 값을 가질 수 없다.

23년 5월

25 관계형 데이터베이스의 제약 조건 중 개체 무결성과 참조 무결성을 설명하는 아래의 표에 들어갈 내용으로 적합하지 않은 것은?

구분	제약 조건	
	개체 무결성	참조 무결성
제약 대상	①	②
키	③	④

① 테이블
② 속성, 튜플
③ 기본키
④ 외래키

22년 7월

26 데이터베이스 무결성에 관한 설명으로 옳은 것은?

① 개체 무결성 규정은 한 릴레이션의 기본키를 구성하는 어떠한 속성값도 널(NULL) 값이나 중복값을 가질 수 없음을 규정하는 것이다.
② 참조 무결성 규정은 속성 값들이 사용자가 정의한 제약 조건에 만족해야 한다는 규정이다.
③ 도메인 무결성 규정은 외래키 값은 Null이거나 참조 릴레이션의 기본키 값과 동일해야 한다는 규정이다.
④ 사용자 정의 무결성 규정은 주어진 튜플의 값이 그 튜플이 정의된 도메인에 속한 값이어야 한다는 것을 규정하는 것이다.

22년 4월, 20년 6월

27 무결성 제약 조건 중 개체 무결성 제약 조건에 대한 설명으로 옳은 것은?

① 릴레이션 내의 튜플들이 각 속성의 도메인에 정해진 값만을 가져야 한다.
② 기본키는 NULL 값을 가져서는 안되며 릴레이션 내에 오직 하나의 값만 존재해야 한다.
③ 자식 릴레이션의 외래키는 부모 릴레이션의 기본키와 도메인이 동일해야 한다.
④ 자식 릴레이션의 값이 변경될 때 부모 릴레이션의 제약을 받는다.

21년 3월

28 릴레이션 R1에 속한 애튜리뷰트의 조합인 외래키를 변경하려면 이를 참조하고 있는 릴레이션 R2의 기본키도 변경해야 하는데 이를 무엇이라 하는가?

① 정보 무결성
② 고유 무결성
③ 널 제약성
④ 참조 무결성

▶ 정답 : 12.② 13.① 14.① 15.③ 16.③ 17.④ 18.③ 19.② 20.③ 21.② 22.③ 23.③ 24.④ 25.① 26.① 27.② 28.④

① Select   ② Project
③ Join   ④ Division

20년 6월

29 관계대수 연산에서 두 릴레이션이 공통으로 가지고 있는 속성을 이용하여 두 개의 릴레이션을 하나로 합쳐서 새로운 릴레이션을 만드는 연산은?

① ⋈   ② ⊃

③ π   ④ σ

23년 5월

30 관계대수에서 사용하는 일반 집합 연산자 중에서 결과로 산출되는 카디널리티가 두 릴레이션 중 카디널리티가 작은 릴레이션의 카디널리티보다 크지 않은 연산자는 무엇인가?

① 합집합   ② 교집합

③ 차집합   ④ 교차곱

23년 2월, 22년 3월

31 관계 대수식을 SQL 질의로 옳게 표현한 것은?

$$\pi_{이름}(\sigma_{학과='교육'}(학생))$$

① SELECT 학생 FROM 이름 WHERE 학과 = '교육';

② SELECT 이름 FROM 학생 WHERE 학과 = '교육';

③ SELECT 교육 FROM 학과 WHERE 이름 = '학생';

④ SELECT 학과 FROM 학생 WHERE 이름 = '교육';

22년 7월

32 관계대수와 관계해석에 대한 설명으로 옳지 않은 것은?

① 관계대수는 원래 수학의 프레디킷 해석에 기반을 두고 있다.

② 관계대수로 표현한 식은 관계해석으로 표현할 수 있다.

③ 관계해석은 관계 데이터의 연산을 표현하는 방법이다.

④ 관계해석은 원하는 정보가 무엇이라는 것만 정의하는 비절차적인 특징을 가지고 있다.

23년 2월, 22년 3월

33 관계해석에서 '모든 것에 대하여'의 의미를 나타내는 논리 기호는?

① ∃   ② ∈

③ ∀   ④ ⊂

21년 3월

34 조건을 만족하는 릴레이션의 수평적 부분집합으로 구성하며, 연산자의 기호는 그리스 문자 시그마(σ)를 사용하는 관계대수 연산은?

① Select   ② Project
③ Join   ④ Division

20년 8월

35 다음 R과 S 두 릴레이션에 대한 Division 연산의 수행 결과는?

R

D1	D2	D3
a	1	A
b	1	A
c	2	A
d	2	B

S

D2	D3
1	A

①
D3
A
B

②
D2
2
2

③
D3
A

④
D1
a
b

23년 7월

36 릴레이션 R의 차수(Degree)가 3, 카디널리티(Cardinality)가 3, 릴레이션 S의 차수가 4, 카디널리티가 4일 때, 두 릴레이션을 카티션 프로덕트(Cartesian Product)한 결과 릴레이션의 차수와 카디널리티는?

① 4, 4   ② 7, 7

③ 7, 12   ④ 12, 12

21년 3월

37 정규화를 거치지 않아 발생하게 되는 이상(Anomaly) 현상의 종류에 대한 설명으로 옳지 않은 것은?

① 삭제 이상이란 릴레이션에서 한 튜플을 삭제할 때 의도와는 상관없는 값들도 함께 삭제되는 연쇄 삭제 현상이다.

② 삽입 이상이란 릴레이션에서 데이터를 삽입할 때 의도와는 상관없이 원하지 않는 값들도 함께 삽입되는 현상이다.

③ 갱신 이상이란 릴레이션에서 튜플에 있는 속성값을 갱신할 때 일부 튜플의 정보만 갱신되어 정보에 모순이 생기는 현상이다.

④ 종속 이상이란 하나의 릴레이션에 하나 이상의 함수적 종속성이 존재하는 현상이다.

해설은 146쪽에 있습니다.

20년 9월

38 정규화의 필요성으로 거리가 먼 것은?

① 데이터 구조의 안정성 최대화

② 중복 데이터의 활성화

③ 수정, 삭제 시 이상 현상의 최소화

④ 테이블 불일치 위험의 최소화

20년 6월

39 정규화 과정 중 1NF에서 2NF가 되기 위한 조건은?

① 1NF를 만족하고 모든 도메인이 원자값이어야 한다.

② 1NF를 만족하고, 키가 아닌 모든 애트리뷰트들이 기본키에 이행적으로 함수 종속되지 않아야 한다.

③ 1NF를 만족하고 다치 종속이 제거되어야 한다.

④ 1NF를 만족하고 키가 아닌 모든 속성이 기본키에 대하여 완전 함수적 종속 관계를 만족해야 한다.

20년 8월

40 다음과 같이 왼쪽 릴레이션을 오른쪽 릴레이션으로 정규화를 하였을 때 어떤 정규화 작업을 한 것인가?

국가	도시
대한민국	서울, 부산
미국	워싱턴, 뉴욕
중국	베이징

⇨

국가	도시
대한민국	서울
대한민국	부산
미국	워싱턴
미국	뉴욕
중국	베이징

① 제1정규형

② 제2정규형

③ 제3정규형

④ 제4정규형

20년 9월

41 제3정규형에서 보이스코드 정규형(BCNF)으로 정규화하기 위한 작업은?

① 원자 값이 아닌 도메인을 분해

② 부분 함수 종속 제거

③ 이행 함수 종속 제거

④ 결정자가 후보키가 아닌 함수 종속 제거

23년 5월

42 다음 조건을 모두 만족하는 정규형은?

- 테이블 R에 속한 모든 도메인이 원자값만으로 구성되어 있다.
- 테이블 R에서 키가 아닌 모든 필드가 키에 대해 함수적으로 종속되며, 키의 부분집합이 결정자가 되는 부분 종속이 존재하지 않는다.
- 테이블 R에 존재하는 모든 함수적 종속에서 결정자가 후보키이다.

① BCNF

② 제1정규형

③ 제2정규형

④ 제3정규형

20년 8월

43 다음에 해당하는 함수 종속의 추론 규칙은?

X → Y이고 Y → Z이면 X → Z이다.

① 분해 규칙

② 이행 규칙

③ 반사 규칙

④ 결합 규칙

22년 3월

44 정규화 과정에서 함수 종속이 A → B이고 B → C일 때 A → C인 관계를 제거하는 단계는?

① 1NF → 2NF

② 2NF → 3NF

③ 3NF → BCNF

④ BCNF → 4NF

21년 5월

45 데이터 속성 간의 종속성에 대한 엄밀한 고려없이 잘못 설계된 데이터베이스에서는 데이터 처리 연산 수행 시 각종 이상 현상이 발생할 수 있는데, 이러한 이상 현상이 아닌 것은?

① 검색 이상

② 삽입 이상

③ 삭제 이상

④ 갱신 이상

21년 3월

46 다음 정의에서 말하는 기본 정규형은?

어떤 릴레이션 R에 속한 모든 도메인이 원자값(Atomic Value)만으로 되어 있다.

① 제1정규형(1NF)

② 제2정규형(2NF)

③ 제3정규형(3NF)

④ 보이스/코드 정규형(BCNF)

▶ 정답 : 29.① 30.② 31.② 32.① 33.③ 34.① 35.④ 36.③ 37.④ 38.② 39.④ 40.① 41.④ 42.① 43.② 44.② 45.① 46.①

해설은 148쪽에 있습니다.

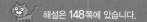

21년 8월

47 이전 단계의 정규형을 만족하면서 후보키를 통하지 않는 조인 종속(JD; Join Dependency)을 제거해야 만족하는 정규형은?

① 제3정규형　　　　② 제4정규형

③ 제5정규형　　　　④ 제6정규형

22년 7월

48 시스템 카탈로그에 대한 설명으로 옳지 않은 것은?

① 시스템 자체에 관련 있는 다양한 객체에 관한 정보를 포함하는 시스템 데이터베이스이다.

② 데이터 사전이라고도 한다.

③ 기본 테이블, 뷰, 인덱스, 패키지, 접근 권한 등의 정보를 저장한다.

④ 시스템을 위한 정보를 포함하는 시스템 데이터베이스이므로 일반 사용자는 SQL을 이용하여 내용을 검색해 볼 수 없다.

22년 4월

49 데이터 사전에 대한 설명으로 틀린 것은?

① 시스템 카탈로그 또는 시스템 데이터베이스라고도 한다.

② 데이터 사전 역시 데이터베이스의 일종이므로 일반 사용자가 생성, 유지 및 수정할 수 있다.

③ 데이터베이스에 대한 데이터인 메타 데이터(Metadata)를 저장하고 있다.

④ 데이터 사전에 있는 데이터에 실제로 접근하는 데 필요한 위치 정보는 데이터 디렉토리(Data Directory)라는 곳에서 관리한다.

23년 7월

50 다음 중 자료 사전(Data Dictionary)에 대한 설명으로 옳지 않은 것은?

① 메타 데이터(Meta Data)라고 한다.

② 모든 데이터 개체들에 대한 정보를 유지, 관리하는 시스템이다.

③ 일반 이용자도 SQL을 이용하여 내용을 검색해 볼 수 있다.

④ 자료 사전에 대한 갱신은 데이터베이스의 무결성 유지를 위해 이용자가 직접 갱신해야 한다.

▶ 정답 : 47.③　48.④　49.②　50.④

기출문제은행 해설

01 핵심 188
데이터 모델링이라 불리는 데이터베이스 설계 단계는 논리적 데이터베이스 설계이다.

02 핵심 189
트랜잭션의 인터페이스를 설계하고 데이터 타입 및 타입들 간의 관계 표현은 논리적 설계에서 수행한다.

03 핵심 189
스키마의 평가 및 정제는 논리적 설계 단계에서 수행한다.

04 핵심 189
저장 레코드 양식 설계, 레코드 집중의 분석 및 설계, 접근 경로 설계와 관계되는 것은 물리적 설계 단계이다.
- 논리적 설계 : 현실 세계에서 발생하는 자료를 컴퓨터가 이해하고 처리할 수 있는 물리적 저장장치에 저장할 수 있도록 변환하기 위해 특정 DBMS가 지원하는 논리적 자료 구조로 변환(mapping)시키는 과정
- 요구 조건 분석 : 데이터베이스를 사용할 사람들로부터 필요한 용도를 파악하는 것
- 개념적 설계 : 정보의 구조를 얻기 위하여 현실 세계의 무한성과 계속성을 이해하고, 다른 사람과 통신하기 위하여 현실 세계에 대한 인식을 추상적 개념으로 표현하는 과정

05 핵심 189
트랜잭션 모델링은 개념적 설계 단계에서 수행한다.

06 핵심 191
데이터 모델에 표시해야 할 요소에는 데이터 구조(Structure), 연산(Operation), 제약 조건(Constraint)이 있다.

07 핵심 191
데이터 구조에 따라 개념 세계나 컴퓨터 세계에서 실제로 표현된 값들을 처리하는 작업을 연산(Operation)이라고 한다.
- 관계(Relationship) : 개체 간의 관계 또는 속성 간의 논리적인 연결을 의미함
- 구조(Structure) : 논리적으로 표현된 개체 타입들 간의 관계로서 데이터 구조 및 정적 성질 표현
- 제약 조건(Constraint) : 데이터베이스에 저장될 수 있는 실제 데이터의 논리적인 제약 조건

08 핵심 192
E-R 모델에서 개체 타입은 사각형, 관계 타입은 마름모, 속성은 타원으로 표현한다.

09 핵심 192
E-R 모델에서 다중값 속성은 이중 타원으로 표기한다.

10 핵심 192
E-R 모델에서 연결은 선으로 표현한다.

11 핵심 193
하나의 애트리뷰트가 가질 수 있는 원자값들의 집합을 의미하는 것은 도메인(Domain)이다.

12 핵심 193
릴레이션에 포함되어 있는 튜플의 수는 카디널리티(Cardinality), 속성의 수는 차수(Degree)라고 한다.

13 핵심 193
한 릴레이션에 속한 튜플들은 모두 서로 다른 값을 가져야 한다. 즉 튜플에 속한 속성 A1, A2, A3 한 개는 다른 튜플들과 다른 값을 가져야 하므로, 존재할 수있는 튜플의 최대 수는 각 도메인이 가지고 있는 값의 종류를 모두 곱한 값 $3 \times 2 \times 4 = 24$이다.

14 핵심 193
차수(Degree)는 속성의 수, 카디널리티(Cardinality)는 튜플의 수를 의미하므로 차수(Degree)는 4, 카디널리티(Cardinality)는 3이다.

15 핵심 193
릴레이션(Relation)에 관한 설명으로 옳은 것은 ③번이다.
① 릴레이션의 각 행은 튜플(Tuple)이라고 불리며, 스키마(Schema)는 데이터베이스의 구조와 제약 조건에 대한 명세를 의미한다.

② 릴레이션의 각 열을 속성(Attribute)이라고 한다.

④ 릴레이션의 논리적인 구조를 정의한 것으로 릴레이션에 포함된 속성들의 집합을 릴레이션 스키마라고 한다.

16 핵심 193

차수(Dgree)는 속성의 수를 의미하므로 4이다.

17 핵심 193

속성(Attribute)의 수는 차수(Degree), 튜플(Tuple)의 수는 카디널리티(Cardinality)이다.

18 핵심 194

한 릴레이션에는 동일한 이름의 속성이 있을 수 없다.

19 핵심 194

릴레이션에 포함된 각 튜플 사이에는 순서가 없다.

20 핵심 199

외래키에 대한 설명을 옳은 것은 ㉢, ㉺이다.

㉠ 외래키에는 Null을 입력할 수 있다.

㉡ 후보키 중 기본키를 제외한 나머지를 의미하는 키는 대체키이다.

㉣ 외래키는 중복이 허용되므로, 유일성과 최소성을 가질 수 없다.

21 핵심 199

두 릴레이션에 공통으로 존재하는 속성명은 '과목번호'이다. 〈과목〉 릴레이션의 '과목번호'는 기본키 속성으로 동일한 속성값이 존재할 수 없고, 〈수강〉 릴레이션의 '과목번호'는 일반 속성으로 여러 속성값이 존재할 수 있으므로 〈수강〉 릴레이션의 '과목번호' 속성이 〈과목〉 릴레이션의 기본키 속성 '과목번호'를 참조하는 외래키가 된다.

22 핵심 195

후보키(Candidate Key)는 릴레이션에 있는 모든 튜플에 대해 유일성과 최소성을 모두 만족시켜야 한다.

23 핵심 198

한 릴레이션 내의 속성들의 집합으로 구성된 키는 슈퍼키(Super Key)이다.

• 후보키(Candidate Key) : 릴레이션을 구성하는 속성들 중에서 튜플을 유일하게 식별하기 위해 사용하는 속성들의 부분 집합, 즉 기본키로 사용할 수 있는 속성들을 말함

• 대체키(Alternate Key) : 후보키가 둘 이상일 때 기본키를 제외한 나머지 후보키를 의미함

• 외래키(Foreign Key) : 다른 릴레이션의 기본키를 참조하는 속성 또는 속성들의 집합을 의미함

24 핵심 199

④번은 슈퍼키(Super Key)에 대한 설명이다.

25 핵심 200

개체 무결성은 기본키인 속성의 값을, 참조 무결성은 외래키인 속성의 값을 제약하므로, ①, ②번 모두 속성 또는 속성, 튜플이 들어가야 한다.

26 핵심 200

데이터베이스 무결성에 관한 설명으로 옳은 것은 ①번이다.

② 참조 무결성은 외래키 값은 Null이거나 참조 릴레이션의 기본키 값과 동일해야 하고, 릴레이션은 참조할 수 없는 외래키 값을 가질 수 없다는 규정이다.

③ 도메인 무결성은 주어진 속성 값이 정의된 도메인에 속한 값이어야 한다는 규정이다.

④ 사용자 정의 무결성은 속성 값들이 사용자가 정의한 제약조건에 만족해야 한다는 규정이다.

27 핵심 200

개체 무결성 제약 조건은 기본 테이블의 기본키를 구성하는 어떤 속성도 Null 값이나 중복값을 가질 수 없다는 규정이다.

• ①번은 도메인 무결성, ③, ④번은 참조 무결성에 대한 설명이다.

28 핵심 200

외래키 변경을 위해서는 참조 릴레이션의 기본키도 변경해야 한다는 내용은 참조 무결성에 대한 설명이다.

29 핵심 202

두 개의 릴레이션을 하나로 합쳐서 새로운 릴레이션을 만드는 Join 연산자의 기호는 ▷◁이다.

- π : Project
- σ : Select

30 핵심 203
결과로 산출되는 카디널리티가 두 릴레이션 중 카디널리티가 작은 릴레이션의 카디널리티보다 크지 않은 연산자는 교집합(INTERSECTION)이다.

- **합집합(UNION)** : 두 릴레이션에 존재하는 튜플의 합집합을 구하되, 결과로 생성된 릴레이션에서 중복되는 튜플은 제거되는 연산
- **차집합(DIFFERENCE)** : 두 릴레이션에 존재하는 튜플의 차집합을 구하는 연산
- **교차곱(CARTESIAN PRODUCT)** : 두 릴레이션에 있는 튜플들의 순서쌍을 구하는 연산

31 핵심 202
문제의 지문에 제시된 관계대수 문장을 SQL로 옳게 표현한 것은 ②번이다.

- $\pi_{이름}$: '이름' 필드를 표시하므로 **SELECT 이름**이다.
- $\sigma_{학과='교육'}$: '학과'가 "교육"인 자료만을 대상으로 검색하므로 **WHERE 학과 = '교육'**이다.
- (학생) : 〈학생〉 테이블의 자료를 검색하므로 **FROM 학생**이다.
- ∴ 학과가 '교육'인 학생의 '이름'을 검색하라는 의미이다.

32 핵심 201, 204
원래 수학의 프레디킷 해석에 기반을 두고 있는 것은 관계해석이다.

33 핵심 204
'∀'는 '모든 것에 대하여(For All)'를, 'ョ'는 '하나라도 일치하는 튜플이 있음(There Exists)'을 의미한다.

34 핵심 202
조건을 만족하는 릴레이션의 수평적 부분집합으로 구성하며, 연산자의 기호는 그리스 문자 시그마(σ)를 사용하는 관계대수 연산은 Select이다.

- **Project** : 주어진 릴레이션에서 속성 리스트(Attribute List)에 제시된 속성 값만을 추출하여 새로운 릴레이션을 만드는 연산. 단 연산 결과에 중복이 발생하면 중복

이 제거됨
- **Join** : 공통 속성을 중심으로 두 개의 릴레이션을 하나로 합쳐서 새로운 릴레이션을 만드는 연산
- **Division** : X⊃Y인 두 개의 릴레이션 R(X)와 S(Y)가 있을 때, R의 속성이 S의 속성값을 모두 가진 튜플에서 S가 가진 속성을 제외한 속성만을 구하는 연산

35 핵심 202
X⊃Y인 두 개의 릴레이션 R(X)와 S(Y)가 있을 때, R의 속성이 S의 속성값을 모두 가진 튜플에서 S가 가진 속성을 제외한 속성만을 구하는 연산을 Division이라고 한다.

❶ 릴레이션 R에서 릴레이션 S의 속성값을 모두 가진 튜플을 추출하면 다음과 같다.

D1	D2	D3
a	1	A
b	1	A

❷ 릴레이션 S가 가진 속성(D2, D3)을 제외하게 되면 다음과 같다.

D1
a
b

36 핵심 203
- 카티션 프로덕트(Cartesian Product), 즉 교차곱은 두 릴레이션의 차수(Degree, 속성의 수)는 더하고, 카디널리티(튜플의 수)는 곱하면 된다.
- 차수는 3 + 4 = 7이고, 카디널리티는 3 × 4 = 12이다.

37 핵심 207
이상(Anomaly)의 종류에는 삽입 이상, 삭제 이상, 갱신 이상이 있다.

38 핵심 205
정규화는 중복을 배제함으로써 삽입, 삭제, 갱신 이상의 발생을 최소화시킨다.

39 핵심 208
제2정규형(2NF)이 되기 위해서는 제1정규형(1NF)을 만족하고, 기본키가 아닌 모든 속성이 기본키에 대하여 완전 함수적 종속을 만족해야 한다.

- ①번은 제1정규형, ②번은 제3정규형, ③번은 제4정규형이 되기 위한 조건이다.

40 핵심 208

테이블의 '도시' 속성이 다중값을 갖고 있었으나 정규화를 수행한 후에는 한 개의 값, 즉 원자값(Atomic Value)만을 가진 것으로 보아 제1정규화 작업을 수행한 것임을 알 수 있다.

41 핵심 208

BCNF는 결정자가 모두 후보키인 정규형으로, 제 3정규형에서 결정자가 후보키가 아닌 것을 제거하면 BCNF가 된다.

42 핵심 208

테이블 R에 존재하는 모든 함수적 종속에서 결정자가 후보키(Candidate Key)인 정규형은 BCNF이다.

- 1NF(제1정규형) : 릴레이션에 속한 모든 도메인(Domain)이 원자값(Atomic Value)만으로 되어 있는 정규형. 즉, 릴레이션의 모든 속성 값이 원자 값으로만 되어 있는 정규형
- 2NF(제2정규형) : 릴레이션 R이 1NF이고, 기본키가 아닌 모든 속성이 기본키에 대하여 완전 함수적 종속을 만족하는 정규형
- 3NF(제3정규형) : 릴레이션 R이 2NF이고, 기본키가 아닌 모든 속성이 기본키에 대해 이행적 종속을 만족하지 않는 정규형

43 핵심 210

X → Y이고 Y → Z일 때, X → Z를 만족하는 관계를 이행적 함수 종속 또는 이행 규칙이라고 한다.

44 핵심 208

A → B이고 B → C일 때 A → C를 만족하는 관계를 이행적 종속이라고 하고, 이행적 종속은 2NF → 3NF 단계에서 제거된다.

45 핵심 207

이상(Anomaly)의 종류에는 삽입 이상, 삭제 이상, 갱신 이상이 있다.

46 핵심 208

모든 도메인이 원자값인 정규형은 제1정규형(1NF)이다.

- 2NF(제2정규형) : 2NF는 릴레이션 R이 1NF이고, 기본키가 아닌 모든 속성이 기본키에 대하여 완전 함수적 종속을 만족하는 정규형
- 3NF(제3정규형) : 3NF는 릴레이션 R이 2NF이고, 기본키가 아닌 모든 속성이 기본키에 대해 이행적 종속을 만족하지 않는 정규형
- BCNF(Boyce-Codd 정규형) : 릴레이션 R에서 결정자가 모두 후보키(Candidate Key)인 정규형

47 핵심 208

제5정규형은 테이블의 모든 조인 종속이 테이블의 후보키를 통해서만 성립되는 정규형으로, 제4정규형에서 조인 종속을 제거하면 제5정규형이 된다.

- 3NF(제3정규형) : 3NF는 릴레이션 R이 2NF이고, 기본키가 아닌 모든 속성이 기본키에 대해 이행적 종속을 만족하지 않는 정규형
- 4NF(제4정규형) : 릴레이션 R에 다치 종속 A→→B가 성립하는 경우 R의 모든 속성이 A에 함수적 종속 관계를 만족하는 정규형

48 핵심 213

카탈로그 자체도 시스템 테이블로 구성되어 있어 일반 이용자도 SQL을 이용하여 내용을 검색해 볼 수 있다.

49 핵심 213

일반 사용자가 데이터 사전에 직접 내용을 추가하거나 수정할 수 없고 내용을 검색할 수만 있다.

50 핵심 213

자료 사전(Data Dictionary)은 시스템 테이블로 구성되어 있어 일반 이용자도 SQL을 이용하여 내용을 검색해 볼 수 있지만 이용자가 갱신은 할 수 없다.

2 장

물리 데이터베이스 설계

214 트랜잭션

B

23.2, 21.8

- 트랜잭션(Transaction)은 데이터베이스의 상태를 변환시키는 하나의 논리적 기능을 수행하기 위한 작업의 단위 또는 한꺼번에 모두 수행되어야 할 일련의 연산들을 의미한다.
- 트랜잭션은 데이터베이스 시스템에서 병행 제어 및 회복 작업 시 처리되는 작업의 논리적 단위로 사용된다.

기출체크 ✓

21.8
1. 데이터베이스에서 하나의 논리적 기능을 수행하기 위한 작업의 단위 또는 한꺼번에 모두 수행되어야 할 일련의 연산들을 의미하는 것은?

① 트랜잭션 　　　　 ② 뷰
③ 튜플 　　　　　　 ④ 카디널리티

216 트랜잭션의 특성

A

23.7, 23.5, 23.2, 22.7, 22.4, 21.8, 21.3, 20.9, 20.8, 20.6

- Atomicity(원자성) : 트랜잭션의 연산은 데이터베이스에 모두 반영되도록 완료(Commit)되든지 아니면 전혀 반영되지 않도록 복구(Rollback)되어야 함
- Consistency(일관성) : 트랜잭션이 그 실행을 성공적으로 완료하면 언제나 일관성 있는 데이터베이스 상태로 변환함
- Isolation(독립성) : 둘 이상의 트랜잭션이 동시에 병행 실행되는 경우 어느 하나의 트랜잭션 실행중에 다른 트랜잭션의 연산이 끼어들 수 없음
- Durability(영속성) : 성공적으로 완료된 트랜잭션의 결과는 시스템이 고장나더라도 영구적으로 반영되어야 함

기출체크 ✓

22.4, 20.9, 20.6
3. 다음 설명과 관련 있는 트랜잭션의 특징은?

> 트랜잭션의 연산은 모두 실행되거나, 모두 실행되지 않아야 한다.

① Durability 　　　　 ② Isolation
③ Consistency 　　　 ④ Atomicity

215 트랜잭션의 상태

실 기 공 통

A

23.7, 22.7, 22.4, 22.3, 실기 21.7, 20.5

- 활동(Active) : 트랜잭션이 실행 중인 상태
- 실패(Failed) : 트랜잭션 실행에 오류가 발생하여 중단된 상태
- 철회(Aborted) : 트랜잭션이 비정상적으로 종료되어 Rollback 연산을 수행한 상태
- 부분 완료(Partially Committed) : 트랜잭션을 모두 성공적으로 실행한 후 Commit 연산이 실행되기 직전인 상태
- 완료(Committed) : 트랜잭션을 모두 성공적으로 실행한 후 Commit 연산을 실행한 후의 상태

기출체크 ✓

23.7, 22.4
2. 트랜잭션의 상태 중 트랜잭션의 마지막 연산이 실행된 직후의 상태로, 모든 연산의 처리는 끝났지만 트랜잭션이 수행한 최종 결과를 데이터베이스에 반영하지 않은 상태는?

① Active 　　　　　　 ② Partially Committed
③ Committed 　　　　 ④ Aborted

217 CRUD 분석

B

22.7, 20.9

- CRUD는 '생성(Create), 읽기(Read), 갱신(Update), 삭제(Delete)'의 앞 글자만 모아서 만든 용어이다.
- CRUD 분석은 데이터베이스 테이블에 변화를 주는 트랜잭션의 CRUD 연산에 대해 CRUD 매트릭스를 작성하여 분석하는 것이다.

기출체크 ✓

22.7, 20.9
4. 데이터베이스에 영향을 주는 생성, 읽기, 갱신, 삭제 연산으로 프로세스와 테이블 간에 매트릭스를 만들어서 트랜잭션을 분석하는 것은?

① CASE 분석 　　　　 ② 일치 분석
③ CRUD 분석 　　　　 ④ 연관성 분석

기출체크 정답 1.① 2.② 3.④ 4.③

22.4, 21.8, 21.3

218 인덱스 **A**

- 인덱스(Index)는 데이터 레코드를 빠르게 접근하기 위해 〈키 값, 포인터〉 쌍으로 구성되는 데이터 구조이다.
- 인덱스를 통해서 파일의 레코드에 대한 액세스를 빠르게 수행할 수 있다.
- 데이터 정의어(DDL)를 이용하여 사용자가 생성(CREATE), 변경(ALTER), 제거(DROP)할 수 있다.

기출체크 ✓

21.3

5. 데이터베이스 성능에 많은 영향을 주는 DBMS의 구성 요소로, 테이블과 클러스터에 연관되어 독립적인 저장 공간을 보유하며, 데이터베이스에 저장된 자료를 더욱 빠르게 조회하기 위하여 사용되는 것은?

① 인덱스(Index)
② 트랜잭션(Transaction)
③ 역정규화(Denormalization)
④ 트리거(Trigger)

실기공통

23.7, 22.4, 22.3, 21.3, 20.9, 20.8, 20.6, 실기 23.7

219 뷰 **A**

- 뷰(View)는 사용자에게 접근이 허용된 자료만을 제한적으로 보여 주기 위해 하나 이상의 기본 테이블로부터 유도된, 이름을 가지는 가상 테이블이다.
- 뷰는 저장장치 내에 물리적으로 존재하지 않지만, 사용자에게는 있는 것처럼 간주된다.
- 기본 테이블의 기본키를 포함한 속성(열) 집합으로 뷰를 구성해야만 삽입, 삭제, 갱신 연산이 가능하다.
- 뷰가 정의된 기본 테이블이나 뷰를 삭제하면 그 테이블이나 뷰를 기초로 정의된 다른 뷰도 자동으로 삭제된다.
- 뷰는 독립적인 인덱스를 가질 수 없다.
- 뷰를 정의할 때는 CREATE문, 제거할 때는 DROP문을 사용한다.

기출체크 ✓

23.7, 22.3, 21.3, 20.9

6. 뷰(VIEW)에 대한 설명으로 틀린 것은?

① 뷰 위에 또 다른 뷰를 정의할 수 있다.
② 뷰에 대한 조작에서 삽입, 갱신, 삭제 연산은 제약이 따른다.
③ 뷰의 정의는 기본 테이블과 같이 ALTER문을 이용하여 변경한다.
④ 뷰가 정의된 기본 테이블이 제거되면 뷰도 자동적으로 제거된다.

해설

뷰는 기본 테이블이나 또 다른 뷰를 이용해서 만든 가상 테이블로서, 기본 테이블과 비교할 때 삽입, 삭제, 갱신 연산에 제약이 있으므로, ALTER문을 이용해 정의를 변경할 수 없습니다.

23.2, 22.7, 21.5, 20.8

220 파티션의 종류 **A**

- 데이터베이스에서 파티션(Patition)은 대용량의 테이블이나 인덱스를 작은 논리적 단위인 파티션으로 나누는 것을 말한다.
- 범위 분할(Range Partitioning) : 지정한 열의 값을 기준으로 범위를 지정하여 분할함
- 해시 분할(Hash Partitioning)
  - 해시 함수를 적용한 결과 값에 따라 데이터를 분할한다.
  - 특정 파티션에 데이터가 집중되는 범위 분할의 단점을 보완한 것으로, 데이터를 고르게 분산할 때 유용하다.
  - 특정 데이터가 어디에 있는지 판단할 수 없다.
  - 고객번호, 주민번호 등과 같이 데이터가 고른 컬럼에 효과적이다.
- 조합 분할(Composite Partitioning)
  - 범위 분할로 분할한 다음 해시 함수를 적용하여 다시 분할하는 방식이다.
  - 범위 분할한 파티션이 너무 커서 관리가 어려울 때 유용하다.
- 목록 분할(List Partitioning) : 지정한 열 값에 대한 목록을 만들어 이를 기준으로 분할함
- 라운드 로빈 분할(Round Robin Partitioning)
  - 레코드를 균일하게 분배하는 방식이다.
  - 각 레코드가 순차적으로 분배되며, 기본키가 필요없다.

1. 물리 데이터 저장소의 파티션 설계에서 파티션 유형으로 옳지 않은 것은?

① 범위 분할(Range Partitioning)
② 해시 분할(Hash Partitioning)
③ 조합 분할(Composite Partitioning)
④ 유닛 분할(Unit Partitioning)

221 분산 데이터베이스 [B]

22.4, 22.3

• 분산 데이터베이스는 논리적으로는 하나의 시스템에 속하지만 물리적으로는 네트워크를 통해 연결된 여러 개의 컴퓨터 사이트(Site)에 분산되어 있는 데이터베이스를 말한다.

• 분산 데이터베이스의 구성 요소

분산 처리기	자체적으로 처리 능력을 가지며, 지리적으로 분산되어 있는 컴퓨터 시스템을 말함
분산 데이터베이스	지리적으로 분산되어 있는 데이터베이스로서 해당 지역의 특성에 맞게 데이터베이스가 구성됨
통신 네트워크	분산 처리기들을 통신망으로 연결하여 논리적으로 하나의 시스템처럼 작동할 수 있도록 하는 통신 네트워크를 말함

2. 분산 데이터베이스 시스템(Distributed Database System)에 대한 설명으로 틀린 것은?

① 분산 데이터베이스는 논리적으로는 하나의 시스템에 속하지만 물리적으로는 여러 개의 컴퓨터 사이트에 분산되어 있다.
② 위치 투명성, 중복 투명성, 병행 투명성, 장애 투명성을 목표로 한다.
③ 데이터베이스의 설계가 비교적 어렵고, 개발 비용과 처리 비용이 증가한다는 단점이 있다.
④ 분산 데이터베이스 시스템의 주요 구성 요소는 분산 처리기, P2P 시스템, 단일 데이터베이스 등이 있다.

[해설]
네트워크를 통해 연결된 분산 데이터베이스의 구성 요소는 분산 처리기, 분산 데이터베이스, 통신 네트워크입니다.

23.5, 22.7, 22.3, 20.8, 20.6

222 분산 데이터베이스의 목표 [A]

• **위치 투명성(Location Transparency)** : 액세스하려는 데이터베이스의 실제 위치를 알 필요 없이 단지 데이터베이스의 논리적인 명칭만으로 액세스할 수 있음

• **중복 투명성(Replication Transparency)** : 동일 데이터가 여러 곳에 중복되어 있더라도 사용자는 마치 하나의 데이터만 존재하는 것처럼 사용하고, 시스템은 자동으로 여러 자료에 대한 작업을 수행함

• **병행 투명성(Concurrency Transparency)** : 분산 데이터베이스와 관련된 다수의 트랜잭션들이 동시에 실현되더라도 그 트랜잭션의 결과는 영향을 받지 않음

• **장애 투명성(Failure Transparency)** : 트랜잭션, DBMS, 네트워크, 컴퓨터 장애에도 불구하고 트랜잭션을 정확하게 처리함

3. 분산 데이터베이스의 투명성(Transparency)에 해당하지 않는 것은?

① Location Transparency
② Replication Transparency
③ Failure Transparency
④ Media Access Transparency

23.7, 22.7

223 분산 데이터베이스의 장·단점 [B]

장점	단점
• 시스템 성능이 향상됨 • 분산 제어가 가능함 • 지역 자치성이 높음 • 중앙 컴퓨터의 장애가 전체 시스템에 영향을 끼치지 않음 • 점진적 시스템 용량 확장이 용이함	• DBMS가 수행할 기능이 복잡함 • 데이터베이스 설계가 어려움 • 소프트웨어 개발이 어렵고 비용이 증가함 • 처리 비용이 증가함 • 잠재적 오류가 증가함

기출체크 ✓

23.7, 22.7

4. 분산 데이터베이스의 특징에 대한 설명으로 틀린 것은?

① 지역 서버의 고유 데이터에 대한 작업은 중앙 서버의 통제 없이 자유롭게 수행할 수 있다.
② 새로운 지역 서버를 추가하거나 장비를 추가하는 등의 작업이 용이하다.
③ 위치 투명성, 중복 투명성, 병행 투명성, 장애 투명성을 목표로 한다.
④ 데이터베이스 설계 및 소프트웨어 개발이 쉽고, 전반적인 시스템의 성능이 향상된다.

[해설]
분산 데이터베이스는 데이터베이스 설계 및 소프트웨어 개발이 어렵습니다.

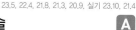

▶350225 **실기공통** 23.5, 22.4, 21.8, 21.3, 20.9, 실기 23.10, 21.4

225 접근통제 기술 Ⓐ

- 접근통제는 데이터가 저장된 객체와 이를 사용하려는 주체 사이의 정보 흐름을 제한하는 것이다.
- 임의 접근통제(DAC; Discretionary Access Control) : 데이터에 접근하는 사용자의 신원에 따라 접근 권한을 부여하는 방식
- 강제 접근통제(MAC; Mandatory Access Control) : 주체와 객체의 등급을 비교하여 접근 권한을 부여하는 방식
- 역할기반 접근통제(RBAC; Role Based Access Control) : 사용자의 역할에 따라 접근 권한을 부여하는 방식

기출체크 ✓

23.5, 21.3

6. 정보 보안을 위한 접근통제 정책 종류에 해당하지 않는 것은?

① 임의적 접근 통제
② 데이터 전환 접근 통제
③ 강제적 접근 통제
④ 역할기반 접근 통제

▶350224

224 암호화 Ⓒ 21.3

- 암호화(Encryption)는 데이터를 보낼 때 송신자가 지정한 수신자 이외에는 그 내용을 알 수 없도록 평문을 암호문으로 변환하는 것이다.
- 암호화(Encryption) 과정 : 암호화되지 않은 평문을 정보 보호를 위해 암호문으로 바꾸는 과정
- 복호화(Decryption) 과정 : 암호문을 원래의 평문으로 바꾸는 과정

기출체크 ✓

21.3

5. 정보보호를 위한 암호화에 대한 설명으로 틀린 것은?

① 평문 – 암호화되기 전의 원본 메시지
② 암호문 – 암호화가 적용된 메시지
③ 복호화 – 평문을 암호문으로 바꾸는 작업
④ 키(Key) – 적절한 암호화를 위하여 사용하는 값

[해설]
복호화(Decryption)은 암호문을 평문으로 바꾸는 과정입니다.

▶350226

226 벨 라파듈라 모델 Ⓒ 21.5

- 벨 라파듈라 모델(Bell−LaPadula Model)은 군대의 보안 레벨처럼 정보의 기밀성에 따라 상하 관계가 구분된 정보를 보호하기 위해 사용한다.
- 보안 취급자의 등급을 기준으로 읽기 권한과 쓰기 권한이 제한된다.
- 자신의 보안 레벨 이상의 문서를 작성할 수 있고, 자신의 보안 레벨 이하의 문서를 읽을 수 있다.

기출체크 ✓

21.5

7. 다음 내용이 설명하는 접근 제어 모델은?

- 군대의 보안 레벨처럼 정보의 기밀성에 따라 상하 관계가 구분된 정보를 보호하기 위해 사용한다.
- 자신의 권한보다 낮은 보안 레벨 권한을 가진 경우에는 높은 보안 레벨의 문서를 읽을 수 없고 자신의 권한보다 낮은 수준의 문서만 읽을 수 있다.
- 자신의 권한보다 높은 보안 레벨의 문서에는 쓰기가 가능하지만 보안 레벨이 낮은 문서의 쓰기 권한은 제한한다.

① Clark−Wilson Integrity Model
② PDCA Model
③ Bell−Lapadula Model
④ Chinese Wall Model

---

227 데이터베이스 백업 C

23.2

▶ 350227

- 데이터베이스 백업은 전산 장비의 장애에 대비하여 데이터베이스에 저장된 데이터를 보호하고 복구하기 위한 작업이다.
- 치명적인 데이터 손실을 막기 위해서는 데이터베이스를 정기적으로 백업해야 한다.

기출체크 ✓

23.2

1. 다음 설명에 부합하는 용어로 옳은 것은?

> 장비 고장 등의 비상사태에도 데이터가 보존되도록 복사하는 작업

① 복원　　　　　　② 백업
③ 복구　　　　　　④ 정규화

---

228 스토리지 – DAS A

23.7, 23.5, 23.2, 22.3, 20.9

▶ 350228

- DAS(Direct Attached Storage)는 서버와 저장장치를 전용 케이블로 직접 연결하는 방식이다.
- 서버에서 저장장치를 관리한다.
- 초기 구축 비용 및 유지보수 비용이 저렴하다.
- 확장성 및 유연성이 상대적으로 떨어진다.
- 저장 데이터가 적고 공유가 필요 없는 환경에 적합하다.

※ **스토리지(Storage)** : 단일 디스크로 처리할 수 없는 대용량의 데이터를 저장하기 위해 서버와 저장장치를 연결하는 기술

기출체크 ✓

23.7, 22.3, 20.9

2. 다음 내용이 설명하는 스토리지 시스템은?

> - 하드디스크와 같은 데이터 저장장치를 호스트버스 어댑터에 직접 연결하는 방식
> - 저장장치와 호스트 기기 사이에 네트워크 디바이스가 있지 말아야 하고 직접 연결하는 방식으로 구성

① DAS　　　　　　② NAS
③ N-SCREEN　　　④ NFC

---

229 스토리지 – SAN B

22.7, 21.5

▶ 350229

- SAN(Storage Area Network)는 DAS의 빠른 처리와 NAS의 파일 공유 장점을 혼합한 방식이다.
- 서버와 저장 장치를 연결하는 전용 네트워크를 별도로 구성하는 방식이다.
- 광 채널(FC) 스위치를 이용하여 네트워크를 구성한다.
- 광 채널 스위치는 서버나 저장장치를 광케이블로 연결하므로 처리 속도가 빠르다.
- 저장장치를 공유함으로써 여러 개의 저장장치나 백업 장비를 단일화시킬 수 있다.

기출체크 ✓

22.7, 21.5

3. 다음 내용이 설명하는 것은?

> - 네트워크상에 광 채널 스위치의 이점인 고속 전송과 장거리 연결 및 멀티 프로토콜 기능을 활용
> - 각기 다른 운영체제를 가진 여러 기종들이 네트워크상에서 동일 저장 장치의 데이터를 공유하게 함으로써, 여러 개의 저장장치나 백업 장비를 단일화시킨 시스템

① SAN　　　　　　② MBR
③ NAC　　　　　　④ NIC

---

230 스토리지 – NAS D

출제예상

▶ 350230

- NAS(Network Attached Storage)는 서버와 저장장치를 네트워크를 통해 연결하는 방식이다.
- 별도의 파일 관리 기능이 있는 NAS Storage가 내장된 저장장치를 직접 관리한다.
- Ethernet 스위치를 통해 다른 서버에서도 스토리지에 접근할 수 있어 파일 공유가 가능하고, 장소에 구애받지 않고 저장장치에 쉽게 접근할 수 있다.
- DAS에 비해 확장성 및 유연성이 우수하다.

예상체크 ✓

출제예상

4. 서버와 저장장치를 네트워크를 통해 연결하는 방식으로, 별도의 파일 관리 기능이 있는 스토리지가 내장된 저장장치를 직접 관리하는 것은?

① DAS　　　　　　② SAN
③ NAS　　　　　　④ QAS

기출체크 정답 1.② 2.① 3.① 4.③

23년 5월

01 트랜잭션의 특성을 모두 나열한 것은?

㉠ Atomicity	㉡ Durability
㉢ Transparency	㉣ Portability
㉤ Consistency	㉥ Isolation

① ㉠, ㉡

② ㉠, ㉡, ㉢

③ ㉠, ㉢, ㉤

④ ㉠, ㉡, ㉤, ㉥

22년 7월

02 무결성을 보장하기 위해 트랜잭션이 가져야 할 특성에 대한 설명으로 옳지 않은 것은?

① 트랜잭션 내의 모든 명령은 반드시 완벽히 수행되어야 하며, 모두가 완벽히 수행되지 않고 어느 하나라도 오류가 발생하면 트랜잭션 전부가 취소되어야 한다.

② 트랜잭션의 수행과 관계 없이 데이터베이스가 가지고 있는 고정 요소는 일관되어야 한다.

③ 둘 이상의 트랜잭션이 동시에 병행 실행되는 경우 어느 하나의 트랜잭션 실행 중에 다른 트랜잭션의 연산이 끼어들 수 없다.

④ Commit과 Rollback 명령어에 의해 보장 받는 트랜잭션의 특성은 일관성이다.

21년 8월

03 트랜잭션의 주요 특성 중 하나로, 둘 이상의 트랜잭션이 동시에 병행 실행되는 경우 어느 하나의 트랜잭션 실행 중에 다른 트랜잭션의 연산이 끼어들 수 없음을 의미하는 것은?

① Log

② Consistency

③ Isolation

④ Durability

23년 7월, 21년 3월

04 다음과 같은 트랜잭션의 특성은?

시스템이 가지고 있는 고정 요소는 트랜잭션 수행 전과 트랜잭션 수행 완료 후의 상태가 같아야 한다.

① 원자성(atomicity)

② 일관성(consistency)

③ 격리성(isolation)

④ 영속성(durability)

20년 8월

05 Commit과 Rollback 명령어에 의해 보장 받는 트랜잭션의 특성은?

① 병행성

② 보안성

③ 원자성

④ 로그

22년 4월

06 데이터베이스의 트랜잭션 성질들 중에서 다음 설명에 해당하는 것은?

트랜잭션의 모든 연산들이 정상적으로 수행 완료되거나 아니면 전혀 어떠한 연산도 수행되지 않은 원래 상태가 되도록 해야 한다.

① Atomicity

② Consistency

③ Isolation

④ Durability

21년 5월

07 데이터베이스에서 인덱스(Index)와 관련한 설명으로 틀린 것은?

① 인덱스의 기본 목적은 검색 성능을 최적화하는 것으로 볼 수 있다.

② B-트리 인덱스는 분기를 목적으로 하는 Branch Block을 가지고 있다.

③ BETWEEN 등 범위(Range) 검색에 활용될 수 있다.

④ 시스템이 자동으로 생성하여 사용자가 변경할 수 없다.

22년 4월

08 데이터베이스의 인덱스와 관련한 설명으로 틀린 것은?

① 문헌의 색인, 사전과 같이 데이터를 쉽고 빠르게 찾을 수 있도록 만든 데이터 구조이다.

② 테이블에 붙여진 색인으로 데이터 검색 시 처리 속도 향상에 도움이 된다.

③ 인덱스의 추가, 삭제 명령어는 각각 ADD, DELETE이다.

④ 대부분의 데이터베이스에서 테이블을 삭제하면 인덱스도 같이 삭제된다.

20년 6월

09 뷰(View)에 대한 설명으로 옳지 않은 것은?

① 뷰는 CREATE문을 사용하여 정의한다.

② 뷰는 데이터의 논리적 독립성을 제공한다.

③ 뷰를 제거할 때에는 DROP문을 사용한다.

④ 뷰는 저장장치 내에 물리적으로 존재한다.

20년 8월

10 뷰(View)의 장점이 아닌 것은?

① 뷰 자체로 인덱스를 가짐

② 데이터 보안 용이

③ 논리적 독립성 제공

④ 사용자 데이터 관리 용이

▶ 정답 : 1.④ 2.④ 3.③ 4.② 5.③ 6.① 7.④ 8.③ 9.④ 10.①

22년 4월

11 데이터베이스에서의 뷰(View)에 대한 설명으로 틀린 것은?

① 뷰는 다른 뷰를 기반으로 새로운 뷰를 만들 수 있다.

② 뷰는 일종의 가상 테이블이며, UPDATE에는 제약이 따른다.

③ 뷰는 기본 테이블을 만드는 것처럼 CREATE VIEW 를 사용하여 만들 수 있다.

④ 뷰는 논리적으로 존재하는 기본 테이블과 다르게 물 리적으로만 존재하며 카탈로그에 저장된다.

21년 5월

12 병렬 데이터베이스 환경 중 수평 분할에서 활용되는 분할 기법이 아닌 것은?

① 라운드-로빈

② 범위 분할

③ 예측 분할

④ 해시 분할

22년 7월

13 파티셔닝 방식 중 '월별, 분기별'과 같이 지정한 열의 값을 기준으로 범위를 지정하여 분할하는 방식은?

① Range Partitioning

② Hash Partitioning

③ Composite Partitioning

④ List Partitioning

23년 2월

14 다음 중 Hash 파티셔닝에 대한 설명으로 옳은 것을 모두 고른 것은?

> ㉠ 지정한 열의 값을 기준으로 범위를 지정하여 분할
> ㉡ 데이터를 고르게 분산할 때 유용
> ㉢ 데이터가 고른 컬럼에 효과적
> ㉣ 해시 함수를 이용하여 데이터 분할

① ㉠, ㉡, ㉢, ㉣

② ㉠, ㉡, ㉢

③ ㉠, ㉣

④ ㉡, ㉢, ㉣

22년 4월

15 분산 데이터베이스 시스템과 관련한 설명으로 틀린 것은?

① 물리적으로 분산된 데이터베이스 시스템을 논리적으 로 하나의 데이터베이스 시스템처럼 사용할 수 있도 록 한 것이다.

② 물리적으로 분산되어 지역별로 필요한 데이터를 처리 할 수 있는 지역 컴퓨터(Local Computer)를 분산 처 리기(Distributed Processor)라고 한다.

③ 분산 데이터베이스 시스템을 위한 통신 네트워크 구 조가 데이터 통신에 영향을 주므로 효율적으로 설계 해야 한다.

④ 데이터베이스가 분산되어 있음을 사용자가 인식할 수 있도록 분산 투명성(Distribution Transparency)을 배제해야 한다.

20년 6월

16 분산 데이터베이스 목표 중 "데이터베이스의 분산된 물리 적 환경에서 특정 지역의 컴퓨터 시스템이나 네트워크에 장애가 발생해도 데이터 무결성이 보장된다."는 것과 관계 있는 것은?

① 장애 투명성

② 병행 투명성

③ 위치 투명성

④ 중복 투명성

20년 9월

17 다음은 정보의 접근통제 정책에 대한 설명이다. (ㄱ)에 들어 갈 내용으로 옳은 것은?

정책	(ㄱ)	DAC	RBAC
권한 부여	시스템	데이터 소유자	중앙 관리자
접근 결정	보안등급 (Label)	신분 (Identity)	역할 (Role)
정책 변경	고정적 (변경 어려움)	변경 용이	변경 용이
장점	안정적 중앙 집중적	구현 용이 유연함	관리 용이

① NAC

② MAC

③ SDAC

④ AAC

22년 4월
18 접근 통제 방법 중 조직 내에서 직무, 직책 등 개인의 역할에 따라 결정하여 부여하는 접근 정책은?

① RBAC　　　　　　② DAC
③ MAC　　　　　　④ QAC

21년 8월
19 정보 시스템 내에서 어떤 주체가 특정 개체에 접근하려 할 때, 양쪽의 보안 레이블(Security Label)에 기초하여 높은 보안 수준을 요구하는 정보(객체)가 낮은 보안 수준의 주체에게 노출되지 않도록 하는 접근 제어 방법은?

① Mandatory Access Control
② User Access Control
③ Discretionary Access Control
④ Data−Label Access Control

23년 5월
20 다음 중 DAS(Direct Attached Storage)에 대한 설명으로 틀린 것은?

① 저장장치를 공유함으로써 여러 개의 저장장치나 백업 장비를 단일화시킬 수 있다.
② 서버에서 저장장치를 관리한다.
③ 초기 구축 비용 및 유지보수 비용이 저렴하다.
④ 확장성 및 유연성이 상대적으로 떨어진다.

23년 5월
21 스토리지(Storage)의 종류 중 DAS(Direct Attached Storage)에 대한 설명으로 옳지 않은 것은?

① 서버와 저장장치를 전용 케이블로 직접 연결하는 방식이다.
② 저장 데이터가 적고 공유가 필요 없는 환경에 적합하다.
③ 네트워크를 통해 파일에 직접 접근할 수 있다.
④ 초기 구축 비용 및 유지보수 비용이 저렴하다.

01 핵심 216

트랜잭션의 특성에는 Atomicity(원자성), Durability(영속성), Consistency(일관성), Isolation(독립성)이 있다.

02 핵심 216

- Commit과 Rollback 명령어에 의해 보장받는 트랜잭션의 특성은 원자성(Atomicity)이다.
- 트랜잭션의 특징 중 ①번은 원자성(Atomicity), ②번은 일관성(Consistency), ③번은 독립성(Isolation)에 대한 설명이다.

03 핵심 216

둘 이상의 트랜잭션이 동시에 병행 실행되는 경우 어느 하나의 트랜잭션 실행 중에 다른 트랜잭션의 연산이 끼어들 수 없음을 의미하는 것은 독립성(Isolation)이다.

- Consistency(일관성) : 트랜잭션이 그 실행을 성공적으로 완료하면 언제나 일관성 있는 데이터베이스 상태로 변환함
- Durability(영속성) : 성공적으로 완료된 트랜잭션의 결과는 시스템이 고장나더라도 영구적으로 반영되어야 함

04 핵심 216

시스템이 가지고 있는 고정 요소는 트랜잭션 수행 전과 트랜잭션 수행 완료 후의 상태가 같아야 한다는 특성은 일관성(Consistency)이다.

- Atomicity(원자성) : 트랜잭션의 연산은 데이터베이스에 모두 반영되도록 완료(Commit)되든지 아니면 전혀 반영되지 않도록 복구(Rollback)되어야 함
- Isolation(독립성) : 둘 이상의 트랜잭션이 동시에 병행 실행되는 경우 어느 하나의 트랜잭션 실행중에 다른 트랜잭션의 연산이 끼어들 수 없음
- Durability(영속성) : 성공적으로 완료된 트랜잭션의 결과는 시스템이 고장나더라도 영구적으로 반영되어야 함

05 핵심 216

트랜잭션의 연산은 데이터베이스에 모두 반영되도록 완료(Commit)되든지 아니면 전혀 반영되지 않도록 복구(Rollback)되어야 한다는 특성은 원자성(Atomicity)이다.

06 핵심 216

트랜잭션의 연산은 데이터베이스에 모두 반영되도록 완료(Commit)되든지 아니면 전혀 반영되지 않도록 복구(Rollback)되어야 한다는 특성은 원자성(Atomicity)이다.

- Consistency(일관성) : 트랜잭션이 그 실행을 성공적으로 완료하면 언제나 일관성 있는 데이터베이스 상태로 변환함
- Isolation(독립성) : 둘 이상의 트랜잭션이 동시에 병행 실행되는 경우 어느 하나의 트랜잭션 실행중에 다른 트랜잭션의 연산이 끼어들 수 없음
- Durability(영속성) : 성공적으로 완료된 트랜잭션의 결과는 시스템이 고장나더라도 영구적으로 반영되어야 함

07 핵심 218

인덱스는 사용자가 데이터 정의어(DDL)를 이용하여 생성(CREATE), 변경(ALTER), 제거(DROP)할 수 있다.

08 핵심 218

인덱스를 추가하는 명령어는 CREATE, 삭제하는 명령어는 DROP이다.

09 핵심 219

뷰(View)는 물리적으로 존재하지 않는 가상 테이블이다.

10 핵심 219

뷰(View)는 독립적인 인덱스를 가질 수 없다.

11 핵심 219

뷰(View)는 물리적으로 존재하는 기본 테이블과 다르게 논리적으로만 존재하며, 기본 테이블과 마찬가지로 카탈로그에 저장된다.

12 핵심 220

분할(Partitioning) 방식에는 '범위, 목록, 해시, 조합, 라운드 로빈 분할'이 있다.

13 핵심 220

지정한 열의 값을 기준으로 범위를 지정하여 분할하는 방식은 범위 분할(Range Partitioning)이다.

- 해시 분할(Hash Partitioning) : 해시 함수를 적용한 결과 값에 따라 데이터를 분할함
- 조합 분할(Composite Partitioning) : 범위 분할로 분할한 다음 해시 함수를 적용하여 다시 분할하는 방식
- 목록 분할(List Partitioning) : 지정한 열 값에 대한 목록을 만들어 이를 기준으로 분할함

14 핵심 220

ⓛ, ⓒ, ⓔ은 해시 분할(Hash Partitioning), ⑤은 범위 분할(Range Partitioning)에 대한 설명이다.

15 핵심 221, 222

사용자는 데이터베이스가 분산되어 있음을 인식할 필요 없이, 단지 데이터베이스의 논리적인 명칭만 알면 데이터베이스에 접근할 수 있다. 이를 위치 투명성이라고 한다.

16 핵심 222

문제에 제시된 내용과 관계있는 분산 데이터베이스 목표는 장애 투명성(Failure Transparency)이다.

- 병행 투명성(Concurrency Transparency) : 분산 데이터베이스와 관련된 다수의 트랜잭션들이 동시에 실행되더라도 그 트랜잭션들의 수행 결과는 서로 영향을 받지 않음
- 위치 투명성(Location Transparency) : 접근하려는 데이터베이스의 실제 위치를 알 필요 없이 단지 데이터베이스의 논리적인 명칭만으로 접근할 수 있음
- 중복 투명성(Replication Transparency) : 동일한 데이터가 여러 곳에 중복되어 있더라도 사용자는 마치 하나의 데이터만 존재하는 것처럼 사용할 수 있고, 시스템은 자동으로 여러 데이터에 대한 작업을 수행함

17 핵심 225

등급을 정해두면 시스템에 의해 권한이 부여되는 방식은 강제 접근통제(MAC)이다.

18 핵심 225

직무나 직책과 같이 개인의 역할에 따라 접근 권한을 부여하는 접근 정책은 역할기반 접근통제(RBAC; Role Based Access Control)이다.

- 임의 접근통제(DAC; Discretionary Access Control) : 데이터에 접근하는 사용자의 신원에 따라 접근 권한을 부여하는 방식
- 강제 접근통제(MAC; Mandatory Access Control) : 주체와 객체의 등급을 비교하여 접근 권한을 부여하는 방식

19 핵심 225

문제에 제시된 내용은 강제 접근통제(MAC; Mandatory Access Control)에 대한 설명이다.

20 핵심 228

①번은 SAN(Storage Area Network)에 대한 설명이다.

21 핵심 228

- DAS는 서버에 연결된 저장장치이므로 서버를 통하지 않고 파일에 직접 접근할 수 없다.
- ③번은 NAS(Network Attached Storage)에 대한 설명이다.

MEMO

3장

SQL 응용

231 DDL

23.7, 23.2, 22.7, 21.8, 21.5, 21.3, 20.6

A

- DDL(Data Define Language, 데이터 정의어)는 SCHEMA, DOMAIN, TABLE, VIEW, INDEX를 정의하거나 변경 또는 삭제할 때 사용하는 언어이다.
- DDL(데이터 정의어)의 세 가지 유형

명령어	기능
CREATE	SCHEMA, DOMAIN, TABLE, VIEW, INDEX를 정의함
ALTER	TABLE에 대한 정의를 변경함
DROP	SCHEMA, DOMAIN, TABLE, VIEW, INDEX를 삭제함

기출체크 ✓

23.7, 23.2, 22.7, 21.8, 20.6
1. SQL의 분류 중 DDL에 해당하지 않는 것은?
① UPDATE
② ALTER
③ DROP
④ CREATE

해설
UPDATE는 DML(데이터 조작어)에 해당합니다.

232 DML

23.5, 22.4, 20.8, 20.6

A

- DML(Data Manipulation Language, 데이터 조작어)는 데이터베이스 사용자가 응용 프로그램이나 질의어를 통하여 저장된 데이터를 실질적으로 처리하는 데 사용되는 언어이다.
- DML(데이터 조작어)의 네 가지 유형

명령어	기능
SELECT	테이블에서 조건에 맞는 튜플을 검색함
INSERT	테이블에 새로운 튜플을 삽입함
DELETE	테이블에서 조건에 맞는 튜플을 삭제함
UPDATE	테이블에서 조건에 맞는 튜플의 내용을 변경함

기출체크 ✓

22.4, 20.8, 20.6
2. DML에 해당하는 SQL 명령으로만 나열된 것은?
① DELETE, UPDATE, CREATE, ALTER
② INSERT, DELETE, UPDATE, DROP
③ SELECT, INSERT, DELETE, UPDATE
④ SELECT, INSERT, DELETE, ALTER

233 DCL

23.7, 22.4, 22.3, 20.8, 20.6

A

- DCL(Data Control Language, 데이터 제어어)는 데이터의 보안, 무결성, 회복, 병행 수행 제어 등을 정의하는 데 사용되는 언어이다.
- DCL(데이터 제어어)의 종류

명령어	기능
COMMIT	명령에 의해 수행된 결과를 실제 물리적 디스크로 저장하고, 데이터베이스 조작 작업이 정상적으로 완료되었음을 관리자에게 알려줌
ROLLBACK	데이터베이스 조작 작업이 비정상적으로 종료되었을 때 원래의 상태로 복구함
GRANT	데이터베이스 사용자에게 사용 권한을 부여함
REVOKE	데이터베이스 사용자의 사용 권한을 취소함

기출체크 ✓

20.8
3. DCL(Data Control Language) 명령어가 아닌 것은?
① COMMIT
② ROLLBACK
③ GRANT
④ SELECT

해설
SELECT는 DML(데이터 조작어)에 해당합니다.

234 CREATE TABLE

실기 공통

23.5, 23.2, 22.3, 실기 22.10

A

- CREATE TABLE은 테이블을 정의하는 명령문이다.
- 표기 형식

```
CREATE TABLE 테이블명
    (속성명 데이터_타입 [DEFAULT 기본값] [NOT NULL],
    …
    [, PRIMARY KEY(기본키_속성명, …)]
    [, UNIQUE(대체키_속성명, …)]
    [, FOREIGN KEY(외래키_속성명, …)]
        [REFERENCES 참조테이블(기본키_속성명, …)]
        [ON DELETE 옵션]
        [ON UPDATE 옵션]
    [, CONSTRAINT 제약조건명] [CHECK (조건식)]);
```

- 기본 테이블에 포함될 모든 속성에 대하여 속성명과 그 속성의 데이터 타입, 기본값, NOT NULL 여부를 지정한다.
- PRIMARY KEY : 기본키로 사용할 속성 또는 속성의 집합을 지정함
- UNIQUE : 대체키로 사용할 속성을 지정함, 중복된 값을 가질 수 없음
- FOREIGN KEY ~ REFERENCES ~ : 외래키로 사용할 속성을 지정함
  - ON DELETE 옵션 : 참조 테이블의 튜플이 삭제되었을 때 기본 테이블에 취해야 할 사항을 지정함
    - ▶ NO ACTION : 참조 테이블에 변화가 있어도 기본 테이블에는 아무런 조취를 취하지 않음
    - ▶ CASCADE : 참조 테이블의 튜플이 삭제되면 기본 테이블의 관련 튜플도 모두 삭제되고, 속성이 변경되면 관련 튜플의 속성 값도 모두 변경됨
    - ▶ SET NULL : 참조 테이블에 변화가 있으면 기본 테이블의 관련 튜플의 속성 값을 NULL로 변경함
    - ▶ SET DEFAULT : 참조 테이블에 변화가 있으면 기본 테이블의 관련 튜플의 속성 값을 기본값으로 변경함
  - ON UPDATE 옵션 : 참조 테이블의 참조 속성 값이 변경되었을 때 기본 테이블에 취해야 할 사항을 지정함
- CONSTRAINT : 제약 조건의 이름을 지정함
- CHECK : 속성 값에 대한 제약 조건을 정의함

▶350235
실기공통
21.3, 20.9, 실기 20.10

235 ALTER TABLE B

- ALTER TABLE은 테이블에 대한 정의를 변경하는 명령문이다.
- 표기 형식

> **ALTER TABLE** 테이블명 **ADD** 속성명 데이터_타입
>   [DEFAULT '기본값'];
> **ALTER TABLE** 테이블명 **ALTER** 속성명
>   [SET DEFAULT '기본값'];
> **ALTER TABLE** 테이블명 **DROP COLUMN** 속성명 [CASCADE];

- ADD : 새로운 속성(열)을 추가할 때 사용함
- ALTER : 특정 속성의 Default 값을 변경할 때 사용함
- DROP COLUMN : 특정 속성을 삭제할 때 사용함

▶350236

23.2, 22.3, 21.5, 20.6

236 DROP A

- DROP은 스키마, 도메인, 기본 테이블, 뷰 테이블, 인덱스, 제약 조건 등을 제거하는 명령문이다.
- 표기 형식

> **DROP SCHEMA** 스키마명 [CASCADE | RESTRICT];
> **DROP DOMAIN** 도메인명 [CASCADE | RESTRICT];
> **DROP TABLE** 테이블명 [CASCADE | RESTRICT];
> **DROP VIEW** 뷰명 [CASCADE | RESTRICT];
> **DROP INDEX** 인덱스명 [CASCADE | RESTRICT];
> **DROP CONSTRAINT** 제약조건명;

- CASCADE : 제거할 요소를 참조하는 다른 모든 개체를 함께 제거함. 즉 주 테이블의 데이터 제거 시 각 외래키와 관계를 맺고 있는 모든 데이터를 제거하는 참조 무결성 제약 조건을 설정하기 위해 사용됨
- RESTRICT : 다른 개체가 제거할 요소를 참조중일 때는 제거를 취소함

23.2, 22.3

1. 테이블 두 개를 조인하여 뷰 V_1을 정의하고, V_1을 이용하여 뷰 V_2를 정의하였다. 다음 명령 수행 후 결과로 옳은 것은?

```
DROP VIEW V_1 CASCADE;
```

① V_1만 삭제된다.
② V_2만 삭제된다.
③ V_1과 V_2 모두 삭제된다.
④ V_1과 V_2 모두 삭제되지 않는다.

해설
CASCADE는 제거할 요소를 참조하는 다른 모든 개체를 함께 제거하므로 V_1을 제거하면 V_2도 함께 삭제됩니다.

 350238 **실기공통** 21.5, 실기 20.7

238 ROLLBACK C

- ROLLBACK은 아직 COMMIT되지 않은 변경된 모든 내용들을 취소하고 데이터베이스를 이전 상태로 되돌리는 명령어이다.
- 트랜잭션 전체가 성공적으로 끝나지 못하면 일부 변경된 내용만 데이터베이스에 반영되는 비일관성(Inconsistency)인 상태를 가질 수 있기 때문에 일부분만 완료된 트랜잭션은 롤백(Rollback)되어야 한다.

기출체크 ✓

21.5
3. 트랜잭션의 실행이 실패하였음을 알리는 연산자로 트랜잭션이 수행한 결과를 원래의 상태로 원상 복귀시키는 연산은?

① COMMIT 연산   ② BACKUP 연산
③ LOG 연산   ④ ROLLBACK 연산

 350237 22.7, 22.3, 20.9

237 GRANT/REVOKE A

- GRANT와 REVOKE는 데이터베이스 관리자가 데이터베이스 사용자에게 권한을 부여하거나 취소하기 위한 명령어이다.
- GRANT : 권한 부여를 위한 명령어
- REVOKE : 권한 취소를 위한 명령어
- 테이블 및 속성에 대한 권한 부여 및 취소

> - **GRANT** 권한_리스트 **ON** 개체 **TO** 사용자 [WITH GRANT OPTION];
> - **REVOKE** [GRANT OPTION FOR] 권한_리스트 **ON** 개체 **FROM** 사용자 [CASCADE];

기출체크 ✓

22.7, 20.9
2. 사용자 X1에게 department 테이블에 대한 검색 연산을 회수하는 명령은?

① delete select on department to X1;
② remove select on department from X1;
③ revoke select on department from X1;
④ grant select on department from X1;

해설
- revoke select : 검색(select) 권한을 취소하라.
- on department : 〈department〉 테이블에 대한 권한을 취소하라.
- from X1; : 사용자 'X1'에 대한 권한을 취소하라.

 350239 출제예상

239 COMMIT D

- COMMIT은 트랜잭션이 성공적으로 끝나면 데이터베이스가 새로운 일관성(Consistency) 상태를 가지기 위해 변경된 모든 내용을 데이터베이스에 반영하여야 하는데, 이때 사용하는 명령이 COMMIT이다.
- COMMIT 명령을 실행하지 않아도 DML문이 성공적으로 완료되면 자동으로 COMMIT되고, DML이 실패하면 자동으로 ROLLBACK이 되도록 Auto Commit 기능을 설정할 수 있다.

예상체크 ✓

출제예상
4. 한 작업의 논리적 단위가 성공적으로 끝났고, 데이터베이스가 다시 일관된 상태에 있으며, 이 트랜잭션이 행한 갱신 연산이 완료된 것을 트랜잭션 관리자에게 알려주는 연산은?

① Rollback 연산   ② Log 연산
③ Commit 연산   ④ Backup 연산

▶350240 실 기 공 통

23.7, 23.5, 실기 23.7

240 삽입문(INSERT INTO~) A

- 삽입문은 기본 테이블에 새로운 튜플을 삽입할 때 사용한다.
- 일반 형식

```
INSERT INTO 테이블명([속성명1, 속성명2,…])
VALUES (데이터1, 데이터2,… );
```

- 대응하는 속성과 데이터는 개수와 데이터 유형이 일치해야 한다.
- 기본 테이블의 모든 속성을 사용할 때는 속성명을 생략할 수 있다.
- SELECT문을 사용하여 다른 테이블의 검색 결과를 삽입할 수 있다.

기출체크 ✓

23.7

5. SQL문에서 STUDENT(SNO, SNAME, YEAR, DEPT) 테이블에 학번 600, 성명 "홍길동", 학년 2학년인 학생 튜플을 삽입하는 명령으로 옳은 것은?(단, SNO는 학번, SNAME은 성명, YEAR는 학년, DEPT는 학생, 교수 구분 필드임)

① INSERT STUDENT INTO VALUES (600, '홍길동', 2);
② INSERT FROM STUDENT VALUES (600, '홍길동', 2);
③ INSERT INTO STUDENT(SNO, SNAME, YEAR) VALUES (600, '홍길동', 2);
④ INSERT TO STUDENT(SNO, SNAME, YEAR) VALUES (600, '홍길동', 2);

▶350241 실 기 공 통

23.2, 22.3, 실기 23.4, 20.10

241 삭제문(DELETE FROM~) A

- 삭제문은 기본 테이블에 있는 튜플들 중에서 특정 튜플(행)을 삭제할 때 사용한다.
- 일반 형식

```
DELETE
FROM 테이블명
[WHERE 조건];
```

- 모든 레코드를 삭제할 때는 WHERE절을 생략한다.
- 모든 레코드를 삭제하더라도 테이블 구조는 남아 있기 때문에 디스크에서 테이블을 완전히 제거하는 DROP과는 다르다.

기출체크 ✓

23.2, 22.3

6. SQL에서 DELETE 명령에 대한 설명으로 옳지 않은 것은?

① 테이블의 행을 삭제할 때 사용한다.
② WHERE 조건절이 없는 DELETE 명령을 수행하면 DROP TABLE 명령을 수행했을 때와 같은 효과를 얻을 수 있다.
③ SQL을 사용 용도에 따라 분류할 경우 DML에 해당한다.
④ 기본 사용 형식은 "DELETE FROM 테이블 [WHERE 조건];"이다.

해설

- WHERE 조건절이 없는 DELETE 명령을 수행하면 테이블 내의 데이터만 모두 삭제됩니다.
- 테이블 구조까지 제거하는 DROP TABLE 명령과는 기능이 다릅니다.

▶350242 실 기 공 통

23.7, 21.5, 20.9, 실기 21.7

242 갱신문(UPDATE~ SET~) A

- 갱신문은 기본 테이블에 있는 튜플들 중에서 특정 튜플의 내용을 변경할 때 사용한다.
- 일반 형식

```
UPDATE 테이블명
SET 속성명 = 데이터[, 속성명=데이터, …]
[WHERE 조건];
```

기출체크 ✓

23.7, 21.5, 20.9

7. 다음 SQL문에서 빈 칸에 들어갈 내용으로 옳은 것은?

```
UPDATE 회원 (      ) 전화번호 = '010-14' WHERE 회원번호 = 'N4';
```

① FROM
② SET
③ INTO
④ TO

243 데이터 조작문의 네 가지 유형 D

350243 출제예상

- SELECT(검색) : SELECT~ FROM~ WHERE~
- INSERT(삽입) : INSERT INTO~ VALUES~
- DELETE(삭제) : DELETE~ FROM~ WHERE~
- UPDATE(변경) : UPDATE~ SET~ WHERE~

예상체크 ✓

출제예상

1. SQL의 기술이 옳지 않은 것은?

① SELECT... FROM ... WHERE...
② INSERT... ON... VALUES...
③ UPDATE... SET... WHERE...
④ DELETE... FROM... WHERE...

해설

INSERT는 'INSERT INTO... VALUES'입니다.

기출체크 ✓

23.2, 22.3

2. 다음 SQL문의 실행 결과로 생성되는 튜플 수는?

SELECT 급여 FROM 사원;

〈사원〉 테이블

사원ID	사원명	급여	부서ID
101	박철수	30000	1
102	한나라	35000	2
103	김갑동	40000	3
104	이구수	35000	2
105	최초록	40000	3

① 1   ② 3
③ 4   ④ 5

해설

- SELECT 급여 : '급여' 필드를 표시합니다.
- FROM 사원 : 〈사원〉 테이블의 자료를 검색합니다.
- ∴ WHERE문이 없으므로 〈사원〉 테이블에서 '급여' 필드의 전체 레코드를 검색합니다.

〈실행 결과〉

급여
30000
35000
40000
35000
40000

244 SELECT - 일반 형식 및 기본 검색 A

350244 실기공통 23.2, 22.3, 21.5, 20.8, 20.6, 실기 22.10, 20.5

- SELECT 절에 원하는 속성을 지정하여 검색한다.

SELECT [PREDICATE] [테이블명.]속성명1, [테이블명.]속성명2, …
FROM 테이블명[, 테이블명, …]

- SELECT절
  - PREDICATE : 불러올 튜플 수를 제한할 명령어를 기술함
    ▶ DISTINCT : 중복된 튜플이 있으면 그 중 첫 번째 한 개만 검색함
  - 속성명 : 검색하여 불러올 속성(열) 및 수식들을 지정함
- FROM절 : 질의에 의해 검색될 데이터들을 포함하는 테이블명을 기술함

245 조건 연산자 C

350245 21.8

- 논리 연산자 : NOT, AND, OR
- LIKE 연산자 : 대표 문자를 이용해 지정된 속성의 값이 문자 패턴과 일치하는 튜플을 검색하기 위해 사용됨
  - * 또는 % : 모든 문자를 대표함
  - _ : 문자 하나를 대표함
  - # : 숫자 하나를 대표함

기출체크 ✓

21.8

3. SQL의 논리 연산자가 아닌 것은?

① AND   ② OTHER
③ OR   ④ NOT

실기공통 246 SELECT - 조건 지정 검색 A

- WHERE 절에 조건을 지정하여 조건에 만족하는 튜플만 검색한다.

```
SELECT [테이블명.]속성명1, [테이블명.]속성명2, …
FROM 테이블명[, 테이블명, …]
[WHERE 조건];
```

- NULL 값의 사용
  - 주소가 NULL인, 즉 주소가 입력되지 않은 자료만 검색함
    예 WHERE 주소 IS NULL
  - 주소가 NULL이 아닌, 즉 주소가 입력된 자료만 검색함
    예 WHERE 주소 IS NOT NULL
- BETWEEN 연산자의 사용
  - 생일이 '01/09/69'에서 '10/22/73' 사이인 자료만 검색함
    예 WHERE 생일 BETWEEN #01/09/69# AND #10/22/73#

기출체크 ✓

23.5, 21.8

4. 학적 테이블에서 전화번호가 Null 값이 아닌 학생명을 모두 검색할 때, SQL 구문으로 옳은 것은?

① SELECT 학생명 FROM 학적 WHERE 전화번호 DON'T NULL;
② SELECT 학생명 FROM 학적 WHERE 전화번호 !=NOT NULL;
③ SELECT 학생명 FROM 학적 WHERE 전화번호 IS NOT NULL;
④ SELECT 학생명 FROM 학적 WHERE 전화번호 IS NULL;

해설
- SELECT 학생명 : '학생명'을 표시합니다.
- FROM 학적 : 〈학적〉 테이블을 대상으로 검색합니다.
- WHERE 전화번호 IS NOT NULL; : '전화번호'가 NULL이 아닌 튜플만을 대상으로 합니다.
- ※ NULL 값을 질의할 때는 IS NULL, NULL 값이 아닐 경우는 IS NOT NULL을 사용합니다.

247 SELECT - 정렬 검색 A

- ORDER BY 절에 특정 속성을 지정하여 지정된 속성으로 자료를 정렬하여 검색한다.

```
SELECT [테이블명.]속성명1, [테이블명.]속성명2, …
FROM 테이블명[, 테이블명, …]
[WHERE 조건];
[ORDER BY 속성명 [ASC | DESC]];
```

- 속성명 : 정렬의 기준이 되는 속성명을 기술함
- [ASC|DESC] : 정렬 방식으로서 'ASC'는 오름차순, 'DESC'는 내림차순이며, 생략하면 오름차순으로 지정됨

기출체크 ✓

23.5, 22.4

5. 다음 테이블을 보고 강남지점의 판매량이 많은 제품부터 출력되도록 할 때 다음 중 가장 적절한 SQL 구문은? (단, 출력은 제품명과 판매량이 출력되도록 한다.)

[푸드] 테이블

지점명	제품명	판매량
강남지점	비빔밥	500
강북지점	도시락	300
강남지점	도시락	200
강남지점	미역국	550
수원지점	비빔밥	600
인천지점	비빔밥	800
강남지점	잡채밥	250

① SELECT 제품명, 판매량 FROM 푸드 ORDER BY 판매량 ASC;
② SELECT 제품명, 판매량 FROM 푸드 ORDER BY 판매량 DESC;
③ SELECT 제품명, 판매량 FROM 푸드 WHERE 지점명='강남지점' ORDER BY 판매량 ASC;
④ SELECT 제품명, 판매량 FROM 푸드 WHERE 지점명='강남지점' ORDER BY 판매량 DESC;

해설
- '제품명'과 '판매량'을 출력하므로 SELECT 제품명, 판매량입니다.
- 〈푸드〉 테이블을 대상으로 하므로 FROM 푸드입니다.
- '지점명'이 '강남지점'에 한하므로 WHERE 지점명='강남지점'입니다.
- '판매량'이 많은 제품, 즉 내림차순으로 출력하므로 ORDER BY 판매량 DESC입니다.

248 SELECT - 하위 질의 A

조건절에 주어진 질의를 먼저 수행하여 그 검색 결과를 조건절의 피연산자로 사용한다.

예 '취미'가 "나이트댄스"인 사원의 '이름'과 '주소'를 검색 하시오.

```
SELECT 이름, 주소
FROM 사원
WHERE 이름 = (SELECT 이름 FROM 여가활동 WHERE 취
       미 = '나이트댄스') ;
```

기출체크 ✓

23.5
1. 다음 SQL문의 실행 결과는?

```
Select 학과 From 학과 Where 학번 In
   (Select 학번 From 학생 Where 이름 = "김수철");
```

〈학생〉 테이블

이름	성별	학번
이미래	여자	1001
박인수	남자	1002
정경미	여자	1003
김수철	남자	1004

〈학과〉 테이블

학번	학과
1001	데이터베이스
1002	AI응용
1003	AI분석
1004	전기과

① 데이터베이스   ② AI응용
③ AI분석   ④ 전기과

해설
하위 질의가 있는 질의문은 먼저 WHERE 조건에 지정된 하위 질의의 SELECT문을 검색합니다. 그리고 검색 결과를 본 질의의 조건에 있는 '학번' 속성과 비교합니다.

```
❷ Select 학과 From 학과 Where 학번 In
❶ (Select 학번 From 학생 Where 이름 = "김수철");
```

❶ 〈학생〉 테이블에서 '이름' 속성의 값이 "김수철"과 같은 튜플의 '학번' 속성의 값을 검색합니다. 결과는 1004입니다.
❷ 〈학과〉 테이블에서 '학번' 속성의 값이 ❶의 결과인 1004와 같은 튜플의 '학과' 속성의 값을 검색합니다. 결과는 "전기과"입니다.

249 SELECT - 그룹 지정 B

• 특정 속성을 기준으로 그룹화하여 검색할 때 그룹화할 속성을 지정한다.

```
SELECT [테이블명.]속성명, [테이블명.]속성명, …
FROM 테이블명[, 테이블명, …]
[WHERE 조건]
[GROUP BY 속성명, 속성명, …]
[HAVING 조건];
```

• GROUP BY절
  – 특정 속성을 기준으로 그룹화하여 검색할 때 사용한다.
  – 일반적으로 GROUP BY절은 그룹 함수와 함께 사용된다.

• HAVING절 : GROUP BY와 함께 사용되며, 그룹에 대한 조건을 지정함

기출체크 ✓

21.8
2. SQL문에서 HAVING을 사용할 수 있는 절은?
① LIKE 절   ② WHERE 절
③ GROUP BY 절   ④ ORDER BY 절

250 그룹 함수 C

• COUNT(속성명) : 그룹별 튜플 수를 구하는 함수
• SUM(속성명) : 그룹별 합계를 구하는 함수
• AVG(속성명) : 그룹별 평균을 구하는 함수
• MAX(속성명) : 그룹별 최대값을 구하는 함수
• MIN(속성명) : 그룹별 최소값을 구하는 함수

기출체크 ✓

20.8
3. 다음 중 SQL의 집계 함수(Aggregation Function)가 아닌 것은?
① AVG   ② COUNT
③ SUM   ④ CREATE

실기공통

23.5, 23.2, 22.3, 21.5, 실기 23.10

251 집합 연산자를 이용한 통합 질의 A

집합 연산자	설명	집합 종류
UNION	• 두 SELECT문의 조회 결과를 통합하여 모두 출력함 • 중복된 행은 한 번만 출력함	합집합
UNION ALL	• 두 SELECT문의 조회 결과를 통합하여 모두 출력함 • 중복된 행도 그대로 출력함	합집합
INTERSECT	두 SELECT문의 조회 결과 중 공통된 행만 출력함	교집합
EXCEPT	첫 번째 SELECT문의 조회 결과에서 두 번째 SELECT문의 조회 결과를 제외한 행을 출력함	차집합

기출체크

23.5

4. 집합 연산자에 대한 설명으로 틀린 것은?

① UNION은 두 릴레이션의 교차곱을 수행하기 때문에 두 릴레이션의 공통 튜플 수와 관계가 없다.

② UNION ALL은 중복된 행을 포함하여 두 SELECT문의 조회 결과를 모두 출력한다.

③ 두 SELECT문의 조회 결과 중 공통된 행만 출력하는 집합 연산자는 INTERSECT이다.

④ EXCEPT는 두 릴레이션의 차집합 연산을 수행하기 때문에 첫 번째 릴레이션의 튜플보다 많은 수의 튜플이 출력될 수 없다.

해설

UNION은 두 릴레이션의 합집합을 수행하며, 두 릴레이션의 공통 튜플, 즉 중복되는 튜플은 한 번만 출력합니다.

350252

21.5

252 EQUI JOIN C

• EQUI JOIN은 JOIN 대상 테이블에서 공통 속성을 기준으로 '='(equal) 비교에 의해 같은 값을 가지는 행을 연결하여 결과를 생성하는 INNER JOIN 방법이다.

• EQUI JOIN에서 JOIN 조건이 '='일 때 동일한 속성이 두 번 나타나게 되는데, 이 중 중복된 속성을 제거하여 같은 속성을 한 번만 표기하는 방법을 NATURAL JOIN이라고 한다.

• EQUI JOIN에서 연결 고리가 되는 공통 속성을 JOIN 속성이라고 한다.

• WHERE절을 이용한 EQUI JOIN의 표기 형식

```
SELECT [테이블명1.]속성명, [테이블명2.]속성명, …
FROM 테이블1, 테이블2, …
WHERE 테이블명1.속성명 = 테이블명2.속성명;
```

기출체크

21.5

5. 다음 R1과 R2의 테이블에서 아래의 실행 결과를 얻기 위한 SQL문은?

[R1] 테이블

학번	이름	학년	학과	주소
1000	홍길동	1	컴퓨터공학	서울
2000	김철수	1	전기공학	경기
3000	강남길	2	전자공학	경기
4000	오말자	2	컴퓨터공학	경기
5000	장미화	3	전자공학	서울

[R2] 테이블

학번	과목번호	과목이름	성적	주소
1000	C100	컴퓨터구조	A	91
2000	C200	데이터베이스	A$^+$	99
3000	C100	컴퓨터구조	B$^+$	89
3000	C200	데이터베이스	B	85
4000	C200	데이터베이스	A	93
4000	C300	운영체제	B$^+$	88
5000	C300	운영체제	B	82

[실행결과]

과목번호	과목이름
C100	컴퓨터구조
C200	데이터베이스

① SELECT 과목번호, 과목이름 FROM R1, R2 WHERE R1.학번 = R2.학번 AND R1.학과 = '전자공학' AND R1.이름 = '강남길';

② SELECT 과목번호, 과목이름 FROM R1, R2 WHERE R1.학번 = R2.학번 OR R1.학과 = '전자공학' OR R1.이름 = '홍길동';

③ SELECT 과목번호, 과목이름 FROM R1, R2 WHERE R1.학번 = R2.학번 AND R1.학과 = '컴퓨터공학' AND R1.이름 = '강남길';

④ SELECT 과목번호, 과목이름 FROM R1, R2 WHERE R1.학번 = R2.학번 OR R1.학과 = '컴퓨터공학' OR R1.이름 = '홍길동';

해설

• SELECT **과목번호, 과목이름** : '과목번호'와 '과목이름'을 표시합니다.

• FROM R1, R2 : 〈R1〉, 〈R2〉 테이블을 대상으로 검색합니다.

• WHERE R1.학번 = R2.학번 : 〈R1〉 테이블의 '학번'이 〈R2〉 테이블의 '학번'과 같고,

• AND R1.학과 = '전자공학' : 〈R1〉 테이블의 '학과'가 '전자공학'이고,

• AND R1.이름 = '강남길' : 〈R1〉 테이블의 '이름'이 '강남길'인 튜플만을 대상으로 합니다.

253 OUTER JOIN

- OUTER JOIN은 릴레이션에서 JOIN 조건에 만족하지 않는 튜플도 결과로 출력하기 위한 JOIN 방법이다.
- LEFT OUTER JOIN : INNER JOIN의 결과를 구한 후 우측 항 릴레이션의 어떤 튜플과도 맞지 않는 좌측 항의 릴레이션에 있는 튜플들에 NULL 값을 붙여서 INNER JOIN의 결과에 추가함

```
SELECT [테이블명1.]속성명, [테이블명2.]속성명, …
FROM 테이블명1 LEFT OUTER JOIN 테이블명2
ON 테이블명1.속성명 = 테이블명2.속성명;
```

- RIGHT OUTER JOIN : INNER JOIN의 결과를 구한 후 좌측 항 릴레이션의 어떤 튜플과도 맞지 않는 우측 항의 릴레이션에 있는 튜플들에 NULL 값을 붙여서 INNER JOIN의 결과에 추가함

```
SELECT [테이블명1.]속성명, [테이블명2.]속성명, …
FROM 테이블명1 RIGHT OUTER JOIN 테이블명2
ON 테이블명1.속성명 = 테이블명2.속성명;
```

예상체크

출제예상
1. 다음 〈사원〉 테이블과 〈동아리〉 테이블을 조인(Join)한 〈결과〉를 확인하여 〈SQL문〉의 괄호(㉠, ㉡)에 들어갈 알맞은 내용으로 나열된 것은?

〈사원〉

코드	이름	부서
1601	김명해	인사
1602	이진성	경영지원
1731	박영광	개발
2001	이수진	1004

〈동아리〉

코드	동아리명
1601	테니스
1731	탁구
2001	볼링

〈결과〉

코드	이름	동아리명
1601	김명해	테니스
1602	이진성	
1731	박영광	탁구
2001	이수진	볼링

〈SQL문〉

```
SELECT a.코드, 이름, 동아리명
FROM 사원 a LEFT OUTER JOIN 동아리 b
(  ㉠  ) a.코드 = b.(  ㉡  );
```

① ㉠ ON ㉡ 코드 ② ㉠ ON ㉡ 이름
③ ㉠ IN ㉡ 코드 ④ ㉠ IN ㉡ 이름

해설

❶ SELECT a.코드, 이름, 동아리명
❷ FROM 사원 a LEFT OUTER JOIN 동아리 b
❸ ON a.코드 = b.코드;

❶ a가 가리키는 〈사원〉 테이블의 '코드'와 '이름', '동아리명'을 표시합니다.
❷ • LEFT OUTER JOIN이므로, 좌측의 〈사원〉 테이블이 기준이 되어 〈사원〉 테이블에 있는 튜플은 모두 표시하고, 우측의 〈동아리〉 테이블에서는 관련이 있는 튜플만 표시합니다.
• 〈사원〉, 〈동아리〉 테이블의 별칭으로 〈a〉, 〈b〉를 지정합니다. 〈a〉는 〈사원〉 테이블을, 〈b〉는 〈동아리〉 테이블을 가리키게 됩니다.
❸ 〈사원〉 테이블의 '코드'와 〈동아리〉 테이블의 '코드'를 기준으로 서로 JOIN합니다.

254 CROSS JOIN

- CROSS JOIN(교차 조인)은 조인하는 두 테이블에 있는 튜플들의 순서쌍을 결과로 반환한다.
- CROSS JOIN의 결과로 반환되는 테이블의 행의 수는 두 테이블의 행 수를 곱한 것과 같다.
- 조건이 없는 INNER JOIN을 수행하면 CROSS JOIN과 동일한 결과를 얻을 수 있다.

예상체크

출제예상
2. 다음 테이블 조인(JOIN)에 대한 설명으로 가장 적절한 것은?

- 가능한 모든 행들의 조합이 표시된다.
- 첫 번째 테이블의 모든 행들은 두 번째 테이블의 모든 행들과 조인된다.
- 첫 번째 테이블의 행수를 두 번째 테이블의 행수로 곱한 것 만큼의 행을 반환한다.
- 조인 조건이 없는 조인이라고 할 수 있다.

① INNER JOIN ② LEFT JOIN
③ RIGHT JOIN ④ CROSS JOIN

①
학번	학점 수	과목번호
20202222	20	CS200

②
학번
20202222

③
학번
20201111
20202222
20203333

④
학번	학점 수	과목번호
20201111	15	NULL
20202222	20	CS200
20203333	NULL	CS300

01 핵심 233

논리적, 물리적 데이터 구조를 정의하는 것은 DDL(데이터 정의어)이다.

02 핵심 231, 232, 233

- DDL(데이터 정의어) : CREATE, ALTER, DROP
- DML(데이터 조작어) : SELECT, INSERT, DELETE, UPDATE
- DCL(데이터 제어어) : COMMIT, ROLLBACK, GRANT, REVOKE

03 핵심 232, 233

SELECT, UPDATE, INSERT는 DML(데이터 조작어), GRANT는 DCL(데이터 제어어)이다.

04 핵심 231

DDL(데이터 정의어)의 명령어 중 스키마, 도메인, 인덱스 등을 정의할 때 사용하는 SQL문은 CREATE이다.

- ALTER : 테이블에 대한 정의를 변경함
- SELECT : 테이블에서 조건에 맞는 튜플을 검색함
- INSERT : 테이블에 새로운 튜플을 삽입함

05 핵심 233

GRANT는 데이터베이스 사용자의 사용 권한을 부여하는 명령어이다.

① ROLLBACK은 아직 COMMIT 되지 않은 변경된 모든 내용들을 취소하고 데이터베이스를 이전 상태로 되돌리는 명령어이다.

② COMMIT은 트랜잭션이 성공적으로 끝나면 데이터베이스가 새로운 일관성(Consistency) 상태를 가지기 위해 변경된 모든 내용을 데이터베이스에 반영할 때 사용하는 명령어이다.

④ REVOKE는 데이터베이스 사용자의 사용 권한을 취소하는 명령어이다.

06 핵심 231

스키마, 도메인, 테이블 등의 개체를 정의, 변경, 삭제할 때 사용하는 언어는 DDL(데이터 정의어)이다.

- DML(데이터 조작어) : 데이터베이스 사용자가 응용 프로그램이나 질의어를 통하여 저장된 데이터를 실질적으로 처리하는 데 사용되는 언어

- DCL(데이터 제어어) : 데이터의 보안, 무결성, 회복, 병행 수행 제어 등을 정의하는 데 사용되는 언어

07 핵심 232

특정 튜플의 내용을 변경할 때 사용하는 명령문은 UPDATE문이다.

- INSERT : 테이블에 새로운 튜플을 삽입함
- DELETE : 테이블에서 조건에 맞는 튜플을 삭제함
- DROP : 스키마, 도메인, 테이블, 뷰, 인덱스를 삭제함

08 핵심 233

DCL(데이터 제어어)은 데이터 관리를 목적으로 사용하는 언어로, 명령어의 종류에는 COMMIT, ROLLBACK, GRANT, REVOKE가 있다.

- DDL(데이터 정의어) : SCHEMA, DOMAIN, TABLE, VIEW, INDEX를 정의하거나 변경 또는 삭제할 때 사용하는 언어로, 명령어에는 CREATE, ALTER, DROP이 있음
- DML(데이터 조작어) : 데이터베이스 사용자가 응용 프로그램이나 질의어를 통하여 저장된 데이터를 실질적으로 처리하는 데 사용되는 언어로, 명령어에는 SELECT, INSERT, DELETE, UPDATE가 있음

09 핵심 231, 232

ALTER는 DDL(데이터 정의어)이다.

10 핵심 234

참조 테이블의 튜플이 삭제되더라도 기본 테이블의 튜플은 삭제되지 않도록 지정하는 옵션은 NO ACTION이다.

- CASCADE : 참조 테이블의 튜플이 삭제되면 기본 테이블의 관련 튜플도 모두 삭제되고, 속성이 변경되면 관련 튜플의 속성 값도 모두 변경됨
- SET NULL : 참조 테이블에 변화가 있으면 기본 테이블의 관련 튜플의 속성 값을 NULL로 변경함
- SET DEFAULT : 참조 테이블에 변화가 있으면 기본 테이블의 관련 튜플의 속성 값을 기본값으로 변경함

11 핵심 235

테이블에 필드를 추가하는 등 테이블의 정의를 변경하는 데 사용하는 SQL 명령어는 ATLER이다.

- INSERT : 테이블에 새로운 튜플을 삽입함

- DROP : 스키마, 도메인, 테이블, 뷰, 인덱스를 삭제함

12 핵심 236

CASCADE는 제거할 요소를 참조하는 다른 모든 개체를 함께 제거하는 옵션이다. 즉 주 테이블의 데이터 제거 시 각 외래키와 관계를 맺고 있는 모든 데이터를 제거하는 참조 무결성 제약 조건을 설정하기 위해 사용된다.

- RESTRICTED : 다른 개체가 제거할 요소를 참조중일 때는 제거를 취소함

13 핵심 236

DROP은 스키마, 도메인, 뷰, 인덱스를 삭제할 때 사용하는 명령이고, DELETE는 튜플(행)을 삭제할 때 사용하는 명령이다.

14 핵심 240

문제의 지문에 제시된 SQL 문장이 뜻하는 것은 ③번이다.

- INSERT INTO 컴퓨터과테이블(학번, 이름, 학년) : 〈컴퓨터과테이블〉의 '학번', '이름', '학년' 속성에 삽입하라.
- SELECT 학번, 이름, 학년 : '학번', '이름', '학년' 속성을 검색하라.
- FROM 학생테이블 : 〈학생테이블〉을 대상으로 검색하라.
- WHERE 학과='컴퓨터' : '학과' 속성의 값이 "컴퓨터"인 튜플만을 대상으로 하라.

15 핵심 242

UPDATE문의 일반 형식은 'UPDATE 테이블명 SET 속성명=데이터 WHERE 조건'이다.

16 핵심 244

DISTINCT는 SELECT절의 속성 앞에 사용하는 예약어이다.

17 핵심 244

지문에 제시된 SQL 문의 실행 결과로 옳은 것은 ②번이다.

- SELECT DISTINCT 학년 : '학년'을 검색하되, 같은 '학년'은 한 번만 표시함
- FROM R1; : 〈R1〉 테이블을 대상으로 검색함

18 핵심 244

두 SQL문의 실행 결과 튜플 수는 130, 3개이다.

- ⓐ 〈STUDENT〉 테이블에서 'DEPT'를 검색한다. 총 130개의 튜플이 들어 있고 검색 조건이 없으므로 튜플의 수는 130개이다.
- ⓑ 〈STUDENT〉 테이블에서 'DEPT'를 검색하는 데 DISTINCT 명령에 의해 중복된 결과는 처음의 한 개만 검색에 포함시킨다. 독일어과 50개 튜플의 'DEPT' 속성의 값이 같으므로 1개, 중국어과 30개 튜플의 'DEPT' 속성의 값이 같으므로 1개, 영어영문학과 50개 튜플의 'DEPT' 속성의 값이 같으므로 1개를 검색에 포함시키므로 총 3개의 튜플이 검색된다.

19 핵심 246

BETWEEN 연산자는 'BETWEEN A AND B'의 형식으로 사용되므로 (4)는 'AND height BETWEEN 170 AND 180;'이라고 기술해야 한다.

20 핵심 246

BETWEEN 연산의 의미와 동일한 것은 ①번이다.

- SELECT * : 모든 필드를 표시함
- FROM 성적 : 〈성적〉 테이블의 자료를 검색함
- WHERE (점수 BETWEEN 90 AND 95) : 점수가 90~95 사이이고
- AND 학과 = '컴퓨터공학과'; : '학과'가 "컴퓨터공학과"인 자료만을 대상으로 함
- ∴ 〈성적〉 테이블에서 점수가 90~95 사이이고 '학과'가 '컴퓨터공학과'인 모든 필드를 검색한다.

21 핵심 245

결과를 표시하는 SQL 질의로 옳은 것은 ①번이다.

① LIKE '%신%' : 공급자명에 "신"이 포함된 레코드

공급자번호	공급자명	위치
16	대신공업사	수원
70	신촌상사	서울

② LIKE '대%' : 공급자명이 "대"로 시작하는 레코드

공급자번호	공급자명	위치
16	대신공업사	수원

③ LIKE '%사' : 공급자명이 "사"로 끝나는 레코드

공급자번호	공급자명	위치

기출문제은행 해설

16	대신공업사	수원
27	삼진사	서울
39	삼양사	인천
62	진아공업사	대전
70	신촌상사	서울

④ IS NOT NULL : 공급자명이 NULL이 아닌 레코드

공급자번호	공급자명	위치
16	대신공업사	수원
27	삼진사	서울
39	삼양사	인천
62	진아공업사	대전
70	신촌상사	서울

22 핵심 248

SQL문의 실행 결과는 ③번이다. 〈학생〉 테이블에서 '학과'가 "전산" 또는 "전기"이고, 주소가 "경기"인 튜플의 '학번'을 〈성적〉 테이블에서 조회한 후 해당 튜플의 '과목이름'을 출력하면 된다. 결과로 '학번'이 2000과 4000인 사람의 '과목이름'이 차례대로 출력된다.

❶ SELECT 과목이름
❷ FROM 성적
❸ WHERE EXISTS (
❹   SELECT 학번
❺   FROM 학생
❻   WHERE 학생.학번 = 성적.학번
❼   AND 학생.학과 IN ('전산', '전기')
❽   AND 학생.주소='경기');

❶ '과목이름'을 표시한다.

❷ 〈성적〉 테이블에서 검색한다.

❸ 하위 질의에 결과가 한 건이라도 있으면 참(True), 없으면 거짓(False)을 반환한다.

❹ '학번'을 표시한다.

❺ 〈학생〉 테이블에서 검색한다.

❻ 〈학생〉 테이블의 '학번'과 〈성적〉 테이블의 '학번'이 같고,

❼ 〈학생〉 테이블의 '학과'가 "전산" 또는 "전기"이며,

❽ 〈학생〉 테이블의 '주소'가 "경기"인 튜플만을 대상으로 한다.

23 핵심 247

지점명과 판매액을 출력하는 가장 적절한 SQL문은 ①번이다.

• '지점명'과 '판매액'을 출력하므로 SELECT 지점명, 판매액이다.

• 〈판매실적〉 테이블을 대상으로 하므로 FROM 판매실적이다.

• "서울" 지역에 한하므로 WHERE 도시='서울'이다.

• '판매액'을 기준으로 내림차순으로 출력하므로 ORDER BY 판매액 DESC이다.

24 핵심 248

SQL문의 빈 칸에 들어갈 내용으로 옳은 것은 ④번이다. 문제의 질의문은 하위 질의가 있는 질의문으로 먼저 WHERE 조건에 지정된 하위 질의의 SELECT문을 검색한 후 검색 결과를 본 질의의 조건에 있는 '팀코드' 속성과 비교한다.

❶ SELECT 팀코드 FROM 직원 WHERE 이름='정도일' : 〈직원〉 테이블에서 '이름' 속성의 값이 "정도일"과 같은 레코드의 '팀코드' 속성의 값을 검색함

❷ SELECT 이름 FROM 직원 WHERE 팀코드= ❶; : 〈직원〉 테이블에서 '팀코드' 속성의 값이 ❶의 결과와 같은 레코드의 '이름' 속성의 값을 검색함

25 핵심 248

문제에 제시된 SQL문의 실행 결과는 25,000이다. 문제의 질의문은 하위 질의가 있는 질의문으로 먼저 WHERE 조건에 지정된 하위 질의의 SELECT문을 검색한 후 검색 결과를 본 질의의 조건에 있는 '책번호' 속성과 비교한다.

❶ SELECT 책번호 FROM 도서 WHERE 책명 = '자료구조'; : 〈도서〉 테이블에서 '책명' 속성의 값이 "자료구조"인 튜플의 '책번호' 속성의 값을 검색함(결과 : 222)

❷ SELECT 가격 FROM 도서가격 WHERE 책번호 = 222; : 〈도서가격〉 테이블에서 '책번호' 속성의 값이 222인 튜플의 '가격' 속성의 값을 검색함(결과 : 25,000)

26 핵심 251

문제에 제시된 SQL문의 실행 결과로 옳은 것은 ④번이다. UNION ALL은 두 개의 테이블을 통합하여 표시하며, 중복된 레코드를 그대로 모두 출력하는 집합 연산자이다.

- 'SELECT A FROM R'의 결과

A
1
3

- 'SELECT A FROM S'의 결과

A
1
2

- 실행 결과

A
1
3
1
2

27 핵심 251

문제에 제시된 SQL문의 실행 결과로 옳은 것은 ②번이다. INTERSECT는 두 SELECT문의 조회 결과 중 공통된 행만 출력하는 집합 연산자이다.

- 'SELECT 학번 FROM R1'의 결과

학번
20201111
20202222

- 'SELECT 학번 FROM R2'의 결과

학번
20202222
20203333

- 실행 결과

학번
20202222

MEMO

4 장

SQL 활용

255 프로시저

출제예상
D

- 프로시저(Procedure)는 절차형 SQL을 활용하여 특정 기능을 수행하는 일종의 트랜잭션 언어이다.

- ※ **절차형 SQL** : C, JAVA 등의 프로그래밍 언어와 같이 연속적인 실행이나, 분기, 반복 등의 제어가 가능한 SQL을 의미함

- 호출을 통해 실행되어 미리 저장해 놓은 SQL 작업을 수행한다.

- 프로시저를 만들어 데이터베이스에 저장하면 여러 프로그램에서 호출하여 사용할 수 있다.

- 시스템의 일일 마감 작업, 일괄(Batch) 작업 등에 주로 사용된다.

예상체크 ✓

출제예상
1. 프로시저에 대한 설명으로 옳지 않은 것은?

① 절차형 SQL을 사용하는 트랜잭션 언어이다.
② 데이터베이스에 저장되어 수행되기 때문에 스토어드 프로시저라고도 부른다.
③ 프로시저는 다시 호출하여 사용할 수 없다.
④ 시스템의 일일 마감 작업, 배치 작업 등에 주로 사용된다.

해설
프로시저는 데이터베이스에 저장되므로 어느 프로그램에서나 호출하여 반복 사용할 수 있습니다.

256 프로시저의 구성

출제예상
D

- DECLARE : 프로시저의 명칭, 변수, 인수, 데이터 타입을 정의하는 선언부

- BEGIN / END : 프로시저의 시작과 종료를 의미함

- CONTROL : 조건문 또는 반복문이 삽입되어 순차적으로 처리됨

- SQL : DML, DCL이 삽입되어 데이터 관리를 위한 조회, 추가, 수정, 삭제 작업을 수행함

- EXCEPTION : BEGIN ~ END 안의 구문 실행 시 예외가 발생하면 이를 처리하는 방법을 정의함

- TRANSACTION : 수행된 데이터 작업들을 DB에 적용할지 취소할지를 결정하는 처리부

예상체크 ✓

출제예상
2. 프로시저의 구성 요소에 대한 설명으로 거리가 먼 것은?

① DECLARE : 프로시저의 명칭이나 인수, 변수 등을 정의하는 부분
② CONTROL : 조건문이나 반복문을 삽입하여 데이터를 처리하는 부분
③ TRANSACTION : 앞에서 수행한 작업들에 대한 DB 적용 여부를 결정하는 부분
④ EXCEPTION : 파라미터에 오류가 발생했을 때 이를 처리하는 방법을 정의하는 부분

해설
EXCEPTION은 BEGIN~END 영역 안에서 경고나 오류가 발생한 경우 이를 처리하는 방법을 정의하는 부분입니다.

출제예상
257 프로시저의 생성/실행/제거
D

- **생성** : CREATE PROCEDURE 명령어를 사용하여 생성함

```
CREATE [OR REPLACE] PROCEDURE 프로시저명(파라미터)
[지역변수 선언]
BEGIN
    프로시저 BODY;
END;
```

- **실행** : EXECUTE 명령어 또는 CALL 명령어를 사용하여 실행함

```
EXECUTE 프로시저명;
EXEC 프로시저명;
CALL 프로시저명;
```

- **제거** : DROP PROCEDURE 명령어를 사용하여 제거함

```
DROP PROCEDURE 프로시저명;
```

예상체크 ✓

출제예상
3. DB에 저장된 'new_Test'라는 프로시저를 제거하고자 할 때 작성해야 할 SQL문으로 옳은 것은?

① ALTER PROCEDURE new_Test;
② DROP PROCEDURE new_Test;
③ DELETE PROCEDURE new_Test;
④ ERASE PROCEDURE new_Test;

---

258 트리거

B

- 트리거(Trigger)는 데이터베이스 시스템에서 데이터의 삽입(Insert), 갱신(Update), 삭제(Delete) 등의 이벤트(Event)가 발생할 때마다 관련 작업이 자동으로 수행되는 절차형 SQL이다.
- 데이터베이스에 저장되며, 데이터 변경 및 무결성 유지, 로그 메시지 출력 등의 목적으로 사용된다.

기출체크 ✓

22.7, 20.6

4. 데이터베이스 시스템에서 삽입, 갱신, 삭제 등의 이벤트가 발생할 때마다 관련 작업이 자동으로 수행되는 절차형 SQL은?

① 트리거(Trigger)
② 무결성(Integrity)
③ 잠금(Lock)
④ 복귀(Rollback)

259 트리거의 구성

출제예상

D

- **DECLARE** : 트리거의 명칭, 변수 및 상수, 데이터 타입을 정의하는 선언부
- **EVENT** : 트리거가 실행되는 조건을 명시함
- **BEGIN / END** : 트리거의 시작과 종료를 의미함
- **CONTROL** : 조건문 또는 반복문이 삽입되어 순차적으로 처리됨
- **SQL** : DML문이 삽입되어 데이터 관리를 위한 조회, 추가, 수정, 삭제 작업을 수행함
- **EXCEPTION** : BEGIN ~ END 안의 구문 실행 시 예외가 발생하면 이를 처리하는 방법을 정의함

예상체크 ✓

출제예상

5. 트리거의 구성 요소에 대한 설명으로 거리가 먼 것은?

① DECLARE는 트리거의 선언부로 모든 절차형 SQL에 포함된다.
② EVENT에는 테이블에 변화를 주는 CREATE, ALTER 등이 들어간다.
③ CONTROL은 조건문 또는 반복문이 삽입되어 실행 흐름을 제어한다.
④ EXCEPTION은 블록에서 예외가 발생하는 경우 이를 처리하기 위한 방법들을 정의한다.

해설
이벤트(EVENT)에는 트리거가 실행되는 조건을 명시합니다.

260 트리거의 생성/제거

출제예상

D

- **생성** : CREATE TRIGGER 명령어를 사용하여 생성함

```
CREATE [OR REPLACE] TRIGGER 트리거명 동작시기 동
      작 ON 테이블명
[REFERENCING NEW | OLD AS 테이블명]
[FOR EACH ROW [WHEN 조건식]]
BEGIN
      트리거 BODY;
END;
```

- **제거** : DROP TRIGGER 명령어를 사용하여 제거함

```
DROP TRIGGER 트리거명;
```

예상체크 ✓

출제예상

6. 트리거(Trigger)를 제거하는 SQL 명령어는?

① DROP TRIGGER [트리거명];
② DELETE TRIGGER [트리거명];
③ ALTER TRIGGER [트리거명];
④ REMOVE TRIGGER [트리거명];

261 사용자 정의 함수

출제예상

D

- 사용자 정의 함수는 프로시저와 유사하게 SQL을 사용하여 일련의 작업을 연속적으로 처리하며, 종료 시 처리 결과를 단일값으로 반환하는 절차형 SQL이다.
- 데이터베이스에 저장되어 DML문의 호출에 의해 실행된다.
- RETURN을 통해 값을 반환하기 때문에 출력 파라미터가 없다.
- 프로시저를 호출하여 사용할 수 없다.
- DML문에서 반환값을 활용하기 위한 용도로 사용된다.

1. DBMS에서 사용자 정의 함수에 대한 설명으로 옳은 것은?

① 데이터베이스 시스템에 이벤트가 발생할 때 자동으로 수행되는 절차형 SQL이다.
② 블록 내에 다른 사용자 정의 함수나 프로시저를 호출하여 사용할 수 있다.
③ SELECT나 INSERT 등의 DML에 포함되어 실행된다.
④ 출력 파라미터를 이용하여 2개 이상의 값을 반환할 수 있다.

해설
①번은 트리거(Trigger), ②, ④번은 프로시저(Procedure)에 대한 설명입니다.

262 사용자 정의 함수의 구성 D

출제예상

- **DECLARE** : 사용자 정의 함수의 명칭, 변수, 인수, 데이터 타입을 정의하는 선언부
- **BEGIN / END** : 사용자 정의 함수의 시작과 종료를 의미함
- **CONTROL** : 조건문 또는 반복문이 삽입되어 순차적으로 처리됨
- **SQL** : SELECT문이 삽입되어 데이터 조회 작업을 수행함
- **EXCEPTION** : BEGIN ~ END 안의 구문 실행 시 예외가 발생하면 이를 처리하는 방법을 정의함
- **RETURN** : 호출 프로그램에 반환할 값이나 변수를 정의함

예상체크 ✓

출제예상
2. 절차형 SQL인 프로시저, 트리거, 사용자 정의 함수의 각 구성 요소 중에서 공통적인 요소에 해당하지 않는 것은?

① DECLARE   ② RETURN
③ SQL   ④ CONTROL

해설
RETURN은 사용자 정의 함수에만 존재하는 구성 요소로, 호출 프로그램에 반환할 값이나 변수를 정의합니다.

263 사용자 정의 함수의 생성/실행/제거 D

출제예상

- **생성** : CREATE FUNCTION 명령어를 사용하여 생성함

> **CREATE [OR REPLACE] FUNCTION** 사용자 정의 함수명(파라미터)
> [지역변수 선언]
> **BEGIN**
>   사용자 정의 함수 BODY;
>   **RETURN** 반환값;
> **END;**

- **실행** : SELECT, INSERT, DELETE, UPDATE 등 DML문의 호출에 의해 실행됨

> **SELECT** 사용자 정의 함수명 **FROM** 테이블명;
> **INSERT INTO** 테이블명(속성명) **VALUES** (사용자 정의 함수명);
> **DELETE FROM** 테이블명 **WHERE** 속성명 = 사용자 정의 함수명;
> **UPDATE** 테이블명 **SET** 속성명 = 사용자 정의 함수명;

- **제거** : DROP FUNCTION 명령어를 사용하여 제거함

> **DROP FUNCTION** 사용자 정의 함수명;

예상체크 ✓

출제예상
3. 사용자 정의 함수를 실행하는 방법으로 옳지 않은 것은?

① 사용자 정의 함수는 DML에 포함되어 속성명 또는 값이 놓일 자리에 위치하여 실행된다.
② 사용자 정의 함수는 SELECT문의 조회할 속성에 위치할 수 있다.
③ 사용자 정의 함수는 UPDATE문의 속성명과 속성이 변경될 값의 자리에 위치할 수 있다.
④ 사용자 정의 함수는 DELETE문의 WHERE 조건문에만 위치할 수 있다.

해설
사용자 정의 함수는 UPDATE문의 속성명 자리에는 위치할 수 없습니다.

264 DBMS 접속 기술

출제예상 **D**

- DBMS 접속 기술은 DBMS에 접근하기 위해 사용하는 API 또는 API의 사용을 편리하게 도와주는 프레임워크 등을 의미한다.
- JDBC : Java 언어로 다양한 종류의 데이터베이스에 접속하고 SQL문을 수행할 때 사용되는 표준 API
- ODBC : 데이터베이스에 접근하기 위한 표준 개방형 API로, 개발 언어에 관계없이 사용할 수 있음
- MyBatis : JDBC 코드를 단순화하여 사용할 수 있는 SQL Mapping 기반 오픈 소스 접속 프레임워크

예상체크 ✓

출제예상

4. Java 언어로 다양한 종류의 데이터베이스에 접속하고 SQL문을 수행할 때 사용되는 표준 API는?

① MyBatis   ② JDBC
③ Trigger   ④ ODBC

---

265 동적 SQL

출제예상 **D**

- 동적 SQL(Dynamic SQL)은 개발 언어에 삽입되는 SQL 코드를 문자열 변수에 넣어 처리하는 것이다.
- 조건에 따라 SQL 구문을 동적으로 변경하여 처리할 수 있다.
- 사용자로부터 SQL문의 일부 또는 전부를 입력받아 실행할 수 있다.
- 동적 SQL은 값이 입력되지 않을 경우 사용하는 NVL 함수를 사용할 필요가 없다.
- 정적 SQL에 비해 속도가 느리지만, 상황에 따라 다양한 조건을 첨가하는 등 유연한 개발이 가능하다.

예상체크 ✓

출제예상

5. DBMS 접속 기술에서 Dynamic SQL에 대한 설명으로 옳지 않은 것은?

① String형 변수에 SQL문을 입력받아 처리한다.
② NULL 값을 처리할 때 주로 NVL 함수를 이용한다.
③ 사용자의 입력에 따라 SQL문이 변형될 수 있다.
④ Static SQL에 비해 유연한 로직의 개발이 가능하지만 실행 속도가 비교적 느리다.

해설

동적(Dynamic) SQL은 SQL문을 자유롭게 변경할 수 있어 NULL을 처리하는 함수를 사용할 필요가 없습니다.

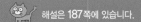
01 다음 중 데이터베이스에 저장되어 여러 프로그램에서 호출하여 사용할 수 있으며, 일일 마감 작업 및 배치 작업에 주로 사용되는 절차형 SQL은 무엇인가?

① 프로시저(Procedure)

② 트리거(Trigger)

③ 사용자 정의 함수(User-defined Function)

④ 트랜잭션(Transaction)

02 데이터베이스에서 프로그래밍 언어와 같이 연속적인 실행이나, 분기, 반복 등의 제어가 가능한 SQL을 무엇이라 하는가?

① 함수   ② 인덱스

③ 절차형 SQL   ④ SQL*PLUS

03 프로시저를 실행 또는 호출하기 위한 표기 형식에 해당하지 않는 것은?

① EXEC [프로시저명];

② EXECUTE [프로시저명];

③ LOAD [프로시저명];

④ CALL [프로시저명];

22년 7월

04 트리거(Trigger)에 대한 설명으로 옳은 것은?

① 시스템에 어떤 일이 발생한 것을 말한다.

② 이벤트가 발생할 때마다 관련 작업이 자동으로 수행되는 절차형 SQL이다.

③ 특정 기능을 수행하는 일종의 트랜잭션 언어로, 호출을 통해 실행되어 미리 저장해 놓은 SQL 작업을 수행한다.

④ DBMS에 내장되어 작성된 SQL이 효율적으로 수행되도록 최적의 경로를 찾아 주는 모듈이다.

05 절차형 SQL 중 트리거(Trigger)의 목적에 해당하지 않는 것은?

① 데이터 변경

② 무결성 유지

③ 로그 메시지 출력

④ 권한 변경

06 다음은 태어난 해와 올해의 연도를 입력받아 현재 나이를 반환하는 사용자 정의 함수의 생성문이다. 빈 칸에 들어갈 단어로 알맞게 짝지어진 것은?

```
CREATE FUNCTION Get_Age (i_BirthYear IN INT, i_NowYear IN INT)
RETURN INT
IS
        AGE INT;
(      )
        SET AGE := (i_NowYear - i_BirthYear) + 1;
        (      ) AGE;
END;
```

① OPEN, EXCEPTION   ② OPEN, DECLARE

③ BEGIN, DECLARE   ④ BEGIN, RETURN

07 사용자 정의 함수에 대한 설명으로 옳지 않은 것은?

① 프로시저와 동일하게 데이터베이스에 저장되어 실행되는 절차형 SQL이다.

② RETURN 명령어를 통해 값을 반환하는 것이 특징이다.

③ 내장 함수처럼 DML문에서 반환값을 활용하기 위한 용도로 사용된다.

④ 프로시저를 호출하여 사용할 수 있다.

08 JDBC에 대한 설명으로 옳지 않은 것은?

① JDBC는 C언어로 다양한 종류의 데이터베이스에 접속하기 위한 API이다.

② 썬 마이크로시스템에서 개발하였으며, 표준판에 포함되어 있다.

③ 접속하려는 DBMS의 벤더(Vendor)에 맞춰 드라이버를 설치해줘야 한다.

④ JDBC 클래스는 java.sql, javax.sql에 포함되어 있다.

09 동적 SQL의 특징에 대한 설명으로 옳지 않은 것은?

① 개발 언어에 삽입되는 SQL 코드를 문자열 변수에 넣어 처리하는 것이다.

② NVL 함수를 사용할 필요가 없다.

③ 정적 SQL에 비해 속도가 빠르다.

④ SQL 코드가 상황에 따라 수시로 변화하므로 프리컴파일(Precompile)이 불가능하다.

▶ 정답 : 1.① 2.③ 3.③ 4.② 5.④ 6.④ 7.④ 8.① 9.③

3. 데이터 전환 방안 작성에 대한 설명 중 가장 옳지 않은 것은?

① 데이터 전환 절차 수립 시 작업의 이해를 위해 데이터 흐름도를 작성한다.

② 데이터 전환 시간을 단축하기 위해 일자별 거래 내역, 일자별 근태 내역과 같은 대량의 데이터 테이블은 사후에 전환한다.

③ 전환 프로그램은 목록별로 프로그램 입력 정보, 중간 생성 정보, 출력 정보, 프로그램 위치, 담당자 등을 작성한다.

④ 단위 업무별로 데이터 전환 방법을 기술하되, 데이터 전환 시 업무별로 요구되는 전제 조건도 함께 기술한다.

해설

전환에 많은 시간이 소요되는 작업들은 사전에 미리 진행해야 전체적인 전환 시간을 단축할 수 있습니다.

269 데이터 검증
D

• 데이터 검증은 원천 시스템의 데이터를 목적 시스템의 데이터로 전환하는 과정이 정상적으로 수행되었는지 여부를 확인하는 과정을 말한다.

• **검증 방법에 따른 분류** : 로그 검증, 기본 항목 검증, 응용 프로그램 검증, 응용 데이터 검증, 값 검증 등

• **검증 단계에 따른 분류** : 원천 데이터를 추출하는 시점부터 전환 시점, DB 적재 시점, DB 적재 후 시점, 전환 완료 후 시점별로 그 목적과 검증 방법을 달리하여 데이터 전환의 정합성 검증을 수행할 수 있음

4. 다음 중 데이터 전환 검증에 사용되는 검증 방법이 아닌 것은?

① 로그 검증
② 기본 항목 검증
③ 정합성 검증
④ 값 검증

270 오류 데이터 측정 및 정제
D

• 오류 데이터 측정 및 정제는 고품질의 데이터를 운영 및 관리하기 위해 수행한다.

• **진행 순서** : 데이터 품질 분석 → 오류 데이터 측정 → 오류 데이터 정제

데이터 품질 분석	오류 데이터를 찾기 위해 원천 및 목적 시스템 데이터의 정합성 여부를 확인하는 작업
오류 데이터 측정	• 데이터 품질 분석을 기반으로 정상 데이터와 오류 데이터의 수를 측정하여 오류 관리 목록을 작성하는 것 • **정상 데이터** : 전환 대상 범위의 데이터를 업무 영역별, 테이블별로 구분하여 수량을 측정 및 기재함 • **오류 데이터** : 업무별로 오류 위치 및 유형을 확인하여 수량을 측정 및 기재함
오류 데이터 정제	오류 관리 목록의 각 항목을 분석하여 원천 데이터를 정제하거나 전환 프로그램을 수정하는 것

5. 다음 중 오류 데이터 측정 및 정제에 대한 설명으로 옳지 않은 것은?

① 원천 데이터를 분석하여 정합성 여부를 확인하고 오류 데이터의 유형과 건수를 측정한다.

② '오류 데이터 측정 → 데이터 품질 분석 → 오류 데이터 정제' 순으로 진행한다.

③ 오류 데이터 측정 시 정상 데이터와 오류 데이터를 구분하여 측정한다.

④ 오류 데이터 정제는 원천 데이터를 정제하거나 전환 프로그램을 수정하는 것이다.

해설

오류 데이터 측정 및 정제는 '분석 → 측정 → 정제'순으로 진행됩니다.

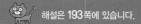
01 현재 운영 중인 시스템의 데이터를 추출하고 이를 변환한 후 새로 개발할 시스템에서 사용할 수 있도록 적재하는 과정을 무엇이라고 하는가?

① 데이터 검증
② 데이터 측정
③ 데이터 복원
④ 데이터 전환

02 다음 중 데이터 전환 계획서에 포함되는 항목이 아닌 것은?

① 데이터 전환 개요
② 데이터 전환 구성도
③ 데이터 전환 방안
④ 데이터 정비 방안

03 다음 중 데이터 전환 방안에 대한 설명으로 옳지 않은 것은?

① 데이터 전환 규칙 : 데이터 전환 과정에서 공통적으로 적용해야 할 규칙들을 기술한다.
② 데이터 전환 방법 : 단위 업무별로 데이터 전환 방법을 기술하되, 데이터 전환 시 업무별로 요구되는 전제조건도 함께 기술한다.
③ 데이터 전환 계획 : 선 전환과 후 전환으로 분리하여 계획을 수립한 후 관련 내용을 기술한다.
④ 데이터 검증 방안 : 단계별 데이터 전환 검증 방안을 수립한 후 관련 내용을 기술한다.

04 다음 지문에 제시된 내용이 설명하는 것은 무엇인가?

> 원천 시스템의 데이터를 목적 시스템의 데이터로 생성하는 과정이 정상적으로 수행되었는지 여부를 확인하는 과정이다.

① 데이터 추출
② 데이터 검증
③ 데이터 적재
④ 데이터 변환

05 다음 중 오류 데이터를 찾기 위해 원천 및 목적 시스템 데이터의 정합성 여부를 확인하는 작업은?

① 오류 데이터 측정
② 데이터 품질 분석
③ 오류 데이터 정제
④ 데이터 보안 검증

06 오류 데이터 측정 및 정제의 진행 과정에 포함되지 않는 것은?

① 데이터 보안 검증
② 오류 데이터 정제
③ 오류 데이터 측정
④ 데이터 품질 분석

▶ 정답 : 1.④ 2.② 3.③ 4.② 5.② 6.①

기출문제은행 해설

01 핵심 266
현재 운영 중인 시스템의 데이터를 추출하고 이를 변환한 후 새로 개발할 시스템에서 사용할 수 있도록 적재하는 과정을 데이터 전환이라고 한다.

02 핵심 267
데이터 전환 계획서의 주요 항목
- 데이터 전환 개요
- 데이터 전환 대상 및 범위
- 데이터 전환 환경 구성
- 데이터 전환 조직 및 역할
- 데이터 전환 일정
- 데이터 전환 방안
- 데이터 정비 방안
- 비상 계획
- 데이터 복구 대책

03 핵심 268
데이터 전환 계획은 선 전환, 본 전환, 후 전환으로 분리하여 계획을 수립한 후 관련 내용을 기술한다.

04 핵심 269
원천 시스템의 데이터를 목적 시스템의 데이터로 생성하는 과정이 정상적으로 수행되었는지 여부를 확인하는 과정은 데이터 검증이다.

05 핵심 270
오류 데이터를 찾기 위해 원천 및 목적 시스템 데이터의 정합성 여부를 확인하는 작업을 데이터 품질 분석이라고 한다.
- 오류 데이터 측정 : 데이터 품질 분석을 기반으로 정상 데이터와 오류 테이블의 수를 측정하여 오류 관리 목록을 작성하는 것
- 오류 데이터 정제 : 오류 관리 목록의 각 항목을 분석하여 원천 데이터를 정제하거나 전환 프로그램을 수정하는 것

06 핵심 270
오류 데이터 측정 및 정제는 '데이터 품질 분석 → 오류 데이터 측정 → 오류 데이터 정제' 순으로 진행한다.

4과목

프로그래밍 언어 활용

1장

서버 프로그램 구현

271 대표적인 서버 개발 프레임워크 D

출제예상

▶ 350271

- **Spring** : JAVA를 기반으로 만들어진 프레임워크로, 전 자정부 표준 프레임워크의 기반 기술로 사용되고 있음
- **Node.js** : JavaScript를 기반으로 만들어진 프레임워크로, 비동기 입·출력 처리와 이벤트 위주의 높은 처리 성능을 갖고 있어 실시간으로 입·출력이 빈번한 애플리케이션에 적합함
- **Django** : Python을 기반으로 만들어진 프레임워크로, 컴포넌트의 재사용과 플러그인화를 강조하여 신속한 개발이 가능하도록 지원함
- **Codeigniter** : PHP를 기반으로 만들어진 프레임워크로, 인터페이스가 간편하며 서버 자원을 적게 사용함
- **Ruby on Rails** : Ruby를 기반으로 만들어진 프레임워크로, 테스트를 위한 웹 서버를 지원하며 데이터베이스 작업을 단순화, 자동화시켜 개발 코드의 길이가 짧아 신속한 개발이 가능함

예상체크 ✓

출제예상

1. 서버 개발에 사용되는 언어와 프레임워크의 연결이 잘못 짝지어진 것은?

① JavaScript – Spring
② Python – Django
③ PHP – Codeigniter
④ Ruby – Rails

해설
스프링(Spring) 프레임워크는 JAVA를 기반으로 합니다.

▶ 350272

272 API D

출제예상

API(Application Programming Interface)는 응용 프로그램 개발 시 운영체제나 프로그래밍 언어 등에 있는 라이브러리를 이용할 수 있도록 규칙 등을 정의해 놓은 인터페이스를 의미한다.

예상체크 ✓

출제예상

2. 응용 프로그램 개발 시 운영체제나 프로그래밍 언어 등에 있는 라이브러리를 이용할 수 있도록 함으로써 효율적인 소프트웨어 구현을 도와주는 인터페이스는?

① IDE(Integrated Development Environment)
② 통신 프로토콜(Communication Protocol)
③ API(Application Programming Interface)
④ USB(Universal Serial Bus)

▶ 350273

273 배치 프로그램이 갖추어야 하는 필수 요소 C

20.8

- **대용량 데이터** : 대량의 데이터를 가져오거나, 전달하거나, 계산하는 등의 처리가 가능해야 함
- **자동화** : 심각한 오류가 발생하는 상황을 제외하고는 사용자의 개입 없이 수행되어야 함
- **견고성** : 잘못된 데이터나 데이터 중복 등의 상황으로 중단되는 일 없이 수행되어야 함
- **안정성/신뢰성** : 오류가 발생하면 오류의 발생 위치, 시간 등을 추적할 수 있어야 함
- **성능** : 다른 응용 프로그램의 수행을 방해하지 않아야 하고, 지정된 시간 내에 처리가 완료되어야 함

기출체크 ✓

20.8

3. 배치 프로그램의 필수 요소에 대한 설명으로 틀린 것은?

① 자동화는 심각한 오류 상황 외에는 사용자의 개입 없이 동작해야 한다.
② 안정성은 어떤 문제가 생겼는지, 언제 발생했는지 등을 추적할 수 있어야 한다.
③ 대용량 데이터는 대용량의 데이터를 처리할 수 있어야 한다.
④ 무결성은 주어진 시간 내에 처리를 완료할 수 있어야 하고, 동시에 동작하고 있는 다른 애플리케이션을 방해하지 말아야 한다.

해설
④번은 성능에 대한 설명입니다.

---

01 서버 개발 프레임워크에 대한 설명으로 옳지 않은 것은?

① Spring은 JAVA를 기반으로 만들어진 프레임워크로, 전자정부 표준 프레임워크의 기반 기술로 사용되고 있다.

② Node.js는 JavaScript를 기반으로 만들어진 프레임워크로, 비동기 입·출력 처리와 이벤트 위주의 높은 처리 성능을 갖고 있어 실시간으로 입·출력이 빈번한 애플리케이션에 적합하다.

③ Django는 Python을 기반으로 만들어진 프레임워크로, 컴포넌트의 재사용과 플러그인화를 강조하여 신속한 개발이 가능하도록 지원한다.

④ Codeigniter는 Ruby를 기반으로 만들어진 프레임워크로, 테스트를 위한 웹 서버를 지원하며 데이터베이스 작업을 단순화, 자동화시켜 개발 코드의 길이가 짧아 신속한 개발이 가능하다.

02 배치 프로그램이 갖추어야 하는 필수 요소가 아닌 것은?

① 자동화
② 신속화
③ 대용량 데이터
④ 견고성

03 다음 지문의 (   ) 안에 들어갈 용어로 알맞은 것은?

> (   )는 응용 프로그램 개발 시 운영체제나 프로그래밍 언어 등에 있는 라이브러리를 이용할 수 있도록 규칙 등을 정의해 놓은 인터페이스를 의미한다. 누구나 무료로 사용할 수 있게 공개된 (   )를 Open (   )라고 한다.

① Guide
② API
③ Interactive
④ Scheduler

01 핵심 271

- ④번은 Ruby on Rails에 대한 설명이다.
- Codeigniter는 PHP를 기반으로 만들어진 프레임워크로, 인터페이스가 간편하며 서버 자원을 적게 사용한다.

02 핵심 273

배치 프로그램이 갖추어야 하는 필수 요소에는 대용량 데이터, 자동화, 견고성, 안정성/신뢰성, 성능이 있다.

03 핵심 272

응용 프로그램 개발 시 라이브러리를 이용할 수 있도록 규칙 등을 정의해 놓은 인터페이스를 API(Application Programming Interface)라고 한다.

프로그래밍 언어 활용

274 C/JAVA의 자료형

23.5, 23.2, 20.8

A

종류	C	JAVA
문자	char(1Byte)	char(2Byte)
정수	int(4Byte)	int(4Byte)
	long(4Byte)	long(8Byte)
실수	float(4Byte)	float(4Byte)
	double(8Byte)	double(8Byte)
논리	bool(1Byte)	boolean(1Byte)

기출체크 ✅

23.2

1. C언어의 자료형이 아닌 것은?

① int ② float
③ char ④ temp

---

275 Python의 시퀀스 자료형

23.7, 22.4

B

- 시퀀스 자료형(Sequence Type)이란 리스트(List), 튜플(Tuple), range, 문자열처럼 값이 연속적으로 이어진 자료형을 말한다.
- 리스트(List) : 다양한 자료형의 값을 연속적으로 저장하며, 필요에 따라 개수를 늘리거나 줄일 수 있음
- 튜플(Tuple) : 리스트처럼 요소를 연속적으로 저장하지만, 요소의 추가, 삭제, 변경은 불가능함
- range : 연속된 숫자를 생성하는 것으로, 리스트, 반복문 등에서 많이 사용됨

기출체크 ✅

23.7, 22.4

2. Python 데이터 타입 중 시퀀스(Sequence) 데이터 타입에 해당하며 다양한 데이터 타입들을 주어진 순서에 따라 저장할 수 있으나 저장된 내용을 변경할 수 없는 것은?

① 복소수(complex) 타입
② 리스트(list) 타입
③ 사전(dict) 타입
④ 튜플(tuple) 타입

---

276 변수명 작성 규칙

실기공통

23.7, 23.5, 21.8, 21.3, 20.8, 20.6, 실기 20.10

A

- 변수(Variable)는 컴퓨터가 명령을 처리하는 도중 발생하는 값을 저장하기 위한 공간으로, 변할 수 있는 값을 의미한다.
- 변수의 선언 위치에 따라 전역 변수와 지역 변수로 나눌 수 있다.
- 영문자, 숫자, _(under bar)를 사용할 수 있다.
- 첫 글자는 영문자나 _(under bar)로 시작해야 하며, 숫자는 올 수 없다.
- 공백이나 *, +, −, / 등의 특수문자를 사용할 수 없다.
- 대·소문자를 구분한다.
- 예약어를 변수명으로 사용할 수 없다.
- 변수 선언 시 문장 끝에 반드시 세미콜론(;)을 붙여야 한다.

기출체크 ✅

23.7, 23.5, 20.8

3. 파이썬의 변수 작성 규칙 설명으로 옳지 않은 것은?

① 첫 자리에 숫자를 사용할 수 없다.
② 영문 대문자/소문자, 숫자, 밑줄(_)의 사용이 가능하다.
③ 변수 이름의 중간에 공백을 사용할 수 있다.
④ 이미 사용되고 있는 예약어는 사용할 수 없다.

해설

변수명에 공백이나 특수문자는 사용할 수 없습니다.

---

277 가비지 콜렉터

22.7, 21.8

B

변수를 선언만 하고 사용하지 않으면 이 변수들이 점유한 메모리 공간은 다른 프로그램들이 사용할 수 없게 된다. 이렇게 선언만 하고 사용하지 않는 변수들이 점유한 메모리 공간을 강제로 해제하여 다른 프로그램들이 사용할 수 있도록 하는 것을 가비지 콜렉션(Garbage Collection)이라고 하며, 이 기능을 수행하는 모듈을 가비지 콜렉터(Garbage Collector)라고 한다.

기출체크 ✅

22.7, 21.8

4. JAVA에서 힙(Heap)에 남아있으나 변수가 가지고 있던 참조값을 잃거나 변수 자체가 없어짐으로써 더 이상 사용되지 않는 객체를 제거해주는 역할을 하는 모듈은?

① Heap Collector ② Garbage Collector
③ Memory Collector ④ Variable Collector

연산자	의미	비고
+	덧셈	
−	뺄셈	
*	곱셈	
/	나눗셈	
%	나머지	
++	증가	• **전치** : 변수 앞에 증감 연산자가 오는 형태로 먼저 변수의 값을 증감시킨 후 변수를 연산에 사용함(++a, --a).
--	감소	• **후치** : 변수 뒤에 증감 연산자가 오는 형태로 먼저 변수를 연산에 사용한 후 변수의 값을 증감시킴(a++, a--).

기출체크 ✓

23.2, 21.3

5. C언어에서 산술 연산자가 아닌 것은?

① %   ② *
③ /   ④ =

해설
= 는 대입 연산자입니다.

▶350279

279 비트 연산자
23.7, 23.5, 21.5, 20.6
A

• & (and) : 모든 비트가 1일 때만 1
• ^ (xor) : 모든 비트가 같으면 0, 하나라도 다르면 1
• | (or) : 모든 비트 중 한 비트라도 1이면 1
• ~ (not) : 각 비트의 부정, 0이면 1, 1이면 0
• 《 (왼쪽 시프트) : 비트를 왼쪽으로 이동, 2^n을 곱한 것과 같음
• 》 (오른쪽 시프트) : 비트를 오른쪽으로 이동, 2^n으로 나눈 것과 같음

기출체크 ✓

23.7, 20.6

6. C언어에서 비트 논리 연산자에 해당하지 않는 것은?

① ^   ② ?
③ &   ④ ~

• ! (not) : 부정
• && (and) : 모두 참이면 참
• || (or) : 하나라도 참이면 참

기출체크 ✓

23.7, 22.3

7. 자바에서 두 개의 논리 값을 연산하여 하나라도 참(true)이면 참을 반환하고, 둘 모두 거짓(false)이어야 거짓을 반환하는 연산을 수행하는 연산자는?

① ==   ② &&
③ || ④ +=

조건 연산자는 조건에 따라 서로 다른 수식을 수행한다.

예 mx = a 〈 b ? b : a;

    a가 b보다 작으면 mx에 b를 저장하고 그렇지 않으면 mx에 a를 저장한다.

기출체크 ✓

22.4

8. 다음 JAVA 프로그램이 실행되었을 때의 결과는?

```
public class ovr {
    public static void main(String[ ] args) {
        int a = 1, b = 2, c = 3, d = 4;
        int mx, mn;
        mx = a 〈 b ? b : a;
        if (mx == 1) {
            mn = a 〉 mx ? b : a;
        }
        else {
            mn = b 〈 mx ? d : c;
        }
        System.out.println(mn);
    }
}
```

① 1   ② 2
③ 3   ④ 4

해설
사용된 코드의 의미는 다음과 같습니다.

```
public class ovr {
    public static void main(String[ ] args) {
❶      int a = 1, b = 2, c = 3, d = 4;
❷      int mx, mn;
❸      mx = a < b ? b : a;
❹      if (mx == 1) {
❺          mn = a > mx ? b : a;
        }
        else {
❻          mn = b < mx ? d : c;
        }
❼      System.out.println(mn);
    }
}
```

❶ 정수형 변수 a, b, c, d를 선언하고, 각각 1, 2, 3, 4로 초기화합니다.

❷ 정수형 변수 mx, mn을 선언합니다.

❸ a가 b보다 작으면 mx에 b의 값을 저장하고, 아니면 a의 값을 저장합니다. a의 값 1은 b의 값 2보다 작으므로 mx에는 b의 값 2가 저장됩니다. (mx = 2)

❹ mx가 1이면 ❺번으로 이동하고, 아니면 ❻번으로 이동합니다. mx의 값은 2이므로 ❻번으로 이동합니다.

❻ b가 mx보다 작으면 mn에 d의 값을 저장하고, 아니면 c의 값을 저장합니다. b의 값 2는 mx의 값 2보다 작지 않으므로 mn에는 c의 값 3이 저장됩니다. (mn = 3)

❼ mn의 값 3을 출력하고 커서를 다음 줄의 처음으로 옮깁니다.

결과   **3**

> 350282

282 연산자 우선순위   **A**

대분류	중분류	연산자	결합규칙	우선 순위
단항 연산자	단항 연산자	! ~ ++ -- sizeof	←	높음
이항 연산자	산술 연산자	* / %	→	
		+ -		
	시프트 연산자	<< >>		
	관계 연산자	< <= >= >		
		== !=		
	비트 연산자	& ^		
		|		
	논리 연산자	&& ||		
삼항 연산자	조건 연산자	? :	→	
대입 연산자	대입 연산자	= += -= *= /= %= <<= >>= 등	←	
순서 연산자	순서 연산자	,	→	낮음

---

1. C언어에서 연산자 우선순위가 높은 것에서 낮은 것으로 바르게 나열된 것은?

㉠ ( )	㉡ ==	㉢ <
㉣ <<	㉤ ||	㉥ /

① ㉠, ㉥, ㉣, ㉢, ㉡, ㉤
② ㉠, ㉣, ㉥, ㉢, ㉡, ㉤
③ ㉠, ㉣, ㉥, ㉢, ㉤, ㉡
④ ㉠, ㉥, ㉣, ㉤, ㉡, ㉢

해설
지문에 제시된 연산자를 우선순위가 높은 것부터 나열하면, 괄호( )가 가장 높고 산술 → 시프트 → 관계 → 논리 연산자 순입니다.

> 350283

283 scanf( ) 함수   **B**

scanf( )는 C언어의 표준 입력 함수로, 키보드로 입력받아 변수에 저장하는 함수이다.

예 scanf("%3d", &a);

10진수 정수 3자리를 입력받아 변수 a에 저장한다.

주요 서식 문자열

• %d : 정수형 10진수를 입 · 출력하기 위해 지정함

• %u : 부호없는 정수형 10진수를 입 · 출력하기 위해 지정함

• %s : 문자열을 입 · 출력하기 위해 지정함

• %c : 문자를 입 · 출력하기 위해 지정함

---

2. 정수를 입력받아 처리하는 다음 C언어 프로그램에서 괄호에 들어갈 알맞은 코드는?

```
#include <stdio.h>
int main(void) {
    int n, sum = 3;
    (        )
    sum = sum + n;
    printf("%d", sum);
}
```

① scanf("%d", n);
② scanf("%d", &n);
③ scanf("%f", n);
④ scanf("%f", &n);

해설
문제에서 정수를 입력받는다고 하였고, 코드에 선언된 변수 중 값이 저장되지 않은 변수는 n이므로, scanf를 이용하여 코드를 작성하면 **scanf("%d", &n);**이 됩니다.

- do~while문은 조건이 거짓이라도 실행할 문장을 한 번은 실행하므로, cnt가 1이 된 후 do~while문을 빠져나오게 됩니다.
❺ cnt가 1이면 ❻번을 수행하고, 아니면 else의 다음 문장을 수행합니다. cnt가 1이므로 ❻번으로 이동합니다.
❻ 'cnt = cnt + 1;'과 동일합니다. cnt의 값 1에 1을 누적시킵니다. (cnt=2)
❼ cnt의 값을 정수로 출력합니다.

결과	2

실 기 공 통

23.5, 22.7, 22.3, 실기 20.10

291 break, continue A

- break, continue는 switch문이나 반복문의 실행을 제어하기 위해 사용되는 예약어이다.
- break : switch문이나 반복문 안에서 break가 나오면 블록을 벗어난다.
- continue
  - continue 이후의 문장을 실행하지 않고 제어를 반복문의 처음으로 옮긴다.
  - 반복문에서만 사용된다.

기출체크

23.5

3. C언어에서 현재 수행중인 반복문을 빠져나갈 때 사용하는 명령문은?

① continue   ② escape
③ break   ④ exit

기출체크

22.3

4. a[0]의 주소값이 10일 경우 다음 C언어 프로그램이 실행되었을 때의 결과는? (단, int 형의 크기는 4Byte로 가정한다.)

```c
#include <stdio.h>
int main(int argc, char* argv[ ]) {
    int a[ ] = { 14,22,30,38 };
    printf("%u, ", &a[2]);
    printf("%u", a);
    return 0;
}
```

① 14, 10   ② 14, M
③ 18, 10   ④ 18, M

해설

사용된 코드의 의미는 다음과 같습니다.

```c
#include <stdio.h>
int main(int argc, char* argv[ ]) {
❶  int a[ ] = { 14,22,30,38 };
❷  printf("%u, ", &a[2]);
❸  printf("%u", a);
❹  return 0;
}
```

❶ 4개의 요소를 갖는 정수형 배열 a를 선언하고 초기화합니다.

주소	10	14	18	22	26
	4Byte				
	[0]	[1]	[2]	[3]	
a	14	22	30	38	

❷ a[2]가 가리키는 주소를 부호없는 정수형으로 출력하고, 이어서 쉼표(,)와 공백 한 칸을 출력합니다. a[0]의 주소가 10이고, 정수형(int)의 크기가 4Byte이므로 a[2]의 주소 18과 ,이 출력됩니다.

결과	18,

❸ a를 부호없는 정수형으로 출력한다. 배열의 이름은 배열의 시작 주소를 가리키므로 10이 출력됩니다.

결과	18, 10

❹ main( ) 함수에서의 'return 0'은 프로그램의 종료를 의미합니다.

실 기 공 통

23.7, 22.4, 22.3, 21.8, 실기 23.7, 23.4, 20.11

292 1차원 배열 A

1차원 배열은 변수들을 일직선상의 개념으로 조합한 배열이다.

예 char a[3] = {'A', 'B', 'C'};

3개의 요소를 갖는 문자형 배열 a를 선언한다.

배열a	A	B	C
	a[0]	a[1]	a[2]

실 기 공 통

22.3, 21.5, 실기 22.10, 21.4

293 2차원 배열 A

2차원 배열은 변수들을 평면, 즉 행과 열로 조합한 배열이다.

예 int b[2][3] = {{11, 22, 33}, {44, 55, 66}};

2개의 행과 3개의 열을 갖는 정수형 배열 b를 선언한다.

	a[0][0]	a[0][1]	a[0][2]
배열b	11	22	33
	44	55	66
	a[1][0]	a[1][1]	a[1][2]

22.3, 21.5

1. 다음 C 프로그램이 실행되었을 때의 출력 결과는?

```
#include <stdio.h>
main( )
{
    int a[2][4] = { {10, 30, 50, 70}, {20, 40, 60, 80} };
    printf("%d", a[1][3]);
}
```

① 50   ② 60
③ 70   ④ 80

해설

사용된 코드의 의미는 다음과 같습니다.

```
#include <stdio.h>
main( )
{
❶ int a[2][4] = { {10, 30, 50, 70}, {20, 40, 60, 80} };
❷ printf("%d", a[1][3]);
}
```

❶ 2행 4열의 정수형 배열 a를 선언한 후 값을 할당합니다.

	a[0][0]	a[0][1]	a[0][2]	a[0][3]
배열 a	10	30	50	70
	20	40	60	80
	a[1][0]	a[1][1]	a[1][2]	a[1][3]

❷ a[1][3]의 값 80을 출력합니다.

결과 **80**

예제 다음 C언어로 구현된 프로그램의 출력 결과를 확인하시오.

```
main( )
{
    int a = 50; ❶
    int *b; ❷
    b = &a; ❸
    *b = *b+20; ❹
    printf("%d, %d", a, *b); ❺
}
```

❶ 정수형 변수 a를 선언하고 50으로 초기화한다.

❷ 정수형 변수가 저장된 곳의 주소를 기억할 포인터 변수 b를 선언한다.

❸ 정수형 변수 a의 주소를 포인터 변수 b에 기억시킨다. b에는 a의 주소가 저장된다.

❹ b가 가리키는 곳의 값에 20을 더한다. b가 가리키는 곳이 a이므로 결국 a의 값도 바뀌는 것이다.

❺ 결과 **70, 70**

23.2, 21.8

2. 다음 C언어 프로그램이 실행되었을 때의 결과는?

```
#include <stdio.h>
int main(void) {
    int n = 4;
    int* pt = NULL;
    pt = &n;

    printf("%d", &n + *pt − *&pt + n);
    return 0;
}
```

① 0   ② 4
③ 8   ④ 12

해설

사용된 코드의 의미는 다음과 같습니다.

```
#include <stdio.h>
int main(void) {
❶ int n = 4;
❷ int* pt = NULL;
❸ pt = &n;
❹ printf("%d", &n + *pt − *&pt + n);
❺ return 0;
}
```

❶ 정수형 변수 n을 선언하고 4로 초기화합니다(주소는 임의로 지정한 것이며, 이해를 위해 십진수로 지정하였습니다.).

변수	주소	값
n	1000	4

▶350294

실기 공통

294 포인터와 포인터 변수 A

23.2, 22.4, 21.8, 실기 23.10, 22.7

- 포인터 변수를 선언할 때는 자료의 형을 먼저 쓰고 변수명 앞에 간접 연산자 *를 붙인다(예 int *a;).
- 포인터 변수에 주소를 저장하기 위해 변수의 주소를 알아낼 때는 변수 앞에 번지 연산자 &를 붙인다(예 a = &b;).
- 실행문에서 포인터 변수에 간접 연산자 *를 붙이면 해당 포인터 변수가 가리키는 곳의 값을 말한다(예 c = *a;).

❷ 정수형 포인터 변수 pt를 선언하고 Null 값을 저장합니다.

변수	주소	값
pt	2000	Null

❸ pt에 n의 주소를 저장합니다.

변수	주소	값
n	1000	4
pt	2000	1000

❹ printf("%d", &n + *pt − *&pt + n);
                   ⓐ   ⓑ   ⓒ   ⓓ

- ⓐ &n : n의 주소는 1000
- ⓑ *pt : pt가 가리키는 곳(주소 1000)의 값은 4
- ⓒ *&pt : pt의 주소(주소 2000)가 가리키는 곳의 값은 1000
- ⓓ n : n의 값은 4
- ⓐ와 ⓒ는 같은 주소를 가지므로 ⓐ−ⓒ = 0입니다.
- ⓑ와 ⓓ는 4이므로 ⓑ+ⓓ = 8입니다.
- ⓐ+ⓑ−ⓒ+ⓓ의 결과 8을 정수로 출력합니다.

결과   **8**

❺ 프로그램을 종료합니다.

※ ⓐ와 ⓒ의 주소값은 16진 정수의 임의값을 갖지만, ⓐ−ⓒ의 연산결과로 0이 되므로 값을 알 필요는 없습니다.

실기 공통

295 **포인터와 배열** Ⓐ

350295

22.3, 21.5, 실기 23.7, 23.4, 22.7, 21.7, 21.4, 20.11

- 배열을 포인터 변수에 저장한 후 포인터를 이용해 배열의 요소에 접근할 수 있다.
- 배열 위치를 나타내는 첨자를 생략하고 배열의 대표명만 지정하면 배열의 첫 번째 요소의 주소를 지정하는 것과 같다.
- 배열 요소에 대한 주소를 지정할 때는 일반 변수와 동일하게 & 연산자를 사용한다.

예 ❶ int a[5], *b
    ❷ b = a;
    ❸ b = &a[0];

❶ 5개의 요소를 갖는 정수형 배열 a와 정수형 포인터 변수 b를 선언한다.

❷ 배열의 대표명을 적었으므로 a 배열의 시작 주소인 a[0]의 주소를 b에 저장한다.

❸ a 배열의 첫 번째 요소인 a[0]의 주소(&)를 b에 저장한다.

	a[0]	a[1]	a[2]	a[3]	a[4]	← 배열 표기 방법
배열 a	첫 번째	두 번째	세 번째	네 번째	다섯 번째	
	*(a+0)	*(a+1)	*(a+2)	*(a+3)	*(a+4)	← 포인터 표기 방법

기출체크 ✓

21.5

3. 다음 C언어 프로그램이 실행되었을 때의 결과는?

```
#include <stdio.h>
int main(int argc, char *argv[ ]) {
    int a[2][2] = {{11, 22}, {44, 55}};
    int i, sum = 0;
    int *p;
    p = a[0];
    for(i = 1; i < 4; i++)
        sum += *(p + i);
    printf("%d", sum);
    return 0;
}
```

① 55   ② 77   ③ 121   ④ 132

해설

사용된 코드의 의미는 다음과 같습니다.

```
#include <stdio.h>
int main(int argc, char *argv[ ]) {
❶  int a[2][2] = {{11, 22}, {44, 55}};
❷  int i, sum = 0;
❸  int *p;
❹  p = a[0];
❺  for(i = 1; i < 4; i++)
❻      sum += *(p + i);
❼  printf("%d", sum);
❽  return 0;
}
```

❶ 2행 2열의 요소를 갖는 정수형 2차원 배열 a를 선언하고 초기화합니다.

	a[0][0]	a[0][1]
a 배열	11	22
	44	55
	a[1][0]	a[1][1]

❷ 정수형 변수 i, sum을 선언하고, sum을 0으로 초기화합니다.

❸ 정수형 포인터 변수 p를 선언합니다.

❹ p에 a배열의 a[0] 행의 시작 주소를 저장합니다.
    ※ a[0]은 행의 첫 번째 요소(a[0][0])의 위치를 가리킵니다.

❺ 반복 변수 i가 1부터 1씩 증가하면서 4보다 작은 동안 ❻번을 반복 수행합니다.

❻ sum에 p+i가 가리키는 곳의 값을 누적합니다.
    • p는 a[0][0]을 가리키므로 숫자가 더해진 만큼 다음 값을 가리키게 됩니다. 즉, p+1은 a[0][1]을, p+2는 a[1][0]을, p+3은 a[1][1]을 가리킵니다.
    ※ 반복문 실행에 따른 변수의 변화는 다음과 같습니다.

반복횟수	i	*(p+i)	sum
			0
1	1	22	22
2	2	44	66
3	3	55	121
반복실행 안됨	4		

❼ sum의 값을 정수로 출력합니다.

결과   **121**

❽ 프로그램을 종료합니다.

---

296 구조체 **A**

- 배열이 자료의 형과 크기가 동일한 변수의 모임이라면 구조체는 자료의 종류가 다른 변수의 모임이라고 할 수 있다.
- 구조체를 정의한다는 것은 int나 char 같은 자료형을 하나 만드는 것을 의미한다.
- 구조체는 'structure(구조)'의 약어인 'struct'를 사용하여 정의한다.

예
```
struct sawon {
    char name[10];
    char jikwi[10];
    int pay;
};
```

- struct : 구조체를 정의하는 예약어이다. 그대로 적으면 된다.
- sawon : 구조체의 이름으로 사용자가 임의로 정한다. 이렇게 정의하면 sawon이라는 자료형이 하나 생긴 것이다.
- 멤버 : 일반 변수를 선언하는 것과 동일하게 필요한 필드들을 임의로 선언하면 된다(name[10], jikwi[10], pay).

기출체크 ✅

23.5, 22.4

1. 다음 C언어 프로그램이 실행되었을 때, 실행 결과는?

```
#include <stdio.h>
struct st {
    int a;
    int c[10];
};
int main(int argc, char* argv[ ]) {
    int i = 0;
    struct st ob1;
    struct st ob2;
    ob1.a = 0;
    ob2.a = 0;
    for (i = 0; i < 10; i++) {
        ob1.c[i] = i;
        ob2.c[i] = ob1.c[i] + i;
    }
    for (i = 0; i < 10; i = i + 2) {
        ob1.a = ob1.a + ob1.c[i];
        ob2.a = ob2.a + ob2.c[i];
    }
    printf("%d", ob1.a + ob2.a);
    return 0;
}
```

① 30   ② 60
③ 80   ④ 120

해설

사용된 코드의 의미는 다음과 같습니다.

```
#include <stdio.h>
struct st {                              구조체 st를 정의합니다.
    int a;                               정수형 변수 a를 선언합니다.
    int c[10];                           10개의 요소를 갖는 정수형 배열 c를 선언합니다.
};
int main(int argc, char* argv[ ]) {
❶  int i = 0;
❷  struct st ob1;
❸  struct st ob2;
❹  ob1.a = 0;
❺  ob2.a = 0;
❻  for (i = 0; i < 10; i++) {
❼      ob1.c[i] = i;
❽      ob2.c[i] = ob1.c[i] + i;
    }
❾  for (i = 0; i < 10; i = i + 2) {
❿      ob1.a = ob1.a + ob1.c[i];
⓫      ob2.a = ob2.a + ob2.c[i];
    }
⓬  printf("%d", ob1.a + ob2.a);
⓭  return 0;
}
```

❶ 정수형 변수 i를 선언하고 0으로 초기화합니다.
❷ 구조체 st의 변수 ob1을 선언합니다.

	int a	int c[10]
ob1	ob1.a	ob1.c[0] ~ ob1.c[9]

❸ 구조체 st의 변수 ob2를 선언합니다.

	int a	int c[10]
ob2	ob2.a	ob2.c[0] ~ ob2.c[9]

❹ ob1.a에 0을 저장합니다.
❺ ob2.a에 0을 저장합니다.
❻ 반복 변수 i가 0부터 1씩 증가하면서 10보다 작은 동안 ❼, ❽번을 반복 수행합니다.
❼ ob1.c[i]에 i의 값을 저장합니다.
❽ ob2.c[i]에 ob1.c[i]와 i를 합한 값을 저장합니다.

반복문 실행에 따른 변수들의 변화는 다음과 같습니다.

i	ob1		ob2	
	a	c[i]	a	c[i]
0	0	0	0	0
1		1		2
2		2		4
3		3		6
4		4		8
5		5		10
6		6		12
7		7		14
8		8		16
9		9		18
10				

❾ 반복 변수 **i**가 0부터 2씩 증가하면서 10보다 작은 동안 ❿, ⓫번을 반복 수행합니다.
❿ ob1.a에 ob1.c[**i**]의 값을 누적시킵니다.
⓫ ob2.a에 ob2.c[**i**]의 값을 누적시킵니다.

반복문 실행에 따른 변수들의 변화는 다음과 같습니다.

i	ob1		ob2	
	a	c[i]	a	c[i]
0	0	0	0	0
2	2	2	4	4
4	6	4	12	8
6	12	6	24	12
8	20	8	40	16
10				

⓬ ob1.a와 ob2.a의 값을 합하여 정수로 출력합니다.

결과 **60**

⓭ main( ) 함수에서의 'return 0'은 프로그램의 종료를 의미합니다.

▶350297
실 기 공 통
297

22.7, 22.4, 22.3, 21.8, 21.5, 21.3, 20.8, 실기 22.7

Python의 데이터 입·출력 함수 Ⓐ

input( ) 함수

· Python의 표준 입력 함수로, 키보드로 입력받아 변수에 저장하는 함수이다.
· 입력되는 값은 문자열로 취급되어 저장된다.

예 a = input('입력하세요.')

  – **입력하세요.**가 출력되고 커서가 깜빡거리며 입력을 기다린다.
  – 키보드로 값을 입력하면 변수 a에 저장된다.

print( ) 함수

인수로 주어진 값을 화면에 출력하는 함수이다.

예 print(82, 24, sep = '–', end = ',')

82와 24 사이에 분리문자 '–'가 출력되고, 마지막에 종료문자 ','가 출력된다.

기출체크 ✓

22.7

2. 다음 Python 프로그램이 실행되었을 때의 출력 결과는?

```
a = "REMEMBER NOVEMBER"
b = a[0:3] + a[12:16]
c = "R AND %s" % "STR"
print(b + c)
```

① R AND STR
② R AND %s % STR
③ REMEMBER AND STR
④ REMEMBER NOVEMBER

해설

사용된 코드의 의미는 다음과 같습니다.

❶ a = "REMEMBER NOVEMBER"
❷ b = a[0:3] + a[12:16]
❸ c = "R AND %s" % "STR"
❹ print(b + c)

❶ 변수 a를 선언하고 "REMEMBER NOVEMBER"로 초기화합니다.
❷ a에 저장된 문자열의 0부터 2번째 위치까지의 문자열과 12부터 15번째 위치까지의 문자열을 합쳐 b에 저장합니다.

	[0]	[1]	[2]	[3]	[4]	[5]	[6]	[7]	[8]	[9]	[10]	[11]	[12]	[13]	[14]	[15]	[16]
a	'R'	'E'	'M'	'E'	'M'	'B'	'E'	'R'		'N'	'O'	'V'	'E'	'M'	'B'	'E'	'R'

  b = REMEMBE

❸ c에 "R AND STR"을 저장합니다. %s는 서식 문자열로, % 뒤쪽의 "STR"이 대응됩니다.
  · "R AND %s" % "STR"

❹ b와 c에 저장된 문자열을 합쳐 출력합니다.

결과 REMEMBER AND STR

▶350298
실 기 공 통
298

22.7, 실기 23.10

입력 값의 형변환 Ⓒ

· input( ) 함수는 입력되는 값을 무조건 문자열로 저장하므로 숫자로 사용하기 위해서는 형을 변환해야 한다.
· 변환할 데이터가 1개일 때

예 a = int(input( ))

  input( )으로 입력받은 값을 정수로 변환하여 변수 a에 저장한다.

· 변환할 데이터가 2개 이상일 때

예 a, b = map(int, input( ).split( ))

  input( ).split( )로 입력받은 2개의 값을 정수로 변환하여 변수 a, b에 저장한다.

기출체크 ✓

22.7

3. 다음 파이썬 코드에서 '53t44'를 입력했을 때 출력 결과는?

```
a, b = map(int, input( ).split("t"));
print(a, b)
```

① 53 t 44   ② 53t44   ③ 53 44   ④ 53, 44

해설

사용된 코드의 의미는 다음과 같습니다.

❶ a, b = map(int, input( ).split("t"));
❷ print(a, b)

❶ input( ) 메소드로 입력받은 값을 "t"를 구분자로 하여 분리한 후 정수로 변환하여 a, b에 저장합니다. 문제에서 53t44를 입력하였으므로, "t"를 구분자로 53과 44가 분리된 후 정수로 변환되어 각각 a와 b에 저장됩니다.
  • map( ) : 2개 이상의 값을 원하는 자료형으로 변환할 때 사용하는 함수
  • input( ).split('분리문자')
    – 입력받은 값을 '분리문자'로 구분하여 반환합니다.
    – '분리문자'를 생략하면 공백으로 값을 구분합니다.
❷ a와 b를 출력합니다. Python의 print( ) 메소드에서 2개 이상의 값을 출력할 때, sep 속성값을 정의하지 않으면 공백으로 값을 구분하므로 다음과 같이 출력됩니다.

| 결과 | 53 44 |

실 기 공 통

299 리스트 / 딕셔너리 **A**

23.5, 22.3, 실기 22.10, 21.4, 20.11

리스트(List)

• 필요에 따라 개수를 늘이거나 줄일 수 있기 때문에 리스트를 선언할 때 크기를 적지 않는다.

• 배열과 달리 하나의 리스트에 정수, 실수, 문자열 등 다양한 자료형을 섞어서 저장할 수 있다.

• 리스트의 위치는 0부터 시작한다.

예1 방법1 : a = [10, 'mike', 23.45]
   방법2 : a = list([10, 'mike', 23.45])

		a[0]	a[1]	a[2]
결과	리스트 a	10	mike	23.45

예2 a[0] = 1 → a[0]에 1을 저장한다.

		a[0]	a[1]	a[2]
결과	리스트 a	1	mike	23.45

딕셔너리(Dictionary)

• 연관된 값을 묶어서 저장하는 용도로 딕셔너리를 사용한다.

• 리스트가 저장된 요소에 접근하기 위한 키로 위치값인 0, 1, 2 등의 숫자를 사용했다면, 딕셔너리에서는 사용자가 원하는 키를 직접 지정한 후 사용한다.

• 딕셔너리에 접근할 때는 딕셔너리 뒤에 대괄호([ ])를 사용하며, 대괄호([ ]) 안에 키를 지정한다.

예1 방법1 : a = {'이름':'홍길동', '나이':25, '주소':'서울'}
   방법2 : a = dict({'이름':'홍길동', '나이':25, '주소':'서울'})

		a['이름']	a['나이']	a['주소']
결과	리스트 a	'홍길동'	25	'서울'

예2 a['이름'] = '이순신' → 딕셔너리 a의 '이름' 위치에 '이순신'을 저장한다.

		a['이름']	a['나이']	a['주소']
결과	리스트 a	'이순신'	25	'서울'

23.5, 22.3

1. 다음 Python 프로그램이 실행되었을 때, 실행 결과는?

```
a = 100
list_data = ['a','b','c']
dict_data = {'a':90, 'b':95}
print(list_data[0])
print(dict_data['a'])
```

①	a 90	②	100 90	③	100 100	④	a a

해설

사용된 코드의 의미는 다음과 같습니다.

❶ a = 100
❷ list_data = ['a','b','c']
❸ dict_data = {'a':90, 'b':95}
❹ print(list_data[0])
❺ print(dict_data['a'])

❶ a에 100을 저장합니다.
❷ 3개의 요소를 갖는 리스트 list_data를 선언하고 초기화합니다.

	[0]	[1]	[2]
list_data	'a'	'b'	'c'

❸ 2개의 요소를 갖는 딕셔너리 dict_data를 선언하고 초기화합니다.

	['a']	['b']
dict_data	90	95

❹ list_data[0]의 값 **a**를 출력한 후 커서를 다음 줄의 처음으로 옮깁니다.

| 결과 | a |

❺ dict_data['a']의 값 **90**을 출력하고 커서를 다음 줄의 처음으로 옮깁니다.

| 결과 | a
90 |

실 기 공 통

300 슬라이스 **B**

20.9, 20.8, 실기 23.7, 22.7

슬라이스(Slice)는 문자열이나 리스트와 같은 순차형 객체에서 일부를 잘라(slicing) 반환하는 기능이다.

예 a = ['a', 'b', 'c', 'd', 'e']일 때
   a[1:3] → ['b', 'c']
   a[0:5:2] → ['a', 'c', 'e']
   a[3:] → ['d', 'e']
   a[:3] → ['a', 'b', 'c']
   a[::3] → ['a', 'd']

20.8

2. 다음은 사용자로부터 입력받은 문자열에서 처음과 끝의 3글자를 추출한 후 합쳐서 출력하는 파이썬 코드이다. ㉠에 들어갈 내용은?

```
String = input("7문자 이상 문자열을 입력하시오 :")
m = (      ㉠      )
print(m)
```

① string[1:3]+string[-3:]
② string[:3]+string[-3:-1]
③ string[0:3]+string[-3:]
④ string[0:]+string[:-1]

해설

보기에 코드들은 '객체명[초기위치:최종위치]'로 기본 형식에서 '증가값'이 생략된 경우입니다. '증가값'이 생략된 경우에는 '초기위치'부터 '최종위치-1'까지 1씩 증가하면서 요소들을 가져옵니다.
변수 String에 "sinagong"이 입력되었다고 가정한 경우 각 보기의 결과는 다음과 같습니다.

	0	1	2	3	4	5	6	7
String	S	i	n	a	g	o	n	g
	-8	-7	-6	-5	-4	-3	-2	-1

① string[1:3]+string[-3:] : 1, 2번째 위치의 2글자와 -3, -2, -1번째 위치의 3글자를 가져옵니다.

결과 inong

② string[:3]+string[-3:-1] : 0, 1, 2번째 위치의 3글자와 -3, -2번째 위치의 2글자를 가져옵니다.

결과 Sinon

③ string[0:3]+string[-3:] : 0, 1, 2번째 위치의 3글자와 -3, -2, -1번째 위치의 3글자를 가져옵니다.

결과 Sinong

④ string[0:]+string[:-1] : 0부터 마지막 위치까지의 모든 글자와, 첫 위치부터 -2까지의 모든 글자를 가져옵니다.

결과 SinagongSinagon

23.7, 22.4

3. 다음 Python 프로그램의 실행 결과가 [실행결과]와 같을 때, 빈칸에 적합한 것은?

```
x = 20
if x == 10:
    print('10')
(      ) x == 20:
    print('20')
else:
    print('other')
```

[실행결과]

```
20
```

① either   ② elif   ③ else if   ④ else

해설

Python에서 if문에 조건을 추가할 때 사용하는 예약어는 elif입니다. 사용된 코드의 의미는 다음과 같습니다.

```
❶ x = 20
❷ if x == 10:
❸     print('10')
❹ elif x == 20:
❺     print('20')
❻ else:
❼     print('other')
```

❶ 변수 x에 20을 저장합니다.
❷ x가 100이면 ❸번으로 이동하고, 아니면 ❹번으로 이동합니다. x의 값은 100이 아니므로 ❹번으로 이동합니다.
❹ x가 200이면 ❺번으로 이동하고, 아니면 ❻번의 다음 줄인 ❼번으로 이동합니다. x의 값은 200이므로 ❺번으로 이동합니다.
❺ 화면에 **20**을 출력합니다.

결과 20

▶350301

23.7, 22.4

301 Python의 활용 – if문   **B**

예
```
if (a == b):
    print("같음")
elif (a > b):
    print("a가 큼")
else:
    printf("b가 큼")
```

a와 b가 같으면 **같음**을 출력하고 a가 b보다 크면 **a가 큼**을 출력하고 그렇지 않으면 **b가 큼**을 출력한다.

▶350302

22.3, 21.8

302 Python의 활용 – for문   **B**

• range를 이용하는 방식

예
```
for i in range(1, 11):
    sum = sum + i
```

i에 1부터 10까지 순서대로 저장하며 sum에 i의 값을 누적시키는 실행문을 반복 수행한다.

• 리스트(List)를 이용하는 방식

예
```
a = [1, 2, 3, 4, 5, 6, 7, 8, 9, 10]
for i in a:
    sum = sum + i
```

리스트 a에 저장된 10개의 요소들을 i에 순서대로 저장하며 sum에 i의 값을 누적시키는 실행문을 반복 수행한다.

22.3

1. 다음 Python 프로그램이 실행되었을 때, 실행 결과는?

```
a = ["대", "한", "민", "국"]
for i in a:
    print(i)
```

① 대한민국

② 대
　한
　민
　국

③ 대

④ 대대대대

사용된 코드의 의미는 다음과 같습니다.

❶ a = ["대", "한", "민", "국"]
❷ for i in a:
❸ 　print(i)

❶ 4개의 요소를 갖는 리스트 a를 선언하고 초기화합니다.

```
    [0]  [1]  [2]  [3]
a   '대'  '한'  '민'  '국'
```

❷ 반복 변수 i에 a의 각 요소를 순서대로 저장하며 ❸번 문장을 반복 수행합니다.

❸ i의 값을 출력하고 커서를 다음 줄의 처음으로 옮깁니다.
반복문 실행에 따른 변수의 변화는 다음과 같습니다.

반복횟수	i	출력
1	'대'	대
2	'한'	대 한
3	'민'	대 한 민
4	'국'	대 한 민 국

▶ 350303

303 Python의 활용 – while문 **C**

21.3

예 | while i <= 10:
　　i = i + 1

i가 10보다 작거나 같은 동안 i의 값을 1씩 누적시킨다.

21.3

2. 다음은 파이썬으로 만들어진 반복문 코드이다. 이 코드의 결과는?

```
>> while(True) :
    print('A')
    print('B')
    print('C')
    continue
    print('D')
```

① A, B, C 출력이 반복된다.
② A, B, C
③ A, B, C, D 출력이 반복된다.
④ A, B, C, D 까지만 출력된다.

while(True)는 조건이 항상 참이므로 블록 내의 코드들을 무한 반복시키며, continue는 이후 코드를 수행하지 않고 반복문의 처음으로 돌아가는 예약어입니다. 따라서 화면에는 D를 제외한 A, B, C 출력이 반복됩니다.

▶ 350304

304 Python의 활용 – 클래스 **C**

21.5

클래스를 사용하려면 클래스 이름을 정하고 객체 생성을 위한 속성과 메소드(함수)를 정의한 후, 객체를 선언하면 된다.

예제 | 다음 Python으로 구현된 프로그램의 출력 결과를 확인하시오.

```
    class Cls:
        x = 10
❹   def add(self, a):
❺       return a + self.x
❶   a = Cls( )
❷   a.x = 5
❸❻ print(a.add(5))
```

❶ Cls 클래스의 객체 변수 a를 생성한다.

❷ 객체 a의 변수 x에 5를 저장한다. (a.x = 5)

❸ 5를 인수로 a 객체의 add( ) 메소드를 호출한 후 돌려받은 값을 출력한다.

❹ add( ) 메소드의 시작점이다. ❸번에서 전달받은 5를 a가 받는다.

❺ a와 객체의 변수 x를 더한 값 10을 메소드를 호출했던 ❻번으로 반환한다.

• self : 메소드 안에서 사용되는 self는 자신이 속한 클래스를 의미한다.

• self.x : a.x와 동일하다.

❻ ❺번에서 돌려받은 값 10을 출력한다.

결과 | 10

21.5

3. 다음 파이썬(Python) 프로그램이 실행되었을 때의 결과는?

```
class FourCal:
    def setdata(sel, fir, sec):
        sel.fir = fir
        sel.sec = sec
    def add(sel):
        result = sel.fir + sel.sec
        return result
a = FourCal( )
a.setdata(4, 2)
print(a.add( ))
```

① 0 　　　　　　　　　　② 2
③ 4 　　　　　　　　　　④ 6

해설

사용된 코드의 의미는 다음과 같습니다.

```
ⓐ      class FourCal:
ⓑ❸     def setdata(sel, fir, sec):
❹         sel.fir = fir
❺         sel.sec = sec
ⓒ❼     def add(sel):
❽         result = sel.fir + sel.sec
❾         return result
❶  a = FourCal( )
❷  a.setdata(4, 2)
❻❿ print(a.add( ))
```

ⓐ 클래스 FourCal을 정의합니다.

ⓑ 2개의 인수를 받는 메소드 setdata( )를 정의합니다.

ⓒ 메소드 add( )를 정의합니다.

※ 모든 Python 프로그램은 반드시 클래스 정의부가 종료된 이후의 코드에서 시작합니다.

❶ FourCal 클래스의 객체 변수 a를 선언합니다.

❷ 4와 2를 인수로 a 객체의 setdata 메소드를 호출합니다.

❸ setdata 메소드의 시작점입니다. ❷번에서 전달받은 4와 2를 fir와 sec가 받습니다.
　• sel : 메소드에서 자기 클래스에 속한 변수에 접근할 때 사용하는 명칭으로, 일반적으로 self를 사용하지만 여기서의 sel과 같이 사용자가 임의로 지정해도 됩니다.

❹ a 객체에 변수 fir를 선언하고, fir의 값 4로 초기화합니다.

❺ a 객체에 변수 sec를 선언하고, sec의 값 2로 초기화합니다. 메소드가 종료되었으므로 메소드를 호출했던 ❷번의 다음 줄인 ❻번으로 이동합니다.

❻ a 객체의 add 메소드를 호출하고 반환받은 값을 출력합니다.

❼ add 메소드의 시작점입니다.

❽ result를 선언하고, a 객체의 변수 fir와 sec를 더한 값 6(4+2)으로 초기화합니다.

❾ result의 값 6을 메소드를 호출했던 곳으로 반환합니다.

❿ ❾번에서 반환받은 값 6을 출력합니다.

결과　6

▶ 350305
실기공통
305

Python의 활용 –
클래스 없는 메소드의 사용　23.7, 23.2, 21.8, 실기 22.5　Ⓐ

C언어의 사용자 정의 함수와 같이 클래스 없이 메소드만 단독으로 사용할 수 있다.

예제　다음 Python으로 구현된 프로그램의 출력 결과를 확인하시오.

```
❸ def calc(x, y):
❹     x *= y
❺     return x
❶ a, b = 3, 4
❷ a = calc(a, b)
❻ print(a, b)
```

❶ 변수 a와 b에 3과 4를 저장한다.

❷ a, b 즉 3과 4를 인수로 하여 calc 메소드를 호출한 결과를 a에 저장한다.

❸ calc( ) 메소드의 시작점이다. ❷번에서 전달받은 3과 4를 x와 y가 받는다.

❹ x = x * y이므로 x는 12가 된다.

❺ x의 값을 반환한다. x의 값 12를 ❷번의 a에 저장한다.

❻ 결과　12, 4

기출체크 ✓

23.2

4. 다음 Python 프로그램이 실행되었을 때의 결과는?

```
def func(n):
    sum = 0
    for i in range(n+1):
        sum = sum + i
    return sum
r = func(11)
print(r)
```

① 45 　　　　　　　　　　② 55
③ 66 　　　　　　　　　　④ 78

해설

사용된 코드의 의미는 다음과 같습니다.

```
❷  def func(n):
❸      sum = 0
❹      for i in range(n+1):
❺          sum = sum + i
❻      return sum
❶❼ r = func(11)
❽  print(r)
```

func( ) 메소드를 정의하는 부분의 다음 줄부터 시작합니다.

❶ 11을 인수로 func( ) 메소드를 호출한 후 돌려받은 값을 r에 저장합니다.

❷ func( ) 메소드의 시작점입니다. ❶번에서 전달받은 11을 n이 받습니다.

---

❸ sum을 선언하고 0으로 초기화합니다.

❹ 반복 변수 i가 0부터 1씩 증가하면서 n+1보다 작은 동안 ❺번을 반복 수행합니다.

❺ sum에 i의 값을 누적시킵니다.

반복문 실행에 따른 변수들의 변화는 다음과 같습니다.

i	sum
	0
0	0
1	1
2	3
3	6
4	10
5	15
6	21
7	28
8	36
9	45
10	55
11	66

❻ sum의 값 66을 메소드를 호출했던 ❼번으로 반환합니다.

❼ r에 ❻번에서 돌려받은 66을 저장합니다.

❽ r의 값 66을 출력합니다.

결과 66

▶350307

21.8, 20.6

307 파이썬(Python) **C**

- 파이썬(Python)은 귀도 반 로섬(Guido van Rossum)이 발표한 대화형 인터프리터 언어이다.
- 객체지향 기능을 지원하고 플랫폼에 독립적이며 문법이 간단하여 배우기 쉽다.

기출체크 ✓

21.8

2. 귀도 반 로섬(Guido van Rossum)이 발표한 언어로, 인터프리터 방식이자 객체지향적이며, 배우기 쉽고 이식성이 좋은 것이 특징인 스크립트 언어는?

① C++ ② JAVA
③ C# ④ Python

▶350306

21.5

306 자바스크립트 **C**

- 자바스크립트(JAVA Script)는 웹 페이지의 동작을 제어하는 데 사용되는 클라이언트용 스크립트 언어이다.
- 클래스 기반의 객체 상속을 지원한다.
- 프로토타입 개념을 활용할 수 있다.

기출체크 ✓

21.5

1. 자바스크립트(JavaScript)와 관련한 설명으로 틀린 것은?

① 프로토타입(Prototype)의 개념이 존재한다.
② 클래스 기반으로 객체 상속을 지원하지 않는다.
③ Prototype Link와 Prototype Object를 활용할 수 있다.
④ 객체지향 언어이다.

해설
자바스크립트는 객체 상속은 물론 클래스 기반으로 작성하는 것도 가능합니다.

▶350308

21.8, 20.8

308 쉘 스크립트 **C**

- 쉘 스크립트는 유닉스/리눅스 계열의 쉘(Shell)에서 사용되는 명령어들의 조합으로 구성된 스크립트 언어이다.
- 컴파일 단계가 없어 실행 속도가 빠르다.
- 저장 시 확장자로 '.sh'가 붙는다.
- **쉘의 종류** : Bash Shell, Bourne Shell, C Shell, Korn Shell 등
- 쉘 스크립트에서 사용되는 제어문
  - 선택형 : if, case
  - 반복형 : for, while, until

기출체크 ✓

20.8

3. 다음 중 bash 쉘 스크립트에서 사용할 수 있는 제어문이 아닌 것은?

① if ② for
③ repeat_do ④ while

---

309 라이브러리의 개념 ⓒ

▶350309
21.3

- 라이브러리는 프로그램을 효율적으로 개발할 수 있도록 자주 사용하는 함수나 데이터들을 미리 만들어 모아 놓은 집합체이다.
- 표준 라이브러리 : 프로그래밍 언어에 기본적으로 포함되어 있는 라이브러리로, 여러 종류의 모듈이나 패키지로 구성됨
- 외부 라이브러리 : 개발자들이 필요한 기능들을 만들어 인터넷 등에 공유해 놓은 것으로, 외부 라이브러리를 다운받아 설치한 후 사용함

기출체크 ✓

21.3

4. 라이브러리의 개념과 구성에 대한 설명 중 틀린 것은?

① 라이브러리란 필요할 때 찾아서 쓸 수 있도록 모듈화되어 제공되는 프로그램을 말한다.
② 프로그래밍 언어에 따라 일반적으로 도움말, 설치 파일, 샘플 코드 등을 제공한다.
③ 외부 라이브러리는 프로그래밍 언어가 기본적으로 가지고 있는 라이브러리를 의미하며, 표준 라이브러리는 별도의 파일 설치를 필요로 하는 라이브러리를 의미한다.
④ 라이브러리는 모듈과 패키지를 총칭하며, 모듈이 개별 파일이라면 패키지는 파일들을 모아 놓은 폴더라고 볼 수 있다.

해설

프로그래밍 언어가 기본적으로 가지고 있는 라이브러리는 표준 라이브러리이고, 별도의 파일 설치를 필요로 하는 라이브러리는 외부 라이브러리입니다.

▶350310
23.5, 23.2

310 C언어의 stdio.h Ⓑ

- C언어는 라이브러리를 헤더 파일로 제공하는데, 헤더 파일을 사용하려면 '#include 〈stdio.h〉'와 같이 include문을 이용해 선언한 후 사용해야 한다.
- stdio.h는 데이터의 입·출력에 사용되는 기능들을 제공한다.
- 주요 함수 : printf, scanf, fprintf, fscanf, fclose, fopen 등

기출체크 ✓

23.5

5. 다음 중 C언어에서 입·출력 함수를 사용하기 위해 헤더 파일을 호출하는 코드로 올바른 것은?

① #include 〈stdio.h〉
② #import 〈stdio.h〉
③ #include 〈io.h〉
④ #import 〈io.h〉

해설

C언어에서 헤더 파일을 호출할 때 사용하는 예약어는 #include이고, 입·출력에 사용되는 기능을 제공하는 헤더 파일은 stdio.h입니다.

▶350311
22.7, 21.5, 21.3

311 C언어의 stdlib.h Ⓐ

- stdlib.h는 자료형 변환, 난수 발생, 메모리 할당에 사용되는 기능들을 제공한다.
- 주요 함수 : atoi, atof, srand, rand, malloc, free 등

기출체크 ✓

22.7, 21.5

6. C언어 라이브러리 중 stdlib.h에 대한 설명으로 옳은 것은?

① 문자열을 수치 데이터로 바꾸는 문자 변환함수와 수치를 문자열로 바꿔주는 변환함수 등이 있다.
② 문자열 처리 함수로 strlen( )이 포함되어 있다.
③ 표준 입출력 라이브러리이다.
④ 삼각 함수, 제곱근, 지수 등 수학적인 함수를 내장하고 있다.

해설

자료형 변환은 stdlib.h, 문자열 처리는 string.h, 표준 입출력은 stdio.h, 수학 함수는 match.h 헤더 파일을 사용합니다.

▶350312
23.2

312 C언어의 string.h Ⓒ

- string.h는 문자열 처리에 사용되는 기능들을 제공한다.
- 주요 함수 : strlen, strcpy, strcmp 등

기출체크 ✓

23.2

7. C언어의 헤더 파일에 대한 설명으로 틀린 것은?

① stdio.h : 입·출력에 대한 기능들을 제공한다.
② math.h : 여러 수학 함수들을 제공한다.
③ string.h : 자료형 변환, 메모리 할당에 대한 기능들을 제공한다.
④ time.h : 시간 처리에 관한 기능들을 제공한다.

해설

- string.h는 문자열 처리에 사용되는 기능들을 제공합니다.
- 자료형 변환, 메모리 할당에 대한 기능들을 제공하는 헤더 파일은 stdlib.h입니다.

기출체크 정답 4.③ 5.① 6.① 7.③

313 JAVA의 예외 처리

B

- JAVA에서는 try ~ catch 문을 이용해 예외를 처리한다.
- try 블록 코드를 수행하다 예외가 발생하면 예외를 처리하는 catch 블록으로 이동하여 예외 처리 코드를 수행하므로 예외가 발생한 이후의 코드는 실행되지 않는다.
- catch 블록에서 선언한 변수는 해당 catch 블록에서만 유효하다.
- try ~ catch 문 안에 또 다른 try ~ catch 문을 포함할 수 있다.
- try ~ catch 문 안에서는 실행 코드가 한 줄이라도 중괄호({ })를 생략할 수 없다.

기출체크 ✓

23.7

1. 다음 JAVA 프로그램의 결과로 옳은 것은?

```java
public class Test {
    public static void main(String[ ] args) {
        try {
            int a = 32, b = 0;
            double c = a / b;
            System.out.print('A');
        }
        catch (ArithmeticException e) {
            System.out.print('B');
        }
        catch (NumberFormatException e) {
            System.out.print('C');
        }
        catch (Exception e) {
            System.out.print('D');
        }
    }
}
```

① A   ② B
③ C   ④ D

해설

사용된 코드의 의미는 다음과 같습니다.

```java
public class Test {
    public static void main(String[ ] args) {
❶      try {
❷          int a = 32, b = 0;
❸          double c = a / b;
            System.out.print('A');
        }
❹      catch (ArithmeticException e) {
❺          System.out.print('B');
        }
        catch (NumberFormatException e) {
            System.out.print('C');
        }
        catch (Exception e) {
            System.out.print('D');
        } ❻
    }
}
```

❶ 예외 구문의 시작입니다.
❷ 정수형 변수 a와 b를 선언하고, 각각 32와 0으로 초기화합니다.
❸ • 실수형 변수 c를 선언하고 32/0의 결과값으로 초기화합니다.
  • 어떤 수를 0으로 나누는 연산은 수학적 오류를 유발하므로, 해당 오류를 처리하는 ArithmeticException의 catch문으로 이동합니다.
  ※ ArithmeticException : 0으로 나누는 등의 산술 연산에 대한 예외가 발생한 경우 사용하는 예외 객체
❹ ArithmeticException에 해당하는 예외를 다루는 catch문의 시작입니다.
❺ 화면에 B를 출력합니다. try문이 종료되었으므로 ❻번으로 이동하여 프로그램을 종료합니다.

결과   B

 해설은 224쪽에 있습니다.

20년 8월

01 C언어에서 정수 자료형으로 옳은 것은?

① int ② float

③ char ④ double

23년 2월, 21년 3월

02 JAVA에서 변수와 자료형에 대한 설명으로 틀린 것은?

① 변수는 어떤 값을 주기억장치에 기억하기 위해서 사용하는 공간이다.

② 변수의 자료형에 따라 저장할 수 있는 값의 종류와 범위가 달라진다.

③ char 자료형은 나열된 여러 개의 문자를 저장하고자 할 때 사용한다.

④ boolean 자료형은 조건이 참인지 거짓인지 판단하고자 할 때 사용한다.

23년 5월

03 C언어의 자료형 중 논리형에 해당하는 것은?

① short ② int

③ char ④ bool

20년 9월

04 JAVA 프로그래밍 언어의 정수 데이터 타입 중 'long'의 크기는?

① 1byte ② 2byte

③ 4byte ④ 8byte

20년 6월

05 C언어에서 사용할 수 없는 변수명은?

① student2019 ② text-color

③ _korea ④ amount

21년 8월, 3월

06 C언어에서의 변수 선언으로 틀린 것은?

① int else; ② int Test2;

③ int pc; ④ int True;

23년 5월

07 다음 중 변수(Variable)에 대한 설명으로 옳지 않은 것은?

① 데이터를 저장할 수 있는 이름이 부여된 기억 장소를 의미한다.

② 변수는 값을 초기화하지 않으면 쓰레기 값(Garbage

Value)을 갖게 된다.

③ 변수의 선언 위치에 따라 전역 변수와 지역 변수로 나눌 수 있다.

④ main( ) 함수에서는 다른 함수에서 선언한 변수에도 접근할 수 있다.

23년 7월, 21년 5월

08 다음 C언어 프로그램이 실행되었을 때의 결과는?

```
#include <stdio.h>
int main(int argc, char *argv[ ]) {
    int a = 4;
    int b = 7;
    int c = a | b;

    printf("%d", c);
    return 0;
}
```

① 3 ② 4

③ 7 ④ 10

21년 8월

09 다음 중 JAVA에서 우선순위가 가장 낮은 연산자는?

① ―― ② %

③ & ④ =

22년 3월

10 C언어에서 정수 변수 a, b에 각각 1, 2가 저장되어 있을 때 다음 식의 연산 결과로 옳은 것은?

$$a < b + 2 \text{ \&\& } a << 1 <= b$$

① 0 ② 1

③ 3 ④ 5

23년 5월

11 다음 C언어 프로그램에서 밑줄 친 부분의 의미를 올바르게 설명한 것은?

$$r = r << n;$$

① $r * 2^n$을 의미한다.

② $r + 2^n$을 의미한다.

③ r의 최댓값을 의미한다.

④ r의 최솟값을 의미한다.

22년 7월, 4월, 21년 8월

12 다음 C언어 프로그램이 실행되었을 때의 결과는?

```c
#include <stdio.h>
int main(void) {
    int a = 3, b = 4, c = 2;
    int r1, r2, r3;

    r1 = b <= 4 || c == 2;
    r2 = (a > 0) && (b < 5);
    r3 = !c;

    printf("%d", r1+r2+r3);
    return 0;
}
```

① 0   ② 1
③ 2   ④ 3

20년 8월

13 다음 자바 프로그램 조건문에 대해 삼항 조건 연산자를 사용하여 옳게 나타낸 것은?

```java
int i = 7, j = 9;
int k;
if (i > j)
    k = i - j;
else
    k = i + j;
```

① int i = 7, j = 9;
   int k;
   k = (i > j) ? (i - j) : (i + j);
② int i = 7, j = 9;
   int k;
   k = (i < j) ? (i - j) : (i + j);
③ int i = 7, j = 9;
   int k;
   k = (i > j) ? (i + j) : (i - j);
④ int i = 7, j = 9;
   int k;
   k = (i < j) ? (i + j) : (i - j);

21년 5월

14 다음 JAVA 프로그램이 실행되었을 때의 결과는?

```java
public class Operator {
    public static void main(String[ ] args) {
        int x=5, y=0, z=0;
        y = x++;
        z = --x;
        System.out.print(x + ", " + y +", " +z);
    }
}
```

① 5, 5, 5   ② 5, 6, 5
③ 6, 5, 5   ④ 5, 6, 4

21년 3월

15 다음 JAVA 코드 출력문의 결과는?

```java
..생략..
System.out.println("5 + 2 = " + 3 + 4);
System.out.println("5 + 2 = " + (3 + 4));
..생략..
```

① 5 + 2 = 34   ② 5 + 2 + 3 + 4
  5 + 2 = 34   5 + 2 = 7
③ 7 = 7   ④ 5 + 2 = 34
  7 + 7   5 + 2 = 7

16 다음 C 프로그램의 실행 결과는?

```c
#include <stdio.h>
main()
{
    int a = 10;
    if (a == 10)
        printf("a는");
        printf("%d입니다.", a);
    else
        printf("a는");
        printf("%d이 아닙니다.", a);
}
```

① a는 10입니다.
② error 발생
③ a는 10이 아닙니다.
④ 10입니다.

17 다음 C 프로그램을 실행했을 경우 출력되는 값은 얼마인가?

```
main( )
{
    int a = 100;
    if (a = 200)
        a = 300;
    else
        a = 400;
    printf("%d\n", a);
}
```

① 100   ② 200

③ 300   ④ 400

23년 7월, 22년 3월
18 다음 C언어 프로그램이 실행되었을 때, 실행 결과는?

```
#include <stdio.h>
#include <stdlib.h>
int main(int argc, char* argv[ ]) {
    int i = 0;
    while (1) {
        if (i == 4) {
            break;
        }
        ++i;
    }
    printf("i = %d", i);
    return 0;
}
```

① i = 0   ② i = 1

③ i = 3   ④ i = 4

23년 2월
19 다음 중 출력문이 무한히 반복되는 코드를 올바르게 구현한 것은?

① do { printf("무한반복"); } while (0);

② while(0) printf("무한반복");

③ for(;;) printf("무한반복");

④ for(1;1) printf("무한반복");

23년 2월
20 다음 C언어 프로그램이 실행되었을 때의 결과는?

```
#include <stdio.h>
main( ) {
    int sum = 0;
    for (int i = 0; i <= 10; i++) {
        if (i % 2 == 0)
            continue;
        sum = sum + i;
    }
    printf("%d", sum);
}
```

① 20   ② 25

③ 30   ④ 55

23년 7월, 21년 8월
21 다음 JAVA 프로그램이 실행되었을 때의 결과는?

```
public class ovr {
    public static void main(String[ ] args) {
        int arr[ ];
        int i = 0;
        arr = new int[10];
        arr[0] = 0;
        arr[1] = 1;
        while(i < 8) {
            arr[i + 2] = arr[i + 1] + arr[i];
            i++;
        }
        System.out.println(arr[9]);
    }
}
```

① 13   ② 21

③ 34   ④ 55

▶ 정답 : 12.③ 13.① 14.① 15.④ 16.② 17.③ 18.④ 19.③ 20.② 21.③

21년 8월

22 다음 C언어 프로그램이 실행되었을 때의 결과는?

```
#include <stdio.h>
#include <string.h>
int main(void) {
    char str[50] = "nation";
    char *p2 = "alter";
    strcat(str, p2);
    printf("%s", str);
    return 0;
}
```

① nation
② nationalter
③ alter
④ alternation

20년 6월

23 C언어에서 배열 b[5]의 값은?

```
static int b[9] = {1, 2, 3};
```

① 0
② 1
③ 2
④ 3

23년 7월

24 다음 C언어 프로그램의 결과로 옳은 것은?

```
#include <stdio.h>
main( ) {
    char c = 'A';
    c = c + 1;
    printf("%d", c);
}
```

① A
② B
③ 65
④ 66

22년 3월

25 다음 C언어 프로그램이 실행되었을 때, 실행 결과는?

```
#include <stdio.h>
#include <stdlib.h>
int main(int argc, char* argv[ ]) {
    char str1[20] = "KOREA";
    char str2[20] = "LOVE";
    char* p1 = NULL;
    char* p2 = NULL;
    p1 = str1;
    p2 = str2;
    str1[1] = p2[2];
    str2[3] = p1[4];
    strcat(str1, str2);
    printf("%c", *(p1 + 2));
    return 0;
}
```

① E
② V
③ R
④ O

22년 3월

26 다음 C언어 프로그램이 실행되었을 때, 실행 결과는?

```
#include <stdio.h>
#include <stdlib.h>
int main(int argc, char* argv[ ]) {
    int arr[2][3] = { 1,2,3,4,5,6 };
    int (*p)[3] = NULL;
    p = arr;
    printf("%d, ", *(p[0] + 1) + *(p[1] + 2));
    printf("%d", *(*(p + 1) + 0) + *(*(p + 1) + 1));
    return 0;
}
```

① 7, 5
② 8, 5
③ 8, 9
④ 7, 9

20년 9월

27 C언어에서 구조체를 사용하여 데이터를 처리할 때 사용하는 것은?

① for
② scanf
③ struct
④ abstract

20년 9월

28 다음 파이썬으로 구현된 프로그램의 실행 결과로 옳은 것은?

```
>>> a=[0,10,20,30,40,50,60,70,80,90]
>>> a[ : 7 : 2]
```

① [20, 60]

② [60, 20]

③ [0, 20, 40, 60]

④ [10, 30, 50, 70]

22년 3월

29 JAVA의 예외(exception)와 관련한 설명으로 틀린 것은?

① 문법 오류로 인해 발생한 것

② 오동작이나 결과에 악영향을 미칠 수 있는 실행 시간 동안에 발생한 오류

③ 배열의 인덱스가 그 범위를 넘어서는 경우 발생하는 오류

④ 존재하지 않는 파일을 읽으려고 하는 경우에 발생하는 오류

23년 2월

30 다음은 DivideByZero에 대한 예외 처리 구문을 JAVA 프로그램으로 구현한 것이다. 프로그램이 실행되었을 때의 결과는?

```java
public class Test {
    static void div(int a, int b) {
        try {
            System.out.print(a / b + " ");
        } catch(ArithmeticException e1) {
            System.out.print("DivideByZero ");
        } finally {
            System.out.print("Done");
        }
    }
    public static void main(String[ ] args) {
        div(5,5);
    }
}
```

① 1

② 1 DivideByZero

③ DivideByZero Done

④ 1 Done

01 핵심 274

C언어의 정수 자료형에는 short, int, long, long long 이 있다.

- float, double은 실수 자료형, char는 문자 자료형이다.

02 핵심 274

char 자료형은 문자 한 글자를 저장할 때 사용하는 자료형이며, JAVA에서 여러 개의 문자를 저장할 때는 배열 또는 String 객체를 이용해야 한다.

03 핵심 274

- C언어의 논리 자료형에는 bool이 있다.
- short, int는 정수 자료형, char는 문자 자료형이다.

04 핵심 274

JAVA의 자료형 중 정수형 long의 크기는 8Byte이다.

05 핵심 276

변수명의 첫 글자는 영문자나 _(under bar)로 시작해야 하며, 공백이나 특수문자는 사용할 수 없다.

06 핵심 276

else는 if문에서 사용하는 예약어이므로, 변수의 이름으로는 사용할 수 없다.

07 핵심 276

프로그램이 시작되는 시작 함수인 main( ) 함수도 함수이므로, 함수 내에서 선언한 변수에만 접근할 수 있다.

08 핵심 279

사용된 코드의 의미는 다음과 같다.

```
#include <stdio.h>
int main(int argc, char *argv[ ] {
❶   int a = 4;
❷   int b = 7;
❸   int c = a | b;

❹   printf("%d", c);
❺   return 0;
}
```

❶ 정수형 변수 a를 선언하고 4로 초기화합니다.

❷ 정수형 변수 b를 선언하고 7로 초기화합니다.

❸ 정수형 변수 c를 선언하고 a의 값 4와 b의 값 7을 | (비트 or)연산 한 값으로 초기화합니다.

- | (비트 or)는 두 비트 중 한 비트라도 1이면 1이 되는 연산자입니다.

$$
\begin{array}{r}
4 = 0000\ \ 0100 \\
7 = 0000\ \ 0111 \\
\hline
| = 0000\ \ 0111\,(7)
\end{array}
$$

- c에는 7이 저장됩니다.

❹ c의 값을 정수로 출력합니다.

결과	7

❺ 프로그램을 종료합니다.

09 핵심 282

보기에 제시된 연산자를 우선순위가 높은 것에서 낮은 것 순으로 나열하면, 단항(--) → 산술(%) → 비트(&) → 대입(=) 연산자 순이다.

10 핵심 282

우선순위에 따라 문제의 식을 풀면 다음과 같다.

a < b + 2 && a << 1 <= b

- ❶ b + 2 : b의 값은 2이므로 결과는 4입니다.
- ❷ a << 1 : 왼쪽 시프트(<<)는 왼쪽으로 1비트 시프트할 때마다 2배씩 증가하므로, a의 값 1을 왼쪽으로 1비트 시프트한 결과는 2입니다.
- ❸ a < ❶ → a < 4 : a의 값 1은 4보다 작으므로 결과는 1(참)입니다.
- ❹ ❷ <= b → 2 <= b : b의 값 2는 2와 같으므로 결과는 1(참)입니다.
- ❺ ❸ && ❹ → 1 && 1 : &&은 모두 참일 때만 참이므로 결과는 1(참)입니다.

11 핵심 279

<<는 왼쪽 쉬프트 연산자로, r << n은 r에 저장된 값을 왼쪽으로 n비트 이동시키라는 의미를 가진다. n비트 왼쪽으로 이동시키면 기본값에 2^n을 곱한 것과 같고, 오른

쪽으로 이동시키면 기본값을 2^n으로 나눈 것과 같다. 그러므로 지문에서 밑줄 친 부분을 간단히 식으로 표현하면 $r * 2^n$이 된다.

12 핵심 280

사용된 코드의 의미는 다음과 같다.

```c
#include <stdio.h>
int main(void) {
❶  int a = 3, b = 4, c = 2;
❷  int r1, r2, r3;

❸  r1 = b <= 4 || c == 2;
❹  r2 = (a > 0) && (b < 5);
❺  r3 = !c;

❻  printf("%d", r1+r2+r3);
❼  return 0;
}
```

❶ 정수형 변수 a, b, c를 선언하고 각각 3, 4, 2로 초기화합니다.

❷ 정수형 변수 r1, r2, r3을 선언합니다.

❸ r1 = <u>b <= 4</u> || <u>c == 2</u>;
　　　　　ⓐ　　　　　ⓑ
　　　　　　　ⓒ

- ⓐ : b의 값 4는 4보다 작거나 같으므로 참(1)입니다.
- ⓑ : c의 값 2는 2와 같으므로 참(1)입니다.
- ⓒ : ⓐ||ⓑ는 둘 중 하나라도 참이면 참이므로 참(1)입니다.

r1에는 1이 저장됩니다.

❹ r2 = <u>(a > 0)</u> && <u>(b < 5)</u>:
　　　　　ⓐ　　　　　　ⓑ
　　　　　　　ⓒ

- ⓐ : a의 값 3은 0보다 크므로 참(1)입니다.
- ⓑ : b의 값 4는 5보다 작으므로 참(1)입니다.
- ⓒ : ⓐ&&ⓑ는 둘 다 참이어야 참이므로 결과는 참(1)입니다.

r2에는 1이 저장됩니다.

❺ c의 값 2는 참이므로 거짓(0)이 저장됩니다.

- !(논리 NOT) : 참(1)이면 거짓(0)을, 거짓(0)이면 참을 반환하는 연산자

※ 정수로 논리값(참, 거짓)을 판별하면 0은 거짓, 0이외의 수는 참으로 결정되어 저장됩니다.

❻ r1, r2, r3을 더한 값 2(1+1+0)를 출력합니다.

결과　 **2**

❼ 프로그램을 종료합니다.

13 핵심 281

삼항 조건 연산자의 형식은 '조건 ? 참일 때 수식 : 거짓일 때 수식;'이며, 문제의 코드에서 조건은 'i > j'이고, 조건이 참일 때 수행할 수식은 'k = i – j'이고, 거짓일 때 수행할 수식은 'k = i + j'이다. 즉 문제의 코드에 삼항 조건 연산자를 적용하여 변경하면 다음과 같다.

```
❶ int i = 7, j = 9;
❷ int k;
❸ k = (i > j) ? (i – j) : (i + j);
```

❶ 정수형 변수 i와 j를 선언하고, 각각 7과 9로 초기화합니다.

❷ 정수형 변수 k를 선언합니다.

❸ i의 값이 j의 값보다 크면 k에 i-j의 값을 저장하고, 작거나 같으면 k에 i+j의 값을 저장합니다.

14 핵심 285

사용된 코드의 의미는 다음과 같다.

```java
public class Operator {
    public static void main(String[ ] args) {
❶      int x=5, y=0, z=0;
❷      y = x++;
❸      z = --x;
❹      System.out.print(x + ", " + y +", " +z);
    }
}
```

❶ 정수형 변수 x, y, z를 선언하고, 각각 5, 0, 0으로 초기화합니다. (x=5, y=0, z=0)

❷ x는 후치 증가 연산자이므로, x의 값 5를 y에 저장한 후 x의 값을 1 증가시킵니다. (x=6, y=5, z=0)

❸ x는 전치 감소 연산자이므로, x의 값을 1 감소시킨 후 x의 값 5를 z에 저장합니다. (x=5, y=5, z=5)

❹ x, y, z의 값을 ", "으로 구분하여 출력합니다.

결과　 **5, 5, 5**

15 핵심 285

Java의 print( ) 또는 println( ) 사용시 '숫자 + 숫자'는 연산의 결과를 숫자로, '문자 + 숫자'는 두 값을 붙여서 출력한다.

> ❶ System.out.println("5 + 2 = " + 3 + 4);
> ❷ System.out.println("5 + 2 = " + (3 + 4));

❶ (("5+2=" + 3) + 4)의 순서로 수행되며, ("5+2=" + 3)는 문자+숫자이므로 값을 붙여서 5 + 2 = 3으로, ("5+2=3"+ 4) 또한 문자+숫자이므로 값을 붙여서 5 + 2 = 34로 출력됩니다.

❷ ("5+2=" + (3+4))의 순서로 수행되며, 3+4는 숫자+숫자이므로 값이 계산되어 7로, ("5+2="+ 7)은 문자+숫자이므로 값을 붙여서 5 + 2 = 7로 출력됩니다.

16 핵심 286

if문에서 조건이 참이거나 거짓일 때 실행할 문장이 두 문장 이상이면 중괄호({ })를 입력하고 그 사이에 실행할 문장을 입력해야 하는데 중괄호({ }) 없이 두 문장을 입력했으므로 error가 발생한다.

17 핵심 286

C언어에서는 값이 같은지 비교할 때는 관계 연산자 = = 를 사용해야 한다. 'if (a = 200)'처럼 대입 연산자 =을 이용하면 a에 200이 저장되고, 200은 참이므로 'a = 300;'을 수행한다.

18 핵심 289, 291

사용된 코드의 의미는 다음과 같다.

```c
#include <stdio.h>
#include <stdlib.h>
int main(int argc, char* argv[ ]) {
❶  int i = 0;
❷  while (1) {
❸      if (i == 4) {
❹          break;
       }
❺      ++i;
   }
❻  printf("i = %d", i);
❼  return 0;
}
```

❶ 정수형 변수 i를 선언하고 0으로 초기화합니다.

❷ 조건이 참(1)이므로 ❸~❺번을 무한 반복합니다.

❸ i의 값이 4이면 ❹번으로 이동하고, 아니면 ❺번으로 이동합니다.

❹ 반복문을 탈출하여 ❻번으로 이동합니다.

❺ 'i=i+1;'과 동일합니다. i의 값을 1 증가시킵니다. 반복문 실행에 따른 변수의 변화는 다음과 같습니다.

반복횟수	i
0	0
1	1
2	2
3	3
4	4
5	

❻ i = 을 출력한 후 이어서 i의 값을 정수로 출력합니다.

결과	i = 4

❼ main( ) 함수에서의 'return 0'은 프로그램의 종료를 의미합니다.

19 핵심 288, 289, 290

① while(0);의 0은 거짓을 의미한다. do~while문은 내부 코드를 1회 수행한 후 조건을 비교하므로, 화면에 "무한반복"을 1회 출력하고 코드가 종료된다.

② while문의 조건이 0이므로 화면에 아무것도 출력하지 않고 코드가 종료된다.

③ for문은 초기값, 최종값, 증가값이 모두 생략되면, 내부 코드를 무한히 반복하여 실행한다. 화면에 "무한반복"이 끊임없이 출력된다.

④ for문의 형식은 for(식1; 식2; 식3)이다. 세미콜론이 1개만 있으므로 잘못된 문법으로 인해 코드가 실행되지 않는다.

20 핵심 286, 288, 291

사용된 코드의 의미는 다음과 같다.

```c
#include <stdio.h>
main( ) {
❶  int sum = 0;
❷  for (int i = 0; i <= 10; i++) {
❸      if (i % 2 == 0)
❹          continue;
```

```
❺        sum = sum + i;
      }
❻   printf("%d", sum);
}
```

❶ 정수형 변수 sum을 선언하고 0으로 초기화합니다.

❷ 반복 변수 i가 1씩 증가하면서 10보다 작거나 같은 동안 ❸~❺번을 반복 수행합니다.

❸ i를 2로 나눈 나머지가 0이면 ❹번으로 이동하고, 아니면 ❺번으로 이동합니다.

❹ 반복문의 처음인 ❷번으로 이동합니다.

❺ sum에 i의 값을 누적시킵니다.

반복문 실행에 따른 변수들의 변화는 다음과 같습니다.

i	i%2	sum
		0
0	0	
1	1	1
2	0	
3	1	4
4	0	
5	1	9
6	0	
7	1	16
8	0	
9	1	25
10	0	
11		

❻ sum의 값을 출력합니다.

결과 25

21 핵심 292

사용된 코드의 의미는 다음과 같다.

```
public class ovr {
   public static void main(String[ ] args) {
❶     int arr[ ];
❷     int i = 0;
❸     arr = new int[10];
❹     arr[0] = 0;
❺     arr[1] = 1;
❻     while(i < 8) {
❼        arr[i + 2] = arr[i + 1] + arr[i];
```

```
❽        i++;
      }
❾     System.out.println(arr[9]);
   }
}
```

❶ 정수형 배열 arr을 선언합니다.

❷ 정수형 변수 i를 선언하고 0으로 초기화합니다.

❸ arr에 10개의 요소를 할당합니다.

❹ arr[0]에 0을 저장합니다.

❺ arr[1]에 1을 저장합니다.

❻ i가 8보다 작은 동안 ❼, ❽번을 반복 수행합니다.

❼ arr[i+2]에 arr[i+1]과 arr[i]를 더한 값을 누적합니다.

❽ 'i = i + 1;'과 동일합니다. i에 1씩 누적시킵니다.

반복문을 수행한 결과는 다음과 같습니다.

반복횟수	i	arr [0]	[1]	[2]	[3]	[4]	[5]	[6]	[7]	[8]	[9]
	0	0	1								
1회	1	0	1	1							
2회	2	0	1	1	2						
3회	3	0	1	1	2	3					
4회	4	0	1	1	2	3	5				
5회	5	0	1	1	2	3	5	8			
6회	6	0	1	1	2	3	5	8	13		
7회	7	0	1	1	2	3	5	8	13	21	
8회	8	0	1	1	2	3	5	8	13	21	34

❾ arr[9]의 값을 출력합니다.

결과 34

22 핵심 294

사용된 코드의 의미는 다음과 같다.

```
#include <stdio.h>
#include <string.h>
int main(void) {
❶     char str[50] = "nation";
❷     char *p2 = "alter";
❸     strcat(str, p2);
❹     printf("%s", str);
❺     return 0;
}
```

❶ 50개의 요소를 갖는 문자형 배열 str을 선언하고 "nation"으로 초기화합니다.

❷ 문자형 포인터 변수 p2를 선언하고, "alter"가 저장된 곳의 주소로 초기화합니다.

❸ str이 가리키는 문자열에 p2가 가리키는 문자열을 붙입니다.

- strcat(문자열A, 문자열B) : 문자열A의 뒤에 문자열B를 연결하여 붙이는 함수

❹ str을 문자열로 출력합니다.

결과   `nationalter`

❺ main( ) 함수에서의 'return 0'은 프로그램의 종료를 의미합니다.

23 핵심 295

배열의 초기값을 배열의 크기보다 적은 수로 초기화하면 입력된 값만큼 지정한 숫자가 입력되고, 나머지 요소에는 0이 입력되므로 b[5]의 값은 0이다.

24 핵심 283, 284

문자는 아스키코드로 저장된다. 대문자 'A'는 아스키코드로 65이고, 1을 더하면 66이므로 대문자 'B'가 된다. 하지만 출력문에서 출력 형식이 문자를 출력하는 %c가 아닌 정수를 출력하는 %d를 사용했으므로 대문자 'B'가 아닌 아스키코드 값 66이 출력된다.

사용된 코드의 의미는 다음과 같다.

```
#include <stdio.h>
main( ) {
❶ char c = 'A';
❷ c = c + 1;
❸ printf("%d", c);
}
```

❶ 문자형 변수 c를 선언하고 'A'로 초기화합니다.

❷ c에 1을 더합니다.

❸ c의 값을 정수로 출력합니다.

결과   `66`

25 핵심 295

사용된 코드의 의미는 다음과 같다.

```
#include <stdio.h>
```

```
#include <stdlib.h>
int main(int argc, char* argv[ ]) {
❶ char str1[20] = "KOREA";
❷ char str2[20] = "LOVE";
❸ char* p1 = NULL;
❹ char* p2 = NULL;
❺ p1 = str1;
❻ p2 = str2;
❼ str1[1] = p2[2];
❽ str2[3] = p1[4];
❾ strcat(str1, str2);
❿ printf("%c", *(p1 + 2));
⓫ return 0;
}
```

❶ 20개의 요소를 갖는 문자형 배열 str1을 선언하고 "KOREA"로 초기화합니다.

	[0]	[1]	[2]	[3]	[4]	[5]	…	[20]
str1	'K'	'O'	'R'	'E'	'A'	\0	…	

❷ 20개의 요소를 갖는 문자형 배열 str2를 선언하고 "LOVE"로 초기화합니다.

	[0]	[1]	[2]	[3]	[4]	…	[20]
str2	'L'	'O'	'V'	'E'	\0	…	

❸ 문자형 포인터 변수 p1을 선언하고 NULL로 초기화합니다.

❹ 문자형 포인터 변수 p2를 선언하고 NULL로 초기화합니다.

❺ p1에 str1 배열의 시작 주소를 저장합니다.

		[0]	[1]	[2]	[3]	[4]	[5]	…	[20]
p1	●→ str1	'K'	'O'	'R'	'E'	'A'	\0	…	

❻ p2에 str2 배열의 시작 주소를 저장합니다.

		[0]	[1]	[2]	[3]	[4]	…	[20]
p2	●→ str2	'L'	'O'	'V'	'E'	\0	…	

❼ p2는 str2를 가리키므로 str2[2]의 값인 'V'를 str1[1]에 저장합니다.

	[0]	[1]	[2]	[3]	[4]	[5]	…	[20]
str1	'K'	'V'	'R'	'E'	'A'	\0	…	

❽ p1은 str1을 가리키므로 str1[4]의 값인 'A'를 str2[3]에 저장합니다.

	[0]	[1]	[2]	[3]	[4]	…	[20]
str2	'L'	'O'	'V'	'A'	\0	…	

❾ str1의 문자열 뒤에 str2의 문자열을 이어붙입니다.
- strcat(문자배열A, 문자배열B) : A 배열에 저장된 문자열의 마지막에 이어서 B 배열에 저장된 문자열을 이어붙입니다.

	[0]	[1]	[2]	[3]	[4]	[5]	[6]	[7]	[8]	[9]	…	[20]
str1	'K'	'V'	'R'	'E'	'A'	'L'	'O'	'V'	'A'	\0	…	

❿ p1+2가 가리키는 곳의 값을 문자로 출력합니다. p1은 str1 배열의 시작주소, 즉 str1[0]의 위치를 가리키므로, p1+2는 str1[0]의 다음 두 번째 요소인 'R'을 가리킵니다.

결과 ▓ R ▓▓▓▓▓▓▓▓▓▓▓▓▓▓▓▓▓▓▓▓▓▓

⓫ main( ) 함수에서의 'return 0'은 프로그램의 종료를 의미합니다.

26 핵심 295
사용된 코드의 의미는 다음과 같다.

```
#include <stdio.h>
#include <stdlib.h>
int main(int argc, char* argv[ ]) {
❶  int arr[2][3] = { 1,2,3,4,5,6 };
❷  int (*p)[3] = NULL;
❸  p = arr;
❹  printf("%d, ", *(p[0] + 1) + *(p[1] + 2));
❺  printf("%d", *(*(p + 1) + 0) + *(*(p + 1) + 1));
❻  return 0;
}
```

❶ 2행 3열의 요소를 갖는 정수형 2차원 배열 arr을 선언하고 초기화합니다.

	[0][0]	[0][1]	[0][2]
arr	1	2	3
	4	5	6
	[1][0]	[1][1]	[1][2]

❷ 3개의 요소를 갖는 정수형 포인터 배열 p를 선언하고 NULL로 초기화합니다.

❸ p에 arr의 주소를 저장합니다.

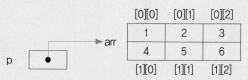

❹ printf("%d, ", *(p[0] + 1) + *(p[1] + 2));
　　　　　　　⌒ㄱ　　　　⌒ㄴ

- ㄱ : p[0]은 arr 배열의 첫 번째 행의 시작 주소를 가리키므로 여기에 1을 더한다는 것은 1행의 두 번째 열의 값 2를 가리키는 것입니다.
- ㄴ : p[1]은 arr 배열의 두 번째 행의 시작 주소를 가리키므로 여기에 2를 더한다는 것은 2행의 세 번째 열의 값 6을 가리키는 것입니다.
- ㄱ의 값 2와 ㄴ의 값 6을 더한 값 8을 정수로 출력한 후 이어서 쉼표(,)와 공백 한 칸을 출력합니다.

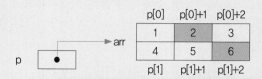

결과 ▓ 8, ▓▓▓▓▓▓▓▓▓▓▓▓▓▓▓▓▓▓▓▓

❺ printf("%d", *(*(p + 1) + 0) + *(*(p + 1) + 1));
　　　　　　　⌒ㄱ　　　　　⌒ㄴ

- 2차원 배열에서 배열명은 실제 값에 해당하는 요소가 아닌 첫 번째 행의 주소를 가리킵니다. 즉, p 또는 arr은 배열의 첫 번째 요소인 1을 가리키는 것이 아닌 첫 번째 행 전체를 가리키므로 만약 두 번째 행을 1차원 배열의 포인터처럼 사용하려면 ❹번에서와 같이 p[1]을 사용하거나 *(p+1)을 사용해야 합니다.

- ㄱ : *(p+1)은 arr 배열의 두 번째 행의 시작 주소를 가리키므로 여기에 0을 더한다는 것은 2행의 첫 번째 열의 값 4를 가리키는 것입니다.
- ㄴ : *(p+1)은 arr 배열의 두 번째 행의 시작 주소를 가리키므로 여기에 1을 더한다는 것은 2행의 두 번째 열의 값 5를 가리키는 것입니다.
- ㄱ의 값 4와 ㄴ의 값 5를 더한 값 9를 정수로 출력합니다.

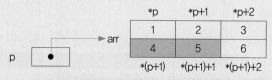

결과 ▓ 8, 9 ▓▓▓▓▓▓▓▓▓▓▓▓▓▓▓▓▓▓▓

❻ main( ) 함수에서의 'return 0'은 프로그램의 종료를 의미합니다.

기출문제은행 해설

27 핵심 296
C언어에서 구조체를 정의하고 선언할 때 사용하는 예약어는 struct이다.

28 핵심 299, 300
a[:7:2]는 배열 a의 0번째부터 6번째 위치까지 2씩 증가하면서 해당 위치의 요소를 출력하라는 의미이다.

29 핵심 313
예외(Exception)는 실행 중에 발생할 수 있는 여러 상황들을 대비한 것이다. 문법 오류의 경우 코드가 실행조차 되지 않으므로 예외로 처리할 수 없다.

30 핵심 313
사용된 코드의 의미는 다음과 같다.

```
public class Test {
❷   static void div(int a, int b) {
❸     try {
❹       System.out.print(a / b + " ");
       } catch(ArithmeticException e1) {
         System.out.print("DivideByZero ");
❺     } finally {
❻       System.out.print("Done");
       }
     }
   public static void main(String[ ] args) {
❶     div(5,5);
   } ❼
}
```

모든 Java 프로그램은 반드시 main( ) 메소드에서 시작합니다.

❶ 두 개의 5를 인수로 div( ) 메소드를 호출합니다.

❷ 값을 반환하지 않는 div( ) 메소드의 시작점입니다. ❶번에서 전달받은 두 개의 5는 각각 a와 b가 받습니다.

❸ 예외 구문의 시작입니다.

❹ a를 b로 나눈 값 1(5/5)과 공백 한 칸을 출력합니다.

결과   `1`

try문이 종료되었으므로 ❺번으로 이동합니다.

❺ try문이 모두 종료되면 실행되는 finally문의 시작입니다.

❻ Done를 출력합니다.

결과   `1 Done`

div( ) 메소드가 종료되었으므로 메소드를 호출했던 ❶번의 다음 줄인 ❼번으로 이동하여 프로그램을 종료합니다.

3 장

응용 SW 기초 기술 활용

314 운영체제의 목적

D

- 운영체제의 목적에는 처리 능력 향상, 사용 가능도 향상, 신뢰도 향상, 반환 시간 단축 등이 있다.
- 처리 능력(Throughput) : 일정 시간 내에 시스템이 처리하는 일의 양
- 반환 시간(Turn Around Time) : 시스템에 작업을 의뢰한 시간부터 처리가 완료될 때까지 걸린 시간
- 사용 가능도(Availability) : 시스템을 사용할 필요가 있을 때 즉시 사용 가능한 정도
- 신뢰도(Reliability) : 시스템이 주어진 문제를 정확하게 해결하는 정도

예상체크 ✓

출제예상
1. 운영체제의 목적으로 거리가 먼 것은?

① 처리 능력의 향상 　　② 반환 시간의 최대화
③ 사용 가능도 증대 　　④ 신뢰도 향상

해설
운영체제의 목적 중 하나는 반환 시간의 최소화입니다.

---

316 운영체제의 기능

20.8 **C**

- 프로세서(처리기, Processor), 기억장치(주기억장치, 보조기억장치), 입·출력장치, 파일 및 정보 등의 자원을 관리한다.
- 자원을 효율적으로 관리하기 위해 자원의 스케줄링 기능을 제공한다.
- 사용자와 시스템 간의 편리한 인터페이스를 제공한다.
- 시스템의 각종 하드웨어와 네트워크를 관리·제어한다.
- 자원 보호 기능을 제공한다.

기출체크 ✓

20.8
3. 운영체제에 대한 설명으로 옳지 않은 것은?

① 다중 사용자와 다중 응용 프로그램 환경 하에서 자원의 현재 상태를 파악하고, 자원 분배를 위한 스케줄링을 담당한다.
② CPU, 메모리 공간, 기억장치, 입·출력장치 등의 자원을 관리한다.
③ 운영체제의 종류로는 매크로 프로세서, 어셈블러, 컴파일러 등이 있다.
④ 입·출력장치와 사용자 프로그램을 제어한다.

해설
- 운영체제의 종류에는 Windows, UNIX/LINUX, MacOS, Android 등이 있습니다.
- 매크로 프로세서, 어셈블러, 컴파일러는 운영체제와 같이 시스템 소프트웨어의 한 종류입니다.

---

315 운영체제의 구성

21.3 **C**

- 제어 프로그램
  - 감시 프로그램
  - 작업 관리 프로그램
  - 데이터 관리 프로그램
- 처리 프로그램
  - 언어 번역 프로그램
  - 서비스 프로그램

기출체크 ✓

21.3
2. 운영체제를 기능에 따라 분류할 경우 제어 프로그램이 아닌 것은?

① 데이터 관리 프로그램 　　② 서비스 프로그램
③ 작업 제어 프로그램 　　④ 감시 프로그램

---

317 Windows의 개요

출제예상 **D**

- Windows는 1990년대 마이크로소프트(Microsoft) 사가 개발한 운영체제이다.
- Windows는 단일 사용자(Single User) 시스템이다.
- Windows는 네트워크 기능이 강화되었다.
- PnP(Plug and Play) : 컴퓨터 시스템에 프린터나 사운드 카드 등의 하드웨어를 설치했을 때, 해당 하드웨어를 사용하는 데 필요한 시스템 환경을 운영체제가 자동으로 구성해 주는 기능
- 선점형 멀티태스킹 : 동시에 여러 개의 프로그램을 실행하는 멀티태스킹을 하면서 운영체제가 각 작업의 CPU 이용 시간을 제어하여 응용 프로그램 실행중 문제가 발생하면 해당 프로그램을 강제 종료시키고 모든 시스템 자원을 반환하는 방식

기출체크 정답 1.② 2.② 3.③

4. 윈도우에서 사용자가 사용하기 원하는 하드웨어를 시스템에 부착하면 자동으로 인식하여 동작하게 해주는 기능은?

① Folding
② Plug and Play
③ Coalescing
④ Naming

6. 운영체제에서 커널의 기능이 아닌 것은?

① 프로세스 생성, 종료
② 사용자 인터페이스
③ 기억장치 할당, 회수
④ 파일 시스템 관리

해설
'사용자 인터페이스, 명령어 해석'은 쉘의 기능입니다.

실 기 공 통
318 **UNIX의 특징** 22.4, 실기 20.11 **C**

- UNIX는 대부분 C 언어로 작성되어 있어 이식성이 높으며 장치, 프로세스 간의 호환성이 높다.
- 다중 사용자(Multi-User), 다중 작업(Multi-Tasking)을 지원한다.
- 많은 네트워킹 기능을 제공하므로 통신망(Network) 관리용 운영체제로 적합하다.
- 트리 구조의 파일 시스템을 갖는다.
- 전문적인 프로그램 개발에 용이하다.

5. UNIX 운영체제에 관한 특징으로 틀린 것은?

① 하나 이상의 작업에 대하여 백그라운드에서 수행이 가능하다.
② Multi-User는 지원하지만 Multi-Tasking은 지원하지 않는다.
③ 트리 구조의 파일 시스템을 갖는다.
④ 이식성이 높으며 장치 간의 호환성이 높다.

해설
UNIX는 Multi-User와 Multi-Tasking을 모두 지원합니다.

320 **UNIX의 쉘** 22.3, 20.6 **B**

- 쉘(Shell)은 사용자의 명령어를 인식하여 프로그램을 호출하고, 명령을 수행하는 명령어 해석기이다.
- 시스템과 사용자 간의 인터페이스를 담당한다.
- DOS의 COMMAND.COM과 같은 기능을 수행한다.
- 주기억장치에 상주하지 않고, 명령어가 포함된 파일 형태로 존재하며 보조기억장치에서 교체 처리가 가능하다.

7. UNIX의 쉘(Shell)에 관한 설명으로 옳지 않은 것은?

① 명령어 해석기이다.
② 시스템과 사용자 간의 인터페이스를 담당한다.
③ 여러 종류의 쉘이 있다.
④ 프로세스, 기억장치, 입출력 관리를 수행한다.

해설
프로세스, 기억장치, 입출력 관리 등의 작업을 수행하는 것은 커널입니다.

319 **UNIX의 커널** 20.9 **C**

- 커널(Kernel)은 UNIX의 가장 핵심적인 부분이다.
- 하드웨어를 보호(캡슐화)하고, 프로그램들과 하드웨어 간의 인터페이스 역할을 담당한다.
- 기능 : 프로세스 관리, 기억장치 관리, 파일 시스템 관리, 입·출력 관리, 프로세스 간 통신, 데이터 전송 및 변환 등

321 **파일 디스크립터** 21.8 **C**

- 파일 디스크립터(File Descriptor, 파일 서술자)는 파일을 관리하기 위한 시스템(운영체제)이 필요로 하는 파일에 대한 정보를 가진 제어 블록을 의미한다.
- 파일 제어 블록(FCB; File Control Block)이라고도 한다.
- 파일마다 독립적으로 존재하며, 시스템에 따라 다른 구조를 가질 수 있다.
- 보조기억장치 내에 저장되어 있다가 해당 파일이 Open될 때 주기억장치로 옮겨진다.
- 파일 시스템이 관리하므로 사용자가 직접 참조할 수 없다.

21.8
1. 파일 디스크립터(File Descriptor)에 대한 설명으로 틀린 것은?

① 파일 관리를 위해 시스템이 필요로 하는 정보를 가지고 있다.
② 보조기억장치에 저장되어 있다가 파일이 개방(Open)되면 주기억장치로 이동된다.
③ 사용자가 파일 디스크립터를 직접 참조할 수 있다.
④ 파일 제어 블록(File Control Block)이라고도 한다.

해설
파일 디스크립터는 파일 시스템이 관리하므로 사용자가 직접 참조할 수 없습니다.

▶350322

322 배치 전략   23.7, 22.3, 21.3, 20.8   Ⓐ

• 배치(Placement) 전략은 새로 반입되는 프로그램이나 데이터를 주기억장치의 어디에 위치시킬 것인지를 결정하는 전략이다.
• **최초 적합(First Fit)** : 프로그램이나 데이터가 들어갈 수 있는 크기의 빈 영역 중에서 첫 번째 분할 영역에 배치시키는 방법
• **최적 적합(Best Fit)** : 프로그램이나 데이터가 들어갈 수 있는 크기의 빈 영역 중에서 단편화를 가장 작게 남기는 분할 영역에 배치시키는 방법
• **최악 적합(Worst Fit)** : 프로그램이나 데이터가 들어갈 수 있는 크기의 빈 영역 중에서 단편화를 가장 크게 남기는 분할 영역에 배치시키는 방법
※ **내부 단편화** : 분할된 영역이 할당될 프로그램의 크기보다 크기 때문에 프로그램이 할당된 후 사용되지 않고 남아 있는 빈 공간

기출체크 ✓

23.7, 22.3
2. 빈 기억공간의 크기가 20KB, 16KB, 8KB, 40KB 일 때 기억장치 배치 전략으로 "Best Fit"을 사용하여 17KB의 프로그램을 적재할 경우 내부 단편화의 크기는 얼마인가?

① 3KB   ② 23KB
③ 64KB   ④ 67KB

해설
최적 적합(Best-Fit)은 데이터가 들어갈 수 있는 크기의 빈 영역 중 단편화를 가장 적게 남기는 분할 영역에 배치시키는 방법으로, 17KB보다 큰 기억공간 중 가장 작은 기억공간인 20KB에 배치됩니다. 이때 발생하는 내부 단편화는 3KB(20KB-17KB)입니다.

▶350323   23.2, 21.3, 20.9

323 페이징/세그먼테이션 기법   Ⓐ

• **페이징(Paging) 기법** : 가상기억장치에 보관되어 있는 프로그램과 주기억장치의 영역을 동일한 크기로 나눈 후 나눠진 프로그램(페이지)을 동일하게 나눠진 주기억장치의 영역(페이지 프레임)에 적재시켜 실행하는 기법
• **세그먼테이션(Segmentation) 기법** : 가상기억장치에 보관되어 있는 프로그램을 다양한 크기의 논리적인 단위로 나눈 후 주기억장치에 적재시켜 실행시키는 기법

기출체크 ✓

23.2, 21.3
3. 다음 설명의 ㉠과 ㉡에 들어갈 내용으로 옳은 것은?

> 가상기억장치의 일반적인 구현 방법에는 프로그램을 고정된 크기의 일정한 블록으로 나누는 (㉠) 기법과 가변적인 크기의 블록으로 나누는 (㉡) 기법이 있다.

① ㉠ : Paging, ㉡ : Segmentation
② ㉠ : Segmentation, ㉡ : Allocatin
③ ㉠ : Segmentation, ㉡ : Compaction
④ ㉠ : Paging, ㉡ : Linking

▶350324   21.8

324 페이지 교체 알고리즘   Ⓒ

• 페이지 교체 알고리즘은 페이지 부재(Page Fault)가 발생했을 때 가상기억장치의 필요한 페이지를 주기억장치에 적재할 때 주기억장치의 모든 페이지 프레임이 사용중이면 어떤 페이지 프레임을 선택하여 교체할 것인지를 결정하는 기법이다.
• **종류** : OPT(Optimal), FIFO, LRU, LFU, NUR, SCR 등

기출체크 ✓

21.8
4. 다음 중 페이지 교체(Page Replacement) 알고리즘이 아닌 것은?

① FIFO(First-In-First-Out)
② LUF(Least Used First)
③ Optimal
④ LRU(Least Recently Used)

325   페이지 교체 알고리즘 – FIFO   A

FIFO(First In First Out)는 각 페이지가 주기억장치에 적재될 때마다 그때의 시간을 기억시켜 가장 먼저 들어와서 가장 오래 있었던 페이지를 교체하는 기법이다.

📖 다음의 참조 페이지를 세 개의 페이지 프레임을 가진 기억장치에서 FIFO 알고리즘을 사용하여 교체했을 때 페이지 부재의 수는? (단, 초기 페이지 프레임은 모두 비어있는 상태이다.)

참조 페이지	2	3	2	1	5	2	3	5
페이지 프레임	2	2	2	2	5	5	5	5
		3	3	3	3	2	2	2
				1	1	1	3	3
부재 발생	●	●		●	●		●	

부재수 = 6

❶ 참조 페이지를 각 페이지 프레임에 차례로 적재시키되 이미 적재된 페이지는 해당 위치의 페이지 프레임을 사용한다.

❷ 사용할 페이지 프레임이 없을 경우 가장 먼저 들어와서 오래 있었던 페이지 2를 제거한 후 5를 적재한다.

❸ 그 다음에 적재된 페이지 3을 제거한 후 2를 적재하며, 같은 방법으로 나머지 참조 페이지를 수행한다.

기출체크 ✓

5. 4개의 페이지를 수용할 수 있는 주기억장치가 있으며, 초기에는 모두 비어 있다고 가정한다. 다음의 순서로 페이지 참조가 발생할 때, FIFO 페이지 교체 알고리즘을 사용할 경우 페이지 결함의 발생 횟수는?

> 페이지 참조 순서 : 1, 2, 3, 1, 2, 4, 5, 1

① 6회   ② 7회
③ 8회   ④ 9회

해설

4개의 페이지를 수용할 수 있는 주기억장치이므로 아래 그림과 같이 4개의 페이지 프레임으로 표현할 수 있습니다.

참조 페이지	1	2	3	1	2	4	5	1
페이지 프레임	1	1	1	1	1	1	5	5
		2	2	2	2	2	2	1
			3	3	3	3	3	3
						4	4	4
부재 발생	●	●	●			●	●	●

참조 페이지가 페이지 테이블에 없을 경우 페이지 결함(부재)이 발생됩니다. 초기에는 모든 페이지가 비어 있으므로 처음 1, 2, 3 그리고 4 페이지 적재 시 페이지 결함이 발생됩니다. FIFO 기법은 가장 먼저 들어와 있었던 페이지를 교체하는 기법이므로 참조 페이지 5를 참조할 때에는 1을 제거한 후 5를 가져오게 됩니다. 이러한 과정으로 모든 페이지에 대한 요구를 처리하고 나면 총 페이지 결함 발생 횟수는 6회입니다.

---

326   페이지 교체 알고리즘 – LRU   C

LRU(Least Recently Used)는 각 페이지마다 계수기(Counter)나 스택(Stack)을 두어 현 시점에서 가장 오랫동안 사용하지 않은, 즉 가장 오래 전에 사용된 페이지를 교체한다.

📖 다음의 참조 페이지를 세 개의 페이지 프레임을 가진 기억장치에서 LRU 알고리즘을 사용하여 교체했을 때 페이지 부재의 수는? (단, 초기 페이지 프레임은 모두 비어 있는 상태이다.)

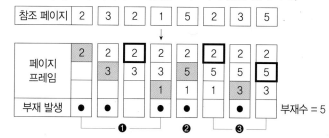

참조 페이지	2	3	2	1	5	2	3	5
페이지 프레임	2	2	2	2	2	2	2	2
		3	3	3	5	5	5	5
				1	1	1	3	3
부재 발생	●	●		●	●		●	

부재수 = 5

❶ 참조 페이지를 각 페이지 프레임에 차례로 적재시키되 이미 적재된 페이지는 해당 위치의 페이지 프레임을 사용한다.

❷ 사용할 페이지 프레임이 없을 경우 현재 시점에서 가장 오랫동안 사용되지 않은 페이지 3을 제거한 후 5를 적재한다.

❸ 같은 방법으로 나머지 참조 페이지를 수행한다.

기출체크 ✓

6. 4개의 페이지를 수용할 수 있는 주기억장치가 있으며, 초기에는 모두 비어 있다고 가정한다. 다음의 순서로 페이지 참조가 발생할 때, LRU 페이지 교체 알고리즘을 사용할 경우 몇 번의 페이지 결함이 발생하는가?

> 페이지 참조 순서 1, 2, 3, 1, 2, 4, 1, 2, 5

① 5회   ② 6회
③ 7회   ④ 8회

해설

4개의 페이지를 수용할 수 있는 주기억장치이므로 아래 그림과 같이 4개의 페이지 프레임으로 표현할 수 있습니다.

참조 페이지	1	2	3	1	2	4	1	2	5
페이지 프레임	1	1	1	1	1	1	1	1	1
		2	2	2	2	2	2	2	2
			3	3	3	3	3	3	5
						4	4	4	4
부재 발생	●	●	●			●			●

참조 페이지가 페이지 테이블에 없을 경우 페이지 결함(부재)이 발생됩니다. 초기에는 모든 페이지가 비어 있으므로 처음 1, 2, 3 그리고 4 페이지 적재 시 페이지 결함이 발생됩니다. LRU 기법은 최근에 가장 오랫동안 사용되지 않은 페이지를 교체하는 기법이므로, 마지막 페이지 5를 참조할 때는 3을 제거한 후 5를 적재하므로 총 페이지 결함 발생 횟수는 5회입니다.

---

327 가상기억장치 – 페이지 크기가 작을 경우 C

21.5

- 페이지 단편화가 감소되고, 한 개의 페이지를 주기억장치로 이동하는 시간이 줄어든다.
- 불필요한 내용이 주기억장치에 적재될 확률이 적으므로 효율적인 워킹 셋을 유지할 수 있다.
- Locality에 더 일치할 수 있기 때문에 기억장치 효율이 높아진다.
- 페이지 정보를 갖는 페이지 맵 테이블의 크기가 커지고, 매핑 속도가 늦어진다.
- 디스크 접근 횟수가 많아져서 전체적인 입·출력 시간은 늘어난다.

328 Locality B

23.5, 21.5

- Locality(국부성, 지역성, 구역성, 국소성)는 프로세스가 실행되는 동안 주기억장치를 참조할 때 일부 페이지만 집중적으로 참조하는 성질이 있다는 이론이다.
- 시간 구역성이 이루어지는 기억 장소 : Loop(반복, 순환), 스택(Stack), 부 프로그램(Sub Routine), Counting(1씩 증감), 집계(Totaling)에 사용되는 변수(기억장소)
- 공간 구역성이 이루어지는 기억장소 : 배열 순회(Array Traversal, 배열 순례), 순차적 코드의 실행, 프로그래머들이 관련된 변수(데이터를 저장할 기억장소)들을 서로 근처에 선언하여 할당되는 기억장소, 같은 영역에 있는 변수를 참조할 때 사용

329 워킹 셋 C

21.3

워킹 셋(Working Set)은 프로세스가 일정 시간 동안 자주 참조하는 페이지들의 집합이다.

330 스래싱 A

23.2, 22.7, 21.5

스래싱(Thrashing)은 프로세스의 처리 시간보다 페이지 교체에 소요되는 시간이 더 많아지는 현상이다.

331 프로세스의 정의 C

22.7

- PCB를 가진 프로그램
- 실기억장치에 저장된 프로그램
- 프로세서가 할당되는 실체로서, 디스패치가 가능한 단위

- 프로시저가 활동중인 것
- 비동기적 행위를 일으키는 주체
- 지정된 결과를 얻기 위한 일련의 계통적 동작
- 목적 또는 결과에 따라 발생되는 사건들의 과정
- 운영체제가 관리하는 실행 단위

기출체크 ✓

22.7
5. 다음 중 프로세스에 대한 설명 중 틀린 것은?

① 프로세서가 할당되는 실체로, 디스패치가 가능한 단위이다.
② 프로세스는 비동기적 행위를 일으키는 주체이다.
③ 프로세스는 스레드 내의 작업 단위를 의미하며, 경량 스레드라고도 불린다.
④ PCB를 가지며 PCB에는 프로세스의 현재 상태, 고유 식별자를 가지고 있다.

해설
프로세스가 스레드의 작업 단위가 아니라 스레드가 프로세스의 작업 단위입니다.

▶ 350333
21.8
333 Dispatch ‖ C

Dispatch는 준비 상태에서 대기하고 있는 프로세스 중 하나가 프로세서를 할당받아 실행 상태로 전이되는 과정이다.

기출체크 ✓

21.8
7. 준비 상태에서 대기하고 있는 프로세스 중 하나가 스케줄링되어 중앙처리장치를 할당받아 실행 상태로 전이되는 과정을 무엇이라 하는가?

① 실행(Run)　　　　　② 준비(Ready)
③ 대기(Wait)　　　　　④ 디스패치(Dispatch)

▶ 350334
21.8, 20.6
334 스레드의 특징 ‖ B

- 스레드(Thread)는 프로세스 내에서의 작업 단위로서 시스템의 여러 자원을 할당받아 실행하는 프로그램의 단위이다.
- 실행 환경을 공유시켜 기억장소 및 자원의 낭비가 줄어든다.
- 하나의 프로세스를 여러 개의 스레드로 생성하여 병행성을 증진시킬 수 있다.
- 하드웨어, 운영체제의 성능과 응용 프로그램의 처리율을 향상시킬 수 있다.
- 스레드는 프로세스의 일부 특성을 갖고 있기 때문에 경량 프로세스라고도 한다.
- 공통적으로 접근 가능한 기억장치를 통해 효율적으로 통신한다.
- 하나의 프로세스에 하나의 스레드가 존재하는 경우에는 단일 스레드, 하나 이상의 스레드가 존재하는 경우에는 다중 스레드라고 한다.

기출체크 ✓

20.6
8. 스레드(Thread)에 대한 설명으로 옳지 않은 것은?

① 한 개의 프로세스는 여러 개의 스레드를 가질 수 없다.
② 커널 스레드의 경우 운영체제에 의해 스레드를 운용한다.
③ 사용자 스레드의 경우 사용자가 만든 라이브러리를 사용하여 스레드를 운용한다.
④ 스레드를 사용함으로써 하드웨어, 운영체제의 성능과 응용 프로그램의 처리율을 향상시킬 수 있다.

해설
하나의 프로세스에 하나 이상의 스레드가 존재하는 경우에는 다중 스레드라고 합니다.

▶ 350332
실기 공통
22.7, 20.6, 실기 20.11
332 프로세스 상태 전이 ‖ B

- **제출(Submit)** : 작업을 처리하기 위해 사용자가 작업을 시스템에 제출한 상태
- **접수(Hold)** : 제출된 작업이 스풀 공간인 디스크의 할당 위치에 저장된 상태
- **준비(Ready)** : 프로세스가 프로세서를 할당받기 위해 기다리고 있는 상태
- **실행(Run)** : 준비상태 큐에 있는 프로세스가 프로세서를 할당받아 실행되는 상태
- **대기(Wait), 보류, 블록(Block)** : 프로세스에 입·출력 처리가 필요하면 현재 실행중인 프로세스가 중단되고, 입·출력 처리가 완료될 때까지 대기하고 있는 상태
- **종료(Terminated, Exit)** : 프로세스의 실행이 끝나고 프로세스 할당이 해제된 상태

기출체크 ✓

20.6
6. 프로세스 상태의 종류가 아닌 것은?

① Ready　　　　　② Running
③ Request　　　　④ Exit

---

335 스레드의 분류　22.4　C

- **사용자 수준의 스레드**
  - 사용자가 만든 라이브러리를 사용하여 스레드를 운용한다.
  - 커널 모드로의 전환이 없어 오버헤드가 줄어든다.
  - 속도는 빠르지만 구현이 어렵다.
- **커널 수준의 스레드**
  - 운영체제의 커널에 의해 스레드를 운용한다.
  - 한 프로세스가 운영체제를 호출할 때 전체 프로세스가 대기하지 않으므로 시스템의 성능을 높일 수 있다.
  - 여러 스레드가 커널에 동시에 접근할 수 있다.
  - 스레드의 독립적인 스케줄링이 가능하다.
  - 구현이 쉽지만 속도가 느리다.

기출체크 ✓

22.4

1. 사용자 수준에서 지원되는 스레드(thread)가 커널에서 지원되는 스레드에 비해 가지는 장점으로 옳은 것은?

① 한 프로세스가 운영체제를 호출할 때 전체 프로세스가 대기할 필요가 없으므로 시스템 성능을 높일 수 있다.
② 동시에 여러 스레드가 커널에 접근할 수 있으므로 여러 스레드가 시스템 호출을 동시에 사용할 수 있다.
③ 각 스레드를 개별적으로 관리할 수 있으므로 스레드의 독립적인 스케줄링이 가능하다.
④ 커널 모드로의 전환 없이 스레드 교환이 가능하므로 오버헤드가 줄어든다.

해설
①, ②, ③번은 커널 수준의 스레드가 갖는 장점입니다.

336 비선점 스케줄링　출제예상　D

- 비선점(Non-Preemptive) 스케줄링은 이미 할당된 CPU를 다른 프로세스가 강제로 빼앗아 사용할 수 없는 스케줄링 기법이다.
- 프로세스 응답 시간의 예측이 용이하다.
- 중요한 작업(짧은 작업)이 중요하지 않은 작업(긴 작업)을 기다리는 경우가 발생할 수 있다.
- 모든 프로세스에 대한 요구를 공정하게 처리할 수 있다.

예상체크 ✓

출제예상

2. 선점 기법과 대비하여 비선점 스케줄링 기법에 대한 설명으로 옳지 않은 것은?

① 모든 프로세스들에 대한 요구를 공정히 처리한다.
② 응답 시간의 예측이 용이하다.
③ 많은 오버헤드(Overhead)를 초래할 수 있다.
④ CPU의 사용 시간이 짧은 프로세스들이 사용 시간이 긴 프로세스들로 인하여 오래 기다리는 경우가 발생할 수 있다.

해설
선점 스케줄링은 우선순위가 높은 프로세스를 찾아서 CPU를 할당하는 작업을 반복하므로 이런 과정이 없는 비선점 스케줄링에 비해 오버헤드가 많습니다.

337 선점 스케줄링　출제예상　D

- 선점(Preemptive) 스케줄링은 하나의 프로세스가 CPU를 할당받아 실행하고 있을 때 우선순위가 높은 다른 프로세스가 CPU를 강제로 빼앗아 사용할 수 있는 스케줄링 기법이다.
- 우선순위가 높은 프로세스를 빠르게 처리할 수 있다.
- 주로 빠른 응답 시간을 요구하는 대화식 시분할 시스템에 사용된다.
- 많은 오버헤드(Overhead)를 초래한다.

예상체크 ✓

출제예상

3. 선점(Preemptive) 스케줄링 방식에 대한 설명으로 옳지 않은 것은?

① 대화식 시분할 시스템에 적합하다.
② 긴급하고 높은 우선순위의 프로세스들이 빠르게 처리될 수 있다.
③ 일단 CPU를 할당받으면 다른 프로세스가 CPU를 강제적으로 빼앗을 수 없는 방식이다.
④ 선점을 위한 시간 배당에 대한 인터럽트용 타이머 클록(Clock)이 필요하다.

해설
선점 스케줄링은 CPU를 할당받았을 경우 다른 프로세스가 CPU를 차지할 수 있습니다.

실 기 공 통

338 SJF 스케줄링　20.9, 실기 22.10　C

SJF(Shortest Job First)는 준비상태 큐에서 기다리고 있는 프로세스들 중에서 실행 시간이 가장 짧은 프로세스에게 먼저 CPU를 할당하는 기법이다.

예 스케줄링 하고자 하는 세 작업의 도착시간과 실행시간은 다음 표와 같다. 이 작업을 SJF로 스케줄링하였을 때, 작업 2의 종료 시간은?

작업	도착시간	실행시간
1	0	6
2	1	3
3	2	4

- SJF 스케줄링은 실행 시간이 가장 짧은 프로세스에게 먼저 CPU를 할당하는 기법이다. 그러나 처음에 도착한 작업 1은 다른 작업과 실행 시간을 비교할 수 없으므로 실행 시간에 상관없이 먼저 수행된다.

- **작업 1** : 도착하자마자 실행하여 6에서 작업이 완료되므로 대기 시간은 0이고, 반환 시간은 6이다.
- **작업 2** : 1에 도착하여 작업 1이 완료될 때까지 대기한 후 작업 1이 완료되는 6에서 실행을 시작하여 9에 작업이 완료된다. 그러므로 대기 시간은 5이고, 반환 시간은 8이다.
- **작업 3** : 2에 도착하여 작업 2가 완료될 때까지 대기한 후 작업 2가 완료되는 9에서 실행을 시작하여 13에 작업이 완료된다. 그러므로 대기 시간은 7이고, 반환 시간은 11이다.

기출체크 ✓

20.9
4. 다음과 같은 프로세스가 차례로 큐에 도착하였을 때, SJF(Shortest Job First) 정책을 사용할 경우 가장 먼저 처리되는 작업은?

프로세스 번호	실행시간
P1	6
P2	8
P3	4
P4	3

① P1　　　　　　　　　② P2
③ P3　　　　　　　　　④ P4

해설
SJF는 가장 짧은(Shortest) 작업을(Job) 먼저(First) 처리합니다.

---

339 HRN 스케줄링 Ⓐ

HRN(Hightest Response-ratio Next)은 실행 시간이 긴 프로세스에 불리한 SJF 기법을 보완하기 위한 것으로, 대기 시간과 서비스(실행) 시간을 이용하는 기법이다.

예 HRN 방식으로 스케줄링할 경우, 입력된 작업이 다음과 같을 때 우선순위가 가장 높은 작업은?

작업	대기시간	서비스시간
A	5	5
B	10	6
C	15	7
D	20	8

- HRN 방식의 우선순위 계산식은 $\dfrac{\text{대기 시간} + \text{서비스 시간}}{\text{서비스 시간}}$ 이므로 이 식에 대입해서 풀면 된다.
- A 작업은 $\dfrac{5+5}{5} = 2$
- B 작업은 $\dfrac{10+6}{6} = 2.6$
- C 작업은 $\dfrac{15+7}{7} = 3.1$
- D 작업은 $\dfrac{20+8}{8} = 3.5$ 이다.
- 결과가 큰 값이 우선순위가 높다.

기출체크 ✓

23.5, 20.8
5. HRN 방식으로 스케줄링 할 경우, 입력된 작업이 다음과 같을 때 처리되는 작업 순서로 옳은 것은?

작업	대기시간	서비스(실행 시간)
A	5	20
B	40	20
C	15	45
D	20	2

① A→B→C→D　　　　② A→C→B→D
③ D→B→C→A　　　　④ D→A→B→C

해설
HRN 방식의 계산식은 '(대기 시간 + 서비스 시간)/서비스 시간'입니다. A 작업은 (5 + 20) / 20 = 1.25, B 작업은 (40 + 20) / 20 = 3, C 작업은 (15 + 45) / 45 = 1.33···, D 작업은 (20 + 2) / 2 = 11입니다. 숫자가 가장 높은 것부터 낮은 순으로 우선순위가 부여됩니다.

---

340 UNIX/LINUX의 주요 환경 변수 **C**

20.9

- UNIX나 LINUX에서 환경 변수를 명령어나 스크립트에서 사용하려면 변수명 앞에 '$'를 입력해야 한다.
- UNIX나 LINUX에서는 set, env, printenv, setenv 중 하나를 입력하면 모든 환경 변수와 값을 표시한다.

기출체크 ✓

20.9

1. UNIX SHELL 환경 변수를 출력하는 명령어가 아닌 것은?

① configenv ② printenv
③ env ④ setenv

해설

UNIX나 LINUX에서 모든 환경 변수와 값을 표시하려면 set, env, printenv, setenv 중 하나는 입력하면 됩니다.

23.5, 22.3, 21.8, 실기 21.4

342 IP 주소 **A**

- IP(Internet Protocol) 주소는 인터넷에 연결된 모든 컴퓨터 자원을 구분하기 위한 고유한 주소이다.
- 숫자로 8비트씩 4부분, 총 32비트로 구성되어 있다.
- IP 주소는 네트워크 부분의 길이에 따라 A 클래스에서 E 클래스까지 총 5단계로 구성되어 있다.
- 클래스별 주소 범위
  – A Class : 0.0.0.0 ~ 127.255.255.255
  – B Class : 128.0.0.0 ~ 191.255.255.255
  – C Class : 192.0.0.0 ~ 223.255.255.255

기출체크 ✓

21.8

3. C Class에 속하는 IP address는?

① 200.168.30.1 ② 10.3.2.1 4
③ 225.2.4.1 ④ 172.16.98.3

23.7, 23.5, 22.7, 21.3, 20.8, 실기 23.10

341 UNIX/LINUX 기본 명령어 **A**

- fork : 새로운 프로세스를 생성함(하위 프로세스 호출, 프로세스 복제 명령)
- uname : 시스템의 이름과 버전, 네트워크 호스트명 등의 시스템 정보를 표시함
- wait : fork 후 exec에 의해 실행되는 프로세스의 상위 프로세스가 하위 프로세스 종료 등의 event를 기다림
- chmod : 파일의 보호 모드를 설정하여 파일의 사용 허가를 지정함
- ls : 현재 디렉터리 내의 파일 목록을 확인함
- cat : 파일 내용을 화면에 표시함
- chown : 소유자를 변경함

기출체크 ✓

23.5, 22.7, 20.8

2. UNIX에서 새로운 프로세스를 생성하는 명령어는?

① ls ② cat
③ fork ④ chmod

23.5, 23.2, 21.8, 21.5, 20.8, 실기 22.10, 22.7

343 서브네팅의 예 **A**

예제 192.168.1.0/24 네트워크를 FLSM 방식을 이용하여 3개의 Subnet으로 나누시오. (단 IP Subnet-Zero를 적용했다.)

192.168.1.0/24 네트워크의 서브넷 마스크는 1의 개수가 24개, 즉 C 클래스에 속하는 네트워크이다.

11111111	11111111	11111111	00000000
255	255	255	0

서브넷 마스크를 Subnet으로 나눌 때는 서브넷 마스크가 0인 부분, 즉 마지막 8비트를 이용하면 된다. Subnet으로 나눌 때 "3개의 Subnet으로 나눈다"는 것처럼 네트워크가 기준일 때는 왼쪽을 기준으로 나눌 네트워크 수에 필요한 비트를 할당하고 나머지 비트로 호스트를 구성하면 된다. 3개의 Subnet으로 구성하라 했으니 8비트 중 3을 표현하는데 필요한 2비트를 제외하고 나머지 6비트를 호스트로 구성하면 된다.

			네트워크ID	호스트ID
11111111	11111111	11111111	00	000000
255	255	255	192	

호스트 ID가 6Bit로 설정되었고, 문제에서 FLSM(Fixed Length Subnet Mask), 즉 고정된 크기로 주소를 할당하라고 했으므로 3개의 네트워크에 64개(2⁶ = 64)씩 고정된 크기로 할당하면 다음과 같다.

네트워크(ID)	호스트 수	IP 주소 범위
1(00)	64	192.168.1.0(00000000) ~ 63(00111111)
2(01)	64	192.168.1.64(01000000) ~ 127(01111111)
3(10)	64	192.168.1.128(10000000) ~ 191(10111111)

기출체크 ✓

23.5, 21.8, 20.8

4. 200.1.1.0/24 네트워크를 FLSM 방식을 이용하여 10개의 Subnet으로 나누고, ip subnet-zero를 적용했다. 이때 서브네팅된 네트워크 중 10번째 네트워크의 broadcast IP 주소는?

① 200.1.1.159
② 201.1.5.175
③ 202.1.11.254
④ 203.1.255.245

해설

• 200.1.1.0/24 네트워크의 서브넷 마스크는 1의 개수가 24개, 즉 11111111 11111111 11111111 00000000 → 255.255.255.0인 C 클래스에 속하는 네트워크입니다. 이 네트워크를 10개의 Subnet으로 나눠야 하는데, Subnet을 나눌 때는 서브넷 마스크가 0인 부분, 즉 마지막 8비트를 이용해 나눠야 합니다. "10개의 Subnet으로 나눈다"는 것은, 네트워크 기준일 때는 서브넷 마스크의 왼쪽을 기준으로 10개가 포함된 Bit 만큼을 네트워크로 할당하고, 나머지 비트를 호스트로 할당하면 됩니다. 10개가 포함되는 비트는 2⁴=16(2³은 8로 10개를 포함 못함)이므로 4비트를 제외한 나머지 4비트로 호스트를 구성합니다.

네트워크 ID ┊ 호스트 ID

0	0	0	0	0	0	0	0

• 호스트ID가 4Bit로 설정되었고, 문제에서 FLSM(Fixed Length Subnet Mask), 즉 고정된 크기로 주소를 할당하라고 했으므로 10개의 네트워크에 고정된 크기인 16개(2⁴=16)씩 할당하면 다음과 같습니다.

네트워크(ID)	호스트 수	IP 주소 범위
1(0000)	16	200.1.1.0 ~ 200.1.1.15
2(0001)	16	200.1.1.16 ~ 200.1.1.31
3(0010)	16	200.1.1.32 ~ 200.1.1.47
4(0011)	16	200.1.1.48 ~ 200.1.1.63
5(0100)	16	200.1.1.64 ~ 200.1.1.79
6(0101)	16	200.1.1.80 ~ 200.1.1.95
7(0110)	16	200.1.1.96 ~ 200.1.1.111
8(0111)	16	200.1.1.112 ~ 200.1.1.127
9(1000)	16	200.1.1.128 ~ 200.1.1.143
10(1001)	16	200.1.1.144 ~ **200.1.1.159**

※ 'subnet-zero'는 Subnet 부분이 모두 0인 네트워크를 의미하며 일반적으로 사용하지 않는데, IP 주소가 부족할 경우 'ip subnet-zero'를 적용하여 이 부분도 IP 주소로 사용할 수 있도록 합니다.

※ broadcast 주소는 해당 IP 주소 범위에서 가장 마지막 주소를 의미합니다.

▶350344

실기공통

344 IPv6　　**A**

23.7, 23.5, 23.2, 22.7, 22.3, 21.3, 20.8, 20.6, 실기 21.4, 20.11

• IPv6(Internet Protocol version 6)는 IPv4의 주소 부족 문제를 해결하기 위해 개발된 것으로, 16비트씩 8부분, 총 128비트로 구성되며, 각 부분을 16진수로 표현하고, 콜론(:)으로 구분한다.

• 주소의 확장성, 융통성, 연동성이 뛰어나다.

• 등급별, 서비스별로 패킷을 구분할 수 있어 품질 보장이 용이하다.

• 패킷 크기를 확장할 수 있으므로 패킷 크기에 제한이 없다.

• IPv4를 IPv6로 전환하는 전략

– 듀얼 스택(Dual Stack) : 호스트에서 IPv4와 IPv6을 모두 처리할 수 있도록 두 개의 스택을 구성하는 것

– 터널링(Tunneling) : IPv6 망에서 인접한 IPv4 망을 거쳐 다른 IPv6 망으로 통신할 때 IPv4 망에 터널을 만들어 IPv6 패킷이 통과할 수 있도록 하는 것

– IPv4/IPv6 변환 : 헤더 변환, 전송 계층 릴레이 방식, 응용 계층 게이트웨이 방식

기출체크 ✓

23.2, 22.3, 20.8, 20.6

5. IPv6에 대한 설명으로 틀린 것은?

① 128비트의 주소 공간을 제공한다.
② 인증 및 보안 기능을 포함하고 있다.
③ 패킷 크기가 64Kbyte로 고정되어 있다.
④ IPv6 확장 헤더를 통해 네트워크 기능 확장이 용이하다.

해설

• IPv6의 패킷 크기는 제한이 없습니다.
• 패킷 크기가 64Kbyte로 고정되어 있는 것은 IPv4입니다.

▶350345

345 IPv6 주소 체계　　**B**

21.3, 20.6

• 유니캐스트(Unicast)
• 멀티캐스트(Multicast)
• 애니캐스트(Anycast)

기출체크 ✓

21.3, 20.6

6. IPv6의 주소 체계로 거리가 먼 것은?

① Unicast
② Anycast
③ Broadcast
④ Multicast

346 OSI 7계층 - 물리 계층 B

▶350346 · 실기공통 · 23.5, 실기 20.5

- 물리 계층(Physical Layer)은 전송에 필요한 두 장치 간의 실제 접속과 절단 등 기계적, 전기적, 기능적, 절차적 특성에 대한 규칙을 정의한다.
- 프로토콜 : RS-232C, X.21 등

기출체크 ✓

23.5

1. OSI 7계층 모델에서 전송에 필요한 장치 간의 실제 접속과 절단 등 기계적, 전기적, 기능적, 절차적 특성을 정의한 계층은?

① 물리 계층　　② 데이터 링크 계층
③ 네트워크 계층　　④ 전송 계층

347 OSI 7계층 - 데이터 링크 계층 A

▶350347 · 22.3, 21.3, 20.8

- 데이터 링크 계층(Data Link Layer)은 2개의 인접한 개방 시스템들 간에 신뢰성 있고 효율적인 정보 전송을 할 수 있도록 한다.
- 흐름 제어, 프레임 동기화, 오류 제어, 순서 제어 등을 수행한다.
- 프로토콜 : HDLC, LAPB, PPP, LLC 등

기출체크 ✓

21.3

2. OSI 7계층에서 물리적 연결을 이용해 신뢰성 있는 정보를 전송하려고 동기화, 오류 제어, 흐름 제어 등의 전송 에러를 제어하는 계층은?

① 데이터 링크 계층　　② 물리 계층
③ 응용 계층　　④ 표현 계층

348 OSI 7계층 - 네트워크 계층 A

▶350348 · 23.7, 22.7, 21.5

- 네트워크 계층(Network Layer, 망 계층)은 개방 시스템들 간의 네트워크 연결을 관리(네트워크 연결을 설정, 유지, 해제)하고 데이터를 교환 및 중계한다.
- 경로 설정(Routing), 트래픽 제어, 패킷 정보 전송 등을 수행한다.

기출체크 ✓

23.7

3. OSI 7계층 중 다음 설명에 해당하는 계층은?

- 개방 시스템들 간의 네트워크 연결을 관리하는 기능과 데이터의 교환 및 중계 기능을 함
- 네트워크 연결을 설정, 유지, 해제하는 기능을 함

① 데이터 링크 계층　　② 네트워크 계층
③ 전송 계층　　④ 표현 계층

349 OSI 7계층 - 전송 계층 A

▶350349 · 23.2, 20.9, 20.6

- 전송 계층(Transport Layer)은 종단 시스템(End-to-End) 간에 투명한 데이터 전송을 가능하게 한다.
- 전송 연결 설정, 데이터 전송, 연결 해제 기능, 주소 설정, 다중화(데이터의 분할과 재조립), 오류 제어, 흐름 제어 등을 수행한다.
- 프로토콜 : TCP, UDP, RTCP 등

기출체크 ✓

20.9, 20.6

4. OSI 7계층에서 단말기 사이에 오류 수정과 흐름 제어를 수행하여 신뢰성 있고 명확한 데이터를 전달하는 계층은?

① 전송 계층　　② 응용 계층
③ 세션 계층　　④ 표현 계층

해설

이 문제에서의 핵심 문구는 '단말기 사이에'입니다. 다른 말로 종단 간(End-to-End)이라고도 합니다. 데이터 링크 계층이 답이 되려면 '두 개의 인접한 통신 시스템'이라는 문구가 포함되어야 합니다.

350 OSI 7계층 - 세션 계층 C

▶350350 · 22.7

- 세션 계층(Session Layer)은 송 · 수신 측 간의 관련성을 유지하고 대화 제어를 담당한다.
- 대화(회화) 구성 및 동기 제어, 데이터 교환 관리 기능을 한다.
- 송 · 수신 측 간의 데이터 전송, 연결 해제, 동기 처리 등의 대화를 관리하기 위해 토큰이 사용된다.

22.7

5. OSI 7계층 중 다음 설명에 해당하는 계층은?

- 두 응용 프로세스 간의 통신에 대한 제어 구조를 제공한다.
- 연결의 생성, 관리, 종료를 위해 토큰을 사용한다.

① 데이터 링크 계층　　　② 네트워크 계층
③ 세션 계층　　　　　　④ 표현 계층

▶ 350351

23.2, 22.7, 21.5

351　네트워크 관련 장비　Ⓐ

브리지(Bridge)	LAN과 LAN을 연결하거나 LAN 안에서의 컴퓨터 그룹(세그먼트)을 연결하는 기능을 수행함
리피터(Repeater)	전송되는 신호가 전송 선로의 특성 및 외부 충격 등의 요인으로 인해 원래의 형태와 다르게 왜곡되거나 약해질 경우 원래의 신호 형태로 재생하여 다시 전송하는 역할을 수행함
스위치(Switch)	브리지와 같이 LAN과 LAN을 연결하여 훨씬 더 큰 LAN을 만드는 장치임
라우터(Router)	브리지와 같이 LAN과 LAN의 연결 기능에 데이터 전송의 최적 경로를 선택할 수 있는 기능이 추가된 것으로, 서로 다른 LAN이나 LAN과 WAN의 연결도 수행함
브라우터(Brouter)	• 브리지와 라우터의 기능을 모두 수행하는 장치임 • 브리지 기능은 내부 네트워크를 분리하는 용도로 사용하고 라우터 기능은 외부 네트워크에 연결하는 용도로 사용함

기출체크 ✓

23.2, 22.7

6. 네트워크 장비에 대한 설명으로 옳지 않은 것은?

① 브라우터는 전송되는 신호가 전송 선로의 특성 및 외부 충격 등의 요인으로 인해 원래의 형태와 다르게 왜곡되거나 약해질 경우 원래의 신호 형태로 재생하여 다시 전송하는 역할을 수행한다.
② 브리지는 LAN과 LAN을 연결하거나 LAN 안에서의 컴퓨터 그룹을 연결하는 기능을 수행하며, 데이터 링크 계층 중 MAC 계층에서 사용된다.
③ 스위치는 LAN과 LAN을 연결하여 훨씬 더 큰 LAN을 만드는 장치로, OSI 7계층의 데이터 링크 계층에서 사용된다.
④ 라우터는 LAN과 LAN의 연결 기능에 데이터 전송의 최적 경로를 선택할 수 있는 기능이 추가된 것으로, 서로 다른 LAN이나 LAN과 WAN의 연결도 수행하고, OSI 7계층의 네트워크 계층에서 동작한다.

해설
- ①번은 리피터(Repeat)에 대한 설명입니다.
- 브라우터는 이름에서 알 수 있듯이 브리지와 라우터의 기능을 모두 수행하는 장치입니다.

▶ 350352

22.3

352　전처리기　Ⓒ

전처리기(FEP; Front End Processor)는 통신 회선 및 단말장치 제어, 메시지의 조립과 분해, 전송 메시지 검사 등을 미리 수행하여, 컴퓨터의 부담을 줄여주는 역할을 한다.

기출체크 ✓

22.3

7. 입력되는 데이터를 컴퓨터의 프로세서가 처리하기 전에 미리 처리하여 프로세서가 처리하는 시간을 줄여주는 프로그램이나 하드웨어를 말하는 것은?

① EAI　　　　　　　② FEP
③ GPL　　　　　　　④ Duplexing

▶ 350353

23.7, 21.8, 21.5, 21.3, 20.8, 20.6

353　TCP　Ⓐ

- TCP(Transmission Control Protocol)는 신뢰성(안정성) 있는 연결형 서비스를 제공한다.
- 순서 제어, 오류 제어, 흐름 제어 기능을 제공한다.
- 전이중 방식의 양방향 가상 회선을 제공한다.
- 전송 데이터와 응답 데이터를 함께 전송할 수 있다.
- 스트림(Stream) 전송 기능을 제공한다.

기출체크 ✓

21.5

8. TCP 프로토콜과 관련한 설명으로 틀린 것은?

① 인접한 노드 사이의 프레임 전송 및 오류를 제어한다.
② 흐름 제어(Flow Control)의 기능을 수행한다.
③ 전이중(Full Duplex) 방식의 양방향 가상 회선을 제공한다.
④ 전송 데이터와 응답 데이터를 함께 전송할 수 있다.

해설
프레임의 전송 및 오류 제어는 데이터 링크 계층의 프로토콜인 HDLC, LAPB, LLC, MAC 등이 수행합니다.

▶ 350354

22.4

354　IP　Ⓒ

- IP(Internet Protocol)는 비연결형 서비스를 제공한다.
- Best Effort 원칙에 따른 전송 기능을 제공한다.
- 패킷의 분해/조립, 주소 지정, 경로 선택 기능을 제공한다.
- 헤더의 길이는 최소 20Byte에서 최대 60Byte이다.

기출체크 **정답**　5.③　6.①　7.②　8.①

22.4

1. IP 프로토콜의 주요 특징에 해당하지 않는 것은?

① 체크섬(Checksum) 기능으로 데이터 체크섬(Data Checksum)만 제공한다.
② 패킷을 분할, 병합하는 기능을 수행하기도 한다.
③ 비연결형 서비스를 제공한다.
④ Best Effort 원칙에 따른 전송 기능을 제공한다.

해설

IP 헤더에서 제공되는 Checksum은 Header Checksum입니다.

 350355

355 MQTT

23.5, 21.8, 21.3

A

MQTT(Message Queuing Telemetry Transport)는 발행-구독 기반의 메시징 프로토콜로, IoT 환경에서 자주 사용된다.

23.5, 21.8, 21.3

2. TCP/IP 기반 네트워크에서 동작하는 발행-구독 기반의 메시징 프로토콜로, 최근 IoT 환경에서 자주 사용되고 있는 프로토콜은?

① MLFQ
② MQTT
③ Zigbee
④ MTSP

 350356

356 UDP

22.4, 21.8, 21.3

A

• UDP(User Datagram Protocol)는 데이터 전송 전에 연결을 설정하지 않는 비연결형 서비스를 제공한다.
• 흐름 제어나 순서 제어가 없어 전송 속도가 빠르다.
• 실시간 전송에 유리하며, 신뢰성보다는 속도가 중요시되는 네트워크에서 사용된다.
• 단순한 헤더 구조를 가지므로, 오버헤드가 적다.
• 전송 계층에서 제공하는 프로토콜이다.

22.4

3. UDP 프로토콜의 특징이 아닌 것은?

① 비연결형 서비스를 제공한다.
② 단순한 헤더 구조로 오버헤드가 적다.
③ 주로 주소를 지정하고, 경로를 설정하는 기능을 한다.
④ TCP와 같이 트랜스포트 계층에 존재한다.

해설

주소 지정과 경로 선택은 IP(Internet Protocol)의 기능입니다.

 350357 실 기 공 통

22.3, 실기 23.4, 20.10

357 ICMP

B

ICMP(Internet Control Message Protocol, 인터넷 제어 메시지 프로토콜)는 IP와 조합하여 통신중에 발생하는 오류의 처리와 전송 경로 변경 등을 위한 제어 메시지를 관리하는 역할을 하며, 헤더는 8Byte로 구성된다.

22.3

4. TCP/IP 계층 구조에서 IP의 동작 과정에서의 전송 오류가 발생하는 경우에 대비해 오류 정보를 전송하는 목적으로 사용하는 프로토콜은?

① ECP(Error Checking Protocol)
② ARP(Address Resolution Protocol)
③ ICMP(Internet Control Message Protocol)
④ PPP(Point-to-Point Protocol)

 350358

358 ARP

23.7, 22.7, 20.9, 20.6

A

ARP(Address Resolution Protocol, 주소 분석 프로토콜)는 호스트의 IP 주소를 호스트와 연결된 네트워크 접속 장치의 물리적 주소(MAC Address)로 바꾼다.

23.7, 22.7, 20.9, 20.6

5. TCP/IP에서 사용되는 논리(IP) 주소를 물리(MAC) 주소로 변환시켜주는 프로토콜은?

① TCP
② ARP
③ RARP
④ IP

350359

359 CSMA/CD

22.7, 21.3

B

CSMA/CD는 IEEE 802.3 LAN에서 사용되는 전송 매체 접속 제어(MAC) 방식이다.

22.7, 21.3

6. IEEE 802.3 LAN에서 사용되는 전송 매체 접속 제어(MAC) 방식은?

① CSMA/CD
② Token Bus
③ Token Ring
④ Slotted Ring

해설

IEEE 802는 LAN, IEEE 802.3은 CSMA/CD를 위한 표준입니다.

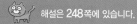
01 운영체제의 기능으로 틀린 것은?

① 자원의 스케줄링 기능을 제공한다.

② 자원 보호 기능을 제공한다.

③ 사용자와 시스템 간의 편리한 인터페이스를 제공한다.

④ 목적 프로그램과 라이브러리, 실행 프로그램 등을 연결하여 실행 가능한 로드 모듈을 만든다.

02 운영체제의 성능 판단 요소로 거리가 먼 것은?

① 처리 능력   ② 비용

③ 신뢰도   ④ 사용 가능도

03 운영체제의 성능 평가 요인 중 다음 설명에 해당하는 것은?

> 이것은 컴퓨터 시스템 내의 한정된 각종 자원을 여러 사용자가 요구할 때, 어느 정도 신속하고 충분히 지원해 줄 수 있는지의 정도이다. 이는 사용 가능한 하드웨어 자원의 수나 다중 프로그래밍 정도 등의 요소가 좌우하는 것으로 같은 종류의 시스템 자원수가 많을 경우에는 이것이 높아질 수 있다.

① Throughput

② Availability

③ Turn Around Time

④ Reliability

04 Windows에 대한 설명 중 옳지 않은 것은?

① PnP 기능을 지원한다.

② 멀티태스킹을 지원한다.

③ 네트워크 기능이 강화되었다.

④ 멀티 유저 시스템이다.

21년 3월

05 기억공간이 15K, 23K, 22K, 21K 순으로 빈 공간이 있을 때 기억장치 배치 전력으로 "First Fit"을 사용하여 17K의 프로그램을 적재할 경우 내부 단편화의 크기는 얼마인가?

① 5K   ② 6K

③ 7K   ④ 8K

20년 8월

06 메모리 관리 기법 중 Worst Fit 방법을 사용할 경우 10K 크기의 프로그램 실행을 위해서는 어느 부분에 할당되는가?

영역 번호	메모리 크기	사용 여부
NO.1	8K	FREE
NO.2	12K	FREE
NO.3	10K	IN USE
NO.4	20K	IN USE
NO.5	16K	FREE

① NO.2   ② NO.3

③ NO.4   ④ NO.5

07 페이징 기법과 세그먼테이션 기법에 대한 설명으로 옳지 않은 것은?

① 페이징 기법에서는 주소 변환을 위한 페이지 맵 테이블이 필요하다.

② 프로그램을 일정한 크기로 나눈 단위를 페이지라고 한다.

③ 세그먼테이션 기법에서는 하나의 작업을 크기가 각각 다른 여러 논리적인 단위로 나누어 사용한다.

④ 세그먼테이션 기법에서는 내부 단편화가, 페이징 기법에서는 외부 단편화가 발생할 수 있다.

08 세그먼테이션 기법에 대한 설명으로 옳지 않은 것은?

① 각 세그먼트는 고유한 이름과 크기를 갖는다.

② 세그먼트 맵 테이블이 필요하다.

③ 프로그램을 일정한 크기로 나눈 단위를 세그먼트라고 한다.

④ 기억장치 보호키가 필요하다.

09 페이징 기법에 대한 설명으로 옳지 않은 것은?

① 동적 주소 변환 기법을 사용하여 다중 프로그래밍의 효과를 증진시킨다.

② 내부 단편화가 발생하지 않는다.

③ 프로그램을 동일한 크기로 나눈 단위를 페이지라고 하며, 이 페이지를 블록으로 사용하는 기법이다.

④ 페이지 맵 테이블이 필요하다.

기출문제은행

10 프로세스들이 국부적인 부분만을 집중적으로 참조하는 구역성에는 시간 구역성과 공간 구역성이 있는데, 다음 중 공간 구역성의 경우는?

① 순환(Looping)

② 배열 순례(Array Traversal)

③ 스택(Stack)

④ 집계(Totaling)에 사용되는 변수

11 페이지 오류율(Page Fault Ratio)과 스래싱(Thrashing)에 대한 설명으로 옳은 것은?

① 페이지 오류율이 크면 스래싱이 많이 발생한 것이다.

② 페이지 오류율과 스래싱은 전혀 관계가 없다.

③ 스래싱이 많이 발생하면 페이지 오류율이 감소한다.

④ 다중 프로그래밍의 정도가 높을수록 페이지 오류율과 스래싱이 감소한다.

12 실행중인 프로세스는 일정 시간에 메모리의 일정 부분만을 집중적으로 참조한다는 개념을 의미하는 것은?

① Locality

② Monitor

③ Spooling

④ Fragmentation

21년 8월

13 프로세스와 관련한 설명으로 틀린 것은?

① 프로세스가 준비 상태에서 프로세서가 배당되어 실행 상태로 변화하는 것을 디스패치(Dispatch)라고 한다.

② 프로세스 제어 블록(PCB, Process Control Block)은 프로세스 식별자, 프로세스 상태 등의 정보로 구성된다.

③ 이전 프로세스의 상태 레지스터 내용을 보관하고 다른 프로세스의 레지스터를 적재하는 과정을 문맥 교환(Context Switching)이라고 한다.

④ 프로세스는 스레드(Thread) 내에서 실행되는 흐름의 단위이며, 스레드와 달리 주소 공간에 실행 스택(Stack)이 없다.

22년 4월

14 다음에서 설명하는 프로세스 스케줄링은?

> 최소 작업 우선(SJF) 기법의 약점을 보완한 비선점 스케줄링 기법으로 다음과 같은 식을 이용해 우선순위를 판별한다.
>
> $$우선순위 = \frac{대기한\ 시간 + 서비스를\ 받을\ 시간}{서비스를\ 받을\ 시간}$$

① FIFO 스케줄링

② RR 스케줄링

③ HRN 스케줄링

④ MQ 스케줄링

22년 7월, 20년 6월

15 HRN(Highest Response-ratio Next) 스케줄링 방식에 대한 설명으로 옳지 않은 것은?

① 대기 시간이 긴 프로세스일 경우 우선순위가 높아진다.

② SJF 기법을 보완하기 위한 방식이다.

③ 긴 작업과 짧은 작업 간의 지나친 불평등을 해소할 수 있다.

④ 우선순위를 계산하여 그 수치가 가장 낮은 것부터 높은 순으로 우선순위가 부여된다.

16 UNIX에서 환경 변수를 명령어나 스크립트에서 사용하기 위해 변수명 앞에 입력해야 하는 특수문자는?

① %

② $

③ #

④ &

23년 7월, 21년 3월

17 운영체제 분석을 위해 리눅스에서 버전을 확인하고자 할 때 사용되는 명령어는?

① ls

② chdir

③ pwd

④ uname

18 자식 프로세스의 하나가 종료될 때까지 부모 프로세스를 임시 중지시키는 유닉스 명령어는?

① find( )

② fork( )

③ exec( )

④ wait( )

19 유닉스에서 파일 내용을 화면에 표시하는 명령과 파일의 보호 모드를 설정하여 파일의 사용 허가를 지정하는 명령을 순서적으로 옳게 나열한 것은?

① cp, rm

② fsck, cat

③ cat, chmod

④ find, cp

23년 7월, 22년 3월
20 IP 주소체계와 관련한 설명으로 틀린 것은?

① IPv6의 패킷 헤더는 32 Octet의 고정된 길이를 가진다.

② IPv6는 주소 자동설정(Auto Configuration) 기능을 통해 손쉽게 이용자의 단말을 네트워크에 접속시킬 수 있다.

③ IPv4는 호스트 주소를 자동으로 설정하며 유니캐스트 (Unicast)를 지원한다.

④ IPv4는 클래스별로 네트워크와 호스트 주소의 길이가 다르다.

21년 5월
21 CIDR(Classless Inter-Domain Routing) 표기로 203.241.132.82/27과 같이 사용되었다면, 해당 주소의 서브넷 마스크(subnet mask)는?

① 255.255.255.0

② 255.255.255.224

③ 255.255.255.240

④ 255.255.255.248

23년 5월
22 IPv4와 IPv6 간의 주소 전환에 사용되는 기술이 아닌 것은?

① 듀얼 스택

② 터널링

③ 헤더 변환

④ 라우팅

22년 7월, 21년 5월
23 OSI 7계층 중 네트워크 계층에 대한 설명으로 틀린 것은?

① 패킷을 발신지로부터 최종 목적지까지 전달하는 책임을 진다.

② 한 노드로부터 다른 노드로 프레임을 전송하는 책임을 진다.

③ 패킷에 발신지와 목적지의 논리 주소를 추가한다.

④ 라우터 또는 교환기는 패킷 전달을 위해 경로를 지정하거나 교환 기능을 제공한다.

22년 3월
24 OSI 7계층 중 데이터 링크 계층에 해당되는 프로토콜이 아닌 것은?

① HTTP   ② HDLC

③ PPP   ④ LLC

21년 5월
25 두 개의 서로 다른 형태의 네트워크를 상호 접속하는 3계층 장비를 무엇이라고 하는가?

① 허브   ② 리피터

③ 브리지   ④ 라우터

20년 8월
26 TCP 프로토콜에 대한 설명으로 거리가 먼 것은?

① 신뢰성이 있는 연결 지향형 전달 서비스이다.

② 기본 헤더 크기는 100byte이고 160byte까지 확장 가능하다.

③ 스트림 전송 기능을 제공한다.

④ 순서 제어, 오류 제어, 흐름 제어 기능을 제공한다.

20년 6월
27 TCP/IP 프로토콜 중 전송 계층 프로토콜은?

① HTTP   ② SMTP

③ FTP   ④ TCP

21년 3월, 20년 9월
28 UDP 특성에 해당되는 것은?

① 양방향 연결형 서비스를 제공한다.

② 송신중에 링크를 유지관리하므로 신뢰성이 높다.

③ 순서 제어, 오류 제어, 흐름 제어 기능을 한다.

④ 흐름 제어나 순서 제어가 없어 전송 속도가 빠르다.

21년 3월, 20년 6월
29 TCP/IP 프로토콜에서 TCP가 해당하는 계층은?

① 데이터 링크 계층   ② 네트워크 계층

③ 트랜스포트 계층   ④ 세션 계층

23년 7월
30 TCP에 대한 설명으로 옳지 않은 것은?

① 프레임을 전송 단위로 사용한다.

② 요청과 응답을 동시에 주고 받는 양방향 연결 방식을 사용한다.

③ 순서 제어, 오류 제어, 흐름 제어 기능을 제공한다.

④ 투명성이 보장되는 통신을 제공한다.

01 핵심 316

④번은 링커(Linker)의 기능이다.

02 핵심 314

운영체제의 성능 판단 기준에는 처리 능력, 반환 시간, 사용 가능도, 신뢰도가 있다.

03 핵심 314

문제의 지문에 제시된 내용은 사용 가능도(Availability)에 대한 설명이다.

- 처리 능력(Throughput) : 일정 시간 내에 시스템이 처리하는 일의 양
- 반환 시간(Turn Around Time) : 시스템에 작업을 의뢰한 시간부터 처리가 완료될 때까지 걸린 시간
- 신뢰도(Reliability) : 시스템이 주어진 문제를 정확하게 해결하는 정도

04 핵심 317

Windows는 Single-User, Multi-Tasking, UNIX는 Multi-User, Multi-Tasking이다.

05 핵심 322

내부 단편화는 분할된 영역이 할당될 프로그램의 크기보다 크기 때문에 프로그램이 할당된 후 사용되지 않고 남아 있는 빈 공간을 의미한다. 최초 적합(First Fit)은 프로그램이나 데이터가 들어갈 수 있는 크기의 빈 영역 중에서 첫 번째 분할 영역에 배치시키는 방법으로, 17K의 프로그램은 23K의 빈 영역에 저장된다. 그러므로 내부 단편화는 23K-17K = 6K가 된다.

06 핵심 322

최악 적합(Worst Fit)은 단편화가 가장 많이 남는 영역에 할당하는 것으로, 빈 공간(FREE) 중 16K 크기의 영역인 NO.5에 할당된다.

07 핵심 323

페이징 기법에서는 내부 단편화, 세그먼테이션 기법에서는 외부 단편화가 발생할 수 있다.

08 핵심 323

- 세그먼트(Segment)는 가변적인 크기이다.
- ③번은 페이지(Page)에 대한 설명이다.

09 핵심 323

페이징 기법에서는 내부 단편화가 발생할 수 있다.

10 핵심 328

- 보기 중 공간 구역성의 경우는 배열 순례이다.
- 순환, 스택, 집계에 사용되는 변수는 어느 특정한 시기를 기준으로 하고, 공간 구역성은 특정 공간을 기준으로 한다.

11 핵심 330

페이지 오류율은 페이지 부재가 발생하는 비율을 의미하는 것으로, 페이지 부재가 많이 발생되면 페이지 교체가 자주 발생된다. 즉 페이지 오류율이 높을수록 스래싱이 많이 발생된다.

12 핵심 328

일정 부분, 즉 일정 구역을 집중적으로 참조하는 것은 구역성(Locality)이다.

13 핵심 331, 333, 334

스레드(Thread)가 프로세스 내에서의 작업의 단위이다.

14 핵심 339

'대기 시간'과 '서비스(실행) 시간'을 이용하는 비선점 스케줄링 기법은 HRN(Hightest Response-ratio Next)이다.

- FCFS(First Come First Service) = FIFO(First In First Out) : 준비상태 큐에 도착한 순서에 따라 차례로 CPU를 할당하는 기법으로, 가장 간단한 알고리즘임
- RR(Round Robin) : 시분할 시스템(Time Sharing System)을 위해 고안된 방식으로, FCFS 알고리즘을 선점(Preemptive) 형태로 변형한 기법임

15 핵심 339

HRN은 우선순위를 계산하여 수치가 높은 것이 먼저 수행되는 기법이다.

16 핵심 340

UNIX나 LINUX에서 환경 변수를 명령어나 스크립트에서 사용하려면 변수명 앞에 '$'를, Windows에서는 변수명 앞뒤에 '%'를 입력해야 한다.

17 핵심 341

리눅스는 cat 명령어를 통해 etc 디렉터리의 release로 끝나는 파일을 읽거나, 시스템 정보를 확인하는 uname 명령어를 이용하여 버전을 확인할 수 있다.

- ls : 현재 디렉터리 내의 파일 목록을 확인함
- chdir : 현재 사용할 디렉터리의 위치를 변경함
- pwd : 현재 작업중인 디렉터리 경로를 화면에 출력함

18 핵심 341

부모 프로세스를 임시 중지시키는 명령어는 wait이다.

- find : 파일을 찾음
- fork : 새로운 프로세스를 생성함
- exec : 새로운 프로세스를 수행함

19 핵심 341

파일 내용을 화면에 표시하는 명령어는 cat, 파일의 사용 허가를 지정하는 명령은 chmod이다.

- cp : 파일을 복사함
- rm : 파일을 삭제함
- fsck : 파일 시스템을 검사하고 보수함
- find : 파일을 찾음
- cp : 파일을 복사함

20 핵심 342, 344

IPv6의 패킷 헤더는 40Byte(옥텟)의 고정된 길이를 갖는다.

21 핵심 343

CIDR(Classless Inter-Domain Routing)은 클래스 없는 도메인 간 라우팅 기법으로, CIDR 기법 사용 시 서브넷 마스크는 IP 주소 뒤의 숫자를 이용해 구할 수 있다. 203.241.132.82/27 네트워크의 서브넷 마스크는 1의 개수가 27개, 즉 11111111 11111111 11111111 11100000 → 255.255.255.224가 된다.

22 핵심 344

- 라우팅은 IPv4/IPv6 전환 기술이 아니다.
- IPv4/IPv6 전환 기술에는 듀얼 스택, 터널링, 헤더 변환, 전송 계층 릴레이 방식, 응용 계층 게이트웨이 방식이 있다.

23 핵심 348

- 네트워크 계층의 프로토콜 데이터 단위(PDU)는 패킷(Packet)이다.
- 데이터 단위가 프레임(Frame)인 계층은 데이터 링크 계층이다.

24 핵심 347

HTTP(HyperText Transfer Protocol)는 응용 계층의 프로토콜이다.

25 핵심 351

3계층, 즉 네트워크 계층에서 동작하는 장비는 라우터이다.

- 허브 : 각 회선을 통합적으로 관리하며, 신호 증폭 기능을 하는 리피터의 역할도 포함함
- 리피터 : 전송되는 신호가 약해질 경우 원래의 신호 형태로 재생하여 다시 전송하는 역할을 수행함
- 브리지 : LAN과 LAN을 연결하거나 LAN 안에서의 컴퓨터 그룹(세그먼트)을 연결하는 기능을 수행함

26 핵심 353

TCP 프로토콜의 헤더는 기본적으로 20~60byte이지만 선택적으로 40byte를 더 추가하여 최대 100byte까지 확장이 가능하다.

27 핵심 349

전송 계층 프로토콜은 TCP, UDP, RTCP이다.

- HTTP, SMTP, FTP는 응용 계층 프로토콜이다.

28 핵심 356

UDP는 흐름 제어나 순서 제어가 없어 전송 속도가 빨라 신뢰성보다는 속도가 중요시되는 네트워크에서 사용되는 프로토콜이다.

- ①, ②, ③번은 TCP에 대한 설명이다.

29 핵심 349, 353

TCP의 "T"가 "Transmission"의 약자로, 전송(Transport) 계층에서 사용하는 프로토콜이다.

30 핵심 353

TCP 프로토콜은 패킷 단위의 스트림(Stream) 전송 기능을 제공한다.

MEMO

5 과목

정보시스템 구축 관리

소프트웨어 개발 방법론 활용

▶350360

360 구조적 방법론 C

21.3

- 구조적 방법론은 정형화된 분석 절차에 따라 사용자 요구사항을 파악하여 문서화하는 처리(Precess) 중심의 방법론이다.
- 1960년대까지 가장 많이 적용되었던 소프트웨어 개발 방법론이다.
- 복잡한 문제를 다루기 위해 분할과 정복(Divide and Conquer) 원리를 적용한다.

기출체크 ✓

21.3

1. 정형화된 분석 절차에 따라 사용자 요구사항을 파악, 문서화하는 체계적 분석 방법으로 자료 흐름도, 자료 사전, 소단위 명세서의 특징을 갖는 것은?

① 구조적 개발 방법론
② 객체지향 개발 방법론
③ 정보공학 방법론
④ CBD 방법론

▶350362

362 객체지향 방법론 D

출제예상

- 객체지향 방법론은 현실 세계의 개체(Entity)를 기계의 부품처럼 하나의 객체(Object)로 만들어, 소프트웨어를 개발할 때 기계의 부품을 조립하듯이 객체들을 조립해서 필요한 소프트웨어를 구현하는 방법론이다.
- 객체지향 방법론은 구조적 기법의 문제점으로 인한 소프트웨어 위기의 해결책으로 채택되었다.

예상체크 ✓

출제예상

3. 개체를 기계의 부품처럼 하나의 객체로 만들어, 기계적인 부품들을 조립하여 제품을 만들 듯이 소프트웨어를 개발할 때에도 객체들을 조립해서 작성할 수 있도록 하는 소프트웨어 개발 방법론은?

① 컴포넌트 기반(CBD) 방법론
② 애자일(Agile) 방법론
③ 제품 계열 방법론
④ 객체지향 방법론

▶350363

363 컴포넌트 기반 방법론 A

21.5, 21.3, 20.9

- 컴포넌트 기반(CBD; Component Based Design) 방법론은 기존의 시스템이나 소프트웨어를 구성하는 컴포넌트를 조합하여 하나의 새로운 애플리케이션을 만드는 방법론이다.
- 컴포넌트의 재사용(Reusability)이 가능하여 시간과 노력을 절감할 수 있다.
- 새로운 기능을 추가하는 것이 간단하여 확장성이 보장된다.
- 유지 보수 비용을 최소화하고 생산성 및 품질을 향상시킬 수 있다.
- 분석 단계에서 사용자 요구사항 정의서가 산출된다.

기출체크 ✓

21.3

4. 소프트웨어 개발 방법론 중 CBD(Component Based Development)에 대한 설명으로 틀린 것은?

① 생산성과 품질을 높이고, 유지 보수 비용을 최소화할 수 있다.
② 컴포넌트 제작 기법을 통해 재사용성을 향상시킨다.
③ 모듈의 분할과 정복에 의한 하향식 설계방식이다.
④ 독립적인 컴포넌트 단위의 관리로 복잡성을 최소화할 수 있다.

해설

분할과 정복(Divide and Conquer)은 구조적 방법론의 대표적인 특징입니다.

▶350361

361 정보공학 방법론 B

23.5, 22.4

- 정보공학 방법론은 정보 시스템의 개발을 위해 계획, 분석, 설계, 구축에 정형화된 기법들을 상호 연관성 있게 통합 및 적용하는 자료(Data) 중심의 방법론이다.
- 업무 영역 분석과 업무 시스템 설계 과정에 데이터베이스 설계를 위한 데이터 모델링으로 개체 관계도(ERD; Entity-Relationship Diagram)를 사용한다.

기출체크 ✓

23.5, 22.4

2. 정보공학 방법론에서 데이터베이스 설계의 표현으로 사용하는 모델링 언어는?

① Package Diagram
② State Transition Diagram
③ Deployment Diagram
④ Entity-Relationship Diagram

364 애자일 방법론

출제예상 **D**

- 애자일(Agile)은 '민첩한', '기민한'이라는 의미로, 애자일 방법론은 고객의 요구사항 변화에 유연하게 대응할 수 있도록 일정한 주기를 반복하면서 개발 과정을 진행하는 방법론이다.
- 소규모 프로젝트, 고도로 숙달된 개발자, 급변하는 요구사항에 적합하다.

예상체크 ✓

출제예상
5. 고객의 요구사항을 바로바로 반영하고 상황에 따라 주어지는 문제를 풀어나가는 소프트웨어 개발 방법론은?

① 애자일(Agile) 방법론
② 컴포넌트 기반(CBD) 방법론
③ 객체지향 방법론
④ 구조적 방법론

365 소프트웨어 재사용

23.5, 22.3 **B**

- 소프트웨어 재사용(Software Reuse)은 이미 개발되어 인정받은 소프트웨어의 전체 혹은 일부분을 다른 소프트웨어 개발이나 유지에 사용하는 것이다.
- 재사용의 이점
  - 개발 시간과 비용 단축
  - 소프트웨어 품질 향상
  - 소프트웨어 개발의 생산성 향상
  - 프로젝트 실패의 위험 감소
  - 시스템 명세, 설계, 코드 등 문서 공유

기출체크 ✓

23.5, 22.3
6. 소프트웨어를 재사용함으로써 얻을 수 있는 이점으로 가장 거리가 먼 것은?

① 생산성 증가
② 프로젝트 문서 공유
③ 소프트웨어 품질 향상
④ 새로운 개발 방법론 도입 용이

해설
소프트웨어 재사용은 이미 개발된 인정받은 소프트웨어의 전체 혹은 일부분을 다른 소프트웨어 개발이나 유지에 사용하는 것으로 소프트웨어를 재사용함으로써 새로운 개발 방법론을 도입하기는 어렵습니다.

366 소프트웨어 재사용 방법

20.8 **C**

- 합성 중심 : 전자 칩과 같은 소프트웨어 부품, 즉 블록(모듈)을 만들어서 끼워 맞추어 소프트웨어를 완성시키는 방법
- 생성 중심 : 추상화 형태로 쓰여진 명세를 구체화하여 프로그램을 만드는 방법

기출체크 ✓

20.8
7. 전자 칩과 같은 소프트웨어 부품, 즉 블록(모듈)을 만들어서 끼워 맞추는 방법으로 소프트웨어를 완성시키는 재사용 방법은?

① 합성 중심
② 생성 중심
③ 분리 중심
④ 구조 중심

367 소프트웨어 재공학

20.8 **C**

- 소프트웨어 재공학(Software Reengineering)은 새로운 요구에 맞도록 기존 시스템을 이용하여 보다 나은 시스템을 구축하고, 새로운 기능을 추가하여 소프트웨어 성능을 향상시키는 것이다.
- 재공학의 이점
  - 소프트웨어의 수명이 연장된다.
  - 소프트웨어 기술이 향상된다.
  - 소프트웨어의 개발 기간이 단축된다.
  - 소프트웨어에서 발생할 수 있는 오류가 줄어 들고, 비용이 절감된다.

기출체크 ✓

20.8
8. 소프트웨어 재공학이 소프트웨어의 재개발에 비해 갖는 장점으로 거리가 먼 것은?

① 위험부담 감소
② 비용 절감
③ 시스템 명세의 오류 억제
④ 개발 시간의 증가

해설
소프트웨어 재공학을 통해 개발 시간을 감소시킬 수 있습니다.

368 소프트웨어 재공학의 주요 활동 A

23.7, 22.7, 22.3, 20.8

- **분석(Analysis)** : 기존 소프트웨어의 명세서를 확인하여 소프트웨어의 동작을 이해하고, 재공학할 대상을 선정하는 활동
- **재구성(Restructuring)** : 기존 소프트웨어의 구조를 향상시키기 위하여 코드를 재구성하는 활동
- **역공학(Reverse Engineering)** : 기존 소프트웨어를 분석하여 소프트웨어 개발 과정과 데이터 처리 과정을 설명하는 분석 및 설계 정보를 재발견하거나 다시 만들어 내는 활동
- **이식(Migration)** : 기존 소프트웨어를 다른 운영체제나 하드웨어 환경에서 사용할 수 있도록 변환하는 활동

기출체크 ✓

23.7, 22.7, 22.3

1. 소프트웨어 재공학의 주요 활동 중 기존 소프트웨어 시스템을 새로운 기술 또는 하드웨어 환경에서 사용할 수 있도록 변환하는 작업을 의미하는 것은?

① Analysis
② Migration
③ Restructuring
④ Reverse Engineering

369 CASE 사용의 이점 A

23.7, 23.5, 21.5, 21.3, 20.9, 20.8, 20.6

- 소프트웨어 개발 기간을 단축하고 개발 비용을 절감할 수 있다.
- 자동화된 기법을 통해 소프트웨어 품질이 향상된다.
- 소프트웨어의 유지보수를 간편하게 수행할 수 있다.
- 소프트웨어 모듈의 재사용성이 향상된다.

기출체크 ✓

23.7, 23.5, 21.3

2. CASE(Computer Aided Software Engineering)에 대한 설명으로 틀린 것은?

① 소프트웨어 모듈의 재사용성이 향상된다.
② 자동화된 기법을 통해 소프트웨어 품질이 향상된다.
③ 소프트웨어 사용자들에게 사용 방법을 신속히 숙지시키기 위해 사용된다.
④ 소프트웨어 유지보수를 간편하게 수행할 수 있다.

해설

사용자들에게 사용 방법을 숙지시키는데 사용되는 것은 소프트웨어 사용자 매뉴얼입니다.

370 CASE의 주요 기능 B

20.9, 20.6

- 소프트웨어 생명 주기 전 단계의 연결
- 다양한 소프트웨어 개발 모형 지원
- 그래픽 지원
- 모델들의 모순 검사 및 오류 검증
- 자료 흐름도 작성

기출체크 ✓

20.9, 20.6

3. CASE(Computer Aided Software Engineering)의 주요 기능으로 옳지 않은 것은?

① S/W 라이프 사이클 전 단계의 연결
② 그래픽 지원
③ 다양한 소프트웨어 개발 모형 지원
④ 언어 번역

해설

언어 번역은 언어 번역 프로그램의 기능입니다.

371 CASE의 원천 기술 C

21.5

- 구조적 기법
- 프로토타이핑
- 자동 프로그래밍
- 정보 저장소
- 분산처리

기출체크 ✓

21.5

4. CASE(Computer-Aided Software Engineering)의 원천 기술이 아닌 것은?

① 구조적 기법
② 프로토타이핑 기술
③ 정보 저장소 기술
④ 일괄처리 기술

실기공통
372 LOC 기법 A

23.2, 22.7, 22.4, 22.3, 21.8, 21.3, 20.6, 실기 20.5

- LOC(원시 코드 라인 수, source Line Of Code) 기법은 소프트웨어 각 기능의 원시 코드 라인 수의 비관치, 낙관치, 기대치를 측정하여 예측치를 구하고 이를 이용하여 비용을 산정하는 기법이다.

- 산정 공식

노력(인월)	• 개발 기간 × 투입 인원 • LOC / 1인당 월평균 생산 코드 라인 수
개발 비용	노력(인월) × 단위 비용(1인당 월평균 인건비)
개발 기간	노력(인월) / 투입 인원
생산성	LOC / 노력(인월)

기출체크 ✓

22.7, 22.3, 21.3, 20.6

5. LOC 기법에 의하여 예측된 총 라인수가 50000라인, 프로그래머의 월 평균 생산성이 200라인, 개발에 참여할 프로그래머가 10인 일 때, 개발 소요 기간은?

① 25개월
② 50개월
③ 200개월
④ 2000개월

해설
- 프로그래머의 수가 10명이고, 월 평균 생산이 200 라인이라면 10명이 생산하는 월 생산은 2,000 라인입니다.
- 총 라인 수 50,000일 경우 개발에 소요되는 기간은 25(50,000 / 2,000)개월입니다.

374 COCOMO 모형 B

22.7, 22.4

- COCOMO(COnstructive COst MOdel) 모형은 보헴(Boehm)이 제안한 것으로, LOC(원시 코드 라인 수)에 의한 비용 산정 기법이다.

- 비교적 작은 규모의 프로젝트 기록을 통계 분석하여 얻은 결과를 반영한 모델이다.

- 비용 산정 결과는 프로젝트를 완성하는 데 필요한 노력(Man-Month)으로 나타난다.

- 소프트웨어 개발 유형 : 조직형(Organic Mode), 반분리형(Semi-Detached Mode), 내장형(Embedded Mode)

기출체크 ✓

22.4

7. COCOMO(Constructive Cost Model) 모형의 특징이 아닌 것은?

① 프로젝트를 완성하는데 필요한 man-month로 산정 결과를 나타낼 수 있다.
② 보헴(Boehm)이 제안한 것으로 원시코드 라인 수에 의한 비용 산정 기법이다.
③ 비교적 작은 규모의 프로젝트 기록을 통계 분석하여 얻은 결과를 반영한 모델이며 중소 규모 소프트웨어 프로젝트 비용 추정에 적합하다.
④ 프로젝트 개발 유형에 따라 object, dynamic, function 의 3가지 모드로 구분한다.

해설
COCOMO 모형은 개발 유형에 따라 조직형(Organic Mode), 반분리형(Semi-Detached Mode), 내장형(Embedded Mode)이 있습니다.

373 수학적 산정 기법 B

21.5, 20.9

- 수학적 산정 기법은 상향식 비용 산정 기법으로, 개발 비용 산정의 자동화를 목표로 한다.
- 종류 : COCOMO(COnstructive COst MOdel) 모형, Putnam 모형, 기능 점수(Function Point) 모형

기출체크 ✓

21.5, 20.9

6. 소프트웨어 비용 추정 모형(Estimation Model)이 아닌 것은?

① COCOMO
② Putnam
③ Function-Point
④ PERT

해설
PERT는 프로젝트 일정 계획 및 관리에 사용되는 방법론입니다.

375 COCOMO의 소프트웨어 개발 유형 A

23.5, 21.8, 21.5, 21.3, 20.8, 20.6

- 조직형(Organic Mode) : 기관 내부에서 개발된 중·소 규모의 소프트웨어로 일괄 자료 처리나 과학기술 계산용, 비즈니스 자료 처리용으로 5만(50KDSI) 라인 이하의 소프트웨어를 개발하는 유형

- 반분리형(Semi-Detached Mode) : 조직형과 내장형의 중간형으로 트랜잭션 처리 시스템이나 운영체제, 데이터베이스 관리 시스템 등의 30만(300KDSI) 라인 이하의 소프트웨어를 개발하는 유형

- 내장형(Embedded Mode) : 초대형 규모의 트랜잭션 처리 시스템이나 운영체제 등의 30 만(300KDSI) 라인 이상의 소프트웨어를 개발하는 유형

378 자동화 추정 도구 C

- SLIM : Rayleigh-Norden 곡선과 Putnam 예측 모델을 기초로 하여 개발된 자동화 추정 도구
- ESTIMACS : 다양한 프로젝트와 개인별 요소를 수용하도록 FP 모형을 기초로 하여 개발된 자동화 추정 도구

기출체크 ✓

20.8

4. Putnam 모형을 기초로 해서 만든 자동화 추정 도구는?

① SQLR/30   ② SLIM
③ MESH   ④ NFV

기출체크 ✓

23.5, 21.8, 20.6

1. COCOMO model 중 기관 내부에서 개발된 중·소 규모의 소프트웨어로 일괄 자료 처리나 과학기술 계산용, 비즈니스 자료 처리용으로 5만 라인 이하의 소프트웨어를 개발하는 유형은?

① Embeded   ② Organic
③ Semi-Detached   ④ Semi-Embeded

350376 20.6

376 Putnam 모형 C

- Putnam 모형은 소프트웨어 생명 주기의 전 과정 동안에 사용될 노력의 분포를 가정해 주는 모형이다.
- 시간에 따른 함수로 표현되는 Rayleigh-Norden 곡선의 노력 분포도를 기초로 한다.

기출체크 ✓

20.6

2. Rayleigh-Norden 곡선의 노력 분포도를 이용한 프로젝트 비용 산정 기법은?

① Putnam 모형   ② 델파이 모형
③ COCOMO 모형   ④ 기능점수 모형

350379 22.4

379 PERT C

- PERT(Program Evaluation and Review Technique, 프로그램 평가 및 검토 기술)는 프로젝트에 필요한 전체 작업의 상호 관계를 표시하는 네트워크로 각 작업별로 낙관적인 경우, 가능성이 있는 경우, 비관적인 경우로 나누어 각 단계별 종료 시기를 결정하는 방법이다.
- 결정 경로, 작업에 대한 경계 시간, 작업 간의 상호 관련성 등을 알 수 있다.

기출체크 ✓

22.4

5. 프로젝트 일정 관리 시 사용하는 PERT 차트에 대한 설명에 해당하는 것은?

① 각 작업들이 언제 시작하고 언제 종료되는지에 대한 일정을 막대 도표를 이용하여 표시한다.
② 시간선(Time-Line) 차트라고도 한다.
③ 수평 막대의 길이는 각 작업의 기간을 나타낸다.
④ 작업들 간의 상호 관련성, 결정 경로, 경계 시간, 자원 할당 등을 제시한다.

해설

①, ②, ③번은 간트 차트에 대한 설명입니다.

350377 20.8

377 기능 점수(FP) 모형의 가중치 증대 요인 C

- 자료 입력(입력 양식)
- 정보 출력(출력 보고서)
- 명령어(사용자 질의수)
- 데이터 파일
- 필요한 외부 루틴과의 인터페이스

기출체크 ✓

20.8

3. 기능 점수(Functional Point) 모형에서 비용 산정에 이용되는 요소가 아닌 것은?

① 클래스 인터페이스   ② 명령어(사용자 질의수)
③ 데이터 파일   ④ 출력 보고서

---

380 CPM

22.7

C

- CPM(Critical Path Method, 임계 경로 기법)은 프로젝트 완성에 필요한 작업을 나열하고 작업에 필요한 소요 기간을 예측하는데 사용하는 기법이다.
- 경영층의 과학적인 의사 결정을 지원한다.
- 효과적인 프로젝트의 통제를 가능하게 해준다.

기출체크 ☑

22.7

6. CPM(Critical Path Method)에 대한 설명으로 옳지 않은 것은?

① 프로젝트 내에서 각 작업이 수행되는 시간과 각 작업 사이의 관계를 파악할 수 있다.
② 작업 일정을 한눈에 볼 수 있도록 해주며 막대 그래프의 형태로 표현한다.
③ 효과적인 프로젝트의 통제를 가능하게 해 준다.
④ 경영층의 과학적인 의사 결정을 지원한다.

해설
②번은 간트 차트에 대한 설명입니다.

해설

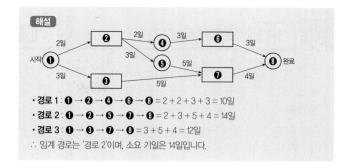

- 경로 1 : ❶ → ❷ → ❹ → ❻ → ❽ = 2 + 2 + 3 + 3 = 10일
- 경로 2 : ❶ → ❷ → ❺ → ❼ → ❽ = 2 + 3 + 5 + 4 = 14일
- 경로 3 : ❶ → ❸ → ❼ → ❽ = 3 + 5 + 4 = 12일

∴ 임계 경로는 '경로 2'이며, 소요 기일은 14일입니다.

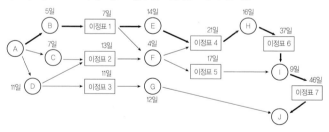

381 임계 경로 소요 기일

23.7, 20.8

B

임계 경로는 최장 경로(굵은 선)를 의미한다.

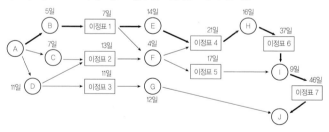

기출체크 ☑

23.7, 20.8

7. CPM 네트워크가 다음과 같을 때 임계 경로의 소요 기일은?

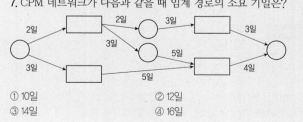

① 10일 ② 12일
③ 14일 ④ 16일

---

382 간트 차트

22.3

C

- 간트 차트(Gantt Chart)는 프로젝트의 각 작업들이 언제 시작하고 언제 종료되는지에 대한 작업 일정을 막대 도표를 이용하여 표시하는 프로젝트 일정표이다.
- 자원 배치와 인원 계획에 유용하게 사용된다.
- CPM 네트워크의 데이터를 바탕으로 간트 차트를 제작할 수 있다.
- 수평 막대의 길이는 각 작업(Task)의 기간을 나타낸다.

기출체크 ☑

22.3

8. 간트 차트(Gantt Chart)에 대한 설명으로 틀린 것은?

① 프로젝트를 이루는 소작업별로 언제 시작되고 언제 끝나야 하는지를 한 눈에 볼 수 있도록 도와준다.
② 자원 배치 계획에 유용하게 사용된다.
③ CPM 네트워크로부터 만드는 것이 가능하다.
④ 수평 막대의 길이는 각 작업(Task)에 필요한 인원수를 나타낸다.

해설
수평 막대의 길이는 각 작업의 기간을 나타냅니다.

▶ 350383

383 프로젝트 관리 B

23.5, 22.3

- 프로젝트 관리(Project Management)는 주어진 기간 내에 최소의 비용으로 사용자를 만족시키는 시스템을 개발하기 위한 전반적인 활동이다.
- 관리 유형 : 일정 관리, 비용 관리, 인력 관리, 위험 관리, 품질 관리

기출체크 ✓

23.5, 22.3

1. 소프트웨어 프로젝트 관리에 대한 설명으로 가장 옳은 것은?

① 개발에 따른 산출물 관리
② 소요 인력은 최대화하되 정책 결정은 신속하게 처리
③ 주어진 기간은 연장하되 최소의 비용으로 시스템을 개발
④ 주어진 기간 내에 최소의 비용으로 사용자를 만족시키는 시스템을 개발

385 ISO/IEC 12207 C

21.5

- 기본 생명 주기 프로세스 : 획득, 공급, 개발, 운영, 유지 보수 프로세스
- 지원 생명 주기 프로세스 : 품질 보증, 검증, 확인, 활동 검토, 감사, 문서화, 형상 관리, 문제 해결 프로세스
- 조직 생명 주기 프로세스 : 관리, 기반 구조, 훈련, 개선 프로세스

기출체크 ✓

21.5

3. ISO 12207 표준의 기본 생명 주기의 주요 프로세스에 해당하지 않는 것은?

① 획득 프로세스   ② 개발 프로세스
③ 성능 평가 프로세스   ④ 유지 보수 프로세스

▶ 350384

384 위험 관리 A

23.2, 23.1, 22.3

- 위험 관리(Risk Analysis)는 프로젝트 추진 과정에서 예상되는 각종 돌발 상황(위험)을 미리 예상하고 이에 대한 적절한 대책을 수립하는 일련의 활동을 의미한다.
- 위험 관리 절차 : 위험 식별 → 위험 분석 및 평가 → 위험 관리 계획 → 위험 감시 및 조치

기출체크 ✓

23.2, 23.1, 22.3

2. 프로젝트에 내재된 위험 요소를 인식하고 그 영향을 분석하여 이를 관리하는 활동으로서, 프로젝트를 성공시키기 위하여 위험 요소를 사전에 예측, 대비하는 모든 기술과 활동을 포함하는 것은?

① Critical Path Method   ② Risk Analysis
③ Work Breakdown Structure   ④ Waterfall Model

▶ 350386

386 CMMI의 소프트웨어 프로세스 성숙도 5단계 A

23.2, 20.9, 20.6

- 초기(Initial) : 작업자 능력에 따라 성공 여부 결정
- 관리(Managed) : 특정한 프로젝트 내의 프로세스 정의 및 수행
- 정의(Defined) : 조직의 표준 프로세스를 활용하여 업무 수행
- 정량적 관리(Quantitatively Managed) : 프로젝트를 정량적으로 관리 및 통제
- 최적화(Optimizing) : 프로세스 역량 향상을 위해 지속적인 프로세스 개선

기출체크 ✓

23.2, 20.9, 20.6

4. CMM(Capability Maturity Model) 모델의 레벨로 옳지 않은 것은?

① 최적 단계   ② 관리 단계
③ 계획 단계   ④ 정의 단계

350387

387 SPICE
20.9, 20.8
B

- SPICE(Software Process Improvement and Capability dEtermination, 소프트웨어 처리 개선 및 능력 평가 기준)는 정보 시스템 분야에서 소프트웨어의 품질 및 생산성 향상을 위해 소프트웨어 프로세스를 평가 및 개선하는 국제 표준이다.
- SPICE는 5개의 프로세스 범주와 40개의 세부 프로세스로 구성된다.

기출체크 ☑

20.9, 20.8
5. 소프트웨어 개발 표준 중 소프트웨어 품질 및 생산성 향상을 위해 소프트웨어 프로세스를 평가 및 개선하는 국제 표준은?
① SCRUM   ② ISO/IEC 12509
③ SPICE   ④ CASE

 350388

388 SPICE의 프로세스 수행 능력 단계
21.5
C

- **Level 0 – 불완전(Incomplete)** : 프로세스가 구현되지 않았거나 목적을 달성하지 못한 단계
- **Level 1 – 수행(Performed)** : 프로세스가 수행되고 목적이 달성된 단계
- **Level 2 – 관리(Managed)** : 정의된 자원의 한도 내에서 그 프로세스가 작업 산출물을 인도하는 단계
- **Level 3 – 확립(Established)** : 소프트웨어 공학 원칙에 기반하여 정의된 프로세스가 수행되는 단계
- **Level 4 – 예측(Predictable)** : 프로세스가 목적 달성을 위해 통제되고, 양적인 측정을 통해서 일관되게 수행되는 단계
- **Level 5 – 최적화(Optimizing)** : 프로세스 수행을 최적화하고, 지속적인 개선을 통해 업무 목적을 만족시키는 단계

기출체크 ☑

21.5
6. SPICE 모델의 프로세스 수행 능력 수준의 단계별 설명이 틀린 것은?
① 수준 7 – 미완성 단계   ② 수준 5 – 최적화 단계
③ 수준 4 – 예측 단계   ④ 수준 3 – 확립 단계

 350389

389 소프트웨어 개발 방법론 테일러링
22.3
C

- 소프트웨어 개발 방법론 테일러링은 프로젝트 상황 및 특성에 맞도록 정의된 소프트웨어 개발 방법론의 절차, 사용기법 등을 수정 및 보완하는 작업이다.
- **관리적 측면** : 최단 기간에 안정적인 프로젝트 진행을 위해 사전 위험을 식별하고 제거하는 작업
- **기술적 측면** : 프로젝트에 최적화된 기술 요소를 도입하여 프로젝트 특성에 맞는 최적의 기법과 도구를 찾아가는 작업

기출체크 ☑

22.3
7. 소프트웨어 개발 방법론의 테일러링(Tailoring)과 관련한 설명으로 틀린 것은?
① 프로젝트 수행 시 예상되는 변화를 배제하고 신속히 진행하여야 한다.
② 프로젝트에 최적화된 개발 방법론을 적용하기 위해 절차, 산출물 등을 적절히 변경하는 활동이다.
③ 관리적 측면에서의 목적 중 하나는 최단 기간에 안정적인 프로젝트 진행을 위한 사전 위험을 식별하고 제거하는 것이다.
④ 기술적 측면에서의 목적 중 하나는 프로젝트에 최적화된 기술 요소를 도입하여 프로젝트 특성에 맞는 최적의 기법과 도구를 사용하는 것이다.

해설
테일러링은 프로젝트 상황 및 특성에 맞추어 기존의 방법론, 프로세스 등을 수정하는 것이니만큼, 예상되는 변화를 충분히 고려해야 합니다.

 350390

390 소프트웨어 개발 방법론 테일러링 고려사항
20.6
C

내부적 기준	• 목표 환경 : 시스템의 개발 환경과 유형 • 요구사항 : 개발, 운영, 유지보수 등 • 프로젝트 규모 : 비용, 인력, 기간 등 • 보유 기술 : 프로세스, 개발 방법론, 산출물, 구성원의 능력 등
외부적 기준	• 법적 제약사항 : 프로젝트별로 적용될 IT Compliance • 표준 품질 기준 : 금융, 제도 등 분야별 표준 품질 기준

기출체크 ☑

20.6
8. 테일러링(Tailoring) 개발 방법론의 내부 기준에 해당하지 않는 것은?
① 납기/비용   ② 기술환경
③ 구성원 능력   ④ 국제 표준 품질 기준

기출체크 정답 5.③ 6.① 7.① 8.④

391 소프트웨어 개발 프레임워크 [A]

- 프레임워크(Framework)는 소프트웨어 개발에 공통적으로 사용되는 구성 요소와 아키텍처를 일반화하여 손쉽게 구현할 수 있도록 여러 가지 기능들을 제공해주는 반제품 형태의 소프트웨어 시스템이다.
- 선행 사업자의 기술에 의존하지 않은 표준화된 개발 기반으로 인해 사업자 종속성이 해소된다.
- 개발해야 할 애플리케이션의 일부분이 이미 내장된 클래스 라이브러리로 구현되어 있어 개발자는 이미 존재하는 부분을 확장 및 이용하는 것으로 소프트웨어를 개발할 수 있다.
- 프레임워크를 적용할 경우 품질 보증, 개발 및 변경 용이성 등의 효과를 기대할 수 있다.

기출체크 ✓

23.7, 22.4

1. 다음 설명에 해당하는 소프트웨어는?

- 개발해야 할 애플리케이션의 일부분이 이미 내장된 클래스 라이브러리로 구현이 되어 있다.
- 따라서, 그 기반이 되는 이미 존재하는 부분을 확장 및 이용하는 것으로 볼 수 있다.
- JAVA 기반의 대표적인 소프트웨어로는 스프링(Spring)이 있다.

① 전역 함수 라이브러리
② 소프트웨어 개발 프레임워크
③ 컨테이너 아키텍처
④ 어휘 분석기

---

392 프레임워크의 특성 [A]

- **모듈화(Modularity)** : 프레임워크는 캡슐화를 통해 모듈화를 강화하고 설계 및 구현의 변경에 따른 영향을 최소화함으로써 소프트웨어의 품질을 향상시킴
- **재사용성(Reusability)** : 프레임워크는 재사용 가능한 모듈들을 제공함으로써 예산 절감, 생산성 향상, 품질 보증이 가능함
- **확장성(Extensibility)** : 프레임워크는 다형성(Polymorphism)을 통한 인터페이스 확장이 가능하여 다양한 형태와 기능을 가진 애플리케이션 개발이 가능함
- **제어의 역흐름(Inversion of Control)** : 개발자가 관리하고 통제해야 하는 객체들의 제어를 프레임워크에 넘김으로써 생산성을 향상시킴

기출체크 ✓

22.7, 21.5

2. 프레임워크(Framework)에 대한 설명으로 옳은 것은?

① 소프트웨어 구성에 필요한 기본 구조를 제공함으로써 재사용이 가능하게 해준다.
② 소프트웨어 개발 시 구조가 잡혀 있기 때문에 확장이 불가능하다.
③ 소프트웨어 아키텍처(Architecture)와 동일한 개념이다.
④ 모듈화(Modularity)가 불가능하다.

해설

프레임워크는 모듈화가 잘 되어있어 자유로운 확장이 가능한 반제품 형태의 소프트웨어로, 소프트웨어 아키텍처와는 다른 개념입니다.

23.2

5. 다음 중 1992년 미국 SF 작가 닐 스티븐슨의 소설 '스노 크래시'에 처음 등장한 개념으로, 현실 세계와 같은 사회 · 경제 · 문화 활동이 이뤄지는 3차원 가상 세계를 가리키는 용어는?

① IoT(Internet of Things)
② 메타버스
③ 피코넷
④ 클라우드 컴퓨팅

23.2, 21.3, 20.8

406 네트워크 설치 구조 A

- 성형(Star, 중앙 집중형) : 중앙에 중앙 컴퓨터가 있고, 이를 중심으로 단말장치들이 연결되는 중앙 집중식의 네트워크 구성 형태
- 링형(Ring, 루프형) : 컴퓨터와 단말장치들을 서로 이웃하는 것끼리 포인트 투 포인트(Point-to-Point) 방식으로 연결시킨 형태
- 버스형(Bus) : 한 개의 통신 회선에 여러 대의 단말장치가 연결되어 있는 형태
- 계층형(Tree, 분산형) : 중앙 컴퓨터와 일정 지역의 단말장치까지는 하나의 통신 회선으로 연결시키고, 이웃하는 단말장치는 일정 지역 내에 설치된 중간 단말장치로부터 다시 연결시키는 형태
- 망형(Mesh) : 모든 지점의 컴퓨터와 단말장치를 서로 연결한 형태로, 노드의 연결성이 높음

스타형(Star)　　　링형(Ring, 루프)　　　버스형(Bus)

계층형(Tree)　　　망형(Mesh)

23.2

6. 한 개의 통신 회선에 여러 대의 단말장치가 연결되어 있는 형태를 가진 네트워크 토폴로지는 어떤 형인가?

① 그물형
② 십자형
③ 버스형
④ 링형

21.8

407 VLAN C

VLAN(Virtual Local Area Network)은 LAN의 물리적인 배치와 상관없이 논리적으로 분리하는 기술로, 접속된 장비들의 성능 및 보안성을 향상시킬 수 있다.

21.8

7. 물리적 배치와 상관없이 논리적으로 LAN을 구성하여 Broadcast Domain을 구분할 수 있게 해주는 기술로, 접속된 장비들의 성능 향상 및 보안성 증대 효과가 있는 것은?

① VLAN
② STP
③ L2AN
④ ARP

20.6

408 LAN의 표준 규격 – 802.11의 버전 C

802.11 (초기 버전)	2.4GHz 대역 전파와 CSMA/CA 기술을 사용해 최고 2Mbps까지의 전송 속도를 지원함
802.11a	5GHz 대역의 전파를 사용하며, OFDM 기술을 사용해 최고 54Mbps까지의 전송 속도를 지원함
802.11b	802.11 초기 버전의 개선안으로 등장하였으며, 초기 버전의 대역 전파와 기술을 사용해 최고 11Mbps의 전송 속도로 기존에 비해 5배 이상 빠르게 개선되었음
802.11e	802.11의 부가 기능 표준으로, QoS 기능이 지원되도록 하기 위해 매체 접근 제어(MAC) 계층에 해당하는 부분을 수정하였음
802.11g	2.4GHz 대역의 전파를 사용하지만 5GHz 대역의 전파를 사용하는 802.11a와 동일한 최고 54Mbps까지의 전송 속도를 지원함
802.11i	802.11의 보안 기능 표준으로, 인증 방식에 WPA/WPA2를 사용함
802.11n	2.4GHz 대역과 5GHz 대역을 사용하는 규격으로, 최고 600Mbps까지의 전송 속도를 지원함

20.6

8. IEEE 802.11 워킹 그룹의 무선 LAN 표준화 현황 중 QoS 강화를 위해 MAC 지원 기능을 채택한 것은?

① 802.11a
② 802.11b
③ 802.11g
④ 802.11e

▶350409

409 WPA

22.7

C

WPA(Wi-Fi Protected Access)는 Wi-Fi에서 제정한 무선 랜(WLAN) 인증 및 암호화 관련 표준으로, IEEE 802.11i 버전에서 지원한다.

기출체크 ✓

22.7

1. Wi-Fi에서 제정한 무선 랜(WLAN) 인증 및 암호화 관련 표준은?

① WCDMA   ② WPA

③ SSL   ④ SHA

▶350410

410 CSMA/CD

23.5

C

- CSMA/CD(Carrier Sense Multiple Access/Collision Detection)는 데이터 프레임 간의 충돌이 발생하는 것을 인정하고 이를 해소하기 위해 CSMA 방식에 충돌 검출 기능과 충돌 발생 시 재송신하는 기능을 부가했다.
- 통신 회선이 사용중이면 일정 시간 동안 대기하고, 통신 회선 상에 데이터가 없을 때에만 데이터를 송신하며, 송신중에도 전송로의 상태를 계속 감시한다.

기출체크 ✓

23.5

2. 다음 내용이 설명하고 있는 LAN의 매체 접근 제어 방식은?

- 버스 또는 트리 토폴로지에서 가장 많이 사용된다.
- 전송하고자 하는 스테이션이 전송 매체의 상태를 감지하다가 유휴(idle) 상태인 경우 데이터를 전송하고, 전송이 끝난 후에도 계속 매체의 상태를 감지하여 다른 스테이션과의 충돌 발생 여부를 감시한다.

① CSMA/CD   ② Token bus

③ Token ring   ④ Slotted ring

▶350411

411 CSMA/CA

21.5

C

- CSMA/CA(Carrier Sense Multiple Access/Collision Avoidance)는 무선 랜에서 데이터 전송 시 매체가 비어있음을 확인한 뒤 충돌을 피하기 위해 일정한 시간을 기다린 후 데이터를 전송하는 방법이다.
- 회선을 사용하지 않는 경우에도 확인 신호를 전송하여 동시 전송에 의한 충돌을 예방한다.

기출체크 ✓

21.5

3. 다음 설명에 해당하는 방식은?

- 무선 랜에서 데이터 전송 시, 매체가 비어있음을 확인한 뒤 충돌을 회피하기 위해 임의 시간을 기다린 후 데이터를 전송하는 방법이다.
- 네트워크에 데이터의 전송이 없는 경우라도 동시 전송에 의한 충돌에 대비하여 확인 신호를 전송한다.

① STA   ② Collision Domain

③ CSMA/CA   ④ CSMA/CD

▶350412

실 기 공 통

412 RIP

22.4, 20.8, 20.6, 실기 23.10

A

- RIP(Routing Information Protocol)는 IGP에 속하는 라우팅 프로토콜로, 거리 벡터 라우팅 프로토콜이라고도 불린다.
- 최단 경로 탐색에 Bellman-Ford 알고리즘이 사용된다.
- 소규모 동종의 네트워크 내에서 효율적인 방법이다.
- 최대 홉(Hop) 수를 15로 제한한다.

기출체크 ✓

22.4, 20.8

4. RIP(Routing Information Protocol)에 대한 설명으로 틀린 것은?

① 거리 벡터 라우팅 프로토콜이라고도 한다.

② 소규모 네트워크 환경에 적합하다.

③ 최대 홉 카운트를 115홉 이하로 한정하고 있다.

④ 최단 경로 탐색에는 Bellman-Ford 알고리즘을 사용한다.

해설

RIP(Routing Information Protocol)의 최대 홉 수는 15입니다.

기출체크 정답 1.② 2.① 3.③ 4.③

413 OSPF

실기공통   21.5, 실기 20.10

C

- OSPF(Open Shortest Path First protocol)는 RIP의 단점을 해결하여 새로운 기능을 지원하는 라우팅 프로토콜이다.
- 최단 경로 탐색에 다익스트라(Dijkstra) 알고리즘을 사용한다.
- 네트워크 변화에 신속하게 대처할 수 있고, 멀티캐스팅을 지원한다.

기출체크 ✓

21.5

5. 라우팅 프로토콜인 OSPF(Open Shortest Path First)에 대한 설명으로 옳지 않은 것은?

① 네트워크 변화에 신속하게 대처할 수 있다.
② 거리 벡터 라우팅 프로토콜이라고 한다.
③ 멀티캐스팅을 지원한다.
④ 최단 경로 탐색에 Dijkstra 알고리즘을 사용한다.

해설
거리 벡터 라우팅 프로토콜이라고 불리는 것은 RIP입니다.

---

414 흐름 제어

350414   20.9

C

- 흐름 제어(Flow Control)는 네트워크 내의 원활한 흐름을 위해 송·수신 측 사이에 전송되는 패킷의 양이나 속도를 규제하는 기능이다.
- 정지-대기(Stop-and-Wait)
  - 수신 측의 확인 신호(ACK)를 받은 후에 다음 패킷을 전송하는 방식이다.
  - 한 번에 하나의 패킷만을 전송할 수 있다.
- 슬라이딩 윈도우(Sliding Window)
  - 확인 신호, 즉 수신 통지를 이용하여 송신 데이터의 양을 조절하는 방식이다.
  - 한 번에 여러 개의 패킷을 전송할 수 있어 전송 효율이 좋다.

기출체크 ✓

20.9

6. TCP 흐름 제어 기법 중 프레임이 손실되었을 때, 손실된 프레임 1개를 전송하고 수신자의 응답을 기다리는 방식으로, 한 번에 프레임 1개만 전송할 수 있는 기법은?

① Slow Start
② Sliding Window
③ Stop and Wait
④ Congestion Avoidance

---

415 매시업

20.8

C

매시업(Mashup)은 웹에서 제공하는 정보 및 서비스를 이용하여 새로운 소프트웨어나 서비스, 데이터베이스 등을 만드는 기술이다.

기출체크 ✓

20.8

7. 다음 빈 칸에 들어갈 알맞은 기술은?

> (   )은/는 웹에서 제공하는 정보 및 서비스를 이용하여 새로운 소프트웨어나 서비스, 데이터베이스 등을 만드는 기술이다.

① Quantum Key Distribution
② Digital Rights Management
③ Grayware
④ Mashup

---

416 증발품

350416   23.7

C

증발품(Vaporware)은 판매 계획 또는 배포 계획은 발표되었으나 실제로 고객에게 판매되거나 배포되지 않고 있는 소프트웨어이다.

기출체크 ✓

23.7

8. 판매 계획 또는 배포 계획은 발표되었으나 실제로 고객에게 판매되거나 배포되지 않고 있는 소프트웨어는?

① Grayware
② Vaporware
③ Shareware
④ Freeware

---

417 SOA

C

20.9

- SOA(Service Oriented Architecture, 서비스 지향 아키텍처)는 기업의 소프트웨어 인프라인 정보시스템을 공유와 재사용이 가능한 서비스 단위나 컴포넌트 중심으로 구축하는 정보기술 아키텍처이다.
- SOA 기반 애플리케이션 구성 계층
  - 표현(Presentation) 계층
  - 비즈니스 프로세스(Biz-Process) 계층
  - 서비스 중간(Service Intermediary) 계층
  - 애플리케이션(Application) 계층
  - 데이터 저장(Persistency) 계층

기출체크 ✅

20.9

1. 서비스 지향 아키텍처 기반 애플리케이션을 구성하는 층이 아닌 것은?

① 표현층　　　　　　② 프로세스층
③ 제어 클래스층　　　④ 비즈니스층

418 디지털 트윈

C

20.8

- 디지털 트윈(Digital Twin)은 현실 속의 사물을 소프트웨어로 가상화한 모델이다.
- 실제 자산의 특성에 대한 정확한 정보를 얻을 수 있고, 최적화, 돌발사고 최소화, 생산성 증가 등 설계부터 제조, 서비스에 이르는 모든 과정의 효율성을 향상시킬 수 있다.

기출체크 ✅

20.8

2. 물리적인 사물과 컴퓨터에 동일하게 표현되는 가상의 모델로, 실제 물리적인 자산 대신 소프트웨어로 가상화함으로써 실제 자산의 특성에 대한 정확한 정보를 얻을 수 있고, 자산 최적화, 돌발사고 최소화, 생산성 증가 등 설계부터 제조, 서비스에 이르는 모든 과정의 효율성을 향상시킬 수 있는 모델은?

① 최적화　　　　　② 실행 시간
③ 디지털 트윈　　　④ N-Screen

419 텐서플로

C

21.8

텐서플로(TensorFlow)는 구글의 구글 브레인(Google Brain) 팀이 만든, 다양한 작업에 대해 데이터 흐름 프로그래밍을 위한 오픈소스 소프트웨어 라이브러리이다.

기출체크 ✅

21.8

3. 구글의 구글 브레인 팀이 제작하여 공개한 기계 학습(Machine Learning)을 위한 오픈소스 소프트웨어 라이브러리는?

① 타조(Tajo)　　　　　② 원 세그(One Seg)
③ 포스퀘어(Foursquare)　④ 텐서플로(TensorFlow)

420 도커

C

22.3

- 도커(Docker)는 컨테이너 기술을 자동화하여 쉽게 사용할 수 있게 하는 오픈소스 프로젝트이다.
- 소프트웨어 컨테이너 안에 응용 프로그램들을 배치시키는 일을 자동화 해주는 역할을 수행한다.

기출체크 ✅

22.3

4. 다음이 설명하는 IT 기술은?

- 컨테이너 응용 프로그램의 배포를 자동화하는 오픈소스 엔진이다.
- 소프트웨어 컨테이너 안에 응용 프로그램들을 배치시키는 일을 자동화 해 주는 오픈 소스 프로젝트이자 소프트웨어로 볼 수 있다.

① Stack Guard　　　② Docker
③ Cipher Container　④ Scytale

421 스크래피

B

23.2, 22.3

- 스크래피(Scrapy)는 Python 기반의 웹 크롤링 프레임워크이다.
- 코드 재사용성을 높이는 데 도움이 된다.
- 대규모의 크롤링 프로젝트에 적합하다.

기출체크 ✅

23.2, 22.3

5. Python 기반의 웹 크롤링(Web Crawling) 프레임워크로 옳은 것은?

① Li-fi　　　　② Scrapy
③ CrawlCat　　④ SBAS

---

422 비트로커 C

23.5

- 비트로커(BitLocker)는 Windows 7부터 지원되기 시작한 Windows 전용의 볼륨 암호화 기능이다.
- TPM(Trusted Platform Module)과 AES-128 알고리즘을 사용한다.

기출체크 ✓

23.5

6. 다음에서 설명하는 정보 보안 관련 용어는?

> Windows 7부터 지원되기 시작한 Windows 전용의 볼륨 암호화 기능으로, TPM(Trusted Platform Module)과 AES-128 알고리즘을 사용한다.

① BitLocker
② Blockchain
③ DLT
④ BaaS

423 BaaS A

23.7, 22.7, 21.3

- BaaS(Blockchain as a Service, 서비스형 블록체인)는 블록체인(Blockchain) 앱의 개발 환경을 클라우드 기반으로 제공하는 서비스이다.
- 블록체인 네트워크에 노드의 추가 및 제거가 용이하다.

기출체크 ✓

23.7, 22.7, 21.3

7. 다음 내용이 설명하는 것은?

> - 블록체인(Blockchain) 개발 환경을 클라우드로 서비스하는 개념
> - 블록체인 네트워크에 노드의 추가 및 제거가 용이
> - 블록체인의 기본 인프라를 추상화하여 블록체인 응용 프로그램을 만들 수 있는 클라우드 컴퓨팅 플랫폼

① OTT
② BaaS
③ SDDC
④ Wi-SUN

424 OWASP C

21.8

OWASP(the Open Web Application Security Project, 오픈 웹 애플리케이션 보안 프로젝트)는 웹 정보 노출이나 악성 코드, 스크립트, 보안이 취약한 부분을 연구하는 비영리 단체이다.

기출체크 ✓

21.8

8. 오픈소스 웹 애플리케이션 보안 프로젝트로서 주로 웹을 통한 정보 유출, 악성 파일 및 스크립트, 보안 취약점 등을 연구하는 곳은?

① WWW
② OWASP
③ WBSEC
④ ITU

425 TCP 래퍼 B

23.5, 22.4

- TCP 래퍼(TCP Wrapper)는 외부 컴퓨터의 접속 인가 여부를 점검하여 접속을 허용 및 거부하는 보안용 도구이다.
- 네트워크에 접속하면 로그인한 다른 컴퓨터 사용자의 ID 및 로그를 조회하여 악용이 가능한 데, 이것을 방지하기 위한 방화벽 역할을 수행한다.

기출체크 ✓

23.5, 22.4

9. 어떤 외부 컴퓨터가 접속되면 접속 인가 여부를 점검해서 인가된 경우에는 접속이 허용되고, 그 반대의 경우에는 거부할 수 있는 접근 제어 유틸리티는?

① tcp wrapper
② trace checker
③ token finder
④ change detector

426 허니팟 B

23.2, 22.3

- 허니팟(Honeypot)은 비정상적인 접근의 탐지를 위해 의도적으로 설치해 둔 시스템이다.
- 침입자를 속여 실제 공격당하는 것처럼 보여줌으로써 추적 및 공격기법에 대한 정보를 수집한다.

기출체크 ✓

23.2, 22.3

10. 다음 설명에 해당하는 시스템은?

> - 1990년대 David Clock이 처음 제안하였다.
> - 비정상적인 접근의 탐지를 위해 의도적으로 설치해 둔 시스템이다.
> - 침입자를 속여 실제 공격당하는 것처럼 보여줌으로써 크래커를 추적 및 공격기법의 정보를 수집하는 역할을 한다.
> - 쉽게 공격자에게 노출되어야 하며 쉽게 공격이 가능한 것처럼 취약해 보여야 한다.

① Apache
② Hadoop
③ Honeypot
④ MapReduce

기출체크 **정답** 6.① 7.② 8.② 9.① 10.③

427 DPI

▶ 350427
22.3
C

DPI(Deep Packet Inspection)는 OSI 7 Layer 전 계층의 프로토콜과 패킷 내부의 콘텐츠를 파악하여 침입 시도, 해킹 등을 탐지하고, 트래픽을 조정하기 위한 패킷 분석 기술이다.

428 고가용성 솔루션

▶ 350428
23.7, 22.7, 22.3
A

• 고가용성 솔루션(HACMP; High Availability Clustering Multi Processing)은 긴 시간동안 안정적인 서비스 운영을 위해 장애 발생 시 즉시 다른 시스템으로 대체 가능한 환경을 구축하는 메커니즘을 의미한다.
• 각 시스템 간에 공유 디스크를 중심으로 클러스터링으로 엮어 다수의 시스템을 동시에 연결할 수 있다.
• 2개의 서버를 연결하는 이중화를 통해 서버의 안정성을 높일 수 있다.

429 앤 스크린

▶ 350429
21.5
C

• 앤 스크린(N-Screen)은 N개의 서로 다른 단말기에서 동일한 콘텐츠를 자유롭게 이용할 수 있는 서비스를 말한다.
• PC, TV, 휴대폰에서 동일한 콘텐츠를 끊김 없이 이용할 수 있다.

430 Secure OS

▶ 350430
20.9
C

• Secure OS는 기존의 운영체제(OS)에 내재된 보안 취약점을 해소하기 위해 보안 기능을 갖춘 커널을 이식하여 외부의 침입으로부터 시스템 자원을 보호하는 운영체제를 의미한다.
• 보안 커널은 보안 기능을 갖춘 커널을 의미하며, TCB를 기반으로 참조 모니터의 개념을 구현하고 집행한다.

431 Secure OS의 보안 기능

▶ 350431
21.5
C

• 식별 및 인증
• 임의적/강제적 접근통제
• 객체 재사용 보호
• 완전한 조정
• 신뢰 경로
• 감사 및 감사기록 축소

21.5

5. Secure OS의 보안 기능으로 거리가 먼 것은?

① 식별 및 인증
② 임의적 접근 통제
③ 고가용성 지원
④ 강제적 접근 통제

 350432

실 기 공 통

23.2, 22.4, 21.5, 20.6, 실기 20.11

432 **하둡** **A**

- 하둡(Hadoop)은 오픈 소스를 기반으로 한 분산 컴퓨팅 플랫폼이다.
- 하둡과 관계형 데이터베이스(RDB) 간 대용량 데이터를 전송할 때 스쿱(Sqoop)이라는 도구를 이용한다.
- ※ 스쿱(Sqoop) : 하둡과 관계형 데이터베이스 사이에서 효율적으로 데이터를 이관하고 변환해 주는 명령줄 인터페이스 애플리케이션

기출체크 ✓

23.2, 22.4, 20.6

6. 다음이 설명하는 용어로 옳은 것은?

- 오픈 소스를 기반으로 한 분산 컴퓨팅 플랫폼이다.
- 일반 PC급 컴퓨터들로 가상화된 대형 스토리지를 형성한다.
- 다양한 소스를 통해 생성된 빅데이터를 효율적으로 저장하고 처리한다.

① 하둡(Hadoop)
② 비컨(Beacon)
③ 포스퀘어(Foursquare)
④ 맴리스터(Memristor)

350433

23.5, 20.9

433 **맵리듀스** **B**

- 맵리듀스(MapReduce)는 대용량 데이터를 분산 처리하기 위한 목적으로 개발된 프로그래밍 모델이다.
- Google에 의해 고안되었으며, 대표적인 대용량 데이터 처리를 위한 병렬 처리 기법으로 많이 사용되고 있다.

기출체크 ✓

20.9

7. 다음 내용에 적합한 용어는?

- 대용량 데이터를 분산 처리하기 위한 목적으로 개발된 프로그래밍 모델이다.
- Google에 의해 고안된 기술로서 대표적인 대용량 데이터 처리를 위한 병렬 처리 기법을 제공한다.
- 임의의 순서로 정렬된 데이터를 분산 처리하고 이를 다시 합치는 과정을 거친다.

① MapReduce
② SQL
③ Hijacking
④ Logs

350434

실 기 공 통

23.7, 20.8, 실기 20.5

 434 **데이터 마이닝** **B**

- 데이터 마이닝(Data Mining)은 데이터 웨어하우스에 저장된 대량의 데이터 집합에서 사용자의 요구에 따라 유용하고 가능성 있는 정보를 발견하기 위한 기법이다.
- 대량의 데이터를 분석하여 데이터 속에 내재되어 있는 변수 사이의 상호관계를 규명하여 패턴화함으로써 효율적인 데이터 추출이 가능하다.

기출체크 ✓

23.7, 20.8

8. 빅데이터 분석 기술 중 대량의 데이터를 분석하여 데이터 속에 내재되어 있는 변수 사이의 상호관계를 규명하여 일정한 패턴을 찾아내는 기법은?

① Data Mining
② Wm-Bus
③ Digital Twin
④ Zigbee

350435

20.9

 435 **OLAP** **C**

- OLAP(Online Analytical Processing)는 다차원으로 이루어진 데이터로부터 통계적인 요약 정보를 분석하여 의사결정에 활용하는 방식을 말한다.
- OLAP 연산 : Roll-up, Drill-down, Drill-through, Drill-across, Pivoting, Slicing, Dicing

기출체크 ✓

20.9

9. 데이터 웨어하우스의 기본적인 OLAP(on-line analytical processing) 연산이 아닌 것은?

① translate
② roll-up
③ dicing
④ drill-down

350436

23.5, 21.3

 436 **회복** **B**

- 회복(Recovery)은 트랜잭션들을 수행하는 도중 장애가 발생하여 데이터베이스가 손상되었을 때 손상되기 이전의 정상 상태로 복구하는 작업이다.
- 회복 기법에는 연기 갱신 기법, 즉각 갱신 기법, 그림자 페이지 대체 기법, 검사점 기법 등이 있다.

23.5, 21.3
1. 트랜잭션들을 수행하는 도중 장애로 인해 손상된 데이터베이스를 손상되기 이전의 정상적인 상태로 복구시키는 작업은?
① Recovery
② Restart
③ Commit
④ Abort

23.5
3. 데이터베이스에서 병행제어의 목적으로 틀린 것은?
① 시스템 활용도 최대화
② 사용자에 대한 응답 시간 최소화
③ 데이터베이스 공유 최소화
④ 데이터베이스 일관성 유지

해설
병행제어의 목적 중 하나는 데이터베이스의 공유를 최대화하는 것입니다.

▶350437

437 즉각 갱신 기법 C
20.8

- 즉각 갱신 기법(Immediate Update)은 트랜잭션이 데이터를 갱신하면 트랜잭션이 부분 완료되기 전이라도 즉시 실제 데이터베이스에 반영하는 방법이다.
- 장애가 발생하여 회복 작업할 경우를 대비하여 갱신된 내용들은 로그(Log)에 보관시킨다.

기출체크 ✓

20.8
2. 데이터베이스 로그(log)를 필요로 하는 회복 기법은?
① 즉각 갱신 기법
② 대수적 코딩 방법
③ 타임 스탬프 기법
④ 폴딩 기법

▶350439 실기공통

439 병행제어 기법의 종류 A
21.8, 20.9, 20.8, 실기 21.7

- 로킹(Locking) : 주요 데이터의 액세스를 상호 배타적으로 하는 것으로, 트랜잭션들이 어떤 로킹 단위를 액세스하기 전에 Lock(잠금)을 요청해서 Lock이 허락되어야만 그 로킹 단위를 액세스할 수 있도록 하는 기법
- 타임 스탬프 순서(Time Stamp Ordering) : 직렬성 순서를 결정하기 위해 트랜잭션 간의 처리 순서를 미리 선택하는 기법들 중에서 가장 보편적인 방법

기출체크 ✓

21.8
4. 동시성 제어를 위한 직렬화 기법으로 트랜잭션 간의 처리 순서를 미리 정하는 방법은?
① 로킹 기법
② 타임 스탬프 기법
③ 검증 기법
④ 배타 로크 기법

▶350438

438 병행제어 C
23.5

- 병행제어(Concurrency Control)는 다중 프로그램의 이점을 활용하여 동시에 여러 개의 트랜잭션을 병행수행할 때, 동시에 실행되는 트랜잭션들이 데이터베이스의 일관성을 파괴하지 않도록 트랜잭션 간의 상호 작용을 제어하는 것이다.
- 병행제어의 목적
  - 데이터베이스의 공유 최대화
  - 시스템의 활용도 최대화
  - 데이터베이스의 일관성 유지
  - 사용자에 대한 응답 시간 최소화

▶350440

440 로킹 단위 A
23.2, 21.8, 21.3, 20.9, 20.8, 20.6

- 로킹 단위(Locking Granularity)는 병행제어에서 한꺼번에 로킹할 수 있는 객체의 크기를 의미한다.
- 데이터베이스, 파일, 레코드, 필드 등이 로킹 단위가 될 수 있다.
- 로킹 단위가 크면 로크 수가 작아 관리하기 쉽지만 병행성 수준이 낮아지고, 로킹 단위가 작으면 로크 수가 많아 관리하기 복잡해 오버헤드가 증가하지만 병행성 수준이 높아진다.

23.2, 21.3, 20.9, 20.6

5. 로킹(Locking) 기법에 대한 설명으로 틀린 것은?

① 로킹의 대상이 되는 객체의 크기를 로킹 단위라고 한다.
② 로킹 단위가 작아지면 병행성 수준이 낮아진다.
③ 데이터베이스도 로킹 단위가 될 수 있다.
④ 로킹 단위가 커지면 로크 수가 작아 로킹 오버헤드가 감소한다.

해설
로킹 단위가 작아지면 병행성 수준이 높아집니다.

▶350441

441 교착상태 **B**

- 교착상태(Dead Lock)는 상호 배제에 의해 나타나는 문제점으로, 둘 이상의 프로세스들이 자원을 점유한 상태에서 서로 다른 프로세스가 점유하고 있는 자원을 요구하며 무한정 기다리는 현상을 의미한다.
- 교착상태 발생의 필요 충분 조건
  - 상호 배제(Mutual Exclusion)
  - 점유와 대기(Hold and Wait)
  - 비선점(Non-preemption)
  - 환형 대기(Circular Wait)

21.3, 20.6

6. 교착상태 발생의 필요 충분 조건이 아닌 것은?

① 상호 배제(mutual exclusion)
② 점유와 대기(hold and wait)
③ 환형 대기(circular wait)
④ 선점(preemption)

해설
교착상태 발생의 필요 충분 조건중에 하나는 선점(preemption)이 아니라 비선점(Non-preemption)입니다.

▶350442

442 교착상태의 해결 방법 **A**

- **예방 기법(Prevention)** : 교착상태가 발생하지 않도록 사전에 시스템을 제어하는 방법으로, 교착상태 발생의 네 가지 조건 중에서 어느 하나를 제거(부정)함으로써 수행됨
- **회피 기법(Avoidance)**
  - 교착상태가 발생할 가능성을 배제하지 않고 교착상태가 발생하면 적절히 피해나가는 방법으로, 주로 은행원 알고리즘이 사용된다.
  - **은행원 알고리즘(Banker's Algorithm)** : E. J. Dijkstra가 제안한 것으로, 은행에서 모든 고객의 요구가 충족되도록 현금을 할당하는 데서 유래한 기법
- **발견 기법(Detection)** : 시스템에 교착상태가 발생했는지 점검하여 교착상태에 있는 프로세스와 자원을 발견하는 것을 의미함
- **회복 기법(Recovery)** : 교착상태를 일으킨 프로세스를 종료하거나 교착상태의 프로세스에 할당된 자원을 선점하여 프로세스나 자원을 회복하는 것을 의미함

23.2, 21.5, 20.6

7. 은행가 알고리즘(Banker's Algorithm)은 교착상태의 해결 방법 중 어떤 기법에 해당하는가?

① Avoidance
② Detection
③ Prevention
④ Recovery

기출문제은행

22년 4월

01 다음 내용이 설명하는 기술로 가장 적절한 것은?

- 다른 국을 향하는 호출이 중계에 의하지 않고 직접 접속되는 그물 모양의 네트워크이다.
- 통신량이 많은 비교적 소수의 국 사이에 구성될 경우 경제적이며 간편하지만, 다수의 국 사이에는 회선이 세분화 되어 비경제적일 수도 있다.
- 해당 형태의 무선 네트워크의 경우 대용량을 빠르고 안전하게 전달할 수 있어 행사장이나 군 등에서 많이 활용된다.

① Virtual Local Area Network
② Simple Station Network
③ Mesh Network
④ Modem Network

21년 3월, 20년 8월

02 다음 LAN의 네트워크 토폴로지는?

데이터 전송 방향

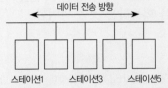

스테이션1   스테이션3   스테이션5

① 버스형 　　　　② 성형
③ 링형 　　　　　④ 트리형

20년 8월

03 최대 홉수를 15로 제한한 라우팅 프로토콜은?

① RIP 　　　　　② OSPF
③ Static 　　　　④ EIGRP

22년 4월

04 RIP 라우팅 프로토콜에 대한 설명으로 틀린 것은?

① 경로 선택 메트릭은 홉 카운트(hop count)이다.
② 라우팅 프로토콜을 IGP와 EGP로 분류했을 때 EGP에 해당한다.
③ 최단 경로 탐색에 Bellman-Ford 알고리즘을 사용한다.
④ 각 라우터는 이웃 라우터들로부터 수신한 정보를 이용하여 라우팅 표를 갱신한다.

05 다음 설명에 해당하는 라우팅 프로토콜(Routing Protocol)은?

- RIP의 단점을 해결하여 새로운 기능을 지원하는 인터넷 프로토콜이다.
- 최단 경로 탐색에 Dijkstra 알고리즘을 사용한다.
- 대규모 네트워크에서 많이 사용된다.

① RIP 　　　　　② EGP
③ BGP 　　　　　④ OSPF

06 기업의 소프트웨어 인프라인 정보시스템을 공유와 재사용이 가능한 서비스 단위나 컴포넌트 중심으로 구축하는 정보기술 아키텍처는?

① SOA 　　　　　② OGSA
③ SaaS 　　　　　④ RIA

21년 5월

07 하둡(Hadoop)과 관계형 데이터베이스 간에 데이터를 전송할 수 있도록 설계된 도구는?

① Apnic 　　　　② Topology
③ Sqoop 　　　　④ SDB

23년 5월

08 Hadoop내의 Map-reduce의 특징으로 올바르지 않은 것은?

① Google에 의해 고안된 기술로써 대표적인 대용량 데이터 처리를 위한 병렬 처리 기법을 제공한다.
② 대용량 데이터를 분산 처리하기 위한 목적으로 개발된 프로그래밍 모델이다.
③ 임의의 순서로 정렬된 데이터를 분산 처리하고 이를 다시 합치는 과정을 거친다.
④ 대용량 데이터를 전송할 때 스쿱(Sqoop)이라는 도구를 이용한다.

20년 8월

09 병행제어 기법 중 로킹에 대한 설명으로 옳지 않은 것은?

① 로킹의 대상이 되는 객체의 크기를 로킹 단위라고 한다.
② 데이터베이스, 파일, 레코드 등은 로킹 단위가 될 수 있다.
③ 로킹의 단위가 작아지면 로킹 오버헤드가 증가한다.
④ 로킹의 단위가 커지면 데이터베이스 공유도가 증가한다.

22년 7월

10 데이터베이스의 병행제어(Concurrency Control)에 대한 설명으로 옳지 않은 것은?

① 여러 사용자가 데이터베이스를 동시에 접근하여 데이터를 처리하기 위함이다.

② 처리 결과의 정확성 유지를 위해 데이터를 잠그거나 여는 등의 제어가 필요하다.

③ 로킹 단위가 크면 병행제어 기법이 복잡해진다.

④ 로킹 단위가 크면 병행성 수준이 낮아진다.

20년 9월

11 로킹(Locking) 기법에 대한 설명으로 틀린 것은?

① 로킹의 대상이 되는 객체의 크기를 로킹 단위라고 한다.

② 로킹 단위가 작아지면 병행성 수준이 낮아진다.

③ 데이터베이스도 로킹 단위가 될 수 있다.

④ 로킹 단위가 커지면 로크 수가 작아 로킹 오버헤드가 감소한다.

21년 5월, 20년 6월

12 교착상태의 해결 방법 중 은행원 알고리즘(Banker's Algorithm)이 해당되는 기법은?

① Detection   ② Avoidance

③ Recovery   ④ Prevention

01 핵심 397

다른 국을 향하는 호출이 중계에 의하지 않고 직접 접속되는 그물 모양의 네트워크는 메시 네트워크(Mesh Network)이다.

- VLAN(Virtual Local Area Network) : LAN의 물리적인 배치와 상관없이 논리적으로 분리하는 기술로, 접속된 장비들의 성능 및 보안성을 향상시킬 수 있음

02 핵심 406

스타형(Star) 링형(Ring, 루프) 버스형(Bus)

계층형(Tree) 망형(Mesh)

03 핵심 412

최대 홉수를 15로 제한한 라우팅 프로토콜은 RIP(Routing Information Protocol)이다.

- OSPF(Open Shortest Path First protocol) : 대규모 네트워크에서 많이 사용되는 라우팅 프로토콜로, 라우팅 정보에 변화가 생길 경우, 변화된 정보만 네트워크 내의 모든 라우터에 알림

04 핵심 412

RIP 라우팅 프로토콜은 IGP(내부 게이트웨이 프로토콜)에 해당한다.

05 핵심 413

RIP의 단점을 해결하여 새로운 기능을 지원하는 인터넷 프로토콜은 OSPF(Open Shortest Path First protocol)이다.

- RIP(Routing Information Protocol) : 현재 가장 널리 사용되는 라우팅 프로토콜로 거리 벡터 라우팅 프로토콜이라고도 불리며, 최단 경로 탐색에 Bellman-Ford 알고리즘이 사용됨
- EGP(Exterior Gateway Protocol) : 자율 시스템(AS) 간의 라우팅, 즉 게이트웨이 간의 라우팅에 사용되는 프로

토콜
- BGP(Border Gateway Protocol) : 자율 시스템(AS) 간의 라우팅 프로토콜로, EGP의 단점을 보완하기 위해 만들어진 프로토콜

06 핵심 417

문제에서 설명하는 정보기술 아키텍처는 SOA(Service Oriented Architecture, 서비스 지향 아키텍처)이다.

- OGSA(Open Grid Service Architecture, 오픈 그리드 서비스 아키텍처) : 애플리케이션 공유를 위한 웹 서비스를 그리드 상에서 제공하기 위해 만든 개방형 표준
- SaaS(Software as a Service, 서비스형 소프트웨어) : 소프트웨어의 여러 기능 중에서 사용자가 필요로 하는 서비스만 이용할 수 있도록 한 소프트웨어
- RIA(Rich Internet Application, 리치 인터넷 애플리케이션) : 플래시 애니메이션 기술과 웹 서버 애플리케이션 기술을 통합하여 기존 HTML 보다 역동적이고 인터랙티브한 웹페이지를 제공하는 신개념의 플래시 웹페이지 제작 기술

07 핵심 432

하둡(Hadoop)과 관계형 데이터베이스 간에 데이터를 전송할 수 있도록 설계된 도구는 스쿱(Sqoop)이다.

- APNIC(Asia Pacific Network Information Center) : 아시아와 태평양 지역에서 인터넷 주소 자원과 정보를 관리하는 비영리 기구
- 토폴로지(Topology) : 네트워크에서 구성 요소들의 위치나 연결 구조
- SDB(SparkleDB Database File) : 응용 프로그램과의 호환을 위해 윈도우 레지스트리 정보를 포함한 데이터베이스 파일

08 핵심 433

④번은 하둡(Hadoop)의 특징이다.

09 핵심 438, 440

로킹 단위가 커지면 데이터베이스 병행성 수준이 낮아지므로 공유도가 감소한다.

10 핵심 438, 440

로킹 단위가 크면 병행제어 기법이 단순해진다.

11 핵심 440

로킹 단위가 작아지면 병행성 수준이 높아진다.

12 핵심 442

은행원 알고리즘(Banker's Algorithm)이 해당되는 기법은 회피 기법(Avoidance)이다.

- **발견 기법(Detection)** : 시스템에 교착상태가 발생했는지 점검하여 교착상태에 있는 프로세스와 자원을 발견하는 것을 의미함
- **회복 기법(Recovery)** : 교착상태를 일으킨 프로세스를 종료하거나 교착상태의 프로세스에 할당된 자원을 선점하여 프로세스나 자원을 회복하는 것을 의미함
- **예방 기법(Prevention)** : 교착상태가 발생하지 않도록 사전에 시스템을 제어하는 방법으로, 교착상태 발생의 네 가지 조건 중에서 어느 하나를 제거(부정)함으로써 수행됨

MEMO

3 장

소프트웨어 개발 보안 구축

▶350443 20.8

443 Secure SDLC의 방법론 C

CLASP	• Secure Software 사에서 개발하였으며, SDLC의 초기 단계에서 보안을 강화하기 위해 개발된 방법론 • 활동 중심, 역할 기반의 프로세스로 구성되어 있으며, 현재 운용 중인 시스템에 적용하기에 적합함
SDL	• 마이크로소프트 사에서 안전한 소프트웨어 개발을 위해 기존의 SDLC를 개선한 방법론 • 전통적인 나선형 모델을 기반으로 함
Seven Touchpoints	• 소프트웨어 보안의 모범사례를 SDLC에 통합한 방법론 • 설계 및 개발 과정의 모든 산출물에 대해 위험 분석 및 테스트를 수행함 • SDLC의 각 단계에 관련된 7개의 보안 강화 활동을 수행함

기출체크 ✅

20.8
1. 실무적으로 검증된 개발 보안 방법론 중 하나로, SW 보안의 모범사례를 SDLC(Software Development Life Cycle)에 통합한 소프트웨어 개발 보안 생명 주기 방법론은?

① CLASP   ② CWE
③ PIMS   ④ Seven Touchpoints

▶350445 22.7, 21.3

445 세션 하이재킹 B

• 세션 하이재킹(Session Hijacking)은 서버에 접속하고 있는 클라이언트들의 세션 정보를 가로채는 공격기법으로, 세션 가로채기라고도 한다.

• 탐지 방법에는 비동기화 상태 탐지, ACK Storm 탐지, 패킷의 유실 탐지, 예상치 못한 접속의 리셋 탐지가 있다.

기출체크 ✅

22.7, 21.3
3. 세션 하이재킹을 탐지하는 방법으로 거리가 먼 것은?

① FTP SYN SEGMENT 탐지
② 비동기화 상태 탐지
③ ACK STORM 탐지
④ 패킷의 유실 및 재전송 증가 탐지

▶350444 실기공통   23.5, 23.2, 22.7, 22.4, 21.3, 20.8, 20.6, 실기 20.11

444 보안 3대 요소 A

• 기밀성 : 시스템 내의 정보와 자원은 인가된 사용자에게만 접근이 허용되며, 정보가 전송 중에 노출되더라도 데이터를 읽을 수 없음

• 무결성 : 시스템 내의 정보는 오직 인가된 사용자만 수정할 수 있음

• 가용성 : 인가받은 사용자는 언제라도 사용할 수 있음

기출체크 ✅

23.5, 22.7, 21.3, 20.8
2. 정보 보안의 3대 요소에 해당하지 않는 것은?

① 기밀성   ② 휘발성
③ 무결성   ④ 가용성

▶350446 실기공통   23.7, 22.7, 22.3, 21.8, 20.9, 20.8, 실기 20.7

446 보안 약점의 종류 A

• SQL 삽입(SQL Injection) : 웹 응용 프로그램에 SQL을 삽입하여 내부 데이터베이스(DB) 서버의 데이터를 유출 및 변조하고, 관리자 인증을 우회하는 보안 약점

• 경로 조작 및 자원 삽입 : 데이터 입출력 경로를 조작하여 서버 자원을 수정·삭제할 수 있는 보안 약점

• 크로스사이트 스크립팅(XSS) : 웹페이지에 악의적인 스크립트를 삽입하여 방문자들의 정보를 탈취하거나, 비정상적인 기능 수행을 유발하는 보안 약점

• 운영체제 명령어 삽입 : 외부 입력값을 통해 시스템 명령어의 실행을 유도함으로써 권한을 탈취하거나 시스템 장애를 유발하는 보안 약점

• 메모리 버퍼 오버플로 : 연속된 메모리 공간을 사용하는 프로그램에서 할당된 메모리의 범위를 넘어선 위치에서 자료를 읽거나 쓰려고 할 때 발생하는 보안 약점

---

4. Secure 코딩에서 입력 데이터의 보안 약점과 관련한 설명으로 틀린 것은?

① SQL 삽입 : 사용자의 입력 값 등 외부 입력 값이 SQL 쿼리에 삽입되어 공격

② 크로스사이트 스크립트 : 검증되지 않은 외부 입력 값에 의해 브라우저에서 악의적인 코드가 실행

③ 운영체제 명령어 삽입 : 운영체제 명령어 파라미터 입력값이 적절한 사전 검증을 거치지 않고 사용되어 공격자가 운영체제 명령어를 조작

④ 자원 삽입 : 사용자가 내부 입력 값을 통해 시스템 내에 사용이 불가능한 자원을 지속적으로 입력함으로써 시스템에 과부하 발생

해설

경로 및 자원 삽입은 데이터 입·출력 경로를 조작하여 서버 자원을 수정 및 삭제할 수 있는 보안 약점입니다.

---

① 무결성 검사 없는 코드 다운로드
② 중요 자원에 대한 잘못된 권한 설정
③ 하드코드된 암호화 키 사용
④ 적절한 인증없는 중요 기능 허용

해설

비밀키(ScretKey), 문자열 암호화(encriptString) 등의 라이브러리명이나 클래스명으로 보아 암호키를 관리하는 코드로 유추할 수 있는데, key라는 문자열 변수에 값이 직접 입력된 것으로 보아 하드코드된 암호화 키가 답임을 알 수 있습니다.

▶ 350447

447 보안 기능의 보안 약점 C

20.8

• 하드코드된 비밀번호 : 소스코드 유출 시 내부에 하드코드된 패스워드를 이용하여 관리자 권한을 탈취할 수 있음

※ 하드코드 : 데이터를 코드 내부에 직접 입력하여 프로그래밍하는 방식

• 적절한 인증 없이 중요기능 허용 : 보안검사를 우회하여 인증과정 없이 중요한 정보 또는 기능에 접근 및 변경이 가능함

• 부적절한 인가 : 접근제어 기능이 없는 실행경로를 통해 정보 또는 권한을 탈취할 수 있음

• 취약한 암호화 알고리즘 사용 : 암호화된 환경설정 파일을 해독하여 비밀번호 등의 중요정보를 탈취할 수 있음

5. 다음 JAVA 코드에서 밑줄로 표시된 부분에는 어떤 보안 약점이 존재하는가? (단, key는 암호화 키를 저장하는 변수이다.)

```
import javax.crypto.KeyGenerator;
import javax.crypto.spec.ScretKeySpec;
import javax.crypto.Cipher;
                    : 생략
public String encripString(String usr) {
String key = "22df3023sf~2:asn!@#/)as";
if (key != null)
byte[ ] bToEncrypt = usr.getBytes("UTF-8");
                    : 생략
```

▶ 350448

23.2

448 에러 처리 - 부적절한 예외처리 C

• 부적절한 예외처리는 함수의 반환값 또는 오류들을 세분화하여 처리하지 않고 광범위하게 묶어 한 번에 처리하거나, 누락된 예외가 존재할 때 발생하는 보안 약점이다.

• 모든 오류들을 세세하게 정의하여 처리할 필요는 없지만, 모든 오류들을 광범위한 예외처리 구문으로 정의해 버리면 예기치 않은 문제가 발생할 수 있다.

6. 오류들을 세분화하여 처리하지 않고 광범위하게 묶어 한 번에 처리하거나, 누락된 예외가 존재할 때 발생하는 보안 약점은?

① 오류 메시지를 통한 정보 노출
② 부적절한 예외처리
③ 부적절한 인가
④ 오류 상황 대응 부재

▶ 350449

21.5, 20.6

449 스택 가드 B

• 스택 가드(Stack Guard)는 널 포인터 역참조와 같이 주소가 저장되는 스택에서 발생하는 보안 약점을 막는 기술 중 하나이다.

• 메모리상에서 프로그램의 복귀 주소와 변수 사이에 특정값을 저장한 후 그 값이 변경되었을 경우 오버플로우 상태로 판단하여 프로그램 실행을 중단함으로써 잘못된 복귀 주소의 호출을 막는 기술이다.

21.5, 20.6

1. 메모리상에서 프로그램의 복귀 주소와 변수 사이에 특정 값을 저장해 두었다가 그 값이 변경되었을 경우 오버플로우 상태로 가정하여 프로그램 실행을 중단하는 기술은?

① 모드체크　　　　　　② 리커버리 통제
③ 시스로그　　　　　　④ 스택 가드

▶350450　　　　　　　　　　　　　　　　20.9, 20.6

450 접근 지정자　　　　B

- 접근 지정자(접근 제어자)는 프로그래밍 언어에서 특정 개체를 선언할 때 외부로부터의 접근을 제한하기 위해 사용되는 예약어이다.
- 종류 : Public, Protected, Default, Private

20.9, 20.6

2. 자바에서 사용하는 접근 제어자의 종류가 아닌 것은?

① internal　　　　　　② private
③ default　　　　　　④ public

▶350451　　　　　　　　　　　　　　　　23.5, 22.4

451 개인키 암호화 기법　　　　B

- 개인키 암호화(Private Key Encryption) 기법은 동일한 키로 데이터를 암호화하고 복호화한다.
- 대칭 암호 기법 또는 비밀키 암호화 기법이라고도 한다.
- 알고리즘이 단순하므로 암호화/복호화 속도가 빠르다.
- 사용자의 증가에 따라 관리해야 할 키의 수가 상대적으로 많아진다.
- 종류 : AES, DES, SEED, ARIA, LSFSR, RC4 등

23.5

3. 다음에서 설명하는 암호화는?

> - 암호화/복호화 속도가 빠르다.
> - 알고리즘이 단순하다.
> - 암호화키와 복호화키가 동일하다.
> - 사용자의 증가에 따라 관리해야 할 키의 수가 상대적으로 많아진다.

① 단방향 암호화 기법　　　② 비대칭 암호화 기법
③ 대칭 암호화 기법　　　　④ 해시 암호화 기법

▶350452　실 기 공 통　　　　　　　　21.5, 21.3, 20.8, 실기 23.7

452 개인키 암호화 기법의 종류　　　A

블록 암호화 방식	• 한 번에 하나의 데이터 블록을 암호화하는 방식 • 종류 : DES, SEED, AES, ARIA, IDEA 등
스트림 암호화 방식	• 평문과 동일한 길이의 스트림을 생성하여 비트/바이트/워드 단위로 암호화하는 방식 • 종류 : LFSR, RC4 등

20.8

4. 블록 암호화 방식이 아닌 것은?

① DES　　　　　　　② RC4
③ AES　　　　　　　④ SEED

해설
RC4는 스트림 암호화 방식입니다.

▶350453　　　　　　　　　　　　23.2, 22.4, 21.3, 20.9

453 공개키 암호화 기법　　　A

- 공개키 암호화(Public Key Encryption) 기법은 데이터를 암호화할 때 사용하는 공개키(Public Key)는 데이터베이스 사용자에게 공개하고, 복호화할 때의 비밀키(Secret Key)는 관리자가 비밀리에 관리한다.
- 비대칭 암호 기법이라고도 한다.
- 공개키 암호화 기법에서 암호화 대상이 n개일 때 사용되는 키의 개수는 2n이다.
- 대표적으로는 RSA(Rivest Shamir Adleman) 기법이 있다.
- 키의 분배가 용이하고, 관리해야 할 키의 개수가 적다.
- 암호화/복호화 속도가 느리며, 알고리즘이 복잡하다.

23.2, 20.9

5. 공개키 암호화 방식에 대한 설명으로 틀린 것은?

① 공개키로 암호화된 메시지는 반드시 공개키로 복호화해야 한다.
② 비대칭 암호 기법이라고도 한다.
③ 대표적인 기법은 RSA 기법이 있다.
④ 키 분배가 용이하고, 관리해야 할 키 개수가 적다.

해설
공개키 암호화 기법은 암호화 할 때는 공개키(Public Key)를, 복호화 할 때는 비밀키(Secret Key)를 사용합니다.

---

454 ARIA C

23.5

- ARIA(Academy, Research Institute, Agency)는 2004년 국가정보원과 산학연협회가 개발한 블록 암호화 알고리즘이다.
- 블록 크기는 128비트이며, 키 길이에 따라 128, 192, 256으로 분류된다.

기출체크 ✅

23.5

6. 다음에서 설명하는 암호화 알고리즘은?

- 2004년 국가정보원과 산학연협회가 개발한 블록 암호화 알고리즘이다.
- 블록 크기는 128비트이며, 키 길이에 따라 128, 192, 256으로 분류된다.

① DES ② AES
③ ARIA ④ RSA

455 DES C

22.3

- DES(Data ncryption Standard)는 1975년 미국 NBS에서 발표한 개인키 암호화 알고리즘이다.
- 블록 크기는 64비트이며, 키 길이는 56비트이다.

기출체크 ✅

22.3

7. DES는 몇 비트의 암호화 알고리즘인가?

① 8 ② 24
③ 64 ④ 132

실 기 공 통

456 AES C

22.7, 실기 21.7

- AES(Advanced Encryption Standard)는 DES에 한계를 느낀 미국 표준 기술 연구소(NIST)가 2001년 발표한 개인키 암호화 알고리즘이다.
- 블록 크기는 128비트이며, 키 길이에 따라 128, 192, 256으로 분류된다.

기출체크 ✅

22.7

8. 다음 설명에 해당하는 암호화 알고리즘은?

- DES의 보안 문제를 해결하기 위해 개발되었다.
- NIST에서 개발한 개인키 암호화 알고리즘이다.

① ARIA ② AES
③ DSA ④ SEED

457 RSA A

21.8, 20.8, 20.6

- RSA(Rivest Shamir Adleman)는 1978년 MIT의 라이베스트(Rivest), 샤미르(Shamir), 애들먼(Adelman)에 의해 제안된 공개키 암호화 알고리즘이다.
- 큰 숫자를 소인수분해 하기 어렵다는 것에 기반하여 만들어졌다.

기출체크 ✅

21.8, 20.8, 20.6

9. 큰 숫자를 소인수분해 하기 어렵다는 기반하에 1978년 MIT에 의해 제안된 공개키 암호화 알고리즘은?

① DES ② ARIA
③ SEED ④ RSA

458 ECC / Rabin C

23.7

ECC	• 1985년 RSA 암호 방식의 대안으로 제안되었음 • 이산대수 문제를 타원곡선으로 옮겨 기밀성과 효율성을 높인 암호화 알고리즘
Rabin	• 1979년 미하엘 라빈이 제안하였음 • 소인수분해의 어려움에 안전성의 근거를 둔 암호화 알고리즘

기출체크 ✅

23.7

10. 다음 설명에서 괄호(㉠, ㉡)에 들어갈 알맞은 암호화 알고리즘은?

- (㉠) : 이산대수 문제를 타원곡선으로 옮겨 기밀성과 효율성을 높인 암호화 알고리즘
- (㉡) : 소인수분해의 어려움에 안전성의 근거를 둔 암호화 알고리즘

① ㉠ : ECC, ㉡ : Rabin ② ㉠ : DES, ㉡ : Rabin
③ ㉠ : ECC, ㉡ : SHA ④ ㉠ : DES, ㉡ : SHA

기출체크 정답 6.③ 7.③ 8.② 9.④ 10.①

459 해시 [A]

- 해시(Hash)는 임의의 길이의 입력 데이터나 메시지를 고정된 길이의 값이나 키로 변환하는 것을 의미한다.
- 복호화가 거의 불가능한 일방향 함수에 해당한다.
- 종류 : SHA 시리즈, MD4, MD5, N-NASH, SNEFRU 등

기출체크 ✅

23.2, 22.7, 21.3

1. 다음 암호 알고리즘 중 성격이 다른 하나는?
① MD4　　　　　　　② MD5
③ SHA-1　　　　　　④ AES

해설
AES는 개인키 암호화 알고리즘이고, 나머지는 해시 알고리즘입니다.

---

460 솔트 [C]

- 솔트(Salt)는 암호화를 수행하기에 앞서 원문에 무작위의 값을 덧붙이는 과정이다.
- 솔트를 사용하면 같은 패스워드에 대해 암호화를 수행하더라도 서로 다른 결과가 나타나게 되어 더 안전하게 암호화된 데이터를 관리할 수 있게 된다.

기출체크 ✅

21.8

2. 시스템에 저장되는 패스워드들은 Hash 또는 암호화 알고리즘의 결과 값으로 저장된다. 이때 암호 공격을 막기 위해 똑같은 패스워드들이 다른 암호 값으로 저장되도록 추가되는 값을 의미하는 것은?
① Pass flag　　　　② Bucket
③ Opcode　　　　　④ Salt

해설은 **293**쪽에 있습니다.

23년 2월, 20년 6월

01 시스템 내의 정보는 오직 인가된 사용자만 수정할 수 있는 보안 요소는?

① 기밀성　　　　　　② 부인방지
③ 가용성　　　　　　④ 무결성

22년 4월

02 소프트웨어 개발에서 정보 보안 3요소에 해당하지 않는 설명은?

① 기밀성 : 인가된 사용자에 대해서만 자원 접근이 가능하다.
② 무결성 : 인가된 사용자에 대해서만 자원 수정이 가능하며 전송 중인 정보는 수정되지 않는다.
③ 가용성 : 인가된 사용자는 가지고 있는 권한 범위 내에서 언제든 자원 접근이 가능하다.
④ 휘발성 : 인가된 사용자가 수행한 데이터는 처리 완료 즉시 폐기 되어야 한다.

22년 7월, 21년 8월

03 SQL Injection 공격과 관련한 설명으로 틀린 것은?

① SQL Injection은 임의로 작성한 SQL 구문을 애플리케이션에 삽입하는 공격 방식이다.
② SQL Injection 취약점이 발생하는 곳은 주로 웹 애플리케이션과 데이터베이스가 연동되는 부분이다.
③ DBMS의 종류와 관계없이 SQL Injection 공격 기법은 모두 동일하다.
④ 로그인과 같이 웹에서 사용자의 입력 값을 받아 데이터베이스 SQL문으로 데이터를 요청하는 경우 SQL Injection을 수행할 수 있다.

20년 9월

04 웹페이지에 악의적인 스크립트를 포함시켜 사용자 측에서 실행되게 유도함으로써, 정보 유출 등의 공격을 유발할 수 있는 취약점은?

① Ransomware　　　② Pharming
③ Phishing　　　　　④ XSS

20년 8월

05 다음 내용이 설명하는 소프트웨어 취약점은?

> 메모리를 다루는 데 오류가 발생하여 잘못된 동작을 하는 프로그램 취약점

① FTP 바운스 공격　　② SQL 삽입
③ 버퍼 오버플로　　　④ 디렉터리 접근 공격

21년 5월, 20년 6월

06 메모리상에서 프로그램의 복귀 주소와 변수 사이에 특정 값을 저장해 두었다가 그 값이 변경되었을 경우 오버플로우 상태로 가정하여 프로그램 실행을 중단하는 기술은?

① Stack Guard　　　② Bridge
③ ASLR　　　　　　④ FIN

20년 6월

07 JAVA 언어에서 접근 제한자가 아닌 것은?

① public　　　　　　② protected
③ package　　　　　④ private

22년 4월

08 대칭 암호 알고리즘과 비대칭 암호 알고리즘에 대한 설명으로 틀린 것은?

① 대칭 암호 알고리즘은 비교적 실행 속도가 빠르기 때문에 다양한 암호의 핵심 함수로 사용될 수 있다.
② 대칭 암호 알고리즘은 비밀키 전달을 위한 키 교환이 필요하지 않아 암호화 및 복호화의 속도가 빠르다.
③ 비대칭 암호 알고리즘은 자신만이 보관하는 비밀키를 이용하여 인증, 전자서명 등에 적용이 가능하다.
④ 대표적인 대칭키 암호 알고리즘으로는 AES, IDEA 등이 있다.

23년 7월

09 블록 암호화 방식과 해시 암호화 방식을 나열한 것이다. 다음 중 유형이 다른 하나는?

① DES　　　　　　　② SNEFRU
③ MD5　　　　　　　④ SHA

해설은 293쪽에 있습니다.

21년 5월

10 해쉬(Hash) 기법에 대한 설명으로 틀린 것은?

① 임의의 길이의 입력 데이터를 받아 고정된 길이의 해쉬 값으로 변환한다.

② 주로 공개키 암호화 방식에서 키 생성을 위해 사용한다.

③ 대표적인 해쉬 알고리즘으로 HAVAL, SHA-1 등이 있다.

④ 해쉬 함수는 일방향 함수(One-way function)이다.

21년 3월

11 스트림 암호화 방식의 설명으로 옳지 않은 것은?

① 비트/바이트/단어들을 순차적으로 암호화한다.

② 해쉬 함수를 이용한 해쉬 암호화 방식을 사용한다.

③ RC4는 스트림 암호화 방식에 해당한다.

④ 대칭키 암호화 방식이다.

21년 3월

12 공개키 암호에 대한 설명으로 틀린 것은?

① 10명이 공개키 암호를 사용할 경우 5개의 키가 필요하다.

② 복호화키는 비공개 되어 있다.

③ 송신자는 수신자의 공개키로 문서를 암호화한다.

④ 공개키 암호로 널리 알려진 알고리즘은 RSA가 있다.

21년 5월

13 암호화 키와 복호화 키가 동일한 암호화 알고리즘은?

① RSA
② AES
③ DSA
④ ECC

23년 2월

14 공개키 암호화 방식에 대한 설명으로 옳지 않은 것은?

① 대표적으로 RSA 기법이 있다.

② 키의 분배가 용이하다.

③ 사용자가 증가할수록 관리해야 할 키의 수가 많아진다.

④ 알고리즘이 복잡하고 암호화와 복호화 속도가 느리다.

21년 8월

15 비대칭 암호화 방식으로 소수를 활용한 암호화 알고리즘은?

① DES
② AES
③ SMT
④ RSA

▶ 정답 : 10.② 11.② 12.① 13.② 14.③ 15.④

01 핵심 444

시스템 내의 정보는 오직 인가된 사용자만 수정할 수 있는 보안 요소는 무결성(Integrity)이다.

- **기밀성** : 시스템 내의 정보와 자원은 인가된 사용자에 게만 접근이 허용됨
- **부인 방지** : 데이터를 송·수신한 자가 송·수신 사실을 부인할 수 없도록 송·수신 증거를 제공함
- **가용성** : 인가받은 사용자는 언제라도 사용할 수 있음

02 핵심 444

정보 보안의 3대 요소에는 '기밀성, 무결성, 가용성'이 있다.

03 핵심 446

SQL 삽입(SQL Injection) 공격은 웹 응용 프로그램에 SQL을 삽입하여 내부 데이터베이스(DB) 서버의 데이터를 유출 및 변조하고 관리자 인증을 우회하는 기법으로, DBMS의 종류에 따라 접근하는 방법이 달라지므로 공격 기법이 모두 동일하다는 말은 잘못되었다.

04 핵심 446

웹페이지에 악의적인 스크립트를 삽입하여 방문자들의 정보를 탈취하거나, 비정상적인 기능 수행을 유발하는 취약점은 크로스사이트 스크립팅(XSS)이다.

- **랜섬웨어(Ransomware)** : 인터넷 사용자의 컴퓨터에 잠입해 내부 문서나 파일 등을 암호화해 사용자가 열지 못하게 하는 프로그램으로, 암호 해독용 프로그램의 전달을 조건으로 사용자에게 돈을 요구하기도 함
- **파밍(Pharming)** : 합법적으로 소유하고 있던 사용자의 도메인을 탈취하거나 DNS 이름을 속여 사용자들이 진짜 사이트로 오인하도록 유도하여 개인 정보를 훔치는 신종 인터넷 사기 수법
- **피싱(Phishing)** : 낚시라는 뜻의 은어로, 허위 웹 사이트를 내세워 사용자의 개인 신용 정보를 빼내는 수법을 의미함

05 핵심 446

버퍼 오버플로는 버퍼 메모리에 저장할 수 있는 데이터보다 더 많은 데이터를 입력하여 프로그램이 비정상적으로 동작하도록 만드는 보안 약점이다.

- **FTP 바운스 공격** : FTP 서버가 목적지를 검사하지 않는 취약점을 이용하여 공격 대상의 열린 포트를 찾아내는

기법

- **SQL 삽입** : 전문 스캐너 프로그램 혹은 봇넷 등을 이용해 웹사이트를 무차별적으로 공격하는 과정에서 취약한 사이트가 발견되면 데이터베이스 등의 데이터를 조작하는 보안 약점
- **디렉터리 접근 공격** : 데이터 입출력 경로를 조작함으로써 허가되지 않은 디렉터리에 접근하여 무단으로 자원을 수정 및 삭제할 수 있는 보안 약점

06 핵심 449

문제에 제시된 내용은 스택 가드(Stack Guard)에 대한 설명이다.

07 핵심 450

JAVA의 접근 제한자에는 'Public, Default, Private, protected' 등이 있다.

08 핵심 451, 453

대칭 암호 알고리즘은 비밀키(Private Key)를 공유해야 하기 때문에 키 관리의 어려움이 있지만 알고리즘이 단순하여 암호화 및 복호화 속도가 빠르다.

09 핵심 452, 459

DES는 블록 암호화 방식이고, 나머지는 해시 암호화 방식이다.

10 핵심 459

공개키 암호화 알고리즘들은 해시 기법이 아닌 소인수 분해나 이산대수 등 고유의 방법으로 키를 생성한다.

11 핵심 452

해쉬 암호화 방식은 블록 단위로 해쉬 알고리즘을 적용하는 방식으로, 스트림 암호화 방식과는 무관하다.

12 핵심 453

공개키 암호화 방식에서 키의 개수는 2n으로, 10명이 사용할 경우 20개의 키가 필요하다.

13 핵심 451

암호화 키와 복호화 키가 동일한 암호화 알고리즘은 개인키(대칭키) 암호화 기법으로, 대표적인 알고리즘으로는 AES, DES, SEED, ARIA, LSFSR, RC4 등이 있다.

14 핵심 453

공개키 암호화 방식은 관리해야 할 키의 개수가 적다.

15 핵심 457

비대칭 암호화 방식으로 소수를 활용한 암호화 알고리즘은 RSA(Rivest Shamir Adleman)이다.

- DES(Data ncryption Standard) : 1975년 미국 NBS에서 발표한 개인키 암호화 알고리즘으로, 블록 크기는 64비트이며, 키 길이는 56비트임
- AES(Advanced Encryption Standard) : DES에 한계를 느낀 미국 표준 기술 연구소(NIST)가 2001년 발표한 개인키 암호화 알고리즘으로, 블록 크기는 128비트이며, 키 길이에 따라 128, 192, 256으로 분류됨

4 장

시스템 보안 구축

461 서비스 거부 공격 [B]

23.7, 23.5

- 서비스 거부(DoS; Denial of Service) 공격은 표적이 되는 서버의 자원을 고갈시킬 목적으로 다수의 공격자 또는 시스템에서 대량의 데이터를 한 곳의 서버에 집중적으로 전송함으로써, 표적이되는 서버의 정상적인 기능을 방해하는 것이다.
- 유형 : Ping of Death, SMURFING, SYN Flooding, TearDrop, Land, DDoS 등

기출체크 ✅

23.7 ,23.5

1. 다음 중 서비스 거부 공격의 유형에 해당하지 않는 것은?

① Ping of Death
② SYN Flooding
③ Land
④ Memory Hacking

해설

Memory Hacking은 컴퓨터 메모리에 있는 데이터를 위·변조하는 해킹 방법으로, 서비스 거부 공격의 유형이 아닙니다.

462 죽음의 핑 [B]

23.2, 22.4

죽음의 핑(Ping of Death)은 Ping 명령을 전송할 때 ICMP 패킷의 크기를 인터넷 프로토콜 허용 범위 이상으로 전송하여 공격 대상의 네트워크를 마비시키는 서비스 거부 공격 방법이다.

기출체크 ✅

23.2

2. 다음 설명에 해당하는 공격 기법은?

시스템 공격 기법 중 하나로, 허용 범위 이상의 ICMP 패킷을 전송하여 대상 시스템의 네트워크를 마비시킨다.

① Ping of Death
② Session Hijacking
③ Piggyback Attack
④ XSS

463 SMURFING [A]

23.5, 22.3, 20.6

SMURFING(스머핑)은 IP나 ICMP의 특성을 악용하여 엄청난 양의 데이터를 한 사이트에 집중적으로 보냄으로써 네트워크를 불능 상태로 만드는 공격 방법이다.

기출체크 ✅

23.5, 20.6

3. IP 또는 ICMP의 특성을 악용하여 특정 사이트에 집중적으로 데이터를 보내 네트워크 또는 시스템의 상태를 불능으로 만드는 공격 방법은?

① TearDrop
② Smishing
③ Qshing
④ Smurfing

464 SYN Flooding [C]

23.7

SYN Flooding은 공격자가 가상의 클라이언트로 위장하여 3-way-handshake 과정을 의도적으로 중단시킴으로써 공격 대상지인 서버가 대기 상태에 놓여 정상적인 서비스를 수행하지 못하게 하는 공격 방법이다.

기출체크 ✅

23.7

4. 다음이 설명하는 서비스 공격 유형은?

공격자가 가상의 클라이언트로 위장하여 3-way-handshake 과정을 의도적으로 중단시킴으로써 공격 대상지인 서버가 대기 상태에 놓여 정상적인 서비스를 수행하지 못하게 하는 공격 방법이다.

① SYN Flooding
② SMURFING
③ Land
④ TearDrop

실 기 공 통

465 Land [C]

23.2, 실기 20.5

- Land는 패킷을 전송할 때 송신 IP 주소와 수신 IP 주소를 모두 공격 대상의 IP 주소로 하여 공격 대상에게 전송하는 공격이다.
- 이 패킷을 받은 공격 대상은 송신 IP 주소가 자신이므로 자신에게 응답을 수행하게 되는데, 이러한 패킷이 계속해서 전송될 경우 자신에 대해 무한히 응답하게 한다.

기출체크 ✅

23.2

5. 공격자가 패킷의 출발지 주소를 변경하여 출발지와 목적지 주소(또는 포트)를 동일하게 하는 공격 유형은?

① SYN Flooding
② Land
③ TearDrop
④ Key Logger Attack

기출체크 정답 1.④ 2.① 3.④ 4.① 5.②

466 DDoS 공격 [C]
20.8

- DDoS(Distributed Denial of Service, 분산 서비스 거부) 공격은 여러 곳에 분산된 공격 지점에서 한 곳의 서버에 대해 분산 서비스 공격을 수행하는 것이다.
- 분산 서비스 공격용 툴의 종류 : TFN(Tribe Flooding Network), Trin00, TFN2K, Stacheldraht 등

350466

기출체크 ✓

20.8

6. DDoS 공격과 연관이 있는 공격 방법은?

① Secure shell
② Tribe Flood Network
③ Nimda
④ Deadlock

467 Ping Flood [C]
21.8

Ping Flood는 특정 사이트에 매우 많은 ICMP 메시지를 보내 이에 대한 응답(Respond)으로 시스템 자원을 모두 사용하게 해 시스템이 정상적으로 동작하지 못하도록 하는 공격 방법이다.

350467

기출체크 ✓

21.8

7. 특정 사이트에 매우 많은 ICMP Echo를 보내면, 이에 대한 응답(Respond)을 하기 위해 시스템 자원을 모두 사용해버려 시스템이 정상적으로 동작하지 못하도록 하는 공격 방법은?

① Role-Based Access Control
② Ping Flood
③ Brute-Force
④ Trojan Horses

468 스위치 재밍 [C]
22.3

스위치 재밍(Switch Jamming)은 위조된 매체 접근 제어(MAC) 주소를 지속해서 네트워크로 흘려보내, 스위치 MAC 주소 테이블의 저장 기능을 혼란시켜 더미 허브(Dummy Hub)처럼 작동하게 하는 공격이다.

350468

기출체크 ✓

22.3

8. 위조된 매체 접근 제어(MAC) 주소를 지속적으로 네트워크로 흘려보내, 스위치 MAC 주소 테이블의 저장 기능을 혼란시켜 더미 허브(Dummy Hub)처럼 작동하게 하는 공격은?

① Parsing
② LAN Tapping
③ Switch Jamming
④ FTP Flooding

469 블루투스(Bluetooth) 관련 공격 [C]
22.3

- 블루버그(BlueBug) : 블루투스 장비 사이의 취약한 연결 관리를 악용한 공격으로, 휴대폰을 원격 조정하거나 통화를 감청할 수 있음
- 블루스나프(BlueSnarf) : 블루투스의 취약점을 활용하여 장비의 파일에 접근하는 공격으로, 인증 없이 간편하게 정보를 교환할 수 있는 OPP(Object Push Profile)를 사용하여 정보를 열람함
- 블루프린팅(BluePrinting) : 공격 대상이 될 블루투스 장비를 검색하는 활동을 의미함
- 블루재킹(BlueJacking) : 블루투스를 이용해 스팸처럼 메시지를 익명으로 퍼뜨리는 공격

350469

기출체크 ✓

22.3

9. 블루투스(Bluetooth) 공격과 해당 공격에 대한 설명이 올바르게 연결된 것은?

① 블루버그(BlueBug) – 블루투스의 취약점을 활용하여 장비의 파일에 접근하는 공격으로 OPP를 사용하여 정보를 열람
② 블루스나프(BlueSnarf) – 블루투스를 이용해 스팸처럼 명함을 익명으로 퍼뜨리는 것
③ 블루프린팅(BluePrinting) – 블루투스 공격 장치의 검색 활동을 의미
④ 블루재킹(BlueJacking) – 블루투스 장비 사이의 취약한 연결 관리를 악용한 공격

해설

① 블루버그(BlueBug)는 블루투스 장비 사이의 취약한 연결 관리를 악용한 공격입니다.
② 블루스나프(BlueSnarf)는 블루투스의 취약점을 활용하여 장비의 파일에 접근하는 공격입니다.
④ 블루재킹(BlueJacking)은 블루투스를 이용해 스팸처럼 메시지를 익명으로 퍼뜨리는 공격입니다.

470 웜 [A]
실기 공통
23.2, 22.7, 22.4, 실기 23.4

웜(Worm)은 네트워크를 통해 연속적으로 자신을 복제하여 시스템의 부하를 높임으로써 결국 시스템을 다운시키는 바이러스의 일종이다.

350470

기출체크 ✓

23.2, 22.7, 22.4

10. 악성코드의 유형 중 다른 컴퓨터의 취약점을 이용하여 스스로 전파하거나 메일로 전파되며 스스로를 증식하는 것은?

① Worm
② Rogue Ware
③ Adware
④ Reflection Attack

---

471 키로거 공격

20.6

C

키로거 공격(Key Logger Attack)은 컴퓨터 사용자의 키보드 움직임을 탐지해 ID, 패스워드, 계좌번호, 카드번호 등과 같은 개인의 중요한 정보를 몰래 빼가는 해킹 공격이다.

기출체크 ✓

20.6

1. 컴퓨터 사용자의 키보드 움직임을 탐지해 ID, 패스워드 등 개인의 중요한 정보를 몰래 빼가는 해킹 공격은?

① Key Logger Attack ② Worm
③ Rollback ④ Zombie Worm

472 랜섬웨어

21.8, 20.6

B

랜섬웨어(Ransomware)는 인터넷 사용자의 컴퓨터에 잠입해 내부 문서나 파일 등을 암호화해 사용자가 열지 못하게 하는 프로그램으로, 암호 해독용 프로그램의 전달을 조건으로 사용자에게 돈을 요구하기도 한다.

기출체크 ✓

21.8, 20.6

2. 다음 설명의 정보보안 침해 공격 관련 용어는?

> 인터넷 사용자의 컴퓨터에 침입해 내부 문서 파일 등을 암호화해 사용자가 열지 못하게 하는 공격으로, 암호 해독용 프로그램의 전달을 조건으로 사용자에게 돈을 요구하기도 한다.

① Smishing ② C-brain
③ Trojan Horse ④ Ransomware

473 백도어

23.7, 20.6

B

• 백도어(Back Door, Trap Door)는 시스템 설계자가 서비스 기술자나 유지 보수 프로그램 작성자(Programmer)의 액세스 편의를 위해 시스템 보안을 제거하여 만들어 놓은 비밀 통로로, 컴퓨터 범죄에 악용되기도 한다.
• 백도어 탐지 방법 : 무결성 검사, 열린 포트 확인, 로그 분석, SetUID 파일 검사 등

기출체크 ✓

23.7, 20.6

3. 백도어 탐지 방법으로 틀린 것은?

① 무결성 검사 ② 닫힌 포트 확인
③ 로그 분석 ④ SetUID 파일 검사

해설

백도어 탐지 방법 중 하나는 닫힌 포트 확인이 아니라 열린 포트 확인입니다.

실 기 공 통

474 트로이 목마

실기 23.4

D

• 트로이 목마(Trojan Horse)는 정상적인 기능을 하는 프로그램으로 위장하여 프로그램 내에 숨어 있다가 해당 프로그램이 동작할 때 활성화되어 부작용을 일으키는 것이다.
• 자기 복제 능력은 없다.

예상체크 ✓

출제예상

4. 다음 설명에 해당하는 멀웨어(Malware)는?

> • 정상적인 응용 프로그램에 포함되어 실행되는 악성코드이다.
> • 정상적인 응용 프로그램으로 위장하고 있다가 활성화되면 공격자는 이를 이용하여 사용자의 컴퓨터를 조종할 수 있게 한다.

① 랜섬웨어 ② 파밍
③ 백도어 ④ 트로이 목마

475 파밍

23.5

C

파밍(Pharming)은 해커가 악성코드에 감염된 PC를 조작하여 이용자가 정상적인 사이트에 접속해도 중간에서 도메인을 탈취하여 가짜 사이트로 접속하게 한 다음 개인정보나 금융정보를 몰래 빼내는 행위이다.

기출체크 ✓

23.5

5. 합법적으로 소유하고 있던 사용자의 도메인을 탈취하거나 DNS 이름을 속여 사용자들이 진짜 사이트로 오인하도록 유도하여 개인 정보를 훔치는 공격 기법은?

① Ransomware ② Pharming
③ Phishing ④ XSS

476 인증/인가 [B]

23.5, 22.4

- 인증(Authentication) : 다중 사용자 컴퓨터 시스템이나 네트워크 시스템에서 로그인을 요청한 사용자의 정보를 확인하는 보안 절차
- 인가(Authorization) : 인증된 사용자에 대해 요청한 자원이나 동작에 대한 권한 여부를 확인한 후 이를 부여하는 보안 절차

기출체크 ✓

23.5

6. 인증(Authentication)과 인가(Authorization)에 대한 설명으로 옳지 않은 것은?

① 인증은 자신의 신원(Identity)을 시스템에 증명하는 과정이다.
② 인가는 어떤 동작을 수행할 수 있는지 검증하는 것이다.
③ 인증은 클라이언트로부터 요청된 정보에 대한 사용 권한을 부여하는 것이다.
④ 인가는 어떤 자원에 접근할 수 있는지 검증하는 것이다.

해설

③번은 인가(Authorization)에 대한 설명입니다.

477 인증의 주요 유형 [A]

23.7, 23.2, 22.4

- 지식 기반 인증(Something You Know) : 사용자가 기억하고 있는 정보를 기반으로 인증을 수행하는 것
  예 패스워드, 아이핀 등
- 소유 기반 인증(Something You Have) : 사용자가 소유하고 있는 것을 기반으로 인증을 수행하는 것
  예 신분증, 메모리 카드, 스마트 카드, OTP, QR 등
- 생체 기반 인증(Something You Are) : 사용자의 고유한 생체 정보를 기반으로 인증을 수행하는 것
  예 지문, 홍채/망막, 얼굴, 정맥 등
- 행위 기반 인증(Something You Do) : 사용자의 행동 정보를 이용해 인증을 수행하는 것 예 서명, 동작, 음성 등
- 위치 기반 인증(Somewhere You Are) : 인증을 시도하는 위치의 적절성을 확인하는 것 예 콜백, GPS, IP 주소 등

기출체크 ✓

23.7

7. 인증의 유형 중에서 패스워드를 사용하는 경우에 해당하는 인증 유형은?

① Something You Have
② Something You Are
③ Something You Know
④ Somewhere You Are

478 관리적/물리적/기술적 보안 [A]

23.7, 23.5, 22.4

- 관리적 보안 : 정보보호 정책, 정보보호 조직, 정보자산 분류, 정보보호 교육 및 훈련, 인적 보안, 업무 연속성 관리 등의 정의
- 물리적 보안 : 건물 및 사무실 출입 통제 지침, 전산실 관리 지침, 정보 시스템 보호 설치 및 관리 지침, 재해 복구 센터 운영 등의 정의
- 기술적 보안 : 사용자 인증, 접근 제어, PC, 서버, 네트워크, 응용 프로그램, 데이터(DB) 등의 보안 지침 정의

기출체크 ✓

23.7, 22.4

8. 취약점 관리를 위한 응용 프로그램의 보안 설정과 가장 거리가 먼 것은?

① 서버 관리실 출입 통제
② 실행 프로세스 권한 설정
③ 운영체제의 접근 제한
④ 운영체제의 정보 수집 제한

해설

- 응용 프로그램과 관련된 보안은 기술적 보안이며, ②, ③, ④번이 이에 해당합니다.
- 서버 관리실 출입 통제는 물리적 보안에 포함되는 보안 조치입니다.

479 리눅스 로그 파일 - 커널 로그 [C]

22.3

- wtmp : 성공한 로그인/로그아웃과 시스템의 시작/종료 시간에 대한 로그
- utmp : 현재 로그인한 사용자의 상태에 대한 로그
- btmp : 실패한 로그인에 대한 로그
- lastlog : 마지막으로 성공한 로그인에 대한 로그

기출체크 ✓

22.3

9. 다음 내용이 설명하는 로그 파일은?

- 리눅스 시스템에서 사용자의 성공한 로그인/로그아웃 정보 기록
- 시스템의 종료/시작 시간 기록

① tapping
② xtslog
③ linuxer
④ wtmp

▶ 350480

22.7, 21.8

480 침입 탐지 시스템(IDS) B

- 침입 탐지 시스템(IDS; Intrusion Detection System)은 컴퓨터 시스템의 비정상적인 사용, 오용, 남용 등을 실시간으로 탐지하는 시스템이다.
- 오용 탐지(Misuse Detection) : 미리 입력해 둔 공격 패턴이 감지되면 이를 알려줌
- 이상 탐지(Anomaly Detection) : 평균적인 시스템의 상태를 기준으로 비정상적인 행위나 자원의 사용이 감지되면 이를 알려줌
- 침입 탐지 시스템의 종류

HIDS	• 시스템의 내부를 감시하고 분석하는데 중점을 둔 침입 탐지 시스템 • 종류 : OSSEC, md5deep, AIDE 등
NIDS	• 외부로부터의 침입을 감시하고 분석하는데 중점을 둔 침입 탐지 시스템 • 종류 : Snort, Zeek 등

기출체크 ✓

22.7, 21.8

1. 침입 탐지 시스템(IDS; Intrusion Detection System)과 관련한 설명으로 틀린 것은?

① 이상 탐지 기법(Anomaly Detection)은 Signature Base나 Knowledge Base라고도 불리며, 이미 발견되고 정립된 공격 패턴을 입력해두었다가 탐지 및 차단한다.
② HIDS(Host-Based Intrusion Detection)는 운영체제에 설정된 사용자 계정에 따라 어떤 사용자가 어떤 접근을 시도하고 어떤 작업을 했는지에 대한 기록을 남기고 추적한다.
③ NIDS(Network-Based Intrusion Detection System)로는 대표적으로 Snort가 있다.
④ 외부 인터넷에 서비스를 제공하는 서버가 위치하는 네트워크인 DMZ(Demilitarized Zone)에는 IDS가 설치될 수 있다.

해설
• 이상 탐지 기법(Anomaly Detection)은 평균적인 시스템의 상태를 기준으로 비정상적인 행위나 자원의 사용이 감지되면 이를 알려주는 시스템입니다.
• ①번은 오용 탐지 기법(Misuse Detection)에 대한 설명입니다.

▶ 350481

20.9

481 VPN C

VPN(Virtual Private Network, 가상 사설 통신망)은 가상 사설 네트워크로서 인터넷 등 통신 사업자의 공중 네트워크와 암호화 기술을 이용하여 사용자가 마치 자신의 전용 회선을 사용하는 것처럼 해주는 보안 솔루션이다.

기출체크 ✓

20.9

2. 이용자가 인터넷과 같은 공중망에 사설망을 구축하여 마치 전용망을 사용하는 효과를 가지는 보안 솔루션은?

① ZIGBEE ② KDD
③ IDS ④ VPN

▶ 350482

21.5

482 SSH C

- SSH(Secure SHell, 시큐어 셸)은 다른 컴퓨터에 로그인, 원격 명령 실행, 파일 복사 등을 수행할 수 있도록 다양한 기능을 지원하는 프로토콜 또는 이를 이용한 응용 프로그램이다.
- 데이터 암호화와 강력한 인증 방법으로 보안성이 낮은 네트워크에서도 안전하게 통신할 수 있다.
- 키(key)를 통한 인증 방법을 사용하려면 사전에 클라이언트의 공개키를 서버에 등록해야 한다.
- 기본적으로는 22번 포트를 사용한다.

기출체크 ✓

21.5

3. SSH(Secure Shell)에 대한 설명으로 틀린 것은?

① SSH의 기본 네트워크 포트는 220번을 사용한다.
② 전송되는 데이터는 암호화 된다.
③ 키를 통한 인증은 클라이언트의 공개키를 서버에 등록해야 한다.
④ 서로 연결되어 있는 컴퓨터 간 원격 명령 실행이나 셸 서비스 등을 수행한다.

해설
SSH의 기본 네트워크 포트는 22번입니다.

23년 5월

01 DoS의 공격 유형이 아닌 것은?

① Ping of Death   ② Land

③ e-Discovery   ④ tiny-fragment

22년 3월

02 DoS(Denial of Service) 공격과 관련한 내용으로 틀린 것은?

① Ping of Death 공격은 정상 크기보다 큰 ICMP 패킷을 작은 조각(Fragment)으로 쪼개어 공격 대상이 조각화 된 패킷을 처리하게 만드는 공격 방법이다.

② Smurf 공격은 멀티캐스트(Multicast)를 활용하여 공격 대상이 네트워크의 임의의 시스템에 패킷을 보내게 만드는 공격이다.

③ SYN Flooding은 존재하지 않는 클라이언트가 서버별로 한정된 접속 가능 공간에 접속한 것처럼 속여 다른 사용자가 서비스를 이용하지 못하게 하는 것이다.

④ Land 공격은 패킷 전송 시 출발지 IP 주소와 목적지 IP 주소 값을 똑같이 만들어서 공격 대상에게 보내는 공격 방법이다.

21년 8월

03 다음 내용이 설명하는 것은?

> 개인과 기업, 국가적으로 큰 위협이 되고 있는 주요 사이버 범죄 중 하나로, Snake, Darkside 등 시스템을 잠그거나 데이터를 암호화해 사용할 수 없도록 하고 이를 인질로 금전을 요구하는 데 사용되는 악성 프로그램

① Format String   ② Ransomware

③ Buffer Overflow   ④ Adware

22년 4월

04 시스템의 사용자가 로그인하여 명령을 내리는 과정에 대한 시스템의 동작 중 다음 설명에 해당하는 것은?

> • 자신의 신원(Identity)을 시스템에 증명하는 과정이다.
> • 아이디와 패스워드를 입력하는 과정이 가장 일반적인 예시라고 볼 수 있다.

① Aging   ② Accounting

③ Authorization   ④ Authentication

22년 4월

05 각 사용자 인증의 유형에 대한 설명으로 가장 적절하지 않은 것은?

① 지식 : 주체는 '그가 알고 있는 것'을 보여주며 예시로는 패스워드, PIN 등이 있다.

② 소유 : 주체는 '그가 가지고 있는 것'을 보여주며 예시로는 토큰, 스마트카드 등이 있다.

③ 존재 : 주체는 '그를 대체하는 것'을 보여주며 예시로는 패턴, QR 등이 있다.

④ 행위 : 주체는 '그가 하는 것'을 보여주며 예시로는 서명, 움직임, 음성 등이 있다.

23년 2월

06 인증의 유형 중 '지식'과 관계가 깊은 것은?

① Something You Know

② Something You Have

③ Something You Are

④ Somewhere You Are

23년 5월, 22년 4월

07 물리적 위협으로 인한 문제에 해당하지 않는 것은?

① 화재, 홍수 등 천재지변으로 인한 위협

② 하드웨어 파손, 고장으로 인한 장애

③ 방화, 테러로 인한 하드웨어와 기록장치를 물리적으로 파괴하는 행위

④ 방화벽 설정의 잘못된 조작으로 인한 네트워크, 서버 보안 위협

08 리눅스(LINUX)의 주요 로그 파일이 아닌 것은?

① btmp

② wtmp

③ lastlog

④ syslogd

▶ 정답 : 1.③ 2.② 3.② 4.④ 5.③ 6.① 7.④ 8.④

 해설은 303쪽에 있습니다.

09 IDS(침입 탐지 시스템)에 대한 설명으로 옳지 않은 것은?

① 컴퓨터 시스템의 비정상적인 사용, 오용, 남용 등을 실시간으로 탐지하는 시스템이다.

② 오용 탐지는 미리 입력해 둔 공격 패턴이 감지되면 이를 알려준다.

③ 이상 탐지는 평균적인 시스템의 상태를 기준으로 비정상적인 행위나 자원의 사용이 감지되면 이를 알려준다.

④ HIDS는 외부로부터의 침입을 감시하고 분석하는데 중점을 둔 침입 탐지 시스템이다.

10 다음 설명에 해당하는 보안 솔루션은?

- 다른 컴퓨터에 로그인, 원격 명령 실행, 파일 복사 등을 수행할 수 있도록 다양한 기능을 지원하는 프로토콜 또는 이를 이용한 응용 프로그램이다.
- 기본적으로는 22번 포트를 사용한다.

① NAC(Network Access Control)

② SSH(Secure SHell)

③ IPS(Intrusion Prevention System)

④ IDS(Intrusion Detection System)

01 핵심 461

e-Discovery는 DoS의 공격 유형이 아닌 전자적 증거개시절차 제도를 의미한다.

02 핵심 462, 463, 464, 465

Smurf 공격은 네트워크 라우터의 브로드캐스트(Broadcast) 주소를 활용한 DoS 공격이다.

03 핵심 472

시스템을 잠그거나 데이터를 암호화해 사용할 수 없도록 하고 이를 인질로 금전을 요구하는 데 사용되는 악성 프로그램은 랜섬웨어(Ransomware)이다.

04 핵심 476

자신의 신원(Identity)을 시스템에 증명하는 과정을 인증(Authentication)이라고 한다.

- 과금(Accounting) : 사용자가 어떤 종류의 서비스를 이용했고, 얼마만큼의 자원을 사용했는지 기록 및 보관하는 기능
- 인가(Authorization) : 신원이 검증된 사용자에게 특정된 권한과 서비스를 허용하는 기능

05 핵심 477

- 사용자 인증의 유형에는 '지식, 소유, 생체, 행위, 위치' 등이 있다.
- 패턴은 지식 기반 인증에, QR은 소유 기반 인증에 속한다.

06 핵심 477

사용자가 기억하고 있는 지식(정보)을 기반으로 인증을 수행하는 것은 Something You Know(지식 기반 인증)이다.

- 소유 기반 인증(Something You Have) : 사용자가 소유하고 있는 것을 기반으로 인증을 수행하는 것
  예 신분증, 메모리 카드, 스마트 카드, OTP, QR 등
- 생체 기반 인증(Something You Are) : 사용자의 고유한 생체 정보를 기반으로 인증을 수행하는 것
  예 지문, 홍채/망막, 얼굴, 정맥 등
- 위치 기반 인증(Somewhere You Are) : 인증을 시도하는 위치의 적절성을 확인하는 것
  예 콜백, GPS, IP 주소 등

07 핵심 478

방화벽 설정의 잘못된 조작으로 인한 네트워크, 서버 보안 위협은 기술적 위협으로 인한 문제에 해당한다.

08 핵심 479

syslogd는 로그 파일이 아니라 로그 파일을 관리하는 데몬이다.

09 핵심 480

- HIDS(Host-Based Intrusion Detection)는 시스템의 내부를 감시하고 분석하는데 중점을 둔 침입 탐지 시스템이다.
- ④번은 NIDS(Network-Based Intrusion Detection System)에 대한 설명이다.

10 핵심 482

문제의 지문에 제시된 내용은 SSH(Secure SHell, 시큐어 셸)에 대한 설명이다.

- NAC(Network Access Control) : 네트워크에 접속하는 내부 PC의 MAC 주소를 IP 관리 시스템에 등록한 후 일관된 보안 관리 기능을 제공하는 보안 솔루션
- IPS(Intrusion Prevention System, 침입 방지 시스템) : 방화벽과 IDS(침입 탐지 시스템)을 결합한 시스템으로, 비정상적인 트래픽을 능동적으로 차단하고 격리하는 등의 방어 조치를 취함
- IDS(Intrusion Detection System, 침입 탐지 시스템) : 컴퓨터 시스템의 비정상적인 사용, 오용, 남용 등을 실시간으로 탐지하는 시스템

나는 시험에 나오는 것만 공부한다!
이제 시나공으로 한 번에 정복하세요!

기초 이론부터 완벽하게 공부해서 안전하게 합격하고 싶어요!

기본서
(필기/실기)

━━ 특 징 ━━

자세하고 친절한 이론으로 기초를 쌓은 후 바로 문제풀이를 통해 정리한다.

━━ 구 성 ━━

본권
기출문제
토막강의

실기 _____
채점 프로그램
• 워드프로세서
• 컴퓨터활용능력
• ITQ

━━ 출 간 종 목 ━━

컴퓨터활용능력1급 필기/실기
컴퓨터활용능력2급 필기/실기
워드프로세서 필기/실기
정보처리기사 필기/실기
정보처리산업기사 필기/실기
정보처리기능사 필기/실기
사무자동화산업기사 실기
ITQ 엑셀/한글/파워포인트
GTQ 1급/2급

필요한 내용만 간추려 빠르고 쉽게 공부하고 싶어요!

Quick & Easy
퀵이지(필기/실기)

━━ 특 징 ━━

큰 판형, 쉬운 설명으로 시험에 꼭 나오는 알짜만 골라 학습한다.

━━ 구 성 ━━

본권
기출문제
토막강의

━━ 출 간 종 목 ━━

컴퓨터활용능력1급 필기
컴퓨터활용능력2급 필기
정보처리기사 필기/실기

이론은 공부했지만 어떻게 적용되는지 문제풀이를 통해 감각을 익히고 싶어요!

총정리
(필기/실기)

━━ 특 징 ━━

간단하게 이론을 정리한 후 충분한 문제풀이를 통해 실전 감각을 향상시킨다.

━━ 구 성 ━━

핵심요약
기출문제
모의고사
토막강의

실기 _____
• 채점 프로그램
• 기출문제
• 모의고사

━━ 출 간 종 목 ━━

컴퓨터활용능력1급 필기/실기
컴퓨터활용능력2급 필기/실기
사무자동화산업기사 필기

이론은 완벽해요! 기출문제로 마무리하고 싶어요!

기출문제집
(필기/실기)

━━ 특 징 ━━

최신 기출문제를 반복 학습하며 최종 마무리한다.

━━ 구 성 ━━

핵심요약(PDF)
기출문제(15회)
토막강의

실기 _____
기출문제(10회)

━━ 출 간 종 목 ━━

컴퓨터활용능력1급 필기/실기
컴퓨터활용능력2급 필기/실기
정보처리기사 필기

빠르게! Quick & 쉽게! Easy

퀵이지

정보처리기사
필기
단기완성

시험에 나오는 것만 공부한다!

2024
시나공

기출문제집
최신기출문제 10회 수록

길벗알앤디 지음
(강윤석, 김용갑, 김우경, 김종일)

이 책의 구성 미리 보기

초단타 합격 전략을 아시나요? — 기출문제를 확실하게 이해하세요.

시·나·공 기출문제집은 실력 테스트용이 아닙니다. 짧은 시간 안에 시험에 나온 내용을 파악하고, 나올 내용을 공부하는 초단타 합격 전략집입니다. 전문가의 조언을 통해 기출문제와 주변 지식만 확실히 습득해도 초단타 합격 전설은 내 이야기가 됩니다.

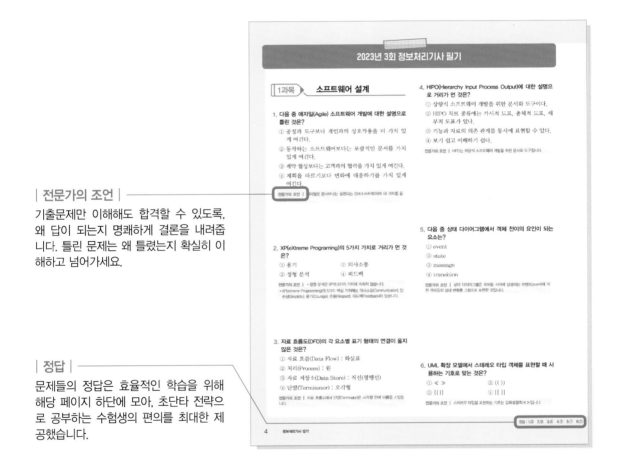

| 전문가의 조언 |

기출문제만 이해해도 합격할 수 있도록, 왜 답이 되는지 명쾌하게 결론을 내려줍니다. 틀린 문제는 왜 틀렸는지 확실히 이해하고 넘어가세요.

| 정답 |

문제들의 정답은 효율적인 학습을 위해 해당 페이지 하단에 모아, 초단타 전략으로 공부하는 수험생의 편의를 최대한 제공했습니다.

정보처리기사 필기 단기완성

2024 시나공

길벗알앤디 지음

길벗

정보처리기사 필기 – 시나공 시리즈 21

The Practical Examination for Engineer Information Processing

초판 발행 · 2024년 1월 15일

발행인 · 이종원
발행처 · (주)도서출판 길벗
출판사 등록일 · 1990년 12월 24일
주소 · 서울시 마포구 월드컵로 10길 56(서교동)
주문 전화 · 02)332-0931   팩스 · 02)323-0586
홈페이지 · www.gilbut.co.kr   이메일 · gilbut@gilbut.co.kr

기획 및 책임 편집 · 강윤석(kys@gilbut.co.kr), 김미정(kongkong@gilbut.co.kr), 임은정, 정혜린(sunriin@gilbut.co.kr)
디자인 · 강은경, 윤석남   제작 · 이준호, 손일순, 이진혁, 김우식   마케팅 · 김학흥, 박민주
영업관리 · 김명자   독자지원 · 윤정아, 전희수

편집진행 및 교정 · 길벗알앤디(강윤석 · 김용갑 · 김우경 · 김종일)   일러스트 · 윤석남
전산편집 · 예다움   CTP 출력 및 인쇄 · 정민   제본 · 정민

독자의 1초까지 아껴주는 길벗출판사

(주)도서출판 길벗 | IT교육서, IT단행본, 경제경영서, 어학&실용서, 인문교양서, 자녀교육서 www.gilbut.co.kr
길벗스쿨 | 국어학습, 수학학습, 어린이교양, 주니어 어학학습, 학습단행본 www.gilbutschool.co.kr

인스타그램 • @study_with_sinagong

최신기출문제

1과목 소프트웨어 설계

1. 다음 중 애자일(Agile) 소프트웨어 개발에 대한 설명으로 틀린 것은?

① 공정과 도구보다 개인과의 상호작용을 더 가치 있게 여긴다.

② 동작하는 소프트웨어보다는 포괄적인 문서를 가치 있게 여긴다.

③ 계약 협상보다는 고객과의 협력을 가치 있게 여긴다.

④ 계획을 따르기보다 변화에 대응하기를 가치 있게 여긴다.

전문가의 조언 | 애자일은 문서보다는 실행되는 SW(소프트웨어)에 더 가치를 둡니다.

2. XP(eXtreme Programing)의 5가지 가치로 거리가 먼 것은?

① 용기   ② 의사소통

③ 정형 분석   ④ 피드백

전문가의 조언 | • 정형 분석은 XP의 5가지 가치에 속하지 않습니다.
• XP(eXtreme Programming)의 5가지 핵심 가치에는 의사소통(Communication), 단순성(Simplicity), 용기(Courage), 존중(Respect), 피드백(Feedback)이 있습니다.

3. 자료 흐름도(DFD)의 각 요소별 표기 형태의 연결이 옳지 않은 것은?

① 자료 흐름(Data Flow) : 화살표

② 처리(Process) : 원

③ 자료 저장소(Data Store) : 직선(평행선)

④ 단말(Terminator) : 오각형

전문가의 조언 | 자료 흐름도에서 단말(Terminator)은 사각형 안에 이름을 기입합니다.

4. HIPO(Hierarchy Input Process Output)에 대한 설명으로 거리가 먼 것은?

① 상향식 소프트웨어 개발을 위한 문서화 도구이다.

② HIPO 차트 종류에는 가시적 도표, 총체적 도표, 세부적 도표가 있다.

③ 기능과 자료의 의존 관계를 동시에 표현할 수 있다.

④ 보기 쉽고 이해하기 쉽다.

전문가의 조언 | HIPO는 하향식 소프트웨어 개발을 위한 문서화 도구입니다.

5. 다음 중 상태 다이어그램에서 객체 전이의 요인이 되는 요소는?

① event

② state

③ message

④ transition

전문가의 조언 | 상태 다이어그램은 객체들 사이에 발생하는 이벤트(event)에 의한 객체들의 상태 변화를 그림으로 표현한 것입니다.

6. UML 확장 모델에서 스테레오 타입 객체를 표현할 때 사용하는 기호로 맞는 것은?

① ≪ ≫   ② (( ))

③ {{ }}   ④ [[ ]]

전문가의 조언 | 스테레오 타입을 표현하는 기호는 겹화살괄호(≪≫)입니다.

7. 유스케이스 다이어그램(UseCase Diagram)에 관련된 내용으로 틀린 것은?

① 시스템과 상호 작용하는 외부 시스템은 액터로 파악해서는 안된다.

② 유스케이스는 사용자 측면에서의 요구사항으로, 사용자가 원하는 목표를 달성하기 위해 수행할 내용을 기술한다.

③ 시스템 액터는 다른 프로젝트에서 이미 개발되어 사용되고 있으며, 본 시스템과 데이터를 주고받는 등 서로 연동되는 시스템을 말한다.

④ 액터가 인식할 수 없는 시스템 내부의 기능을 하나의 유스케이스로 파악해서는 안된다.

전문가의 조언 | 시스템과 상호작용하는 모든 외부 요소를 액터라고 합니다.

8. UI의 종류로 멀티 터치(Multi-touch), 동작 인식(Gesture Recognition) 등 사용자의 자연스러운 움직임을 인식하여 서로 주고받는 정보를 제공하는 사용자 인터페이스를 의미하는 것은?

① GUK(Graphical User Interface)

② OUI(Organic User Interface)

③ NUI(Natural User Interface)

④ CLK(Command Line Interface)

전문가의 조언 | 사용자의 자연스러운 움직임을 인식하여 서로 주고받는 정보를 제공하는 사용자 인터페이스는 NUI(Natural User Interface)입니다.

9. 모듈화를 통해 분리된 시스템의 각 기능들로, 서브루틴, 서브시스템, 소프트웨어 내의 프로그램, 작업 단위 등과 같은 의미로 사용되는 것은?

① Module

② Component

③ Things

④ Prototype

전문가의 조언 | 모듈화를 통해 분리된 시스템의 각 기능들을 모듈(Module)이라고 합니다.

10. 파이프 필터 형태의 소프트웨어 아키텍처에 대한 설명으로 옳은 것은?

① 노드와 간선으로 구성된다.

② 서브시스템이 입력 데이터를 받아 처리하고 결과를 다음 서브시스템으로 넘겨주는 과정을 반복한다.

③ 계층 모델이라고도 한다.

④ 3개의 서브시스템(모델, 뷰, 제어)으로 구성되어 있다.

전문가의 조언 | • 파이프 필터 형태의 소프트웨어 아키텍처에 대한 설명으로 옳은 것은 ②번입니다.
• ①번은 자료 구조 중 그래프, ③번은 레이어 패턴, ④번은 모델-뷰-컨트롤러 패턴에 대한 설명입니다.

11. 객체지향의 주요 구성 요소 중 데이터와 데이터를 처리하는 메소드를 묶어 놓은 하나의 소프트웨어 모듈을 무엇이라고 하는가?

① 클래스(Class)

② 객체(Object)

③ 상속(Inheritance)

④ 관계(Relationship)

전문가의 조언 | 데이터와 데이터를 처리하는 메소드(함수)를 묶어 놓은 하나의 소프트웨어 모듈을 객체(Object)라고 합니다.
• Class(클래스) : 공통된 속성과 연산(행위)을 갖는 객체의 집합으로, 객체의 일반적인 타입(Type)
• 상속(Inheritance) : 이미 정의된 상위 클래스(부모 클래스)의 모든 속성과 연산을 하위 클래스(자식 클래스)가 물려받는 것
• 관계(Relationships) : 사물과 사물 사이의 연관성을 표현하는 것

12. 객체지향 분석 기법에 대한 설명으로 옳지 않은 것은?

① 데이터와 행위를 하나로 묶어 객체를 정의 내리고 추상화시키는 작업이라 할 수 있다.

② 코드 재사용에 의한 프로그램 생산성 향상 및 요구에 따른 시스템의 쉬운 변경이 가능하다.

③ 동적 모델링 기법이 사용될 수 있다.

④ E-R 다이어그램은 객체지향 분석 기법의 표현 도구로 적합하지 않다.

전문가의 조언 | 객체지향 분석의 방법론 중 Coad와 Yourdon 방법은 E-R 다이어그램을 사용하여 객체의 행위를 모델링합니다.

정답 : 1.② 2.③ 3.④ 4.① 5.① 6.① 7.① 8.③ 9.① 10.② 11.② 12.④

13. 럼바우(Rumbaugh)의 객체지향 분석 절차를 가장 바르게 나열한 것은?

① 객체 모형 → 동적 모형 → 기능 모형

② 객체 모형 → 기능 모형 → 동적 모형

③ 기능 모형 → 동적 모형 → 객체 모형

④ 기능 모형 → 객체 모형 → 동적 모형

전문가의 조언 | 럼바우(Rumbaugh)의 객체지향 분석 절차는 '객체 모델링 → 동적 모델링 → 기능 모델링' 순으로 집행됩니다.

14. 결합도(Coupling)에 대한 설명으로 틀린 것은?

① 데이터 결합도(Data Coupling)는 두 모듈이 매개변수로 자료를 전달할 때 자료 구조 형태로 전달되어 이용될 때 데이터가 결합되어 있다고 한다.

② 내용 결합도(Content Coupling)는 하나의 모듈이 직접적으로 다른 모듈의 내용을 참조할 때 두 모듈은 내용적으로 결합되어 있다고 한다.

③ 공통 결합도(Common Coupling)는 두 모듈이 동일한 전역 데이터를 접근한다면 공통 결합되어 있다고 한다.

④ 결합도(Coupling)는 두 모듈간의 상호작용, 또는 의존도 정도를 나타내는 것이다.

전문가의 조언 | • 데이터 결합도는 모듈 간의 인터페이스가 자료 요소로만 구성될 때의 결합도입니다.
• ①번은 스탬프 결합도에 대한 설명입니다.

15. 코드 설계에서 일정한 일련번호를 부여하는 방식의 코드는?

① 연상 코드   ② 블록 코드

③ 순차 코드   ④ 표의 숫자 코드

전문가의 조언 | 순차 코드는 자료의 발생 순서, 크기 순서 등 일정 기준에 따라서 최초의 자료부터 차례로 일련번호를 부여하는 방법입니다.

16. 다음 내용이 설명하는 디자인 패턴은?

- 객체를 생성하기 위한 인터페이스를 정의하여 어떤 클래스가 인스턴스화 될 것인지는 서브클래스가 결정하도록 하는 것
- Virtual-Constructor 패턴이라고도 함

① Visitor패턴

② Observer패턴

③ Factory Method 패턴

④ Bridge 패턴

전문가의 조언 | 문제의 지문에 제시된 내용은 팩토리 메소드(Factory Method) 패턴의 특징입니다.
• 방문자(Visitor) : 각 클래스들의 데이터 구조에서 처리 기능을 분리하여 별도의 클래스로 구성하는 패턴
• 옵서버(Observer) : 한 객체의 상태가 변화하면 객체에 상속되어 있는 다른 객체들에게 변화된 상태를 전달하는 패턴
• 브리지(Bridge) : 구현부에서 추상층을 분리하여, 서로가 독립적으로 확장할 수 있도록 구성한 패턴

17. 디자인 패턴 중 구조 패턴에 속하지 않는 것은?

① Observer   ② Decorator

③ Adapter   ④ Proxy

전문가의 조언 | Observer는 행위 패턴입니다.

18. 미들웨어에 대한 설명으로 옳지 않은 것은?

① DB는 데이터베이스 벤더에서 제공하는 클라이언트에서 원격의 데이터베이스와 연결하기 위한 미들웨어이다.

② WAS는 사용자의 요구에 따라 변하는 동적인 콘텐츠를 처리하기 위해 사용되는 미들웨어이다.

③ MOM은 메시지 기반의 비동기형 메시지를 전달하는 방식의 미들웨어이다.

④ RPC는 코바(CORBA) 표준 스펙을 구현한 객체 지향 미들웨어이다.

전문가의 조언 | • RPC(Remote Procedure Call)는 응용 프로그램의 프로시저를 사용하여 원격 프로시저를 마치 로컬 프로시저처럼 호출하는 방식의 미들웨어입니다.
• ④번은 ORB(Object Request Broker)에 대한 설명입니다.

19. 다음 중 CASE의 장점이 아닌 것은?

① 자동화된 기법을 통해 소프트웨어 품질이 향상된다.

② 소프트웨어의 유지보수를 간편하게 수행할 수 있다.

③ 소프트웨어의 생산성이 향상된다.

④ 소프트웨어 모듈의 재사용성이 줄어든다.

전문가의 조언 ┃ CASE를 이용하면 소프트웨어 모듈의 재사용성이 향상됩니다.

20. 다음 중 자료 사전(Data Dictionary)에 대한 설명으로 옳지 않은 것은?

① 메타 데이터(Meta Data)라고 한다.

② 모든 데이터 개체들에 대한 정보를 유지, 관리하는 시스템이다.

③ 일반 이용자도 SQL을 이용하여 내용을 검색해 볼 수 있다.

④ 자료 사전에 대한 갱신은 데이터베이스의 무결성 유지를 위해 이용자가 직접 갱신해야 한다.

전문가의 조언 ┃ 자료 사전(Data Dictionary)은 시스템 테이블로 구성되어 있어 일반 이용자도 SQL을 이용하여 내용을 검색해 볼 수 있지만 이용자가 갱신은 할 수 없습니다. 자료 사전은 DBMS가 스스로 생성하고 유지합니다.

2과목 **소프트웨어 개발**

21. 프로그램의 소스나 코드에서 결함을 찾아내고 이를 확인하려는 작업을 의미하는 것은?

① 소스 코드 인스펙션　　② 재공학

③ 역공학　　　　　　　　④ 재사용

전문가의 조언 ┃ 프로그램의 소스나 코드에서 결함을 찾아내고 이를 확인하려는 작업을 소스 코드 인스펙션이라고 합니다.
• 재공학(Reengineering) : 새로운 요구에 맞도록 기존 시스템을 이용하여 보다 나은 시스템을 구축하고, 새로운 기능을 추가하여 소프트웨어 성능을 향상시키는 것
• 역공학(Reverse Engineering) : 기존 소프트웨어를 분석하여 소프트웨어 개발 과정과 데이터 처리 과정을 설명하는 분석 및 설계 정보를 재발견하거나 다시 만들어 내는 활동
• 소프트웨어 재사용(Software Reuse) : 이미 개발되어 인정받은 소프트웨어의 전체 혹은 일부분을 다른 소프트웨어 개발이나 유지에 사용하는 것

22. 코드 검사 수행 시 발견된 오류와 그 설명으로 틀린 것은?

① 데이터 오류(DA; Data Error)는 데이터 유형 정의, 변수 선언, 매개 변수 등에서 나타나는 오류이다.

② 기능 오류(FN; Function Error)는 서브루틴이나 블록이 수행하는 방법(How)이 잘못되어 있는 오류이다.

③ 성능 오류(PF; Performance Error)는 프로그램을 수행하며 요구되는 성능을 만족시키지 못하는 오류이다.

④ 문서 오류(DC; Documentation Error)는 프로그램 구성 요소인 선언 부분, 잘못되거나 불필요한 주석 등을 의미한다.

전문가의 조언 ┃ • 기능 오류는 서브루틴이나 블록이 잘못된 것(What)을 수행하는 오류입니다.
• ②번은 논리 오류(LO; Logic Error)에 대한 설명입니다.

23. 이진 트리의 특성으로 틀린 것은? (단, n_0 : 단말 노드 수, n_1 : 차수 1인 노드 수, n_2 : 차수 2인 노드 수, n : 노드 총 수, e : 간선 총 수)

① $n_0 = n_2 + 2$　　　　② $e = n_1 + 2n_2$

③ $n = e + 1$　　　　　④ $n = n_0 + n_1 + n_2$

전문가의 조언 ┃ 다음 트리를 예로들어 값을 구해보도록 하겠습니다.

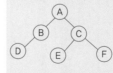

• n_0 : 단말 노드의 수는 3(D, E, F)입니다.
• n_1 : 차수가 1인 노드의 수는 1(B)입니다.
• n_2 : 차수가 2인 노드의 수는 2(A, C)입니다.
• n : 노드의 총수는 6(A~F)입니다.
• e : 간선의 총수는 5입니다.
① $n_0 = n_2 + 2 : 3 \neq 2 + 2$
② $e = n_1 + 2n_2 : 5 = 1 + 4(2 \times 2)$
③ $n = e + 1 : 6 = 5 + 1$
④ $n = n_0 + n_1 + n_2 : 6 = 3 + 1 + 2$

24. 화이트박스 테스트에 대한 설명으로 옳지 않은 것은?

① 제품의 내부 요소들이 명세서에 따라 수행되고 충분히 실행되는가를 보장하기 위한 검사이다.

② 모듈 안의 작동을 직접 관찰한다.

③ 프로그램 원시 코드의 논리적인 구조를 커버하도록 테스트 케이스를 설계한다.

④ 화이트박스 테스트 기법에는 기초 경로 검사, 동치 분할, 경계값 분석 등이 있다.

25. 정형 기술 검토(FTR)에 대한 설명으로 옳지 않은 것은?

① 논쟁과 반박을 제한하지 않는다.

② 문제 영역을 명확히 표현한다.

③ 참가자의 수를 제한한다.

④ 의제를 제한한다.

26. 다음 설명에 해당하는 것은?

> 기존 소프트웨어를 분석하여 소프트웨어 개발 과정과 데이터 처리 과정을 설명하는 분석 및 설계 정보를 재발견하거나 다시 만들어 내는 활동이다.

① Analysis

② Restructuring

③ Reverse Engineering

④ Migration

27. ISO/IEC 25010의 소프트웨어 품질 특성 중 사용성(Usability)에 해당하지 않는 것은?

① 학습성　　　　　② 설치성

③ 접근성　　　　　④ 조작성

28. 인터페이스 구현 검증 도구가 아닌 것은?

① Foxbase　　　　② STAF

③ watir　　　　　④ xUnit

29. 소스 코드 품질 분석 도구 중 정적 분석 도구가 아닌 것은?

① pmd　　　　　　② cppcheck

③ valMeter　　　　④ checkstyle

30. 다음 설명이 의미하는 것은?

> • 삽입과 삭제가 리스트의 양쪽 끝에서 발생할 수 있는 형태이다.
> • 입력이 한쪽에서만 발생하고 출력은 양쪽에서 일어날 수 있는 입력 제한과, 입력은 양쪽에서 일어나고 출력은 한 곳에서만 이루어지는 출력 제한이 있다.

① 스택　　　　　　② 큐

③ 다중 스택　　　　④ 데크

31. 검증 검사 기법 중 개발자의 장소에서 사용자가 개발자 앞에서 행하는 기법이며, 일반적으로 통제된 환경에서 사용자와 개발자가 함께 확인하면서 수행되는 검사는?

① 동치 분할 검사
② 형상 검사
③ 알파 검사
④ 베타 검사

전문가의 조언 | 문제에 제시된 내용은 알파 검사에 대한 설명입니다.
• 베타 검사 : 선정된 최종 사용자가 여러 명의 사용자 앞에서 행하는 테스트 기법으로, 개발자에 의해 제어되지 않은 상태에서 테스트가 행해지며, 발견된 오류와 사용상의 문제점을 기록하고 개발자에게 주기적으로 보고함

32. 알고리즘 시간 복잡도 O(1)이 의미하는 것은?

① 컴퓨터 처리가 불가
② 알고리즘 입력 데이터 수가 한 개
③ 알고리즘 수행시간이 입력 데이터 수와 관계 없이 일정
④ 알고리즘 길이가 입력 데이터보다 작음

전문가의 조언 | O(1)은 빅오 표기법의 시간 복잡도를 표기하는 방법의 하나로, 입력 데이터 수에 관계없이 문제 해결에 하나의 단계만을 거친다는 것을 의미합니다.

33. 디지털 저작권 관리(DRM)의 기술 요소가 아닌 것은?

① 식별 기술
② 저작권 표현
③ 복호화 기술
④ 정책 관리 기술

전문가의 조언 | 디지털 저작권 관리(DRM)의 기술 요소에는 암호화, 키 관리, 암호화 파일 생성, 식별 기술, 저작권 표현, 정책 관리, 크랙 방지, 인증 등이 있습니다.

34. 화이트박스 테스트 기법에 해당하는 것은?

① 기초 경로 검사
② 동치 분할 검사
③ 경계값 분석
④ 원인 효과 그래프 검사

전문가의 조언 | 기초 경로 검사는 화이트박스 테스트 기법이고, 나머지는 블랙박스 테스트 기법에 해당합니다.
• 기초 경로 검사(Base Path Testing) : 테스트 케이스 설계자가 절차적 설계의 논리적 복잡성을 측정할 수 있게 해주는 테스트 기법으로, 테스트 측정 결과는 실행 경로의 기초를 정의하는 데 지침으로 사용됨
• 동치 분할 검사(Equivalence Partitioning Testing) : 입력 자료에 초점을 맞춰 테스트 케이스(동치 클래스)를 만들고 검사하는 방법으로 동등 분할 기법이라고도 함
• 경계값 분석(Boundary Value Analysis) : 입력 자료에만 치중한 동치 분할 기법을 보완하기 위한 기법
• 원인-효과 그래프 검사(Cause-Effect Graphing Testing) : 입력 데이터 간의 관계와 출력에 영향을 미치는 상황을 체계적으로 분석한 다음 효용성이 높은 테스트 케이스를 선정하여 검사하는 기법

35. 다음과 같이 레코드가 구성되어 있을 때, 이진 검색 방법으로 F를 찾을 경우 비교되는 횟수는?

A B C D E F G H I J K L M N

① 4
② 5
③ 6
④ 7

전문가의 조언 | A~N을 1~14로 가정하고 이진 검색 방법으로 F(6)를 찾는 방법은 다음과 같습니다.
❶ 첫 번째 값(F)과 마지막 값(L)을 이용하여 중간 값 M을 구한 후 찾으려는 값과 비교합니다.
M = (1+14) / 2 = 7.5, 7인 찾으려는 값인지 확인합니다. 7은 찾으려는 값 6보다 크므로 찾는 값은 1~6에 있습니다. ← 1회 비교
❷ F = 1, L = 6, M = (1+6) / 2 = 3.5, 3인 찾으려는 값인지 확인합니다. 3은 찾으려는 값 6보다 작으므로 찾는 값은 4~6에 있습니다. ← 2회 비교
❸ F = 4, L = 6, M = (4+6) / 2 = 5, 5가 찾으려는 값인지 비교합니다. 5는 찾으려는 값 6보다 작으므로 찾는 값은 6에 있습니다. ← 3회 비교
❹ F = 6, L = 6, M = (6+6) / 2 = 6, 6인 찾으려는 값인지 비교합니다. 6은 찾는 값입니다. ← 4회 비교

36. IDE(Integrated Development Environment) 도구의 각 기능에 대한 설명으로 틀린 것은?

① Coding - 프로그래밍 언어를 가지고 컴퓨터 프로그램을 작성할 수 있는 환경을 제공
② Compile - 저급 언어의 프로그램을 고급 언어 프로그램으로 변환하는 기능
③ Debugging - 프로그램에서 발견되는 버그를 찾아 수정할 수 있는 기능
④ Deployment - 소프트웨어를 최종 사용자에게 전달하기 위한 기능

전문가의 조언 | 컴파일(Compile)은 개발자가 작성한 고급 언어로 된 프로그램을 컴퓨터가 이해할 수 있는 목적 프로그램으로 번역하여 컴퓨터에서 실행 가능한 형태로 변환하는 기능입니다.

정답 : 24.④ 25.① 26.③ 27.② 28.① 29.③ 30.④ 31.③ 32.③ 33.③ 34.① 35.① 36.②

37. 소프트웨어 형상 관리의 의미로 적절한 것은?

① 비용에 관한 사항을 효율적으로 관리하는 것

② 개발 과정의 변경 사항을 관리하는 것

③ 테스트 과정에서 소프트웨어를 통합하는 것

④ 개발 인력을 관리하는 것

전문가의 조언 | 형상 관리는 소프트웨어의 개발 과정에서 소프트웨어의 변경 사항을 관리하기 위해 개발된 일련의 활동을 의미합니다.

38. 정렬된 N개의 데이터를 처리하는 데 O(Nlog₂N)의 시간이 소요되는 정렬 알고리즘은?

① 합병 정렬   ② 버블 정렬

③ 선택 정렬   ④ 삽입 정렬

전문가의 조언 | $O(Nlog_2N)$의 시간 복잡도를 가진 정렬 알고리즘에는 힙 정렬과 2-Way 합병 정렬이 있습니다.
• 버블 정렬, 선택 정렬, 삽입 정렬의 시간 복잡도는 $O(n^2)$입니다.

39. 자료 구조의 분류 중 선형 구조가 아닌 것은?

① 트리   ② 리스트

③ 스택   ④ 데크

전문가의 조언 | 트리(Tree)는 비선형 구조입니다.

40. 스택에서 순서가 A, B, C, D로 정해진 입력 자료를, push → push → pop → push → push → pop → pop → pop으로 연산 했을 때 출력은?

① C, B, D, A   ② B, C, D, A

③ B, D, C, A   ④ C, B, A, D

전문가의 조언 | PUSH는 스택에 자료를 입력하는 명령이고, POP은 스택에서 자료를 출력하는 명령입니다. 문제에 제시된 대로 PUSH와 POP을 수행하면 다음의 순서로 입출력이 발생합니다.

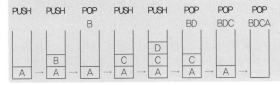

3과목 ▶ **데이터베이스 구축**

41. SQL의 기능에 따른 분류 중에서 REVOKE문과 같이 데이터의 사용 권한을 관리하는데 사용하는 언어는?

① DDL(Data Definition Language)

② DML(Data Manipulation Language)

③ DCL(Data Control Language)

④ DUL(Data User Language)

전문가의 조언 | DCL(데이터 제어어)은 데이터 관리를 목적으로 사용하는 언어로, 명령어에는 COMMIT, ROLLBACK, GRANT, REVOKE가 있습니다.
• DDL(데이터 정의어) : SCHEMA, DOMAIN, TABLE, VIEW, INDEX를 정의하거나 변경 또는 삭제할 때 사용하는 언어로, 명령어에는 CREATE, ALTER, DROP이 있음
• DML(데이터 조작어) : 데이터베이스 사용자가 응용 프로그램이나 질의어를 통하여 저장된 데이터를 실질적으로 처리하는 데 사용되는 언어로, 명령어에는 SELECT, INSERT, DELETE, UPDATE가 있음

42. 데이터베이스의 트랜잭션 성질들 중에서 다음 설명에 해당하는 것은?

• 트랜잭션이 그 실행을 성공적으로 완료하면 언제나 일관성 있는 데이터베이스 상태로 변환한다.
• 시스템이 가지고 있는 고정 요소는 트랜잭션 수행 전과 트랜잭션 수행 완료 후의 상태가 같아야 한다.

① Atomicity

② Consistency

③ Isolation

④ Durability

전문가의 조언 | 문제의 지문은 일관성(Consistency)에 대한 설명입니다.
• Atomicity(원자성) : 트랜잭션의 연산은 데이터베이스에 모두 반영되도록 완료(Commit)되든지 아니면 전혀 반영되지 않도록 복구(Rollback)되어야 함
• Isolation(독립성, 격리성, 순차성) : 둘 이상의 트랜잭션이 동시에 병행 실행되는 경우 어느 하나의 트랜잭션 실행중에 다른 트랜잭션의 연산이 끼어들 수 없음
• Durability(영속성, 지속성) : 성공적으로 완료된 트랜잭션의 결과는 시스템이 고장 나더라도 영구적으로 반영되어야 함

43. 다음 중 SQL에서의 DDL문이 아닌 것은?

① CREATE   ② SELECT

③ ALTER   ④ DROP

> **전문가의 조언** | • SELECT는 DML(데이터 조작어)입니다.
> • DDL(데이터 정의어)에는 CREATE, ALTER, DROP이 있습니다.

44. 정규화에 대한 설명으로 옳지 않은 것은?

① 정규화 하는 것은 테이블을 결합하여 종속성을 감소시키는 것이다.

② 제 2정규형은 반드시 제 1정규형을 만족해야 한다.

③ 제 1정규형은 릴레이션에 속한 모든 도메인이 원자 값 만으로 되어 있는 릴레이션이다.

④ BCNF는 강한 제 3정규형이라고도 한다.

> **전문가의 조언** | 정규화하는 것은 테이블을 결합하여 종속성을 제거하는 것이 아니라 더 작은 테이블로 분해해 가면서 종속성을 제거하는 것입니다.

45. SQL문에서 STUDENT(SNO, SNAME, YEAR, DEPT) 테이블에 학번 600, 성명 홍길동, 학년 2학년인 학생 튜플을 삽입하는 명령으로 옳은 것은(단, SNO는 학번, SNAME은 성명, YEAR는 학년, DEPT는 학생, 교수 구분 필드임)?

① INSERT STUDENT INTO VALUES (600, '홍길동', 2);

② INSERT FROM STUDENT VALUES (600, '홍길동', 2);

③ INSERT INTO STUDENT(SNO, SNAME, YEAR) VALUES (600, '홍길동', 2);

④ INSERT TO STUDENT(SNO, SNAME, YEAR) VALUES (600, '홍길동', 2);

> **전문가의 조언** | 삽입문의 문법인 'INSERT INTO 테이블명(속성명) VALUES(값)'을 올바르게 적용한 것은 ③번입니다.

46. SQL View(뷰)에 대한 설명으로 틀린 것은?

① 뷰(View)를 제거하고자 할 때는 DROP 문을 이용한다.

② 뷰(View)의 정의를 변경하고자 할 때는 ALTER 문을 이용한다.

③ 뷰(View)를 생성하고자 할 때는 CREATE 문을 이용한다.

④ 뷰(View)의 내용을 검색하고자 할 때는 SELECT 문을 이용한다.

> **전문가의 조언** | • 한 번 생성한 뷰는 정의를 변경할 수 없으므로 ALTER 문을 사용할 수 없습니다.
> • 뷰를 변경하려면 제거하고 다시 만들어야 합니다.

47. 트랜잭션의 상태 중 트랜잭션의 마지막 연산이 실행된 직후의 상태로, 모든 연산의 처리는 끝났지만 트랜잭션이 수행한 최종 결과를 데이터베이스에 반영하지 않은 상태는?

① Active   ② Partially Committed

③ Committed   ④ Aborted

> **전문가의 조언** | 최종 결과를 데이터베이스에 반영하지 않은, 연산이 실행된 직후의 상태를 부분 완료(Partially Committed)라고 합니다.
> • 활동(Active) : 트랜잭션이 실행 중인 상태
> • 완료(Committed) : 트랜잭션을 모두 성공적으로 실행한 후 Commit 연산을 실행한 후의 상태
> • 철회(Aborted) : 트랜잭션이 비정상적으로 종료되어 Rollback 연산을 수행한 상태

48. 로킹 기법에서 2단계 로킹 규약에 대한 설명으로 옳은 것은?

① 트랜잭션은 Lock만 수행할 수 있고, Unlock은 수행할 수 없는 확장 단계가 있다.

② 트랜잭션이 Unlock과 Lock을 동시에 수행할 수 있는 단계를 병렬 전환 단계라 한다.

③ 한 트랜잭션이 Unlock 후 다른 데이터 아이템을 Lock 할 수 있다.

④ 교착상태를 일으키지 않는다.

정답 : 37.②   38.①   39.①   40.③   41.③   42.②   43.②   44.①   45.③   46.②   47.②   48.①

49. 다음 SQL문의 빈 칸에 들어갈 내용은?

> update 직원
> (   ) 급여 = 급여 * 1.1
> where 급여 ≤ 100000 or 입사일 〈 19990101;

① into

② Set

③ from

④ Select

50. 다음 중 외래키에 대한 설명으로 옳은 것은?

> ㉠ Null을 입력할 수 없다.
> ㉡ 후보키 중 기본키를 제외한 나머지를 의미한다.
> ㉢ 기본키의 일부가 외래키가 될 수 있다.
> ㉣ 유일성과 최소성을 가진다.
> ㉤ 참조 무결성과 관련이 있다.

① ㉠, ㉡

② ㉡, ㉤

③ ㉢, ㉤

④ ㉢, ㉣

51. 릴레이션의 특징으로 거리가 먼 것은?

① 모든 튜플은 서로 다른 값을 갖는다.

② 모든 속성 값은 원자 값이다.

③ 튜플 사이에는 순서가 없다.

④ 각 속성은 유일한 이름을 가지며, 속성의 순서는 큰 의미가 있다.

52. 관계형 데이터베이스에서 다음 설명에 해당하는 키(Key)는?

> 한 릴레이션 내의 속성들의 집합으로 구성된 키로서, 릴레이션을 구성하는 모든 튜플에 대한 유일성은 만족시키지만 최소성은 만족시키지 못한다.

① 후보키

② 대체키

③ 슈퍼키

④ 외래키

53. 관계 해석(Relational Calculus)에 대한 설명으로 잘못된 것은?

① 튜플 관계 해석과 도메인 관계 해석이 있다.

② 기본적으로 관계 해석과 관계 대수는 관계 데이터베이스를 처리하는 기능과 능력면에서 동등하다.

③ 수학의 Predicate Calculus에 기반을 두고 있다.

④ 원하는 정보와 그 정보를 어떻게 유도하는가를 기술하는 절차적인 특성을 가진다.

54. 릴레이션 R의 차수(Degree)가 3, 카디널리티(Cardinality)가 3, 릴레이션 S의 차수가 4, 카디널리티가 4일 때, 두 릴레이션을 카티션 프로덕트(Cartesian Product)한 결과 릴레이션의 차수와 카디널리티는?

① 4, 4

② 7, 7

③ 7, 12

④ 12, 12

55. 다음 SQL문에서 사용된 BETWEEN 연산의 의미와 동일한 것은?

```
SELECT *
FROM 성적
WHERE (점수 BETWEEN 90 AND 95) AND 학과 = '컴퓨터공
      학과';
```

① 점수 >= 90 AND 점수 <= 95
② 점수 > 90 AND 점수 < 95
③ 점수 > 90 AND 점수 <= 95
④ 점수 >= 90 AND 점수 < 95

전문가의 조언 | • SELECT * : 모든 필드를 표시합니다.
• FROM 성적 : 〈성적〉 테이블의 자료를 검색합니다.
• WHERE (점수 BETWEEN 90 AND 95) : 점수가 90~95 사이이고
• AND 학과 = '컴퓨터공학과'; : '학과'가 "컴퓨터공학과"인 자료만을 대상으로 합니다.
∴ 〈성적〉 테이블에서 점수가 90~95 사이이고 '학과'가 '컴퓨터공학과'인 모든 필드를 검색합니다.

56. 다음의 관계대수 문장을 SQL로 표현한 것으로 옳은 것은?

$$\pi_{name, \; dept}(\sigma_{year=3}(student))$$

① SELECT name, dept FROM student HAVING year=3;
② SELECT name, dept FROM student WHERE year=3;
③ SELECT student FROM name, dept WHERE year=3;
④ SELECT student FROM name, dept HAVING year=3;

전문가의 조언 | • $\pi_{name, \; dept}$: 'name', 'dept' 필드를 표시하므로 SELECT name, dept입니다.
• $\sigma_{year=3}$: 'year'가 3인 자료만을 대상으로 검색하므로 WHERE year=3입니다.
• (student) : 〈student〉 테이블의 자료를 검색하므로 FROM student입니다.
∴ year가 3인 student의 name, dept를 검색하라는 의미입니다.

57. 개체–관계 모델(E–R Model)에 대한 설명으로 옳지 않은 것은?

① 특정 DBMS를 고려한 것은 아니다.
② E–R 다이어그램에서 개체 타입은 사각형, 관계 타입은 타원, 속성은 다이아몬드로 나타낸다.
③ 개체 타입과 관계 타입을 기본 개념으로 현실 세계를 개념적으로 표현하는 방법이다.
④ 1976년 Peter Chen이 제안하였다.

전문가의 조언 | E–R 다이어그램은 관계 타입은 마름모(=다이아몬드), 속성은 타원으로 나타냅니다.

58. 분산 데이터베이스의 특징에 대한 설명으로 틀린 것은?

① 지역 서버의 고유 데이터에 대한 작업은 중앙 서버의 통제 없이 자유롭게 수행할 수 있다.
② 새로운 지역 서버를 추가하거나 장비를 추가하는 등의 작업이 용이하다.
③ 위치 투명성, 중복 투명성, 병행 투명성, 장애 투명성을 목표로 한다.
④ 데이터베이스 설계 및 소프트웨어 개발이 쉽고, 전반적인 시스템의 성능이 향상된다.

전문가의 조언 | 분산 데이터베이스는 데이터베이스 설계 및 소프트웨어 개발이 어렵습니다.

59. 정규화된 엔티티, 속성, 관계를 시스템의 성능 향상과 개발 운영의 단순화를 위해 중복, 통합, 분리 등을 수행하는 데이터 모델링 기법은?

① 인덱스정규화
② 반정규화
③ 집단화
④ 머징

전문가의 조언 | 시스템의 성능 향상과 개발 운영의 단순화를 위해 정규화된 데이터 모델을 통합, 중복, 분리하는 등 의도적으로 정규화 원칙을 위배하는 행위는 반정규화입니다.

정답 : 49.② 50.③ 51.④ 52.③ 53.④ 54.③ 55.① 56.② 57.② 58.④ 59.②

60. 시스템 카탈로그에 관한 설명으로 틀린 것은?

① 시스템 카탈로그는 DBMS가 스스로 생성하고 유지하는 데이터베이스 내의 특별한 테이블들의 집합체이다.

② 일반 사용자들도 SQL을 이용하여 시스템 카탈로그를 직접 갱신할 수 있다.

③ 데이터베이스 구조가 변경될 때마다 DBMS는 자동적으로 시스템 카탈로그 테이블들의 행을 삽입, 삭제, 수정한다.

④ 시스템 카탈로그는 데이터베이스 구조에 관한 메타 데이터를 포함한다.

4과목 · 프로그래밍 언어 활용

61. 커널의 버전을 확인할 때 사용하는 리눅스 명령어는?

① ls   ② chmod

③ rm   ④ uname

62. 다음 C언어 프로그램의 결과로 옳은 것은?

```
#include <stdio.h>
main( ) {
    int a[10];
    a[0] = 0;
    a[1] = 1;
    for (int i = 0; i < 8; i++)
        a[i + 2] = a[i + 1] + a[i];
    printf("%d", a[9]);
}
```

① 8   ② 13

③ 21   ④ 34

63. 빈 기억공간의 크기가 20K, 16K, 8K, 40K일 때 기억장치 배치 전략으로 "Worst Fit"을 사용하여 17K의 프로그램을 적재할 경우 내부 단편화의 크기는?

① 3K   ② 23K

③ 44K   ④ 67K

64. 오류 제어에 사용되는 자동 반복 요청 방식(ARQ)이 아닌 것은?

① Stop-and-wait ARQ

② Go-back-N ARO

③ Selective-Repeat ARQ

④ Non-Acknowledge ARQ

전문가의 조언 | • 자동 반복 요청 방식(ARQ) 중 Non-Acknowledge ARQ라는 방식은 없습니다.
• 자동 반복 요청 방식의 오류 제어에는 Stop-and-Wait(정지-대기) ARQ, Go-Back-N ARQ, Selective-Repeat(선택적 재전송) ARQ, Adaptive(적응적) ARQ가 있습니다.

65. 다음 중 소프트웨어 개발 지원 도구에 대한 설명으로 옳지 않은 것은?

① 성능이나 편의성뿐만 아니라 범용성도 고려하여 개발 도구를 선정해야 한다.

② IDE는 개발자가 편리하게 컴파일 및 디버깅할 수 있도록 지원하는 도구이다.

③ 외부의 플러그인을 쉽게 검색하고 적용할 수 있는 IDE를 선정해야 한다.

④ 코드 품질 및 인터페이스 검사 도구는 모든 코딩을 완료한 후에 실행하는 것이 좋다.

전문가의 조언 | 코드 품질 테스트 및 인터페이스 검사 도구는 하나의 모듈이 완성될 때 마다 사용하는 것이 좋습니다.

66. JAVA의 변수명 작성 규칙에 대한 설명으로 옳지 않은 것은?

① 변수명에 $를 사용할 수 있다.

② 첫 자리에 숫자를 사용할 수 있다.

③ 예약어는 변수명으로 사용할 수 없다.

④ 대·소문자를 구분한다.

전문가의 조언 | 변수 이름의 첫 자리에는 숫자를 사용할 수 없습니다.

67. 다음 C언어 프로그램의 결과로 옳은 것은?

```c
#include <stdio.h>
main( ) {
    int r = 0;
    do {
        r = r + 1;
    } while (r <= 0);
    if (r == 1)
        r++;
    else
        r = r + 3;
    printf("%d", r);
}
```

① 1   ② 2

③ 3   ④ 4

전문가의 조언 | 사용된 코드의 의미는 다음과 같습니다.

```c
#include <stdio.h>
main( ) {
❶ int r = 0;
❷ do {
❸     r = r + 1;
❹ } while (r <= 0);
❺ if (r == 1)
❻     r++;
   else
       r = r + 3;
❼ printf("%d", r);
}
```

❶ 정수형 변수 r을 선언하고 0으로 초기화한다.

❷ do~while문의 시작점이다. ❸번을 반복 수행한다.

❸ r에 1을 누적시킨다. (r = 1)

❹ r은 0보다 작거나 같지 않으므로 do~while문을 벗어나 ❺번으로 이동한다.

❺ r이 1이면 ❻번으로 이동하고, 아니면 else의 다음 문장으로 이동한다. r의 값이 1이므로 ❻번으로 이동한다.

❻ 'r = r + 1;'과 동일하다. r에 1을 누적시킨다. (r = 2)

❼ r의 값을 정수로 출력한다.

결과   **2**

68. 다음 C언어 프로그램의 결과로 옳은 것은?

```
#include <stdio.h>
main( ) {
    int i = 0;
    while (1) {
        if (i == 4)
            break;
        i++;
    }
    printf("%d", i);
}
```

① 3　　　　　　　　② 4

③ 5　　　　　　　　④ 6

69. 4개의 페이지를 수용할 수 있는 주기억장치가 있으며, 초기에는 모두 비어 있다고 가정한다. 다음의 순서로 페이지 참조가 발생할 때, FIFO 페이지 교체 알고리즘을 사용할 경우 페이지 결함의 발생 횟수는?

페이지 참조 순서 : 0, 1, 2, 3, 0, 1, 4, 0, 1, 2, 3, 4

① 7회　　　　　　　② 8회

③ 9회　　　　　　　④ 10회

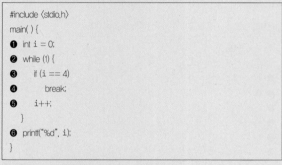
70. TCP에 대한 설명으로 옳지 않은 것은?

① 프레임을 전송 단위로 사용한다.

② 요청과 응답을 동시에 주고 받는 전이중 연결 방식을 사용한다.

③ 순서 제어, 오류 제어, 흐름 제어 기능을 제공한다.

④ 투명성이 보장되는 통신을 제공한다.

71. 동일한 네트워크에 있는 목적지 호스트로 IP 패킷을 직접 전달할 수 있도록 IP 주소를 MAC 주소로 변환하는 프로토콜은?

① ARP(Address Resolution Protocol)

② ICMP(Internet Control Message Protocol)

③ IGMP(Internet Group Management Protocol)

④ SNMP(Simple Network Management Protocol)

72. 다음 중 IP 주소 체계에 대한 설명으로 옳지 않은 것은?

① IPv6의 패킷 헤더는 32 octet의 고정된 길이를 가진다.

② IPv6는 주소 자동설정(Auto Configuration) 기능을 통해 손쉽게 이용자의 단말을 네트워크에 접속시킬 수 있다.

③ IPv4는 호스트 주소를 자동으로 설정하며 유니캐스트(Unicast)를 지원한다.

④ IPv4는 클래스별로 네트워크와 호스트 주소의 길이가 다르다.

전문가의 조언 | IPv6의 패킷 헤더는 40옥텟(octet)의 고정된 길이를 갖습니다.

---

73. 다음 C언어 프로그램의 결과로 옳은 것은?

```
#include <stdio.h>
main( ) {
    char c = 'A';
    c = c + 1;
    printf("%d", c);
}
```

① A   ② B

③ 65   ④ 66

전문가의 조언 | 문자는 아스키코드로 저장됩니다. 대문자 'A'는 아스키코드로 65이고, 1을 더하면 66이므로 대문자 'B'가 됩니다. 하지만 출력문에서 출력 형식이 문자를 출력하는 %c가 아닌 정수를 출력하는 %d를 사용했으므로 대문자 'B'가 아닌 아스키코드 값 66이 출력되게 됩니다. 사용된 코드의 의미는 다음과 같습니다.

```
#include <stdio.h>
main( ) {
❶   char c = 'A';
❷   c = c + 1;
❸   printf("%d", c);
}
```

❶ 문자형 변수 c를 선언하고 'A'로 초기화한다.

❷ c에 1을 누적시킨다.

❸ c의 값을 정수로 출력한다.

결과   **66**

---

74. 다음 JAVA 프로그램의 결과로 옳은 것은?

```
public class Test {
    public static void main(String[ ] args) {
        int r = 4 | 7;
        System.out.print(r);
    }
}
```

① 0   ② 2

③ 4   ④ 7

전문가의 조언 | 사용된 코드의 의미는 다음과 같습니다.

```
public class Test {
    public static void main(String[ ] args) {
❶       int r = 4 | 7;
❷       System.out.print(r);
    }
}
```

❶ 정수형 변수 r을 선언하고 4와 7을 |(비트 or) 연산 한 값으로 초기화한다.

• |(비트 or)는 두 비트 중 한 비트라도 1이면 1이 되는 비트 연산자이다.

```
    4 = 0000  0100
    7 = 0000  0111
        0000  0111 (7)
```

• r에는 7이 저장된다.

❷ r의 값을 출력한다.

결과   **7**

---

75. 다음 JAVA 프로그램의 결과로 옳은 것은?

```
public class Test {
    public static void main(String[ ] args) {
        try {
            int a = 32, b = 0;
            double c = a / b;
            System.out.print('A');
        }
        catch (ArithmeticException e) {
            System.out.print('B');
        }
        catch (NumberFormatException e) {
            System.out.print('C');
        }
        catch (Exception e) {
            System.out.print('D');
        }
    }
}
```

① A   ② B

③ C   ④ D

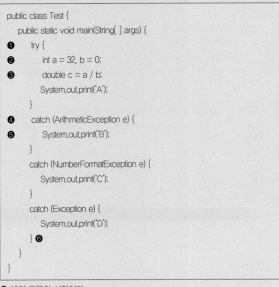

```
public class Test {
    public static void main(String[ ] args) {
❶      try {
❷          int a = 32, b = 0;
❸          double c = a / b;
           System.out.print('A');
        }
❹      catch (ArithmeticException e) {
❺          System.out.print('B');
        }
        catch (NumberFormatException e) {
            System.out.print('C');
        }
        catch (Exception e) {
            System.out.print('D');
        } ❻
    }
}
```

---

76. C언어에서 비트 논리 연산자에 해당하지 않는 것은?

① ^ ② ?

③ & ④ ~

77. 자바에서 두 개의 논리 값을 연산하여 하나라도 참(true)이면 참을 반환하고, 둘 모두 거짓(false)이어야 거짓을 반환하는 연산을 수행하는 연산자는?

① == ② &&

③ || ④ +=

---

78. 다음 Python 프로그램의 실행 결과가 [실행결과]와 같을 때, 빈칸에 적합한 것은?

```
x = 20
if x == 10:
    print('10')
(        ) x == 20:
    print('20')
else:
    print('other')
```

[실행결과]

```
20
```

① either ② elif

③ else if ④ else

79. Python 데이터 타입 중 시퀀스(Sequence) 데이터 타입에 해당하며 다양한 데이터 타입들을 주어진 순서에 따라 저장할 수 있으나 저장된 내용을 변경할 수 없는 것은?

① 복소수(complex) 타입

② 리스트(list) 타입

③ 사전(dict) 타입

④ 튜플(tuple) 타입

80. OSI 7계층 중 다음 설명에 해당하는 계층은?

> • 개방 시스템들 간의 네트워크 연결을 관리하는 기능과 데이터의 교환 및 중계 기능을 함
> • 네트워크 연결을 설정, 유지, 해제하는 기능을 함

① 데이터 링크 계층   ② 네트워크 계층

③ 전송 계층   ④ 표현 계층

> 전문가의 조언 | 네트워크 연결의 설정, 유지, 해제와 같은 네트워크 관리는 네트워크 계층의 기능입니다.

5과목   **정보시스템 구축 관리**

81. 소프트웨어 개발 모델 중 다음과 같은 과정으로 활동을 수행하는 모델은?

> 계획 수립 → 위험 분석 → 개발 및 검증 → 고객 평가

① Spiral Model

② Agile Model

③ Prototype Model

④ Waterfall Model

> 전문가의 조언 | 문제의 지문에 제시된 내용은 Spiral Model(나선형 모형)의 개발 과정입니다.

---

82. 다음 내용이 설명하는 스토리지 시스템은?

> • 하드디스크와 같은 데이터 저장장치를 호스트버스 어댑터에 직접 연결하는 방식
> • 저장장치와 호스트 기기 사이에 네트워크 디바이스 없이 직접 연결하는 방식으로 구성

① DAS   ② NAS

③ SAN   ④ NFC

> 전문가의 조언 | 문제의 지문에서 설명하는 스토리지 시스템은 DAS(Direct Attached Storage)입니다.
> • NAS(Network Attached Storage) : 서버와 저장장치를 네트워크를 통해 연결하는 방식
> • SAN(Storage Area Network) : DAS의 빠른 처리와 NAS의 파일 공유 장점을 혼합한 방식으로, 서버와 저장장치를 연결하는 전용 네트워크를 별도로 구성하는 방식

---

83. 소프트웨어 재공학의 주요 활동 중 기존 소프트웨어를 다른 운영체제나 하드웨어 환경에서 사용할 수 있도록 변환하는 것은?

① 역공학   ② 분석

③ 재구성   ④ 이식

> 전문가의 조언 | 기존 소프트웨어를 다른 운영체제나 하드웨어 환경에서 사용할 수 있도록 변환하는 활동을 이식(Migration)이라고 합니다.
> • 분석(Analysis) : 기존 소프트웨어의 명세서를 확인하여 소프트웨어의 동작을 이해하고, 제공할 대상을 선정하는 활동
> • 재구성(Restructuring) : 상대적으로 같은 추상적 수준에서 하나의 표현을 다른 표현 형태로 바꾸는 활동
> • 역공학(Reverse Engineering) : 기존 소프트웨어를 분석하여 소프트웨어 개발 과정과 데이터 처리 과정을 설명하는 분석 및 설계 정보를 재발견하거나 다시 만들어 내는 활동

---

84. CPM 네트워크가 다음과 같을 때 임계경로의 소요기일은?

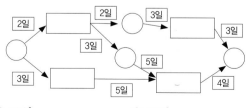

① 10일   ② 12일

③ 14일   ④ 16일

전문가의 조언 | 임계경로는 최장 경로를 의미합니다. 문제에 제시된 그림을 보고 각 경로에 대한 소요기일을 계산한 후 가장 오래 걸린 기일을 찾으면 됩니다.

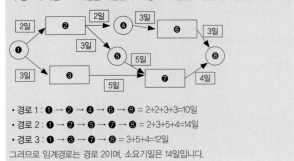

• 경로 1: ❶ → ❷ → ❹ → ❻ → ❽ = 2+2+3+3=10일
• 경로 2: ❶ → ❷ → ❺ → ❼ → ❽ = 2+3+5+4=14일
• 경로 3: ❶ → ❸ → ❼ → ❽ = 3+5+4=12일

그러므로 임계경로는 경로 2이며, 소요기일은 14일입니다.

---

85. 다음 설명에 해당하는 소프트웨어는?

> • 개발해야 할 애플리케이션의 일부분이 이미 내장된 클래스 라이브러리로 구현이 되어 있다.
> • 따라서, 그 기반이 되는 이미 존재하는 부분을 확장 및 이용하는 것으로 볼 수 있다.
> • JAVA 기반의 대표적인 소프트웨어로는 스프링(Spring)이 있다.

① 전역 함수 라이브러리
② 소프트웨어 개발 프레임워크
③ 컨테이너 아키텍처
④ 어휘 분석기

전문가의 조언 | 문제의 지문은 소프트웨어 개발 프레임워크에 대한 설명입니다.

---

86. 기존 무선 랜의 한계 극복을 위해 등장하였으며, 대규모 디바이스의 네트워크 생성에 최적화되어 차세대 이동통신, 홈네트워킹, 공공 안전 등의 특수목적에 사용되는 새로운 방식의 네트워크 기술을 의미하는 것은?

① Software Defined Perimeter
② Virtual Private Network
③ Local Area Network
④ Mesh Network

---

87. 판매 계획 또는 배포 계획은 발표되었으나 실제로 고객에게 판매되거나 배포되지 않고 있는 소프트웨어는?

① Grayware
② Vaporware
③ Shareware
④ Freeware

전문가의 조언 | 문제의 지문에 제시된 내용은 Vaporware에 대한 개념입니다.
• Grayware : 소프트웨어를 제공하는 입장에서는 악의적이지 않은 유용한 소프트웨어라고 주장할 수 있지만 사용자 입장에서는 유용할 수도 있고 악의적일 수도 있는 애드웨어, 트랙웨어, 기타 악성 코드나 악성 공유웨어를 말함
• Shareware : 기능 혹은 사용 기간에 제한을 두어 배포하는 소프트웨어로, 무료로 사용할 수 있으며, 일정 기간 사용해 보고 정식 프로그램을 구입할 수 있음
• Freeware : 무료로 사용 또는 배포가 가능한 소프트웨어

---

88. 다음 내용이 설명하는 것은?

> • 블록체인(Blockchain) 개발환경을 클라우드로 서비스하는 개념
> • 블록체인 네트워크에 노드의 추가 및 제거가 용이
> • 블록체인의 기본 인프라를 추상화하여 블록체인 응용 프로그램을 만들 수 있는 클라우드 컴퓨팅 플랫폼

① OTT
② BaaS
③ SDDC
④ Wi-SUN

전문가의 조언 | 문제의 지문에 제시된 내용은 BaaS(서비스형 블록체인)에 대한 설명입니다.
• OTT(Over The Top service) : TV, PC, 스마트폰 등으로 드라마, 영화 등의 미디어 콘텐츠를 제공하는 온라인 서비스
• SDDC(Software Defined Data Center) : 데이터 센터의 모든 자원을 가상화하여 인력의 개입 없이 소프트웨어 조작만으로 관리 및 제어되는 데이터 센터
• Wi-SUN : 스마트 그리드와 같은 장거리 무선 통신을 필요로 하는 사물 인터넷(IoT) 서비스를 위한 저전력 장거리(LPWA; Low-Power Wide Area) 통신 기술

전문가의 조언 | 문제에 제시된 내용은 Mesh Network의 특징입니다.
• SDP(Software Defined Perimeter) : 신원을 기반으로 자원에 대한 접근을 제어하는 프레임워크
• VPN(Virtual Private Network) : 가상 사설 네트워크로서 인터넷 등 통신 사업자의 공중 네트워크와 암호화 기술을 이용하여 사용자가 마치 자신의 전용 회선을 사용하는 것처럼 해주는 보안 솔루션
• LAN(Local Area Network) : 회사, 학교, 연구소 등에서 비교적 가까운 거리에 있는 컴퓨터, 프린터, 테이프 등과 같은 자원을 연결하여 구성한 근거리 통신망

89. 정보 시스템과 관련한 다음 설명에 해당하는 것은?

> • 각 시스템 간에 공유 디스크를 중심으로 클러스터링으로 엮어 다수의 시스템을 동시에 연결할 수 있다.
> • 조직, 기업의 기간 업무 서버 안정성을 높이기 위해 사용될 수 있다.
> • 여러 가지 방식으로 구현되며 2개의 서버를 연결하는 것으로 2개의 시스템이 각각 업무를 수행하도록 구현하는 방식이 널리 사용된다.

① 고가용성 솔루션(HACMP)
② 점대점 연결 방식(Point-to-Point Mode)
③ 스턱스넷(Stuxnet)
④ 루팅(Rooting)

> **전문가의 조언** | 문제의 지문에 제시된 내용은 고가용성 솔루션(HACMP)의 특징입니다.
> • **점대점 연결 방식(Point-to-Point Mode)** : 연결된 두 단말이 동등하게 연결되어 각 단말이 클라이언트가 될 수도, 서버가 될 수도 있는 방식
> • **스턱스넷(Stuxnet)** : 독일의 산업시설을 감시하고 파괴하기 위해 만들어진 악성 소프트웨어
> • **루팅(Rooting)** : 스마트폰의 보안 기능을 해제하여 허용되지 않은 기능을 사용하거나 불법 앱을 사용할 수 있도록 변경하는 행위

90. 빅데이터 분석 기술 중 대량의 데이터를 분석하여 데이터 속에 내재되어 있는 변수 사이의 상호관계를 규명하여 일정한 패턴을 찾아내는 기법은?

① Data Mining
② WM-Bus
③ Digital Twin
④ Zigbee

> **전문가의 조언** | 문제에 제시된 내용은 데이터 마이닝(Data Mining)의 개념입니다.
> • **무선 미터버스(WM-bus)** : 수도 등의 원격 검침을 위해 사용되는 무선 프로토콜
> • **디지털 트윈(Digital Twin)** : 현실속의 사물을 소프트웨어로 가상화한 모델
> • **지그비(Zigbee)** : 저속 전송 속도를 갖는 홈오토메이션 및 데이터 네트워크를 위한 표준 기술

91. Secure 코딩에서 입력 데이터의 보안 약점과 관련한 설명으로 틀린 것은?

① SQL 삽입 : 사용자의 입력 값 등 외부 입력 값이 SQL 쿼리에 삽입되어 공격
② 크로스사이트 스크립트 : 검증되지 않은 외부 입력 값에 의해 브라우저에서 악의적인 코드가 실행
③ 운영체제 명령어 삽입 : 운영체제 명령어 파라미터 입력 값이 적절한 사전검증을 거치지 않고 사용되어 공격자가 운영체제 명령어를 조작
④ 자원 삽입 : 사용자가 내부 입력 값을 통해 시스템 내에 사용이 불가능한 자원을 지속적으로 입력함으로써 시스템에 과부하 발생

> **전문가의 조언** | 경로 조작 및 자원 삽입은 데이터 입·출력 경로를 조작하여 서버 자원을 수정 및 삭제할 수 있는 보안 약점입니다.

92. 다음 설명에서 괄호(㉠, ㉡)에 들어갈 알맞은 암호화 알고리즘은?

> • (㉠) : 이산 대수 문제를 타원곡선으로 옮겨 기밀성과 효율성을 높인 암호화 알고리즘
> • (㉡) : 소인수 분해의 어려움에 안전성의 근거를 둔 암호화 알고리즘

① ㉠ : ECC, ㉡ : Rabin
② ㉠ : DES, ㉡ : Rabin
③ ㉠ : ECC, ㉡ : SHA
④ ㉠ : DES, ㉡ : SHA

> **전문가의 조언** | 문제의 지문에 제시된 내용 중 ㉠은 ECC, ㉡은 Rabin 암호화 알고리즘의 특징입니다.

93. 블록 암호화 방식과 해시 암호화 방식을 나열한 것이다. 다음 중 유형이 다른 하나는?

① DES   ② SNEFRU
③ MD5   ④ SHA

> **전문가의 조언** | DES는 1975년 미국 NBS에서 발표한 개인키 암호화 알고리즘으로, 해시 암호화 방식과 관계가 없습니다.
> • **SNEFRU** : 1990년 R.C.Merkle가 발표한 해시 함수
> • **MD5** : 1991년 R.Rivest가 MD4를 대체하기 위해 고안한 암호화 해시 함수
> • **SHA** : 1993년 미국 국가안보국(NSA)이 처음 설계한 해시 함수 시리즈로, SHA-0 이후 SHA-1, SHA-2, SHA-224, SHA-256, SHA-384, SHA-512가 발표됨

94. 다음 중 서비스 거부 공격의 유형에 해당하지 않는 것은?

① Ping of Death

② SYN Flooding

③ Land

④ Memory Hacking

95. 다음이 설명하는 서비스 공격 유형은?

> 공격자가 가상의 클라이언트로 위장하여 3-way-handshake 과정을 의도적으로 중단시킴으로써 공격 대상지인 서버가 대기 상태에 놓여 정상적인 서비스를 수행하지 못하게 하는 공격 방법이다.

① SYN Flooding   ② SMURFING

③ Land   ④ TearDrop

96. 백도어 탐지 방법으로 틀린 것은?

① 무결성 검사

② 닫힌 포트 확인

③ 로그 분석

④ SetUID 파일 검사

97. 인증의 유형 중에서 패스워드를 사용하는 경우에 해당하는 인증 유형은?

① Something You Have

② Something You Are

③ Something You Know

③ Somewhere You Are

98. 취약점 관리를 위한 응용 프로그램의 보안 설정과 가장 거리가 먼 것은?

① 서버 관리실 출입 통제

② 실행 프로세스 권한 설정

③ 운영체제의 접근 제한

④ 운영체제의 정보 수집 제한

99. 다음 내용이 설명하는 것은?

> - 인트라넷이나 인터넷에서 서버의 파일 및 프린터를 사용할 수 있는 프리웨어 프로그램이다.
> - 리눅스, 유닉스, OpenVMS, OS/2 등 다양한 운용 체계에 설치되는 클라이언트/서버 프로토콜 기반의 프로그램이다.
> - 이 프로그램을 사용하여 다른 컴퓨터에 파일, 프린터, 기타 자원의 접근 요구를 할 수 있고, 다른 컴퓨터는 그 요구에 응하여 가부간 응답을 보낸다.

① SAMBA   ② SDN

③ IoT   ④ Ransomware

100. 소프트웨어 프로젝트 관리를 효율적으로 수행하기 위한 3P 중 소프트웨어 프로젝트를 수행하기 위한 Task Framework의 고려와 가장 연관되는 것은?

① People
② Problem
③ Product
④ Process

1과목 **소프트웨어 설계**

1. 프로토타이핑 모형(Prototyping Model)에 대한 설명으로 옳지 않은 것은?

① 실제 개발될 소프트웨어에 대한 견본품(Prototype)을 만들어 최종 결과물을 예측하는 모형이다.

② 의뢰자나 개발자 모두에게 공동의 참조 모델을 제공한다.

③ 프로토타이핑이 진행되는 과정에서 새로운 요구사항이 도출되지 않아야 한다.

④ 단기간 제작 목적으로 인하여 비효율적인 언어나 알고리즘을 사용할 수 있다.

전문가의 조언 ┃ 프로토타이핑 모형은 새로운 요구사항이 도출될 때마다 이를 반영한 프로토타입을 새롭게 만들면서 소프트웨어를 구현하는 방법으로, 새롭게 도출된 요구사항을 충분히 반영합니다.

2. XP(eXtreme Programming)에 대한 설명으로 틀린 것은?

① XP는 빠른 개발을 위해 단순함을 포기한다.

② 변화에 대응하기 보다는 변화에 반응하는 것에 더 가치를 둔다.

③ 스파이크 솔루션은 기술 문제가 발생한 경우 이를 해결하기 위해 사용한다.

④ 짝 프로그램(Pair Programming)은 독립적으로 코딩할 때보다 더 나은 환경을 조성한다.

전문가의 조언 ┃ XP는 단순한 설계를 통해 소프트웨어를 빠르게 개발하는 것을 목적으로 합니다.

3. 요구사항을 도출하기 위한 주요 기법이 아닌 것은?

① 사용자 인터뷰

② 설문 조사

③ 사용자 교육

④ 라피도 프로토타이핑

전문가의 조언 ┃ 사용자 교육은 요구사항을 도출하는 기법이 아닙니다.

4. CASE(Computer Aided Software Engineering)에 대한 설명으로 틀린 것은?

① 소프트웨어 모듈의 재사용성이 향상된다.

② 자동화된 기법을 통해 소프트웨어 품질이 향상된다.

③ 소프트웨어 사용자들에게 사용 방법을 신속히 숙지시키기 위해 사용된다.

④ 소프트웨어 유지보수를 간편하게 수행할 수 있다.

전문가의 조언 ┃ CASE는 요구사항 분석을 위한 자동화 도구로, 사용 방법의 신속한 숙지와는 무관합니다.

5. 하나의 사물의 변화가 다른 사물에도 영향을 미치는 관계로, 일반적으로 한 클래스가 다른 클래스를 오퍼레이션의 매개 변수로 사용하는 경우에 나타나는 관계는?

① Generalization

② Association

③ Dependency

④ Realization

전문가의 조언 ┃ 문제에서 설명하는 관계는 의존(Dependency) 관계입니다.
• Generalization(일반화) : 하나의 사물이 다른 사물에 비해 더 일반적인지 구체적인지를 표현하는 관계
• Association(연관) : 2개 이상의 사물이 서로 관련되어 있음을 표현하는 관계
• Realization(실체화) : 사물이 할 수 있거나 해야 하는 기능(오퍼레이션, 인터페이스)으로 서로를 그룹화 할 수 있는 관계를 표현함

6. UML 다이어그램 중 동적 다이어그램이 아닌 것은?

① 유스케이스 다이어그램

② 순차 다이어그램

③ 컴포넌트 다이어그램

④ 상태 다이어그램

전문가의 조언 ┃ 컴포넌트 다이어그램은 정적 다이어그램에 해당합니다.

7. 유스케이스 사용 시 특별한 조건이 만족할 경우에만 수행하는 유스케이스를 무엇이라고 하는가?

① 포함   ② 확장

③ 예외   ④ 연결

전문가의 조언 | 유스케이스 사용 시 특별한 조건이 만족할 경우에만 수행하는 유스케이스를 확장이라고 합니다.

8. 모바일 기기에서 사용하는 모바일 제스처(Mobile Gesture)에 속하지 않는 것은 무엇인가?

① Press   ② Drag

③ Flow   ④ Flick

전문가의 조언 | • Flow는 모바일 제스처에 속하지 않습니다.
• 모바일 기기에서 사용하는 행동, 즉 제스처(Gesture)에는 Tap, Double Tap, Drag, Pan, Press, Flick, Pinch 등이 있습니다.

9. 유스케이스에 대한 설명으로 옳지 않은 것은?

① 사용자 측면에서의 요구사항으로, 사용자가 원하는 목표를 달성하기 위해 수행할 내용을 기술한다.

② 사용자의 요구사항을 빠르게 파악함으로써 프로젝트의 초기에 시스템의 기능적인 요구를 결정하고 그 결과를 문서화할 수 있다.

③ 페이지의 개략적인 레이아웃이나 UI 구성 요소 등 뼈대를 설계하는 단계이다.

④ 자연어로 작성된 사용자의 요구사항을 구조적으로 표현한 것으로, 일반적으로 다이어그램 형식으로 묘사된다.

전문가의 조언 | ③번은 와이어프레임(Wireframe)의 개념입니다.

10. 아키텍처 설계 과정이 올바른 순서로 나열된 것은?

> ㉮ 설계 목표 설정
> ㉯ 시스템 타입 결정
> ㉰ 스타일 적용 및 커스터마이즈
> ㉱ 서브시스템의 기능, 인터페이스 동작 작성
> ㉲ 아키텍처 설계 검토

① ㉮ → ㉯ → ㉰ → ㉱ → ㉲

② ㉲ → ㉮ → ㉯ → ㉱ → ㉰

③ ㉮ → ㉲ → ㉯ → ㉱ → ㉰

④ ㉮ → ㉯ → ㉱ → ㉲ → ㉱

전문가의 조언 | 아키텍처 설계 과정이 올바른 순서로 나열된 것은 ①번입니다.

11. 분산 시스템을 위한 마스터-슬레이브(Master-Slave) 아키텍처에 대한 설명으로 틀린 것은?

① 일반적으로 실시간 시스템에서 사용된다.

② 마스터 프로세스는 일반적으로 연산, 통신, 조정을 책임진다.

③ 슬레이브 프로세스는 데이터 수집 기능을 수행할 수 없다.

④ 마스터 프로세스는 슬레이브 프로세스들을 제어할 수 있다.

전문가의 조언 | 슬레이브 프로세스에서는 마스터 프로세스에서 수행하는 연산, 통신, 제어 등의 기능을 제외하고는 별도로 제한되는 기능은 없습니다.

12. 객체지향 소프트웨어 공학에서 하나 이상의 유사한 객체들을 묶어서 하나의 공통된 특성을 표현한 것은?

① 트랜잭션   ② 클래스

③ 시퀀스   ④ 서브루틴

전문가의 조언 | 하나 이상의 유사한 객체들을 묶어서 하나의 공통된 특성을 표현한 것을 클래스(Class)라고 합니다.
• 트랜잭션(Transaction) : 데이터베이스의 상태를 변환시키는 하나의 논리적 기능을 수행하기 위한 작업의 단위
• 순차(Sequence) : 특정 시간동안 수행되는 사건이나 행동 등의 순서
• 서브 루틴(Subroutine) : 메인 루틴에 의해 필요할 때 마다 호출되는 루틴

정답 : 1.③ 2.① 3.③ 4.③ 5.③ 6.③ 7.② 8.③ 9.③ 10.① 11.③ 12.②

13. 데이터와 데이터를 처리하는 함수를 하나로 묶는 것을 의미하는 객체지향 용어는 무엇인가?

① Operation   ② Class

③ Inheritance   ④ Encapsulation

> 전문가의 조언 | 데이터와 데이터를 처리하는 함수를 하나로 묶는 것을 Encapsulation(캡슐화)이라고 합니다.
> • Operation : 클래스가 수행할 수 있는 동작으로, 함수(메소드, Method)라고도 함
> • Class : 공통된 속성과 연산(행위)을 갖는 객체의 집합으로, 객체의 일반적인 타입(Type)을 의미함
> • Inheritance : 이미 정의된 상위 클래스(부모 클래스)의 모든 속성과 연산을 하위 클래스(자식 클래스)가 물려받는 것

14. 다음 내용이 설명하는 객체지향 설계 원칙은?

> • 클라이언트는 자신이 사용하지 않는 메소드와 의존관계를 맺으면 안 된다.
> • 클라이언트가 사용하지 않는 인터페이스 때문에 영향을 받아서는 안 된다.

① 인터페이스 분리 원칙

② 단일 책임 원칙

③ 개방 폐쇄의 원칙

④ 리스코프 교체의 원칙

> 전문가의 조언 | 문제의 지문에 제시된 내용은 인터페이스 분리 원칙에 대한 설명입니다.
> • 단일 책임 원칙 : 객체는 단 하나의 책임만 가져야 한다는 원칙
> • 개방-폐쇄 원칙 : 기존의 코드를 변경하지 않고 기능을 추가할 수 있도록 설계해야 한다는 원칙
> • 리스코프 교체(치환)의 원칙 : 자식 클래스는 최소한 자신의 부모 클래스에서 가능한 행위는 수행할 수 있어야 한다는 설계 원칙

15. 한 모듈 내의 각 구성 요소들이 공통의 목적을 달성하기 위하여 서로 얼마나 관련이 있는지의 기능적 연관의 정도를 나타내는 것은?

① Cohesion   ② Coupling

③ Structure   ④ Unity

> 전문가의 조언 | 응집도(Cohesion)는 명령어나 호출문 등 모듈의 내부 요소들의 서로 관련되어 있는 정도, 즉 모듈이 독립적인 기능으로 정의되어 있는 정도를 의미합니다.

16. GoF(Gangs of Four) 디자인 패턴 분류에 해당하지 않는 것은?

① 생성 패턴   ② 객체 패턴

③ 행위 패턴   ④ 구조 패턴

> 전문가의 조언 | GoF의 디자인 패턴은 생성 패턴, 구조 패턴, 행위 패턴으로 분류됩니다.

17. 디자인 패턴 중 Singleton에 대한 설명으로 옳은 것은?

① 하나의 객체를 생성하면 생성된 객체를 어디서든 참조할 수 있지만, 여러 프로세스가 동시에 참조할 수는 없는 패턴이다.

② 원본 객체를 복제하는 방법으로 객체를 생성하는 패턴이다.

③ 여러 객체를 가진 복합 객체와 단일 객체를 구분 없이 다루고자 할 때 사용하는 패턴이다.

④ 수많은 객체들 간의 복잡한 상호작용을 캡슐화하여 객체로 정의하는 패턴이다.

> 전문가의 조언 | • 싱글톤(Singleton) 패턴에 대한 설명으로 옳은 것은 ①번입니다.
> • ②번은 프로토타입(Prototype), ③번은 컴포지트(Composite), ④번은 중재자(Mediator) 패턴에 대한 설명입니다.

18. 디자인 패턴 중 알고리즘은 상위 클래스에서 정의하고 나머지는 하위 클래스에서 구체화하는 패턴은 무엇인가?

① 옵서버   ② 템플릿 메소드

③ 상태   ④ 컴포지트

> 전문가의 조언 | 알고리즘은 상위 클래스에서 정의하고 나머지는 하위 클래스에서 구체화하는 패턴은 템플릿 메소드(Template Method)입니다.
> • 옵서버(Observer) : 한 객체의 상태가 변화하면 객체에 상속되어 있는 다른 객체들에게 변화된 상태를 전달하는 패턴
> • 상태(State) : 객체의 상태에 따라 동일한 동작을 다르게 처리해야 할 때 사용하는 패턴
> • 컴포지트(Composite) : 여러 객체를 가진 복합 객체와 단일 객체를 구분 없이 다루고자 할 때 사용하는 패턴

19. 트랜잭션이 올바르게 처리되고 있는지 데이터를 감시하고 제어하는 미들웨어는?

① RPC   ② ORB

③ TP monitor   ④ HUB

> **전문가의 조언** │ 트랜잭션이 올바르게 처리되고 있는지 데이터를 감시하고 제어하는 미들웨어는 TP-Monitor(Transaction Processing Monitor)입니다.
> • RPC(Remote Procedure Call) : 응용 프로그램의 프로시저를 사용하여 원격 프로시저를 마치 로컬 프로시저처럼 호출하는 방식의 미들웨어
> • ORB(Object Request Broker) : 객체 지향 미들웨어로 코바(CORBA) 표준 스펙을 구현한 미들웨어

20. 정보공학 방법론에서 데이터베이스 설계의 표현으로 사용하는 모델링 언어는?

① Package Diagram

② State Transition Diagram

③ Deployment Diagram

④ Entity−Relationship Diagram

> **전문가의 조언** │ • 정보공학 방법론에서는 업무 영역 분석과 업무 시스템 설계 과정에서 데이터베이스 설계를 위한 데이터 모델링으로 Entity−Relationship Diagram(개체 관계도)을 사용합니다.
> • ①, ②, ③번은 객체지향 개발 방법론에서 사용하는 모델링 언어입니다.

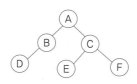

2과목   소프트웨어 개발

21. 소프트웨어 프로젝트 관리에 대한 설명으로 가장 옳은 것은?

① 개발에 따른 산출물 관리

② 소요인력은 최대화하되 정책 결정은 신속하게 처리

③ 주어진 기간은 연장하되 최소의 비용으로 시스템을 개발

④ 주어진 기간 내에 최소의 비용으로 사용자를 만족시키는 시스템을 개발

> **전문가의 조언** │ 프로젝트 관리(Project Management)는 주어진 기간 내에 최소의 비용으로 사용자를 만족시키는 시스템을 개발하기 위한 전반적인 활동입니다.

22. 개발한 소프트웨어가 사용자의 요구사항을 충족하는지에 중점을 두고 테스트하는 방법은?

① 단위 테스트

② 인수 테스트

③ 시스템 테스트

④ 통합 테스트

> **전문가의 조언** │ 개발한 소프트웨어가 사용자의 요구사항을 충족하는지에 중점을 두고 테스트하는 방법을 인수 테스트(Acceptance Test)라고 합니다.
> • 단위 테스트(Unit Test) : 코딩 직후 소프트웨어 설계의 최소 단위인 모듈이나 컴포넌트에 초점을 맞춰 하는 테스트
> • 시스템 테스트(System Test) : 개발된 소프트웨어가 해당 컴퓨터 시스템에서 완벽하게 수행되는가를 점검하는 테스트
> • 통합 테스트(Integration Test) : 단위 테스트가 완료된 모듈들을 결합하여 하나의 시스템으로 완성시키는 과정에서의 테스트

23. 코드 인스펙션과 관련한 설명으로 틀린 것은?

① 프로그램을 수행시켜보는 것 대신에 읽어보고 눈으로 확인하는 방법으로 볼 수 있다.

② 코드 품질 향상 기법 중 하나이다.

③ 동적 테스트 시에만 활용하는 기법이다.

④ 결함과 함께 코딩 표준 준수 여부, 효율성 등의 다른 품질 이슈를 검사하기도 한다.

> **전문가의 조언** │ 코드 인스펙션은 정적 테스트 시에만 활용하는 기법입니다.

24. 다음 트리에 대한 중위 순회 운행 결과는?

```
        A
      /   \
     B     C
    /     / \
   D     E   F
```

① A B D C E F   ② A B C D E F

③ D B E C F A   ④ D B A E C F

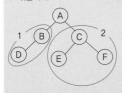

25. 소프트웨어 개발에서 모듈(Module)이 되기 위한 주요 특징에 해당하지 않는 것은?

① 다른 것들과 구별될 수 있는 독립적인 기능을 가진 단위(Unit)이다.

② 독립적인 컴파일이 가능하다.

③ 유일한 이름을 가져야 한다.

④ 다른 모듈에서의 접근이 불가능해야 한다.

26. 해시 함수가 서로 다른 키에 대해 같은 주소값을 반환해서 충돌이 발생하면 각 데이터를 해당 주소에 있는 링크드 리스트(Linked List)에 삽입하여 문제를 해결하는 기법은?

① Chaining

② Rehashing

③ Open Addressing

④ Linear Probing

27. 통합 개발 환경(IDE)에 대한 설명으로 옳지 않은 것은?

① 프로그램 개발과 관련된 모든 작업을 하나의 프로그램에서 처리할 수 있도록 제공하는 소프트웨어적인 개발 환경을 말한다.

② 통합 개발 환경 도구의 기능에는 코딩, 컴파일, 디버깅 등이 있다.

③ C, JAVA 등의 다양한 프로그래밍 언어로 프로그램을 작성하는 기능을 지원한다.

④ Python과 같은 인터프리터 언어로 프로그램을 작성하는 기능은 지원하지 않는다.

28. 디지털 콘텐츠와 디바이스의 사용을 제한하기 위해 하드웨어 제조업자, 저작권자, 출판업자 등이 사용할 수 있는 접근 제어 기술을 의미하는 것은?

① DRM

② DLP

③ DOI

④ PKI

29. 소프트웨어 설치 매뉴얼에 기본적으로 포함되어야 할 사항이 아닌 것은?

① 소프트웨어 개요

② 소프트웨어 설치 관련 파일

③ 소프트웨어 개발 비용

④ 소프트웨어 설치 및 삭제

30. 개발 환경 구성을 위한 빌드(Build) 도구에 해당하지 않는 것은?

① Ant
② Kerberos
③ Maven
④ Gradle

31. 명세 기반 테스트 중 프로그램의 입력 조건에 중점을 두고, 어느 하나의 입력 조건에 대하여 타당한 값과 그렇지 못한 값을 설정하여 해당 입력 자료에 맞는 결과가 출력되는지 확인하는 테스트 기법은?

① Cause-Effect Graphing Testing
② Equivalence Partitioning Testing
③ Boundary Value Analysis
④ Comparison Testing

32. 내·외부 모듈 간 인터페이스 데이터 표준을 확인하는 데 사용되는 정보로만 짝지어진 것은?

① 인터페이스 목록, 인터페이스 명세
② 인터페이스 명세, 데이터 인터페이스
③ 인터페이스 기능, 인터페이스 목록
④ 인터페이스 기능, 데이터 인터페이스

33. 소프트웨어나 하드웨어의 오류나 잘못된 동작 등을 찾아 수정하는 기능은?

① Coding
② Compile
③ Debugging
④ Deployment

34. 다음 설명에 해당하는 정렬(Sort)은?

> • 레코드의 많은 자료 이동을 없애고 하나의 파일을 부분적으로 나누어 가면서 정렬하는 방법이다.
> • 분할(Divide)과 정복(Conquer)을 통해 자료를 정렬한다.
> • 피봇(pivot)을 사용하며, 최악의 경우 $n(n-1)/2$회의 비교를 수행해야 한다.

① 힙 정렬
② 퀵 정렬
③ 선택 정렬
④ 버블 정렬

35. 자료 구성 단위에 대한 설명으로 옳지 않은 것은?

① 비트(Bit)는 0 또는 1을 표시하는 2진수 한 자리이다.
② 니블(Nibble)은 네 개의 바이트가 모여 한 개의 니블을 구성한다.
③ 워드(Word)는 CPU가 처리할 수 있는 명령 단위이다.
④ 바이트(Byte)는 8개의 비트가 모여 1바이트를 구성한다.

36. 이진 트리의 레코드 R = (88, 74, 63, 55, 37, 25, 33, 19, 26, 14, 9)에 대하여 힙(Heap) 정렬을 만들 때, 37의 왼쪽과 오른쪽의 자노드(Child Node)의 값은?

① 55, 25   ② 63, 33
③ 33, 19   ④ 14, 9

전문가의 조언 | 힙 정렬은 자료를 전이진 트리로 구성해 보면 간단하게 알 수 있습니다.

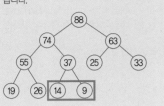

37. 위험 관리의 일반적인 절차로 적합한 것은?

① 위험 식별 → 위험 분석 및 평가 → 위험 관리 계획 → 위험 감시 및 조치
② 위험 분석 및 평가 → 위험 식별 → 위험 관리 계획 → 위험 감시 및 조치
③ 위험 관리 계획 → 위험 감시 및 조치 → 위험 식별 → 위험 분석 및 평가
④ 위험 감시 및 조치 → 위험 식별 → 위험 분석 및 평가 → 위험 관리 계획

전문가의 조언 | 위험 관리의 일반적인 절차는 어떠한 위험이 있는지 먼저 식별하고, 그 위험을 분석한 후 이 위험을 어떻게 관리할 것인지 계획한 다음 위험에 대해 감시하고 조치를 취해야 합니다.

38. 다음 중 소프트웨어를 재사용함으로써 얻는 이점이 아닌 것은?

① 개발시간과 비용을 단축시킨다.
② 소프트웨어 개발의 생산성을 높인다.
③ 프로젝트 실패의 위험을 줄여 준다.
④ 새로운 개발 방법론의 도입이 쉽다.

전문가의 조언 | 소프트웨어 재사용은 이미 개발된 인정받은 소프트웨어의 전체 혹은 일부분을 다른 소프트웨어 개발이나 유지에 사용하는 것으로 소프트웨어를 재사용함으로써 새로운 개발 방법론을 도입하기는 어렵습니다.

39. 웹과 컴퓨터 프로그램에서 용량이 적은 데이터를 교환하기 위해 데이터 객체를 속성 · 값의 쌍 형태로 표현하는 형식으로, 자바 스크립트(JavaScript)를 토대로 개발되어진 형식은?

① Python   ② XML
③ JSON   ④ WEB SEVER

전문가의 조언 | 문제에 제시된 내용은 JSON(JavaScript Object Notation)에 대한 설명입니다.
• 파이썬(Python) : 객체지향 기능을 지원하는 대화형 인터프리터 언어로, 플랫폼에 독립적이고 문법이 간단하여 배우기 쉬움
• XML(eXtensible Markup Language) : 특수한 목적을 갖는 마크업 언어를 만드는 데 사용되는 다목적 마크업 언어
• 웹 서버(Web Server) : 클라이언트로부터 직접 요청을 받아 처리하는 서버로, 저용량의 정적 파일들을 제공함

40. 다음 중 단위 테스트를 통해 발견할 수 있는 오류가 아닌 것은?

① 알고리즘 오류에 따른 원치 않는 결과
② 탈출구가 없는 반복문의 사용
③ 모듈 간의 비정상적 상호 작용으로 인한 원치 않는 결과
④ 틀린 계산 수식에 의한 잘못된 결과

전문가의 조언 | 단위 테스트는 모듈이나 컴포넌트 단위로 기능을 확인하는 테스트로, 모듈 간의 비정상적 상호 작용 오류 검사를 위해서는 통합 테스트를 수행해야 합니다.

3과목 ▷ **데이터베이스 구축**

41. 트랜잭션의 특성을 모두 나열한 것은?

㉠ Atomicity	㉡ Durability
㉢ Transparency	㉣ Portability
㉤ Consistency	㉥ Isolation

① ㉠, ㉡   ② ㉠, ㉡, ㉥
③ ㉠, ㉢, ㉤   ④ ㉠, ㉡, ㉤, ㉥

전문가의 조언 | 트랜잭션의 특성에는 Atomicity(원자성), Durability(영속성), Consistency(일관성), Isolation(독립성)이 있습니다.

42. 학적 테이블에서 전화번호가 Null 값이 아닌 학생명을 모두 검색할 때, SQL 구문으로 옳은 것은?

① SELECT 학생명 FROM 학적 WHERE 전화번호 DON'T NULL;

② SELECT 학생명 FROM 학적 WHERE 전화번호 != NOT NULL;

③ SELECT 학생명 FROM 학적 WHERE 전화번호 IS NOT NULL;

④ SELECT 학생명 FROM 학적 WHERE 전화번호 IS NULL;

> **전문가의 조언** | SQL 문장은 절별로 분리하여 이해하면 쉽습니다.
>
> ❶ SELECT 학생명
> ❷ FROM 학적
> ❸ WHERE 전화번호 IS NOT NULL;
>
> ❶ '학생명'을 표시한다.
> ❷ 〈학적〉 테이블을 대상으로 검색한다.
> ❸ '전화번호'가 NULL이 아닌 튜플만을 대상으로 한다.
> ※ NULL 값을 질의할 때는 IS NULL, NULL 값이 아닐 경우는 IS NOT NULL을 사용합니다.

43. 외래키에 대한 설명으로 옳지 않은 것은?

① 외래키로 지정되면 참조 릴레이션의 기본키에 없는 값은 입력할 수 없다.

② 다른 릴레이션의 기본키를 참조하는 속성 또는 속성들의 집합을 의미한다.

③ 참조되는 릴레이션의 기본키와 대응되어 릴레이션 간에 참조 관계를 표현하는데 중요한 도구이다.

④ 외래키는 유일성은 만족시키지만, 최소성은 만족시키지 못하므로 Null 값을 가질 수 없다.

> **전문가의 조언** | ④번은 슈퍼키(Super Key)에 대한 설명입니다.

44. 다음 SQL 문장이 뜻하는 것은 무엇인가?

> INSERT INTO 컴퓨터과테이블(학번, 이름, 학년)
> SELECT 학번, 이름, 학년
> FROM 학생테이블
> WHERE 학과='컴퓨터'

① 학생테이블에서 학과가 컴퓨터인 사람의 학번, 이름, 학년을 검색하라.

② 학생테이블에 학과가 검퓨터인 사람의 학번, 이름, 학년을 삽입하라.

③ 학생테이블에서 학과가 컴퓨터인 사람의 학번, 이름, 학년을 검색하여 컴퓨터과테이블에 삽입하라.

④ 컴퓨터과테이블에서 학과가 컴퓨터인 사람의 학번, 이름, 학년을 검색하여 학생테이블에 삽입하라.

> **전문가의 조언** | SQL 문장은 절별로 분리하여 이해하면 쉽습니다.
>
> ❶ INSERT INTO 컴퓨터과테이블(학번, 이름, 학년)
> ❷ SELECT 학번, 이름, 학년
> ❸ FROM 학생테이블
> ❹ WHERE 학과='컴퓨터'
>
> ❶ 〈컴퓨터과테이블〉의 '학번', '이름', '학년' 속성에 삽입하라.
> ❷ '학번', '이름', '학년' 속성을 검색하라.
> ❸ 〈학생테이블〉을 대상으로 검색하라.
> ❹ '학과' 속성의 값이 "컴퓨터"인 튜플만을 대상으로 하라.

45. 다음 중 기본 테이블에 있는 튜플들 중에서 특정 튜플의 내용을 변경할 때 사용하는 명령문은?

① INSERT

② DELETE

③ UPDATE

④ DROP

> **전문가의 조언** | 특정 튜플의 내용을 변경할 때 사용하는 명령문은 UPDATE문입니다.
>
> • INSERT : 테이블에 새로운 튜플을 삽입함
> • DELETE : 테이블에서 조건에 맞는 튜플을 삭제함
> • DROP : SCHEMA, DOMAIN, TABLE, VIEW, INDEX를 삭제함

46. 다음 표와 같은 판매실적 테이블에서 서울지역에 한하여 판매액 내림차순으로 지점명과 판매액을 출력하고자 한다. 가장 적절한 SQL 구문은?

[테이블명 : 판매실적]

도시	지점명	판매액
서울	강남 지점	330
서울	강북 지점	168
광주	광주 지점	197
서울	강서 지점	158
서울	강동 지점	197
대전	대전 지점	165

① SELECT 지점명, 판매액 FROM 판매실적

   WHERE 도시= "서울"

   ORDER BY 판매액 DESC;

② SELECT 지점명, 판매액 FROM 판매실적

   ORDER BY 판매액 DESC;

③ SELECT 지점명, 판매액 FROM 판매실적

   WHERE 도시= "서울" ASC;

④ SELECT * FROM 판매실적

   WHEN 도시= "서울"

   ORDER BY 판매액 DESC;

전문가의 조언 | • '지점명'과 '판매액'을 출력하므로 **SELECT 지점명, 판매액**입니다.
• 〈판매실적〉 테이블을 대상으로 하므로 **FROM 판매실적**입니다.
• "서울" 지역에 한하므로 **WHERE 도시='서울'**입니다.
• '판매액'을 기준으로 내림차순으로 출력하므로 **ORDER BY 판매액 DESC**입니다.

47. 트랜잭션을 수행하는 도중 장애로 인해 손상된 데이터베이스를 손상되기 이전의 정상적인 상태로 복구시키는 작업은?

① Recovery   ② Restart

③ Commit   ④ Abort

전문가의 조언 | 손상된 데이터베이스를 손상되기 이전의 정상적인 상태로 복구시키는 작업을 회복(Recovery)이라고 합니다.

48. 다음 조건을 모두 만족하는 정규형은?

• 테이블 R에 속한 모든 도메인이 원자값만으로 구성되어 있다.
• 테이블 R에서 키가 아닌 모든 필드가 키에 대해 함수적으로 종속되며, 키의 부분집합이 결정자가 되는 부분 종속이 존재하지 않는다.
• 테이블 R에 존재하는 모든 함수적 종속에서 결정자가 후보키이다.

① BCNF   ② 제1정규형

③ 제2정규형   ④ 제3정규형

전문가의 조언 | 테이블 R에서 존재하는 모든 함수적 종속에서 결정자가 후보키(Candidate Key)인 정규형은 BCNF입니다.
• **1NF(제1정규형)** : 릴레이션에 속한 모든 도메인(Domain)이 원자값(Atomic Value)만으로 되어 있는 정규형. 즉, 릴레이션의 모든 속성 값이 원자 값으로만 되어 있는 정규형
• **2NF(제2정규형)** : 릴레이션 R이 1NF이고, 기본키가 아닌 모든 속성이 기본키에 대하여 완전 함수적 종속을 만족하는 정규형
• **3NF(제3정규형)** : 릴레이션 R이 2NF이고, 기본키가 아닌 모든 속성이 기본키에 대해 이행적 종속을 만족하지 않는 정규형

49. 관계 데이터베이스의 정규화에 대한 설명으로 옳지 않은 것은?

① 정규화를 거치지 않으면 여러 가지 상이한 종류의 정보를 하나의 릴레이션으로 표현하여 그 릴레이션을 조작할 때 이상(Anomaly) 현상이 발생할 수 있다.

② 하나의 종속성이 하나의 릴레이션에 표현될 수 있도록 릴레이션을 합병(Combination)하는 과정이다.

③ 이상(Anomaly) 현상은 데이터들 간에 존재하는 함수 종속이 하나의 원인이 될 수 있다.

④ 정규화가 잘못되면 데이터의 불필요한 중복이 야기되어 릴레이션을 조작할 때 문제가 발생할 수 있다.

전문가의 조언 | 정규화는 하나의 종속성이 하나의 릴레이션에 표현될 수 있도록 분해해가는 과정이라 할 수 있습니다.

50. 분산 데이터베이스의 투명성(Transparency)에 해당하지 않는 것은?

① Location Transparency

② Replication Transparency

③ Failure Transparency

④ Media Access Transparency

① 데이터베이스　　② AI응용

③ AI분석　　④ 전기과

전문가의 조언 | 문제의 질의문은 하위 질의가 있는 질의문입니다. 먼저 WHERE 조건에 지정된 하위 질의의 SELECT문을 검색합니다. 그리고 검색 결과를 본 질의의 조건에 있는 '학번' 속성과 비교합니다.

❷ Select 학과 From 학과 Where 학번 In
❶ (Select 학번 From 학생 Where 이름 = "김수철");

❶ 〈학생〉 테이블에서 '이름' 속성의 값이 "김수철"과 같은 튜플의 '학번' 속성의 값을 검색합니다. 결과는 1004입니다.
❷ 〈학과〉 테이블에서 '학번' 속성의 값이 ❶의 결과인 1004와 같은 튜플의 '학과' 속성의 값을 검색합니다. 결과는 "전기과"입니다.

전문가의 조언 | 분산 데이터베이스의 투명성에는 위치 투명성(Location Transparency), 중복 투명성(Replication Transparency), 병행 투명성(Concurrency Transparency), 장애 투명성(Failure Transparency)이 있습니다.
· 위치 투명성(Location Transparency) : 액세스하려는 데이터베이스의 실제 위치를 알 필요 없이 단지 데이터베이스의 논리적인 명칭만으로 액세스할 수 있음
· 중복 투명성(Replication Transparency) : 동일 데이터가 여러 곳에 중복되어 있더라도 사용자는 마치 하나의 데이터만 존재하는 것처럼 사용하고, 시스템은 자동으로 여러 자료에 대한 작업을 수행함
· 병행 투명성(Concurrency Transparency) : 분산 데이터베이스와 관련된 다수의 트랜잭션들이 동시에 실현되더라도 그 트랜잭션의 결과는 영향을 받지 않음
· 장애 투명성(Failure Transparency) : 트랜잭션, DBMS, 네트워크, 컴퓨터 장애에도 불구하고 트랜잭션을 정확하게 처리함

51. 스토리지(Storage)의 종류 중 DAS(Direct Attached Storage)에 대한 설명으로 옳지 않은 것은?
① 서버와 저장장치를 전용 케이블로 직접 연결하는 방식이다.
② 저장 데이터가 적고 공유가 필요 없는 환경에 적합하다.
③ 네트워크를 통해 파일에 직접 접근할 수 있다.
④ 초기 구축 비용 및 유지보수 비용이 저렴하다.

전문가의 조언 | · ③번은 NAS(Network Attached Storage)에 대한 설명입니다.
· DAS는 서버에 연결된 저장장치이므로 서버를 통하지 않고 파일에 직접 접근할 수 없습니다.

52. 다음 SQL문의 실행 결과는?

Select 학과 From 학과 Where 학번 In
　(Select 학번 From 학생 Where 이름 = "김수철");

〈학생〉 테이블

이름	성별	학번
이미래	여자	1001
박인수	남자	1002
정경미	여자	1003
김수철	남자	1004

〈학과〉 테이블

학번	학과
1001	데이터베이스
1002	AI응용
1003	AI분석
1004	전기과

53. 정보 보안을 위한 접근통제 정책 종류에 해당하지 않는 것은?
① 정책적 접근통제(PAC)
② 임의 접근통제(DAC)
③ 강제 접근통제(MAC)
④ 역할기반 접근통제(RBAC)

전문가의 조언 | 접근통제 정책의 종류에는 임의 접근통제(DAC), 강제 접근통제(MAC), 역할기반 접근통제(RBAC)가 있습니다.
· 임의 접근통제(DAC) : 데이터에 접근하는 사용자의 신원에 따라 접근 권한을 부여하는 방식
· 강제 접근통제(MAC) : 주체와 객체의 등급을 비교하여 접근 권한을 부여하는 방식
· 역할기반 접근통제(RBAC) : 사용자의 역할에 따라 접근 권한을 부여하는 방식

54. 다음 두 릴레이션에서 외래키로 사용된 것은? (단, 밑줄 친 속성은 기본키이다.)

과목(<u>과목번호</u>, 과목명)
수강(<u>수강번호</u>, 학번, 과목번호, 학기)

① 수강번호　　② 과목번호
③ 학번　　④ 과목명

전문가의 조언 | 두 릴레이션에 공통으로 존재하는 속성명은 '과목번호'입니다. 〈과목〉 릴레이션의 '과목번호'는 기본키 속성으로 동일한 속성값이 존재할 수 없고, 〈수강〉 릴레이션의 '과목번호'는 일반 속성으로 여러 속성값이 존재할 수 있으므로 〈수강〉 릴레이션의 '과목번호' 속성이 〈과목〉 릴레이션의 기본키 속성인 '과목번호'를 참조하는 외래키가 됩니다.

55. 데이터베이스에서 병행제어의 목적으로 틀린 것은?

① 시스템 활용도 최대화

② 사용자에 대한 응답시간 최소화

③ 데이터베이스 공유 최소화

④ 데이터베이스 일관성 유지

전문가의 조언 | 병행제어의 목적 중 하나는 데이터베이스 공유 최대화입니다.

56. 관계대수에서 사용하는 일반 집합 연산자 중에서 결과로 산출되는 카디널리티가 두 릴레이션 중 카디널리티가 작은 릴레이션의 카디널리티보다 크지 않은 연산자는 무엇인가?

① 합집합   ② 교집합

③ 차집합   ④ 교차곱

전문가의 조언 | 문제에 제시된 내용은 교집합(INTERSECTION)에 대한 설명입니다.
- **합집합(UNION)**
  - 두 릴레이션에 존재하는 튜플의 합집합을 구하되, 결과로 생성된 릴레이션에서 중복되는 튜플은 제거되는 연산이다.
  - 합집합의 카디널리티는 두 릴레이션 카디널리티의 합보다 크지 않다.
- **차집합(DIFFERENCE)**
  - 두 릴레이션에 존재하는 튜플의 차집합을 구하는 연산이다.
  - 차집합의 카디널리티는 릴레이션 R의 카디널리티 보다 크지 않다.
- **교차곱(CARTESIAN PRODUCT)**
  - 두 릴레이션에 있는 튜플들의 순서쌍을 구하는 연산이다.
  - 교차곱의 디그리는 두 릴레이션의 디그리를 더한 것과 같고, 카디널리티는 두 릴레이션의 카디널리티를 곱한 것과 같다.

57. 관계형 데이터베이스의 제약 조건 중 개체 무결성과 참조 무결성을 설명하는 아래의 표에 들어갈 내용으로 적합하지 않은 것은?

구분	제약 조건	
	개체 무결성	참조 무결성
제약 대상	①	②
키	③	④

① 테이블   ② 속성, 튜플

③ 기본키   ④ 외래키

전문가의 조언 | 개체 무결성은 기본키인 속성의 값을 제약하고, 참조 무결성은 외래키인 속성의 값을 제약하므로, ①, ②번 모두 속성 또는 속성, 튜플이 들어가야 합니다.

58. 집합 A와 B에 대해 개체 집합 A의 각 원소는 개체 집합 B의 원소 여러 개와 대응하고 있지만, 개체 집합 B의 각 원소는 개체 집합 A의 원소 한 개와 대응하는 관계의 종류는 무엇인가?

① 일 대 일   ② 일 대 다

③ 다 대 다   ④ 다 대 일

전문가의 조언 | 문제의 지문은 일 대 다(1:n) 관계에 대한 설명입니다.
- **일 대 일(1:1)** : 개체 집합 A의 각 원소가 개체 집합 B의 원소 한 개와 대응하는 관계
- **다 대 다(N:M)** : 개체 집합 A의 각 원소는 개체 집합 B의 원소 여러 개와 대응하고, 개체 집합 B의 각 원소도 개체 집합 A의 원소 여러 개와 대응하는 관계

59. CREATE TABLE 명령을 이용해 테이블을 정의할 때 참조 테이블의 튜플이 삭제되더라도 기본 테이블의 튜플은 삭제되지 않도록 지정하는 옵션으로 옳은 것은?

① ON DELETE CASCASE

② ON DELETE SET NULL

③ ON DELETE NO ACTION

④ ON DELETE SET DEFAULT

전문가의 조언 | 참조 테이블의 튜플이 삭제되더라도 기본 테이블의 튜플은 삭제되지 않도록 지정하는 옵션은 NO ACTION입니다.
- **CASCADE** : 참조 테이블의 튜플이 삭제되면 기본 테이블의 관련 튜플도 모두 삭제되고, 속성이 변경되면 관련 튜플의 속성 값도 모두 변경됨
- **SET NULL** : 참조 테이블에 변화가 있으면 기본 테이블의 관련 튜플의 속성 값을 NULL로 변경함
- **SET DEFAULT** : 참조 테이블에 변화가 있으면 기본 테이블의 관련 튜플의 속성 값을 기본값으로 변경함

60. 집합 연산자에 대한 설명으로 틀린 것은?

① UNION은 두 릴레이션의 교차곱을 수행하기 때문에 두 릴레이션의 공통 튜플 수와 관계가 없다.

② UNION ALL은 중복된 행을 포함하여 두 SELECT문의 조회 결과를 모두 출력한다.

③ 두 SELECT문의 조회 결과 중 공통된 행만 출력하는 집합 연산자는 INTERSECT이다.

④ EXCEPT는 두 릴레이션의 차집합 연산을 수행하기 때문에 첫 번째 릴레이션의 튜플보다 많은 수의 튜플이 출력될 수 없다.

전문가의 조언 | UNION은 두 릴레이션의 합집합을 수행하며, 두 릴레이션의 공통 튜플, 즉 중복되는 튜플은 한 번만 출력합니다.

전문가의 조언 | C언어나 JAVA에서 현재 반복문을 빠져나갈 때 사용하는 명령문은 break입니다.

64. IPv4와 IPv6 간의 주소 전환에 사용되는 기술이 아닌 것은?

① 듀얼 스택   ② 터널링

③ 헤더 변환   ④ 라우팅

전문가의 조언 | • 라우팅은 IPv4/IPv6 전환 기술이 아닙니다.
• IPv4/IPv6 전환 기술에는 듀얼 스택(Dual Stack), 터널링(Tunneling), 헤더 변환(Header Translation)이 있습니다.

4과목 > 프로그래밍 언어 활용

61. C언어의 자료형 중 논리형에 해당하는 것은?

① short   ② int

③ char   ④ bool

전문가의 조언 | C언어의 논리 자료형은 bool입니다.

62. OSI 7계층 모델에서 전송에 필요한 장치 간의 실제 접속과 절단 등 기계적, 전기적, 기능적, 절차적 특성을 정의한 계층은?

① 물리 계층   ② 데이터 링크 계층

③ 네트워크 계층   ④ 전송 계층

전문가의 조언 | 전송에 필요한 장치 간의 실제 접속이나 절단과 같은 물리적인 특성을 정의한 계층은 물리 계층입니다.

63. C언어에서 현재 수행중인 반복문을 빠져나갈 때 사용하는 명령문은?

① continue   ② escape

③ break   ④ exit

65. HRN 방식으로 스케줄링 할 경우, 입력된 작업이 다음과 같을 때 처리되는 작업 순서로 옳은 것은?

작업	대기 시간	서비스(실행)시간
A	5	20
B	40	20
C	15	45
D	20	2

① A → B → C → D   ② A → C → B → D

③ D → B → C → A   ④ D → A → B → C

전문가의 조언 | HRN 기법의 우선순위 공식은 '(대기 시간 + 서비스 시간) / (서비스 시간)'이며, 계산된 숫자가 클수록 우선순위가 높습니다.
• A 작업 : (5 + 20) / 20 = 1.25
• B 작업 : (40 + 20) / 20 = 3
• C 작업 : (15 + 45) / 45 = 1.33
• D 작업 : (20 + 2) / 2 = 11

66. UNIX에서 새로운 프로세스를 생성하는 명령어는?

① ls   ② cat

③ fork   ④ chmod

전문가의 조언 | UNIX에서 새로운 프로세스를 생성하는 명령어는 fork입니다.

정답 : 55.③ 56.② 57.① 58.② 59.③ 60.① 61.④ 62.① 63.③ 64.④ 65.③ 66.③

67. 파이썬의 변수 작성 규칙 설명으로 옳지 않은 것은?

① 첫 자리에 숫자를 사용할 수 없다.

② 영문 대문자/소문자, 숫자, 밑줄(_)의 사용이 가능하다.

③ 변수 이름의 중간에 공백을 사용할 수 있다.

④ 이미 사용되고 있는 예약어는 사용할 수 없다.

68. 다음 중 변수(Variable)에 대한 설명으로 옳지 않은 것은?

① 데이터를 저장할 수 있는 이름이 부여된 기억 장소를 의미한다.

② 변수는 값을 초기화하지 않으면 쓰레기 값(Garbage Value)을 갖게 된다.

③ 변수의 선언 위치에 따라 전역 변수와 지역 변수로 나눌 수 있다.

④ main( ) 함수에서는 다른 함수에서 선언한 변수에도 접근할 수 있다.

69. 다음은 n각형을 화면에 그리는 프로그램을 Python으로 구현한 것이다. 괄호(㉠~㉢)에 들어갈 알맞은 코드는?

```
import turtle
(  ㉠  ) shape(distance, n):
    t = turtle.Turtle( )
    for i in range(n):
        t.(  ㉡  )
        t.(  ㉢  )
shape(100, 5)
```

① def, forward(distance), left(360//n)

② def, forward(distance), left(360///n)

③ class, forward(distance), left(360//n)

④ class, forward(distance), left(360///n)

```
import turtle                    그림을 그리는데 사용하는 외부 패키지 turtle을 호출한다.
❷ def shape(distance, n):
❸     t = turtle.Turtle( )
❹     for i in range(n):
❺         t.forward(distance)
❻         t.left(360//n)
❶ shape(100, 5)
```

shape( ) 메소드를 정의하는 부분의 다음 줄인 7번째 줄부터 실행한다.

❶ 100과 5를 인수로 shape( ) 메소드를 호출한다.

❷ shape( ) 메소드의 시작점이다. ❶번에서 전달받은 100과 5를 distance와 n이 받는다.

❸ turtle 패키지의 Turtle 객체 t를 선언한다.

❹ 반복 변수 i가 1씩 증가하면서 n보다 작은 동안 ❺, ❻번을 반복 수행한다.

❺ distance의 값 100만큼 선을 긋는다.
  • Turtle.forward(n) : n만큼 앞으로 선을 긋는다.

❻ 다음에 그려질 선을 왼쪽으로 360을 n으로 나눈 값만큼 회전시킨다.
  • Turtle.left(n) : 왼쪽으로 n° 회전시킨다.
  • 360//n : 360을 n으로 나누되 정수만 취하고 소수점 이하는 버린다.

결과

70. 다음 C언어 프로그램이 실행되었을 때, 실행 결과는?

```c
#include <stdio.h>
struct st {
    int a;
    int c[10];
};
int main(int argc, char* argv[ ]) {
    int i = 0;
    struct st ob1;
    struct st ob2;
    ob1.a = 0;
    ob2.a = 0;
    for (i = 0; i < 10; i++) {
        ob1.c[i] = i;
        ob2.c[i] = ob1.c[i] + i;
    }
    for (i = 0; i < 10; i = i + 2) {
        ob1.a = ob1.a + ob1.c[i];
        ob2.a = ob2.a + ob2.c[i];
    }
    printf("%d", ob1.a + ob2.a);
    return 0;
}
```

① 30   ② 60

③ 80   ④ 120

전문가의 조언 | 사용된 코드의 의미는 다음과 같습니다.

```
#include <stdio.h>
struct st {               구조체 st를 정의한다.
    int a;                정수형 변수 a를 선언한다.
    int c[10];            10개의 요소를 갖는 정수형 배열 c를 선언한다.
};
int main(int argc, char* argv[ ]) {
❶  int i = 0;
❷  struct st ob1;
❸  struct st ob2;
❹  ob1.a = 0;
❺  ob2.a = 0;
❻  for (i = 0; i < 10; i++) {
❼      ob1.c[i] = i;
❽      ob2.c[i] = ob1.c[i] + i;
    }
❾  for (i = 0; i < 10; i = i + 2) {
❿      ob1.a = ob1.a + ob1.c[i];
⓫      ob2.a = ob2.a + ob2.c[i];
    }
⓬  printf("%d", ob1.a + ob2.a);
⓭  return 0;
}
```

❶ 정수형 변수 i를 선언하고 0으로 초기화한다.

❷ 구조체 st의 변수 ob1을 선언한다.

ob1	int a	int c[10]
	ob1.a	ob1.c[0] ~ ob1.c[9]

❸ 구조체 st의 변수 ob2를 선언한다.

ob2	int a	int c[10]
	ob2.a	ob2.c[0] ~ ob2.c[9]

❹ ob1.a에 0을 저장한다.

❺ ob2.a에 0을 저장한다.

❻ 반복 변수 i가 0부터 1씩 증가하면서 10보다 작은 동안 ❼, ❽번을 반복 수행한다.

❼ ob1.c[i]에 i의 값을 저장한다.

❽ ob2.c[i]에 ob1.c[i]와 i를 합한 값을 저장한다.

반복문 실행에 따른 변수들의 변화는 다음과 같다.

i	ob1 a	ob1 c[i]	ob2 a	ob2 c[i]
0	0	0	0	0
1		1		2
2		2		4
3		3		6
4		4		8
5		5		10
6		6		12
7		7		14
8		8		16
9		9		18
10				

❾ 반복 변수 i가 0부터 2씩 증가하면서 10보다 작은 동안 ❿, ⓫번을 반복 수행한다.

❿ ob1.a에 ob1.c[i]의 값을 누적시킨다.

⓫ ob2.a에 ob2.c[i]의 값을 누적시킨다.

반복문 실행에 따른 변수들의 변화는 다음과 같다.

i	ob1 a	ob1 c[i]	ob2 a	ob2 c[i]
0	0	0	0	0
2	2	2	4	4
4	6	4	12	8
6	12	6	24	12
8	20	8	40	16
10				

⓬ ob1.a와 ob2.a의 값을 합하여 정수로 출력한다.

결과   **60**

⓭ main( ) 함수에서의 'return 0'은 프로그램의 종료를 의미한다.

71. 다음 JAVA 프로그램이 실행되었을 때, 실행 결과는?

```java
public class Test {
    public static void main(String[ ] args) {
        int a[ ] = { -1, 1, 2 };
        int b = 1, c = 2;
        int r = func(func(b, c), 3, func(a));
        System.out.print(r);
    }
    static int func(int x, int y) {
        return x + y;
    }
    static int func(int x, int y, int z) {
        return x - y - z;
    }
    static int func(int x[ ]) {
        int s = 0;
        for (int i = 0; i < x.length; i++)
            s = s + x[i];
        return s;
    }
}
```

① 3   ② 8

③ -2   ④ -8

```
public class Test {
    public static void main(String[ ] args) {
❶      int a[ ] = { -1, 1, 2 };
❷      int b = 1, c = 2;
⓯      int r = func(func(b, c), 3, func(a));
                    ❸           ❻
                        ⓬
⓰      System.out.print(r);
    }
❹  static int func(int x, int y) {
❺      return x + y;
    }
⓭  static int func(int x, int y, int z) {
⓮      return x - y - z;
    }
❼  static int func(int x[ ]) {
❽      int s = 0;
❾      for (int i = 0; i < x.length; i++)
❿          s = s + x[i];
⓫      return s;
    }
}
```

모든 Java 프로그램은 반드시 main( ) 메소드에서 시작한다.

❶ 3개의 요소를 갖는 정수형 배열 a를 선언하고 초기화한다.

	[0]	[1]	[2]
a	-1	1	2

❷ 정수형 변수 b, c를 선언하고, 각각 1과 2로 초기화한다.

❸ b와 c의 값, 1과 2를 인수로 func( ) 메소드를 호출한다. 정수 2개를 인수로 받으므로 ❹번으로 이동한다.

※ 코드의 func( ) 메소드들은 이름은 같지만 인수를 받는 자료형과 개수가 다르므로 서로 다른 메소드이다. 즉 func(int x, int y), func(int x, int y, int z), func(int x[ ])는 다른 메소드라는 것이다. 이렇게 이름은 같지만 인수를 받는 자료형과 개수를 달리하여 여러 기능을 정의하는 것을 오버로딩(Overloading)이라고 한다.

❹ 정수를 반환하는 func( ) 메소드의 시작점이다. ❸번에서 전달받은 1과 2를 x와 y가 받는다.

❺ x와 y를 더한 값 3을 함수를 호출했던 ❸번으로 반환한다.

❻ 배열 a의 시작 주소를 인수로 func( ) 메소드를 호출한다. 정수형 배열을 인수로 받으므로 ❼번으로 이동한다.

❼ 정수를 반환하는 func( ) 메소드의 시작점이다. ❻번에서 전달받은 배열의 시작 주소를 배열 x가 받는다.

	[0]	[1]	[2]
x	-1	1	2

❽ 정수형 변수 s를 선언하고 0으로 초기화한다.

❾ 반복 변수 i가 0부터 1씩 증가하면서 배열 x의 길이인 3보다 작은 동안 ❿번을 반복 수행한다.

- length : 배열 요소의 개수가 저장되어 있는 속성이다. 배열 x는 3개의 요소를 가지므로 x.length는 3을 가지고 있다.

❿ s에 x[i]의 값을 누적시킨다.

반복문 실행에 따른 변수들의 변화는 다음과 같다.

i	x[i]	s
0	-1	
1	1	-1
2	2	0
3		2

⓫ s의 값 2를 함수를 호출했던 ❻번으로 반환한다.

⓬ ❸번에서 반환받은 값 3, 3, ⓫번에서 반환받은 값 2를 인수로 func( ) 메소드를 호출한다. 정수 3개를 인수로 받으므로 ⓭번으로 이동한다.

⓭ 정수를 반환하는 func( ) 메소드의 시작점이다. ⓬번에서 전달받은 3, 3, 2를 각각 x, y, z가 받는다.

⓮ -2(3-3-2)를 함수를 호출했던 ⓯번으로 반환한다.

⓯ 정수형 변수 r을 선언하고 ⓮번에서 반환받은 값 -2로 초기화한다.

⓰ r의 값 -2를 출력한다.

결과	-2

---

72. 다음 Python 프로그램이 실행되었을 때, 실행 결과는?

```
a = 100
list_data = ['a','b','c']
dict_data = {'a':90, 'b':95}
print(list_data[0])
print(dict_data['a'])
```

①	②	③	④
a 90	100 90	100 100	a a

❶ a = 100
❷ list_data = ['a','b','c']
❸ dict_data = {'a':90, 'b':95}
❹ print(list_data[0])
❺ print(dict_data['a'])

❶ a에 100을 저장한다.

❷ 3개의 요소를 갖는 리스트 list_data를 선언하고 초기화한다.

	[0]	[1]	[2]
list_data	'a'	'b'	'c'

❸ 2개의 요소를 갖는 딕셔너리 dict_data를 선언하고 초기화한다.

	['a']	['b']
dict_data	90	95

❹ list_data[0]의 값 a를 출력한 후 커서를 다음 줄의 처음으로 옮긴다.

결과	a

❺ dict_data['a']의 값 90을 출력하고 커서를 다음 줄의 처음으로 옮긴다.

결과	a 90

84. COCOMO model 중 기관 내부에서 개발된 중소 규모의 소프트웨어로, 일괄 자료 처리나 과학기술 계산용, 비즈니스 자료 처리용으로 5만 라인 이하의 소프트웨어를 개발하는 유형은?

① embeded   ② organic

③ semi-detached   ④ semi-embeded

> **전문가의 조언** | 문제에서 설명하는 COCOMO 모델의 소프트웨어 개발 유형은 조직형(Organic Mode)입니다.
> - **반분리형(Semi-Detached Mode)** : 조직형과 내장형의 중간형으로, 트랜잭션 처리 시스템이나 운영체제, 데이터베이스 관리 시스템 등의 30만(300KDSI) 라인 이하의 소프트웨어를 개발하는 유형이며, 컴파일러, 인터프리터와 같은 유틸리티 개발에 적합함
> - **내장형(Embedded Mode)** : 최대형 규모의 트랜잭션 처리 시스템이나 운영체제 등의 30만(300KDSI) 라인 이상의 소프트웨어를 개발하는 유형으로, 신호기 제어 시스템, 미사일 유도 시스템, 실시간 처리 시스템 등의 시스템 프로그램 개발에 적합함

85. 클라우드 기반 HSM(Cloud-based Hardware Security Module)에 대한 설명으로 틀린 것은?

① 클라우드(데이터센터) 기반 암호화 키 생성, 처리, 저장 등을 하는 보안 기기이다.

② 국내에서는 공인인증제의 폐지와 전자서명법 개정을 추진하면서 클라우드 HSM 용어가 자주 등장하였다.

③ 클라우드에 인증서를 저장하므로 기존 HSM 기기나 휴대폰에 인증서를 저장해 다닐 필요가 없다.

④ 하드웨어가 아닌 소프트웨어적으로만 구현되기 때문에 소프트웨어식 암호 기술에 내재된 보안 취약점을 해결할 수 없다는 것이 주요 단점이다.

> **전문가의 조언** | 클라우드 기반 HSM은 암호화 키 생성이 하드웨어적으로 구현되므로 소프트웨어적으로 구현된 암호 기술이 가지는 보안 취약점을 무시할 수 있습니다.

86. 다음에서 설명하는 IT 기술은?

> 오픈소스 기반의 사물인터넷(IoT) 플랫폼으로, 서로 다른 운영체제(OS)나 하드웨어를 사용하는 기기들이 표준화된 플랫폼을 이용함으로써 서로 통신 및 제어가 가능하게 된다.

① 올조인(AllJoyn)   ② 와이선(Wi-SUN)

③ NFC   ④ 메시 네트워크

> **전문가의 조언** | 지문에 제시된 내용은 올조인(AllJoyn)에 대한 설명입니다.
> - **와이선(Wi-SUN)** : 스마트 그리드와 같은 장거리 무선 통신을 필요로 하는 사물인터넷(IoT) 서비스를 위한 저전력 장거리(LPWA; Low-Power Wide Area) 통신 기술임
> - **NFC(Near Field Communication)** : 고주파(HF)를 이용한 근거리 무선 통신 기술로, 아주 가까운 거리에서 양방향 통신을 지원하는 RFID 기술의 일종임
> - **메시 네트워크(Mesh Network)** : 차세대 이동통신, 홈네트워킹, 공공 안전 등 특수 목적을 위한 네트워크임

87. 다음 내용이 설명하고 있는 LAN의 매체 접근 제어 방식은?

> - 버스 또는 트리 토폴로지에서 가장 많이 사용된다.
> - 전송하고자 하는 스테이션이 전송 매체의 상태를 감지하다가 유휴(idle) 상태인 경우 데이터를 전송하고, 전송이 끝난 후에도 계속 매체의 상태를 감지하여 다른 스테이션과의 충돌 발생 여부를 감시한다.

① CSMA/CD   ② Token bus

③ Token ring   ④ Slotted ring

> **전문가의 조언** | 지문에 제시된 내용은 CSMA/CD에 대한 설명입니다.
> - **Token Bus** : 버스형(Bus) LAN에서 사용하는 방식으로, 토큰이 논리적으로 형성된 링(Ring)을 따라 각 노드들을 차례로 옮겨 다니는 방식
> - **Token Ring** : 링형(Ring) LAN에서 사용하는 방식으로, 물리적으로 연결된 링(Ring)을 따라 순환하는 토큰(Token)을 이용하여 송신 권리를 제어하는 방식

88. 다음에서 설명하는 정보 보안 관련 용어는?

> Windows 7부터 지원되기 시작한 Windows 전용의 볼륨 암호화 기능으로, TPM(Trusted Platform Module)과 AES-128 알고리즘을 사용한다.

① BitLocker   ② Blockchain

③ DLT   ④ BaaS

> **전문가의 조언** | 문제의 지문에 제시된 내용은 BitLocker의 특징입니다.
> - **Blockchain** : P2P 네트워크를 이용하여 온라인 금융 거래 정보를 온라인 네트워크 참여자(Peer)의 디지털 장비에 분산 저장하는 기술
> - **DLT(Distributed Ledger Technology)** : 중앙 관리자나 중앙 데이터 저장소가 존재하지 않고 P2P 망내의 참여자들에게 모든 거래 목록이 분산 저장되어 거래가 발생할 때마다 지속적으로 갱신되는 디지털 원장임
> - **BaaS(Blockchain as a Service)** : 블록체인(Blockchain) 앱의 개발 환경을 클라우드 기반으로 제공하는 서비스임

89. 어떤 외부 컴퓨터가 접속되면 접속 인가 여부를 점검해서 인가된 경우에는 접속이 허용되고, 그 반대의 경우에는 거부할 수 있는 접근제어 유틸리티는?

① tcp wrapper ② trace checker

③ token finder ④ change detector

90. Hadoop내의 Map-reduce의 특징으로 올바르지 않은 것은?

① Google에 의해 고안된 기술로써 대표적인 대용량 데이터 처리를 위한 병렬 처리 기법을 제공한다.

② 대용량 데이터를 분산 처리하기 위한 목적으로 개발된 프로그래밍 모델이다.

③ 임의의 순서로 정렬된 데이터를 분산 처리하고 이를 다시 합치는 과정을 거친다.

④ 대용량 데이터를 전송할 때 스쿱(Sqoop)이라는 도구를 이용한다.

91. 정보 보안의 3대 요소에 해당하지 않는 것은?

① 사용성 ② 기밀성

③ 가용성 ④ 무결성

92. 다음에서 설명하는 암호화는?

- 암호화/복호화 속도가 빠르다.
- 알고리즘이 단순하다.
- 암호화키와 복호화키가 동일하다.
- 사용자의 증가에 따라 관리해야 할 키의 수가 상대적으로 많아진다.

① 단방향 암호화 기법 ② 비대칭 암호화 기법

③ 대칭 암호화 기법 ④ 해시 암호화 기법

93. 다음에서 설명하는 암호화 알고리즘은?

- 2004년 국가정보원과 산학연협회가 개발한 블록 암호화 알고리즘이다.
- 블록 크기는 128비트이며, 키 길이에 따라 128, 192, 256으로 분류됩니다.

① DES ② AES

③ ARIA ④ RSA

94. DoS의 공격 유형이 아닌 것은?

① Ping of Death

② Land

③ e-Discovery

④ tiny-fragment

95. IP 또는 ICMP의 특성을 악용하여 특정 사이트에 집중적으로 데이터를 보내 네트워크 또는 시스템의 상태를 불능으로 만드는 공격 방법은?

① TearDrop ② Smishing

③ Qshing ④ Smurfing

98. 물리적 위협으로 인한 문제에 해당하지 않는 것은?

① 화재, 홍수 등 천재지변으로 인한 위협

② 하드웨어 파손, 고장으로 인한 장애

③ 방화, 테러로 인한 하드웨어와 기록장치를 물리적으로 파괴하는 행위

④ 방화벽 설정의 잘못된 조작으로 인한 네트워크, 서버 보안 위협

96. 합법적으로 소유하고 있던 사용자의 도메인을 탈취하거나 DNS 이름을 속여 사용자들이 진짜 사이트로 오인하도록 유도하여 개인 정보를 훔치는 공격 기법은?

① Ransomware ② Pharming

③ Phishing ④ XSS

99. 다음에 제시된 프로토콜과 포트의 연결이 잘못된 것은?

① UTP 53 포트 – SNMP

② TCP 23 포트 – Telnet

③ UDP 69 포트 – TFTP

④ UTP 111 포트 – RFC

97. 인증(Authentication)과 인가(Authorization)에 대한 설명으로 옳지 않은 것은?

① 인증은 자신의 신원(Identity)을 시스템에 증명하는 과정이다.

② 인가는 어떤 동작을 수행할 수 있는지 검증하는 것이다.

③ 인증은 클라이언트로부터 요청된 정보에 대한 사용 권한을 부여하는 것이다.

④ 인가는 어떤 자원에 접근할 수 있는지 검증하는 것이다.

100. 브리지와 구내 정보 통신망(LAN)으로 구성된 통신망에서 루프(폐회로)를 형성하지 않으면서 연결을 설정하는 알고리즘은?

① Spanning Tree Algorithm

② Diffie–Hellman Algorithm

③ Hash Algorithm

④ Digital Signature Algorithm

정답 : 89.① 90.④ 91.① 92.③ 93.③ 94.③ 95.④ 96.② 97.③ 98.④ 99.① 100.①

1과목 **소프트웨어 설계**

1. 프로토타이핑 모형(Prototyping Model)에 대한 설명으로 옳지 않은 것은?

① 최종 결과물이 만들어지기 전에 의뢰자가 최종 결과물의 일부 또는 모형을 볼 수 있다.

② 프로토타이핑을 수행하는 과정에서 새로운 요구사항의 반영은 불가능하다.

③ 프로토타입은 발주자나 개발자 모두에게 공동의 참조 모델을 제공한다.

④ 프로토타입은 구현 단계의 구현 골격이 될 수 있다.

> **전문가의 조언** | 프로토타이핑 모형은 새로운 요구사항이 발생할 때마다 이를 반영한 프로토타입을 새롭게 만들면서 소프트웨어를 구현하는 방법으로, 새로운 요구사항의 반영이 가능합니다.

2. 다음 중 스크럼에 대한 설명으로 잘못된 것은?

① 스크럼은 제품 책임자(Product Owner), 스크럼 마스터(Scrum Master), 개발팀(Development Team)으로 구성된다.

② 스프린트 회고를 통해 개선할 점은 없는지 등을 확인하고 기록한다.

③ 스프린트는 실제 개발 작업을 진행하는 과정으로 보통 1~4주 정도의 기간 내에서 진행한다.

④ 스프린트 이벤트에는 스프린트 계획 회의, 월별 스크럼 회의, 스프린트 회고, 스프린트 검토 회의가 있다.

> **전문가의 조언** | 스프린트의 진행 상황을 점검하기 위한 스크럼 회의는 월 단위가 아니라 매일 진행하는데, 이를 일일 스크럼 회의(Daily Scrum Meeting)라고 합니다.

3. 다음 중 비기능 요구사항에 대한 설명으로 옳은 것은?

① 은행의 조회, 입금, 출금, 이체 등이 어떻게 수행되는지 여부는 비기능 요구사항에 해당한다.

② 처리 속도 및 시간, 처리량 등의 성능에 대한 요구사항은 비기능 요구사항에 해당하지 않는다.

③ 보안 및 접근 통제를 위한 요구사항은 비기능 요구사항에 해당하지 않는다.

④ "차량 대여 시스템에서 제공하는 모든 화면은 3초 안에 사용자에게 보여야 한다"는 것은 비기능 요구사항에 해당한다.

> **전문가의 조언** | •①번은 시스템이 수행해야 하는 기능에 대한 것으로 기능 요구사항입니다.
> •②, ④번은 성능에 관한 비기능 요구사항입니다.
> •③번은 보안에 관한 비기능 요구사항입니다.

4. 자료 흐름도(DFD)를 작성하는데 지침이 될 수 없는 항목은?

① 자료 흐름은 처리(Process)를 거쳐 변환될 때마다 새로운 이름을 부여한다.

② 어떤 처리(Process)가 출력 자료를 산출하기 위해서는 반드시 입력 자료가 발생해야 한다.

③ 자료 저장소에 입력 화살표가 있으면 반드시 출력 화살표도 표시되어야 한다.

④ 상위 단계의 처리(Process)와 하위 자료 흐름도의 자료 흐름은 서로 일치되어야 한다.

> **전문가의 조언** | 자료 저장소의 입력 화살표는 데이터의 입력 및 수정을 의미하는 것으로, 입력 화살표가 있다고 하여 반드시 출력 화살표가 있어야 하는 것은 아닙니다.

5. UML의 구성 요소 중 사물(Things)의 종류가 아닌 것은?

① Annotation Things ② Internet of Things

③ Behavioral Things ④ Structural Things

> **전문가의 조언** | Internet of Things(사물 인터넷)은 사물의 종류가 아니라 정보 통신 기술을 기반으로 실세계와 가상 세계의 다양한 사물들을 인터넷으로 서로 연결하여 진보된 서비스를 제공하기 위한 서비스 기반 기술입니다.

6. 다음 중 활동 다이어그램에 대한 설명으로 옳은 것은?

① 클래스와 클래스가 가지는 속성, 클래스 사이의 관계를 표현한 다이어그램이다.

② 상호 작용하는 시스템이나 객체들이 주고받는 메시지를 표현하는 다이어그램이다.

③ 하나의 객체가 자신이 속한 클래스의 상태 변화 혹은 다른 객체와의 상호 작용에 따라 상태가 어떻게 변하는지를 표현하는 다이어그램이다.

④ 오퍼레이션이나 처리 과정이 수행되는 동안 일어나는 일들을 단계적으로 표현한 다이어그램이다.

전문가의 조언 | • 활동 다이어그램에 대한 설명으로 옳은 것은 ④번입니다.
• ①번은 클래스 다이어그램, ②번은 순차(Sequence) 다이어그램, ③번은 상태(State) 다이어그램에 대한 설명입니다.

7. UML 다이어그램이 아닌 것은?

① 액티비티 다이어그램(Activity Diagram)

② 절차 다이어그램(Procedural Diagram)

③ 클래스 다이어그램(Class Diagram)

④ 시퀀스 다이어그램(Sequence Diagram)

전문가의 조언 | 절차 다이어그램은 UML 다이어그램에 속하지 않습니다.

8. 순차 다이어그램(Sequence Diagram)과 관련한 설명으로 틀린 것은?

① 주로 정적인 측면에서 모델링을 설계하기 위해 사용한다.

② 시간의 흐름에 따라 객체들이 주고 받는 메시지의 전달 과정을 강조한다.

③ 수직 방향이 시간의 흐름을 나타낸다.

④ 구성 요소에는 회귀 메시지, 제어 블록 등이 있다.

전문가의 조언 | 순차 다이어그램은 주로 동적인 측면에서 모델링을 설계하기 위해 사용합니다.

9. 다음 내용이 설명하는 UI 설계 도구는?

• 디자인, 사용 방법 설명, 평가 등을 위해 실제 화면과 유사하게 만든 정적인 형태의 모형
• 시각적으로만 구성 요소를 배치하는 것으로 일반적으로 실제로 구현되지는 않음

① 스토리보드(Storyboard)

② 목업(Mockup)

③ 프로토타입(Prototype)

④ 유스케이스(Usecase)

전문가의 조언 | 문제의 지문에 제시된 내용은 목업(Mockup)의 특징입니다.
• **스토리보드** : 와이어프레임에 콘텐츠에 대한 설명, 페이지 간 이동 흐름 등을 추가한 문서
• **프로토타입** : 와이어프레임이나 스토리보드 등에 인터랙션을 적용함으로써 실제 구현된 것처럼 테스트가 가능한 동적인 형태의 모형
• **유스케이스** : 사용자 측면에서의 요구사항

10. 다음 ( ) 안에 들어갈 내용으로 옳은 것은?

컴포넌트 설계 시 "( )에 의한 설계"를 따를 경우, 해당 명세에서는
(1) 컴포넌트의 오퍼레이션 사용 전에 참이 되어야 할 선행조건
(2) 사용 후 만족되어야 할 결과조건
(3) 오퍼레이션이 실행되는 동안 항상 만족되어야 할 불변조건 등이 포함되어야 한다.

① 협약(Contract)

② 프로토콜(Protocol)

③ 패턴(Pattern)

④ 관계(Relation)

전문가의 조언 | 문제의 지문은 협약에 의한 설계(Design by Contract)에 대한 설명입니다.

정답 : 1.② 2.④ 3.④ 4.③ 5.② 6.④ 7.② 8.① 9.② 10.①

11. 소프트웨어 아키텍처 모델 중 MVC(Model–View–Controller)와 관련한 설명으로 틀린 것은?

① MVC 모델은 사용자 인터페이스를 담당하는 계층의 응집도를 높일 수 있고, 여러 개의 다른 UI를 만들어 그 사이에 결합도를 낮출 수 있다.

② 모델(Model)은 뷰(View)와 제어(Controller) 사이에서 전달자 역할을 하며, 뷰마다 모델 서브시스템이 각각 하나씩 연결된다.

③ 뷰(View)는 모델(Model)에 있는 데이터를 사용자 인터페이스에 보이는 역할을 담당한다.

④ 제어(Controller)는 모델(Model)에 명령을 보냄으로써 모델의 상태를 변경할 수 있다.

12. 객체에게 어떤 행위를 하도록 지시하는 명령은?

① Class 　　　② Instance
③ Object 　　 ④ Message

13. 다음 중 객체지향 소프트웨어의 특성에 대한 설명으로 틀린 것은?

① 메소드를 오버라이딩으로 처리하는 것과 관련된 특성은 추상화이다.

② 데이터와 데이터를 처리하는 함수를 하나로 묶는 것을 캡슐화라고 한다.

③ 이미 정의된 상위 클래스의 모든 속성과 연산을 하위 클래스가 물려받는 것을 상속이라고 한다.

④ 한 모듈 내부에 포함된 절차와 자료들의 정보가 감추어져 다른 모듈이 접근하거나 변경하지 못하도록 하는 기법을 정보은닉이라고 한다.

14. 다음 중 객체지향 설계 원칙에 속하지 않는 것은?

① 개방–폐쇄 원칙(OCP; Open–Closed Principle)

② 의존 역전 원칙(DIP; Dependency Inversion Principle)

③ 인터페이스 통합 원칙(IIP; Interface Integration Principle)

④ 단일 책임 원칙(SRP; Single Responsibility Principle)

15. 결합도(Coupling) 단계를 약한 순서에서 강한 순서로 가장 옳게 표시한 것은?

① Stamp → Data → Control → Common → Content

② Control → Data → Stamp → Common → Content

③ Content → Stamp → Control → Common → Data

④ Data → Stamp → Control → Common → Content

16. 코드화 대상 항목의 중량, 면적, 용량 등의 물리적 수치를 이용하여 만든 코드는?

① 순차 코드 　　② 10진 코드
③ 표의 숫자 코드 ④ 블록 코드

17. GoF(Gangs of Four) 디자인 패턴의 구조 패턴에 속하지 않는 것은?

① Composite ② Observer
③ Adapter ④ Decorator

18. GoF(Gangs of Four) 디자인 패턴에 대한 설명으로 틀린 것은?

① Factory Method Pattern은 상위클래스에서 객체를 생성하는 인터페이스를 정의하고, 하위클래스에서 인스턴스를 생성하도록 하는 방식이다.

② Prototype Pattern은 Prototype을 먼저 생성하고 인스턴스를 복제하여 사용하는 구조이다.

③ Bridge Pattern은 기존에 구현되어 있는 클래스에 기능 발생 시 기존 클래스를 재사용할 수 있도록 중간에서 맞춰주는 역할을 한다.

④ Mediator Pattern은 객체간의 통제와 지시의 역할을 하는 중재자를 두어 객체지향의 목표를 달성하게 해준다.

19. 미들웨어에 대한 설명으로 틀린 것은?

① WAS : 웹 콘텐츠를 처리하기 위한 미들웨어
② ORB : 객체 지향 미들웨어로 코바 표준 스펙을 구현한 미들웨어
③ MOM : 온라인 트랜잭션 업무에서 트랜잭션을 처리 및 감시하는 미들웨어
④ DB : 데이터베이스와 데이터베이스 관리 시스템을 연결하기 위한 미들웨어

20. 소프트웨어 설계 시 구축된 플랫폼의 성능 특성 분석에 사용되는 측정 항목이 아닌 것은?

① 응답시간(Response Time)
② 서버 튜닝(Server Tuning)
③ 가용성(Availability)
④ 사용률(Utilization)

2과목 **소프트웨어 개발**

21. 디지털 저작권 관리(DRM)의 기술 요소가 아닌 것은?

① 크랙 방지 기술
② 정책 관리 기술
③ 암호화 기술
④ 방화벽 기술

정답 : 11.② 12.④ 13.① 14.③ 15.④ 16.③ 17.② 18.③ 19.③ 20.② 21.④

22. EAI(Enterprise Application Integration)의 구축 유형으로 옳지 않은 것은?

① Tree
② Hub & Spoke
③ Message Bus
④ Point-to-Point

23. 화이트박스 테스트와 관련한 설명으로 틀린 것은?

① 화이트박스 테스트의 이해를 위해 논리 흐름도(Logic-Flow Diagram)를 이용할 수 있다.
② 테스트 데이터를 이용해 실제 프로그램을 실행함으로써 오류를 찾는 동적 테스트(Dynamic Test)에 해당한다.
③ 프로그램의 구조를 고려하지 않기 때문에 테스트 케이스는 프로그램 또는 모듈의 요구나 명세를 기초로 결정한다.
④ 테스트 데이터를 선택하기 위하여 검증 기준(Test Coverage)을 정한다.

24. 분할 정복(Divide and Conquer)에 기반한 알고리즘으로 피봇(pivot)을 사용하며 최악의 경우 $\frac{n(n-1)}{2}$ 회의 비교를 수행해야 하는 정렬(Sort)은?

① Selection Sort
② Bubble Sort
③ Insertion Sort
④ Quick Sort

25. 소프트웨어 품질 관련 국제 표준인 ISO/IEC 25000에 관한 설명으로 옳지 않은 것은?

① 소프트웨어 품질 평가를 위한 소프트웨어 품질평가 통합 모델 표준이다.
② System and Software Quality Requirements and Evaluation으로 줄여서 SQuaRE라고도 한다.
③ ISO/IEC 2501n에서는 소프트웨어의 내부 측정, 외부 측정, 사용 품질 측정, 품질 측정 요소 등을 다룬다.
④ 기존 소프트웨어 품질 평가 모델과 소프트웨어 평가 절차 모델인 ISO/IEC 9126과 ISO/IEC 14598을 통합하였다.

26. 프로젝트에 내재된 위험 요소를 인식하고 그 영향을 분석하여 이를 관리하는 활동으로서, 프로젝트를 성공시키기 위하여 위험 요소를 사전에 예측, 대비하는 모든 기술과 활동을 포함하는 것은?

① Critical Path Method
② Risk Analysis
③ Work Breakdown Structure
④ Waterfall Model

27. 테스트 케이스 자동 생성 도구를 이용하여 테스트 데이터를 찾아내는 방법이 아닌 것은?

① 스터브(Stub)와 드라이버(Driver)

② 입력 도메인 분석

③ 랜덤(Random) 테스트

④ 자료 흐름도

전문가의 조언 | 테스트 케이스 생성 도구를 이용하여 테스트 데이터를 찾아내는 방법에는 '자료 흐름도, 기능 테스트, 랜덤 테스트, 입력 도메인 분석'이 있습니다.

28. 블랙박스 테스트를 이용하여 발견할 수 있는 오류가 아닌 것은?

① 비정상적인 자료를 입력해도 오류 처리를 수행하지 않는 경우

② 정상적인 자료를 입력해도 요구된 기능이 제대로 수행되지 않는 경우

③ 반복 조건을 만족하는데도 루프 내의 문장이 수행되지 않는 경우

④ 경계값을 입력할 경우 요구된 출력 결과가 나오지 않는 경우

전문가의 조언 | 화이트박스 테스트를 통해서만 루프 내 문장의 수행 여부를 확인할 수 있습니다.

29. 버전 관리 항목 중 저장소에 새로운 버전의 파일로 갱신하는 것을 의미하는 용어는?

① 형상 감사(Configuration Audit)

② 롤백(Rollback)

③ 단위 테스트(Unit Test)

④ 체크인(Check-In)

전문가의 조언 | 체크아웃 한 파일의 수정을 완료한 후 저장소(Repository)의 파일을 새로운 버전으로 갱신하는 것을 의미하는 용어는 체크인(Check-In)입니다.

30. 다음 트리의 차수(Degree)와 단말 노드(Terminal Node)의 수는?

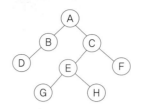

① 차수 : 4, 단말 노드 : 4

② 차수 : 2, 단말 노드 : 4

③ 차수 : 4, 단말 노드 : 8

④ 차수 : 2, 단말 노드 : 8

전문가의 조언 | • 트리의 차수(Degree)는 가장 차수가 많은 노드의 차수이고, 단말 노드(Terminal Node)는 자식이 하나도 없는 노드입니다.
• A, C, E의 차수 2가 차수 중 가장 높으므로 트리의 차수는 2가 되고, 자식이 하나도 없는 노드는 D, G, H, F로 총 4개가 됩니다.

31. 다음 중 인터페이스 구현 검증 도구에 대한 설명으로 옳지 않은 것은?

① STAF : Ruby를 사용하는 애플리케이션 테스트 프레임워크이다.

② xUnit : NUnit, JUnit 등 다양한 언어를 지원하는 단위 테스트 프레임워크이다.

③ FitNesse : 웹 기반 테스트케이스 설계, 실행, 결과 확인 등을 지원하는 테스트 프레임워크이다.

④ NTAF : Naver의 테스트 자동화 프레임워크로, FitNesse와 STAF을 통합하였다.

전문가의 조언 | • STAF는 서비스 호출 및 컴포넌트 재사용 등 다양한 환경을 지원하는 테스트 프레임워크입니다.
• ①번은 watir에 대한 설명입니다.

32. 테스트 결과가 올바른지 판단하기 위해 사용되는 것은?

① 테스트 오라클   ② 테스트 시나리오
③ 테스트 케이스   ④ 테스트 데이터

전문가의 조언 ┃ 테스트 결과가 올바른지 판단하기 위해 사전에 정의된 참 값을 대입하여 비교하는 기법 및 활동을 테스트 오라클(Test Oracle)이라고 합니다.
• 테스트 시나리오(Test Scenario) : 테스트 케이스를 적용하는 순서에 따라 여러 개의 테스트 케이스들을 묶은 집합으로, 테스트 케이스들을 적용하는 구체적인 절차를 명세한 문서
• 테스트 케이스(Test Case) : 구현된 소프트웨어가 사용자의 요구사항을 정확하게 준수했는지를 확인하기 위해 설계된 입력 값, 실행 조건, 기대 결과 등으로 구성된 테스트 항목에 대한 명세서
• 테스트 데이터(Test Data) : 시스템의 기능이나 적합성 등을 테스트하기 위해 만든 데이터 집합으로, 소프트웨어의 기능을 차례로 테스트할 수 있도록 만든 데이터

33. 양방향에서 입·출력이 가능한 선형 자료 구조로 2개의 포인터를 이용하여 리스트의 양쪽 끝 모두에서 삽입·삭제가 가능한 것은?

① Stack   ② Queue
③ Deque   ④ Tree

전문가의 조언 ┃ 리스트의 양쪽 끝에서 삽입과 삭제가 모두 가능한 자료 구조는 데크(Deque)입니다.
• 스택(Stack) : 리스트의 한쪽 끝으로만 자료의 삽입, 삭제 작업이 이루어지는 자료 구조
• 큐(Queue) : 리스트의 한쪽에서는 삽입 작업이 이루어지고 다른 한쪽에서는 삭제 작업이 이루어지도록 구성한 자료 구조
• 트리(Tree) : 정점(Node, 노드)과 선분(Branch, 가지)을 이용하여 사이클을 이루지 않도록 구성한 그래프(Graph)의 특수한 형태

34. 정점이 5개인 방향 그래프가 가질 수 있는 최대 간선 수는? (단, 자기 간선과 중복 간선은 배제한다.)

① 7개   ② 10개
③ 20개   ④ 27개

전문가의 조언 ┃ n개의 정점으로 구성된 방향 그래프에서 최대 간선 수는 n(n-1)이므로, 5(5-1) = 20개입니다.

35. DBMS의 필수 기능 중 모든 응용 프로그램들이 요구하는 데이터 구조를 지원하기 위해 데이터베이스에 저장될 데이터 타입과 구조에 대한 정의, 이용 방식, 제약 조건 등을 명시하는 기능은?

① 정의 기능   ② 조작 기능
③ 제어 기능   ④ 절차 기능

전문가의 조언 ┃ 문제의 내용에 해당하는 DBMS 필수 기능은 정의 기능입니다.
• 조작 기능 : 데이터 검색, 갱신, 삽입, 삭제 등을 체계적으로 처리하기 위해 사용자와 데이터베이스 사이의 인터페이스 수단을 제공하는 기능
• 제어 기능 : 데이터베이스를 접근하는 갱신, 삽입, 삭제 작업이 정확하게 수행되어 데이터의 무결성이 유지되도록 제어해야 함

36. 순서가 A, B, C, D로 정해진 입력 자료를 스택에 입력한 후 출력한 결과로 불가능한 것은?

① D, C, B, A   ② B, C, D, A
③ C, B, A, D   ④ D, B, C, A

전문가의 조언 ┃ • 이 문제는 문제의 자료가 각 보기의 순서대로 출력되는지 스택을 이용해 직접 입·출력을 수행해 보면 됩니다.
• PUSH는 스택에 자료를 입력하는 명령이고, POP은 스택에서 자료를 출력하는 명령입니다.
• 먼저 ①번을 살펴보도록 하겠습니다.

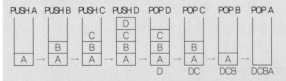

• ④번은 D를 출력한 후 B를 출력해야 하는데, C를 출력하지 않고는 B를 출력할 수 없으므로 불가능합니다.

37. 버블 정렬을 이용한 오름차순 정렬시 다음 자료에 대한 1회전 후의 결과는?

9, 6, 7, 3, 5

① 6, 3, 5, 7, 9   ② 6, 7, 3, 5, 9
③ 3, 5, 6, 7, 9   ④ 6, 9, 7, 3, 5

38. 소프트웨어 패키징에 대한 설명으로 틀린 것은?

① 패키징은 개발자 중심으로 진행한다.

② 신규 및 변경 개발소스를 식별하고, 이를 모듈화하여 상용제품으로 패키징한다.

③ 고객의 편의성을 위해 매뉴얼 및 버전관리를 지속적으로 한다.

④ 범용 환경에서 사용이 가능하도록 일반적인 배포 형태로 패키징이 진행된다.

39. 스택(Stack)에 대한 옳은 내용으로만 나열된 것은?

ⓐ FIFO 방식으로 처리된다.
ⓑ 순서 리스트의 뒤(Rear)에서 노드가 삽입되며, 앞(Front)에서 노드가 제거된다.
ⓒ 선형 리스트의 양쪽 끝에서 삽입과 삭제가 모두 가능한 자료 구조이다.
ⓓ 인터럽트 처리, 서브루틴 호출 작업 등에 응용된다.

① ㉠, ㉡   ② ㉡, ㉢
③ ㉣   ④ ㉠, ㉡, ㉢, ㉣

40. 제어 흐름 그래프가 다음과 같을 때 McCabe의 cyclomatic 수는 얼마인가?

① 3   ② 4
③ 5   ④ 6

3과목 ▶ **데이터베이스 구축**

41. CREATE TABLE문에 포함되지 않는 기능은?

① 속성 타입 변경
② 속성의 NOT NULL 여부 지정
③ 기본키를 구성하는 속성 지정
④ CHECK 제약조건의 정의

42. 테이블 두 개를 조인하여 뷰 V_1을 정의하고, V_1을 이용하여 뷰 V_2를 정의하였다. 다음 명령 수행 후 결과로 옳은 것은?

> DROP VIEW V_1 CASCADE;

① V_1만 삭제된다.

② V_2만 삭제된다.

③ V_1과 V_2 모두 삭제된다.

④ V_1과 V_2 모두 삭제되지 않는다.

43. 관계해석에서 '모든 것에 대하여'의 의미를 나타내는 논리 기호는?

① ∃

② ∈

③ ∀

④ ⊂

44. 다음 SQL문의 실행 결과로 생성되는 튜플 수는?

> SELECT 급여 FROM 사원;

〈사원〉 테이블

사원ID	사원명	급여	부서ID
101	박철수	30000	1
102	한나라	35000	2
103	김갑동	40000	3
104	이구수	35000	2
105	최초록	40000	3

① 1

② 3

③ 4

④ 5

45. 다음 중 Hash 파티셔닝에 대한 설명으로 옳은 것을 모두 고른 것은?

> ㉠ 지정한 열의 값을 기준으로 범위를 지정하여 분할
> ㉡ 데이터를 고르게 분산할 때 유용
> ㉢ 데이터가 고른 컬럼에 효과적
> ㉣ 해시 함수를 이용하여 데이터 분할

① ㉠, ㉡, ㉢, ㉣

② ㉠, ㉡, ㉢

③ ㉠, ㉣

④ ㉡, ㉢, ㉣

46. 다음 설명에 부합하는 용어로 옳은 것은?

> 장비 고장 등의 비상사태에도 데이터가 보존되도록 복사하는 작업

① 복원

② 백업

③ 복구

④ 정규화

47. 데이터베이스에서 개념적 설계 단계에 대한 설명으로 틀린 것은?

① 산출물로 E-R Diagram을 만들 수 있다.

② DBMS에 독립적인 개념 스키마를 설계한다.

③ 트랜잭션 인터페이스를 설계 및 작성한다.

④ 논리적 설계 단계의 앞 단계에서 수행된다.

> **전문가의 조언** | 트랜잭션의 인터페이스 설계는 논리적 설계 단계에서 수행하는 작업입니다.

48. 테이블 R과 S에 대한 다음의 SQL문이 실행되었을 때, 실행 결과로 옳은 것은?

R	
A	B
1	A
3	B

S	
A	B
1	A
2	B

```
SELECT A FROM R
UNION ALL
SELECT A FROM S;
```

①
1

②
3
2

③
1
3

④
1
3
1
2

> **전문가의 조언** | • SQL문의 실행 결과로 옳은 것은 ④번입니다.
> • 문제에 제시된 질의문은 집합 연산자 UNION ALL을 이용한 통합 질의로, 여러 테이블의 필드 값을 통합하여 표시하되 중복된 레코드도 그대로 표시합니다.

49. 제3정규형(3NF)에서 BCNF(Boyce-Codd Normal Form)가 되기 위한 조건은?

① 결정자가 후보키가 아닌 함수 종속 제거

② 이행적 함수 종속 제거

③ 부분적 함수 종속 제거

④ 원자값이 아닌 도메인 분해

> **전문가의 조언** | • '도부이결다조'에서 '결'에 해당합니다.
> • 3정규형(3NF)이 BCNF(Boyce-Codd Normal Form)가 되기 위해서는 결정자이면서 후보키가 아닌 것을 모두 제거해야 합니다.

50. 관계 데이터 모델의 무결성 제약 중 기본키 값의 속성 값이 널(Null) 값이 아닌 원자 값을 갖는 성질은?

① 개체 무결성   ② 참조 무결성

③ 도메인 무결성   ④ 튜플의 유일성

> **전문가의 조언** | 관계 데이터 모델의 무결성 제약 중 기본키 값의 속성 값이 널(Null) 값이 아닌 원자 값을 갖는 성질을 개체 무결성이라고 합니다.
> • **참조 무결성** : 외래키 값은 Null이거나 참조 릴레이션의 기본키 값과 동일해야 함. 즉, 릴레이션은 참조할 수 없는 외래키 값을 가질 수 없음
> • **도메인 무결성** : 특정 속성의 값이 그 속성이 정의된 도메인에 속한 값이어야 한다는 규정

51. 병행제어의 로킹(Locking) 단위에 대한 설명으로 옳지 않은 것은?

① 데이터베이스, 파일, 레코드 등은 로킹 단위가 될 수 있다.

② 로킹 단위가 작아지면 로킹 오버헤드가 증가한다.

③ 한꺼번에 로킹할 수 있는 단위를 로킹 단위라고 한다.

④ 로킹 단위가 작아지면 병행성 수준이 낮아진다.

> **전문가의 조언** | 로킹 단위가 작아지면 병행성 수준이 높아지고, 데이터베이스 공유도가 증가합니다.

52. 트랜잭션의 정의 및 특징이 아닌 것은?

① 한꺼번에 수행되어야 할 일련의 데이터베이스 연산 집합

② 사용자의 시스템에 대한 서비스 요구 시 시스템의 상태 변환 과정의 작업 단위

③ 병행 제어 및 회복 작업의 논리적 작업 단위

④ 트랜잭션의 연산이 데이터베이스에 모두 반영되지 않고 일부만 반영시키는 원자성의 성질

> **전문가의 조언** | 원자성(Atomicity)은 트랜잭션의 연산이 데이터베이스에 모두 반영되든지 아니면 전혀 반영되지 않아야 한다는 성질을 의미합니다. 즉 트랜잭션의 연산은 일부만 반영되어서는 안됩니다.

53. 테이블의 기본키(Primary Key)로 지정된 속성에 관한 설명으로 가장 거리가 먼 것은?

① NOT NULL로 널 값을 가지지 않는다.

② 릴레이션에서 튜플을 구별할 수 있다.

③ 외래키로 참조될 수 있다.

④ 검색할 때 반드시 필요하다.

54. DELETE 명령에 대한 설명으로 틀린 것은?

① 테이블의 행을 삭제할 때 사용한다.

② WHERE 조건절이 없는 DELETE 명령을 수행하면 DROP TABLE 명령을 수행했을 때와 동일한 효과를 얻을 수 있다.

③ SQL을 사용 용도에 따라 분류할 경우 DML에 해당한다.

④ 기본 사용 형식은 "DELETE FROM 테이블 [WHERE 조건];" 이다.

55. 관계 대수식을 SQL 질의로 옳게 표현한 것은?

$$\pi_{\text{이름}}(\sigma_{\text{학과}='\text{교육}'}(\text{학생}))$$

① SELECT 학생 FROM 이름 WHERE 학과 = '교육';

② SELECT 이름 FROM 학생 WHERE 학과 = '교육';

③ SELECT 교육 FROM 학과 WHERE 이름 = '학생';

④ SELECT 학과 FROM 학생 WHERE 이름 = '교육';

56. 정규화의 목적으로 옳지 않은 것은?

① 어떠한 릴레이션이라도 데이터베이스 내에서 표현 가능하게 만든다.

② 데이터 삽입시 릴레이션을 재구성할 필요성을 줄인다.

③ 중복을 배제하여 삽입, 삭제, 갱신 이상의 발생을 야기한다.

④ 효과적인 검색 알고리즘을 생성할 수 있다.

57. 다음 관계형 데이터 모델에 대한 설명으로 옳은 것은?

고객ID	고객이름	거주도시
S1	홍길동	서울
S2	이정재	인천
S3	신보라	인천
S4	김흥국	서울
S5	도요새	용인

① Relation 3개, Attribute 3개, Tuple 5개

② Relation 3개, Attribute 5개, Tuple 3개

③ Relation 1개, Attribute 5개, Tuple 3개

④ Relation 1개, Attribute 3개, Tuple 5개

58. 다음 중 DDL의 명령어로만 묶은 것은?

㉠ CREATE	㉡ SELECT	㉢ UPDATE
㉣ ALTER	㉤ INSERT	㉥ DROP
㉦ DELETE	㉧ COMMIT	

① ㉠, ㉣, ㉥

② ㉠, ㉢, ㉦

③ ㉡, ㉢, ㉤, ㉦

④ ㉡, ㉣, ㉥, ㉧

59. 다음 중 데이터 모델에 표시해야 할 요소가 아닌 것은?

① Structure   ② Operation

③ Constraint   ④ Entity

전문가의 조언 | 데이터 모델에 표시해야 할 요소에는 구조(Structure), 연산(Operation), 제약 조건(Contraint)이 있습니다.
- **구조(Structure)** : 논리적으로 표현된 개체 타입들 간의 관계로서 데이터 구조 및 정적 성질을 표현함
- **연산(Operation)** : 데이터베이스에 저장된 실제 데이터를 처리하는 작업에 대한 명세로서 데이터베이스를 조작하는 기본 도구
- **제약 조건(Constraint)** : 데이터베이스에 저장될 수 있는 실제 데이터의 논리적인 제약 조건

60. 데이터의 중복으로 인하여 관계 연산을 처리할 때 예기치 못한 곤란한 현상이 발생하는 것을 무엇이라 하는가?

① 이상(Anomaly)

② 제한(Restriction)

③ 종속성(Dependency)

④ 변환(Translation)

전문가의 조언 | 데이터의 중복으로 인하여 곤란한 현상이 발생하는 것을 이상(Anomaly)이라고 합니다.

4과목 **프로그래밍 언어 활용**

61. 한 개의 통신 회선에 여러 대의 단말장치가 연결되어 있는 형태를 가진 네트워크 토폴로지는 어떤 형인가?

① 그물형   ② 십자형

③ 버스형   ④ 링형

전문가의 조언 | 한 개의 통신 회선에 여러 대의 단말장치가 연결되어 있는 형태는 버스형입니다.

62. C언어에서 산술 연산자가 아닌 것은?

① %   ② *

③ <<   ④ /

전문가의 조언 | <<는 비트 연산자입니다.
- C언어의 산술 연산자에는 +, −, *, /, %가 있습니다.

63. IPv6에 대한 설명으로 틀린 것은?

① 128비트의 주소 공간을 제공한다.

② 인증 및 보안 기능을 포함하고 있다.

③ 패킷 크기가 64Kbyte로 고정되어 있다.

④ IPv6 확장 헤더를 통해 네트워크 기능 확장이 용이하다.

전문가의 조언 | 패킷 크기가 64Kbyte로 고정되어 있는 것은 IPv4입니다.
- IPv6의 패킷 크기는 제한이 없습니다.

64. 다음 설명의 ㉠과 ㉡에 들어갈 내용으로 옳은 것은?

> 가상기억장치의 일반적인 구현 방법에는 프로그램을 고정된 크기의 일정한 블록으로 나누는 (㉠) 기법과 가변적인 크기의 블록으로 나누는 (㉡) 기법이 있다.

① ㉠ : Paging, ㉡ : Segmentation

② ㉠ : Segmentation, ㉡ : Allocatin

③ ㉠ : Segmentation, ㉡ : Compaction

④ ㉠ : Paging, ㉡ : Linking

전문가의 조언 | 동일한 크기로 나누는 가상기억장치 구현 기법을 페이징(Paging) 기법, 다양한 크기의 논리적인 단위로 나누는 기법을 세그먼테이션(Segmentation) 기법이라고 합니다.

65. JAVA에서 변수와 자료형에 대한 설명으로 틀린 것은?

① 변수는 어떤 값을 주기억장치에 기억하기 위해서 사용하는 공간이다.

② char 자료형은 한 개의 문자를 저장하고자 할 때 사용한다.

③ 실수형 자료형에는 float, short, byte가 있다.

④ boolean 자료형은 조건이 참인지 거짓인지 판단하고자 할 때 사용한다.

전문가의 조언 | short, byte 자료형은 정수를 저장할 때 사용하는 자료형입니다.

66. 프로세스 적재 정책과 관련한 설명으로 틀린 것은?

① 반복, 스택, 부프로그램은 시간 지역성(Temporal Locality)과 관련이 있다.

② 공간 지역성(Spatial Locality)은 프로세스가 어떤 페이지를 참조했다면 이후 가상주소 공간상 그 페이지와 인접한 페이지들을 참조할 가능성이 높음을 의미한다.

③ 일반적으로 페이지 교환에 보내는 시간보다 프로세스 수행에 보내는 시간이 더 크면 스레싱(Thrashing)이 발생한다.

④ 스레싱(Thrashing) 현상을 방지하기 위해서는 각 프로세스가 필요로 하는 프레임을 제공할 수 있어야 한다.

전문가의 조언 | 스래싱(Thrashing)은 프로세스의 처리 시간보다 페이지 교체에 소요되는 시간이 더 많아지는 현상입니다.

❶ 정수형 변수 sum을 선언하고 0으로 초기화한다.

❷ 반복 변수 i가 1씩 증가하면서 10보다 작거나 같은 동안 ❸~❺번을 반복 수행한다.

❸ i를 2로 나눈 나머지가 0이면 ❹번으로 이동하고, 아니면 ❺번으로 이동한다.

❹ 반복문의 처음인 ❷번으로 이동한다.

❺ sum에 i의 값을 누적시킨다.

반복문 실행에 따른 변수들의 변화는 다음과 같다.

i	i%2	sum
		0
0	0	
1	1	1
2	0	
3	1	4
4	0	
5	1	9
6	0	
7	1	16
8	0	
9	1	25
10	0	
11		

❻ sum의 값을 출력한다.

결과 25

67. 다음 C언어 프로그램이 실행되었을 때의 결과는?

```
#include <stdio.h>
main( ) {
    int sum = 0;
    for (int i = 0; i <= 10; i++) {
        if (i % 2 == 0)
            continue;
        sum = sum + i;
    }
    printf("%d", sum);
}
```

① 20   ② 25

③ 30   ④ 55

전문가의 조언 | 사용된 코드의 의미는 다음과 같습니다.

```
#include <stdio.h>
main( ) {
❶  int sum = 0;
❷  for (int i = 0; i <= 10; i++) {
❸      if (i % 2 == 0)
❹          continue;
❺      sum = sum + i;
    }
❻  printf("%d", sum);
}
```

68. 다음 C언어 프로그램이 실행되었을 때의 결과는?

```
#include <stdio.h>
int main(void) {
    int n = 4;
    int *pt = NULL;
    pt = &n;
    printf("%d", &n + *pt − *&pt + n);
    return 0;
}
```

① 0   ② 4

③ 8   ④ 12

전문가의 조언 | 사용된 코드의 의미는 다음과 같습니다.

```
#include <stdio.h>
int main(void) {
❶ int n = 4;
❷ int *pt = NULL;
❸ pt = &n;
❹ printf("%d", &n + *pt − *&pt + n);
❺ return 0;
}
```

❶ 정수형 변수 n을 선언하고 4로 초기화한다.

❷ 정수형 포인터 변수 pt에 Null 값을 저장한다.

❸ pt에 n의 주소를 저장한다.

❹ printf("%d", &n + *pt − *&pt + n);
            ⓐ   ⓑ   ⓒ   ⓓ

- ❸번을 수행했으므로 n의 주소 ⓐ와 pt에 저장된 주소를 가리키는 ⓒ는 같은 주소를 가지므로 ⓐ−ⓒ = 00이다.

- ⓑ에서 *pt는 n의 값 4를 의미하고, ⓓ도 n의 값 4이므로 ⓑ+ⓓ = 80이다.

- ⓐ+ⓑ−ⓒ+ⓓ의 결과 8을 정수로 출력한다.

결과   8

❺ 프로그램을 종료한다.

※ ⓐ와 ⓒ의 주소값은 16진 정수의 임의값을 갖지만, ⓐ−ⓒ의 연산결과로 00이 되므로 값을 알 필요는 없습니다.

69. 다음은 DivideByZero에 대한 예외처리 구문을 JAVA 프로그램으로 구현한 것이다. 프로그램이 실행되었을 때의 결과는?

```
public class Test {
    static void div(int a, int b) {
        try {
            System.out.print(a / b + " ");
        } catch(ArithmeticException e1) {
            System.out.print("DivideByZero ");
        } finally {
            System.out.print("Done");
        }
    }
    public static void main(String[ ] args) {
        div(5,5);
    }
}
```

① 1

② 1 DivideByZero

③ DivideByZero Done

④ 1 Done

전문가의 조언 | 사용된 코드의 의미는 다음과 같습니다.

```
public class Test {
❷ static void div(int a, int b) {
❸     try {
❹         System.out.print(a / b + " ");
       } catch(ArithmeticException e1) {
           System.out.print("DivideByZero ");
❺     } finally {
❻         System.out.print("Done");
       }
    }
    public static void main(String[ ] args) {
❶     div(5,5);
    } ❼
}
```

모든 Java 프로그램은 반드시 main( ) 메소드에서 시작한다.

❶ 두 개의 5를 인수로 div( ) 메소드를 호출한다.

❷ 값을 반환하지 않는 div( ) 메소드의 시작점이다. ❶번에서 전달받은 두 개의 5는 각각 a와 b가 받는다.

❸ 예외 구문의 시작이다.

❹ a를 b로 나눈 값 1(5/5)과 공백 한 칸을 출력한다.

결과   1

try문이 종료되었으므로 ❺번으로 이동한다.

❺ try문이 모두 종료되면 실행되는 finally문의 시작이다.

❻ Done을 출력한다.

결과   1 Done

div( ) 메소드가 종료되었으므로 메소드를 호출했던 ❶번의 다음 줄인 ❼번으로 이동하여 프로그램을 종료한다.

70. 정수를 입력받아 처리하는 다음 C언어 프로그램에서 괄호에 들어갈 알맞은 코드는?

```
#include <stdio.h>
int main(void) {
    int n, sum = 3;
    (          )
    sum = sum + n;
    printf("%d", sum);
}
```

① scanf("%d", n);

② scanf("%d", &n);

③ scanf("%f", n);

④ scanf("%f", &n);

전문가의 조언 | 문제에서 정수를 입력받는다고 하였고, 코드에 선언된 변수 중 값이 저장되지 않은 변수는 n이므로, scanf를 이용하여 코드를 작성하면 **scanf("%d", &n);**이 됩니다.

71. 다음 중 출력문이 무한히 반복되는 코드를 올바르게 구현한 것은?

① do { printf("무한반복"); } while (0);

② while(0) printf("무한반복");

③ for(;;) printf("무한반복");

④ for(1;1) printf("무한반복");

72. 다음 Python 프로그램이 실행되었을 때의 결과는?

```
def func(n):
    sum = 0
    for i in range(n+1):
        sum = sum + i
    return sum
r = func(11)
print(r)
```

① 45　　　　　　② 55

③ 66　　　　　　④ 78

반복문 실행에 따른 변수들의 변화는 다음과 같다.

i	sum
	0
0	0
1	1
2	3
3	6
4	10
5	15
6	21
7	28
8	36
9	45
10	55
11	66

결과　**66**

73. C언어의 자료형이 아닌 것은?

① int　　　　　　② float

③ char　　　　　　④ temp

74. 다음 JAVA 프로그램이 실행되었을 때의 결과는?

```
public class Test {
    static int[ ] arri( ) {
        int arr[ ] = new int[4];
        for(int i = 0; i < arr.length; i++)
            arr[i] = i;
        return arr;
    }
    public static void main(String[ ] args) {
        int a[ ];
        a = arri( );
        for(int i = 0; i < a.length; i++)
            System.out.print(a[i]);
    }
}
```

① 0123　　　　　　② 1234

③ 012　　　　　　④ 123

전문가의 조언 | 사용된 코드의 의미는 다음과 같습니다.

```
public class Test {
❸  static int[ ] arri( ) {
❹     int arr[ ] = new int[4];
❺     for(int i = 0; i < arr.length; i++)
❻        arr[i] = i;
❼     return arr;
   }
   public static void main(String[ ] args) {
❶     int a[ ];
❷❽    a = arri( );
❾     for(int i = 0; i < a.length; i++)
❿        System.out.print(a[i]);
   }
}
```

모든 Java 프로그램은 반드시 main( ) 메소드에서 시작한다.

❶ 정수형 배열 a를 선언한다.

❷ arri( ) 메소드를 호출한 후 돌려받은 값을 a에 저장한다.

❸ 정수형 배열을 반환하는 arri( ) 메소드의 시작점이다.

❹ 4개의 요소를 갖는 정수형 배열 arr을 선언한다.

❺ 반복 변수 i가 0부터 1씩 증가하면서 arr 배열 요소의 개수인 4보다 작은 동안 ❻번을 반복 수행한다.

　• length : length는 배열 클래스의 속성으로 배열 요소의 개수가 저장되어 있다.

❻ arr[i]에 i의 값을 저장한다.

반복문 실행에 따른 결과는 다음과 같다.

	[0]	[1]	[2]	[3]
arr 배열	0	1	2	3

❼ arr 배열의 시작 주소를 메소드를 호출했던 ❽번으로 반환한다.

❽ ❼번에서 반환받은 주소를 a에 저장한다.

	[0]	[1]	[2]	[3]
a 배열	0	1	2	3

❾ 반복 변수 i가 0부터 1씩 증가하면서 a 배열 요소의 개수인 4보다 작은 동안 ❿번을 반복 수행한다.

❿ a[i]의 값을 출력한다.

반복문 실행에 따른 결과는 다음과 같다.

i	a[i]	출력
0	0	0
1	1	01
2	2	012
3	3	0123

75. 다음 C언어 프로그램이 실행되었을 때의 결과는?

```
main( ) {
    int a = 4527;
    int r = 0;
    while (a != 0) {
        r = r + (a % 10);
        a = a / 10;
    }
    printf("%d", r);
}
```

① 18　　　　　　　　　② 17

③ 4527　　　　　　　　④ 7254

전문가의 조언 | 사용된 코드의 의미는 다음과 같습니다.

```
main( ) {
❶  int a = 4527;
❷  int r = 0;
❸  while (a != 0) {
❹     r = r + (a % 10);
❺     a = a / 10;
   }
❻  printf("%d", r);
}
```

❶ 정수형 변수 a를 선언하고 4527로 초기화한다.

❷ 정수형 변수 r를 선언하고 0으로 초기화한다.

❸ a가 0이 아닌 동안 ❹, ❺번을 반복 수행한다.

❹ a를 10으로 나눈 나머지를 r에 누적시킨다.

❺ a를 10으로 나눈다.

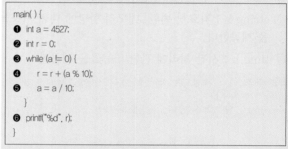

a	a%10	r
4527		0
452	7	7
45	2	9
4	5	14
0	4	18

❻ r의 값을 출력한다.

결과　**18**

76. 은행가 알고리즘(Banker's Algorithm)은 교착상태의 해결 방법 중 어떤 기법에 해당하는가?

① Avoidance ② Detection

③ Prevention ④ Recovery

77. C언어의 헤더 파일에 대한 설명으로 틀린 것은?

① stdio.h : 입·출력에 대한 기능들을 제공한다.

② math.h : 여러 수학 함수들을 제공한다.

③ string.h : 자료형 변환, 메모리 할당에 대한 기능들을 제공한다.

④ time.h : 시간 처리에 관한 기능들을 제공한다.

78. 사내망에서 192.168.1.69/26 주소를 사용하고 있는 PC의 subnet의 시작 IP address는?

① 192.168.9.64 ② 192.168.1.64

③ 192.168.1.65 ④ 192.168.1.66

79. 3개의 페이지 프레임을 갖는 시스템에서 페이지 참조 순서가 1, 2, 1, 0, 4, 1, 3 일 경우 FIFO 알고리즘에 의한 페이지 교체의 경우 프레임의 최종 상태는?

① 1, 2, 0 ② 2, 4, 3

③ 1, 4, 2 ④ 4, 1, 3

80. TCP/IP 프로토콜에서 TCP가 해당하는 계층은?

① 데이터 링크 계층 ② 네트워크 계층

③ 트랜스포트 계층 ④ 세션 계층

5과목 **정보시스템 구축 관리**

81. 다음 중 프로토타입 모형을 선택하는 것이 가장 적합한 경우는?

① 구축하고자 하는 시스템의 요구사항이 불분명할 때

② 고객이 완성된 제품만을 보기 원할 때

③ 고객이 개발 과정에 참여하지 않을 때

④ 소프트웨어 개발 과정에서 발생할 수 있는 위험을 최소화하고자 할 때

82. 다음 중 DAS(Direct Attached Storage)에 대한 설명으로 틀린 것은?

① 저장장치를 공유함으로써 여러 개의 저장장치나 백업 장비를 단일화시킬 수 있다.

② 서버에서 저장장치를 관리한다.

③ 초기 구축 비용 및 유지보수 비용이 저렴하다.

④ 확장성 및 유연성이 상대적으로 떨어진다.

전문가의 조언 | ①번은 SAN(Storage Area Network)에 대한 설명입니다.

83. 네트워크 장비에 대한 설명으로 옳지 않은 것은?

① 브라우터는 전송되는 신호가 전송 선로의 특성 및 외부 충격 등의 요인으로 인해 원래의 형태와 다르게 왜곡되거나 약해질 경우 원래의 신호 형태로 재생하여 다시 전송하는 역할을 수행한다.

② 브리지는 LAN과 LAN을 연결하거나 LAN 안에서의 컴퓨터 그룹을 연결하는 기능을 수행하며, 데이터 링크 계층 중 MAC 계층에서 사용된다.

③ 스위치는 LAN과 LAN을 연결하여 훨씬 더 큰 LAN을 만드는 장치로, OSI 7계층의 2계층에서 사용된다.

④ 라우터는 LAN과 LAN의 연결 기능에 데이터 전송의 최적 경로를 선택할 수 있는 기능이 추가된 것으로, 서로 다른 LAN이나 LAN과 WAN의 연결도 수행하고, OSI 7계층의 네트워크 계층에서 동작한다.

전문가의 조언 | • 브라우터(Brouter)는 브리지와 라우터의 기능을 모두 갖추고 있는 네트워크 장비입니다.
• ①번은 리피터(Repeater)에 대한 설명입니다.

84. S/W 각 기능의 원시 코드 라인수의 비관치, 낙관치, 기대치를 측정하여 예측치를 구하고 이를 이용하여 비용을 산정하는 기법은?

① Effort Per Task 기법

② 전문가 감정 기법

③ 델파이 기법

④ LOC 기법

전문가의 조언 | 문제에 제시된 내용은 LOC 기법에 대한 설명입니다.
• 개발 단계별 인월수(Effort Per Task) 기법 : LOC 기법을 보완하기 위한 기법으로, 각 기능을 구현시키는 데 필요한 노력을 생명 주기의 각 단계별로 산정함
• 전문가 감정 기법 : 조직 내에 있는 경험이 많은 두 명 이상의 전문가에게 비용 산정을 의뢰하는 기법으로, 가장 편리하고 신속하게 비용을 산정할 수 있음
• 델파이 기법 : 델파이 기법은 전문가 감정 기법의 주관적인 편견을 보완하기 위해 많은 전문가의 의견을 종합하여 산정하는 기법

85. CMMI의 단계가 아닌 것은?

① 초기   ② 관리

③ 정의   ④ 반복

전문가의 조언 | CMMI는 초기, 관리, 정의, 정량적 관리, 최적화의 5단계로 구분합니다.

86. 다음에서 설명하는 IT 기술은?

• 네트워크를 제어부, 데이터 전달부로 분리하여 네트워크 관리자가 보다 효율적으로 네트워크를 제어, 관리할 수 있는 기술
• 기존의 라우터, 스위치 등과 같이 하드웨어에 의존하는 네트워크 체계에서 안정성, 속도, 보안 등을 소프트웨어로 제어, 관리하기 위해 개발됨
• 네트워크 장비의 펌웨어 업그레이드를 통해 사용자의 직접적인 데이터 전송 경로 관리가 가능하고, 기존 네트워크에는 영향을 주지 않으면서 특정 서비스의 전송 경로 수정을 통하여 인터넷상에서 발생하는 문제를 처리할 수 있음

① SDN(Software Defined Networking)

② NFS(Network File System)

③ Network Mapper

④ AOE Network

전문가의 조언 | 문제의 지문에 제시된 내용은 소프트웨어 정의 네트워킹(SDN; Software Defined Networking)에 대한 설명입니다.

87. 다음 중 1992년 미국 SF 작가 닐 스티븐슨의 소설 '스노 크래시'에 처음 등장한 개념으로, 현실 세계와 같은 사회·경제·문화 활동이 이뤄지는 3차원 가상 세계를 가리키는 용어는?

① IoT(Internet of Things)

② 메타버스

③ 피코넷

④ 클라우드 컴퓨팅

88. Python 기반의 웹 크롤링(Web Crawling) 프레임워크로 옳은 것은?

① Li-fi
② Scrapy
③ CrawlCat
④ SBAS

89. 다음 설명에 해당하는 시스템은?

- 1990년대 David Clock이 처음 제안하였다.
- 비정상적인 접근의 탐지를 위해 의도적으로 설치해 둔 시스템이다.
- 침입자를 속여 실제 공격당하는 것처럼 보여줌으로써 크래커를 추적 및 공격기법의 정보를 수집하는 역할을 한다.
- 쉽게 공격자에게 노출되어야 하며 쉽게 공격이 가능한 것처럼 취약해 보여야 한다.

① Apache
② Hadoop
③ Honeypot
④ MapReduce

90. 다음이 설명하는 용어로 옳은 것은?

- 오픈 소스를 기반으로 한 분산 컴퓨팅 플랫폼이다.
- 일반 PC급 컴퓨터들로 가상화된 대형 스토리지를 형성한다.
- 다양한 소스를 통해 생성된 빅데이터를 효율적으로 저장하고 처리한다.

① 하둡(Hadoop)

② 비컨(Beacon)

③ 포스퀘어(Foursquare)

④ 맴리스터(Memristor)

91. 시스템 내의 정보는 오직 인가된 사용자만 수정할 수 있는 보안 요소는?

① 기밀성
② 부인방지
③ 가용성
④ 무결성

92. 오류들을 세분화하여 처리하지 않고 광범위하게 묶어 한 번에 처리하거나, 누락된 예외가 존재할 때 발생하는 보안 약점은?

① 오류 메시지를 통한 정보 노출

② 부적절한 예외처리

③ 부적절한 인가

④ 오류 상황 대응 부재

> 전문가의 조언 | 문제에 제시된 내용과 관련된 보안 약점은 부적절한 예외처리입니다.
> • **오류 메시지를 통한 정보 노출** : 오류 발생으로 실행 환경, 사용자 정보, 디버깅 정보 등의 중요 정보를 소프트웨어가 메시지로 외부에 노출하는 보안 약점
> • **부적절한 인가** : 접근제어 기능이 없는 실행경로를 통해 정보 또는 권한이 탈취될 수 있는 보안 약점
> • **오류 상황 대응 부재** : 소프트웨어 개발 중 예외처리를 하지 않았거나 미비로 인해 발생하는 보안 약점

93. 공개키 암호화 방식에 대한 설명으로 옳지 않은 것은?

① 대표적으로 RSA 기법이 있다.

② 키의 분배가 용이하다.

③ 사용자가 증가할수록 관리해야 할 키의 수가 많아진다.

④ 알고리즘이 복잡하고 암호화와 복호화 속도가 느리다.

> 전문가의 조언 | 공개키 암호화 방식은 관리해야 할 키의 개수가 적습니다.

94. 다음 암호 알고리즘 중 성격이 다른 하나는?

① MD4   ② MD5

③ SHA-1   ④ AES

> 전문가의 조언 | AES는 개인키 암호화 알고리즘이고, MD4, MD5, SHA-1은 해시 알고리즘입니다.

95. 다음 설명에 해당하는 공격 기법은?

> 시스템 공격 기법 중 하나로, 허용 범위 이상의 ICMP 패킷을 전송하여 대상 시스템의 네트워크를 마비시킨다.

① Ping of Death

② Session Hijacking

③ Piggyback Attack

④ XSS

> 전문가의 조언 | 허용 범위 이상의 ICMP 패킷을 전송하여 대상 시스템의 네트워크를 마비시키는 공격 기법은 죽음의 핑(Ping of Death)입니다.
> • **세션 하이재킹(Session Hijacking)** : 서버에 접속하고 있는 클라이언트들의 세션 정보를 가로채는 공격 기법으로, 세션 가로채기라고도 함
> • **피기백 공격(Piggyback Attack)** : 시스템의 올바른 인증 절차나 보안 프로그램에 편승하는 공격 방법으로, 권한 있는 사람이 열고 지나간 문틈을 파고들어 가는 것에 빗 댐
> • **크로스사이트 스크립팅(XSS; Cross Site Scripting)** : 웹페이지에 악의적인 스크립트를 삽입하여 방문자들의 정보를 탈취하거나, 비정상적인 기능 수행을 유발하는 보안 약점

96. 공격자가 패킷의 출발지 주소를 변경하여 출발지와 목적지 주소(또는 포트)를 동일하게 하는 공격 유형은?

① SYN Flooding

② Land

③ TearDrop

④ Key Logger Attack

> 전문가의 조언 | 문제에서 설명하는 공격 유형은 Land입니다.
> • **SYN Flooding** : 공격자가 가상의 클라이언트로 위장하여 3-way-handshake 과정을 의도적으로 중단시킴으로써 공격 대상지인 서버가 대기 상태에 놓여 정상적인 서비스를 수행하지 못하게 하는 공격 방법
> • **TearDrop** : Fragment Offset 값을 변경시켜 수신 측에서 패킷을 재조립할 때 오류로 인한 과부하를 발생시킴으로써 시스템이 다운되도록 하는 공격 방법
> • **Key Logger Attack** : 컴퓨터 사용자의 키보드 움직임을 탐지해 ID, 패스워드, 계좌번호, 카드번호 등과 같은 개인의 중요한 정보를 몰래 빼가는 해킹 공격

97. 악성코드의 유형 중 다른 컴퓨터의 취약점을 이용하여 스스로 전파하거나 메일로 전파되며 스스로를 증식하는 것은?

① Worm   ② Rogue Ware

③ Adware   ④ Reflection Attack

정답 : 87.② 88.② 89.③ 90.① 91.④ 92.② 93.③ 94.④ 95.① 96.② 97.①

전문가의 조언 | 네트워크를 통해 연속적으로 자신을 복제하는 악성코드는 웜(Worm)입니다.
- **로그웨어(Rogue Ware)** : 사용자를 속여 악성코드를 설치하도록 유도하는 소프트웨어로, 주로 바이러스에 감염되었다며 백신 소프트웨어처럼 보이는 악성코드를 설치하도록 유도함
- **애드웨어(Adware)** : 소프트웨어 자체에 광고를 포함하여 이를 보는 대가로 무료로 사용하는 소프트웨어
- **반사 공격(Reflection Attack)** : 송신자가 생성한 메시지를 가로채 접근 권한을 얻는 형태의 공격 기법

100. 프로젝트에 내재된 위험 요소를 인식하고 그 영향을 분석하여 이를 관리하는 활동으로서, 프로젝트를 성공시키기 위하여 위험 요소를 사전에 예측, 대비하는 모든 기술과 활동을 포함하는 것은?

① Critical Path Method

② Risk Analysis

③ Work Breakdown Structure

④ Waterfall Model

전문가의 조언 | 문제에 제시된 내용은 Risk Analysis(위험 관리)의 개념입니다.

98. 인증의 유형 중 '지식'과 관계가 깊은 것은?

① Something You Know

② Something You Have

③ Something You Are

④ Somewhere You Are

전문가의 조언 | 사용자가 기억하고 있는 정보(지식)를 기반으로 인증을 수행하는 것은 Something You Know(지식 기반 인증)입니다.
- **Something You Have** : 신분증, 메모리 카드, OTP 등 사용자가 소유하고 있는 것을 기반으로 인증을 수행하는 것
- **Something You Are** : 지문, 홍채, 얼굴 등 사용자의 고유한 생체 정보를 기반으로 인증을 수행하는 것
- **Somewhere You Are** : 콜백, GPS, IP 주소 등 인증을 시도하는 위치의 적절성을 확인하는 것

99. 다음 중 스크랩 프로그램이 아닌 것은?

① Scribe　　　② Flume

③ Scratch　　　④ Chukwa

전문가의 조언 | Scratch는 교육용 프로그래밍 언어입니다.
스크랩 프로그램의 종류
- 정형 데이터 : ETL, FTP, API, DBtoDB, Sqoop
- 비정형 데이터 : 크롤링, RSS, Open API, Chukwa, Kafka
- 반정형 데이터 : Flume, Scribe, 스트리밍

정답 : 98.① 99.③ 100.②

1과목 ▶ 소프트웨어 설계

1. 소프트웨어 공학에서 워크스루(Walkthrough)에 대한 설명으로 틀린 것은?

① 사용사례를 확장하여 명세하거나 설계 다이어그램, 원시코드, 테스트 케이스 등에 적용할 수 있다.

② 복잡한 알고리즘 또는 반복, 실시간 동작, 병행 처리와 같은 기능이나 동작을 이해하려고 할 때 유용하다.

③ 인스펙션(Inspection)과 동일한 의미를 가진다.

④ 단순한 테스트 케이스를 이용하여 프로덕트를 수작업으로 수행해 보는 것이다.

2. 다음 결합도의 종류에 대한 설명 중 틀린 것은?

① 자료 결합도 : 모듈 간의 인터페이스가 자료 요소로만 구성될 때의 결합도

② 내용 결합도 : 한 모듈이 다른 모듈과 제어 신호를 이용하여 통신하고, 공유되는 공통 데이터 영역을 사용할 때의 결합도

③ 스탬프 결합도 : 모듈 간의 인터페이스로, 배열의 자료 구조가 전달될 때의 결합도

④ 외부 결합도 : 어떤 모듈에서 선언한 데이터를 다른 모듈에서 참조할 때의 결합도

3. 익스트림 프로그래밍(eXtreme Programming)의 5가지 가치에 속하지 않는 것은?

① 의사소통　　② 단순성
③ 피드백　　④ 고객 배제

4. HIPO(Hierarchy Input Process Output)에 대한 설명으로 거리가 먼 것은?

① 상향식 소프트웨어 개발을 위한 문서화 도구이다.

② HIPO 차트 종류에는 가시적 도표, 총체적 도표, 세부적 도표가 있다.

③ 기능과 자료의 의존 관계를 동시에 표현할 수 있다.

④ 보기 쉽고 이해하기 쉽다.

5. 모바일 기기에서 사용하는 NUI 인터페이스에 속하지 않는 것은 무엇인가?

① Pinch　　② Press
③ Flow　　④ Flick

6. UML 확장 모델에서 스테레오 타입 객체를 표현할 때 사용하는 기호로 맞는 것은?

① ≪ ≫　　② (( ))
③ {{ }}　　④ [[ ]]

7. 보헴이 제안한 것으로, 위험 분석 기능이 있으며, 여러 번의 개발 과정을 거쳐 점진적으로 개발하는 모형은?

① 나선형 모형   ② 애자일 모형

③ 프로토타입 모형   ④ 폭포수 모형

> 전문가의 조언 | 나선형 모델은 계획 수립, 위험 분석, 개발 및 검증, 고객 평가 과정을 반복하며 수행하는 개발방법론입니다.

8. UI 설계 원칙 중 누구나 쉽게 이해하고 사용할 수 있어야 한다는 원칙은?

① 희소성   ② 유연성

③ 직관성   ④ 멀티운용성

> 전문가의 조언 | 누구나 쉽게 이해하고 사용할 수 있어야 한다는 UI의 설계 원칙은 직관성입니다.

9. 자료 흐름도(Data Flow Diagram)의 구성 요소로 옳은 것은?

① process, data flow, data store, comment

② process, data flow, data store, terminator

③ data flow, data store, terminator, data dictionary

④ process, data store, terminator, mini-spec

> 전문가의 조언 | 자료 흐름도(DFD)의 구성 요소에는 프로세스(Process), 자료 흐름(Data Flow), 자료 저장소(Data Store), 단말(Terminator)이 있습니다.

10. 다음 중 SOLID 원칙이라고 불리는 객체지향 설계 원칙에 속하지 않는 것은?

① ISP(Interface Segregation Principle)

② DIP(Dependency Inversion Principle)

③ LSP(Liskov Substitution Principle)

④ SSO(Single Sign On)

> 전문가의 조언 | SOLID 원칙의 'S'에 해당하는 것은 SRP(Single Responsibility Principle)입니다.

11. UML 모델에서 한 사물의 명세가 바뀌면 다른 사물에 영향을 주며, 일반적으로 한 클래스가 다른 클래스를 오퍼레이션의 매개 변수로 사용하는 경우에 나타나는 관계는?

① Association   ② Dependency

③ Realization   ④ Generalization

> 전문가의 조언 | 일반적으로 한 클래스가 다른 클래스를 오퍼레이션의 매개 변수로 사용하는 경우를 나타내는 관계를 의존(Dependency) 관계라고 합니다.

12. 객체에게 어떤 행위를 하도록 지시하는 명령은?

① Class   ② Package

③ Object   ④ Message

> 전문가의 조언 | 객체(Object)의 행위를 요구하기 위해서는 메시지(Message)를 보내야 합니다.

13. 다음 내용이 설명하는 디자인 패턴은?

> • 하나의 객체를 생성하면 생성된 객체를 어디서든 참조할 수 있지만, 여러 프로세스가 동시에 참조할 수는 없다.
> • 클래스 내에서 인스턴스가 하나뿐임을 보장하며, 불필요한 메모리 낭비를 최소화 할 수 있다.

① Singleton   ② Adapter

③ Prototype   ④ Decorator

> 전문가의 조언 | 문제의 지문에 제시된 내용은 싱글톤(Singleton) 패턴의 특징입니다.

14. 파이프 필터 형태의 소프트웨어 아키텍처에 대한 설명으로 옳은 것은?

① 노드와 간선으로 구성된다.

② 서브시스템이 입력 데이터를 받아 처리하고 결과를 다음 서브시스템으로 넘겨주는 과정을 반복한다.

③ 계층 모델이라고도 한다.

④ 3개의 서브시스템(모델, 뷰, 제어)으로 구성되어 있다.

> 전문가의 조언 | 파이프-필터 패턴은 데이터 스트림 절차의 각 단계를 필터(Filter) 컴포넌트로 캡슐화하여 파이프(Pipe)를 통해 데이터를 전송하는 패턴입니다.

15. 대표적으로 DOS 및 Unix 등의 운영체제에서 조작을 위해 사용하던 것으로, 정해진 명령 문자열을 입력하여 시스템을 조작하는 사용자 인터페이스(User Interface)는?

① GUI(Graphical User Interface)

② CLI(Command Line Interface)

③ CUI(Cell User Interface)

④ MUI(Mobile User Interface)

> **전문가의 조언** | 정해진 명령 문자열을 입력하여 시스템을 조작하는 사용자 인터페이스를 CLI(Command Line Interface)라고 합니다.

16. UML에서 시퀀스 다이어그램의 구성 항목에 해당하지 않는 것은?

① 생명선   ② 실행

③ 확장   ④ 메시지

> **전문가의 조언** | 확장(Extends)은 관계의 한 형태로, 시퀀스 다이어그램의 구성 요소가 아닙니다.

17. 다음은 어떤 프로그램 구조를 나타낸다. 모듈 F에서의 fan-in과 fan-out의 수는 얼마인가?

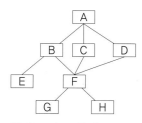

① fan-in : 2, fan-out : 3

② fan-in : 3, fan-out : 2

③ fan-in : 1, fan-out : 2

④ fan-in : 2, fan-out : 1

> **전문가의 조언** | 모듈에 들어오면(in) 팬인(fan-in), 모듈에서 나가면(out) 팬아웃(fan-out)입니다. F에 들어오는 선은 3개, 나가는 선은 2개이므로, 팬인과 팬아웃은 각각 3과 2입니다.

18. 객체지향 개념에서 연관된 데이터와 함수를 함께 묶어 외부와 경계를 만들고 필요한 인터페이스만을 밖으로 드러내는 과정은?

① 메시지(Message)

② 캡슐화(Encapsulation)

③ 다형성(Polymorphism)

④ 상속(Inheritance)

> **전문가의 조언** | 문제에 제시된 내용은 캡슐화에 대한 설명입니다.

19. 그래픽 표기법을 이용하여 소프트웨어 구성 요소를 모델링하는 럼바우 분석 기법에 포함되지 않는 것은?

① 객체 모델링

② 기능 모델링

③ 동적 모델링

④ 블랙박스 분석 모델링

> **전문가의 조언** | 럼바우 분석 기법의 활동에는 객체 모델링, 동적 모델링, 기능 모델링이 있습니다.

20. 분산 컴퓨팅 환경에서 서로 다른 기종 간의 하드웨어나 프로토콜, 통신환경 등을 연결하여 응용 프로그램과 운영환경 간에 원만한 통신이 이루어질 수 있게 서비스를 제공하는 소프트웨어는?

① 미들웨어   ② 하드웨어

③ 오픈허브웨어   ④ 그레이웨어

> **전문가의 조언** | 미들웨어(Middleware)는 미들(Middle)과 소프트웨어(Software)의 합성어로, 서로 다른 기종 간의 하드웨어나 프로토콜, 통신환경 등을 연결하여 응용 프로그램과 운영환경 간에 원만한 통신이 이루어질 수 있게 서비스를 제공하는 소프트웨어입니다.

정답 : 7.①   8.③   9.②   10.④   11.②   12.④   13.①   14.②   15.②   16.③   17.②   18.②   19.④   20.①

21. 소프트웨어 테스트와 관련한 설명으로 틀린 것은?

① 화이트박스 테스트는 모듈의 논리적인 구조를 체계적으로 점검할 수 있다.

② 블랙박스 테스트는 프로그램의 구조를 고려하지 않는다.

③ 테스트 케이스에는 일반적으로 시험 조건, 테스트 데이터, 예상 결과가 포함되어야 한다.

④ 화이트박스 테스트에서 기본 경로(Basis Path)란 흐름 그래프의 시작 노드에서 종료 노드까지의 서로 독립된 경로로 싸이클을 허용하지 않는 경로를 말한다.

전문가의 조언 | 기초 경로(Base Path = Basis Path)는 수행 가능한 모든 경로를 의미합니다.

22. 디지털 저작권 관리(DRM)의 기술 요소가 아닌 것은?

① 크랙 방지 기술   ② 정책 관리 기술

③ 암호화 기술   ④ 방화벽 기술

전문가의 조언 | 방화벽 기술은 디지털 저작권 관리 기술이 아닌 기업이나 조직 내부의 네트워크와 인터넷 간에 전송되는 정보를 선별하여 수용·거부·수정하는 기능을 가진 침입 차단 시스템입니다.

23. 소프트웨어 형상관리(Configuration management)에 관한 설명으로 틀린 것은?

① 소프트웨어에서 일어나는 수정이나 변경을 알아내고 제어하는 것을 의미한다.

② 소프트웨어 개발의 전체 비용을 줄이고, 개발 과정의 여러 방해 요인이 최소화되도록 보증하는 것을 목적으로 한다.

③ 형상관리를 위하여 구성된 팀을 "chief programmer team"이라고 한다.

④ 형상관리의 기능 중 하나는 버전 제어 기술이다.

전문가의 조언 | Chief Programmer Team은 개발 팀의 구성 방식 중 하나로 형상 관리와는 관계가 없습니다.

24. 다음 트리를 후위 순회(Post Traversal)한 결과는?

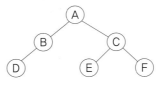

① A B D C E F   ② D B A E C F

③ A B C D E F   ④ D B E F C A

전문가의 조언 | 먼저 서브 트리를 하나의 노드로 생각할 수 있도록 서브 트리 단위로 묶습니다.

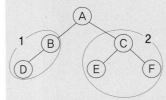

❶ Postorder는 Left → Right → Root이므로 12A가 됩니다.

❷ 1은 DB이므로 DB2A가 됩니다.

❸ 2는 EFC이므로 DBEFCA가 됩니다.

25. EAI(Enterprise Application Integration)의 구축 유형으로 옳지 않은 것은?

① Tree

② Hub & Spoke

③ Message Bus

④ Point-to-Point

전문가의 조언 | EAI는 기업 내 각종 애플리케이션 및 플랫폼 간의 정보 전달, 연계, 통합 등 상호 연동이 가능하게 해주는 솔루션으로, 구축 유형에는 Point-to-Point, Hub & Spoke, Message Bus (ESB), Hybrid가 있습니다.

26. 소프트웨어 테스트에서 오류의 80%는 전체 모듈의 20% 내에서 발견된다는 법칙은?

① Brooks의 법칙   ② Boehm의 법칙

③ Pareto의 법칙   ④ Jackson의 법칙

전문가의 조언 | 소프트웨어 테스트에서 오류의 80%는 전체 모듈의 20% 내에서 발견된다는 법칙은 파레토 법칙(Pareto Principle)입니다.

27. 다음 중 테스트 오라클에 대한 설명으로 옳지 않은 것은?

① 샘플링 오라클 : 특정한 몇몇 테스트 케이스의 입력 값들에 대해서만 기대하는 결과를 제공하는 오라클이다.

② 토탈 오라클 : 모든 테스트 케이스의 입력 값에 대해 기대하는 결과를 제공하는 오라클이다.

③ 휴리스틱 오라클 : 특정 테스트 케이스의 입력 값에 대해 기대하는 결과를 제공하고, 나머지 입력 값들에 대해서는 추정으로 처리하는 오라클이다.

④ 일관성 검사 오라클 : 애플리케이션의 변경이 있을 경우 테스트 케이스의 수행 전과 후의 결과 값이 동일한지를 확인하는 오라클이다.

전문가의 조언 | 모든 테스트 케이스의 입력 값에 대해 기대하는 결과를 제공하는 오라클은 참 오라클입니다.

28. IPSec(IP Security)에 대한 설명으로 틀린 것은?

① 암호화 수행시 일방향 암호화만 지원한다.

② ESP는 발신지 인증, 데이터 무결성, 기밀성 모두를 보장한다.

③ 운영 모드는 Tunnel 모드와 Transport 모드로 분류된다.

④ AH는 발신지 호스트를 인증하고, IP 패킷의 무결성을 보장한다.

전문가의 조언 | IPSec는 암호화와 복호화가 모두 가능한 양방향 암호 방식입니다.

29. 스택(STACK)의 응용 분야로 거리가 먼 것은?

① 인터럽트의 처리

② 수식의 계산

③ 서브루틴의 복귀 번지 저장

④ 운영체제의 작업 스케줄링

전문가의 조언 | 운영체제의 작업 스케줄링에 사용되는 것은 큐(Queue)입니다.

30. 다음 자료에 대하여 선택(Selection) 정렬을 이용하여 오름차순으로 정렬하고자 한다. 1회전 수행 결과는?

8, 3, 4, 9, 7

① 3, 4, 7, 8, 9   ② 3, 4, 7, 9, 8

③ 3, 4, 8, 9, 7   ④ 3, 8, 4, 9, 7

전문가의 조언 | 선택 정렬은 n개의 레코드 중에서 최소값을 찾아 첫 번째 레코드 위치에 놓고, 나머지 n-1개 중에서 다시 최소값을 찾아 두 번째 레코드 위치에 놓는 방식을 반복하여 정렬하는 방식입니다.

• 원본 : 8, 3, 4, 9, 7

❶ 1회전

$3\ 8\ 4\ 9\ 7$ → $3\ 8\ 4\ 9\ 7$ → $3\ 8\ 4\ 9\ 7$ → $3\ 8\ 4\ 9\ 7$

❷ 2회전

$3\ 4\ 8\ 9\ 7$ → $3\ 4\ 8\ 9\ 7$ → $3\ 4\ 8\ 9\ 7$

❸ 3회전

$3\ 4\ 8\ 9\ 7$ → $3\ 4\ 7\ 9\ 8$

❹ 4회전

$3\ 4\ 7\ 8\ 9$

31. 해싱 함수(Hashing Function)의 종류가 아닌 것은?

① 제곱법(Mid-Square)

② 숫자 분석법(Digit Analysis)

③ 개방 주소법(Open Addressing)

④ 제산법(Division)

전문가의 조언 | 해싱 함수의 종류에는 제산법, 제곱법, 폴딩법, 기수 변환법, 대수적 코딩법, 계수 분석법(숫자 분석법), 무작위법이 있습니다.

32. 인터페이스 구현 검증 도구가 아닌 것은?

① ESB   ② xUnit

③ STAF   ④ NTAF

전문가의 조언 | ESB는 애플리케이션 간 연계, 데이터 변환, 웹 서비스 지원 등 표준 기반의 인터페이스를 제공하는 솔루션입니다.

33. 순서가 A, B, C, D로 정해진 입력 자료를 스택에 입력하였다가 출력할 때, 가능한 출력 순서의 결과가 아닌 것은?

① A, B, C, D ② D, A, B, C

③ A, B, D, C ④ B, C, D, A

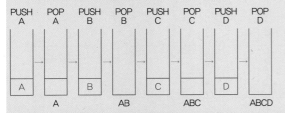

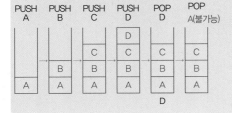

34. 다음 중 클린 코드 작성원칙으로 거리가 먼 것은?

① 누구든지 쉽게 이해하는 코드 작성

② 중복이 최대화된 코드 작성

③ 다른 모듈에 미치는 영향 최소화

④ 단순, 명료한 코드 작성

35. 소스 코드 품질 분석 도구 중 정적 분석 도구가 아닌 것은?

① pmd ② checkstyle

③ valance ④ cppcheck

36. 알파, 베타 테스트와 가장 밀접한 연관이 있는 테스트 단계는?

① 단위 테스트

② 인수 테스트

③ 통합 테스트

④ 시스템 테스트

37. 테스트 드라이버(Test Driver)에 대한 설명으로 틀린 것은?

① 시험 대상 모듈을 호출하는 간이 소프트웨어이다.

② 필요에 따라 매개 변수를 전달하고 모듈을 수행한 후의 결과를 보여줄 수 있다.

③ 상향식 통합 테스트에서 사용된다.

④ 테스트 대상 모듈이 호출하는 하위 모듈의 역할을 한다.

38. 소프트웨어 패키징에 대한 설명으로 틀린 것은?

① 패키징은 개발자 중심으로 진행한다.

② 신규 및 변경 개발소스를 식별하고, 이를 모듈화하여 상용제품으로 패키징한다.

③ 고객의 편의성을 위해 매뉴얼 및 버전관리를 지속적으로 한다.

④ 범용 환경에서 사용이 가능하도록 일반적인 배포 형태로 패키징이 진행된다.

39. 연결 리스트(Linked List)에 대한 설명으로 거리가 먼 것은?

① 노드의 삽입이나 삭제가 쉽다.

② 노드들이 포인터로 연결되어 검색이 빠르다.

③ 연결을 해주는 포인터(Pointer)를 위한 추가 공간이 필요하다.

④ 연결 리스트 중에서 중간 노드 연결이 끊어지면 그 다음 노드를 찾기 힘들다.

전문가의 조언 | 연결 리스트(Linked List)는 노드들이 포인터로 연결되어 포인터를 찾아가는 시간이 필요하므로 선형 리스트에 비해 검색 속도가 느립니다.

40. 알고리즘 시간 복잡도 O(1)이 의미하는 것은?

① 컴퓨터 처리가 불가

② 알고리즘 입력 데이터 수가 한 개

③ 알고리즘 수행시간이 입력 데이터 수와 관계 없이 일정

④ 알고리즘 길이가 입력 데이터보다 작음

전문가의 조언 | O(1)은 빅오 표기법의 시간 복잡도를 표기하는 방법의 하나로, 입력 데이터 수에 관계없이 문제 해결에 하나의 단계만을 거친다는 것을 의미합니다.

3과목 데이터베이스 구축

41. 데이터베이스 무결성에 관한 설명으로 옳은 것은?

① 개체 무결성 규정은 한 릴레이션의 기본키를 구성하는 어떠한 속성값도 널(NULL) 값이나 중복값을 가질 수 없음을 규정하는 것이다.

② 참조 무결성 규정은 속성 값들이 사용자가 정의한 제약 조건에 만족해야 한다는 규정이다.

③ 도메인 무결성 규정은 외래키 값은 Null이거나 참조 릴레이션의 기본키 값과 동일해야 한다는 규정이다.

④ 사용자 정의 무결성 규정은 주어진 튜플의 값이 그 튜플이 정의된 도메인에 속한 값이어야 한다는 것을 규정하는 것이다.

전문가의 조언 | 데이터베이스 무결성에 관한 설명으로 옳은 것은 ①번입니다.
② 참조 무결성 규정은 외래키 값은 Null이거나 참조 릴레이션의 기본키 값과 동일해야 하고, 릴레이션은 참조할 수 없는 외래키 값을 가질 수 없다는 규정입니다.
③ 도메인 무결성 규정은 주어진 속성 값이 정의된 도메인에 속한 값이어야 한다는 규정입니다.
④ 사용자 정의 무결성 규정은 속성 값들이 사용자가 정의한 제약조건에 만족해야 한다는 규정입니다.

42. 트랜잭션의 상태를 보여주는 다음 그림을 보고 각 상태에 대한 설명으로 옳지 않은 것은?

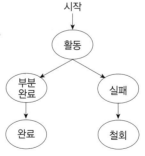

① 활동 상태는 트랜잭션이 수행되기 시작하여 현재 실행 중인 상태를 의미한다.

② 완료는 트랜잭션이 성공적으로 종료되어 Commit 연산까지 수행한 상태를 의미한다.

③ 부분 완료는 트랜잭션의 일부 연산만이 완료되어 Commit된 상태를 의미한다.

④ 철회는 트랜잭션의 수행하는 데 실패하여 Rollback 연산까지 수행한 상태를 의미한다.

전문가의 조언 | 부분 완료는 모든 트랜잭션을 실행했지만 Commit 연산이 되기 전 상태입니다.

정답 : 33.② 34.② 35.③ 36.② 37.④ 38.① 39.② 40.③ 41.① 42.③

43. 무결성을 보장하기 위해 트랜잭션이 가져야 할 특성에 대한 설명으로 옳지 않은 것은?

① 트랜잭션 내의 모든 명령은 반드시 완벽히 수행되어야 하며, 모두가 완벽히 수행되지 않고 어느 하나라도 오류가 발생하면 트랜잭션 전부가 취소되어야 한다.

② 트랜잭션의 수행과 관계 없이 데이터베이스가 가지고 있는 고정 요소는 일관되어야 한다.

③ 둘 이상의 트랜잭션이 동시에 병행 실행되는 경우 어느 하나의 트랜잭션 실행 중에 다른 트랜잭션의 연산이 끼어들 수 없다.

④ Commit과 Rollback 명령어에 의해 보장받는 트랜잭션의 특성은 일관성이다.

> **전문가의 조언** | Commit과 Rollback 명령어에 의해 보장받는 트랜잭션의 특성은 일관성이 아니라 원자성입니다. 트랜잭션의 특징 중 ①번은 원자성, ②번은 일관성, ③번은 독립성에 대한 설명입니다.

44. 분산 데이터베이스의 특징에 대한 설명으로 틀린 것은?

① 지역 서버의 고유 데이터에 대한 작업은 중앙 서버의 통제 없이 자유롭게 수행할 수 있다.

② 새로운 지역 서버를 추가하거나 장비를 추가하는 등의 작업이 용이하다.

③ 위치 투명성, 중복 투명성, 병행 투명성, 장애 투명성을 목표로 한다.

④ 데이터베이스 설계 및 소프트웨어 개발이 쉽고, 전반적인 시스템의 성능이 향상된다.

> **전문가의 조언** | 분산 데이터베이스는 데이터베이스 설계 및 소프트웨어 개발이 어렵습니다.

45. 파티셔닝 방식 중 '월별, 분기별'과 같이 지정한 열의 값을 기준으로 범위를 지정하여 분할하는 방식은?

① Range Partitioning

② Hash Partitioning

③ Composite Partitioning

④ List Partitioning

> **전문가의 조언** | 지정한 열의 값을 기준으로 범위를 지정하여 분할하는 방식은 범위 분할(Range Partitioning)입니다.

46. 데이터베이스에는 관계형, 계층형, 네트워크형 등 다양한 종류가 있는데 이들을 구분하는 기준은?

① 개체(Object)

② 관계(Relationship)

③ 속성(Attribute)

④ 제약 조건(Constraint)

> **전문가의 조언** | 관계형, 계층형, 네트워크형 데이터베이스를 구분하는 기준은 관계(Relationship)입니다.

47. 다음 SQL문의 실행 결과를 가장 올바르게 설명한 것은?

```
ALTER TABLE 학생 DROP 학년 CASCADE;
```

① 학년 테이블에서 학생 속성을 제거하되 학생 속성을 참조하는 다른 테이블의 속성도 함께 제거한다.

② 학년 테이블에서 학생 속성을 제거하되 학생 속성을 참조하는 다른 테이블의 속성이 있는 경우 제거를 중단한다.

③ 학생 테이블에서 학년 속성을 제거하되 학년 속성을 참조하는 다른 테이블의 속성도 함께 제거한다.

④ 학생 테이블에서 학년 속성을 제거하되 학년 속성을 참조하는 다른 테이블의 속성이 있는 경우 제거를 중단한다.

> **전문가의 조언** | 질의문을 각 절별로 살펴보면 다음과 같습니다.
>
> ❶ ALTER TABLE 학생
> ❷ DROP 학년 CASCADE;
>
> ❶ 〈학생〉 테이블에 대한 정의를 변경합니다.
> ❷ '학년' 속성을 제거하되, '학년' 속성을 참조하는 다른 테이블의 속성을 함께 제거합니다.

48. 물리적 데이터베이스를 설계하는 전 단계로서, 데이터 모델링이라 불리는 데이터베이스 설계 단계는?

① 개념적 데이터베이스 설계

② 논리적 데이터베이스 설계

③ 정보 모델링

④ 데이터베이스 구현

> **전문가의 조언** | 데이터 모델링이라 불리는 데이터베이스 설계 단계는 논리적 데이터베이스 설계입니다.

49. 정규화에 대한 설명으로 옳지 않은 것은?

① 정규형에는 제1정규형, 제2정규형, 제3정규형, BCNF형, 제4정규형 등이 있다.

② 릴레이션에 속한 모든 도메인이 원자값만으로 되어 있는 정규형은 제1정규형이다.

③ 제1정규형이 제2정규형이 되기 위해서는 기본키가 아닌 모든 속성이 기본키에 대하여 완전 함수적 종속을 만족해야 한다.

④ 결정자가 모두 후보키인 정규형은 제3정규형이다.

전문가의 조언 | 결정자가 모두 후보키인 정규형은 BCNF입니다. 제3정규형에서 결정자가 후보키가 아닌 것을 제거하면 BCNF가 됩니다.

50. 개체-관계(E-R) 모델에 대한 설명으로 잘못된 것은?

① 특정 DBMS를 고려하여 제작하지 않는다.

② 개체는 마름모, 속성은 사각형을 이용하여 표현한다.

③ 개념적 데이터베이스 단계에서 제작된다.

④ E-R 모델의 기본적인 아이디어를 시각적으로 가장 잘 나타낸 것이 E-R 다이어그램이다.

전문가의 조언 | E-R 다이어그램에서 개체 타입은 사각형, 관계 타입은 마름모, 속성은 타원으로 표현합니다.

51. 관계형 데이터베이스의 구성 요소에 대한 설명으로 틀린 것은?

① 속성을 구성하는 값에는 동일한 값이 있을 수 있다.

② 한 릴레이션에 포함된 튜플은 모두 상이하다.

③ 한 릴레이션에는 동일한 이름의 속성이 있을 수 있다.

④ 한 릴레이션을 구성하는 속성 사이에는 순서가 없다.

전문가의 조언 | 한 릴레이션에는 동일한 이름의 속성이 있을 수 없습니다.

52. SQL의 명령어를 DCL, DML, DDL로 구분할 경우, 다음 중 성격이 다른 하나는?

① CREATE   ② SELECT

③ ALTER   ④ DROP

전문가의 조언 | CREATE, ALTER, DROP은 DDL, SELECT는 DML에 속하는 명령어입니다.

53. 키는 개체 집합에서 고유하게 개체를 식별할 수 있는 속성이다. 데이터베이스에서 사용되는 키의 종류에 대한 설명으로 옳지 않은 것은?

① 후보키는 개체들을 고유하게 식별할 수 있는 속성이다.

② 슈퍼키는 한 개 이상의 속성들의 집합으로 구성된 키이다.

③ 외래키는 다른 테이블의 기본키로 사용되는 속성이다.

④ 대체키는 슈퍼키 중에서 기본키를 제외한 나머지 키를 의미한다.

전문가의 조언 | 대체키는 후보키 중에서 기본키를 제외한 나머지 후보키를 의미합니다.

54. SQL의 TRUNCATE 명령어에 대한 설명으로 옳지 않은 것은?

① DELETE와 같이 테이블의 모든 데이터를 삭제한다.

② DROP과 달리 테이블 스키마는 제거되지 않고 유지된다.

③ DELETE에 비해 빠르게 데이터를 제거하는 것이 가능하다.

④ DELETE와 동일하게 ROLLBACK 명령어로 삭제된 데이터를 되살릴 수 있다.

전문가의 조언 | DELETE 명령어로 삭제한 데이터는 ROLLBACK 명령어로 되살릴 수 있지만 TRUNCATE 명령어로 삭제한 데이터는 되살릴 수 없습니다.

정답 : 43.④   44.④   45.①   46.②   47.③   48.②   49.④   50.②   51.③   52.②   53.④   54.④

55. 데이터베이스의 병행 제어(Concurrency Control)에 대한 설명으로 옳지 않은 것은?

① 여러 사용자가 데이터베이스를 동시에 접근하여 데이터를 처리하기 위함이다.

② 처리 결과의 정확성 유지를 위해 데이터를 잠그거나 여는 등의 제어가 필요하다.

③ 로킹 단위가 크면 병행 제어 기법이 복잡해진다.

④ 로킹 단위가 크면 병행성 수준이 낮아진다.

56. 시스템 카탈로그에 대한 설명으로 옳지 않은 것은?

① 시스템 자체에 관련 있는 다양한 객체에 관한 정보를 포함하는 시스템 데이터베이스이다.

② 데이터 사전이라고도 한다.

③ 기본 테이블, 뷰, 인덱스, 패키지, 접근 권한 등의 정보를 저장한다.

④ 시스템을 위한 정보를 포함하는 시스템 데이터베이스이므로 일반 사용자는 SQL을 이용하여 내용을 검색해 볼 수 없다.

57. 트리거(Trigger)에 대한 설명으로 옳은 것은?

① 시스템에 어떤 일이 발생한 것을 말한다.

② 이벤트가 발생할 때마다 관련 작업이 자동으로 수행되는 절차형 SQL이다.

③ 특정 기능을 수행하는 일종의 트랜잭션 언어로, 호출을 통해 실행되어 미리 저장해 놓은 SQL 작업을 수행한다.

④ DBMS에 내장되어 작성된 SQL이 효율적으로 수행되도록 최적의 경로를 찾아 주는 모듈이다.

58. 관계 대수와 관계 해석에 대한 설명으로 옳지 않은 것은?

① 관계 대수는 원래 수학의 프레디킷 해석에 기반을 두고 있다.

② 관계 대수로 표현한 식은 관계 해석으로 표현할 수 있다.

③ 관계 해석은 관계 데이터의 연산을 표현하는 방법이다.

④ 관계 해석은 원하는 정보가 무엇이라는 것만 정의하는 비절차적인 특징을 가지고 있다.

59. 정보시스템과 관련한 다음 설명에 해당하는 것은?

- 각 시스템 간에 공유 디스크를 중심으로 클러스터링으로 엮어 다수의 시스템을 동시에 연결할 수 있다.
- 조직, 기업의 기간 업무 서버 안정성을 높이기 위해 사용될 수 있다.
- 여러 가지 방식으로 구현되며 2개의 서버를 연결하는 것으로 2개의 시스템이 각각 업무를 수행하도록 구현하는 방식이 널리 사용된다.

① 고가용성 솔루션(HACMP)

② 점대점 연결 방식(Point-to-Point Mode)

③ 스턱스넷(Stuxnet)

④ 루팅(Rooting)

60. 데이터베이스에 영향을 주는 생성, 읽기, 갱신, 삭제 연산으로 프로세스와 테이블 간에 매트릭스를 만들어서 트랜잭션을 분석하는 것은?

① CASE 분석   ② 일치 분석

③ CRUD 분석   ④ 연관성 분석

4과목 프로그래밍 언어 활용

61. OSI 7계층 중 다음 설명에 해당하는 계층은?

> • 두 응용 프로세스 간의 통신에 대한 제어 구조를 제공한다.
> • 연결의 생성, 관리, 종료를 위해 토큰을 사용한다.

① 데이터링크 계층　　　② 네트워크 계층

③ 세션 계층　　　　　　④ 표현 계층

전문가의 조언 | 지문에 제시된 내용은 세션 계층에 대한 설명입니다.

62. 다음 C언어 프로그램의 결과로 옳은 것은?

```
#include <stdio.h>
main( ) {
    int a = 3, b = 4, c = 5;
    int r1, r2, r3;
    r1 = a < 4 && b <= 4;
    r2 = a > 3 || b <= 5;
    r3 = !c;
    printf("%d", r1 - r2 + r3);
}
```

① 0　　　② 1　　　③ 2　　　④ 3

전문가의 조언 | 사용된 코드의 의미는 다음과 같습니다.

```
#include <stdio.h>
main( ) {
❶ int a = 3, b = 4, c = 5;
❷ int r1, r2, r3;
❸ r1 = a < 4 && b <= 4;
❹ r2 = a > 3 || b <= 5;
❺ r3 = !c;
❻ printf("%d", r1 - r2 + r3);
}
```

❶ 정수형 변수 a, b, c를 선언하고, 각각 3, 4, 5로 초기화한다.

❷ 정수형 변수 r1, r2, r3를 선언한다.

❸ r1 = a < 4 && b <= 4;
　　　　ⓐ　　　　ⓑ
　　　　　　ⓒ

• ⓐ : a의 값 3은 4보다 작으므로 참(1)이다.
• ⓑ : b의 값 4는 4와 같으므로 참(1)이다.
• ⓒ : ⓐ&&ⓑ는 둘 모두 참이면 참이므로 참(1)이다.
∴ r1에는 1이 저장된다.

❹ r2 = a > 3 || b <= 5;
　　　　ⓐ　　　　ⓑ
　　　　　　ⓒ

• ⓐ : a의 값 3은 3보다 크지 않으므로 거짓(0)이다.
• ⓑ : b의 값 4는 5보다 작으므로 참(1)이다.
• ⓒ : ⓐ||ⓑ는 둘 중 하나라도 참이면 참이므로 참(1)이다.
∴ r2에는 1이 저장된다.

❺ c의 값 5는 참이므로 r3에는 0(거짓)이 저장된다.

• !(논리 NOT) : 참(1)이면 거짓(0)을, 거짓(0)이면 참을 반환하는 연산자
• 정수로 논리값(참, 거짓)을 판별하면 0은 거짓, 0이외의 수는 참으로 결정됩니다.

❻ r1-r2+r3을 연산한 값 0(1-1+0)을 정수로 출력한다.

결과 `0`

63. 다음 C언어 프로그램 실행 후, 'c'를 입력하였을 때 출력 결과는?

```
#include <stdio.h>
main( ) {
    char ch;
    scanf("%c", &ch);
    switch (ch) {
    case 'a':
        printf("one ");
    case 'b':
        printf("two ");
    case 'c':
        printf("three ");
        break;
    case 'd':
        printf("four ");
        break;
    }
}
```

① one　　　　　　② one two

③ three　　　　　④ one two three four

정답 : 55.③　56.④　57.②　58.①　59.①　60.③　61.③　62.①　63.③

```
#include 〈stdio.h〉
main( ) {
❶  char ch;
❷  scanf("%c", &ch);
❸  switch (ch) {
      case 'a':
          printf("one ");
      case 'b':
          printf("two ");
❹      case 'c':
❺          printf("three ");
❻          break;
      case 'd':
          printf("four ");
          break;
      } ❼
}
```

❶ 문자형 변수 ch를 선언한다.

❷ 문자를 입력받아 ch에 저장한다. 문제에서 'c'를 입력한다고 하였으므로 ch에는 'c'가 저장된다.

❸ ch의 값 'c'에 해당하는 case를 찾아간다. ❹번으로 이동한다.

❹ case 'c'의 시작점이다.

❺ 화면에 three와 공백 한 칸을 출력한다.

결과 `three`

❻ switch문을 벗어나 ❼번으로 이동한다.

❼ main( ) 함수가 끝났으므로 프로그램을 종료한다.

64. 다음 C언어 프로그램에서 밑줄 친 부분과 동일한 의미를 가지는 것은 어떤것인가?

```
#include 〈stdio.h〉
main( ) {
    int a, b;
    for (a = 0; a 〈 2; a++)
        for (b = 0; b 〈 2; b++)
            printf("%d", !a && !b);
}
```

① !a || !b   ② !(a || b)

③ a && b   ④ a || b

a	b	a || b	!(a || b)
0	0	0	1
0	1	1	0
1	0	1	0
1	1	1	0

65. 다음 파이썬 코드에서 '53t44'를 입력했을 때 출력 결과는?

```
a, b = map(int, input( ).split("t"));
print(a, b)
```

① 53 t 44   ② 53t44

③ 53 44   ④ 53, 44

66. 다음 중 HRN에 대한 설명으로 옳지 않은 것은?

① 대기시간과 서비스시간을 이용하는 방법이다.

② 대기 시간이 긴 프로세스일 경우 우선순위가 높다.

③ 우선순위 계산식 값이 낮을수록 우선순위가 높다.

④ SJF 기법을 보완하기 위한 스케줄링 방법이다.

67. C언어에서 malloc( ) 함수에 대한 설명으로 틀린 것은?

① 원하는 시점에 원하는 만큼 메모리를 동적으로 할당한다.

② 사용자가 입력한 bit만큼 메모리를 할당한다.

③ free 명령어로 할당된 메모리를 해제한다.

④ 메모리 할당이 불가능할 경우 NULL이 반환된다.

전문가의 조언 | malloc( ) 함수는 입력한 Byte만큼 메모리를 할당하는 함수입니다.

68. 다음 중 프로세스에 대한 설명 중 틀린 것은?

① 프로세서가 할당되는 실체로, 디스패치가 가능한 단위이다.

② 프로세스는 비동기적 행위를 일으키는 주체이다.

③ 프로세스는 스레드 내의 작업단위를 의미하며, 경량 스레드라고도 불린다.

④ PCB를 가지며 PCB에는 프로세스의 현재상태, 고유식별자를 가지고 있다.

전문가의 조언 | ③번은 프로세스와 스레드를 반대로 설명하고 있습니다. 스레드는 프로세스 내의 작업단위를 의미하며, 경량 프로세스라고도 불립니다.

69. 3개의 보관구조를 가지는 주기억장치가 있으며, 다음의 순서로 페이지 참조가 발생할 때, FIFO 페이지 교체 알고리즘을 사용할 경우 마지막 페이지 값으로 옳은 것은?

페이지 순서 : 1, 2, 3, 2, 4, 2, 3, 1, 3

① 4, 2, 3   ② 4, 1, 3

③ 1, 2, 3   ④ 1, 4, 2

전문가의 조언 | 3개의 페이지를 수용할 수 있는 주기억장치이므로 아래 그림과 같이 3개의 페이지 프레임으로 표현할 수 있습니다.

참조 페이지	1	2	3	2	4	2	3	1	3
페이지 프레임	1	1	1	1	4	4	4	4	4
		2	2	2	2	2	2	1	1
			3	3	3	3	3	3	3
부재 발생	●	●	●		●			●	

※ ● : 페이지 부재 발생

참조 페이지가 페이지 테이블에 없을 경우 페이지 결함(부재)이 발생됩니다. 초기에는 모든 페이지가 비어 있으므로 처음 1, 2, 3 페이지 적재 시 페이지 결함이 발생됩니다. FIFO 기법은 가장 먼저 들어와 있던 페이지를 교체하는 기법이므로 참조 페이지 4를 참조할 때에는 1을 제거한 후 4를 가져오게 됩니다. 이러한 과정으로 모든 페이지에 대한 요구를 처리하고 나면 총 페이지 결함 발생 횟수는 5회이며, 마지막 페이지 값은 4, 1, 3이 됩니다.

70. 다음 설명에 해당하는 내용은 무엇인가?

프로세스 처리 도중, 참조할 페이지가 주기억장치에 없어 프로세스 처리 시간보다 페이지 교체에 소요되는 시간이 더 많아지는 현상

① 스레드(Thread)

② 스래싱(Thrasing)

③ 페이지 부재(Page Fault)

④ 워킹셋(Working Set)

전문가의 조언 | 지문의 내용은 스래싱(Thrasing)에 대한 설명입니다.

71. 다음 중 IP 버전에 대한 설명 중 틀린 것은?

① IPv4는 각 부분을 옥텟으로 구성, 총 32비트로 구성된다.

② IPv6는 각 부분을 콜론으로 구분한다.

③ IPv4는 네트워크 부분의 길이에 따라 A 클래스에서 E 클래스까지 총 5단계로 구성되어 있다.

④ IPv6는 IPv4에 비해 자료 전송 속도가 느리다.

전문가의 조언 | IPv6는 IPv4에 비해 자료 전송 속도가 빠릅니다.

72. JAVA에서 힙(Heap)에 남아있으나 변수가 가지고 있던 참조값을 잃거나 변수 자체가 없어짐으로써 더 이상 사용되지 않는 객체를 제거해주는 역할을 하는 모듈은?

① Heap Collector   ② Garbage Collector

③ Memory Collector   ④ Variable Collector

전문가의 조언 | 실제로는 사용되지 않으면서 가용 공간 리스트에 반환되지 않는 메모리 공간인 가비지(Garbage, 쓰레기)를 강제로 해제하여 사용할 수 있도록 하는 메모리 관리 모듈을 가비지 콜렉터(Garbage Collector)라고 합니다.

정답 : 64.② 65.③ 66.③ 67.② 68.③ 69.② 70.② 71.④ 72.②

73. UNIX에서 새로운 프로세스를 생성하는 명령어는?

① ls ② cat

③ fork ④ chmod

전문가의 조언 | UNIX에서 새로운 프로세스를 생성하는 명령어는 fork입니다.

74. 교착 상태가 발생할 수 있는 조건이 아닌 것은?

① Mutual exclusion

② Hold and wait

③ Non-preemption

④ Linear wait

전문가의 조언 | 교착 상태 발생의 필요 충분 조건 4가지는 상호 배제(Mutual Exclusion), 점유와 대기(Hold and Wait), 환형 대기(Circular Wait), 비선점(Non-preemption)입니다.

75. IEEE 802.3 LAN에서 사용되는 전송 매체 접속 제어 (MAC) 방식은?

① CSMA/CD ② Token Bus

③ Token Ring ④ Slotted Ring

전문가의 조언 | IEEE 802.3의 매체 접근 제어 방식은 CSMA/CD 방식입니다.

76. 프로세스 상태의 종류가 아닌 것은?

① Ready ② Running

③ Request ④ Exit

전문가의 조언 | 프로세스 상태의 종류에는 제출(Submit), 접수(Hold), 준비(Ready), 실행(Run), 대기(Wait), 종료(Terminated, Exit) 등이 있습니다.

77. TCP/IP에서 사용되는 논리 주소를 물리 주소로 변환시 켜 주는 프로토콜은?

① TCP ② ARP

③ FTP ④ IP

전문가의 조언 | TCP/IP 네트워크에서 논리 주소를 물리 주소로 변환하는 프로토 콜은 ARP(Address Resolution Protocol)입니다.

78. OSI 7계층 중 네트워크 계층에 대한 설명으로 틀린 것은?

① 패킷을 발신지로부터 최종 목적지까지 전달하는 책 임을 진다.

② 한 노드로부터 다른 노드로 프레임을 전송하는 책 임을 진다.

③ 패킷에 발신지와 목적지의 논리 주소를 추가한다.

④ 라우터 또는 교환기는 패킷 전달을 위해 경로를 지 정하거나 교환 기능을 제공한다.

전문가의 조언 | 네트워크 계층의 프로토콜 데이터 단위(PDU)는 패킷(Packet)입 니다. PDU가 프레임(Frame)인 계층은 데이터 링크 계층입니다.

79. 프레임워크(Framework)에 대한 설명으로 옳은 것은?

① 소프트웨어 구성에 필요한 기본 구조를 제공함으로 써 재사용이 가능하게 해준다.

② 소프트웨어 개발 시 구조가 잡혀 있기 때문에 확장 이 불가능하다.

③ 소프트웨어 아키텍처(Architecture)와 동일한 개념 이다.

④ 모듈화(Modularity)가 불가능하다.

전문가의 조언 | 프레임워크는 모듈화가 잘 되어있어 자유로운 확장이 가능한 반 제품 형태의 소프트웨어로, 소프트웨어 아키텍처와는 다른 개념입니다.

80. C언어 라이브러리 중 stdlib.h에 대한 설명으로 옳은 것은?

① 문자열을 수치 데이터로 바꾸는 문자 변환함수와 수치를 문자열로 바꿔주는 변환함수 등이 있다.

② 문자열 처리 함수로 strlen( )이 포함되어 있다.

③ 표준 입출력 라이브러리이다.

④ 삼각 함수, 제곱근, 지수 등 수학적인 함수를 내장 하고 있다.

전문가의 조언 | ②번은 string.h, ③번은 stdio.h, ④번은 math.h에 대한 설명입 니다.

5과목 ▶ 정보시스템 구축 관리

81. 입력 데이터 검증 및 표현과 관련된 설명으로 옳지 않은 것은?

① SQL 삽입 : 웹 응용 프로그램에 SQL을 삽입하여 내부 데이터베이스(DB) 서버의 데이터를 유출 및 변조하고, 관리자 인증을 우회한다.

② 크로스사이트 스크립트 : 웹페이지에 악의적인 스크립트를 삽입하여 방문자들의 정보를 탈취한다.

③ 자원 삽입 : 악의적인 명령어가 포함된 스크립트 파일을 업로드함으로써 시스템에 손상을 준다.

④ 운영체제 명령어 삽입 : 외부 입력값을 통해 시스템 명령어의 실행을 유도함으로써 권한을 탈취하거나 시스템 장애를 유발한다.

> **전문가의 조언** │ 경로 조작 및 자원 삽입은 데이터 입출력 경로를 조작하여 서버 자원을 수정·삭제하는 보안 약점입니다. 악의적인 명령어가 포함된 스크립트 파일을 업로드하는 보안 약점은 '위험한 형식 파일 업로드'입니다.

82. 악성코드의 유형 중 다른 컴퓨터의 취약점을 이용하여 스스로 전파하거나 메일로 전파되며 스스로를 증식하는 것은?

① Worm
② Rogue Ware
③ Adware
④ Reflection Attack

> **전문가의 조언** │ 네트워크를 통해 연속적으로 자신을 복제하는 악성코드는 웜(Worm)입니다.

83. 정보 보안 요소 중 무결성(Integrity)에 대한 설명으로 옳은 것은?

① 시스템 내의 정보와 자원은 인가된 사용자에게만 접근이 허용된다는 것을 의미한다.

② 시스템 내의 정보와 자원을 사용하려는 사용자가 합법적인 사용자인지를 확인하는 모든 행위를 말한다.

③ 인가받은 사용자는 언제라도 사용할 수 있다는 것을 의미한다.

④ 시스템 내의 정보는 오직 인가된 사용자만 수정할 수 있다는 것을 의미한다.

> **전문가의 조언** │ ①번은 기밀성(Confidentiality), ②번은 인증(Authentication), ③번은 가용성(Availability)에 대한 설명입니다.

84. 세션 하이재킹을 탐지하는 방법으로 거리가 먼 것은?

① FTP SYN SEGMENT 탐지
② 비동기화 상태 탐지
③ ACK STORM 탐지
④ 패킷의 유실 및 재전송 증가 탐지

> **전문가의 조언** │ 세션 하이재킹의 탐지 방법에는 비동기화 상태 탐지, ACK Storm 탐지, 패킷의 유실과 재전송 증가 탐지, 예상치 못한 접속의 리셋 탐지 등이 있습니다.

85. 정보 보안의 3요소에 해당하지 않는 것은?

① 기밀성
② 무결성
③ 가용성
④ 휘발성

> **전문가의 조언** │ 정보 보안의 3대 요소에는 기밀성, 무결성, 가용성이 있습니다.

86. LOC 기법에 의하여 예측된 총 라인수가 36,000라인, 개발에 참여할 프로그래머가 6명, 프로그래머들의 평균 생산성이 월간 300라인일 때 개발에 소요되는 기간은?

① 5개월
② 10개월
③ 15개월
④ 20개월

> **전문가의 조언** │ • 프로그래머들의 평균 생산성이 월간 300라인이라면 프로그래머 6명의 월간 생산성은 1,800입니다.
> • 총 라인수가 36,000이므로 36,000 / 1,800 = 20, 즉 개발 기간은 20개월입니다.

87. COCOMO 모델에 의한 비용 산정에 대한 설명으로 옳지 않은 것은?

① 보헴이 제안한 원시 프로그램의 규모에 의한 비용 예측 모형이다.

② 같은 규모의 소프트웨어라도 그 유형에 따라 비용이 다르게 산정된다.

③ 비용 산정 유형으로 Organic Mode, Embedded Mode, Semi-Detached Mode가 있다.

④ UFP(Unadjusted Function Point)를 계산한다.

> **전문가의 조언** │ UFP(Unadhusted Function Point)는 기능 점수(Function Point) 모델에서 기능 점수를 산출하는 과정 중에 계산되는 값입니다.

정답 : 73.③ 74.④ 75.① 76.③ 77.② 78.② 79.① 80.① 81.③ 82.① 83.④ 84.① 85.④ 86.④ 87.④

88. Wi-Fi에서 제정한 무선 랜(WLAN) 인증 및 암호화 관련 표준은?

① WCDMA   ② WPA

③ SSL   ④ SHA

> 전문가의 조언 | Wi-Fi에서 제정한 무선 랜(WLAN) 인증 및 암호화 관련 표준은 WPA(Wi-Fi Protected Access)이며, IEEE 802.11i버전에서 지원합니다.

89. 다음 설명에 해당하는 암호화 알고리즘은?

- DES의 보안 문제를 해결하기 위해 개발되었다.
- NIST에서 개발한 개인키 암호화 알고리즘이다.

① ARIA   ② AES

③ DSA   ④ SEED

> 전문가의 조언 | DES의 보안 문제 해결을 위해 NIST에서 개발한 개인키 암호화 알고리즘은 AES입니다.

90. 침입 탐지 시스템(IDS; Intrusion Detection System)과 관련한 설명으로 틀린 것은?

① 이상 탐지 기법(Anomaly Detection)은 Signature Base나 Knowledge Base라고도 불리며 이미 발견되고 정립된 공격 패턴을 입력해두었다가 탐지 및 차단한다.

② HIDS(Host-Based Intrusion Detection)는 운영체제에 설정된 사용자 계정에 따라 어떤 사용자가 어떤 접근을 시도하고 어떤 작업을 했는지에 대한 기록을 남기고 추적한다.

③ NIDS(Network-Based Intrusion Detection System)로는 대표적으로 Snort가 있다.

④ 외부 인터넷에 서비스를 제공하는 서버가 위치하는 네트워크인 DMZ(Demilitarized Zone)에는 IDS가 설치될 수 있다.

> 전문가의 조언 | 이상 탐지 기법(Anomaly Detection)은 평균적인 시스템의 상태를 기준으로 비정상적인 행위나 자원의 사용이 감지되면 이를 알려주는 시스템입니다. ①번은 오용 탐지 기법(Misuse Detection)에 대한 설명입니다.

91. 네트워크 장비에 대한 설명으로 옳지 않은 것은?

① 브라우터는 전송되는 신호가 전송 선로의 특성 및 외부 충격 등의 요인으로 인해 원래의 형태와 다르게 왜곡되거나 약해질 경우 원래의 신호 형태로 재생하여 다시 전송하는 역할을 수행한다.

② 브리지는 LAN과 LAN을 연결하거나 LAN 안에서의 컴퓨터 그룹을 연결하는 기능을 수행하며, 데이터 링크 계층 중 MAC 계층에서 사용된다.

③ 스위치는 LAN과 LAN을 연결하여 훨씬 더 큰 LAN을 만드는 장치로, OSI 7계층의 2계층에서 사용된다.

④ 라우터는 LAN과 LAN의 연결 기능에 데이터 전송의 최적 경로를 선택할 수 있는 기능이 추가된 것으로, 서로 다른 LAN이나 LAN과 WAN의 연결도 수행하고, OSI 7계층의 네트워크 계층에서 동작한다.

> 전문가의 조언 | 브라우터(Brouter)는 브리지와 라우터의 기능을 모두 갖추고 있는 네트워크 장비입니다. ①번은 리피터(Repeater)에 대한 설명입니다.

92. SQL Injection 공격과 관련한 설명으로 틀린 것은?

① SQL Injection은 임의로 작성한 SQL 구문을 애플리케이션에 삽입하는 공격 방식이다.

② SQL Injection 취약점이 발생하는 곳은 주로 웹 애플리케이션과 데이터베이스가 연동되는 부분이다.

③ DBMS의 종류와 관계없이 SQL Injection 공격 기법은 모두 동일하다.

④ 로그인과 같이 웹에서 사용자의 입력 값을 받아 데이터베이스 SQL문으로 데이터를 요청하는 경우 SQL Injection을 수행할 수 있다.

> 전문가의 조언 | SQL 삽입(SQL Injection) 공격은 웹 응용 프로그램에 SQL을 삽입하여 내부 데이터베이스(DB) 서버의 데이터를 유출 및 변조하고 관리자 인증을 우회하는 기법으로, DBMS의 종류에 따라 접근하는 방법이 달라지므로 공격 기법이 모두 동일하다는 말은 잘못되었습니다.

93. 브리지와 구내 정보 통신망(LAN)으로 구성된 통신망에서 루프(폐회로)를 형성하지 않으면서 연결을 설정하는 알고리즘은?

① Spanning Tree Algorithm

② Diffie-Hellman Algorithm

③ Hash Algorithm

④ Digital Signature Algorithm

전문가의 조언 | 루프(폐회로)를 형성하지 않으면서 연결을 설정하는 알고리즘은 STA(Spanning Tree Algorithm)입니다.

전문가의 조언 | 문제의 지문은 SAN(Storage Area Network)에 대한 설명입니다.

94. 다음 내용이 설명하는 것은?

- 블록체인(Blockchain) 개발환경을 클라우드로 서비스하는 개념
- 블록체인 네트워크에 노드의 추가 및 제거가 용이
- 블록체인의 기본 인프라를 추상화하여 블록체인 응용프로그램을 만들 수 있는 클라우드 컴퓨팅 플랫폼

① OTT   ② BaaS
③ SDDC   ④ Wi-SUN

전문가의 조언 | 지문의 내용은 Baas에 대한 설명입니다.

95. 소프트웨어 재공학의 주요 활동 중 기존 소프트웨어를 다른 운영체제나 하드웨어 환경에서 사용할 수 있도록 변환하는 것은?

① 역공학   ② 분석
③ 재구성   ④ 이식

전문가의 조언 | 기존 소프트웨어를 다른 운영체제나 하드웨어 환경에서 사용할 수 있도록 변환하는 활동을 이식(Migration)이라고 합니다.

96. 다음 암호 알고리즘 중 성격이 다른 하나는?

① MD4   ② MD5
③ SHA-1   ④ AES

전문가의 조언 | AES는 개인키 암호화 알고리즘이고, MD4, MD5, SHA-1은 해시 알고리즘입니다.

97. 다음 내용이 설명하는 것은?

- 네트워크상에 광채널 스위치의 이점인 고속 전송과 장거리 연결 및 멀티 프로토콜 기능을 활용
- 각기 다른 운영체제를 가진 여러 기종들이 네트워크상에서 동일 저장장치의 데이터를 공유하게 함으로써, 여러 개의 저장장치나 백업 장비를 단일화시킨 시스템

① SAN   ② MBR
③ NAC   ④ NIC

98. 기존 무선 랜의 한계 극복을 위해 등장하였으며, 대규모 디바이스의 네트워크 생성에 최적화되어 차세대 이동통신, 홈네트워킹, 공공 안전 등의 특수목적에 사용되는 새로운 방식의 네트워크 기술을 의미하는 것은?

① Software Defined Perimeter
② Virtual Private Network
③ Local Area Network
④ Mesh Network

전문가의 조언 | 대규모 디바이스의 네트워크 생성에 최적화되어 차세대 이동통신, 홈네트워킹, 공공 안전 등의 특수목적에 사용되는 새로운 방식의 네트워크 기술을 매시 네트워크(Mesh Network)라고 합니다.

99. CPM(Critical Path Method)에 대한 설명으로 옳지 않은 것은?

① 프로젝트 내에서 각 작업이 수행되는 시간과 각 작업 사이의 관계를 파악할 수 있다.
② 작업 일정을 한눈에 볼 수 있도록 해주며 막대 그래프의 형태로 표현한다.
③ 효과적인 프로젝트의 통제를 가능하게 해 준다.
④ 경영층의 과학적인 의사 결정을 지원한다.

전문가의 조언 | 작업 일정을 한눈에 볼 수 있도록 해주며 막대 그래프의 형태로 표현하는 것은 간트 차트입니다.

100. 클라우드 기반 HSM(Cloud-based Hardware Security Module)에 대한 설명으로 틀린 것은?

① 클라우드(데이터센터) 기반 암호화 키 생성, 처리, 저장 등을 하는 보안 기기이다.
② 국내에서는 공인인증제의 폐지와 전자서명법 개정을 추진하면서 클라우드 HSM 용어가 자주 등장하였다.
③ 클라우드에 인증서를 저장하므로 기존 HSM 기기나 휴대폰에 인증서를 저장해 다닐 필요가 없다.
④ 하드웨어가 아닌 소프트웨어적으로만 구현되기 때문에 소프트웨어식 암호 기술에 내재된 보안 취약점을 해결할 수 없다는 것이 주요 단점이다.

전문가의 조언 | Cloud HSM은 암호화 키 생성이 하드웨어적으로 구현되므로 소프트웨어적으로 구현된 암호 기술이 가지는 보안 취약점을 무시할 수 있습니다.

1과목 ▶ 소프트웨어 설계

1. UML 다이어그램 중 순차 다이어그램에 대한 설명으로 틀린 것은?

① 객체 간의 동적 상호작용을 시간 개념을 중심으로 모델링 하는 것이다.

② 주로 시스템의 정적 측면을 모델링하기 위해 사용한다.

③ 일반적으로 다이어그램의 수직 방향이 시간의 흐름을 나타낸다.

④ 회귀 메시지(Self—Message), 제어블록(Statement Block) 등으로 구성된다.

> 전문가의 조언 | 순차 다이어그램(Sequence Diagram)은 시간의 흐름에 따라 상호 작용하는 개체들을 표현하는 것으로 주로 시스템의 동적인 측면을 모델링하기 위해 사용합니다.

2. 메시지 지향 미들웨어(Message—Oriented Middleware, MOM)에 대한 설명으로 틀린 것은?

① 느리고 안정적인 응답보다는 즉각적인 응답이 필요한 온라인 업무에 적합하다.

② 독립적인 애플리케이션을 하나의 통합된 시스템으로 묶기 위한 역할을 한다.

③ 송신측과 수신측의 연결 시 메시지 큐를 활용하는 방법이 있다.

④ 상이한 애플리케이션 간 통신을 비동기 방식으로 지원한다.

> 전문가의 조언 | MOM은 온라인 업무보다는 이기종 분산 데이터 시스템의 데이터 동기를 위해 많이 사용됩니다.

3. 익스트림 프로그래밍에 대한 설명으로 틀린 것은?

① 대표적인 구조적 방법론 중 하나이다.

② 소규모 개발 조직이 불확실하고 변경이 많은 요구를 접하였을 때 적절한 방법이다.

③ 익스트림 프로그래밍을 구동시키는 원리는 상식적인 원리와 경험을 최대한 끌어 올리는 것이다.

④ 구체적인 실천 방법을 정의하고 있으며, 개발 문서보다는 소스 코드에 중점을 둔다.

> 전문가의 조언 | 익스트림 프로그래밍(eXtreme Programming)은 애자일 개발 방법론을 기반으로 하는 소프트웨어 개발 모형입니다.

4. 유스케이스(Use Case)의 구성 요소 간의 관계에 포함되지 않는 것은?

① 연관

② 확장

③ 구체화

④ 일반화

> 전문가의 조언 | 유스케이스 다이어그램에서는 연관 관계, 포함 관계, 확장 관계, 일반화 관계를 표현할 수 있습니다.

5. 요구사항 분석에서 비기능적(Nonfunctional) 요구에 대한 설명으로 옳은 것은?

① 시스템의 처리량(Throughput), 반응 시간 등의 성능 요구나 품질 요구는 비기능적 요구에 해당하지 않는다.

② '차량 대여 시스템이 제공하는 모든 화면이 3초 이내에 사용자에게 보여야 한다'는 비기능적 요구이다.

③ 시스템 구축과 관련된 안전, 보안에 대한 요구사항들은 비기능적 요구에 해당하지 않는다.

④ '금융 시스템은 조회, 인출, 입금, 송금의 기능이 있어야 한다'는 비기능적 요구이다.

> 전문가의 조언 | ① 성능 요구나 품질 요구는 비기능 요구사항에 해당합니다.
> ② 비기능 요구사항 중 성능 요구사항에 해당합니다.
> ③ 안전이나 보안에 대한 요구사항은 비기능 요구사항에 해당합니다.
> ④ 기능 요구사항에 해당합니다.

6. 정보공학 방법론에서 데이터베이스 설계의 표현으로 사용하는 모델링 언어는?

① Package Diagram

② State Transition Diagram

③ Deployment Diagram

④ Entity-Relationship Diagram

> 전문가의 조언 | • 정보공학 방법론에서는 업무 영역 분석과 업무 시스템 설계 과정에서 데이터베이스 설계를 위한 데이터 모델링으로 Entity-Relationship Diagram(개체 관계도)을 사용합니다.
> • ①, ②, ③번은 객체지향 개발 방법론에서 사용하는 모델링 언어입니다.

7. 미들웨어(Middleware)에 대한 설명으로 틀린 것은?

① 여러 운영체제에서 응용 프로그램들 사이에 위치한 소프트웨어이다.

② 미들웨어의 서비스 이용을 위해 사용자가 정보 교환 방법 등의 내부 동작을 쉽게 확인할 수 있어야 한다.

③ 소프트웨어 컴포넌트를 연결하기 위한 준비된 인프라 구조를 제공한다.

④ 여러 컴포넌트를 1 대 1, 1 대 다, 다 대 다 등 여러 가지 형태로 연결이 가능하다.

> 전문가의 조언 | 사용자가 미들웨어의 내부 동작을 확인하려면 별도의 응용 소프트웨어를 사용해야 하므로, 사용자가 미들웨어의 내부 동작을 확인하기는 쉽지 않습니다.

8. UI의 설계 지침으로 틀린 것은?

① 이해하기 편하고 쉽게 사용할 수 있는 환경을 제공해야 한다.

② 주요 기능을 메인 화면에 노출하여 조작이 쉽도록 하여야 한다.

③ 치명적인 오류에 대한 부정적인 사항은 사용자가 인지할 수 없도록 한다.

④ 사용자의 직무, 연령, 성별 등 다양한 계층을 수용하여야 한다.

> 전문가의 조언 | 오류가 발생하면 사용자가 쉽게 인지할 수 있도록 설계해야 합니다.

9. 객체지향 개념에서 다형성(Polymorphism)과 관련한 설명으로 틀린 것은?

① 다형성은 현재 코드를 변경하지 않고 새로운 클래스를 쉽게 추가할 수 있게 한다.

② 다형성이란 여러 가지 형태를 가지고 있다는 의미로, 여러 형태를 받아들일 수 있는 특징을 말한다.

③ 메소드 오버라이딩(Overriding)은 상위 클래스에서 정의한 일반 메소드의 구현을 하위 클래스에서 무시하고 재정의할 수 있다.

④ 메소드 오버로딩(Overloading)의 경우 매개 변수 타입은 동일하지만 메소드명을 다르게 함으로써 구현, 구분할 수 있다.

> 전문가의 조언 | 메소드 오버로딩(Overloading)은 메소드명은 같지만 매개 변수의 개수나 타입을 다르게 함으로써 구현, 구분할 수 있습니다.

10. 소프트웨어 개발 영역을 결정하는 요소 중 다음 사항과 관계있는 것은?

> • 소프트웨어에 의해 간접적으로 제어되는 장치와 소프트웨어를 실행하는 하드웨어
> • 기존의 소프트웨어와 새로운 소프트웨어를 연결하는 소프트웨어
> • 순서적 연산에 의해 소프트웨어를 실행하는 절차

① 기능(Function)

② 성능(Performance)

③ 제약 조건(Constraint)

④ 인터페이스(Interface)

> 전문가의 조언 | 문제의 지문에서 설명하는 요소는 인터페이스(Interface)입니다.

11. 객체에 대한 설명으로 틀린 것은?

① 객체는 상태, 동작, 고유 식별자를 가진 모든 것이라 할 수 있다.

② 객체는 공통 속성을 공유하는 클래스들의 집합이다.

③ 객체는 필요한 자료 구조와 이에 수행되는 함수들을 가진 하나의 독립된 존재이다.

④ 객체의 상태는 속성값에 의해 정의된다.

> 전문가의 조언 | 객체가 클래스의 집합이 아니라 클래스가 공통된 속성과 연산(행위)을 갖는 객체의 집합입니다.

정답 : 1.② 2.① 3.① 4.③ 5.② 6.④ 7.② 8.③ 9.④ 10.④ 11.②

12. 속성과 관련된 연산(Operation)을 클래스 안에 묶어서 하나로 취급하는 것을 의미하는 객체지향 개념은?

① Inheritance
② Class
③ Encapsulation
④ Association

13. 애자일(Agile) 프로세스 모델에 대한 설명으로 틀린 것은?

① 변화에 대한 대응보다는 자세한 계획을 중심으로 소프트웨어를 개발한다.
② 프로세스와 도구 중심이 아닌 개개인과의 상호소통을 통해 의견을 수렴한다.
③ 협상과 계약보다는 고객과의 협력을 중시한다.
④ 문서 중심이 아닌, 실행 가능한 소프트웨어를 중시한다.

14. 명백한 역할을 가지고 독립적으로 존재할 수 있는 시스템의 부분으로 넓은 의미에서는 재사용되는 모든 단위라고 볼 수 있으며, 인터페이스를 통해서만 접근할 수 있는 것은?

① Model
② Sheet
③ Component
④ Cell

15. GoF(Gang of Four) 디자인 패턴을 생성, 구조, 행동 패턴의 세 그룹으로 분류할 때, 구조 패턴이 아닌 것은?

① Adapter 패턴
② Bridge 패턴
③ Builder 패턴
④ Proxy 패턴

16. UI와 관련된 기본 개념 중 하나로, 시스템의 상태와 사용자의 지시에 대한 효과를 보여주어 사용자가 명령에 대한 진행 상황과 표시된 내용을 해석할 수 있도록 도와주는 것은?

① Feedback
② Posture
③ Module
④ Hash

17. UI의 종류로 멀티 터치(Multi-touch), 동작 인식(Gesture Recognition) 등 사용자의 자연스러운 움직임을 인식하여 서로 주고받는 정보를 제공하는 사용자 인터페이스를 의미하는 것은?

① GUK Graphical User Interface)
② OUI(Organic User Interface)
③ NUI(Natural User Interface)
④ CLK(Command Line Interface)

18. 소프트웨어 모델링과 관련한 설명으로 틀린 것은?

① 모델링 작업의 결과물은 다른 모델링 작업에 영향을 줄 수 없다.
② 구조적 방법론에서는 DFD(Data Flow Diagram), DD(Data Dictionary) 등을 사용하여 요구 사항의 결과를 표현한다.
③ 객체지향 방법론에서는 UML 표기법을 사용한다.
④ 소프트웨어 모델을 사용할 경우 개발될 소프트웨어에 대한 이해도 및 이해 당사자 간의 의사소통 향상에 도움이 된다.

19. 유스케이스 다이어그램(Use Case Diagram)에 관련된 내용으로 틀린 것은?

① 시스템과 상호 작용하는 외부 시스템은 액터로 파악해서는 안된다.

② 유스케이스는 사용자 측면에서의 요구사항으로, 사용자가 원하는 목표를 달성하기 위해 수행할 내용을 기술한다.

③ 시스템 액터는 다른 프로젝트에서 이미 개발되어 사용되고 있으며, 본 시스템과 데이터를 주고받는 등 서로 연동되는 시스템을 말한다.

④ 액터가 인식할 수 없는 시스템 내부의 기능을 하나의 유스케이스로 파악해서는 안된다.

전문가의 조언 | 시스템과 상호 작용하는 모든 외부 요소를 액터라고 합니다.

20. 소프트웨어 아키텍처 모델 중 MVC(Model–View–Controller)와 관련한 설명으로 틀린 것은?

① MVC 모델은 사용자 인터페이스를 담당하는 계층의 응집도를 높일 수 있고, 여러 개의 다른 UI를 만들어 그 사이에 결합도를 낮출 수 있다.

② 모델(Model)은 뷰(View)와 제어(Controller) 사이에서 전달자 역할을 하며, 뷰마다 모델 서브시스템이 각각 하나씩 연결된다.

③ 뷰(View)는 모델(Model)에 있는 데이터를 사용자 인터페이스에 보이는 역할을 담당한다.

④ 제어(Controller)는 모델(Model)에 명령을 보냄으로써 모델의 상태를 변경할 수 있다.

전문가의 조언 | 모델(Model)은 서브시스템의 핵심 기능과 데이터를 보관하는 역할을 합니다.

2과목 **소프트웨어 개발**

21. 통합 테스트(Integration Test)와 관련한 설명으로 틀린 것은?

① 시스템을 구성하는 모듈의 인터페이스와 결합을 테스트하는 것이다.

② 하향식 통합 테스트의 경우 넓이 우선(Breadth First) 방식으로 테스트를 할 모듈을 선택할 수 있다.

③ 상향식 통합 테스트의 경우 시스템 구조도의 최상위에 있는 모듈을 먼저 구현하고 테스트한다.

④ 모듈 간의 인터페이스와 시스템의 동작이 정상적으로 잘되고 있는지를 빨리 파악하고자 할 때 상향식보다는 하향식 통합 테스트를 사용하는 것이 좋다.

전문가의 조언 | 상향식 통합 테스트는 프로그램의 하위 모듈에서 상위 모듈 방향으로 통합하면서 테스트하는 기법입니다.

22. 다음과 같이 레코드가 구성되어 있을 때, 이진 검색 방법으로 14를 찾을 경우 비교되는 횟수는?

1 2 3 4 5 6 7 8 9 10 11 12 13 14 15

① 2   ② 3

③ 4   ④ 5

전문가의 조언 | 이진 검색 방법으로 14를 찾는 방법은 다음과 같습니다.
❶ 첫 번째 값(F)과 마지막 값(L)을 이용하여 중간 값 M을 구한 후 찾으려는 값과 비교합니다.
M = (1+15) / 2 = 8, 8이 찾으려는 값인지 확인합니다. 8은 찾으려는 값 14보다 작으므로 찾는 값은 9~15에 있습니다. ← 1회 비교
❷ F = 9, L = 15, M = (9+15) / 2 = 12, 12가 찾으려는 값인지 확인합니다. 12는 찾으려는 값 14보다 작으므로 찾는 값은 13~15에 있습니다. ← 2회 비교
❸ F = 13, L = 15, M = (13+15) / 2 = 14, 14가 찾으려는 값인지 비교합니다. 14는 찾는 값입니다. ← 3회 비교

정답 : 12.③ 13.① 14.③ 15.③ 16.① 17.③ 18.① 19.① 20.② 21.③ 22.②

23. 소프트웨어 공학에서 워크스루(Walkthrough)에 대한 설명으로 틀린 것은?

① 사용사례를 확장하여 명세하거나 설계 다이어그램, 원시코드, 테스트 케이스 등에 적용할 수 있다.

② 복잡한 알고리즘 또는 반복, 실시간 동작, 병행 처리와 같은 기능이나 동작을 이해하려고 할 때 유용하다.

③ 인스펙션(Inspection)과 동일한 의미를 가진다.

④ 단순한 테스트 케이스를 이용하여 프로덕트를 수작업으로 수행해 보는 것이다.

> 전문가의 조언 | 인스펙션(Inspection)은 워크스루를 발전시킨 형태로, 소프트웨어 개발 단계에서 산출된 결과물의 품질을 평가하고 이를 개선하기 위한 방법 등을 제시합니다.

24. 소프트웨어의 개발 과정에서 소프트웨어의 변경 사항을 관리하기 위해 개발된 일련의 활동을 뜻하는 것은?

① 복호화   ② 형상 관리

③ 저작권   ④ 크랙

> 전문가의 조언 | 소프트웨어의 개발 과정에서 소프트웨어의 변경 사항을 관리하기 위해 개발된 일련의 활동을 형상 관리(SCM)라고 합니다.

25. 테스트 케이스와 관련한 설명으로 틀린 것은?

① 테스트의 목표 및 테스트 방법을 결정하기 전에 테스트 케이스를 작성해야 한다.

② 프로그램에 결함이 있더라도 입력에 대해 정상적인 결과를 낼 수 있기 때문에 결함을 검사할 수 있는 테스트 케이스를 찾는 것이 중요하다.

③ 개발된 서비스가 정의된 요구 사항을 준수하는지 확인하기 위한 입력 값과 실행 조건, 예상 결과의 집합으로 볼 수 있다.

④ 테스트 케이스 실행이 통과되었는지 실패하였는지 판단하기 위한 기준을 테스트 오라클(Test Oracle)이라고 한다.

> 전문가의 조언 | 테스트 케이스는 테스트의 목표와 방법을 결정한 후 작성합니다.

26. 객체지향 개념을 활용한 소프트웨어 구현과 관련한 설명 중 틀린 것은?

① 객체(Object)란 필요한 자료 구조와 수행되는 함수들을 가진 하나의 독립된 존재이다.

② JAVA에서 정보은닉(Information Hiding)을 표기할 때 private의 의미는 '공개'이다.

③ 상속(Inheritance)은 개별 클래스를 상속 관계로 묶음으로써 클래스 간의 체계화된 전체 구조를 파악하기 쉽다는 장점이 있다.

④ 같은 클래스에 속하는 개개의 객체이자 하나의 클래스에서 생성된 객체를 인스턴스(Instance)라고 한다.

> 전문가의 조언 | JAVA에서 private는 외부로부터의 접근을 제한하는 접근 제어자로, 정보은닉(Information Hiding)을 표기할 때 private의 의미는 '은닉'입니다. '공개'를 의미하는 접근 제어자는 'Public'입니다.

27. DRM(Digital Rights Management)과 관련한 설명으로 틀린 것은?

① 디지털 콘텐츠와 디바이스의 사용을 제한하기 위해 하드웨어 제조업자, 저작권자, 출판업자 등이 사용할 수 있는 접근 제어 기술을 의미한다.

② 디지털 미디어의 생명 주기 동안 발생하는 사용 권한 관리, 과금, 유통 단계를 관리하는 기술로도 볼 수 있다.

③ 클리어링 하우스(Clearing House)는 사용자에게 콘텐츠 라이센스를 발급하고 권한을 부여해주는 시스템을 말한다.

④ 원본을 안전하게 유통하기 위한 전자적 보안은 고려하지 않기 때문에 불법 유통과 복제의 방지는 불가능하다.

> 전문가의 조언 | DRM은 콘텐츠를 안전하게 유통하기 위한 전자적 보안 장치인 보안 컨테이너(Security Container)를 통해 불법 유통과 복제를 방지할 수 있습니다.

28. 위험 모니터링의 의미로 옳은 것은?

① 위험을 이해하는 것

② 첫 번째 조치로 위험을 피할 수 있도록 하는 것

③ 위험 발생 후 즉시 조치하는 것

④ 위험 요소 징후들에 대하여 계속적으로 인지하는 것

> 전문가의 조언 | 'Monitoring'은 '감시하는 것'을 의미하며, '감시'는 '경계하며 지켜본다'는 의미를 갖습니다. 즉 위험 모니터링(Monitoring)은 위험 요소 징후들에 대하여 계속적으로 인지하는 것입니다.

29. 동시에 소스를 수정하는 것을 방지하며 다른 방향으로 진행된 개발 결과를 합치거나 변경 내용을 추적할 수 있는 소프트웨어 버전 관리 도구는?

① RCS(Revision Control System)

② RTS(Reliable Transfer Service)

③ RPC(Remote Procedure Call)

④ RVS(Relative Version System)

> 전문가의 조언 | 동시에 소스를 수정하는 것을 방지하며 다른 방향으로 진행된 개발 결과를 합치거나 변경 내용을 추적할 수 있는 소프트웨어 버전 관리 도구는 RCS(Revision Control System)입니다.

30. 화이트박스 테스트와 관련한 설명으로 틀린 것은?

① 화이트박스 테스트의 이해를 위해 논리 흐름도(Logic-Flow Diagram)를 이용할 수 있다.

② 테스트 데이터를 이용해 실제 프로그램을 실행함으로써 오류를 찾는 동적 테스트(Dynamic Test)에 해당한다.

③ 프로그램의 구조를 고려하지 않기 때문에 테스트 케이스는 프로그램 또는 모듈의 요구나 명세를 기초로 결정한다.

④ 테스트 데이터를 선택하기 위하여 검증 기준(Test Coverage)을 정한다.

> 전문가의 조언 | 화이트박스 테스트는 프로그램의 제어 구조에 따라 선택, 반복 등의 분기점 부분들을 수행함으로써 논리적 경로를 제어합니다. ③번은 블랙박스 테스트에 대한 설명입니다.

31. 알고리즘과 관련한 설명으로 틀린 것은?

① 주어진 작업을 수행하는 컴퓨터 명령어를 순서대로 나열한 것으로 볼 수 있다.

② 검색(Searching)은 정렬이 되지 않은 데이터 혹은 정렬이 된 데이터 중에서 키값에 해당되는 데이터를 찾는 알고리즘이다.

③ 정렬(Sorting)은 흩어져있는 데이터를 키값을 이용하여 순서대로 열거하는 알고리즘이다.

④ 선형 검색은 검색을 수행하기 전에 반드시 데이터의 집합이 정렬되어 있어야 한다.

> 전문가의 조언 | 선형 검색(Linear Search)은 정렬이 되어 있지 않은 파일에서 순차적으로 검색하는 방식으로, 찾고자하는 키(Key) 값을 첫 번째 레코드 키 값부터 차례로 비교하여 검색하는 방식입니다.

32. 버블 정렬을 이용하여 다음 자료를 오름차순으로 정렬할 경우 PASS 1의 결과는?

9, 6, 7, 3, 5

① 6, 9, 7, 3, 5 ② 3, 9, 6, 7, 5

③ 3, 6, 7, 9, 5 ④ 6, 7, 3, 5, 9

> 전문가의 조언 | 버블 정렬은 주어진 파일에서 인접한 두 개의 레코드 키 값을 비교하여 그 크기에 따라 레코드 위치를 서로 교환하는 정렬 방식으로 다음과 같은 과정으로 진행됩니다.
> • 초기상태 : 9, 6, 7, 3, 5
> • 1회전
> 6, 9, 7, 3, 5 → 6, 7, 9, 3, 5 → 6, 7, 3, 9, 5 → 6, 7, 3, 5, 9
> • 2회전
> 6, 7, 3, 5, 9 → 6, 3, 7, 5, 9 → 6, 3, 5, 7, 9
> • 3회전
> 3, 6, 5, 7, 9 → 3, 5, 6, 7, 9
> • 4회전
> 3, 5, 6, 7, 9

33. 다음은 인스펙션(Inspection) 과정을 표현한 것이다. (가)~(마)에 들어갈 말을 [보기]에서 찾아 바르게 연결한 것은?

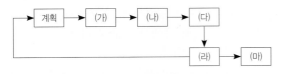

[보기]
ⓐ 준비   ⓑ 사전 교육   ⓒ 인스펙션 회의
ⓓ 수정   ⓔ 후속 조치

① (가) - ⓑ, (나) - ⓒ   ② (나) - ⓐ, (다) - ⓒ
③ (다) - ⓒ, (라) - ⓔ   ④ (라) - ⓓ, (마) - ⓒ

전문가의 조언 | 인스펙션의 과정을 올바로 나열하면 '계획 → 사전 교육 → 준비 → 인스펙션 회의 → 수정 → 후속 조치'입니다.

---

34. 소프트웨어를 보다 쉽게 이해할 수 있고 적은 비용으로 수정할 수 있도록 겉으로 보이는 동작의 변화 없이 내부 구조를 변경하는 것은?

① Refactoring   ② Architecting
③ Specification   ④ Renewal

전문가의 조언 | 소프트웨어를 보다 쉽게 이해할 수 있고 적은 비용으로 수정할 수 있도록 겉으로 보이는 동작의 변화 없이 내부 구조를 변경하는 것을 리팩토링(Refactoring)이라고 합니다.

---

35. 단위 테스트(Unit Test)와 관련한 설명으로 틀린 것은?

① 구현 단계에서 각 모듈의 개발을 완료한 후 개발자가 명세서의 내용대로 정확히 구현되었는지 테스트한다.
② 모듈 내부의 구조를 구체적으로 볼 수 있는 구조적 테스트를 주로 시행한다.
③ 필요 데이터를 인자를 통해 넘겨주고, 테스트 완료 후 그 결과값을 받는 역할을 하는 가상의 모듈을 테스트 스텁(Stub)이라고 한다.
④ 테스트할 모듈을 호출하는 모듈도 있고, 테스트할 모듈이 호출하는 모듈도 있다.

전문가의 조언 | ③번은 테스트 드라이버(Test Driver)에 대한 설명입니다. 테스트 스텁(Test Stub)은 제어 모듈이 호출하는 타 모듈의 기능을 단순히 수행하는 도구로, 일시적으로 필요한 조건만을 가지고 있는 시험용 모듈입니다.

---

36. IDE(Integrated Development Environment) 도구의 각 기능에 대한 설명으로 틀린 것은?

① Coding - 프로그래밍 언어를 가지고 컴퓨터 프로그램을 작성할 수 있는 환경을 제공
② Compile - 저급 언어의 프로그램을 고급 언어 프로그램으로 변환하는 기능
③ Debugging - 프로그램에서 발견되는 버그를 찾아 수정할 수 있는 기능
④ Deployment - 소프트웨어를 최종 사용자에게 전달하기 위한 기능

전문가의 조언 | 컴파일(Compile)은 개발자가 작성한 고급 언어로 된 프로그램을 컴퓨터가 이해할 수 있는 목적 프로그램으로 번역하여 컴퓨터에서 실행 가능한 형태로 변환하는 기능입니다.

---

37. 아래 Tree 구조에 대하여 후위 순회(Postorder)한 결과는?

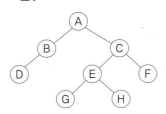

① A → B → D → C → E → G → H → F
② D → B → G → H → E → F → C → A
③ D → B → A → G → E → H → C → F
④ A → B → D → G → E → H → C → F

전문가의 조언 | 먼저 서브 트리를 하나의 노드로 생각할 수 있도록 서브 트리 단위로 묶습니다.

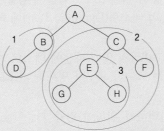

❶ Postorder는 Left → Right → Root이므로 **12A**가 됩니다.
❷ 1은 DB이므로 **DB2A**가 됩니다.
❸ 2는 3FC이므로 **DB3FCA**가 됩니다.
❹ 3은 GHE이므로 **DBGHEFCA**가 됩니다.

38. 인터페이스 구현 시 사용하는 기술로 속성-값 쌍 (Attribute-Value Pairs)으로 이루어진 데이터 오브젝트를 전달하기 위해 사용하는 개방형 표준 포맷은?

① JSON
② HTML
③ AVPN
④ DOF

전문가의 조언 | 속성-값 쌍(Attribute-Value Pairs)으로 이루어진 데이터 오브젝트를 전달하기 위해 사용하는 개방형 표준 포맷은 JSON(JavaScript Object Notation)입니다.

39. 순서가 있는 리스트에서 데이터의 삽입(Push), 삭제 (Pop)가 한 쪽 끝에서 일어나며 LIFO(Last_In-First-Out)의 특징을 가지는 자료 구조는?

① Tree
② Graph
③ Stack
④ Queue

전문가의 조언 | 순서가 있는 리스트에서 데이터의 삽입(Push), 삭제(Pop)가 한 쪽 끝에서 일어나는 자료 구조는 스택(Stack)입니다.

40. 다음 중 단위 테스트 도구로 사용될 수 없는 것은?

① CppUnit
② JUnit
③ HttpUnit
④ IgpUnit

전문가의 조언 | xUnit의 종류에는 JUnit, CppUnit, NUnit, HttpUnit 등이 있습니다.

3과목 데이터베이스 구축

41. 다음 조건을 모두 만족하는 정규형은?

• 테이블 R에 속한 모든 도메인이 원자값만으로 구성되어 있다.
• 테이블 R에서 키가 아닌 모든 필드가 키에 대해 함수적으로 종속되며, 키의 부분집합이 결정자가 되는 부분 종속이 존재하지 않는다.
• 테이블 R에 존재하는 모든 함수적 종속에서 결정자가 후보키이다.

① BCNF
② 제1정규형
③ 제2정규형
④ 제3정규형

전문가의 조언 | 테이블 R에서 존재하는 모든 함수적 종속에서 결정자가 후보키 (Candidate Key)인 정규형은 BCNF입니다.

42. 데이터베이스의 트랜잭션 성질들 중에서 다음 설명에 해당하는 것은?

트랜잭션의 모든 연산들이 정상적으로 수행 완료되거나 아니면 전혀 어떠한 연산도 수행되지 않은 원래 상태가 되도록 해야 한다.

① Atomicity
② Consistency
③ Isolation
④ Durability

전문가의 조언 | 트랜잭션의 연산은 데이터베이스에 모두 반영되도록 완료 (Commit)되든지 아니면 전혀 반영되지 않도록 복구(Rollback)되어야 한다는 특성은 원자성(Atomicity)입니다.

43. 분산 데이터베이스 시스템과 관련한 설명으로 틀린 것은?

① 물리적으로 분산된 데이터베이스 시스템을 논리적으로 하나의 데이터베이스 시스템처럼 사용할 수 있도록 한 것이다.
② 물리적으로 분산되어 지역별로 필요한 데이터를 처리할 수 있는 지역 컴퓨터(Local Computer)를 분산 처리기(Distributed Processor)라고 한다.
③ 분산 데이터베이스 시스템을 위한 통신 네트워크 구조가 데이터 통신에 영향을 주므로 효율적으로 설계해야 한다.
④ 데이터베이스가 분산되어 있음을 사용자가 인식할 수 있도록 분산 투명성(Distribution Transparency)을 배제해야 한다.

전문가의 조언 | 사용자가 데이터베이스가 분산되어 있음을 인식할 필요가 없습니다.

44. 다음 테이블을 보고 강남지점의 판매량이 많은 제품부터 출력되도록 할 때 다음 중 가장 적절한 SQL 구문은? (단, 출력은 제품명과 판매량이 출력되도록 한다.)

〈푸드〉 테이블

지점명	제품명	판매량
강남지점	비빔밥	500
강북지점	도시락	300
강남지점	도시락	200
강남지점	미역국	550
수원지점	비빔밥	600
인천지점	비빔밥	800
강남지점	잡채밥	250

① SELECT 제품명, 판매량 FROM 푸드 ORDER BY 판매량 ASC;

② SELECT 제품명, 판매량 FROM 푸드 ORDER BY 판매량 DESC;

③ SELECT 제품명, 판매량 FROM 푸드 WHERE 지점명='강남지점' ORDER BY 판매량 ASC;

④ SELECT 제품명, 판매량 FROM 푸드 WHERE 지점명='강남지점' ORDER BY 판매량 DESC;

45. 데이터베이스의 인덱스와 관련한 설명으로 틀린 것은?

① 문헌의 색인, 사전과 같이 데이터를 쉽고 빠르게 찾을 수 있도록 만든 데이터 구조이다.

② 테이블에 붙여진 색인으로 데이터 검색 시 처리속도 향상에 도움이 된다.

③ 인덱스의 추가, 삭제 명령어는 각각 ADD, DELETE 이다.

④ 대부분의 데이터베이스에서 테이블을 삭제하면 인덱스도 같이 삭제된다.

46. 물리적 데이터베이스 구조의 기본 데이터 단위인 저장 레코드의 양식을 설계할 때 고려 사항이 아닌 것은?

① 데이터 타입

② 데이터 값의 분포

③ 트랜잭션 모델링

④ 접근 빈도

47. SQL의 기능에 따른 분류 중에서 REVOKE문과 같이 데이터의 사용 권한을 관리하는데 사용하는 언어는?

① DDL(Data Definition Language)

② DML(Data Manipulation Language)

③ DCL(Data Control Language)

④ DUL(Data User Language)

48. 데이터 사전에 대한 설명으로 틀린 것은?

① 시스템 카탈로그 또는 시스템 데이터베이스라고도 한다.

② 데이터 사전 역시 데이터베이스의 일종이므로 일반 사용자가 생성, 유지 및 수정할 수 있다.

③ 데이터베이스에 대한 데이터인 메타데이터(Metadata)를 저장하고 있다.

④ 데이터 사전에 있는 데이터에 실제로 접근하는 데 필요한 위치 정보는 데이터 디렉토리(Data Directory)라는 곳에서 관리한다.

49. 데이터베이스에서 릴레이션에 대한 설명으로 틀린 것은?

① 모든 튜플은 서로 다른 값을 가지고 있다.

② 하나의 릴레이션에서 튜플은 특정한 순서를 가진다.

③ 각 속성은 릴레이션 내에서 유일한 이름을 가진다.

④ 모든 속성 값은 원자값(Atomic Value)을 가진다.

전문가의 조언 | 릴레이션에 포함된 각 튜플 사이에는 순서가 없습니다.

50. 데이터베이스에서의 뷰(View)에 대한 설명으로 틀린 것은?

① 뷰는 다른 뷰를 기반으로 새로운 뷰를 만들 수 있다.

② 뷰는 일종의 가상 테이블이며, update에는 제약이 따른다.

③ 뷰는 기본 테이블을 만드는 것처럼 create view를 사용하여 만들 수 있다.

④ 뷰는 논리적으로 존재하는 기본 테이블과 다르게 물리적으로만 존재하며 카탈로그에 저장된다.

전문가의 조언 | 뷰(View)는 저장장치 내에 물리적으로 존재하지 않는 가상 테이블입니다.

51. 트랜잭션의 상태 중 트랜잭션의 마지막 연산이 실행된 직후의 상태로, 모든 연산의 처리는 끝났지만 트랜잭션이 수행한 최종 결과를 데이터베이스에 반영하지 않은 상태는?

① Active

② Partially Committed

③ Committed

④ Aborted

전문가의 조언 | 트랜잭션의 마지막 연산이 실행된 직후의 상태로, 모든 연산의 처리는 끝났지만 트랜잭션이 수행한 최종 결과를 데이터베이스에 반영하지 않은 상태는 부분 완료(Partially Committed)입니다.

52. SQL의 명령을 사용 용도에 따라 DDL, DML, DCL로 구분할 경우, 그 성격이 나머지 셋과 다른 것은?

① SELECT

② UPDATE

③ INSERT

④ GRANT

전문가의 조언 | SELECT, UPDATE, INSERT는 DML(데이터 조작어), GRANT는 데이터 제어어(DCL)입니다.

53. 키의 종류 중 유일성과 최소성을 만족하는 속성 또는 속성들의 집합은?

① Atomic Key

② Super Key

③ Candidate Key

④ Test Key

전문가의 조언 | 후보키(Candidate Key)는 릴레이션에 있는 모든 튜플에 대해 유일성과 최소성을 모두 만족시켜야 합니다.

54. 데이터베이스에서 개념적 설계 단계에 대한 설명으로 틀린 것은?

① 산출물로 E-R Diagram을 만들 수 있다.

② DBMS에 독립적인 개념 스키마를 설계한다.

③ 트랜잭션 인터페이스를 설계 및 작성한다.

④ 논리적 설계 단계의 앞 단계에서 수행된다.

전문가의 조언 | 트랜잭션의 인터페이스 설계는 논리적 설계 단계에서 수행하는 작업입니다.

55. 테이블의 기본키(Primary Key)로 지정된 속성에 관한 설명으로 가장 거리가 먼 것은?

① NOT NULL로 널 값을 가지지 않는다.

② 릴레이션에서 튜플을 구별할 수 있다.

③ 외래키로 참조될 수 있다.

④ 검색할 때 반드시 필요하다.

전문가의 조언 | 기본키가 지정되어 있지 않아도 검색할 수 있습니다.

56. 데이터 모델의 구성 요소 중 데이터 구조에 따라 개념 세계나 컴퓨터 세계에서 실제로 표현된 값들을 처리하는 작업을 의미하는 것은?

① Relation

② Data Structure

③ Constraint

④ Operation

전문가의 조언 | 실제로 표현된 값들을 처리하는 작업은 연산(Operation)입니다.

정답 : 44.④ 45.③ 46.③ 47.③ 48.② 49.② 50.④ 51.② 52.④ 53.③ 54.③ 55.④ 56.④

57. 다음 [조건]에 부합하는 SQL문을 작성하고자 할 때, [SQL문]의 빈칸에 들어갈 내용으로 옳은 것은? (단, '팀코드' 및 '이름'은 속성이며, '직원'은 테이블이다.)

[조건]

> 이름이 '정도일'인 팀원이 소속된 팀코드를 이용하여 해당 팀에 소속된 팀원들의 이름을 출력하는 SQL문 작성

[SQL문]

> SELECT 이름
> FROM 직원
> WHERE 팀코드=(   ) ;

① WHERE 이름='정도일'

② SELECT 팀코드 FROM 이름 WHERE 직원='정도일'

③ WHERE 직원='정도일'

④ SELECT 팀코드 FROM 직원 WHERE 이름='정도일'

58. 무결성 제약 조건 중 개체 무결성 제약 조건에 대한 설명으로 옳은 것은?

① 릴레이션 내의 튜플들이 각 속성의 도메인에 정해진 값만을 가져야 한다.

② 기본키는 NULL 값을 가져서는 안되며 릴레이션 내에 오직 하나의 값만 존재해야 한다.

③ 자식 릴레이션의 외래키는 부모 릴레이션의 기본키와 도메인이 동일해야 한다.

④ 자식 릴레이션의 값이 변경될 때 부모 릴레이션의 제약을 받는다.

59. 관계 데이터 모델에서 릴레이션(Relation)에 포함되어 있는 튜플(Tuple)의 수를 무엇이라고 하는가?

① Degree

② Cardinality

③ Attribute

④ Cartesian product

60. 사용자 'PARK'에게 테이블을 생성할 수 있는 권한을 부여하기 위한 SQL문의 구성으로 빈칸에 적합한 내용은?

[SQL문]

> GRANT [   ] PARK;

① CREATE TABLE TO

② CREATE TO

③ CREATE FROM

④ CREATE TABLE FROM

4과목 **프로그래밍 언어 활용**

61. C언어에서 문자열 처리 함수의 서식과 그 기능의 연결로 틀린 것은?

① strlen(s) − s의 길이를 구한다.

② strcpy(s1, s2) − s2를 s1으로 복사한다.

③ strcmp(s1, s2) − s1과 s2를 연결한다.

④ strrev(s)−s를 거꾸로 변환한다.

전문가의 조언 | strcmp는 s1과 s2에 저장된 문자열이 동일한지 비교하는 함수입니다. 함수명에는 함수의 용도를 의미하는 영문 약어가 포함돼 있습니다. ①번에는 길이를 의미하는 length가, ②번에는 복사를 의미하는 copy가, ③번에는 비교를 의미하는 compare가, ④번에는 반전을 의미하는 reverse가 약어로 포함되어 있습니다.

62. 다음 C언어 프로그램이 실행되었을 때, 실행 결과는?

```
#include 〈stdio.h〉
int main(int argc, char* argv[ ]) {
    int a = 5, b = 3, c = 12;
    int t1, t2, t3;
    t1 = a && b;
    t2 = a || b;
    t3 = !c;
    printf("%d", t1 + t2 + t3);
    return 0;
}
```

① 0   ② 2

③ 5   ④ 14

전문가의 조언 | 사용된 코드의 의미는 다음과 같습니다.

```
#include 〈stdio.h〉
int main(int argc, char* argv[ ]) {
❶ int a = 5, b = 3, c = 12;
❷ int t1, t2, t3;
❸ t1 = a && b;
❹ t2 = a || b;
❺ t3 = !c;
❻ printf("%d", t1 + t2 + t3);
❼ return 0;
}
```

❶ 정수형 변수 a, b, c를 선언하고 각각 5, 3, 12로 초기화한다.

❷ 정수형 변수 t1, t2, t3를 선언한다.

❸ a와 b가 참이면 참(1)을 t1에 저장하고, 아니면 거짓(0)을 t1에 저장한다. a와 b는 모두 참이므로 t1에는 참(1)이 저장된다.

※ 정수로 논리값(참, 거짓)을 판별하면 0은 거짓, 0이외의 수는 참으로 결정되어 저장된다.

❹ a와 b 중 하나라도 참이면 참(1)을 t2에 저장하고, 아니면 거짓(0)을 t2에 저장한다. a와 b는 모두 참이므로 t2에는 참(1)이 저장된다.

❺ c가 참이면 거짓(0)을 t3에 저장하고, 거짓이면 참(1)을 t3에 저장한다. c는 참이므로 t3에는 거짓(0)이 저장된다.

❻ t1, t2, t3를 모두 합한 값을 정수로 출력한다.

결과	2

❼ main( ) 함수에서의 'return 0'은 프로그램의 종료를 의미한다.

63. 다음 C언어 프로그램이 실행되었을 때, 실행 결과는?

```
#include 〈stdio.h〉
struct st {
    int a;
    int c[10];
};
int main(int argc, char* argv[ ]) {
    int i = 0;
    struct st ob1;
    struct st ob2;
    ob1.a = 0;
    ob2.a = 0;
    for (i = 0; i 〈 10; i++) {
        ob1.c[i] = i;
        ob2.c[i] = ob1.c[i] + i;
    }
    for (i = 0; i 〈 10; i = i + 2) {
        ob1.a = ob1.a + ob1.c[i];
        ob2.a = ob2.a + ob2.c[i];
    }
    printf("%d", ob1.a + ob2.a);
    return 0;
}
```

① 30   ② 60

③ 80   ④ 120

전문가의 조언 | 사용된 코드의 의미는 다음과 같습니다.

```
#include 〈stdio.h〉
struct st {                         구조체 st를 정의한다.
    int a;                          정수형 변수 a를 선언한다.
    int c[10];                      10개의 요소를 갖는 정수형 배열 c를 선언한다.
};
int main(int argc, char* argv[ ]) {
❶ int i = 0;
❷ struct st ob1;
❸ struct st ob2;
❹ ob1.a = 0;
❺ ob2.a = 0;
❻ for (i = 0; i 〈 10; i++) {
❼     ob1.c[i] = i;
❽     ob2.c[i] = ob1.c[i] + i;
    }
❾ for (i = 0; i 〈 10; i = i + 2) {
❿     ob1.a = ob1.a + ob1.c[i];
⓫     ob2.a = ob2.a + ob2.c[i];
    }
⓬ printf("%d", ob1.a + ob2.a);
⓭ return 0;
}
```

❶ 정수형 변수 i를 선언하고 0으로 초기화한다.

❷ 구조체 st의 변수 ob1을 선언한다.

	int a	int c[10]
ob1	ob1.a	ob1.c[0] ~ ob1.c[9]

❸ 구조체 st의 변수 ob2를 선언한다.

	int a	int c[10]
ob2	ob2.a	ob2.c[0] ~ ob2.c[9]

❹ ob1.a에 0을 저장한다.

❺ ob2.a에 0을 저장한다.

❻ 반복 변수 i가 0부터 1씩 증가하면서 10보다 작은 동안 ❼, ❽번을 반복 수행한다.

❼ ob1.c[i]에 i의 값을 저장한다.

❽ ob2.c[i]에 ob1.c[i]와 i를 합한 값을 저장한다.

반복문 실행에 따른 변수들의 변화는 다음과 같다.

i	ob1		ob2	
	a	c[i]	a	c[i]
0	0	0	0	0
1		1		2
2		2		4
3		3		6
4		4		8
5		5		10
6		6		12
7		7		14
8		8		16
9		9		18
10				

❾ 반복 변수 i가 0부터 2씩 증가하면서 10보다 작은 동안 ❿, ⓫번을 반복 수행한다.

❿ ob1.a에 ob1.c[i]의 값을 누적시킨다.

⓫ ob2.a에 ob2.c[i]의 값을 누적시킨다.

반복문 실행에 따른 변수들의 변화는 다음과 같다.

i	ob1		ob2	
	a	c[i]	a	c[i]
0	0	0	0	0
2	2	2	4	4
4	6	4	12	8
6	12	6	24	12
8	20	8	40	16
10				

⓬ ob1.a와 ob2.a의 값을 합하여 정수로 출력한다.

결과 **60**

⓭ main( ) 함수에서의 'return 0'은 프로그램의 종료를 의미한다.

---

64. IP 프로토콜에서 사용하는 필드와 해당 필드에 대한 설명으로 틀린 것은?

① Header Length는 IP 프로토콜의 헤더 길이를 32비트 워드 단위로 표시한다.

② Packet Length는 IP 헤더를 제외한 패킷 전체의 길이를 나타내며 최대 크기는 $2^{32}-1$비트이다.

③ Time To Live는 송신 호스트가 패킷을 전송하기 전 네트워크에서 생존할 수 있는 시간을 지정한 것이다.

④ Version Number는 IP 프로토콜의 버전번호를 나타낸다.

전문가의 조언 | Packet Length는 IP 헤더를 포함한 패킷 전체의 길이를 나타내며, 최대 크기는 $2^{16}-1$입니다.

---

65. 다음 Python 프로그램의 실행 결과가 [실행결과]와 같을 때, 빈칸에 적합한 것은?

```
x = 20
if x == 10:
    print('10')
(      ) x == 20:
    print('20')
else:
    print('other')
```

[실행결과]

```
20
```

① either
② elif
③ else if
④ else

전문가의 조언 | Python에서 if문에 조건을 추가할 때 사용하는 예약어는 elif입니다. 사용된 코드의 의미는 다음과 같습니다.

❶ x = 20
❷ if x == 10:
❸   print('10')
❹ elif x == 20:
❺   print('20')
❻ else:
❼   print('other')

❶ 변수 x에 20을 저장한다.

❷ x가 100이면 ❸번으로 이동하고, 아니면 ❹번으로 이동한다. x의 값은 100이 아니므로 ❹번으로 이동한다.

❹ x가 200이면 ❺번으로 이동하고, 아니면 ❻번의 다음 줄인 ❼번으로 이동한다. x의 값은 200이므로 ❺번으로 이동한다.

❺ 화면에 20을 출력한다.

결과	20

68. UNIX 운영체제에 관한 특징으로 틀린 것은?

① 하나 이상의 작업에 대하여 백그라운드에서 수행이 가능하다.

② Multi-User는 지원하지만 Multi-Tasking은 지원하지 않는다.

③ 트리 구조의 파일 시스템을 갖는다.

④ 이식성이 높으며 장치 간의 호환성이 높다.

전문가의 조언 | UNIX는 다중 사용자(Multi-User), 다중 작업(Multi-Tasking)을 지원하는 운영체제입니다.

66. RIP 라우팅 프로토콜에 대한 설명으로 틀린 것은?

① 경로 선택 메트릭은 홉 카운트(hop count)이다.

② 라우팅 프로토콜을 IGP와 EGP로 분류했을 때 EGP에 해당한다.

③ 최단 경로 탐색에 Bellman-Ford 알고리즘을 사용한다.

④ 각 라우터는 이웃 라우터들로부터 수신한 정보를 이용하여 라우팅 표를 갱신한다.

전문가의 조언 | RIP 라우팅 프로토콜은 IGP(내부 게이트웨이 프로토콜)에 해당합니다.

69. UDP 프로토콜의 특징이 아닌 것은?

① 비연결형 서비스를 제공한다.

② 단순한 헤더 구조로 오버헤드가 적다.

③ 주로 주소를 지정하고, 경로를 설정하는 기능을 한다.

④ TCP와 같이 트랜스포트 계층에 존재한다.

전문가의 조언 | ③번은 IP(Internet Protocol)에 대한 설명입니다.

67. 다음에서 설명하는 프로세스 스케줄링은?

최소 작업 우선(SJF) 기법의 약점을 보완한 비선점 스케줄링 기법으로 다음과 같은 식을 이용해 우선순위를 판별한다.

$$우선순위 = \frac{대기한\ 시간 + 서비스를\ 받을\ 시간}{서비스를\ 받을\ 시간}$$

① FIFO 스케줄링   ② RR 스케줄링

③ HRN 스케줄링   ④ MQ 스케줄링

전문가의 조언 | 대기 시간과 서비스(실행) 시간을 이용하는 기법은 HRN 스케줄링입니다.

70. Python 데이터 타입 중 시퀀스(Sequence) 데이터 타입에 해당하며 다양한 데이터 타입들을 주어진 순서에 따라 저장할 수 있으나 저장된 내용을 변경할 수 없는 것은?

① 복소수(complex) 타입

② 리스트(list) 타입

③ 사전(dict) 타입

④ 튜플(tuple) 타입

전문가의 조언 | 저장된 내용을 변경할 수 없는 순차형 데이터 타입은 튜플(Tuple)입니다.

71. 다음 JAVA 프로그램이 실행되었을 때, 실행결과는?

```java
public class Rarr {
    static int[ ] marr( ) {
        int temp[ ] = new int[4];
        for (int i = 0; i < temp.length; i++)
            temp[i] = i;
        return temp;
    }
    public static void main(String[ ] args) {
        int iarr[ ];
        iarr = marr( );
        for (int i = 0; i < iarr.length; i++)
            System.out.print(iarr[i] + " ");
    }
}
```

① 1 2 3 4   ② 0 1 2 3

③ 1 2 3   ④ 0 1 2

```java
public class Rarr {
❸  static int[ ] marr( ) {
❹      int temp[ ] = new int[4];
❺      for (int i = 0; i < temp.length; i++)
❻          temp[i] = i;
❼      return temp;
    }
    public static void main(String[ ] args) {
❶      int iarr[ ];
❷❽     iarr = marr( );
❾      for (int i = 0; i < iarr.length; i++)
❿          System.out.print(iarr[i] + " ");
    }
}
```

모든 Java 프로그램은 반드시 main( ) 메소드에서 시작한다.

❶ 정수형 배열 iarr을 선언한다.

❷ marr( ) 메소드를 호출한 후 그 결과를 iarrr에 저장한다.

❸ 정수형 배열을 반환하는 marr( ) 메소드의 시작점이다.

❹ 4개의 요소를 갖는 정수형 배열 temp를 선언한다.

❺ 반복 변수 i가 0부터 1씩 증가하면서 temp의 길이인 4보다 작은 동안 ❻번을 반복 수행한다.

• length : 배열 요소의 개수가 저장되어 있는 속성이다. temp 배열은 4개의 요소를 가지므로 temp.length는 4를 가지고 있다.

❻ temp[i]에 i의 값을 저장한다.

반복문 실행에 따른 변수들의 변화는 다음과 같다.

i	temp[ ] [0] [1] [2] [3]
0	0 0 0 0
1	0
2	1
3	2
4	3

❼ temp를 반환한다. 인수나 반환값으로 배열을 이름을 지정하면 배열의 시작 주소가 전달된다. 즉 temp 배열의 시작주소가 반환된다.

❽ ❼번에서 전달받은 정수형 배열 temp의 시작 주소를 iarr이 받는다.

	[0]	[1]	[2]	[3]
iarr	0	1	2	3

❾ 반복 변수 i가 0부터 1씩 증가하면서 iarr의 길이인 4보다 작은 동안 ❿번을 반복 수행한다.

❿ iarr[i]의 값을 출력한 후 공백 한 칸을 띄운다.

반복문 실행에 따른 출력 결과는 다음과 같다.

i	결과
0	0
1	0 1
2	0 1 2
3	0 1 2 3
4	

결과 `0 1 2 3`

72. 다음 JAVA 프로그램이 실행되었을 때의 결과는?

```java
public class ovr {
    public static void main(String[ ] args) {
        int a = 1, b = 2, c = 3, d = 4;
        int mx, mn;
        mx = a < b ? b : a;
        if (mx == 1) {
            mn = a > mx ? b : a;
        }
        else {
            mn = b < mx ? d : c;
        }
        System.out.println(mn);
    }
}
```

① 1   ② 2

③ 3   ④ 4

전문가의 조언 | 사용된 코드의 의미는 다음과 같습니다.

```
public class ovr {
    public static void main(String[ ] args) {
❶      int a = 1, b = 2, c = 3, d = 4;
❷      int mx, mn;
❸      mx = a 〈 b ? b : a;
❹      if (mx == 1) {
❺          mn = a 〉 mx ? b : a;
        }
        else {
❻          mn = b 〈 mx ? d : c;
        }
❼      System.out.println(mn);
    }
}
```

❶ 정수형 변수 a, b, c, d를 선언하고, 각각 1, 2, 3, 4로 초기화한다.
❷ 정수형 변수 mx, mn을 선언한다.
❸ a가 b보다 작으면 mx에 b의 값을 저장하고, 아니면 a의 값을 저장한다. a의 값 1은 b의 값 2보다 작으므로 mx에는 b의 값 2가 저장된다. (mx = 2)
❹ mx가 1이면 ❺번으로 이동하고, 아니면 ❻번으로 이동한다. mx의 값은 2이므로 ❻번으로 이동한다.
❻ b가 mx보다 작으면 mn에 d의 값을 저장하고, 아니면 c의 값을 저장한다. b의 값 2는 mx의 값 2보다 작지 않으므로 mn에는 c의 값 3이 저장된다. (mn = 3)
❼ mn의 값 3을 출력하고 커서를 다음 줄의 처음으로 옮긴다.

결과 **3**

73. 다음 중 Myers가 구분한 응집도(Cohesion)의 정도에서 가장 낮은 응집도를 갖는 단계는?

① 순차적 응집도(Sequential Cohesion)
② 기능적 응집도(Functional Cohesion)
③ 시간적 응집도(Temporal Cohesion)
④ 우연적 응집도(Coincidental Cohesion)

전문가의 조언 | 응집도를 강한 것에서 약한 것 순으로 나열하면 '기능적 응집도 → 순차적 응집도 → 교환(통신)적 응집도 → 절차적 응집도 → 시간적 응집도 → 논리적 응집도 → 우연적 응집도'입니다.

74. 다음 C언어 프로그램이 실행되었을 때, 실행 결과는?

```
#include 〈stdio.h〉
int main(int arge, char* argv[ ]) {
    int n1 = 1, n2 = 2, n3 = 3;
    int r1, r2, r3;
    r1 = (n2 〈= 2) || (n3 〉 3);
    r2 = !n3;
    r3 = (n1 〉 1) && (n2 〈 3);
    printf("%d", r3 − r2 + r1);
    return 0;
}
```

① 0   ② 1
③ 2   ④ 3

전문가의 조언 | 사용된 코드의 의미는 다음과 같습니다.

```
#include 〈stdio.h〉
int main(int arge, char* argv[ ]) {
❶  int n1 = 1, n2 = 2, n3 = 3;
❷  int r1, r2, r3;
❸  r1 = (n2 〈= 2) || (n3 〉 3);
❹  r2 = !n3;
❺  r3 = (n1 〉 1) && (n2 〈 3);
❻  printf("%d", r3 − r2 + r1);
❼  return 0;
}
```

❶ 정수형 변수 n1, n2, n3를 선언하고, 각각 1, 2, 3으로 초기화한다.
❷ 정수형 변수 r1, r2, r3를 선언한다.
❸ r1 = (n2 〈= 2) || (n3 〉 3);
          ⓐ   ⓑ
              ⓒ
• ⓐ : n2의 값 2는 2보다 작거나 같으므로 참(1)이다.
• ⓑ : n3의 값 3은 3보다 크지 않으므로 거짓(0)이다.
• ⓒ : ⓐ||ⓑ는 둘 중 하나라도 참이면 참이므로 참(1)이다.
• r1에는 참(1)이 저장된다.
❹ n3의 값 3은 참이므로, r2에는 참의 부정인 거짓(0)이 저장된다.
※ 정수로 논리값(참, 거짓)을 판별하면 0은 거짓, 0이외의 수는 참으로 결정되어 저장됩니다.
❺ r3 = (n1 〉 1) && (n2 〈 3);
          ⓐ   ⓑ
              ⓒ
• ⓐ : n1의 값 1은 1보다 크지 않으므로 거짓(0)이다.
• ⓑ : n2의 값 2는 3보다 작으므로 참(1)이다.
• ⓒ : ⓐ&&ⓑ는 모두 참일 때만 참이므로 거짓(0)이다.
• r3에는 거짓(0)이 저장된다.
❻ r3의 값 0에서 r2의 값 0을 빼고, r1의 값 1을 더한 결과 1을 정수로 출력한다.

결과 **1**

❼ main( ) 함수에서의 'return 0'은 프로그램의 종료를 의미한다.

75. IP 프로토콜의 주요 특징에 해당하지 않는 것은?

① 체크섬(Checksum) 기능으로 데이터 체크섬(Data Checksum)만 제공한다.

② 패킷을 분할, 병합하는 기능을 수행하기도 한다.

③ 비연결형 서비스를 제공한다.

④ Best Effort 원칙에 따른 전송 기능을 제공한다.

전문가의 조언 | IP(Internet Protocol)는 헤더 체크섬(Header Checksum)만 제공합니다.

76. 4개의 페이지를 수용할 수 있는 주기억장치가 있으며, 초기에는 모두 비어 있다고 가정한다. 다음의 순서로 페이지 참조가 발생할 때, LRU 페이지 교체 알고리즘을 사용할 경우 몇 번의 페이지 결함이 발생하는가?

> 페이지 참조 순서 1, 2, 3, 1, 2, 4, 1, 2, 5

① 5회   ② 6회

③ 7회   ④ 8회

전문가의 조언 | 4개의 페이지를 수용할 수 있는 주기억장치이므로 아래 그림과 같이 4개의 페이지 프레임으로 표현할 수 있습니다.

참조 페이지	1	2	3	1	2	4	1	2	5
페이지 프레임	1	1	1	1	1	1	1	1	1
		2	2	2	2	2	2	2	2
			3	3	3	3	3	3	5
						4	4	4	4
부재 발생	●	●	●			●			●

※ ● : 페이지 부재 발생

참조 페이지가 페이지 테이블에 없을 경우 페이지 결함(부재)이 발생된다. 초기에는 모든 페이지가 비어 있으므로 처음 1, 2, 3 페이지 적재 시 페이지 결함이 발생된다. 다음 참조 페이지 1, 2는 이미 적재되어 있으므로 그냥 참조하고, 참조 페이지 4를 적재할 때 페이지 결함이 발생한다. 다음 참조 페이지 1, 2 역시 이미 적재되어 있으므로 그냥 참조한다. LRU 기법은 최근에 가장 오랫동안 사용되지 않은 페이지를 교체하는 기법이므로, 마지막 페이지 5를 참조할 때는 3을 제거한 후 5를 가져오게 된다. 그러므로 총 페이지 결함 발생 횟수는 5회이다.

77. 사용자 수준에서 지원되는 스레드(thread)가 커널에서 지원되는 스레드에 비해 가지는 장점으로 옳은 것은?

① 한 프로세스가 운영체제를 호출할 때 전체 프로세스가 대기할 필요가 없으므로 시스템 성능을 높일 수 있다.

② 동시에 여러 스레드가 커널에 접근할 수 있으므로 여러 스레드가 시스템 호출을 동시에 사용할 수 있다.

③ 각 스레드를 개별적으로 관리할 수 있으므로 스레드의 독립적인 스케줄링이 가능하다.

④ 커널 모드로의 전환 없이 스레드 교환이 가능하므로 오버헤드가 줄어든다.

전문가의 조언 | ①, ②, ③번은 커널 수준 스레드에 대한 설명입니다.

78. 한 모듈이 다른 모듈의 내부 기능 및 그 내부 자료를 참조하는 경우의 결합도는?

① 내용 결합도(Content Coupling)

② 제어 결합도(Control Coupling)

③ 공통 결합도(Common Coupling)

④ 스탬프 결합도(Stamp Coupling)

전문가의 조언 | 한 모듈이 다른 모듈의 내부 기능 및 그 내부 자료를 참조하는 경우의 결합도는 내용 결합도(Content Coupling)입니다.

79. a[0]의 주소값이 10일 경우 다음 C언어 프로그램이 실행되었을 때의 결과는? (단, int 형의 크기는 4Byte로 가정한다.)

```c
#include <stdio.h>
int main(int argc, char* argv[ ]) {
    int a[ ] = { 14,22,30,38 };
    printf("%u, ", &a[2]);
    printf("%u", a);
    return 0;
}
```

① 14, 10   ② 14, M

③ 18, 10   ④ 18, M

전문가의 조언 | 사용된 코드의 의미는 다음과 같습니다.

```
#include <stdio.h>
int main(int argc, char* argv[ ]) {
❶ int a[ ] = { 14,22,30,38 };
❷ printf("%u, ", &a[2]);
❸ printf("%u", a);
❹ return 0;
}
```

❶ 4개의 요소를 갖는 정수형 배열 a를 선언하고 초기화한다.

❷ a[2]가 가리키는 주소를 부호없는 정수형으로 출력하고, 이어서 쉼표(,)와 공백 한 칸을 출력한다. a[0]의 주소가 100이고, 정수형(int)의 크기가 4Byte이므로 a[2]의 주소 18, 이 출력된다.

주소	10 4Byte	14	18	22	28
	[0]	[1]	[2]	[3]	
a	14	22	30	38	

결과 **18,**

❸ a를 부호없는 정수형으로 출력한다. 배열의 이름은 배열의 시작 주소를 가리키므로 100이 출력된다.

결과 **18, 10**

❹ main( ) 함수에서의 'return 0'은 프로그램의 종료를 의미한다.

---

80. 모듈화(Modularity)와 관련한 설명으로 틀린 것은?

① 시스템을 모듈로 분할하면 각각의 모듈을 별개로 만들고 수정할 수 있기 때문에 좋은 구조가 된다.

② 응집도는 모듈과 모듈 사이의 상호의존 또는 연관 정도를 의미한다.

③ 모듈 간의 결합도가 약해야 독립적인 모듈이 될 수 있다.

④ 모듈 내 구성 요소들 간의 응집도가 강해야 좋은 모듈 설계이다.

전문가의 조언 | 모듈과 모듈 사이의 상호 의존하는 정도 또는 두 모듈 사이의 연관 관계를 결합도(Coupling)라고 합니다. 응집도는 명령어나 호출문 등 모듈의 내부 요소들의 서로 관련되어 있는 정도를 의미합니다.

5과목 **정보시스템 구축 관리**

81. 소프트웨어 개발에서 정보보안 3요소에 해당 하지 않는 설명은?

① 기밀성 : 인가된 사용자에 대해서만 자원 접근이 가능하다.

② 무결성 : 인가된 사용자에 대해서만 자원 수정이 가능하며 전송 중인 정보는 수정되지 않는다.

③ 가용성 : 인가된 사용자는 가지고 있는 권한 범위 내에서 언제든 자원 접근이 가능하다.

④ 휘발성 : 인가된 사용자가 수행한 데이터는 처리 완료 즉시 폐기 되어야 한다.

전문가의 조언 | 정보보안의 3대 요소에는 기밀성, 무결성, 가용성이 있습니다.

---

82. 어떤 외부 컴퓨터가 접속되면 접속 인가 여부를 점검해서 인가된 경우에는 접속이 허용되고, 그 반대의 경우에는 거부할 수 있는 접근제어 유틸리티는?

① tcp wrapper   ② trace checker

③ token finder   ④ change detector

전문가의 조언 | 외부 컴퓨터의 접속 여부를 제어할 수 있는 접근제어 유틸리티는 TCP Wrapper입니다.

---

83. 기기를 키오스크에 갖다 대면 원하는 데이터를 바로 가져올 수 있는 기술로 10㎝ 이내 근접 거리에서 기가급 속도로 데이터 전송이 가능한 초고속 근접무선통신(NFC; Near Field Communication) 기술은?

① BcN(Broadband Convergence Network)

② Zing

③ Marine Navi

④ C-V2X(Cellular Vehicle To Everything)

전문가의 조언 | 10cm 이내 거리에서 3.5Gbps 속도의 데이터 전송이 가능한 초고속 근접무선통신(NFC)을 징(Zing)이라고 합니다.

정답 : 75.① 76.① 77.④ 78.① 79.③ 80.② 81.④ 82.① 83.②

84. 취약점 관리를 위한 응용 프로그램의 보안 설정과 가장 거리가 먼 것은?

① 서버 관리실 출입 통제

② 실행 프로세스 권한 설정

③ 운영체제의 접근 제한

④ 운영체제의 정보 수집 제한

85. 소프트웨어 개발 프레임워크와 관련한 설명으로 가장 적절하지 않은 것은?

① 반제품 상태의 제품을 토대로 도메인별로 필요한 서비스 컴포넌트를 사용하여 재사용성 확대와 성능을 보장 받을 수 있게 하는 개발 소프트웨어이다.

② 라이브러리와는 달리 사용자 코드에서 프레임워크를 호출해서 사용하고, 그에 대한 제어도 사용자 코드가 가지는 방식이다.

③ 설계 관점에 개발 방식을 패턴화시키기 위한 노력의 결과물인 소프트웨어 디자인 패턴을 반제품 소프트웨어 상태로 집적화시킨 것으로 볼 수 있다.

④ 프레임워크의 동작 원리를 그 제어 흐름의 일반적인 프로그램 흐름과 반대로 동작한다고 해서 IoC(Inversion of Control)이라고 설명하기도 한다.

86. 클라우드 기반 HSM(Cloud-based Hardware Security Module)에 대한 설명으로 틀린 것은?

① 클라우드(데이터센터) 기반 암호화 키 생성, 처리, 저장 등을 하는 보안 기기이다.

② 국내에서는 공인인증제의 폐지와 전자서명법 개정을 추진하면서 클라우드 HSM 용어가 자주 등장하였다.

③ 클라우드에 인증서를 저장하므로 기존 HSM 기기나 휴대폰에 인증서를 저장해 다닐 필요가 없다.

④ 하드웨어가 아닌 소프트웨어적으로만 구현되기 때문에 소프트웨어식 암호 기술에 내재된 보안 취약점을 해결할 수 없다는 것이 주요 단점이다.

87. 다음 내용이 설명하는 기술로 가장 적절한 것은?

- 다른 국을 향하는 호출이 중계에 의하지 않고 직접 접속되는 그물 모양의 네트워크이다.
- 통신량이 많은 비교적 소수의 국 사이에 구성될 경우 경제적이며 간편하지만, 다수의 국 사이에는 회선이 세분화 되어 비경제적일 수도 있다.
- 해당 형태의 무선 네트워크의 경우 대용량을 빠르고 안전하게 전달할 수 있어 행사장이나 군 등에서 많이 활용된다.

① Virtual Local Area Network

② Simple Station Network

③ Mesh Network

④ Modem Network

88. 물리적 위협으로 인한 문제에 해당하지 않는 것은?

① 화재, 홍수 등 천재지변으로 인한 위협

② 하드웨어 파손, 고장으로 인한 장애

③ 방화, 테러로 인한 하드웨어와 기록장치를 물리적으로 파괴하는 행위

④ 방화벽 설정의 잘못된 조작으로 인한 네트워크, 서버 보안 위협

89. 악성코드의 유형 중 다른 컴퓨터의 취약점을 이용하여 스스로 전파하거나 메일로 전파되며 스스로를 증식하는 것은?

① Worm　　　　　② Rogue Ware
③ Adware　　　　④ Reflection Attack

전문가의 조언 | 네트워크를 통해 연속적으로 자신을 복제하는 악성코드는 웜(Worm)입니다.

90. 다음 설명에 해당하는 공격 기법은?

> 시스템 공격 기법 중 하나로 허용 범위 이상의 ICMP 패킷을 전송하여 대상 시스템의 네트워크를 마비시킨다.

① Ping of Death
② Session Hijacking
③ Piggyback Attack
④ XSS

전문가의 조언 | 허용 범위 이상의 ICMP 패킷을 전송하여 대상 시스템의 네트워크를 마비시키는 공격 기법은 죽음의 핑(Ping of Death)입니다.

91. 다음 설명에 해당하는 소프트웨어는?

> • 개발해야 할 애플리케이션의 일부분이 이미 내장된 클래스 라이브러리로 구현이 되어 있다.
> • 따라서, 그 기반이 되는 이미 존재하는 부분을 확장 및 이용하는 것으로 볼 수 있다.
> • JAVA 기반의 대표적인 소프트웨어로는 스프링(Spring)이 있다.

① 전역 함수 라이브러리
② 소프트웨어 개발 프레임워크
③ 컨테이너 아키텍처
④ 어휘 분석기

전문가의 조언 | 문제의 지문은 소프트웨어 개발 프레임워크에 대한 설명입니다.

92. 소프트웨어 개발 방법론 중 애자일(Agile) 방법론의 특징과 가장 거리가 먼 것은?

① 각 단계의 결과가 완전히 확인된 후 다음 단계 진행
② 소프트웨어 개발에 참여하는 구성원들 간의 의사소통 중시
③ 환경 변화에 대한 즉시 대응
④ 프로젝트 상황에 따른 주기적 조정

전문가의 조언 | 각 단계의 결과가 완전히 확인된 후 다음 단계를 진행하는 것은 폭포수 모형(Waterfall Model)의 특징입니다.

93. 대칭 암호 알고리즘과 비대칭 암호 알고리즘에 대한 설명으로 틀린 것은?

① 대칭 암호 알고리즘은 비교적 실행 속도가 빠르기 때문에 다양한 암호의 핵심 함수로 사용될 수 있다.
② 대칭 암호 알고리즘은 비밀키 전달을 위한 키 교환이 필요하지 않아 암호화 및 복호화의 속도가 빠르다.
③ 비대칭 암호 알고리즘은 자신만이 보관하는 비밀키를 이용하여 인증, 전자서명 등에 적용이 가능하다.
④ 대표적인 대칭키 암호 알고리즘으로는 AES, IDEA 등이 있다.

전문가의 조언 | 대칭 암호 알고리즘은 비밀키(Private Key)를 공유해야 하기 때문에 키 관리의 어려움이 있지만 알고리즘이 단순하여 암호화 및 복호화 속도가 빠릅니다.

94. 두 명의 개발자가 5개월에 걸쳐 10000 라인의 코드를 개발하였을 때, 월별(man-month) 생산성 측정을 위한 계산 방식으로 가장 적합한 것은?

① 10000/2　　　　② 10000/(5×2)
③ 10000/5　　　　④ (2×10000)/5

전문가의 조언 | 생산성을 구하는 공식은 '원시 코드 라인 수/노력'이고, 노력은 '개발기간×투입인원'이므로 계산식은 '10000 / (5×2)'입니다.

95. 접근 통제 방법 중 조직 내에서 직무, 직책 등 개인의 역할에 따라 결정하여 부여하는 접근 정책은?

① RBAC ② DAC

③ MAC ④ QAC

전문가의 조언 | 직무나 직책과 같이 개인의 역할에 따라 접근 권한을 부여하는 접근 정책은 역할기반 접근통제(RBAC; Role Based Access Control)입니다.

96. COCOMO(Constructive Cost Model) 모형의 특징이 아닌 것은?

① 프로젝트를 완성하는데 필요한 man-month로 산정 결과를 나타낼 수 있다.

② 보헴(Boehm)이 제안한 것으로 원시코드 라인 수에 의한 비용 산정 기법이다.

③ 비교적 작은 규모의 프로젝트 기록을 통계 분석하여 얻은 결과를 반영한 모델이며 중소 규모 소프트웨어 프로젝트 비용 추정에 적합하다.

④ 프로젝트 개발 유형에 따라 object, dynamic, function의 3가지 모드로 구분한다.

전문가의 조언 | COCOMO 모형은 개발 유형에 따라 조직형(Organic Mode), 반분리형(Semi-Detached Mode), 내장형(Embedded Mode)이 있습니다.

97. 각 사용자 인증의 유형에 대한 설명으로 가장 적절하지 않은 것은?

① 지식 : 주체는 '그가 알고 있는 것'을 보여주며 예시로는 패스워드, PIN 등이 있다.

② 소유 : 주체는 '그가 가지고 있는 것'을 보여주며 예시로는 토큰, 스마트카드 등이 있다.

③ 존재 : 주체는 '그를 대체하는 것'을 보여주며 예시로는 패턴, QR 등이 있다.

④ 행위 : 주체는 '그가 하는 것'을 보여주며 예시로는 서명, 움직임, 음성 등이 있다.

전문가의 조언 | '존재'라는 사용자 인증 유형은 없습니다. 사용자 인증의 유형에는 지식, 소유, 생체, 행위, 위치 등이 있으며, 패턴은 지식 기반 인증에, QR은 소유 기반 인증에 속합니다.

98. 시스템의 사용자가 로그인하여 명령을 내리는 과정에 대한 시스템의 동작 중 다음 설명에 해당하는 것은?

- 자신의 신원(Identity)을 시스템에 증명하는 과정이다.
- 아이디와 패스워드를 입력하는 과정이 가장 일반적인 예시라고 볼 수 있다.

① Aging ② Accounting

③ Authorization ④ Authentication

전문가의 조언 | 문제의 지문은 인증(Authentication)에 대한 설명입니다.

99. 다음에서 설명하는 IT 기술은?

- 네트워크를 제어부, 데이터 전달부로 분리하여 네트워크 관리자가 보다 효율적으로 네트워크를 제어, 관리할 수 있는 기술
- 기존의 라우터, 스위치 등과 같이 하드웨어에 의존하는 네트워크 체계에서 안정성, 속도, 보안 등을 소프트웨어로 제어, 관리하기 위해 개발됨
- 네트워크 장비의 펌웨어 업그레이드를 통해 사용자의 직접적인 데이터 전송 경로 관리가 가능하고, 기존 네트워크에는 영향을 주지 않으면서 특정 서비스의 전송 경로 수정을 통하여 인터넷상에서 발생하는 문제를 처리할 수 있음

① SDN(Software Defined Networking)

② NFS(Network File System)

③ Network Mapper

④ AOE Network

전문가의 조언 | 문제의 지문은 소프트웨어 정의 네트워킹(SDN; Software Defined Networking)에 대한 설명입니다.

100. 프로젝트 일정 관리 시 사용하는 PERT 차트에 대한 설명에 해당하는 것은?

① 각 작업들이 언제 시작하고 언제 종료되는지에 대한 일정을 막대 도표를 이용하여 표시한다.

② 시간선(Time-Line) 차트라고도 한다.

③ 수평 막대의 길이는 각 작업의 기간을 나타낸다.

④ 작업들 간의 상호 관련성, 결정경로, 경계시간, 자원할당 등을 제시한다.

전문가의 조언 | ①, ②, ③번은 간트 차트에 대한 설명입니다.

정답 : 95.① 96.④ 97.③ 98.④ 99.① 100.④

1과목 > 소프트웨어 설계

1. User Interface 설계 시 오류 메시지나 경고에 관한 지침으로 가장 거리가 먼 것은?

① 메시지는 이해하기 쉬워야 한다.

② 오류로부터 회복을 위한 구체적인 설명이 제공되어야 한다.

③ 오류로 인해 발생될 수 있는 부정적인 내용을 적극적으로 사용자들에게 알려야 한다.

④ 소리나 색의 사용을 줄이고 텍스트로만 전달하도록 한다.

전문가의 조언 | 오류 메시지나 경고는 소리나 색 등을 이용하여 듣거나 보기 쉽게 의미를 전달해야 합니다.

2. 다음 중 애자일(Agile) 소프트웨어 개발에 대한 설명으로 틀린 것은?

① 공정과 도구보다 개인과의 상호작용을 더 가치 있게 여긴다.

② 동작하는 소프트웨어보다는 포괄적인 문서를 가치 있게 여긴다.

③ 계약 협상보다는 고객과의 협력을 가치 있게 여긴다.

④ 계획을 따르기보다 변화에 대응하기를 가치 있게 여긴다.

전문가의 조언 | 애자일은 문서보다는 실행되는 SW(소프트웨어)에 더 가치를 둡니다.

3. 소프트웨어 설계에서 요구사항 분석에 대한 설명으로 틀린 것은?

① 소프트웨어가 무엇을 해야 하는가를 추적하여 요구사항 명세를 작성하는 작업이다.

② 사용자의 요구를 추출하여 목표를 정하고 어떤 방식으로 해결할 것인지 결정하는 단계이다.

③ 소프트웨어 시스템이 사용되는 동안 발견되는 오류를 정리하는 단계이다.

④ 소프트웨어 개발의 출발점이면서 실질적인 첫 번째 단계이다.

전문가의 조언 | 소프트웨어 시스템이 사용되는 동안 발견되는 오류를 정리하는 과정은 형상 관리입니다.

4. 객체지향 기법에서 상위 클래스의 메소드와 속성을 하위 클래스가 물려받는 것을 의미하는 것은?

① Abstraction ② Polymorphism

③ Encapsulation ④ Inheritance

전문가의 조언 | 상위 클래스의 메소드와 속성을 하위 클래스가 물려받는 것을 상속(Inheritance)이라고 합니다.

5. 설계 기법 중 하향식 설계 방법과 상향식 설계 방법에 대한 비교 설명으로 가장 옳지 않은 것은?

① 하향식 설계에서는 통합 검사 시 인터페이스가 이미 정의되어 있어 통합이 간단하다.

② 하향식 설계에서 레벨이 낮은 데이터 구조의 세부 사항은 설계초기 단계에서 필요하다.

③ 상향식 설계는 최하위 수준에서 각각의 모듈들을 설계하고 이러한 모듈이 완성되면 이들을 결합하여 검사한다.

④ 상향식 설계에서는 인터페이스가 이미 성립되어 있지 않더라도 기능 추가가 쉽다.

전문가의 조언 | 상향식 설계는 하위 모듈에서 상위 모듈 방향으로 설계하는 것으로 인터페이스가 이미 성립되어 있어야만 기능 추가가 가능합니다.

6. 자료 흐름도(DFD)의 각 요소별 표기 형태의 연결이 옳지 않은 것은?

① Process : 원

② Data Flow : 화살표

③ Data Store : 삼각형

④ Terminator : 사각형

전문가의 조언 | 자료 저장소(Data Store)는 평행선(=) 안에 자료 저장소 이름을 기입합니다.

정답 : 1.④ 2.② 3.③ 4.④ 5.④ 6.③

7. 소프트웨어 개발에 이용되는 모델(Model)에 대한 설명 중 거리가 먼 것은?

① 모델은 개발 대상을 추상화하고 기호나 그림 등으로 시각적으로 표현한다.

② 모델을 통해 소프트웨어에 대한 이해도를 향상시킬 수 있다.

③ 모델을 통해 이해 당사자 간의 의사소통이 향상된다.

④ 모델을 통해 향후 개발될 시스템의 유추는 불가능하다.

8. 다음의 설명에 해당하는 언어는?

객체 지향 시스템을 개발할 때 산출물을 명세화, 시각화, 문서화하는데 사용된다. 즉, 개발하는 시스템을 이해하기 쉬운 형태로 표현하여 분석가, 의뢰인, 설계자가 효율적인 의사소통을 할 수 있게 해 준다. 따라서, 개발 방법론이나 개발 프로세스가 아니라 표준화된 모델링 언어이다.

① JAVA   ② C
③ UML   ④ Python

9. 다음 내용이 설명하는 UI 설계 도구는?

• 디자인, 사용방법설명, 평가 등을 위해 실제 화면과 유사하게 만든 정적인 형태의 모형
• 시각적으로만 구성 요소를 배치하는 것으로 일반적으로 실제로 구현되지는 않음

① 스토리보드(Storyboard)

② 목업(Mockup)

③ 프로토타입(Prototype)

④ 유스케이스(Usecase)

10. 애자일(Agile) 기법 중 스크럼(Scrum)과 관련된 용어에 대한 설명이 틀린 것은?

① 스크럼 마스터(Scrum Master)는 스크럼 프로세스를 따르고, 팀이 스크럼을 효과적으로 활용할 수 있도록 보장하는 역할 등을 맡는다.

② 제품 백로그(Product Backlog)는 스크럼 팀이 해결해야 하는 목록으로 소프트웨어 요구사항, 아키텍처 정의 등이 포함될 수 있다.

③ 스프린트(Sprint)는 하나의 완성된 최종 결과물을 만들기 위한 주기로 3달 이상의 장기간으로 결정된다.

④ 속도(Velocity)는 한 번의 스프린트에서 한 팀이 어느 정도의 제품 백로그를 감당할 수 있는지에 대한 추정치로 볼 수 있다.

11. UML 다이어그램 중 정적 다이어그램이 아닌 것은?

① 컴포넌트 다이어그램

② 배치 다이어그램

③ 순차 다이어그램

④ 패키지 다이어그램

12. LOC 기법에 의하여 예측된 총 라인수가 36000라인, 개발에 참여할 프로그래머가 6명, 프로그래머들의 평균 생산성이 월간 300라인일 때 개발에 소요되는 기간을 계산한 결과로 가장 옳은 것은?

① 5개월   ② 10개월
③ 15개월   ④ 20개월

13. 클래스 설계 원칙에 대한 바른 설명은?

① 단일 책임 원칙 : 하나의 클래스만 변경 가능해야 한다.

② 개방–폐쇄의 원칙 : 클래스는 확장에 대해 열려 있어야 하며 변경에 대해 닫혀 있어야 한다.

③ 리스코프 교체의 원칙 : 여러 개의 책임을 가진 클래스는 하나의 책임을 가진 클래스로 대체되어야 한다.

④ 의존관계 역전의 원칙 : 클라이언트는 자신이 사용하는 메소드와 의존관계를 갖지 않도록 해야 한다.

전문가의 조언 | ① 단일 책임 원칙은 객체는 단 하나의 책임만 가져야 한다는 원칙입니다.
③ 리스코프 교체의 원칙은 자식 클래스는 최소한 자신의 부모 클래스에서 가능한 행위는 수행할 수 있어야 한다는 설계 원칙입니다.
④ 의존관계 역전의 원칙은 각 객체들이 의존 관계가 성립될 때, 추상성이 낮은 클래스보다 추상성이 높은 클래스와 의존 관계를 맺어야 한다는 원칙입니다.

14. GoF(Gangs of Four) 디자인 패턴에서 생성(Creational) 패턴에 해당하는 것은?

① 컴포지트(Composite)

② 어댑터(Adapter)

③ 추상 팩토리(Abstract Factory)

④ 옵서버(Observer)

전문가의 조언 | 추상 팩토리(Abstract Factory)는 생성 패턴, 컴포지트(Composite)와 어댑터(Adapter)는 구조 패턴, 옵서버(Observer)는 행위 패턴에 해당합니다.

15. 아키텍처 설계 과정이 올바른 순서로 나열된 것은?

㉮ 설계 목표 설정
㉯ 시스템 타입 결정
㉰ 스타일 적용 및 커스터마이즈
㉱ 서브시스템의 기능, 인터페이스 동작 작성
㉲ 아키텍처 설계 검토

① ㉮ → ㉯ → ㉰ → ㉱ → ㉲

② ㉲ → ㉮ → ㉯ → ㉱ → ㉰

③ ㉮ → ㉲ → ㉯ → ㉱ → ㉰

④ ㉮ → ㉯ → ㉰ → ㉲ → ㉱

전문가의 조언 | 소프트웨어 아키텍처의 설계 과정은 '설계 목표 설정, 시스템 타입 결정, 아키텍처 패턴(스타일) 적용, 서브시스템 구체화, 설계 검토' 순입니다.

16. 사용자 인터페이스를 설계할 경우 고려해야 할 가이드라인과 가장 거리가 먼 것은?

① 심미성을 사용성보다 우선하여 설계해야 한다.

② 효율성을 높이게 설계해야 한다.

③ 발생하는 오류를 쉽게 수정할 수 있어야 한다.

④ 사용자에게 피드백을 제공해야 한다.

전문가의 조언 | UI를 설계할 경우 심미성보다는 사용성을 우선하여 설계해야 합니다.

17. 소프트웨어 설계에서 자주 발생하는 문제에 대한 일반적이고 반복적인 해결 방법을 무엇이라고 하는가?

① 모듈 분해   ② 디자인 패턴

③ 연관 관계   ④ 클래스 도출

전문가의 조언 | 소프트웨어 설계에서 자주 발생하는 문제에 대한 일반적이고 반복적인 해결 방법을 디자인 패턴이라고 합니다.

18. 객체지향 분석 기법의 하나로 객체 모형, 동적 모형, 기능 모형의 3개 모형을 생성하는 방법은?

① Wirfs–Block Method

② Rumbaugh Method

③ Booch Method

④ Jacobson Method

전문가의 조언 | 객체 모형, 동적 모형, 기능 모형의 3개 모형을 생성하는 방법은 럼바우(Rumbaugh) 방법입니다.

19. 입력되는 데이터를 컴퓨터의 프로세서가 처리하기 전에 미리 처리하여 프로세서가 처리하는 시간을 줄여주는 프로그램이나 하드웨어를 말하는 것은?

① EAI   ② FEP

③ GPL   ④ Duplexing

전문가의 조언 | 입력되는 데이터를 컴퓨터의 프로세서가 처리하기 전에 미리 처리하여 프로세서가 처리하는 시간을 줄여주는 프로그램이나 하드웨어를 전처리기(FEP; Front End Processor)라고 합니다.

정답 : 7.④ 8.③ 9.② 10.③ 11.③ 12.④ 13.② 14.③ 15.① 16.① 17.② 18.② 19.②

20. 객체 지향 개념 중 하나 이상의 유사한 객체들을 묶어 공통된 특성을 표현한 데이터 추상화를 의미하는 것은?

① Method　　　　② Class

③ Field　　　　④ Message

2과목 　소프트웨어 개발

21. 클린 코드(Clean Code)를 작성하기 위한 원칙으로 틀린 것은?

① 추상화 : 하위 클래스/메소드/함수를 통해 애플리케이션의 특성을 간략하게 나타내고, 상세 내용은 상위 클래스/메소드/함수에서 구현한다.

② 의존성 : 다른 모듈에 미치는 영향을 최소화하도록 작성한다.

③ 가독성 : 누구든지 읽기 쉽게 코드를 작성한다.

④ 중복성 : 중복을 최소화 할 수 있는 코드를 작성한다.

22. 단위 테스트에서 테스트의 대상이 되는 하위 모듈을 호출하고, 파라미터를 전달하는 가상의 모듈로 상향식 테스트에 필요한 것은?

① 테스트 스텁(Test Stub)

② 테스트 드라이버(Test Driver)

③ 테스트 슈트(Test Suites)

④ 테스트 케이스(Test Case)

23. 스택(Stack)에 대한 옳은 내용으로만 나열된 것은?

> ㉠ FIFO 방식으로 처리된다.
>
> ㉡ 순서 리스트의 뒤(Rear)에서 노드가 삽입되며, 앞(Front)에서 노드가 제거된다.
>
> ㉢ 선형 리스트의 양쪽 끝에서 삽입과 삭제가 모두 가능한 자료 구조이다.
>
> ㉣ 인터럽트 처리, 서브루틴 호출 작업 등에 응용된다.

① ㉠, ㉡　　　　② ㉡, ㉢

③ ㉣　　　　④ ㉠, ㉡, ㉢, ㉣

24. 소프트웨어 모듈화의 장점이 아닌 것은?

① 오류의 파급 효과를 최소화한다.

② 기능의 분리가 가능하여 인터페이스가 복잡하다.

③ 모듈의 재사용 가능으로 개발과 유지보수가 용이하다.

④ 프로그램의 효율적인 관리가 가능하다.

25. 소프트웨어 프로젝트 관리에 대한 설명으로 가장 옳은 것은?

① 개발에 따른 산출물 관리

② 소요인력은 최대화하되 정책 결정은 신속하게 처리

③ 주어진 기간은 연장하되 최소의 비용으로 시스템을 개발

④ 주어진 기간 내에 최소의 비용으로 사용자를 만족시키는 시스템을 개발

26. 정형 기술 검토(FTR)의 지침으로 틀린 것은?

① 의제를 제한한다.

② 논쟁과 반박을 제한한다.

③ 문제 영역을 명확히 표현한다.

④ 참가자의 수를 제한하지 않는다.

전문가의 조언 | 정형 기술 검토는 의제와 참가자의 수를 제한합니다.

27. 소프트웨어 재공학의 주요 활동 중 기존 소프트웨어 시스템을 새로운 기술 또는 하드웨어 환경에서 사용할 수 있도록 변환하는 작업을 의미하는 것은?

① Analysis

② Migration

③ Restructuring

④ Reverse Engineering

전문가의 조언 | 기존 소프트웨어 시스템을 새로운 기술 또는 하드웨어 환경에서 사용할 수 있도록 변환하는 작업을 이식(Migration)이라고 합니다.

28. 정보 시스템 개발 단계에서 프로그래밍 언어 선택 시 고려할 사항으로 가장 거리가 먼 것은?

① 개발 정보 시스템의 특성

② 사용자의 요구사항

③ 컴파일러의 가용성

④ 컴파일러의 독창성

전문가의 조언 | 컴파일러의 독창성은 프로그래밍 언어 선택과 관계가 없습니다.

29. 소프트웨어 패키징에 대한 설명으로 틀린 것은?

① 패키징은 개발자 중심으로 진행한다.

② 신규 및 변경 개발소스를 식별하고, 이를 모듈화하여 상용제품으로 패키징한다.

③ 고객의 편의성을 위해 매뉴얼 및 버전관리를 지속적으로 한다.

④ 범용 환경에서 사용이 가능하도록 일반적인 배포 형태로 패키징이 진행된다.

전문가의 조언 | 소프트웨어 패키징은 개발자가 아니라 사용자를 중심으로 진행합니다.

30. 자료 구조의 분류 중 선형 구조가 아닌 것은?

① 트리

② 리스트

③ 스택

④ 데크

전문가의 조언 | 선형 구조를 가지는 자료 구조에는 배열, 선형 리스트, 스택, 큐, 데크가 있습니다.

31. 아주 오래되거나 참고문서 또는 개발자가 없어 유지보수 작업이 아주 어려운 프로그램을 의미하는 것은?

① Title Code

② Source Code

③ Object Code

④ Alien Code

전문가의 조언 | 아주 오래되거나 참고문서 또는 개발자가 없어 유지보수 작업이 어려운 프로그램을 외계인 코드(Alien Code)라고 합니다.

32. 소프트웨어를 재사용함으로써 얻을 수 있는 이점으로 가장 거리가 먼 것은?

① 생산성 증가

② 프로젝트 문서 공유

③ 소프트웨어 품질 향상

④ 새로운 개발 방법론 도입 용이

전문가의 조언 | 소프트웨어 재사용은 이미 개발된 인정받은 소프트웨어의 전체 혹은 일부분을 다른 소프트웨어 개발이나 유지에 사용하는 것으로 소프트웨어를 재사용함으로써 새로운 개발 방법론을 도입하기는 어렵습니다.

33. 인터페이스 간의 통신을 위해 이용되는 데이터 포맷이 아닌 것은?

① AJTML

② JSON

③ XML

④ YAML

전문가의 조언 | 인터페이스 간의 통신을 위해 이용되는 데이터 포맷에는 JSON, XML, YAML 등이 있습니다.

34. 프로그램 설계도의 하나인 NS Chart에 대한 설명으로 가장 거리가 먼 것은?

① 논리의 기술에 중점을 두고 도형을 이용한 표현 방법이다.

② 이해하기 쉽고 코드 변환이 용이하다.

③ 화살표나 GOTO를 사용하여 이해하기 쉽다.

④ 연속, 선택, 반복 등의 제어 논리 구조를 표현한다.

35. 순서가 A, B, C, D로 정해진 입력 자료를 push, push, pop, push, push, pop, pop, pop 순서로 스택 연산을 수행하는 경우 출력 결과는?

① B D C A

② A B C D

③ B A C D

④ A B D C

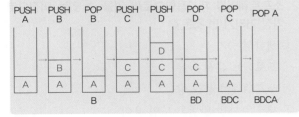

36. 분할 정복(Divide and Conquer)에 기반한 알고리즘으로 피봇(pivot)을 사용하며 최악의 경우 $\frac{n(n-1)}{2}$ 회의 비교를 수행해야 하는 정렬(Sort)은?

① Selection Sort

② Bubble Sort

③ Insert Sort

④ Quick Sort

37. 화이트박스 검사 기법에 해당하는 것으로만 짝지어진 것은?

㉠ 데이터 흐름 검사	㉡ 루프 검사
㉢ 동등 분할 검사	㉣ 경계값 분석
㉤ 원인 결과 그래프 기법	㉥ 오류예측 기법

① ㉠, ㉡

② ㉠, ㉣

③ ㉡, ㉤

④ ㉢, ㉥

38. 소프트웨어 품질 관련 국제 표준인 ISO/IEC 25000에 관한 설명으로 옳지 않은 것은?

① 소프트웨어 품질 평가를 위한 소프트웨어 품질평가 통합모델 표준이다.

② System and Software Quality Requirements and Evaluation으로 줄여서 SQuaRE라고도 한다.

③ ISO/IEC 2501n에서는 소프트웨어의 내부 측정, 외부 측정, 사용 품질 측정, 품질 측정 요소 등을 다룬다.

④ 기존 소프트웨어 품질 평가 모델과 소프트웨어 평가 절차 모델인 ISO/IEC 9126과 ISO/IEC 14598을 통합하였다.

39. 코드 인스펙션과 관련한 설명으로 틀린 것은?

① 프로그램을 수행시켜보는 것 대신에 읽어보고 눈으로 확인하는 방법으로 볼 수 있다.

② 코드 품질 향상 기법 중 하나이다.

③ 동적 테스트 시에만 활용하는 기법이다.

④ 결함과 함께 코딩 표준 준수 여부, 효율성 등의 다른 품질 이슈를 검사하기도 한다.

40. 프로젝트에 내재된 위험 요소를 인식하고 그 영향을 분석하여 이를 관리하는 활동으로서, 프로젝트를 성공시키기 위하여 위험 요소를 사전에 예측, 대비하는 모든 기술과 활동을 포함하는 것은?

① Critical Path Method

② Risk Analysis

③ Work Breakdown Structure

④ Waterfall Model

전문가의 조언 │ 문제의 내용은 위험 관리(Risk Analysis)에 대한 설명입니다.

3과목 ▶ 데이터베이스 구축

41. 데이터베이스 설계 단계 중 물리적 설계 시 고려 사항으로 적절하지 않은 것은?

① 스키마의 평가 및 정제

② 응답 시간

③ 저장 공간의 효율화

④ 트랜잭션 처리량

전문가의 조언 │ 스키마의 평가 및 정제는 논리적 설계 단계에서 수행하는 작업입니다.

42. DELETE 명령에 대한 설명으로 틀린 것은?

① 테이블의 행을 삭제할 때 사용한다.

② WHERE 조건절이 없는 DELETE 명령을 수행하면 DROP TABLE 명령을 수행했을 때와 동일한 효과를 얻을 수 있다.

③ SQL을 사용 용도에 따라 분류할 경우 DML에 해당한다.

④ 기본 사용 형식은 "DELETE FROM 테이블 [WHERE 조건];" 이다.

전문가의 조언 │ DROP은 테이블을 삭제하고, DELETE는 레코드를 삭제하는 명령문입니다. DELETE에 WHERE 조건절을 생략하면 테이블은 남아있고 테이블 안에 있는 모든 레코드가 삭제됩니다.

43. 어떤 릴레이션 R의 모든 조인 종속성의 만족이 R의 후보키를 통해서만 만족될 때, 이 릴레이션 R이 해당하는 정규형은?

① 제5정규형　　② 제4정규형

③ 제3정규형　　④ 제1정규형

전문가의 조언 │ 릴레이션 R의 모든 조인 종속이 R의 후보키를 통해서만 성립되는 정규형은 제5정규형입니다.

44. E-R 모델에서 다중값 속성의 표기법은?

① ◇　　　　② ▭

③ ⬭　　　　④ ─

전문가의 조언 │ 다중값 속성은 이중 타원으로 표기합니다.

45. 다른 릴레이션의 기본키를 참조하는 키를 의미하는 것은?

① 필드키　　② 슈퍼키

③ 외래키　　④ 후보키

전문가의 조언 │ 외래키는 다른 릴레이션의 기본키를 참조하는 속성 또는 속성들의 집합을 의미합니다.

46. 관계해석에서 '모든 것에 대하여'의 의미를 나타내는 논리 기호는?

① ∃　　　　② ∈

③ ∀　　　　④ ⊂

전문가의 조언 │ 관계해석에서 '모든 것에 대하여(for all)'의 의미를 나타내는 연산자는 '∀'입니다.

정답 : 34.③　35.①　36.④　37.①　38.③　39.③　40.②　41.①　42.②　43.①　44.③　45.③　46.③

47. 다음 릴레이션의 Degree와 Cardinality는?

학번	이름	학년	학과
13001	홍길동	3학년	전기
13002	이순신	4학년	기계
13003	강감찬	2학년	컴퓨터

① Degree : 4, Cardinality : 3

② Degree : 3, Cardinality : 4

③ Degree : 3, Cardinality : 12

④ Degree : 12, Cardinality : 3

전문가의 조언 | 차수(Degree)는 속성의 수, 카디널리티(Cardinality)는 튜플의 수입니다.

48. 뷰(View)에 대한 설명으로 틀린 것은?

① 뷰 위에 또 다른 뷰를 정의할 수 있다.

② DBA는 보안성 측면에서 뷰를 활용할 수 있다.

③ 사용자가 필요한 정보를 요구에 맞게 가공하여 뷰로 만들 수 있다.

④ SQL을 사용하면 뷰에 대한 삽입, 갱신, 삭제 연산 시 제약 사항이 없다.

전문가의 조언 | 뷰는 기본 테이블이나 또 다른 뷰를 이용해서 만든 가상 테이블로서, SQL을 사용하더라도 기본 테이블과 비교할 때 삽입, 삭제, 갱신 연산에 제약이 있습니다.

49. 관계 대수식을 SQL 질의로 옳게 표현한 것은?

$$\pi_{이름}(\sigma_{학과 \,=\, '교육'}(학생))$$

① SELECT 학생 FROM 이름 WHERE 학과 = '교육';

② SELECT 이름 FROM 학생 WHERE 학과 = '교육';

③ SELECT 교육 FROM 학과 WHERE 이름 = '학생';

④ SELECT 학과 FROM 학생 WHERE 이름 = '교육';

전문가의 조언 | • $\pi_{이름}$: '이름' 필드를 표시합니다.
• $\sigma_{학과 \,=\, '교육'}$: '학과'가 "교육"인 자료만을 대상으로 합니다.
• (학생) : 〈학생〉 테이블의 자료를 검색합니다.
∴ 교육과 학생의 '이름'을 검색합니다.

50. 정규화 과정에서 함수 종속이 A → B이고 B → C일 때 A → C인 관계를 제거하는 단계는?

① 1NF → 2NF

② 2NF → 3NF

③ 3NF → BCNF

④ BCNF → 4NF

전문가의 조언 | A → B이고 B → C일 때 A → C를 만족하는 관계를 이행적 종속(Transitive Dependency)이라고 하고, 이행적 종속은 2NF → 3NF 단계에서 제거됩니다.

51. CREATE TABLE문에 포함되지 않는 기능은?

① 속성 타입 변경

② 속성의 NOT NULL 여부 지정

③ 기본키를 구성하는 속성 지정

④ CHECK 제약조건의 정의

전문가의 조언 | CREATE TABLE문에서는 속성 타입을 변경할 수 없습니다.

52. SQL과 관련한 설명으로 틀린 것은?

① REVOKE 키워드를 사용하여 열 이름을 다시 부여할 수 있다.

② 데이터 정의어는 기본 테이블, 뷰 테이블, 또는 인덱스 등을 생성, 변경, 제거하는데 사용되는 명령어이다.

③ DISTINCT를 활용하여 중복 값을 제거할 수 있다.

④ JOIN을 통해 여러 테이블의 레코드를 조합하여 표현할 수 있다.

전문가의 조언 | REVOKE는 데이터베이스 사용자의 사용 권한을 취소하는 기능입니다.

53. 다음 SQL문의 실행결과로 생성되는 튜플 수는?

SELECT 급여 FROM 사원;

〈사원〉 테이블

사원ID	사원명	급여	부서ID
101	박철수	30000	1
102	한나라	35000	2
103	김감동	40000	3
104	이구수	35000	2
105	최초록	40000	3

① 1　　　　　　　② 3
③ 4　　　　　　　④ 5

전문가의 조언 │ • SELECT 급여 : '급여' 필드를 표시합니다.
• FROM 사원 : 〈사원〉 테이블의 자료를 검색합니다.
∴ WHERE문이 없으므로 〈사원〉 테이블에서 '급여' 필드의 전체 레코드를 검색합니다.

〈실행결과〉

급여
30000
35000
40000
35000
40000

54. 다음 SQL문에서 사용된 BETWEEN 연산의 의미와 동일한 것은?

SELECT *
FROM 성적
WHERE (점수 BETWEEN 90 AND 95)
　　　　AND 학과 = '컴퓨터공학과';

① 점수 >= 90 AND 점수 <= 95
② 점수 > 90 AND 점수 < 95
③ 점수 > 90 AND 점수 <= 95
④ 점수 >= 90 AND 점수 < 95

전문가의 조언 │ • SELECT * : 모든 필드를 표시합니다.
• FROM 성적 : 〈성적〉 테이블의 자료를 검색합니다.
• WHERE (점수 BETWEEN 90 AND 95) : 점수가 90~95 사이이고
• AND 학과 = '컴퓨터공학과'; : '학과'가 "컴퓨터공학과"인 자료만을 대상으로 합니다.
∴ 〈성적〉 테이블에서 점수가 90~95 사이이고 '학과'가 '컴퓨터공학과'인 모든 필드를 검색합니다.

55. 트랜잭션의 상태 중 트랜잭션의 수행이 실패하여 Rollback 연산을 실행한 상태는?

① 철회(Aborted)
② 부분 완료(Partially Committed)
③ 완료(Commit)
④ 실패(Fail)

전문가의 조언 │ 트랜잭션의 수행이 실패하여 Rollback 연산을 실행한 상태를 철회(Aborted)라고 합니다.

56. 데이터 제어어(DCL)에 대한 설명으로 옳은 것은?

① ROLLBACK : 데이터의 보안과 무결성을 정의한다.
② COMMIT : 데이터베이스 사용자의 사용 권한을 취소한다.
③ GRANT : 데이터베이스 사용자의 사용 권한을 부여한다.
④ REVOKE : 데이터베이스 조작 작업이 비정상적으로 종료되었을 때 원래 상태로 복구한다.

전문가의 조언 │ ① ROLLBACK은 아직 COMMIT 되지 않은 변경된 모든 내용들을 취소하고 데이터베이스를 이전 상태로 되돌리는 명령어입니다.
② COMMIT은 트랜잭션이 성공적으로 끝나면 데이터베이스가 새로운 일관성(Consistency) 상태를 가지기 위해 변경된 모든 내용을 데이터베이스에 반영할 때 사용하는 명령어입니다.
④ REVOKE는 데이터베이스 사용자의 사용 권한을 취소하는 명령어입니다.

57. 테이블 R과 S에 대한 SQL문이 실행되었을 때, 실행결과로 옳은 것은?

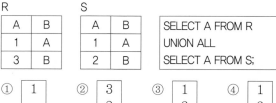

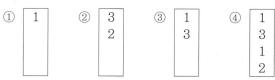

전문가의 조언 │ 문제에 제시된 질의문은 집합 연산자 UNION ALL을 이용한 통합 질의로, 여러 테이블의 필드 값을 통합하여 표시하되 중복된 레코드도 그대로 표시합니다.

58. 분산 데이터베이스 시스템(Distributed Database System)에 대한 설명으로 틀린 것은?

① 분산 데이터베이스는 논리적으로는 하나의 시스템에 속하지만 물리적으로는 여러 개의 컴퓨터 사이트에 분산되어 있다.

② 위치 투명성, 중복 투명성, 병행 투명성, 장애 투명성을 목표로 한다.

③ 데이터베이스의 설계가 비교적 어렵고, 개발 비용과 처리 비용이 증가한다는 단점이 있다.

④ 분산 데이터베이스 시스템의 주요 구성 요소는 분산 처리기, P2P 시스템, 단일 데이터베이스 등이 있다.

59. 테이블 두 개를 조인하여 뷰 V_1을 정의하고, V_1을 이용하여 뷰 V_2를 정의하였다. 다음 명령 수행 후 결과로 옳은 것은?

```
DROP VIEW V_1 CASCADE;
```

① V_1만 삭제된다.

② V_2만 삭제된다.

③ V_1과 V_2 모두 삭제된다.

④ V_1과 V_2 모두 삭제되지 않는다.

60. 데이터베이스에서 병행제어의 목적으로 틀린 것은?

① 시스템 활용도 최대화

② 사용자에 대한 응답시간 최소화

③ 데이터베이스 공유 최소화

④ 데이터베이스 일관성 유지

4과목 > 프로그래밍 언어 활용

61. IP 주소체계와 관련한 설명으로 틀린 것은?

① IPv6의 패킷 헤더는 32 octet의 고정된 길이를 가진다.

② IPv6는 주소 자동설정(Auto Configuration) 기능을 통해 손쉽게 이용자의 단말을 네트워크에 접속시킬 수 있다.

③ IPv4는 호스트 주소를 자동으로 설정하며 유니캐스트(Unicast)를 지원한다.

④ IPv4는 클래스별로 네트워크와 호스트 주소의 길이가 다르다.

62. 다음 C언어 프로그램이 실행되었을 때, 실행 결과는?

```c
#include <stdio.h>
#include <stdlib.h>
int main(int argc, char* argv[ ]) {
    int arr[2][3] = { 1,2,3,4,5,6 };
    int (*p)[3] = NULL;
    p = arr;
    printf("%d, ", *(p[0] + 1) + *(p[1] + 2));
    printf("%d", *(*(p + 1) + 0) + *(*(p + 1) + 1));
    return 0;
}
```

① 7, 5   ② 8, 5

③ 8, 9   ④ 7, 9

❶ 2행 3열의 요소를 갖는 정수형 2차원 배열 arr을 선언하고 초기화한다.

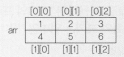

❷ 3개의 요소를 갖는 정수형 포인터 배열 p를 선언하고 NULL로 초기화한다.

❸ p에 arr의 주소를 저장한다.

❹ printf("%d, ", *(p[0] + 1) + *(p[1] + 2));

          ⊙   ⓒ

- ⊙ : p[0]은 arr 배열의 첫 번째 행의 시작 주소를 가리키므로 여기에 1을 더한다는 것은 1행의 두 번째 열의 값 2를 가리키는 것이다.
- ⓒ : p[1]은 arr 배열의 두 번째 행의 시작 주소를 가리키므로 여기에 2를 더한다는 것은 2행의 세 번째 열의 값 6을 가리키는 것이다.
- ⊙의 값 2와 ⓒ의 값 6을 더한 값 8을 정수로 출력한 후 이어서 쉼표(,)와 공백 한 칸을 출력한다.

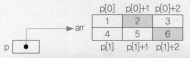

결과   8,

❺ printf("%d", *(*(p + 1) + 0) + *(*(p + 1) + 1));

           ⊙   ⓒ

- 2차원 배열에서 배열명은 실제 값에 해당하는 요소가 아닌 첫 번째 행의 주소를 가리킨다. 즉, p 또는 arr은 배열의 첫 번째 요소인 1을 가리키는 것이 아닌 첫 번째 행 전체를 가리키므로 만약 두 번째 행을 1차원 배열의 포인터처럼 사용하려면 ❹번에서와 같이 p[1]을 사용하거나 *(p+1)을 사용해야 한다.

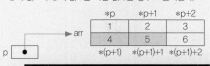

- ⊙ : *(p+1)은 arr 배열의 두 번째 행의 시작 주소를 가리키므로 여기에 0을 더한다는 것은 2행의 첫 번째 열의 값 4를 가리키는 것이다.
- ⓒ : *(p+1)은 arr 배열의 두 번째 행의 시작 주소를 가리키므로 여기에 1을 더한다는 것은 2행의 두 번째 열의 값 5를 가리키는 것이다.
- ⊙의 값 4와 ⓒ의 값 5를 더한 값 9를 정수로 출력한다.

결과   8, 9

❻ main( ) 함수에서의 'return 0'은 프로그램의 종료를 의미한다.

---

63. OSI 7계층 중 데이터링크 계층에 해당되는 프로토콜이 아닌 것은?

① HTTP   ② HDLC

③ PPP   ④ LLC

전문가의 조언 | HTTP(HyperText Transfer Protocol)는 응용 계층의 프로토콜입니다.

---

64. C언어에서 두 개의 논리 값 중 하나라도 참이면 1을, 모두 거짓이면 0을 반환하는 연산자는?

① || ② &&

③ **   ④ !=

전문가의 조언 | ||(논리 or)는 하나라도 참이면 참을 반환하는 연산자입니다. 영어로는 'or'을 의미합니다.

---

65. IPv6에 대한 특성으로 틀린 것은?

① 표시방법은 8비트씩 4부분의 10진수로 표시한다.

② 2^{128}개의 주소를 표현할 수 있다.

③ 등급별, 서비스별로 패킷을 구분할 수 있어 품질보장이 용이하다.

④ 확장기능을 통해 보안기능을 제공한다.

전문가의 조언 | IPv6는 16비트씩 8부분, 총 128비트로 구성되어 있으며 각 부분을 16진수로 표현합니다.

---

66. JAVA의 예외(exception)와 관련한 설명으로 틀린 것은?

① 문법 오류로 인해 발생한 것

② 오동작이나 결과에 악영향을 미칠 수 있는 실행 시간 동안에 발생한 오류

③ 배열의 인덱스가 그 범위를 넘어서는 경우 발생하는 오류

④ 존재하지 않는 파일을 읽으려고 하는 경우에 발생하는 오류

전문가의 조언 | 예외(Exception)는 실행 중에 발생할 수 있는 여러 상황들을 대비한 것입니다. 문법 오류의 경우 코드가 실행조차 되지 않으므로 예외로 처리할 수 없습니다.

---

67. TCP/IP 계층 구조에서 IP의 동작 과정에서의 전송 오류가 발생하는 경우에 대비해 오류 정보를 전송하는 목적으로 사용하는 프로토콜은?

① ECP(Error Checking Protocol)

② ARP(Address Resolution Protocol)

③ ICMP(Internet Control Message Protocol)

④ PPP(Point-to-Point Protocol)

---

68. 좋은 소프트웨어 설계를 위한 소프트웨어의 모듈 간의 결합도(Coupling)와 모듈 내 요소 간 응집도(Cohesion)에 대한 설명으로 옳은 것은?

① 응집도는 낮게 결합도는 높게 설계한다.

② 응집도는 높게 결합도는 낮게 설계한다.

③ 양쪽 모두 낮게 설계한다.

④ 양쪽 모두 높게 설계한다.

69. 다음과 같은 형태로 임계 구역의 접근을 제어하는 상호 배제 기법은?

```
P(S) : while S 〈 = 0 do skip;
S := S - 1;
V(S) : S := S + 1;
```

① Dekker Algorithm

② Lamport Algorithm

③ Peterson Algorithm

④ Semaphore

70. 소프트웨어 개발에서 모듈(Module)이 되기 위한 주요 특징에 해당하지 않는 것은?

① 다른 것들과 구별될 수 있는 독립적인 기능을 가진 단위(Unit)이다.

② 독립적인 컴파일이 가능하다.

③ 유일한 이름을 가져야 한다.

④ 다른 모듈에서의 접근이 불가능해야 한다.

71. 빈 기억공간의 크기가 20KB, 16KB, 8KB, 40KB 일 때 기억장치 배치 전략으로 "Best Fit"을 사용하여 17KB의 프로그램을 적재할 경우 내부 단편화의 크기는 얼마인가?

① 3KB

② 23KB

③ 64KB

④ 67KB

72. 다음 C언어 프로그램이 실행되었을 때, 실행 결과는?

```c
#include 〈stdio.h〉
#include 〈stdlib.h〉
int main(int argc, char* argv[ ]) {
    int i = 0;
    while (1) {
        if (i == 4) {
            break;
        }
        ++i;
    }
    printf("i = %d", i);
    return 0;
}
```

① i = 0

② i = 1

③ i = 3

④ i = 4

5과목 〉 정보시스템 구축 관리

81. 소프트웨어 생명주기 모델 중 나선형 모델(Spiral Model)과 관련한 설명으로 틀린 것은?

① 소프트웨어 개발 프로세스를 위험 관리(Risk Management) 측면에서 본 모델이다.

② 위험 분석(Risk Analysis)은 반복적인 개발 진행 후 주기의 마지막 단계에서 최종적으로 한 번 수행해야 한다.

③ 시스템을 여러 부분으로 나누어 여러 번의 개발 주기를 거치면서 시스템이 완성된다.

④ 요구사항이나 아키텍처를 이해하기 어렵다거나 중심이 되는 기술에 문제가 있는 경우 적합한 모델이다.

82. 정보시스템과 관련한 다음 설명에 해당하는 것은?

> • 각 시스템 간에 공유 디스크를 중심으로 클러스터링으로 엮어 다수의 시스템을 동시에 연결할 수 있다.
> • 조직, 기업의 기간 업무 서버 안정성을 높이기 위해 사용될 수 있다.
> • 여러 가지 방식으로 구현되며 2개의 서버를 연결하는 것으로 2개의 시스템이 각각 업무를 수행하도록 구현하는 방식이 널리 사용된다.

① 고가용성 솔루션(HACMP)

② 점대점 연결 방식(Point-to-Point Mode)

③ 스턱스넷(Stuxnet)

④ 루팅(Rooting)

83. 위조된 매체 접근 제어(MAC) 주소를 지속적으로 네트워크로 흘려보내, 스위치 MAC 주소 테이블의 저장 기능을 혼란시켜 더미 허브(Dummy Hub)처럼 작동하게 하는 공격은?

① Parsing

② LAN Tapping

③ Switch Jamming

④ FTP Flooding

84. 다음 내용이 설명하는 스토리지 시스템은?

> • 하드디스크와 같은 데이터 저장장치를 호스트버스 어댑터에 직접 연결하는 방식
> • 저장장치와 호스트 기기 사이에 네트워크 디바이스 없이 직접 연결하는 방식으로 구성

① DAS

② NAS

③ BSA

④ NFC

85. 취약점 관리를 위해 일반적으로 수행하는 작업이 아닌 것은?

① 무결성 검사

② 응용 프로그램의 보안 설정 및 패치(Patch) 적용

③ 중단 프로세스 및 닫힌 포트 위주로 확인

④ 불필요한 서비스 및 악성 프로그램의 확인과 제거

86. 소프트웨어 생명주기 모델 중 V 모델과 관련한 설명으로 틀린 것은?

① 요구 분석 및 설계단계를 거치지 않으며 항상 통합 테스트를 중심으로 V 형태를 이룬다.

② Perry에 의해 제안되었으며 세부적인 테스트 과정으로 구성되어 신뢰도 높은 시스템을 개발하는데 효과적이다.

③ 개발 작업과 검증 작업 사이의 관계를 명확히 들어내 놓은 폭포수 모델의 변형이라고 볼 수 있다.

④ 폭포수 모델이 산출물 중심이라면 V 모델은 작업과 결과의 검증에 초점을 둔다.

정답 : 78.② 79.② 80.③ 81.② 82.① 83.③ 84.① 85.③ 86.①

87. 블루투스(Bluetooth) 공격과 해당 공격에 대한 설명이 올바르게 연결된 것은?

① 블루버그(BlueBug) – 블루투스의 취약점을 활용하여 장비의 파일에 접근하는 공격으로 OPP를 사용하여 정보를 열람

② 블루스나프(BlueSnarf) – 블루투스를 이용해 스팸처럼 명함을 익명으로 퍼뜨리는 것

③ 블루프린팅(BluePrinting) – 블루투스 공격 장치의 검색 활동을 의미

④ 블루재킹(BlueJacking) – 블루투스 장비사이의 취약한 연결 관리를 악용한 공격

88. DoS(Denial of Service) 공격과 관련한 내용으로 틀린 것은?

① Ping of Death 공격은 정상 크기보다 큰 ICMP 패킷을 작은 조각(Fragment)으로 쪼개어 공격 대상이 조각화 된 패킷을 처리하게 만드는 공격 방법이다.

② Smurf 공격은 멀티캐스트(Multicast)를 활용하여 공격 대상이 네트워크의 임의의 시스템에 패킷을 보내게 만드는 공격이다.

③ SYN Flooding은 존재하지 않는 클라이언트가 서버별로 한정된 접속 가능 공간에 접속한 것처럼 속여 다른 사용자가 서비스를 이용하지 못하게 하는 것이다.

④ Land 공격은 패킷 전송 시 출발지 IP주소와 목적지 IP주소 값을 똑같이 만들어서 공격 대상에게 보내는 공격 방법이다.

89. 다음 설명에 해당하는 시스템은?

- 1990년대 David Clock이 처음 제안하였다.
- 비정상적인 접근의 탐지를 위해 의도적으로 설치해 둔 시스템이다.
- 침입자를 속여 실제 공격당하는 것처럼 보여줌으로써 크래커를 추적 및 공격기법의 정보를 수집하는 역할을 한다.
- 쉽게 공격자에게 노출되어야 하며 쉽게 공격이 가능한 것처럼 취약해 보여야 한다.

① Apache   ② Hadoop

③ Honeypot   ④ MapReduce

90. 다음이 설명하는 IT 기술은?

- 컨테이너 응용프로그램의 배포를 자동화하는 오픈소스 엔진이다.
- 소프트웨어 컨테이너 안에 응용 프로그램들을 배치시키는 일을 자동화해 주는 오픈 소스 프로젝트이자 소프트웨어로 볼 수 있다.

① Stack Guard   ② Docker

③ Cipher Container   ④ Scytale

91. 간트 차트(Gantt Chart)에 대한 설명으로 틀린 것은?

① 프로젝트를 이루는 소작업 별로 언제 시작되고 언제 끝나야 하는지를 한 눈에 볼 수 있도록 도와준다.

② 자원 배치 계획에 유용하게 사용된다.

③ CPM 네트워크로부터 만드는 것이 가능하다.

④ 수평 막대의 길이는 각 작업(Task)에 필요한 인원 수를 나타낸다.

92. Python 기반의 웹 크롤링(Web Crawling) 프레임워크로 옳은 것은?

① Li-fi
② Scrapy
③ CrawlCat
④ SBAS

전문가의 조언 | 웹 크롤링(Web Crawling)은 웹 상에서 URL, Link, 데이터 등의 다양한 정보 자원을 수집하여 분류 및 저장하는 것을 의미합니다. 가장 대표적인 크롤링 프레임워크가 파이썬(Python)의 스크래피(Scrapy)입니다.

93. Secure 코딩에서 입력 데이터의 보안 약점과 관련한 설명으로 틀린 것은?

① SQL 삽입 : 사용자의 입력 값 등 외부 입력 값이 SQL 쿼리에 삽입되어 공격

② 크로스사이트 스크립트 : 검증되지 않은 외부 입력 값에 의해 브라우저에서 악의적인 코드가 실행

③ 운영체제 명령어 삽입 : 운영체제 명령어 파라미터 입력 값이 적절한 사전검증을 거치지 않고 사용되어 공격자가 운영체제 명령어를 조작

④ 자원 삽입 : 사용자가 내부 입력 값을 통해 시스템 내에 사용이 불가능한 자원을 지속적으로 입력함으로써 시스템에 과부하 발생

전문가의 조언 | 경로 조작 및 자원 삽입은 데이터 입·출력 경로를 조작하여 서버 자원을 수정 및 삭제할 수 있는 보안 약점입니다.

94. Windows 파일 시스템인 FAT와 비교했을 때의 NTFS의 특징이 아닌 것은?

① 보안에 취약
② 대용량 볼륨에 효율적
③ 자동 압축 및 안정성
④ 저용량 볼륨에서의 속도 저하

전문가의 조언 | NTFS는 FAT 또는 FAT32에 비해 성능, 보안, 안정성 면에서 뛰어납니다.

95. DES는 몇 비트의 암호화 알고리즘인가?

① 8
② 24
③ 64
④ 132

전문가의 조언 | 암호화 알고리즘이 몇 비트냐고 묻는 것은 한 번에 암호화하는 블록의 크기를 묻는 것입니다. DES(Data Encryption Standard)의 블록 크기는 64비트입니다.

96. 리눅스에서 생성된 파일 권한이 644일 경우 umask 값은?

① 022
② 666
③ 777
④ 755

전문가의 조언 | • umask는 UNIX에서 파일이나 디렉터리의 초기 권한을 설정할 때 사용하는 값으로, 파일의 경우 666에서 umask를 뺀 값을, 디렉터리의 경우 777에서 umask를 뺀 값을 초기 접근 권한으로 갖습니다.
• 문제에서 파일 권한이 644라고 하였으므로, 다음과 같은 공식으로 umask의 값을 구할 수 있습니다.
666 – umask = 644
umask = 666 – 644
∴ umask = 022

97. 다음 내용이 설명하는 로그 파일은?

• 리눅스 시스템에서 사용자의 성공한 로그인/로그아웃 정보기록
• 시스템의 종료/시작 시간 기록

① tapping
② xtslog
③ linuxer
④ wtmp

전문가의 조언 | 문제의 지문에서 설명하는 로그 파일은 wtmp입니다.

98. 상향식 비용 산정 기법 중 LOC(원시 코드 라인 수) 기법에서 예측치를 구하기 위해 사용하는 항목이 아닌 것은?

① 낙관치
② 기대치
③ 비관치
④ 모형치

전문가의 조언 | LOC 기법은 소프트웨어 각 기능의 원시 코드 라인 수의 비관치, 낙관치, 기대치를 측정하여 예측치를 구하고 이를 이용하여 비용을 산정하는 기법이다.

99. OSI 7 Layer 전 계층의 프로토콜과 패킷 내부의 콘텐츠를 파악하여 침입 시도, 해킹 등을 탐지하고 트래픽을 조정하기 위한 패킷 분석 기술은?

① PLCP(Packet Level Control Processor)
② Traffic Distributor
③ Packet Tree
④ DPI(Deep Packet Inspection)

전문가의 조언 | 문제에서 설명하는 분석 기술은 DPI(Deep Packet Inspection)입니다.
• PLCP(Packet Level Control Processor) : 패킷 교환 서브시스템에서 패킷 레벨 제어 및 경로 정보 처리 기능과 가입자 링크, 과금, 통계 자료 수집 등을 담당한다.

정답 : 87.③ 88.② 89.③ 90.② 91.④ 92.② 93.④ 94.① 95.③ 96.① 97.④ 98.④ 99.④

100. 소프트웨어 개발 방법론의 테일러링(Tailoring)과 관련한 설명으로 틀린 것은?

① 프로젝트 수행 시 예상되는 변화를 배제하고 신속히 진행하여야 한다.

② 프로젝트에 최적화된 개발 방법론을 적용하기 위해 절차, 산출물 등을 적절히 변경하는 활동이다.

③ 관리 측면에서의 목적 중 하나는 최단기간에 안정적인 프로젝트 진행을 위한 사전 위험을 식별하고 제거하는 것이다.

④ 기술적 측면에서의 목적 중 하나는 프로젝트에 최적화된 기술 요소를 도입하여 프로젝트 특성에 맞는 최적의 기법과 도구를 사용하는 것이다.

전문가의 조언 | 테일러링은 프로젝트 상황 및 특성에 맞추어 기존의 방법론, 프로세스 등을 수정하는 것이니만큼, 예상되는 변화를 충분히 고려해야 합니다.

1과목 > 소프트웨어 설계

1. 요구사항 검증(Requirements Validation)과 관련한 설명으로 틀린 것은?

① 요구사항이 고객이 정말 원하는 시스템을 제대로 정의하고 있는지 점검하는 과정이다.

② 개발완료 이후에 문제점이 발견될 경우 막대한 재작업 비용이 들 수 있기 때문에 요구사항 검증은 매우 중요하다.

③ 요구사항이 실제 요구를 반영하는지, 문서상의 요구사항은 서로 상충되지 않는지 등을 점검한다.

④ 요구사항 검증 과정을 통해 모든 요구사항 문제를 발견할 수 있다.

> 전문가의 조언 | 요구사항 검증 과정을 정밀하게 수행하면 대부분의 문제를 발견할 수는 있겠으나 모든 문제를 발견할 수 있다고 말하기에는 어렵습니다.

2. UML 모델에서 한 사물의 명세가 바뀌면 다른 사물에 영향을 주며, 일반적으로 한 클래스가 다른 클래스를 오퍼레이션의 매개 변수로 사용하는 경우에 나타나는 관계는?

① Association
② Dependency
③ Realization
④ Generalization

> 전문가의 조언 | 일반적으로 한 클래스가 다른 클래스를 오퍼레이션의 매개 변수로 사용하는 경우를 나타내는 관계를 의존(Dependency) 관계라고 합니다.

3. 익스트림 프로그래밍(XP)에 대한 설명으로 틀린 것은?

① 빠른 개발을 위해 테스트를 수행하지 않는다.

② 사용자의 요구사항은 언제든지 변할 수 있다.

③ 고객과 직접 대면하며 요구사항을 이야기하기 위해 사용자 스토리(User Story)를 활용할 수 있다.

④ 기존의 방법론에 비해 실용성(Pragmatism)을 강조한 것이라고 볼 수 있다.

> 전문가의 조언 | XP(eXtreme Programming)는 고객의 요구 변화에 신속하게 대응하기 위해 릴리즈 기간을 가능한 짧게 반복하는데, 릴리즈 기간 동안 지속적으로 테스트가 진행될 수 있도록 자동화된 테스팅 구조를 사용합니다.

4. 소프트웨어 설계에서 사용되는 대표적인 추상화(Abstraction) 기법이 아닌 것은?

① 자료 추상화
② 제어 추상화
③ 과정 추상화
④ 강도 추상화

> 전문가의 조언 | 추상화 기법에는 과정 추상화, 데이터 추상화, 제어 추상화가 있습니다.

5. 객체지향 설계에서 정보 은닉(Information Hiding)과 관련한 설명으로 틀린 것은?

① 필요하지 않은 정보는 접근할 수 없도록 하여 한 모듈 또는 하부 시스템이 다른 모듈의 구현에 영향을 받지 않게 설계되는 것을 의미한다.

② 모듈들 사이의 독립성을 유지시키는 데 도움이 된다.

③ 설계에서 은닉되어야 할 기본 정보로는 IP 주소와 같은 물리적 코드, 상세 데이터 구조 등이 있다.

④ 모듈 내부의 자료 구조와 접근 동작들에만 수정을 국한하기 때문에 요구사항 등 변화에 따른 수정이 불가능하다.

> 전문가의 조언 | 정보 은닉은 모듈이 독립성을 갖게 해주므로, 요구사항 등 변화에 따른 수정이 가능합니다.

6. 소프트웨어 공학에서 모델링(Modeling)과 관련한 설명으로 틀린 것은?

① 개발팀이 응용문제를 이해하는 데 도움을 줄 수 있다.

② 유지보수 단계에서만 모델링 기법을 활용한다.

③ 개발될 시스템에 대하여 여러 분야의 엔지니어들이 공통된 개념을 공유하는 데 도움을 준다.

④ 절차적인 프로그램을 위한 자료 흐름도는 프로세스 위주의 모델링 방법이다.

> 전문가의 조언 | 모델링은 분석 및 설계 단계에서 개발하고자 하는 것을 시각적으로 표현한 것으로, 이렇게 제작된 모델은 소프트웨어 개발의 전 과정에서 지속적으로 사용됩니다.

정답 : 1.④ 2.② 3.① 4.④ 5.④ 6.②

7. 요구 분석(Requirement Analysis)에 대한 설명으로 틀린 것은?

① 요구 분석은 소프트웨어 개발의 실제적인 첫 단계로, 사용자의 요구에 대해 이해하는 단계라 할 수 있다.

② 요구 추출(Requirement Elicitation)은 프로젝트 계획 단계에 정의한 문제의 범위 안에 있는 사용자의 요구를 찾는 단계이다.

③ 도메인 분석(Domain Analysis)은 요구에 대한 정보를 수집하고 배경을 분석하여 이를 토대로 모델링을 하게 된다.

④ 기능적(Functional) 요구에서 시스템 구축에 대한 성능, 보안, 품질, 안정 등에 대한 요구사항을 도출한다.

8. 클래스 다이어그램의 요소로, 다음 설명에 해당하는 용어는?

- 클래스의 동작을 의미한다.
- 클래스에 속하는 객체에 대하여 적용될 메서드를 정의한 것이다.
- UML에서는 동작에 대한 인터페이스를 지칭한다고 볼 수 있다.

① Instance   ② Operation
③ Item   ④ Hiding

9. 분산 시스템을 위한 마스터-슬레이브(Master-Slave) 아키텍처에 대한 설명으로 틀린 것은?

① 일반적으로 실시간 시스템에서 사용된다.

② 마스터 프로세스는 일반적으로 연산, 통신, 조정을 책임진다.

③ 슬레이브 프로세스는 데이터 수집 기능을 수행할 수 없다.

④ 마스터 프로세스는 슬레이브 프로세스들을 제어할 수 있다.

10. 요구사항 정의 및 분석·설계의 결과물을 표현하기 위한 모델링 과정에서 사용되는 다이어그램(Diagram)이 아닌 것은?

① Data Flow Diagram

② UML Diagram

③ E-R Diagram

④ AVL Diagram

11. 객체지향의 주요 개념에 대한 설명으로 틀린 것은?

① 캡슐화는 상위 클래스에서 속성이나 연산을 전달받아 새로운 형태의 클래스로 확장하여 사용하는 것을 의미한다.

② 객체는 실세계에 존재하거나 생각할 수 있는 것을 말한다.

③ 클래스는 하나 이상의 유사한 객체들을 묶어 공통된 특성을 표현한 것이다.

④ 다형성은 상속받은 여러 개의 하위 객체들이 다른 형태의 특성을 갖는 객체로 이용될 수 있는 성질이다.

12. 사용자 인터페이스(User Interface)에 대한 설명으로 틀린 것은?

① 사용자와 시스템이 정보를 주고받는 상호작용이 잘 이루어지도록 하는 장치나 소프트웨어를 의미한다.

② 편리한 유지보수를 위해 개발자 중심으로 설계되어야 한다.

③ 배우기가 용이하고 쉽게 사용할 수 있도록 만들어져야 한다.

④ 사용자 요구사항이 UI에 반영될 수 있도록 구성해야 한다.

전문가의 조언 │ 사용자 인터페이스(UI)는 사용자가 쉽게 이해하고 편리하게 사용할 수 있도록 사용자 중심으로 설계되어야 합니다.

13. GoF(Gang of Four) 디자인 패턴과 관련한 설명으로 틀린 것은?

① 디자인 패턴을 목적(Purpose)으로 분류할 때 생성, 구조, 행위로 분류할 수 있다.

② Strategy 패턴은 대표적인 구조 패턴으로 인스턴스를 복제하여 사용하는 구조를 말한다.

③ 행위 패턴은 클래스나 객체들이 상호작용하는 방법과 책임을 분산하는 방법을 정의한다.

④ Singleton 패턴은 특정 클래스의 인스턴스가 오직 하나임을 보장하고, 이 인스턴스에 대한 접근 방법을 제공한다.

전문가의 조언 │ 전략(Strategy) 패턴은 동일한 계열의 알고리즘들을 개별적으로 캡슐화하여 상호 교환할 수 있게 정의하는 행위 패턴입니다. 인스턴스를 복제하여 사용하는 패턴은 생성 패턴의 프로토타입(Prototype) 패턴입니다.

14. 애자일 개발 방법론과 관련한 설명으로 틀린 것은?

① 빠른 릴리즈를 통해 문제점을 빠르게 파악할 수 있다.

② 정확한 결과 도출을 위해 계획 수립과 문서화에 중점을 둔다.

③ 고객과의 의사소통을 중요하게 생각한다.

④ 진화하는 요구사항을 수용하는데 적합하다.

전문가의 조언 │ 애자일(Agile)은 문서보다는 실행되는 SW에, 계획을 따르기 보다는 변화에 반응하는 것에 더 중점을 둡니다.

15. 럼바우(Rumbaugh)의 객체지향 분석 기법 중 자료 흐름도(DFD)를 주로 이용하는 것은?

① 기능 모델링
② 동적 모델링
③ 객체 모델링
④ 정적 모델링

전문가의 조언 │ 자료 흐름도(DFD)는 럼바우(Rumbaugh)의 객체지향 분석 기법 중 기능 모델링에서 주로 이용됩니다.

16. 순차 다이어그램(Sequence Diagram)과 관련한 설명으로 틀린 것은?

① 객체들의 상호 작용을 나타내기 위해 사용한다.

② 시간의 흐름에 따라 객체들이 주고 받는 메시지의 전달 과정을 강조한다.

③ 동적 다이어그램보다는 정적 다이어그램에 가깝다.

④ 교류 다이어그램(Interaction Diagram)의 한 종류로 볼 수 있다.

전문가의 조언 │ 순차 다이어그램(Sequence Diagram)은 시간의 흐름에 따라 상호 작용하는 개체들을 표현하는 동적 다이어그램입니다.

17. 객체지향 분석 기법과 관련한 설명으로 틀린 것은?

① 동적 모델링 기법이 사용될 수 있다.

② 기능 중심으로 시스템을 파악하며 순차적인 처리가 중요시되는 하향식(Top-down) 방식으로 볼 수 있다.

③ 데이터와 행위를 하나로 묶어 객체를 정의하고 추상화시키는 작업이라 할 수 있다.

④ 코드 재사용에 의한 프로그램 생산성 향상 및 요구에 따른 시스템의 쉬운 변경이 가능하다.

전문가의 조언 │ 객체지향 분석 기법은 순차적인 처리가 아닌 부품을 조립하듯 클래스를 조립하는 방식으로 처리하며, 하향식 및 상향식 방식 모두 사용할 수 있습니다.

정답 : 7.④ 8.② 9.③ 10.④ 11.① 12.② 13.② 14.② 15.① 16.③ 17.②

18. 대표적으로 DOS 및 Unix 등의 운영체제에서 조작을 위해 사용하던 것으로, 정해진 명령 문자열을 입력하여 시스템을 조작하는 사용자 인터페이스(User Interface)는?

① GUI(Graphical User Interface)

② CLI(Command Line Interface)

③ CUI(Cell User Interface)

④ MUI(Mobile User Interface)

전문가의 조언 | 정해진 명령 문자열을 입력하여 시스템을 조작하는 사용자 인터페이스를 CLI(Command Line Interface)라고 합니다.

19. 분산 시스템에서의 미들웨어(Middleware)와 관련한 설명으로 틀린 것은?

① 분산 시스템에서 다양한 부분을 관리하고 통신하며 데이터를 교환하게 해주는 소프트웨어로 볼 수 있다.

② 위치 투명성(Location Transparency)을 제공한다.

③ 분산 시스템의 여러 컴포넌트가 요구하는 재사용 가능한 서비스의 구현을 제공한다.

④ 애플리케이션과 사용자 사이에서만 분산 서비스를 제공한다.

전문가의 조언 | 애플리케이션과 사용자 사이뿐만 아니라 클라이언트와 서버, 운영체제와 응용 프로그램과 같이 두 시스템 사이에서 다양한 서비스를 제공하는 소프트웨어를 미들웨어라고 합니다.

20. 소프트웨어 아키텍처와 관련한 설명으로 틀린 것은?

① 파이프 필터 아키텍처에서 데이터는 파이프를 통해 양방향으로 흐르며, 필터 이동 시 오버헤드가 발생하지 않는다.

② 외부에서 인식할 수 있는 특성이 담긴 소프트웨어의 골격이 되는 기본 구조로 볼 수 있다.

③ 데이터 중심 아키텍처는 공유 데이터 저장소를 통해 접근자 간의 통신이 이루어지므로 각 접근자의 수정과 확장이 용이하다.

④ 이해 관계자들의 품질 요구사항을 반영하여 품질 속성을 결정한다.

전문가의 조언 | 파이프-필터 패턴은 데이터 통로인 파이프(Pipe)를 이용하여 컴포넌트인 필터(Filter) 간에 데이터를 전송하는 구조로, 단방향 및 양방향 모두 구현할 수 있으며, 필터 간 이동 시 오버헤드가 발생합니다.

21. 테스트를 목적에 따라 분류했을 때, 강도(Stress) 테스트에 대한 설명으로 옳은 것은?

① 시스템에 고의로 실패를 유도하고 시스템이 정상적으로 복귀하는지 테스트한다.

② 시스템에 과다 정보량을 부과하여 과부하 시에도 시스템이 정상적으로 작동되는지를 테스트한다.

③ 사용자의 이벤트에 시스템이 응답하는 시간, 특정 시간 내에 처리하는 업무량, 사용자 요구에 시스템이 반응하는 속도 등을 테스트한다.

④ 부당하고 불법적인 침입을 시도하여 보안시스템이 불법적인 침투를 잘 막아내는지 테스트한다.

전문가의 조언 | 강도(Stress) 테스트는 시스템에 과도한 정보량이나 빈도 등을 부과하여 과부하 시에도 소프트웨어가 정상적으로 실행되는지를 확인하는 테스트입니다.

22. 다음 자료를 버블 정렬을 이용하여 오름차순으로 정렬할 경우 PASS 3의 결과는?

9, 6, 7, 3, 5

① 6, 3, 5, 7, 9 ② 3, 5, 6, 7, 9

③ 6, 7, 3, 5, 9 ④ 3, 5, 9, 6, 7

전문가의 조언 | 버블 정렬은 주어진 파일에서 인접한 두 개의 레코드 키 값을 비교하여 그 크기에 따라 레코드 위치를 서로 교환하는 정렬 방식으로 다음과 같은 과정으로 진행됩니다.

• 초기상태 : 9, 6, 7, 3, 5

• 1회전

6, 9, 7, 3, 5 → 6, 7, 9, 3, 5 → 6, 7, 3, 9, 5 → 6, 7, 3, 5, 9

• 2회전

6, 7, 3, 5, 9 → 6, 3, 7, 5, 9 → 6, 3, 5, 7, 9

• 3회전

3, 6, 5, 7, 9 → 3, 5, 6, 7, 9

• 4회전

3, 5, 6, 7, 9

23. 다음 그래프에서 정점 A를 선택하여 깊이 우선 탐색(DFS)으로 운행한 결과는?

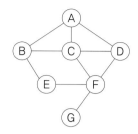

① ABECDFG   ② ABECFDG
③ ABCDEFG   ④ ABEFGCD

전문가의 조언 | 깊이 우선 탐색(DFS)은 정점에서 자식 노드 방향으로 운행하면서 형제 노드와 자식 노드가 있을 때 자식 노드를 우선 탐색하는 기법입니다. 자식 노드의 탐색이 모두 끝나면 다시 형제 노드부터 탐색을 시작하는 방식으로, 모든 노드를 한 번씩 방문합니다.

❶ A 노드에서는 B, C, D의 세 가지의 동등한 순위의 선택지가 있습니다. D로 진행해도 올바른 운행이지만 보기의 문항이 B로만 진행되고 있으므로, B로 진행합니다. → **AB**

❷ B 노드에서는 C, E의 선택지가 있으나 자식 노드가 우선시 되므로 E로 진행합니다. → **ABE**

❸ E 노드에서는 F 외에는 선택지가 없으므로 F로 진행합니다. → **ABEF**

❹ F 노드에서는 G 외에는 선택지가 없으므로 G로 진행합니다. → **ABEFG**

❺ ❷번에서 우선 순위가 밀렸던 형제 노드 C로 진행합니다. → **ABEFGC**

❻ C 노드에서는 D, F의 선택지가 있으나 우선해야 하는 자식 노드 F는 ❸번에서 이미 방문했으므로 형제 노드인 D로 진행합니다. → **ABEFGCD**

❼ 모든 노드를 한 번씩 방문했으므로 운행을 종료합니다.

24. 다음 설명에 부합하는 용어로 옳은 것은?

> • 소프트웨어 구조를 이루며, 다른 것들과 구별될 수 있는 독립적인 기능을 갖는 단위이다.
> • 하나 또는 몇 개의 논리적인 기능을 수행하기 위한 명령어들의 집합이라고도 할 수 있다.
> • 서로 모여 하나의 완전한 프로그램으로 만들어질 수 있다.

① 통합 프로그램   ② 저장소
③ 모듈   ④ 데이터

전문가의 조언 | 문제의 지문은 모듈(Module)에 대한 설명입니다.

25. 테스트 드라이버(Test Driver)에 대한 설명으로 틀린 것은?

① 시험대상 모듈을 호출하는 간이 소프트웨어이다.
② 필요에 따라 매개 변수를 전달하고 모듈을 수행한 후의 결과를 보여줄 수 있다.

③ 상향식 통합 테스트에서 사용된다.
④ 테스트 대상 모듈이 호출하는 하위 모듈의 역할을 한다.

전문가의 조언 | 비어있는 하위 모듈을 대체하는 것은 스텁(Stub), 상위 모듈을 대체하는 것이 드라이버(Driver)입니다.

26. 다음 중 선형 구조로만 묶인 것은?

① 스택, 트리   ② 큐, 데크
③ 큐, 그래프   ④ 리스트, 그래프

전문가의 조언 | 선형 구조를 가지는 자료 구조에는 배열, 선형 리스트, 스택, 큐, 데크가 있습니다.

27. 다음은 스택의 자료 삭제 알고리즘이다. ⓐ에 들어갈 내용으로 옳은 것은? (단, Top : 스택포인터, S : 스택의 이름)

```
if Top = 0 Then
   (     ⓐ     )
Else {
    remove S(Top)
    Top = Top − 1
}
```

① Overflow   ② Top = Top + 1
③ Underflow   ④ Top = Top

전문가의 조언 | 스택에서 자료의 삭제가 발생했을 때 자료의 가장 위쪽을 가리키는 스택포인터가 0이면 자료가 없는 것이므로 언더플로(Underflow)가 발생하고, 아니면 현재 스택포인터의 위치에 있는 자료가 삭제되면서 스택포인터의 값이 1 감소합니다.

```
❶ if Top = 0 Then
❷     Underflow
   Else {
❸     remove S(Top)
❹     Top = Top − 1
   }
```

❶ Top가 0이면 ❷번을 수행하고, 아니면 ❸, ❹번을 수행한다.
❷ Unerflow가 발생한다.
❸ 스택 S에서 Top 위치에 있는 값을 제거한다.
❹ Top의 값을 1 감소시킨다.

28. 제품 소프트웨어의 사용자 매뉴얼 작성 절차로 (가)~(다)와 [보기]의 기호를 바르게 연결한 것은?

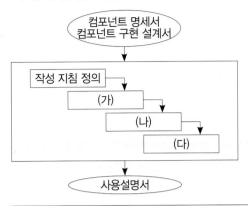

- ㉠ 사용 설명서 검토
- ㉡ 구성 요소별 내용 작성
- ㉢ 사용 설명서 구성 요소 정의

① (가)-㉠, (나)-㉡, (다)-㉢
② (가)-㉢, (나)-㉡, (다)-㉠
③ (가)-㉠, (나)-㉢, (다)-㉡
④ (가)-㉢, (나)-㉠, (다)-㉡

> **전문가의 조언** | 제품 소프트웨어의 사용자 매뉴얼 작성 절차는 '작성 지침 정의 → 사용 설명서 구성 요소 정의 → 구성 요소별 내용 작성 → 사용 설명서 검토' 순서로 진행됩니다.

29. 순서가 A, B, C, D로 정해진 입력 자료를 스택에 입력한 후 출력한 결과로 불가능한 것은?

① D, C, B, A
② B, C, D, A
③ C, B, A, D
④ D, B, C, A

> **전문가의 조언** | 이 문제는 문제의 자료가 각 보기의 순서대로 출력되는지 스택을 이용해 직접 입·출력을 수행해 보면 됩니다. PUSH는 스택에 자료를 입력하는 명령이고, POP는 스택에서 자료를 출력하는 명령입니다. ④번을 살펴보면,
>
>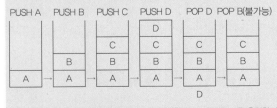
>
> ④번은 D 출력 후에 B를 출력해야 하는데, C를 출력하지 않고는 B를 출력할 수 없으므로 불가능합니다.

30. 소프트웨어 테스트에서 검증(Verification)과 확인(Validation)에 대한 설명으로 틀린 것은?

① 소프트웨어 테스트에서 검증과 확인을 구별하면 찾고자 하는 결함 유형을 명확하게 하는 데 도움이 된다.
② 검증은 소프트웨어 개발 과정을 테스트하는 것이고, 확인은 소프트웨어 결과를 테스트 것이다.
③ 검증은 작업 제품이 요구 명세의 기능, 비기능 요구사항을 얼마나 잘 준수하는지 측정하는 작업이다.
④ 검증은 작업 제품이 사용자의 요구에 적합한지 측정하며, 확인은 작업 제품이 개발자의 기대를 충족시키는지를 측정한다.

> **전문가의 조언** | 검증(Verification)은 개발자의 입장에서 개발한 소프트웨어가 명세서에 맞게 만들어졌는지를 점검하는 것이고, 확인(Validation)은 사용자의 입장에서 개발한 소프트웨어가 고객의 요구사항에 맞게 구현되었는지를 확인하는 것입니다.

31. 개별 모듈을 시험하는 것으로, 모듈이 정확하게 구현되었는지, 예정한 기능이 제대로 수행되는지를 점검하는 것이 주목적인 테스트는?

① 통합 테스트(Integration Test)
② 단위 테스트(Unit Test)
③ 시스템 테스트(System Test)
④ 인수 테스트(Acceptance Test)

> **전문가의 조언** | 모듈이나 컴포넌트 단위로 기능을 확인하는 테스트는 단위 테스트(Unit Test)입니다.

32. 형상 관리의 개념과 절차에 대한 설명으로 틀린 것은?

① 형상 식별은 형상 관리 계획을 근거로 형상관리의 대상이 무엇인지 식별하는 과정이다.
② 형상 관리를 통해 가시성과 추적성을 보장함으로써 소프트웨어의 생산성과 품질을 높일 수 있다.
③ 형상 통제 과정에서는 형상 목록의 변경 요구를 즉시 수용 및 반영해야 한다.
④ 형상 감사는 형상 관리 계획대로 형상 관리가 진행되고 있는지, 형상 항목의 변경이 요구 사항에 맞도록 제대로 이뤄졌는지 등을 살펴보는 활동이다.

> **전문가의 조언** | 형상 통제 과정은 식별된 형상 항목에 대한 변경 요구를 검토하여 현재의 기준선(Base Line)이 잘 반영될 수 있도록 조정하는 작업입니다.

33. 소스 코드 정적 분석(Static Analysis)에 대한 설명으로 틀린 것은?

① 소스 코드를 실행시키지 않고 분석한다.

② 코드에 있는 오류나 잠재적인 오류를 찾아내기 위한 활동이다.

③ 하드웨어적인 방법으로만 코드 분석이 가능하다.

④ 자료 흐름이나 논리 흐름을 분석하여 비정상적인 패턴을 찾을 수 있다.

전문가의 조언 | 소스 코드 정적 분석 도구 중 pmd, cppcheck 등은 소프트웨어적인 방법으로 코드를 분석합니다.

34. 소프트웨어 개발 활동을 수행함에 있어서 시스템이 고장(Failure)을 일으키게 하며, 오류(Error)가 있는 경우 발생하는 것은?

① Fault
② Testcase
③ Mistake
④ Inspection

전문가의 조언 | 결함(Fault)은 오류 발생, 작동 실패 등과 같이 소프트웨어가 개발자가 설계한 것과 다르게 동작하거나 다른 결과가 발생하는 것을 의미합니다.

35. 코드의 간결성을 유지하기 위해 사용되는 지침으로 틀린 것은?

① 공백을 이용하여 실행문 그룹과 주석을 명확히 구분한다.

② 복잡한 논리식과 산술식은 괄호와 들여쓰기(Indentation)를 통해 명확히 표현한다.

③ 빈 줄을 사용하여 선언부와 구현부를 구별한다.

④ 한 줄에 최대한 많은 문장을 코딩한다.

전문가의 조언 | 소스 코드는 가독성을 위해 줄바꿈과 들여쓰기, 괄호를 적절하게 사용해야 합니다.

36. 소프트웨어 품질 목표 중 하나 이상의 하드웨어 환경에서 운용되기 위해 쉽게 수정될 수 있는 시스템 능력을 의미하는 것은?

① Portability
② Efficiency
③ Usability
④ Correctness

전문가의 조언 | 하나 이상의 하드웨어 환경에서 운용되기 위해 쉽게 수정될 수 있는 시스템 능력을 이식성(Portability)이라고 합니다.

37. 다음 중 최악의 경우 검색 효율이 가장 나쁜 트리 구조는?

① 이진 탐색트리
② AVL 트리
③ 2-3 트리
④ 레드-블랙 트리

전문가의 조언 | 이진 탐색 트리의 평균 시간 복잡도는 O(logN)이지만, 트리의 구조가 한쪽으로 치우친 경우 성능을 보장하기 어렵습니다. 이를 보완하고자 개발된 균형 트리(Balanced Tree)가 AVL, 2-3, 레드-블랙 트리입니다. 따라서 원형에 해당하는 이진 탐색 트리의 검색 효율이 가장 좋지 않고 다음으로 AVL, 2-3, 레드-블랙 순입니다.

38. 다음 트리에 대한 중위 순회 운행 결과는?

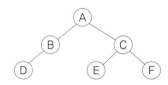

① ABDCEF
② ABCDEF
③ DBECFA
④ DBAECF

전문가의 조언 | 먼저 서브트리를 하나의 노드로 생각할 수 있도록 서브트리 단위로 묶습니다.

❶ 중위 순회(Inorder)는 Left → Root → Right 이므로 1A2가 됩니다.

❷ 1은 DB이므로 DBA2가 됩니다.

❸ 2는 ECF이므로 DBAECF가 됩니다.

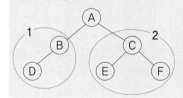

39. 테스트 케이스 자동 생성 도구를 이용하여 테스트 데이터를 찾아내는 방법이 아닌 것은?

① 스터브(Stub)와 드라이버(Driver)

② 입력 도메인 분석

③ 랜덤(Random) 테스트

④ 자료 흐름도

전문가의 조언 | 테스트 케이스 생성 도구를 이용하여 테스트 데이터를 찾아내는 방법에는 자료 흐름도, 기능 테스트, 랜덤 테스트, 입력 도메인 분석이 있습니다.

40. 저작권 관리 구성 요소 중 패키저(Packager)의 주요 역할로 옳은 것은?

① 콘텐츠를 제공하는 저작권자를 의미한다.

② 콘텐츠를 메타 데이터와 함께 배포 가능한 단위로 묶는다.

③ 라이선스를 발급하고 관리한다.

④ 배포된 콘텐츠의 이용 권한을 통제한다.

3과목 ▸ 데이터베이스 구축

41. 데이터베이스의 무결성 규정(Integrity Rule)과 관련한 설명으로 틀린 것은?

① 무결성 규정에는 데이터가 만족해야 될 제약 조건, 규정을 참조할 때 사용하는 식별자 등의 요소가 포함될 수 있다.

② 무결성 규정의 대상으로는 도메인, 키, 종속성 등이 있다.

③ 정식으로 허가받은 사용자가 아닌 불법적인 사용자에 의한 갱신으로부터 데이터베이스를 보호하기 위한 규정이다.

④ 릴레이션 무결성 규정(Relation Integrity Rules)은 릴레이션을 조작하는 과정에서의 의미적 관계(Semantic Relationship)를 명세한 것이다.

42. 데이터베이스에서 하나의 논리적 기능을 수행하기 위한 작업의 단위 또는 한꺼번에 모두 수행되어야 할 일련의 연산들을 의미하는 것은?

① 트랜잭션   ② 뷰

③ 튜플   ④ 카디널리티

43. 다음 두 릴레이션 R1과 R2의 카티션 프로덕트(Cartesian Product) 수행 결과는?

학년
1
2
[R1] 3

학과
컴퓨터
국문
[R2] 수학

①

학년	학과
1	컴퓨터
2	국문
3	수학

②

학년	학과
2	컴퓨터
2	국문
2	수학

③

학년	학과
3	컴퓨터
3	국문
3	수학

④

학년	학과
1	컴퓨터
1	국문
1	수학
2	컴퓨터
2	국문
2	수학
3	컴퓨터
3	국문
3	수학

44. 물리적 데이터베이스 설계에 대한 설명으로 거리가 먼 것은?

① 물리적 설계의 목적은 효율적인 방법으로 데이터를 저장하는 것이다.

② 트랜잭션 처리량과 응답시간, 디스크 용량 등을 고려해야 한다.

③ 저장 레코드의 형식, 순서, 접근 경로와 같은 정보를 사용하여 설계한다.

④ 트랜잭션의 인터페이스를 설계하며, 데이터 타입 및 데이터 타입들 간의 관계로 표현한다.

45. 다음 중 기본키는 NULL 값을 가져서는 안되며, 릴레이션 내에 오직 하나의 값만 존재해야 한다는 조건을 무엇이라 하는가?

① 개체 무결성 제약 조건

② 참조 무결성 제약 조건

③ 도메인 무결성 제약 조건

④ 속성 무결성 제약 조건

전문가의 조언 | 기본키는 NULL값을 가져서는 안되며, 릴레이션 내에 오직 하나의 값만 존재해야 하는 조건은 개체 무결성 제약 조건입니다.

전문가의 조언 | SQL 문장은 절별로 분리하여 이해하면 쉽습니다.

❶ SELECT 학생명
❷ FROM 학적
❸ WHERE 전화번호 IS NOT NULL;

❶ '학생명'을 표시한다.
❷ 〈학적〉 테이블을 대상으로 검색한다.
❸ '전화번호'가 NULL이 아닌 튜플만을 대상으로 한다.
※ NULL 값을 질의할 때는 IS NULL, NULL 값이 아닐 경우는 IS NOT NULL을 사용합니다.

46. SQL문에서 HAVING을 사용할 수 있는 절은?

① LIKE 절 ② WHERE 절

③ GROUP BY 절 ④ ORDER BY 절

전문가의 조언 | HAVING절은 GROUP BY와 함께 사용되며, 그룹에 대한 조건을 지정할 때 사용합니다.

49. 관계형 데이터베이스에서 다음 설명에 해당하는 키(Key)는?

한 릴레이션 내의 속성들의 집합으로 구성된 키로서, 릴레이션을 구성하는 모든 튜플에 대한 유일성은 만족시키지만 최소성은 만족시키지 못한다.

① 후보키 ② 대체키

③ 슈퍼키 ④ 외래키

전문가의 조언 | 문제의 지문은 슈퍼키(Super Key)에 대한 설명입니다.

47. 관계 데이터베이스에 있어서 관계 대수 연산이 아닌 것은?

① 디비전(Division) ② 프로젝트(Project)

③ 조인(Join) ④ 포크(Fork)

전문가의 조언 | 관계대수의 순수 관계 연산자에는 SELECT, PROJECT, JOIN, DIVISION이 있습니다.

50. 데이터베이스에서 인덱스(Index)와 관련한 설명으로 틀린 것은?

① 인덱스의 기본 목적은 검색 성능을 최적화하는 것으로 볼 수 있다.

② B-트리 인덱스는 분기를 목적으로 하는 Branch Block을 가지고 있다.

③ BETWEEN 등 범위(Range) 검색에 활용될 수 있다.

④ 시스템이 자동으로 생성하여 사용자가 변경할 수 없다.

전문가의 조언 | 인덱스는 사용자가 데이터 정의어(DDL)를 이용하여 생성, 변경, 제거할 수 있습니다.

48. 학적 테이블에서 전화번호가 Null 값이 아닌 학생명을 모두 검색할 때, SQL 구문으로 옳은 것은?

① SELECT 학생명 FROM 학적 WHERE 전화번호 DON'T NULL;

② SELECT 학생명 FROM 학적 WHERE 전화번호 != NOT NULL;

③ SELECT 학생명 FROM 학적 WHERE 전화번호 IS NOT NULL;

④ SELECT 학생명 FROM 학적 WHERE 전화번호 IS NULL;

정답 : 40.② 41.③ 42.① 43.④ 44.④ 45.① 46.③ 47.④ 48.③ 49.③ 50.④

51. 로킹 단위(Locking Granularity)에 대한 설명으로 옳은 것은?

① 로킹 단위가 크면 병행성 수준이 낮아진다.

② 로킹 단위가 크면 병행 제어 기법이 복잡해진다.

③ 로킹 단위가 작으면 로크(lock)의 수가 적어진다.

④ 로킹은 파일 단위로 이루어지며, 레코드와 필드는 로킹 단위가 될 수 없다.

52. 관계 대수에 대한 설명으로 틀린 것은?

① 원하는 릴레이션을 정의하는 방법을 제공하며 비절차적 언어이다.

② 릴레이션 조작을 위한 연산의 집합으로 피연산자와 결과가 모두 릴레이션이다.

③ 일반 집합 연산과 순수 관계 연산으로 구분된다.

④ 질의에 대한 해를 구하기 위해 수행해야 할 연산의 순서를 명시한다.

53. 데이터의 중복으로 인하여 관계 연산을 처리할 때 예기치 못한 곤란한 현상이 발생하는 것을 무엇이라 하는가?

① 이상(Anomaly)

② 제한(Restriction)

③ 종속성(Dependency)

④ 변환(Translation)

54. 다음 중 SQL에서의 DDL문이 아닌 것은?

① CREATE
② DELETE
③ ALTER
④ DROP

55. 정규화에 대한 설명으로 적절하지 않은 것은?

① 데이터베이스의 개념적 설계 단계 이전에 수행한다.

② 데이터 구조의 안정성을 최대화한다.

③ 중복을 배제하여 삽입, 삭제, 갱신 이상의 발생을 방지한다.

④ 데이터 삽입 시 릴레이션을 재구성할 필요성을 줄인다.

56. 트랜잭션의 주요 특성 중 하나로, 둘 이상의 트랜잭션이 동시에 병행 실행되는 경우 어느 하나의 트랜잭션 실행 중에 다른 트랜잭션의 연산이 끼어들 수 없음을 의미하는 것은?

① Log
② Consistency
③ Isolation
④ Durability

57. SQL의 논리 연산자가 아닌 것은?

① AND
② OTHER
③ OR
④ NOT

58. 동시성 제어를 위한 직렬화 기법으로, 트랜잭션 간의 처리 순서를 미리 정하는 방법은?

① 로킹 기법
② 타임 스탬프 기법
③ 검증 기법
④ 배타 로크 기법

59. 이전 단계의 정규형을 만족하면서 후보키를 통하지 않는 조인 종속(JD : Join Dependency)을 제거해야 만족하는 정규형은?

① 제3정규형　　　② 제4정규형

③ 제5정규형　　　④ 제6정규형

60. 어떤 릴레이션 R에서 X와 Y를 각각 R의 애트리뷰트 집합의 부분 집합이라고 할 경우 애트리뷰트 X의 값 각각에 대해 시간에 관계없이 항상 애트리뷰트 Y의 값이 오직 하나만 연관되어 있을 때 Y는 X에 함수 종속이라고 한다. 이 함수 종속의 표기로 옳은 것은?

① Y → X　　　② Y ⊂ X

③ X → Y　　　④ X ⊂ Y

4과목 ▶ 프로그래밍 언어 활용

61. 모듈 내 구성 요소들이 서로 다른 기능을 같은 시간대에 함께 실행하는 경우의 응집도(Cohesion)는?

① Temporal Cohesion

② Logical Cohesion

③ Coincidental Cohesion

④ Sequential Cohesion

62. 오류 제어에 사용되는 자동 반복 요청 방식(ARQ)이 아닌 것은?

① Stop-and-wait ARQ

② Go-back-N ARO

③ Selective-Repeat ARQ

④ Non-Acknowledge ARQ

63. 다음 파이썬(Python) 프로그램이 실행되었을 때의 결과는?

```
def cs(n):
    s = 0
    for num in range(n+1):
        s += num
    return s

print(cs(11))
```

① 45　　　② 55

③ 66　　　④ 78

※ 반복문을 수행한 결과는 다음과 같습니다.

n	num	s
11	0	0
	1	1
	2	3
	3	6
	4	10
	5	15
	6	21
	7	28
	8	36
	9	45
	10	55
	11	66

❻ s의 값 66을 갖고 메소드를 호출했던 ❼번으로 이동한다.

❼ ❻번에서 반환받은 값 66을 출력한다.

결과 **66**

---

64. 다음 C언어 프로그램이 실행되었을 때의 결과는?

```
#include <stdio.h>
#include <string.h>
int main(void) {
    char str[50] = "nation";
    char *p2 = "alter";
    strcat(str, p2);
    printf("%s", str);
    return 0;
}
```

① nation   ② nationalter

③ alter   ④ alternation

전문가의 조언 ┃ 사용된 코드의 의미는 다음과 같습니다.

```
#include <stdio.h>
#include <string.h>
int main(void) {
❶    char str[50] = "nation";
❷    char *p2 = "alter";
❸    strcat(str, p2);
❹    printf("%s", str);
❺    return 0;
}
```

---

❶ 50개의 요소를 갖는 문자형 배열 str을 선언하고 "nation"으로 초기화한다.

❷ 문자형 포인터 변수 p2를 선언하고, "alter"가 저장된 곳의 주소로 초기화한다.

❸ str이 가리키는 문자열에 p2가 가리키는 문자열을 붙인다.
- strcat(문자열A, 문자열B) : 문자열A의 뒤에 문자열B를 연결하여 붙이는 함수

❹ str을 문자열로 출력한다.

결과 **nationalter**

❺ main( ) 함수에서의 'return 0'은 프로그램의 종료를 의미한다.

---

65. JAVA에서 힙(Heap)에 남아있으나 변수가 가지고 있던 참조값을 잃거나 변수 자체가 없어짐으로써 더 이상 사용되지 않는 객체를 제거해주는 역할을 하는 모듈은?

① Heap Collector

② Garbage Collector

③ Memory Collector

④ Variable Collector

전문가의 조언 ┃ 실제로는 사용되지 않으면서 가용 공간 리스트에 반환되지 않는 메모리 공간인 가비지(Garbage, 쓰레기)를 강제로 해제하여 사용할 수 있도록 하는 메모리 관리 모듈을 가비지 콜렉터(Garbage Collector)라고 합니다.

---

66. 다음 C언어 프로그램이 실행되었을 때의 결과는?

```
#include <stdio.h>
int main(void) {
    int a = 3, b = 4, c = 2;
    int r1, r2, r3;

    r1 = b <= 4 || c == 2;
    r2 = (a > 0) && (b < 5);
    r3 = !c;

    printf("%d", r1+r2+r3);
    return 0;
}
```

① 0   ② 1

③ 2   ④ 3

전문가의 조언 | 사용된 코드의 의미는 다음과 같습니다.

```
#include <stdio.h>
int main(void) {
❶ int a = 3, b = 4, c = 2;
❷ int r1, r2, r3;

❸ r1 = b <= 4 || c == 2;
❹ r2 = (a > 0) && (b < 5);
❺ r3 = !c;

❻ printf("%d", r1+r2+r3);
❼ return 0;
}
```

❶ 정수형 변수 a, b, c를 선언하고 각각 3, 4, 2로 초기화한다.
❷ 정수형 변수 r1, r2, r3을 선언한다.
❸ r1 = b <= 4 || c == 2;

    <u>ⓐ</u>   <u>ⓑ</u>
       <u>ⓒ</u>

• ⓐ : b의 값 4는 4보다 작거나 같으므로 참(1)이다.
• ⓑ : c의 값 2는 2와 같으므로 참(1)이다.
• ⓒ : ⓐ||ⓑ는 둘 중 하나라도 참이면 참이므로 참(1)이다.
r1에는 1이 저장된다.
❹ r2 = (a > 0) && (b < 5);

      <u>ⓐ</u>   <u>ⓑ</u>
        <u>ⓒ</u>

• ⓐ : a의 값 3은 0보다 크므로 참(1)이다.
• ⓑ : b의 값 4는 5보다 작으므로 참(1)이다.
• ⓒ : ⓐ&&ⓑ는 둘 다 참이어야 참이므로 결과는 참(1)이다.
r2에는 1이 저장된다.
❺ c의 값 2는 참이므로 거짓(0)이 저장된다.

• !(논리 NOT) : 참(1)이면 거짓(0)을, 거짓(0)이면 참을 반환하는 연산자

※ 정수로 논리값(참, 거짓)을 판별하면 0은 거짓, 0 이외의 수는 참으로 결정되어 저장됩니다.

❻ r1, r2, r3을 더한 값 2(1+1+0)을 출력한다.

결과	2

❼ 프로그램을 종료한다.

67. 다음 중 JAVA에서 우선순위가 가장 낮은 연산자는?

① --
② %
③ &
④ =

전문가의 조언 | 연산자의 우선순위는 높은 것부터 차례대로 단항, 산술, 시프트, 관계, 비트, 논리, 조건, 대입, 순서 연산자 순이며, 보기에서는 대입 연산자인 =의 우선순위가 가장 낮습니다.

68. 사용자가 요청한 디스크 입·출력 내용이 다음과 같은 순서로 큐에 들어 있을 때 SSTF 스케줄링을 사용한 경우의 처리 순서는? (단, 현재 헤드 위치는 53이고, 제일 안쪽이 1번, 바깥쪽이 200번 트랙이다.)

> 큐의 내용 : 98 183 37 122 14 124 65 67

① 53-65-67-37-14-98-122-124-183
② 53-98-183-37-122-14-124-65-67
③ 53-37-14-65-67-98-122-124-183
④ 53-67-65-124-14-122-37-183-98

전문가의 조언 | 현재 헤드는 53트랙에 있으며, SSTF는 현재 위치에서 가장 가까운 거리에 있는 트랙의 요청을 먼저 서비스하므로 이동 순서는 '53 → 65 → 67 → 37 → 14 → 98 → 122 → 124 → 183'이고, 총 이동 거리는 '12 + 2 + 30 + 23 + 84 + 24 + 2 + 59 = 236'입니다.

69. 192.168.1.0/24 네트워크를 FLSM 방식을 이용하여 4개의 Subnet으로 나누고 IP Subnet-zero를 적용했다. 이 때 Subnetting된 네트워크 중 4번째 네트워크의 4번째 사용 가능한 IP는 무엇인가?

① 192.168.1.192
② 192.168.1.195
③ 192.168.1.196
④ 192.168.1.198

전문가의 조언 | • 192.168.1.0/24 네트워크의 서브넷 마스크는 1의 개수가 24개, 즉 11111111 11111111 11111111 00000000 → 255.255.255.0인 C 클래스에 속하는 네트워크입니다. 이 네트워크를 4개의 Subnet으로 나눠야 하는데, Subnet을 나눌 때는 서브넷 마스크가 0인 부분, 즉 마지막 8비트를 이용해 구분할 수 있습니다. 또한 Subnet을 나눌 때 "4개의 네트워크로 나눈다"는 것처럼 네트워크가 기준일 때는 왼쪽을 기준으로 4개가 포함된 Bit 만큼을 네트워크로 할당하고 나머지 비트로 호스트를 구성하면 됩니다. 4개가 포함되는 비트는 2^2=4이므로 2비트를 제외한 나머지 6비트로 호스트를 구성합니다.

네트워크ID				호스트ID			
0	0	0	0	0	0	0	0

• 호스트ID가 6Bit로 설정되었고, 문제에서 FLSM 방식을 이용한다고 했으므로 4개의 네트워크에 고정된 크기인 64개(2^6=64)씩 할당하면 다음과 같습니다.

네트워크	호스트 수	IP 주소 범위
1	64	192.168.1.0 ~ 63
2	64	192.168.1.64 ~ 127
3	64	192.168.1.128 ~ 191
4	64	192.168.1.192 ~ 255

• 4번째 네트워크의 시작 주소인 192.168.1.192는 네트워크의 대표 주소로 사용되므로 사용 가능한 주소는 193부터 4번째에 해당하는 주소는 192.168.1.196입니다.

※ ip subnet-zero를 적용했다는 것은 Subnet 부분이 모두 0인 192.168.1.0은 사용하지 않았는데, IP 주소가 부족해지면서 Subnet 부분이 모두 0인 주소도 IP 주소로 사용할 수 있도록 한다는 의미입니다.

70. C Class에 속하는 IP address는?

① 200.168.30.1 ② 10.3.2.1 4
③ 225.2.4.1 ④ 172.16.98.3

전문가의 조언 | C Class에 속하는 IP address의 범위는 192.0.0.0 ~ 223.255.255.255까지입니다.

72. 귀도 반 로섬(Guido van Rossum)이 발표한 언어로, 인터프리터 방식이자 객체지향적이며, 배우기 쉽고 이식성이 좋은 것이 특징인 스크립트 언어는?

① C++ ② JAVA
③ C# ④ Python

전문가의 조언 | 문제에 제시된 내용은 파이썬(Python)에 대한 설명입니다.

71. 다음 C언어 프로그램이 실행되었을 때의 결과는?

```
#include <stdio.h>
int main(void) {
    int n = 4;
    int* pt = NULL;
    pt = &n;

    printf("%d", &n + *pt - *&pt + n);
    return 0;
}
```

① 0 ② 4
③ 8 ④ 12

전문가의 조언 | 사용된 코드의 의미는 다음과 같습니다.

```
#include <stdio.h>
int main(void) {
❶   int n = 4;
❷   int* pt = NULL;
❸   pt = &n;
❹   printf("%d", &n + *pt - *&pt + n);
❺   return 0;
}
```

❶ 정수형 변수 n을 선언하고 4로 초기화한다.
❷ 정수형 포인터 변수 pt에 Null 값을 저장한다.
❸ pt에 n의 주소를 저장한다.
❹ printf("%d", &n + *pt - *&pt + n);
            ⓐ   ⓑ   ⓒ   ⓓ
• ❸번을 수행했으므로 n의 주소 ⓐ와 pt에 저장된 주소를 가리키는 ⓒ는 같은 주소를 가지므로 ⓐ-ⓒ = 0이다.
• ⓑ에서 *pt는 n의 값 4를 의미하고, ⓓ도 n의 값 4이므로 ⓑ+ⓓ = 8이다.
• ⓐ+ⓑ-ⓒ+ⓓ의 결과 8을 정수로 출력한다.
결과 **8**
❺ 프로그램을 종료한다.
※ ⓐ와 ⓒ의 주소값은 16진 정수의 임의값을 갖지만, ⓐ-ⓒ의 연산결과로 0이 되므로 값을 알 필요는 없습니다.

73. 다음 JAVA 프로그램이 실행되었을 때의 결과를 쓰시오.

```
public class ovr {
    public static void main(String[ ] args) {
        int arr[ ];
        int i = 0;
        arr = new int[10];
        arr[0] = 0;
        arr[1] = 1;
        while(i < 8) {
            arr[i + 2] = arr[i + 1] + arr[i];
            i++;
        }
        System.out.println(arr[9]);
    }
}
```

① 13 ② 21
③ 34 ④ 55

전문가의 조언 | 사용된 코드의 의미는 다음과 같습니다

```
public class ovr {
    public static void main(String[ ] args) {
❶       int arr[ ];
❷       int i = 0;
❸       arr = new int[10];
❹       arr[0] = 0;
❺       arr[1] = 1;
❻       while(i < 8) {
❼           arr[i + 2] = arr[i + 1] + arr[i];
❽           i++;
        }
❾       System.out.println(arr[9]);
    }
}
```

❶ 정수형 배열 arr을 선언한다.

❷ 정수형 변수 i를 선언하고 0으로 초기화한다.

❸ arr에 10개의 요소를 할당한다.

❹ arr[0]에 0을 저장한다.

❺ arr[1]에 1을 저장한다.

❻ i가 8보다 작은 동안 ❼, ❽번을 반복 수행한다.

❼ arr[i+2]에 arr[i+1]과 arr[i]를 더한 값을 누적한다.

❽ 'i = i + 1;'과 동일하다. i에 1씩 누적시킨다.

※ 반복문을 수행한 결과는 다음과 같습니다.

반복 횟수	i	arr [0] [1] [2] [3] [4] [5] [6] [7] [8] [9]
	0	0 1
1회	1	0 1 1
2회	2	0 1 1 2
3회	3	0 1 1 2 3
4회	4	0 1 1 2 3 5
5회	5	0 1 1 2 3 5 8
6회	6	0 1 1 2 3 5 8 13
7회	7	0 1 1 2 3 5 8 13 21
8회	8	0 1 1 2 3 5 8 13 21 34

❾ arr[9]의 값을 출력한다.

74. 프로세스와 관련한 설명으로 틀린 것은?

① 프로세스가 준비 상태에서 프로세서가 배당되어 실행 상태로 변화하는 것을 디스패치(Dispatch)라고 한다.

② 프로세스 제어 블록(PCB, Process Control Block)은 프로세스 식별자, 프로세스 상태 등의 정보로 구성된다.

③ 이전 프로세스의 상태 레지스터 내용을 보관하고 다른 프로세스의 레지스터를 적재하는 과정을 문맥 교환(Context Switching)이라고 한다.

④ 프로세스는 스레드(Thread) 내에서 실행되는 흐름의 단위이며, 스레드와 달리 주소 공간에 실행 스택(Stack)이 없다.

전문가의 조언 | 스레드(Thread)는 프로세스 내에서의 작업 단위입니다.

75. 모듈의 독립성을 높이기 위한 결합도(Coupling)와 관련한 설명으로 틀린 것은?

① 오류가 발생했을 때 전파되어 다른 오류의 원인이 되는 파문 효과(Ripple Effect)를 최소화해야 한다.

② 인터페이스가 정확히 설정되어 있지 않을 경우 불필요한 인터페이스가 나타나 모듈 사이의 의존도는 높아지고 결합도가 증가한다.

③ 모듈들이 변수를 공유하여 사용하게 하거나 제어 정보를 교류하게 함으로써 결합도를 낮추어야 한다.

④ 다른 모듈과 데이터 교류가 필요한 경우 전역변수(Global Variable)보다는 매개변수(Parameter)를 사용하는 것이 결합도를 낮추는 데 도움이 된다.

전문가의 조언 | 모듈들이 변수를 공유하여 사용하게 하거나 제어 정보를 교류하게 하면 결합도가 높아집니다.

76. TCP 헤더와 관련한 설명으로 틀린 것은?

① 순서 번호(Sequence Number)는 전달하는 바이트마다 번호가 부여된다.

② 수신 번호 확인(Acknowledgement Number)은 상대편 호스트에서 받으려는 바이트의 번호를 정의한다.

③ 체크섬(Checksum)은 데이터를 포함한 세그먼트의 오류를 검사한다.

④ 윈도우 크기는 송수신 측의 버퍼 크기로 최대 크기는 32767bit이다.

전문가의 조언 | TCP 헤더에서 윈도우의 최대 크기는 65,535($2^{16}-1$)byte입니다.

77. 모듈화(Modularity)와 관련한 설명으로 틀린 것은?

① 소프트웨어의 모듈은 프로그래밍 언어에서 Subroutine, Function 등으로 표현될 수 있다.

② 모듈의 수가 증가하면 상대적으로 각 모듈의 크기가 커지며, 모듈 사이의 상호교류가 감소하여 과부하(Overload) 현상이 나타난다.

③ 모듈화는 시스템을 지능적으로 관리할 수 있도록 해주며, 복잡도 문제를 해결하는 데 도움을 준다.

④ 모듈화는 시스템의 유지보수와 수정을 용이하게 한다.

전문가의 조언 | 모듈의 수가 증가하면 상대적으로 각 모듈의 크기가 감소하게 됩니다.

정답 : 70.① 71.③ 72.④ 73.③ 74.④ 75.③ 76.④ 77.②

78. 다음 중 페이지 교체(Page Replacement) 알고리즘이 아닌 것은?

① FIFO(First-In-First-Out)

② LUF(Least Used First)

③ Optimal

④ LRU(Least Recently Used)

> 전문가의 조언 | 페이지 교체 알고리즘의 종류에는 OPT(Optimal), FIFO, LRU, LFU, NUR, SCR 등이 있습니다.

79. C언어에서의 변수 선언으로 틀린 것은?

① int else;

② int Test2;

③ int pc;

④ int True;

> 전문가의 조언 | else는 if문에서 사용하는 예약어로, C언어에서는 예약어를 변수의 이름으로 사용할 수 없습니다.

80. 파일 디스크립터(File Descriptor)에 대한 설명으로 틀린 것은?

① 파일 관리를 위해 시스템이 필요로 하는 정보를 가지고 있다.

② 보조기억장치에 저장되어 있다가 파일이 개방(open)되면 주기억장치로 이동된다.

③ 사용자가 파일 디스크립터를 직접 참조할 수 있다.

④ 파일 제어 블록(File Control Block)이라고도 한다.

> 전문가의 조언 | 사용자가 디스크립터의 정보를 확인할 수는 있으나 직접 참조할 수는 없습니다.

5과목 ▸ **정보시스템 구축 관리**

81. 침입탐지 시스템(IDS : Intrusion Detection System)과 관련한 설명으로 틀린 것은?

① 이상 탐지 기법(Anomaly Detection)은 Signature Base나 Knowledge Base라고도 불리며 이미 발견되고 정립된 공격 패턴을 입력해두었다가 탐지 및 차단한다.

② HIDS(Host-Based Intrusion Detection)는 운영 체제에 설정된 사용자 계정에 따라 어떤 사용자가 어떤 접근을 시도하고 어떤 작업을 했는지에 대한 기록을 남기고 추적한다.

③ NIDS(Network-Based Intrusion Detection System)로는 대표적으로 Snort가 있다.

④ 외부 인터넷에 서비스를 제공하는 서버가 위치하는 네트워크인 DMZ(Demilitarized Zone)에는 IDS가 설치될 수 있다.

> 전문가의 조언 | 이상 탐지 기법(Anomaly Detection)은 평균적인 시스템의 상태를 기준으로 비정상적인 행위나 자원의 사용이 감지되면 이를 알려주는 시스템입니다. ①번은 오용 탐지 기법(Misuse Detection)에 대한 설명입니다.

82. 정보 시스템 내에서 어떤 주체가 특정 개체에 접근하려 할 때 양쪽의 보안 레이블(Security Label)에 기초하여 높은 보안 수준을 요구하는 정보(객체)가 낮은 보안 수준의 주체에게 노출되지 않도록 하는 접근 제어 방법은?

① Mandatory Access Control

② User Access Control

③ Discretionary Access Control

④ Data-Label Access Control

> 전문가의 조언 | 문제에 제시된 내용은 강제 접근 통제(MAC; Mandatory Access Control)에 대한 내용입니다.

83. 구글의 구글 브레인 팀이 제작하여 공개한 기계 학습(Machine Learning)을 위한 오픈소스 소프트웨어 라이브러리는?

① 타조(Tajo)

② 원 세그(One Seg)

③ 포스퀘어(Foursquare)

④ 텐서플로(TensorFlow)

전문가의 조언 | 구글의 구글 브레인 팀이 제작하여 공개한 기계 학습을 위한 오픈 소스 소프트웨어 라이브러리는 텐서플로(TensorFlow)입니다.

84. 국내 IT 서비스 경쟁력 강화를 목표로 개발되었으며 인프라 제어 및 관리 환경, 실행 환경, 개발 환경, 서비스 환경, 운영 환경으로 구성되어 있는 개방형 클라우드 컴퓨팅 플랫폼은?

① N2OS ② PaaS-TA

③ KAWS ④ Metaverse

전문가의 조언 | 문제에 제시된 내용은 PaaS-TA에 대한 설명입니다.

85. 정보 보안을 위한 접근 제어(Access Control)과 관련한 설명으로 틀린 것은?

① 적절한 권한을 가진 인가자만 특정 시스템이나 정보에 접근할 수 있도록 통제하는 것이다.

② 시스템 및 네트워크에 대한 접근 제어의 가장 기본적인 수단은 IP와 서비스 포트로 볼 수 있다.

③ DBMS에 보안 정책을 적용하는 도구인 XDMCP를 통해 데이터베이스에 대한 접근제어를 수행할 수 있다.

④ 네트워크 장비에서 수행하는 IP에 대한 접근 제어로는 관리 인터페이스의 접근제어와 ACL(Access Control List) 등이 있다.

전문가의 조언 | XDMCP(X Display Manager Control Protocol)는 GUI 환경을 구축한 유닉스나 리눅스 시스템에서 서버와 클라이언트가 GUI 환경 관리자인 XDM(X Display Manager)과 네트워크를 통해 소통하는데 사용하는 프로토콜이다.

86. 소프트웨어 개발 프레임워크와 관련한 설명으로 틀린 것은?

① 반제품 상태의 제품을 토대로 도메인별로 필요한 서비스 컴포넌트를 사용하여 재사용성 확대와 성능을 보장 받을 수 있게 하는 개발 소프트웨어이다.

② 개발해야 할 애플리케이션의 일부분이 이미 구현되어 있어 동일한 로직 반복을 줄일 수 있다.

③ 라이브러리와 달리 사용자 코드가 직접 호출하여 사용하기 때문에 소프트웨어 개발 프레임워크가 직접 코드의 흐름을 제어할 수 없다.

④ 생산성 향상과 유지보수성 향상 등의 장점이 있다.

전문가의 조언 | 프로그램 개발자 또는 프레임워크 사용자는 직접 관리하고 통제해야 할 코드의 제어 흐름을 프레임워크에 맡김으로써 생산성을 향상시킬 수 있습니다.

87. 물리적 배치와 상관없이 논리적으로 LAN을 구성하여 Broadcast Domain을 구분할 수 있게 해주는 기술로, 접속된 장비들의 성능 향상 및 보안성 증대 효과가 있는 것은?

① VLAN ② STP

③ L2AN ④ ARP

전문가의 조언 | 문제에 제시된 내용은 VLAN(Virtual Local Area Network)에 대한 설명입니다.

88. SQL Injection 공격과 관련한 설명으로 틀린 것은?

① SQL Injection은 임의로 작성한 SQL 구문을 애플리케이션에 삽입하는 공격방식이다.

② SQL Injection 취약점이 발생하는 곳은 주로 웹 애플리케이션과 데이터베이스가 연동되는 부분이다.

③ DBMS의 종류와 관계없이 SQL Injection 공격 기법은 모두 동일하다.

④ 로그인과 같이 웹에서 사용자의 입력 값을 받아 데이터베이스 SQL문으로 데이터를 요청하는 경우 SQL Injection을 수행할 수 있다.

전문가의 조언 | SQL Injection 공격은 데이터베이스의 취약점을 찾아 공격하는 기법으로 DBMS 종류에 따라 공격 기법이 다릅니다.

정답 : 78.② 79.① 80.③ 81.① 82.① 83.④ 84.② 85.③ 86.③ 87.① 88.③

89. 비대칭 암호화 방식으로 소수를 활용한 암호화 알고리즘은?

① DES ② AES

③ SMT ④ RSA

90. 다음에서 설명하는 IT 스토리지 기술은?

- 가상화를 적용하여 필요한 공간만큼 나눠 사용할 수 있도록 하며 서버 가상화와 유사함
- 컴퓨팅 소프트웨어로 규정하는 데이터 스토리지 체계이며, 일정 조직 내 여러 스토리지를 하나처럼 관리하고 운용하는 컴퓨터 이용 환경
- 스토리지 자원을 효율적으로 나누어 쓰는 방법으로 이해할 수 있음

① Software Defined Storage

② Distribution Oriented Storage

③ Network Architected Storage

④ Systematic Network Storage

91. Cocomo model 중 기관 내부에서 개발된 중소규모의 소프트웨어로, 일괄 자료 처리나 과학기술계산용, 비즈니스 자료 처리용으로 5만 라인이하의 소프트웨어를 개발하는 유형은?

① Embeded

② Organic

③ Semi-detached

④ Semi-embeded

92. 다음 내용이 설명하는 것은?

개인과 기업, 국가적으로 큰 위협이 되고 있는 주요 사이버 범죄 중 하나로, Snake, Darkside 등 시스템을 잠그거나 데이터를 암호화해 사용할 수 없도록 하고 이를 인질로 금전을 요구하는 데 사용되는 악성 프로그램

① Format String ② Ransomware

③ Buffer overflow ④ Adware

93. 생명주기 모형 중 가장 오래된 모형으로, 많은 적용 사례가 있지만 요구사항의 변경이 어렵고 각 단계의 결과가 확인되어야 다음 단계로 넘어갈 수 있는 선형 순차적, 고전적 생명 주기 모형이라고도 하는 것은?

① Waterfall Model

② Prototype Model

③ Cocomo Model

④ Spiral Model

94. 소프트웨어 생명 주기 모형 중 Spiral Model에 대한 설명으로 틀린 것은?

① 비교적 대규모 시스템에 적합하다.

② 개발 순서는 계획 및 정의, 위험 분석, 공학적 개발, 고객 평가 순으로 진행된다.

③ 소프트웨어를 개발하면서 발생할 수 있는 위험을 관리하고 최소화하는 것을 목적으로 한다.

④ 계획, 설계, 개발, 평가의 개발 주기가 한 번만 수행된다.

95. 특정 사이트에 매우 많은 ICMP Echo를 보내면, 이에 대한 응답(Respond)을 하기 위해 시스템 자원을 모두 사용해버려 시스템이 정상적으로 동작하지 못하도록 하는 공격방법은?

① Role—Based Access Control

② Ping Flood

③ Brute—Force

④ Trojan Horses

전문가의 조언 | 문제에 제시된 내용은 Ping Flood(핑 홍수)에 대한 설명입니다.

96. TCP/IP 기반 네트워크에서 동작하는 발행—구독 기반의 메시징 프로토콜로 최근 IoT 환경에서 자주 사용되고 있는 프로토콜은?

① MLFQ　　　　② MQTT

③ Zigbee　　　　④ MTSP

전문가의 조언 | 문제에 제시된 내용은 MQTT(Message Queuing Telemetry Transport)에 대한 설명입니다.

97. 시스템이 몇 대가 되어도 하나의 시스템에서 인증에 성공하면 다른 시스템에 대한 접근 권한도 얻는 시스템을 의미하는 것은?

① SOS　　　　② SBO

③ SSO　　　　④ SOA

전문가의 조언 | 하나의 시스템에서 인증에 성공하면 다른 시스템에 대한 접근 권한도 얻는 시스템을 SSO(Single Sign On)라고 합니다.

98. 시스템에 저장되는 패스워드들은 Hash 또는 암호화 알고리즘의 결과 값으로 저장된다. 이때 암호 공격을 막기 위해 똑같은 패스워드들이 다른 암호 값으로 저장되도록 추가되는 값을 의미하는 것은?

① Pass flag　　　② Bucket

③ Opcode　　　　④ Salt

전문가의 조언 | 암호 공격을 막기 위해 똑같은 패스워드들이 다른 암호 값으로 저장되도록 추가되는 값을 솔트(Salt)라고 합니다.

99. S/W 각 기능의 원시 코드 라인수의 비관치, 낙관치, 기대치를 측정하여 예측치를 구하고 이를 이용하여 비용을 산정하는 기법은?

① Effort Per Task기법

② 전문가 감정 기법

③ 델파이기법

④ LOC기법

전문가의 조언 | 문제에 제시된 내용은 LOC 기법에 대한 설명입니다.

100. 오픈소스 웹 애플리케이션 보안 프로젝트로서 주로 웹을 통한 정보 유출, 악성 파일 및 스크립트, 보안 취약점 등을 연구하는 곳은?

① WWW　　　　② OWASP

③ WBSEC　　　④ ITU

전문가의 조언 | 주로 웹을 통한 정보 유출, 악성 파일 및 스크립트, 보안 취약점 등을 연구하는 오픈 소스 웹 애플리케이션 보안 프로젝트는 OWASP(The Open Web Application Security Project)입니다.

정답 : 89.④　90.①　91.②　92.②　93.①　94.④　95.②　96.②　97.③　98.④　99.④　100.②

1과목 › 소프트웨어 설계

1. 요구사항 관리 도구의 필요성으로 틀린 것은?

① 요구사항 변경으로 인한 비용 편익 분석

② 기존 시스템과 신규 시스템의 성능 비교

③ 요구사항 변경의 추적

④ 요구사항 변경에 따른 영향 평가

> **전문가의 조언** | 요구사항 관리 도구는 사용자의 요구사항 정의 및 변경 사항 등을 관리하는 도구로, 성능 비교를 위해서는 성능 테스트 도구를 사용해야 합니다.

2. GoF(Gangs of Four) 디자인 패턴에 대한 설명으로 틀린 것은?

① Factory Method Pattern은 상위클래스에서 객체를 생성하는 인터페이스를 정의하고, 하위클래스에서 인스턴스를 생성하도록 하는 방식이다.

② Prototype Pattern은 Prototype을 먼저 생성하고 인스턴스를 복제하여 사용하는 구조이다.

③ Bridge Pattern은 기존에 구현되어 있는 클래스에 기능 발생 시 기존 클래스를 재사용할 수 있도록 중간에서 맞춰주는 역할을 한다.

④ Mediator Pattern은 객체간의 통제와 지시의 역할을 하는 중재자를 두어 객체지향의 목표를 달성하게 해준다.

> **전문가의 조언** | 브리지 패턴(Bridge Pattern)은 구현부에서 추상층을 분리하여, 서로가 독립적으로 확장할 수 있도록 구성한 패턴입니다. 기존의 클래스를 이용하고 싶을 때 중간에서 맞춰주는 역할을 수행하는 패턴은 어댑터(Adapter)입니다.

3. 애자일 개발 방법론이 아닌 것은?

① 스크럼(Scrum)

② 익스트림 프로그래밍(XP, eXtreme Programming)

③ 기능 주도 개발(FDD, Feature Driven Development)

④ 하둡(Hadoop)

> **전문가의 조언** | 하둡(Hadoop)은 오픈 소스를 기반으로 한 분산 컴퓨팅 플랫폼으로, 일반 PC급 컴퓨터들로 가상화된 대형 스토리지를 형성하고 그 안에 보관된 거대한 데이터 세트를 병렬로 처리할 수 있도록 개발된 자바 소프트웨어 프레임워크입니다.

4. 유스케이스(Usecase)에 대한 설명 중 옳은 것은?

① 유스케이스 다이어그램은 개발자의 요구를 추출하고 분석하기 위해 주로 사용한다.

② 액터는 대상 시스템과 상호 작용하는 사람이나 다른 시스템에 의한 역할이다.

③ 사용자 액터는 본 시스템과 데이터를 주고받는 연동 시스템을 의미한다.

④ 연동의 개념은 일방적으로 데이터를 파일이나 정해진 형식으로 넘겨주는 것을 의미한다.

> **전문가의 조언** | ① 유스케이스 다이어그램은 추출된 사용자의 요구를 분석하는 데 사용합니다.
> ③ 사용자 액터(주액터)는 시스템을 사용함으로써 이득을 얻는 대상을 의미합니다. 본 시스템과 데이터를 주고받는 연동 시스템을 시스템 액터(부액터)라고 합니다.
> ④ 연동은 2개 이상의 시스템이 일방이 아닌 상호 간의 동작에 영향을 줄 수 있도록 연결망을 구성하는 것을 의미합니다.

5. CASE(Computer-Aided Software Engineering)의 원천 기술이 아닌 것은?

① 구조적 기법

② 프로토타이핑 기술

③ 정보 저장소 기술

④ 일괄처리 기술

> **전문가의 조언** | CASE의 원천 기술에는 구조적 기법, 프로토타이핑 기술, 응용 프로그래밍 기술, 정보 저장소 기술, 분산처리 기술이 있습니다.

6. 럼바우(Rumbaugh)의 객체지향 분석에서 사용하는 분석 활동으로 옳은 것은?

① 객체 모델링, 동적 모델링, 정적 모델링

② 객체 모델링, 동적 모델링, 기능 모델링

③ 동적 모델링, 기능 모델링, 정적 모델링

④ 정적 모델링, 객체 모델링, 기능 모델링

> **전문가의 조언** | 럼바우 분석 기법의 활동은 객체 모델링, 동적 모델링, 기능 모델링 순으로 이루어집니다.

7. UML 모델에서 한 객체가 다른 객체에게 오퍼레이션을 수행하도록 지정하는 의미적 관계로 옳은 것은?

① Dependency   ② Realization

③ Generalization   ④ Association

전문가의 조언 | 한 객체가 다른 객체에게 오퍼레이션을 수행하도록 지정하는 의미적 관계를 실체화(Realization) 관계라고 합니다.

8. 시스템의 구성 요소로 볼 수 없는 것은?

① Process   ② Feedback

③ Maintenance   ④ Control

전문가의 조언 | 시스템의 구성 요소에는 입력, 처리, 출력, 제어, 피드백이 있습니다.

9. 사용자 인터페이스(UI)의 특징으로 틀린 것은?

① 구현하고자 하는 결과의 오류를 최소화한다.

② 사용자의 편의성을 높임으로써 작업시간을 증가시킨다.

③ 막연한 작업 기능에 대해 구체적인 방법을 제시하여 준다.

④ 사용자 중심의 상호 작용이 되도록 한다.

전문가의 조언 | 사용자 인터페이스(UI)는 사용자의 편리성과 가독성을 높임으로써 작업 시간을 단축시키고 업무에 대한 이해도를 높여줍니다.

10. 요구사항 개발 프로세스의 순서로 옳은 것은?

㉠ 도출(Elicitation)	㉡ 분석(Analysis)
㉢ 명세(Specification)	㉣ 확인(Validation)

① ㉠ → ㉡ → ㉢ → ㉣   ② ㉠ → ㉢ → ㉡ → ㉣

③ ㉠ → ㉣ → ㉡ → ㉢   ④ ㉠ → ㉡ → ㉣ → ㉢

전문가의 조언 | 요구사항 개발 프로세스는 '도출 → 분석 → 명세 → 확인' 순으로 수행됩니다.

11. 요구사항 분석이 어려운 이유가 아닌 것은?

① 개발자와 사용자 간의 지식이나 표현의 차이가 커서 상호 이해가 쉽지 않다.

② 사용자의 요구는 예외가 거의 없어 열거와 구조화가 어렵지 않다.

③ 사용자의 요구사항이 모호하고 불명확하다.

④ 소프트웨어 개발 과정 중에 요구사항이 계속 변할 수 있다.

전문가의 조언 | 요구사항(Requirement)은 예외가 많고, 모호하고 불명확하며, 중복 및 상충되는 사항들이 있을 뿐만 아니라, 개발 과정 중에도 수시로 변경될 수 있어 열거와 구조화가 어렵습니다.

12. 소프트웨어 아키텍처 설계에서 시스템 품질 속성이 아닌 것은?

① 가용성(Availability)

② 독립성(Isolation)

③ 변경 용이성(Modifiability)

④ 사용성(Usability)

전문가의 조언 | 소프트웨어 아키텍처 설계에서 시스템 품질 속성에는 성능, 보안, 가용성, 기능성, 사용성, 변경 용이성, 확장성 등이 있습니다.

13. 서브시스템이 입력 데이터를 받아 처리하고 결과를 다른 시스템에 보내는 작업이 반복되는 아키텍처 스타일은?

① 클라이언트 서버 구조

② 계층 구조

③ MVC 구조

④ 파이프 필터 구조

전문가의 조언 | 시스템이 파이프처럼 연결되어 있어서 앞 시스템의 처리 결과물을 파이프를 통해 전달받아 처리한 후 그 결과물을 다시 파이프를 통해 다음 시스템으로 넘겨주는 패턴을 반복하는 아키텍처 스타일은 파이프-필터입니다.

14. 객체지향 기법에서 같은 클래스에 속한 각각의 객체를 의미하는 것은?

① Instance   ② Message

③ Method   ④ Module

전문가의 조언 | 클래스에 속한 각각의 객체를 인스턴스(Instance)라 하며, 클래스로부터 새로운 객체를 생성하는 것을 인스턴스화(Instantiation)라고 합니다.

정답 : 1.②   2.③   3.④   4.②   5.④   6.②   7.②   8.③   9.②   10.①   11.②   12.②   13.④   14.①

15. GoF(Gangs of Four) 디자인 패턴 중 생성 패턴으로 옳은 것은?

① Singleton Pattern

② Adapter Pattern

③ Decorator Pattern

④ State Pattern

16. 다음 중 상위 CASE 도구가 지원하는 주요 기능으로 볼 수 없는 것은?

① 모델들 사이의 모순검사 기능

② 전체 소스 코드 생성 기능

③ 모델의 오류검증 기능

④ 자료 흐름도 작성 기능

17. 다음 설명에 해당하는 시스템으로 옳은 것은?

> 시스템 인터페이스를 구성하는 시스템으로, 연계할 데이터를 데이터베이스와 애플리케이션으로부터 연계 테이블 또는 파일 형태로 생성하며 송신하는 시스템이다.

① 연계 서버

② 중계 서버

③ 송신 시스템

④ 수신 시스템

18. UML 다이어그램이 아닌 것은?

① 액티비티 다이어그램(Activity Diagram)

② 절차 다이어그램(Procedural Diagram)

③ 클래스 다이어그램(Class Diagram)

④ 시퀀스 다이어그램(Sequence Diagram)

19. 객체에게 어떤 행위를 하도록 지시하는 명령은?

① Class

② Package

③ Object

④ Message

20. 객체지향 설계에서 객체가 가지고 있는 속성과 오퍼레이션의 일부를 감추어서 객체의 외부에서는 접근이 불가능하게 하는 개념은?

① 조직화(Organizing)

② 캡슐화(Encapsulation)

③ 정보 은닉(Infomation Hiding)

④ 구조화(Structuralization)

2과목 **소프트웨어 개발**

21. 클린 코드 작성원칙에 대한 설명으로 틀린 것은?

① 코드의 중복을 최소화 한다.

② 코드가 다른 모듈에 미치는 영향을 최대화하도록 작성한다.

③ 누구든지 코드를 쉽게 읽을 수 있도록 작성한다.

④ 간단하게 코드를 작성한다.

22. 소프트웨어 형상 관리에 대한 설명으로 거리가 먼 것은?

① 소프트웨어에 가해지는 변경을 제어하고 관리한다.

② 프로젝트 계획, 분석서, 설계서, 프로그램, 테스트 케이스 모두 관리 대상이다.

③ 대표적인 형상관리 도구로 Ant, Maven, Gradle 등이 있다.

④ 유지 보수 단계뿐만 아니라 개발 단계에도 적용할 수 있다.

> **전문가의 조언** ｜ Ant, Maven, Gradle은 빌드 자동화 도구입니다. 형상 관리 도구에는 Git, CVS, Subversion, Mercurial 등이 있습니다.

23. EAI(Enterprise Application Integration) 구축 유형에서 애플리케이션 사이에 미들웨어를 두어 처리하는 것은?

① Message Bus

② Point-to-point

③ Hub & Spoke

④ Hybrid

> **전문가의 조언** ｜ 애플리케이션 사이에 미들웨어를 두어 처리하는 EAI 구축 유형은 Message Bus 방식입니다. 하지만 Hub&Spoke는 중앙 Hub가 미들웨어의 역할을 한다는 점에서, Hybrid는 Message Bus 방식을 사용할 수 있다는 점에서 ③, ④번도 함께 정답으로 처리되었습니다.

24. 소프트웨어 패키징에 대한 설명으로 틀린 것은?

① 패키징은 개발자 중심으로 진행한다.

② 신규 및 변경 개발소스를 식별하고, 이를 모듈화하여 상용제품으로 패키징 한다.

③ 고객의 편의성을 위해 매뉴얼 및 버전관리를 지속적으로 한다.

④ 범용 환경에서 사용이 가능하도록 일반적인 배포 형태로 패키징이 진행된다.

> **전문가의 조언** ｜ 소프트웨어 패키징은 개발자가 아니라 사용자를 중심으로 진행합니다.

25. 애플리케이션의 처리량, 응답 시간, 경과 시간, 자원 사용률에 대해 가상의 사용자를 생성하고 테스트를 수행함으로써 성능 목표를 달성하였는지를 확인하는 테스트 자동화 도구는?

① 명세 기반 테스트 설계 도구

② 코드 기반 테스트 설계 도구

③ 기능 테스트 수행 도구

④ 성능 테스트 도구

> **전문가의 조언** ｜ 문제의 내용은 성능 테스트 도구에 대한 설명입니다.

26. 디지털 저작권 관리(DRM) 구성 요소가 아닌 것은?

① Dataware House

② DRM Controller

③ Packager

④ Contents Distributor

> **전문가의 조언** ｜ 디지털 저작권 관리(DRM)의 구성 요소에는 클리어링 하우스, 콘텐츠 제공자, 패키저, 콘텐츠 분배자, 콘텐츠 소비자, DRM 컨트롤러, 보안 컨테이너가 있습니다.

27. 다음 설명의 소프트웨어 테스트의 기본원칙은?

- 파레토 법칙이 좌우한다.
- 애플리케이션 결함의 대부분은 소수의 특정한 모듈에 집중되어 존재한다.
- 결함은 발생한 모듈에서 계속 추가로 발생할 가능성이 높다.

① 살충제 패러독스

② 결함 집중

③ 오류 부재의 궤변

④ 완벽한 테스팅은 불가능

> **전문가의 조언** ｜ 파레토 법칙과 같이 대부분의 결함이 소수의 특정 모듈에 집중해서 발생하는 현상을 결함 집중(Defect Clustering)이라고 합니다.

정답 : 15.① 16.② 17.③ 18.② 19.④ 20.②,③ 21.② 22.③ 23.①,③,④ 24.① 25.④ 26.① 27.②

28. 다음 자료를 버블 정렬을 이용하여 오름차순으로 정렬할 경우 Pass 2의 결과는?

9, 6, 7, 3, 5

① 3, 5, 6, 7, 9　　　　② 6, 7, 3, 5, 9

③ 3, 5, 9, 6, 7　　　　④ 6, 3, 5, 7, 9

29. 다음 설명의 소프트웨어 버전 관리 도구 방식은?

> • 버전 관리 자료가 원격 저장소와 로컬 저장소에 함께 저장되어 관리된다.
> • 로컬 저장소에서 버전 관리가 가능하므로 원격 저장소에 문제가 생겨도 로컬 저장소의 자료를 이용하여 작업할 수 있다.
> • 대표적인 버전 관리 도구로 Git이 있다.

① 단일 저장소 방식　　　② 분산 저장소 방식

③ 공유 폴더 방식　　　　④ 클라이언트·서버 방식

30. 인터페이스 구현 검증 도구가 아닌 것은?

① Foxbase　　　　② STAF

③ watir　　　　　④ xUnit

31. 정렬된 N개의 데이터를 처리하는 데 $O(N\log_2 N)$의 시간이 소요되는 정렬 알고리즘은?

① 합병 정렬　　　　② 버블 정렬

③ 선택 정렬　　　　④ 삽입 정렬

32. 블랙박스 테스트를 이용하여 발견할 수 있는 오류가 아닌 것은?

① 비정상적인 자료를 입력해도 오류 처리를 수행하지 않는 경우

② 정상적인 자료를 입력해도 요구된 기능이 제대로 수행되지 않는 경우

③ 반복 조건을 만족하는데도 루프 내의 문장이 수행되지 않는 경우

④ 경계값을 입력할 경우 요구된 출력 결과가 나오지 않는 경우

33. 소프트웨어 테스트와 관련한 설명으로 틀린 것은?

① 화이트박스 테스트는 모듈의 논리적인 구조를 체계적으로 점검할 수 있다.

② 블랙박스 테스트는 프로그램의 구조를 고려하지 않는다.

③ 테스트 케이스에는 일반적으로 시험 조건, 테스트 데이터, 예상 결과가 포함되어야 한다.

④ 화이트박스 테스트에서 기본 경로(Basis Path)란 흐름 그래프의 시작 노드에서 종료 노드까지의 서로 독립된 경로로 싸이클을 허용하지 않는 경로를 말한다.

34. 공학적으로 잘된 소프트웨어(Well Engineered Software)의 설명 중 틀린 것은?

① 소프트웨어는 유지보수가 용이해야 한다.

② 소프트웨어는 신뢰성이 높아야 한다.

③ 소프트웨어는 사용자 수준에 무관하게 일관된 인터페이스를 제공해야 한다.

④ 소프트웨어는 충분한 테스팅을 거쳐야 한다.

전문가의 조언 | 공학적으로 잘 작성된 소프트웨어는 사용자의 요구사항을 고려하여, 수준에 맞는 쉬운 인터페이스를 제공합니다.

35. 다음 중 단위 테스트를 통해 발견할 수 있는 오류가 아닌 것은?

① 알고리즘 오류에 따른 원치 않는 결과

② 탈출구가 없는 반복문의 사용

③ 모듈 간의 비정상적 상호 작용으로 인한 원치 않는 결과

④ 틀린 계산 수식에 의한 잘못된 결과

전문가의 조언 | 모듈 간의 비정상적인 상호 작용으로 인한 오류 검사를 위해서는 통합 테스트를 수행해야 합니다.

36. 힙 정렬(Heap Sort)에 대한 설명으로 틀린 것은?

① 정렬할 입력 레코드들로 힙을 구성하고 가장 큰 키 값을 갖는 루트 노드를 제거하는 과정을 반복하여 정렬하는 기법이다.

② 평균 수행 시간은 $O(n\log_2 n)$이다.

③ 완전 이진트리(Complete Binary Tree)로 입력자료의 레코드를 구성한다.

④ 최악의 수행 시간은 $O(2n^4)$이다.

전문가의 조언 | 힙 정렬의 평균과 최악 모두 시간 복잡도는 $O(n\log_2 n)$입니다.

37. 버전 관리 항목 중 저장소에 새로운 버전의 파일로 갱신하는 것을 의미하는 용어는?

① 형상 감사(Configuration Audit)

② 롤백(Rollback)

③ 단위 테스트(Unit Test)

④ 체크인(Check-In)

전문가의 조언 | 체크아웃 한 파일의 수정을 완료한 후 저장소(Repository)의 파일을 새로운 버전으로 갱신하는 것을 의미하는 용어는 체크인(Check-In)입니다.

38. 테스트와 디버그의 목적으로 옳은 것은?

① 테스트는 오류를 찾는 작업이고 디버깅은 오류를 수정하는 작업이다.

② 테스트는 오류를 수정하는 작업이고 디버깅은 오류를 찾는 작업이다.

③ 둘 다 소프트웨어의 오류를 찾는 작업으로 오류 수정은 하지 않는다.

④ 둘 다 소프트웨어 오류의 발견, 수정과 무관하다.

전문가의 조언 | 테스트(Test)를 통해 오류를 발견한 후 디버깅(Debugging)을 통해 오류 코드를 추적하고 수정하는 작업을 수행합니다.

39. 다음 Postfix로 표현된 연산식의 연산 결과로 옳은 것은?

3 4 * 5 6 * +

① 35   ② 42

③ 81   ④ 360

전문가의 조언 | Postfix(후위 표기 방식) 연산식은 연산자가 해당 피연산자 두 개의 뒤(오른쪽)에 놓인 것을 말합니다. 그러므로 피연자 2개와 연산자를 묶은 후 연산자를 피연산자 사이에 옮겨 놓고 계산하면 됩니다.

❶ 피연산자 2개와 오른쪽으로 인접한 연산자 1개를 묶습니다.

3 4 * 5 6 * +
↓
((3 4 *) (5 6 *) +)

❷ 연산자를 피연산자 사이로 옮깁니다.

((3 4 *) (5 6 *) +)
↓
((3 * 4) + (5 * 6))

❸ 연산을 수행합니다.

((3 * 4) + (5 * 6)) = 12 + 30 = 42

40. 다음 중 스택을 이용한 연산과 거리가 먼 것은?

① 선택 정렬

② 재귀 호출

③ 후위 표현(Post-Fix Expression)의 연산

④ 깊이 우선 탐색

전문가의 조언 | 스택(Stack) 자료 구조는 재귀 호출, 후위(Postfix) 표기법, 깊이 우선 탐색과 같이 왔던 길을 되돌아가는 경우에 사용됩니다.

정답 : 28.④   29.②   30.①   31.①   32.③   33.④   34.③   35.③   36.④   37.④   38.①   39.②   40.①

41. 릴레이션 R의 차수가 4이고 카디널리티가 5이며, 릴레이션 S의 차수가 6이고 카디널리티가 7일 때, 두 개의 릴레이션을 카티션 프로덕트한 결과의 새로운 릴레이션의 차수와 카디널리티는 얼마인가?

① 24, 35
② 24, 12
③ 10, 35
④ 10, 12

전문가의 조언 | 카티션 프로덕트(Cartesian Product), 즉 교차곱은 두 릴레이션의 차수(Degree, 속성의 수)는 더하고, 카디널리티(튜플의 수)는 곱하면 됩니다. 즉 차수는 4+6 = 10이고, 카디널리티는 5×7 = 35입니다.

42. 시스템 카탈로그에 대한 설명으로 옳지 않은 것은?

① 사용자가 직접 시스템 카탈로그의 내용을 갱신하여 데이터베이스 무결성을 유지한다.
② 시스템 자신이 필요로 하는 스키마 및 여러 가지 객체에 관한 정보를 포함하고 있는 시스템 데이터베이스이다.
③ 시스템 카탈로그에 저장되는 내용을 메타 데이터라고도 한다.
④ 시스템 카탈로그는 DBMS가 스스로 생성하고 유지한다.

전문가의 조언 | 시스템 카탈로그는 사용자가 조회할 수는 있으나 갱신하는 것은 불가능합니다.

43. 다음 관계 대수 중 순수 관계 연산자가 아닌 것은?

① 차집합(Difference)
② 프로젝트(Project)
③ 조인(Join)
④ 디비전(Division)

전문가의 조언 | 차집합(Difference)은 일반 집합 연산자입니다.

44. 데이터베이스 설계 시 물리적 설계 단계에서 수행하는 사항이 아닌 것은?

① 레코드 집중의 분석 및 설계
② 접근 경로 설계
③ 저장 레코드의 양식 설계
④ 목표 DBMS에 맞는 스키마 설계

전문가의 조언 | 목표 DBMS에 맞는 스키마 설계는 논리적 설계 단계에서 수행합니다.

45. 다음 R1과 R2의 테이블에서 아래의 실행 결과를 얻기 위한 SQL문은?

[R1] 테이블

학번	이름	학년	학과	주소
1000	홍길동	1	컴퓨터공학	서울
2000	김철수	1	전기공학	경기
3000	강남길	2	전자공학	경기
4000	오말자	2	컴퓨터공학	경기
5000	장미화	3	전자공학	서울

[R2] 테이블

학번	과목번호	과목이름	성적	점수
1000	C100	컴퓨터구조	A	91
2000	C200	데이터베이스	A+	99
3000	C100	컴퓨터구조	B+	89
3000	C200	데이터베이스	B	85
4000	C200	데이터베이스	A	93
4000	C300	운영체제	B+	88
5000	C300	운영체제	B	82

[실행결과]

과목번호	과목이름
C100	컴퓨터구조
C200	데이터베이스

① SELECT 과목번호, 과목이름 FROM R1, R2 WHERE R1.학번 = R2.학번 AND R1.학과 = '전자공학' AND R1.이름 = '강남길';
② SELECT 과목번호, 과목이름 FROM R1, R2 WHERE R1.학번 = R2.학번 OR R1.학과 = '전자공학' OR R1.이름 = '홍길동';

③ SELECT 과목번호, 과목이름 FROM R1, R2 WHERE R1.학번 = R2.학번 AND R1.학과 = '컴퓨터공학' AND R1.이름 = '강남길';

④ SELECT 과목번호, 과목이름 FROM R1, R2 WHERE R1.학번 = R2.학번 OR R1.학과 = '컴퓨터공학' OR R1.이름 = '홍길동';

전문가의 조언 | 질의문의 각 절을 분리하여 이해하세요.

❶ SELECT 과목번호, 과목이름
❷ FROM R1, R2
❸ WHERE R1.학번 = R2.학번
❹　　　AND R1.학과 = '전자공학'
❺　　　AND R1.이름 = '강남길';

❶ '과목번호'와 '과목이름'을 표시합니다.
❷ 〈R1〉, 〈R2〉 테이블을 대상으로 검색합니다.
❸ 〈R1〉 테이블의 '학번'이 〈R2〉 테이블의 '학번'과 같고,
❹ 〈R1〉 테이블의 '학과'가 "전자공학"이며,
❺ 〈R1〉 테이블의 '이름'이 "강남길"인 튜플만을 대상으로 합니다.

46. 병행제어 기법의 종류가 아닌 것은?

① 로킹 기법
② 시분할 기법
③ 타임 스탬프 기법
④ 다중 버전 기법

전문가의 조언 | 병행제어 기법의 종류에는 로킹, 타임 스탬프 순서, 최적 병행수행, 다중 버전 기법이 있습니다.

47. SQL 문에서 SELECT에 대한 설명으로 옳지 않은 것은?

① FROM 절에는 질의에 의해 검색될 데이터들을 포함하는 테이블명을 기술한다.
② 검색결과에 중복되는 레코드를 없애기 위해서는 WHERE 절에 'DISTINCT' 키워드를 사용한다.
③ HAVING 절은 GROUP BY 절과 함께 사용되며, 그룹에 대한 조건을 지정한다.
④ ORDER BY 절은 특정 속성을 기준으로 정렬하여 검색할 때 사용한다.

전문가의 조언 | DISTINCT는 SELECT절의 속성명 앞에 사용하는 예약어입니다.

48. 제3정규형(3NF)에서 BCNF(Boyce-Codd Normal Form)가 되기 위한 조건은?

① 결정자가 후보키가 아닌 함수 종속 제거
② 이행적 함수 종속 제거
③ 부분적 함수 종속 제거
④ 원자값이 아닌 도메인 분해

전문가의 조언 | '도부이결다조'에서 '결'에 해당합니다. 3정규형(3NF)이 BCNF(Boyce-Codd Normal Form)가 되기 위해서는 결정자이면서 후보키가 아닌 것을 모두 제거해야 합니다.

49. SQL에서 VIEW를 삭제할 때 사용하는 명령은?

① ERASE　　② KILL
③ DROP　　④ DELETE

전문가의 조언 | 테이블이나 뷰 등의 개체를 삭제할 때 사용하는 명령어는 DROP입니다.

50. 트랜잭션의 실행이 실패하였음을 알리는 연산자로, 트랜잭션이 수행한 결과를 원래의 상태로 원상 복귀 시키는 연산은?

① COMMIT 연산
② BACKUP 연산
③ LOG 연산
④ ROLLBACK 연산

전문가의 조언 | 하나의 트랜잭션 처리가 비정상적으로 종료되어 데이터베이스의 일관성이 깨졌을 때 트랜잭션이 행한 모든 변경 작업을 취소하고 이전 상태로 되돌리는 연산은 ROLLBACK 연산입니다.

51. DDL(Data Define Language)의 명령어 중 스키마, 도메인, 인덱스 등을 정의할 때 사용하는 SQL문은?

① ALTER　　② SELECT
③ CREATE　　④ INSERT

전문가의 조언 | DDL(Data Define Language)의 명령어 중 스키마, 도메인, 인덱스 등을 정의할 때 사용하는 SQL문은 CREATE입니다.

52. 데이터 속성 간의 종속성에 대한 엄밀한 고려없이 잘못 설계된 데이터베이스에서는 데이터 처리 연산 수행 시 각종 이상 현상이 발생할 수 있는데, 이러한 이상 현상이 아닌 것은?

① 검색이상　　　　② 삽입이상
③ 삭제이상　　　　④ 갱신이상

전문가의 조언 | 이상(Anomaly)의 종류에는 삽입 이상, 삭제 이상, 갱신 이상이 있습니다.

53. 테이블 R1, R2에 대하여 다음 SQL문의 결과는?

```
(SELECT 학번 FROM R1)
INTERSECT
(SELECT 학번 FROM R2)
```

[R1] 테이블

학번	학점 수
20201111	15
20202222	20

[R2] 테이블

학번	과목번호
20202222	CS200
20203333	CS300

①

학번	학점 수	과목번호
20202222	20	CS200

②

학번
2020222

③

학번
20201111
20202222
20203333

④

학번	학점 수	과목번호
20201111	15	NULL
20202222	20	CS200
20203333	NULL	CS300

전문가의 조언 | INTERSECT는 두 SELECT문의 조회 결과 중 공통된 행만 출력하는 집합 연산자입니다.

• SELECT 학번 FROM R1과 SELECT 학번 FROM R2의 결과는

학번
20201111
20202222

와

학번
20202222
20203333

이므로, 공통된 행인

학번
2020222

가 결과로 출력되게 됩니다.

54. 관계 데이터베이스 모델에서 차수(Degree)의 의미는?

① 튜플의 수
② 테이블의 수
③ 데이터베이스의 수
④ 애트리뷰트의 수

전문가의 조언 | 속성(Attribute)의 수를 디그리(Degree) 또는 차수라고 합니다.

55. 다음 SQL 문에서 ( ) 안에 들어갈 내용으로 옳은 것은?

```
UPDATE 인사급여 (        ) 호봉 = 15
WHERE 성명 = '홍길동';
```

① SET　　　　② FROM
③ INTO　　　　④ IN

전문가의 조언 | 갱신문의 기본 형식은 'UPDATE~ SET~ WHERE'입니다.

56. 병렬 데이터베이스 환경 중 수평 분할에서 활용되는 분할 기법이 아닌 것은?

① 라운드-로빈　　　　② 범위 분할
③ 예측 분할　　　　④ 해시 분할

전문가의 조언 | 파티셔닝(=분할) 방식에는 범위 분할, 목록 분할, 해시 분할, 조합 분할, 라운드로빈 분할이 있습니다. 예측 분할이라는 방식은 존재하지 않습니다.

57. 관계형 데이터 모델의 릴레이션에 대한 설명으로 틀린 것은?

① 모든 속성 값은 원자 값을 갖는다.

② 한 릴레이션에 포함된 튜플은 모두 상이하다.

③ 한 릴레이션에 포함된 튜플 사이에는 순서가 없다.

④ 한 릴레이션을 구성하는 속성 사이에는 순서가 존재한다.

전문가의 조언 | 릴레이션 스키마를 구성하는 속성들 간의 순서는 중요하지 않으며, 특별한 순서가 없습니다.

58. 속성(attribute)에 대한 설명으로 틀린 것은?

① 속성은 개체의 특성을 기술한다.

② 속성은 데이터베이스를 구성하는 가장 작은 논리적 단위이다.

③ 속성은 파일 구조상 데이터 항목 또는 데이터 필드에 해당된다.

④ 속성의 수를 "cardinality"라고 한다.

전문가의 조언 | 속성의 수는 디그리이고, 카디널리티는 튜플의 수 입니다.

59. 릴레이션에서 기본 키를 구성하는 속성은 널(Null) 값이나 중복 값을 가질 수 없다는 것을 의미하는 제약조건은?

① 참조 무결성　　　② 보안 무결성

③ 개체 무결성　　　④ 정보 무결성

전문가의 조언 | 기본 테이블의 기본키를 구성하는 어떤 속성도 Null 값이나 중복 값을 가질 수 없다는 제약조건은 개체 무결성입니다.

60. 개체-관계 모델(E-R)의 그래픽 표현으로 옳지 않은 것은?

① 개체타입 – 사각형

② 속성 – 원형

③ 관계타입 – 마름모

④ 연결 – 삼각형

전문가의 조언 | E-R 모델에서 연결은 선으로 표현합니다.

4과목　프로그래밍 언어 활용

61. 페이징 기법에서 페이지 크기가 작아질수록 발생하는 현상이 아닌 것은?

① 기억장소 이용 효율이 증가한다.

② 입·출력 시간이 늘어난다.

③ 내부 단편화가 감소한다.

④ 페이지 맵 테이블의 크기가 감소한다.

전문가의 조언 | 페이지 크기가 작아질수록 페이지의 개수가 많아져 주소를 저장하는 맵 테이블의 크기가 커지게 됩니다.

62. 다음 C언어 프로그램이 실행되었을 때의 결과는?

```c
#include <stdio.h>
int main(int argc, char *argv[ ]) {
    int a = 4;
    int b = 7;
    int c = a | b;

    printf("%d", c);
    return 0;
}
```

① 3　　　　　　　　② 4

③ 7　　　　　　　　④ 10

전문가의 조언 | 사용된 코드의 의미는 다음과 같습니다.

```c
#include <stdio.h>
int main(int argc, char *argv[ ]) {
❶    int a = 4;
❷    int b = 7;
❸    int c = a | b;

❹    printf("%d", c);
❺    return 0;
}
```

❶ 정수형 변수 a를 선언하고 4로 초기화한다.
❷ 정수형 변수 b를 선언하고 7로 초기화한다.
❸ 정수형 변수 c를 선언하고 a의 값 4와 b의 값 7을 |(비트 or)연산한 값으로 초기화한다.
　• |(비트 or)는 두 비트 중 한 비트라도 1이면 1이 되는 비트 연산자이다.
```
    4 = 0000  0100
    7 = 0000  0111
  | ─────────────────
      0000  0111 (7)
```
　• c에는 7이 저장된다.

정답 : 52.① 53.② 54.④ 55.① 56.③ 57.④ 58.④ 59.③ 60.④ 61.④ 62.③

❹ c의 값을 정수로 출력한다.

결과 `7`

❺ 프로그램을 종료한다.

63. 다음 파이썬(Python) 프로그램이 실행되었을 때의 결과는?

```python
class FourCal:
    def setdata(self, fir, sec):
        self.fir = fir
        self.sec = sec
    def add(self):
        result = self.fir + self.sec
        return result
a = FourCal( )
a.setdata(4, 2)
print(a.add( ))
```

① 0   ② 2   ③ 4   ④ 6

전문가의 조언 | 사용된 코드의 의미는 다음과 같습니다.

```
ⓐ      class FourCal:
ⓑ❸         def setdata(self, fir, sec):
  ❹             self.fir = fir
  ❺             self.sec = sec
ⓒ❼         def add(self):
  ❽             result = self.fir + self.sec
  ❾             return result
  ❶     a = FourCal( )
  ❷     a.setdata(4, 2)
ⓑ❿   print(a.add( ))
```

ⓐ 클래스 FourCal을 정의한다.

ⓑ 2개의 인수를 받는 메소드 setdata( )를 정의한다.

ⓒ 메소드 add( )를 정의한다.

※ 모든 Python 프로그램은 반드시 클래스 정의부가 종료된 이후의 코드에서 시작한다.

❶ FourCal 클래스의 객체변수 a를 선언한다.

❷ 4와 2를 인수로 a 객체의 setdata 메소드를 호출한다.

❸ setdata 메소드의 시작점이다. ❷번에서 전달받은 4와 2를 fir와 sec가 받는다.

❹ a 객체에 변수 fir를 선언하고, fir의 값 4로 초기화한다.

• self : 클래스에 속한 메소드에 반드시 포함되어야 하는 예약어로, 메소드에서 자기 클래스에 속한 변수에 접근할 때 사용된다.

❺ a 객체에 변수 sec를 선언하고, sec의 값 2로 초기화한다. 메소드가 종료되었으므로 메소드를 호출했던 ❷번의 다음 줄인 ❻번으로 이동한다.

❻ a 객체의 add 메소드를 호출하고 반환받은 값을 출력한다.

❼ add 메소드의 시작점이다.

❽ result를 선언하고, a 객체의 변수 fir와 sec를 더한 값 6(4+2)으로 초기화한다.

❾ result의 값 6을 메소드를 호출했던 곳으로 반환한다.

❿ ❾번에서 반환받은 값 6을 출력한다.

64. CIDR(Classless Inter-Domain Routing) 표기로 203.241.132.82/27과 같이 사용되었다면, 해당 주소의 서브넷 마스크(subnet mask)는?

① 255.255.255.0   ② 255.255.255.224

③ 255.255.255.240   ④ 255.255.255.248

전문가의 조언 | CIDR(Classless Inter-Domain Routing)은 클래스 없는 도메인 간 라우팅 기법으로, CIDR 기법 사용 시 서브넷 마스크는 IP 주소 뒤의 숫자를 이용해 구할 수 있습니다. 203.241.132.82/27 네트워크의 서브넷 마스크는 1의 개수가 27개, 즉 11111111 11111111 11111111 11100000 → 255.255.255.224가 됩니다.

65. OSI 7계층 중 네트워크 계층에 대한 설명으로 틀린 것은?

① 패킷을 발신지로부터 최종 목적지까지 전달하는 책임을 진다.

② 한 노드로부터 다른 노드로 프레임을 전송하는 책임을 진다.

③ 패킷에 발신지와 목적지의 논리 주소를 추가한다.

④ 라우터 또는 교환기는 패킷 전달을 위해 경로를 지정하거나 교환 기능을 제공한다.

전문가의 조언 | 네트워크 계층의 프로토콜 데이터 단위(PDU)는 패킷(Packet)입니다. PDU가 프레임(Frame)인 계층은 데이터 링크 계층입니다.

66. 다음 C언어 프로그램이 실행되었을 때의 결과는?

```c
#include <stdio.h>
int main(int argc, char *argv[ ]) {
    char a;
    a = 'A' + 1;
    printf("%d", a);
    return 0;
}
```

① 1   ② 11

③ 66   ④ 98

```
#include <stdio.h>
int main(int argc, char *argv[ ]) {
❶    char a;
❷    a = 'A' + 1;
❸    printf("%d", a);
❹    return 0;
}
```

❶ 문자형 변수 a를 선언한다.

❷ a에 문자 'A'와 숫자 1을 더한 값을 저장한다.

※ 'A'라는 문자는 메모리에 저장될 때 문자로 저장되는 것이 아니라 해당 문자의 아스키 코드 값으로 저장됩니다. 즉, 'A'는 'A'에 해당하는 아스키 코드 값인 65가 저장되는 것이죠. 그러므로 a에는 'A'의 아스키 코드 값인 65에 1을 더한 값인 66이 저장됩니다.

❸ a의 값 66을 정수로 출력한다.

※ a에 저장된 66은 "%d"로 출력하면 정수 660이, "%c"로 출력하면 'A'의 다음 문자인 'B'가 출력됩니다.

❹ 프로그램을 종료한다.

67. 다음 중 가장 강한 응집도(Cohesion)는?

① Sequential Cohesion

② Procedural Cohesion

③ Logical Cohesion

④ Coincidental Cohesion

68. 프레임워크(Framework)에 대한 설명으로 옳은 것은?

① 소프트웨어 구성에 필요한 기본 구조를 제공함으로써 재사용이 가능하게 해준다

② 소프트웨어 개발 시 구조가 잡혀 있기 때문에 확장이 불가능하다.

③ 소프트웨어 아키텍처(Architecture)와 동일한 개념이다.

④ 모듈화(Modularity)가 불가능하다.

69. 다음 JAVA 프로그램이 실행되었을 때의 결과는?

```
public class Operator {
    public static void main(String[ ] args) {
        int x=5, y=0, z=0;
        y = x++;
        z = --x;
        System.out.print(x + ", " + y +", " +z);
    }
}
```

① 5, 5, 5   ② 5, 6, 5

③ 6, 5, 5   ④ 5, 6, 4

```
public class Operator {
    public static void main(String[ ] args) {
❶        int x=5, y=0, z=0;
❷        y = x++;
❸        z = --x;
❹        System.out.print(x + ", " + y +", " +z);
    }
}
```

❶ 정수형 변수 x, y, z를 선언하고, 각각 5, 0, 0으로 초기화한다. (x=5, y=0, z=0)

❷ x는 후치 증가 연산자이므로, x의 값 5를 y에 저장한 후 x의 값을 1 증가시킨다. (x=6, y=5, z=0)

❸ x는 전치 감소 연산자이므로, x의 값을 1 감소시킨 후 x의 값 5를 z에 저장한다. (x=5, y=5, z=5)

❹ x, y, z의 값을 ", "으로 구분하여 출력한다.

결과 5, 5, 5

70. 다음 C언어 프로그램이 실행되었을 때의 결과는?

```
#include <stdio.h>
int main(int argc, char *argv[ ]) {
    int a[2][2] = {{11, 22}, {44, 55}};
    int i, sum = 0;
    int *p;
    p = a[0];
    for(i = 1; i < 4; i++)
        sum += *(p + i);
    printf("%d", sum);
    return 0;
}
```

① 55   ② 77   ③ 121   ④ 132

```
#include <stdio.h>
int main(int argc, char *argv[ ]) {
❶    int a[2][2] = {{11, 22}, {44, 55}};
❷    int i, sum = 0;
❸    int *p;
❹    p = a[0];
❺    for(i = 1; i < 4; i++)
❻        sum += *(p + i);
❼    printf("%d", sum);
❽    return 0;
}
```

❶ 2행 2열의 요소를 갖는 정수형 2차원 배열 a를 선언하고 초기화한다.

	a[0][0]	a[0][1]
a 배열	11	22
	44	55
	a[1][0]	a[1][1]

❷ 정수형 변수 i, sum을 선언하고, sum을 0으로 초기화한다.

❸ 정수형 포인터 변수 p를 선언한다.

❹ p에 a배열의 a[0]의 주소를 저장한다.

※ a[0]은 0행의 0번째 요소(a[0][0])의 위치입니다.

❺ 반복 변수 i가 1부터 1씩 증가하면서 4보다 작은 동안 ❻번을 반복 수행한다.

❻ sum에 p+i가 가리키는 곳의 값을 더한다.

• p는 a[0][0]을 가리키므로 숫자가 더해진 만큼 다음 값을 가리키게 된다. 즉, p+1은 a[0][1]을, p+2는 a[1][0]을, p+3은 a[1][1]을 가리킨다.

※ 반복문 실행에 따른 변수의 변화는 다음과 같다.

반복횟수	i	*(p+i)	sum
			0
1	1	22	22
2	2	44	66
3	3	55	121
반복실행 안됨	4		

❼ sum의 값 121을 정수로 출력한다.

❽ 프로그램을 종료한다.

71. C언어 라이브러리 중 stdlib.h에 대한 설명으로 옳은 것은?

① 문자열을 수치 데이터로 바꾸는 문자 변환함수와 수치를 문자열로 바꿔주는 변환함수 등이 있다.

② 문자열 처리 함수로 strlen( )이 포함되어 있다.

③ 표준 입출력 라이브러리이다.

④ 삼각 함수, 제곱근, 지수 등 수학적인 함수를 내장하고 있다.

72. 프로세스 적재 정책과 관련한 설명으로 틀린 것은?

① 반복, 스택, 부프로그램은 시간 지역성(Temporal Locality)과 관련이 있다.

② 공간 지역성(Spatial Locality)은 프로세스가 어떤 페이지를 참조했다면 이후 가상주소 공간상 그 페이지와 인접한 페이지들을 참조할 가능성이 높음을 의미한다.

③ 일반적으로 페이지 교환에 보내는 시간보다 프로세스 수행에 보내는 시간이 더 크면 스레싱(Thrashing)이 발생한다.

④ 스레싱(Thrashing) 현상을 방지하기 위해서는 각 프로세스가 필요로 하는 프레임을 제공할 수 있어야 한다.

73. 교착상태의 해결 방법 중 은행원 알고리즘(Banker's Algorithm)이 해당되는 기법은?

① Detection

② Avoidance

③ Recovery

④ Prevention

74. 다음 중 가장 약한 결합도(Coupling)는?

① Common Coupling

② Content Coupling

③ External Coupling

④ Stamp Coupling

75. 자바스크립트(JavaScript)와 관련한 설명으로 틀린 것은?

① 프로토타입(Prototype)의 개념이 존재한다.

② 클래스 기반으로 객체 상속을 지원한다.

③ Prototype Link와 Prototype Object를 활용할 수 있다.

④ 객체지향 언어이다.

전문가의 조언 │ 자바스크립트가 ES6(ES2015) 버전부터 클래스를 지원함에 따라 정답인 ②번 선택지가 옳은 선택지가 되어 모두 정답으로 처리된 문제입니다.

76. C언어에서 연산자 우선순위가 높은 것에서 낮은 것으로 바르게 나열된 것은?

| ㉠ ( ) | ㉡ == | ㉢ 〈 |
| ㉣ 〈〈 | ㉤ ‖ | ㉥ / |

① ㉠, ㉥, ㉣, ㉢, ㉡, ㉤

② ㉠, ㉣, ㉥, ㉢, ㉡, ㉤

③ ㉠, ㉥, ㉣, ㉢, ㉤, ㉡

④ ㉠, ㉥, ㉣, ㉤, ㉡, ㉢

전문가의 조언 │ • 연산자 우선순위는 낮지만 먼저 계산해야 할 식은 괄호( )로 묶어줍니다. 그러므로 보기에서 가장 우선순위가 높은 것은 괄호( )입니다.
• 연산자의 우선순위는 높은 것부터 차례대로 단항, 산술, 시프트, 관계, 비트, 논리, 조건, 대입, 순서 연산자 순이며, 관계 연산자 중에서 〈, 〈=, 〉=, 〉는 ==, !=보다 우선순위가 높습니다.

77. 다음 JAVA 프로그램이 실행되었을 때의 결과는?

```java
public class array1 {
    public static void main(String[ ] args) {
        int cnt = 0;
        do {
            cnt++;
        } while (cnt 〈 0);
        if(cnt==1)
            cnt++;
        else
            cnt = cnt + 3;
        System.out.printf("%d", cnt);
    }
}
```

① 2   ② 3   ③ 4   ④ 5

전문가의 조언 │ 사용된 코드의 의미는 다음과 같습니다.

```java
public class array1 {
    public static void main(String[ ] args) {
❶          int cnt = 0;
❷          do {
❸              cnt++;
❹          } while (cnt 〈 0);
❺          if(cnt==1)
❻              cnt++;
            else
                cnt = cnt + 3;
❼          System.out.print("%d", cnt);
        }
}
```

❶ 정수형 변수 cnt를 선언하고 0으로 초기화한다. (cnt=0)

❷ do~while 반복문의 시작점이다. ❸번을 반복 수행한다.

❸ 'cnt = cnt + 1;'과 동일하다. cnt의 값을 1씩 누적시킨다. (cnt=1)

❹ cnt가 0보다 작은 동안 ❸번을 반복 수행한다.
• do~while문은 조건이 거짓이라도 한 번은 실행하므로, cnt가 1이 된 후 do~while문을 빠져나온다.

❺ cnt가 1이면 ❻번을 수행하고, 아니면 else의 다음 문장을 수행한다. cnt가 1이므로 ❻번으로 이동한다.

❻ 'cnt = cnt + 1;'과 동일하다. cnt의 값 1에 1을 누적시킨다. (cnt=2)

❼ cnt의 값 2를 정수로 출력한다.

78. 리눅스 Bash 쉘(Shell)에서 export와 관련한 설명으로 틀린 것은?

① 변수를 출력하고자 할 때는 export를 사용해야 한다.

② export가 매개변수 없이 쓰일 경우 현재 설정된 환경변수들이 출력된다.

③ 사용자가 생성하는 변수는 export 명령어로 표시하지 않는 한 현재 쉘에 국한된다.

④ 변수를 export 시키면 전역(Global)변수처럼 되어 끝까지 기억된다.

전문가의 조언 │ export는 기존 환경 변수의 값을 변경하거나, 새로운 환경 변수를 설정할 때 사용하는 명령어입니다.

79. TCP 프로토콜과 관련한 설명으로 틀린 것은?

① 인접한 노드 사이의 프레임 전송 및 오류를 제어한다.

② 흐름 제어(Flow Control)의 기능을 수행한다.

③ 전이중(Full Duplex) 방식의 양방향 가상회선을 제공한다.

④ 전송 데이터와 응답 데이터를 함께 전송할 수 있다.

전문가의 조언 | TCP는 패킷의 전송 및 오류를 제어합니다. 프레임의 전송 및 오류 제어는 데이터 링크 계층의 프로토콜인 HDLC, LAPB, LLC, MAC 등이 수행합니다.

80. 다음 설명에 해당하는 방식은?

- 무선 랜에서 데이터 전송 시, 매체가 비어있음을 확인한 뒤 충돌을 회피하기 위해 임의 시간을 기다린 후 데이터를 전송하는 방법이다.
- 네트워크에 데이터의 전송이 없는 경우라도 동시 전송에 의한 충돌에 대비하여 확인 신호를 전송한다.

① STA

② Collision Domain

③ CSMA/CA

④ CSMA/CD

전문가의 조언 | 문제의 지문은 CSMA/CA에 대한 설명입니다.

---

81. SSH(Secure Shell)에 대한 설명으로 틀린 것은?

① SSH의 기본 네트워크 포트는 220번을 사용한다.

② 전송되는 데이터는 암호화 된다.

③ 키를 통한 인증은 클라이언트의 공개키를 서버에 등록해야 한다.

④ 서로 연결되어 있는 컴퓨터 간 원격 명령 실행이나 셸 서비스 등을 수행한다.

전문가의 조언 | SSH(Secure Shell)의 기본 네트워크 포트는 22번입니다.

82. 침입 차단 시스템(방화벽) 중 다음과 같은 형태의 구축 유형은?

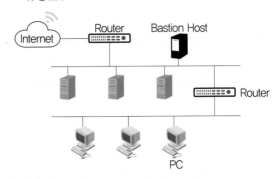

① Block Host

② Tree Host

③ Screened Subnet

④ Ring Homed

전문가의 조언 | 스크린 서브넷(Screened Subnet)은 스크리닝 라우터(Screening Router)가 내부 네트워크와 베스션 호스트(Bation Host) 사이에 하나, 베스션 호스트(Bation Host)와 인터넷 사이에 하나로, 총 2개가 놓이는 형태의 방화벽 구축 방법입니다.

83. 코드의 기입 과정에서 원래 '12536'으로 기입되어야 하는데 '12936'으로 표기되었을 경우, 어떤 코드 오류에 해당하는가?

① Addition Error

② Omission Error

③ Sequence Error

④ Transcription Error

전문가의 조언 | '12536'의 5 대신 9를 기입한 것, 즉 임의의 한 자리를 잘못 기입해서 발생한 오류이므로 필사 오류(Transcription Error)에 해당합니다.

84. PC, TV, 휴대폰에서 원하는 콘텐츠를 끊김없이 자유롭게 이용할 수 있는 서비스는?

① Memristor

② MEMS

③ SNMP

④ N-Screen

전문가의 조언 | PC, TV, 휴대폰에서 원하는 콘텐츠를 끊김없이 자유롭게 이용할 수 있는 서비스는 앤 스크린(N-Screen)입니다.

85. Secure OS의 보안 기능으로 거리가 먼 것은?

① 식별 및 인증
② 임의적 접근 통제
③ 고가용성 지원
④ 강제적 접근 통제

86. 메모리상에서 프로그램의 복귀 주소와 변수 사이에 특정 값을 저장해 두었다가 그 값이 변경되었을 경우 오버플로우 상태로 가정하여 프로그램 실행을 중단하는 기술은?

① Stack Guard
② Bridge
③ ASLR
④ FIN

87. 다음 내용이 설명하는 접근 제어 모델은?

- 군대의 보안 레벨처럼 정보의 기밀성에 따라 상하 관계가 구분된 정보를 보호하기 위해 사용
- 자신의 권한보다 낮은 보안 레벨 권한을 가진 경우에는 높은 보안 레벨의 문서를 읽을 수 없고 자신의 권한보다 낮은 수준의 문서만 읽을 수 있다.
- 자신의 권한보다 높은 보안 레벨의 문서에는 쓰기가 가능하지만 보안 레벨이 낮은 문서의 쓰기 권한은 제한한다.

① Clark−Wilson Integrity Model
② PDCA Model
③ Bell−Lapadula Model
④ Chinese Wall Model

88. ISO 12207 표준의 기본 생명 주기의 주요 프로세스에 해당하지 않는 것은?

① 획득 프로세스
② 개발 프로세스
③ 성능평가 프로세스
④ 유지보수 프로세스

89. 라우팅 프로토콜인 OSPF(Open Shortest Path First)에 대한 설명으로 옳지 않은 것은?

① 네트워크 변화에 신속하게 대처할 수 있다.
② 거리 벡터 라우팅 프로토콜이라고 한다.
③ 멀티캐스팅을 지원한다.
④ 최단 경로 탐색에 Dijkstra 알고리즘을 사용한다.

90. 다음 내용이 설명하는 것은?

- 네트워크상에 광채널 스위치의 이점인 고속 전송과 장거리 연결 및 멀티 프로토콜 기능을 활용
- 각기 다른 운영체제를 가진 여러 기종들이 네트워크상에서 동일 저장장치의 데이터를 공유하게 함으로써, 여러 개의 저장장치나 백업 장비를 단일화시킨 시스템

① SAN
② MBR
③ NAC
④ NIC

91. CBD(Component Based Development) SW 개발 표준 산출물 중 분석 단계에 해당하는 것은?

① 클래스 설계서
② 통합시험 결과서
③ 프로그램 코드
④ 사용자 요구사항 정의서

92. 소프트웨어 비용 산정 기법 중 개발 유형으로 Organic, Semi−Detached, Embedded로 구분되는 것은?

① PUTNAM
② COCOMO
③ FP
④ SLIM

93. SPICE 모델의 프로세스 수행 능력 수준의 단계별 설명이 틀린 것은?

① 수준 7 – 미완성 단계

② 수준 5 – 최적화 단계

③ 수준 4 – 예측 단계

④ 수준 3 – 확립 단계

> 전문가의 조언 | SPICE 모델의 프로세스 수행 능력 수준은 불완전(0), 수행(1), 관리(2), 확립(3), 예측(4), 최적화(5)의 6단계로 구분합니다.

94. 서로 다른 네트워크 대역에 있는 호스트들 상호간에 통신할 수 있도록 해주는 네트워크 장비는?

① L2 스위치

② HIPO

③ 라우터

④ RAD

> 전문가의 조언 | 서로 다른 네트워크 대역에 있는 호스트들 상호간에 통신할 수 있도록 해주는 네트워크 장비는 라우터(Router)입니다.

95. 암호화 키와 복호화 키가 동일한 암호화 알고리즘은?

① RSA

② AES

③ DSA

④ ECC

> 전문가의 조언 | 암호화 키와 복호화 키가 동일한 암호화 알고리즘은 개인키(대칭키) 암호화 기법으로, 대표적인 알고리즘으로는 DES, SEED, AES, ARIA, LSFSR, RC4 등이 있습니다.

96. IPSec(IP Security)에 대한 설명으로 틀린 것은?

① 암호화 수행시 일방향 암호화만 지원한다.

② ESP는 발신지 인증, 데이터 무결성, 기밀성 모두를 보장한다.

③ 운영 모드는 Tunnel 모드와 Transport 모드로 분류된다.

④ AH는 발신지 호스트를 인증하고, IP 패킷의 무결성을 보장한다.

> 전문가의 조언 | IPSec는 암호화와 복호화가 모두 가능한 양방향 암호 방식입니다.

97. 서버에 열린 포트 정보를 스캐닝해서 보안 취약점을 찾는데 사용하는 도구는?

① type

② mkdir

③ ftp

④ nmap

> 전문가의 조언 | 서버에 열린 포트 정보를 스캐닝해서 보안 취약점을 찾는데 사용하는 도구는 nmap입니다.

98. 하둡(Hadoop)과 관계형 데이터베이스간에 데이터를 전송할 수 있도록 설계된 도구는?

① Apnic

② Topology

③ Sqoop

④ SDB

> 전문가의 조언 | 하둡(Hadoop)과 관계형 데이터베이스 간에 데이터를 전송할 수 있도록 설계된 도구는 Sqoop입니다.

99. 해쉬(Hash) 기법에 대한 설명으로 틀린 것은?

① 임의의 길이의 입력 데이터를 받아 고정된 길이의 해쉬 값으로 변환한다.

② 주로 공개키 암호화 방식에서 키 생성을 위해 사용한다.

③ 대표적인 해쉬 알고리즘으로 HAVAL, SHA-1 등이 있다.

④ 해쉬 함수는 일방향 함수(One-way function)이다.

> 전문가의 조언 | 공개키 암호화 알고리즘들은 해시 기법이 아닌 소인수 분해나 이산대수 등 고유의 방법으로 키를 생성합니다.

100. 소프트웨어 비용 추정 모형(estimation models)이 아닌 것은?

① COCOMO

② Putnam

③ Function-Point

④ PERT

> 전문가의 조언 | PERT는 프로젝트 일정 계획 및 관리에 사용되는 방법론입니다.

정답 : 93.① 94.③ 95.② 96.① 97.④ 98.③ 99.② 100.④

1. 분산 컴퓨팅 환경에서 서로 다른 기종 간의 하드웨어나 프로토콜, 통신환경 등을 연결하여 응용 프로그램과 운영환경 간에 원만한 통신이 이루어질 수 있게 서비스를 제공하는 소프트웨어는?

① 미들웨어   ② 하드웨어

③ 오픈허브웨어   ④ 그레이웨어

전문가의 조언 | 미들웨어(Middleware)는 미들(Middle)과 소프트웨어(Software)의 합성어로, 서로 다른 기종 간의 하드웨어나 프로토콜, 통신환경 등을 연결하여 응용 프로그램과 운영환경 간에 원만한 통신이 이루어질 수 있게 서비스를 제공하는 소프트웨어입니다.

2. 기본 유스케이스 수행 시 특별한 조건을 만족할 때 수행하는 유스케이스는?

① 연관   ② 확장

③ 선택   ④ 특화

전문가의 조언 | 특별한 조건을 만족할 때 수행할 유스케이스는 《extends》로 연결하여 표현하는데, 이와 같이 연결되는 관계를 확장 관계라고 합니다.

3. UML(Unified Modeling Language)에 대한 설명 중 틀린 것은?

① 기능적 모델은 사용자 측면에서 본 시스템 기능이며, UML에서는 Use case Diagram을 사용한다.

② 정적 모델은 객체, 속성, 연관관계, 오퍼레이션의 시스템의 구조를 나타내며, UML에서는 Class Diagram을 사용한다.

③ 동적 모델은 시스템의 내부 동작을 말하며, UML에서는 Sequence Diagram, State Diagram, Activity Diagram을 사용한다.

④ State Diagram은 객체들 사이의 메시지 교환을 나타내며, Sequence Diagram은 하나의 객체가 가진 상태와 그 상태의 변화에 의한 동작순서를 나타낸다.

전문가의 조언 | 상태 다이어그램(State Diagram)은 하나의 객체가 가진 상태와 그 상태의 변화에 의한 동작순서를 나타내며, 시퀀스 다이어그램(Sequence Diagram)은 객체들 사이의 메시지 교환을 나타냅니다.

4. 운영체제 분석을 위해 리눅스에서 버전을 확인하고자 할 때 사용되는 명령어는?

① ls   ② cat

③ pwd   ④ uname

전문가의 조언 | 리눅스의 버전은 cat 명령어를 통해 etc 디렉터리의 release로 끝나는 파일을 읽거나, 시스템 정보를 확인하는 uname 명령어로 확인할 수 있습니다.

5. 럼바우(Rumbaugh) 분석기법에서 정보 모델링이라고도 하며, 시스템에서 요구되는 객체를 찾아내어 속성과 연산 식별 및 객체들 간의 관계를 규정하여 다이어그램을 표시하는 모델링은?

① Object   ② Dynamic

③ Function   ④ Static

전문가의 조언 | 정보 모델링이라고 불리는 럼바우 분석 기법의 모델링은 객체 모델링(Object Modeling)입니다.

6. GoF(Gangs of Four) 디자인 패턴의 생성패턴에 속하지 않는 것은?

① 추상 팩토리(Abstract Factory)

② 빌더(Builder)

③ 어댑터(Adapter)

④ 싱글턴(Singleton)

전문가의 조언 | 어댑터(Adpater) 패턴은 구조 패턴에 속합니다.

7. 현행 시스템 분석에서 고려하지 않아도 되는 항목은?

① DBMS 분석   ② 네트워크 분석

③ 운영체제 분석   ④ 인적 자원 분석

전문가의 조언 | 현행 시스템에서 파악 및 분석의 대상에는 시스템의 구성, 기능, 인터페이스와 아키텍처의 구성, 소프트웨어, 하드웨어, 네트워크가 있습니다. 보기 중 DBMS와 운영체제는 소프트웨어 분석에 포함되는 항목입니다.

정답 : 1.① 2.② 3.④ 4.②,④ 5.① 6.③ 7.④

8. UML 다이어그램 중 시스템 내 클래스의 정적 구조를 표현하고 클래스와 클래스, 클래스의 속성 사이의 관계를 나타내는 것은?

① Activity Diagram   ② Model Diagram
③ State Diagram   ④ Class Diagram

9. 객체지향 분석 방법론 중 Coad-Yourdon 방법에 해당하는 것은?

① E-R 다이어그램을 사용하여 객체의 행위를 데이터 모델링하는데 초점을 둔 방법이다.
② 객체, 동적, 기능 모델로 나누어 수행하는 방법이다.
③ 미시적 개발 프로세스와 거시적 개발 프로세스를 모두 사용하는 방법이다.
④ Use-Case를 강조하여 사용하는 방법이다.

10. 객체지향 개념에서 연관된 데이터와 함수를 함께 묶어 외부와 경계를 만들고 필요한 인터페이스만을 밖으로 드러내는 과정은?

① 메시지(Message)
② 캡슐화(Encapsulation)
③ 다형성(Polymorphism)
④ 상속(Inheritance)

11. 디자인 패턴을 이용한 소프트웨어 재사용으로 얻어지는 장점이 아닌 것은?

① 소프트웨어 코드의 품질을 향상시킬 수 있다.
② 개발 프로세스를 무시할 수 있다.
③ 개발자들 사이의 의사소통을 원활하게 할 수 있다.
④ 소프트웨어의 품질과 생산성을 향상시킬 수 있다.

12. 다음은 어떤 프로그램 구조를 나타낸다. 모듈 F에서의 fan-in과 fan-out의 수는 얼마인가?

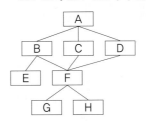

① fan-in : 2, fan-out : 3
② fan-in : 3, fan-out : 2
③ fan-in : 1, fan-out : 2
④ fan-in : 2, fan-out : 1

13. 소프트웨어를 개발하기 위한 비즈니스(업무)를 객체와 속성, 클래스와 멤버, 전체와 부분 등으로 나누어서 분석해 내는 기법은?

① 객체지향 분석   ② 구조적 분석
③ 기능적 분석   ④ 실시간 분석

14. 다음 중 요구사항 모델링에 활용되지 않는 것은?

① 애자일(Agile) 방법
② 유스케이스 다이어그램(Use Case Diagram)
③ 시퀀스 다이어그램(Sequence Diagram)
④ 단계 다이어그램(Phase Diagram)

15. 애자일 소프트웨어 개발 기법의 가치가 아닌 것은?

① 프로세스의 도구보다는 개인과 상호작용에 더 가치를 둔다.

② 계약 협상보다는 고객과의 협업에 더 가치를 둔다.

③ 실제 작동하는 소프트웨어보다는 이해하기 좋은 문서에 더 가치를 둔다.

④ 계획을 따르기보다는 변화에 대응하는 것에 더 가치를 둔다.

전문가의 조언 | 애자일(Agile)은 방대한 문서보다는 실행되는 SW에 더 가치를 둡니다.

16. 응용프로그램의 프로시저를 사용하여 원격 프로시저를 로컬 프로시저처럼 호출하는 방식의 미들웨어는?

① WAS(Web Application Server)

② MOM(Message Oriented Middleware)

③ RPC(Remote Procedure Call)

④ ORB(Object Request Broker)

전문가의 조언 | 응용 프로그램의 프로시저를 사용하여 원격 프로시저를 마치 로컬 프로시저처럼 호출하는 방식의 미들웨어는 RPC입니다.

17. 바람직한 소프트웨어 설계 지침이 아닌 것은?

① 모듈의 기능을 예측할 수 있도록 정의한다.

② 이식성을 고려한다.

③ 적당한 모듈의 크기를 유지한다.

④ 가능한 모듈을 독립적으로 생성하고 결합도를 최대화한다.

전문가의 조언 | 바람직한 소프트웨어를 설계하기 위해서는 모듈의 결합도는 줄이고 응집도는 높여야 합니다.

18. 통신을 위한 프로그램을 생성하여 포트를 할당하고, 클라이언트의 통신 요청 시 클라이언트와 연결하는 내·외부 송·수신 연계기술은?

① DB링크 기술

② 소켓 기술

③ 스크럼 기술

④ 프로토타입 기술

전문가의 조언 | 통신을 위한 프로그램을 생성하여 포트를 할당하고, 클라이언트의 통신 요청 시 클라이언트와 연결하는 내·외부 송·수신 연계기술은 소켓 기술입니다.

19. 소프트웨어 설계 시 제일 상위에 있는 main user function에서 시작하여 기능을 하위 기능들로 분할해 가면서 설계하는 방식은?

① 객체 지향 설계

② 데이터 흐름 설계

③ 상향식 설계

④ 하향식 설계

전문가의 조언 | 프로그램의 상위 모듈에서 하위 모듈 방향으로 설계하는 기법을 하향식 설계라고 하며 대표적인 하향식 설계 전략으로 단계적 분해(Stepwise Refinement)가 있습니다.

20. CASE(Computer Aided Software Engineering)에 대한 설명으로 틀린 것은?

① 소프트웨어 모듈의 재사용성이 향상된다.

② 자동화된 기법을 통해 소프트웨어 품질이 향상된다.

③ 소프트웨어 사용자들에게 사용 방법을 신속히 숙지시키기 위해 사용된다.

④ 소프트웨어 유지보수를 간편하게 수행할 수 있다.

전문가의 조언 | CASE는 소프트웨어 개발 과정에서 사용되는 요구 분석, 설계, 구현, 검사 및 디버깅 과정 전체 또는 일부를 컴퓨터와 전용 소프트웨어 도구를 사용하여 자동화하는 도구로, 사용 방법의 신속한 숙지와는 무관합니다.

2과목 ▶ **소프트웨어 개발**

---

21. 구현 단계에서의 작업 절차를 순서에 맞게 나열한 것은?

> ㉠ 코딩한다.
> ㉡ 코딩작업을 계획한다.
> ㉢ 코드를 테스트한다.
> ㉣ 컴파일한다.

① ㉠-㉡-㉢-㉣

② ㉡-㉠-㉣-㉢

③ ㉢-㉠-㉡-㉣

④ ㉣-㉡-㉠-㉢

전문가의 조언 | 소프트웨어의 구현 단계는 작업 계획 → 코딩 → 컴파일 → 테스트 순으로 수행됩니다.

22. 소프트웨어 설치 매뉴얼에 포함될 항목이 아닌 것은?

① 제품 소프트웨어 개요

② 설치 관련 파일

③ 프로그램 삭제

④ 소프트웨어 개발 기간

23. 다음 전위식(prefix)을 후위식(postfix)으로 옳게 표현한 것은?

$$- / * A + B C D E$$

① A B C + D / * E −   ② A B * C D / + E −

③ A B * C + D / E −   ④ A B C + + * D / E −

24. 소프트웨어 품질목표 중 쉽게 배우고 사용할 수 있는 정도를 나타내는 것은?

① Correctness   ② Reliability

③ Usability   ④ Integrity

25. 여러 개의 선택 항목 중 하나의 선택만 가능한 경우 사용하는 사용자 인터페이스(UI) 요소는?

① 토글 버튼   ② 텍스트 박스

③ 라디오 버튼   ④ 체크 박스

26. 퀵 정렬에 관한 설명으로 옳은 것은?

① 레코드의 키 값을 분석하여 같은 값끼리 그 순서에 맞는 버킷에 분배하였다가 버킷의 순서대로 레코드를 꺼내어 정렬한다.

② 주어진 파일에서 인접한 두 개의 레코드 키 값을 비교하여 그 크기에 따라 레코드 위치를 서로 교환한다.

③ 레코드의 많은 자료 이동을 없애고 하나의 파일을 부분적으로 나누어 가면서 정렬한다.

④ 임의의 레코드 키와 매개변수(h)값만큼 떨어진 곳의 레코드 키를 비교하여 서로 교환해 가면서 정렬한다.

27. 디지털 저작권 관리(DRM)에 사용되는 기술요소가 아닌 것은?

① 키 관리   ② 방화벽

③ 암호화   ④ 크랙방지

28. 스택에 대한 설명으로 틀린 것은?

① 입출력이 한쪽 끝으로만 제한된 리스트이다.

② Head(front)와 Tail(rear)의 2개 포인터를 갖고 있다.

③ LIFO 구조이다.

④ 더 이상 삭제할 데이터가 없는 상태에서 데이터를 삭제하면 언더플로(Underflow)가 발생한다.

29. 필드 테스팅(field testing)이라고도 불리며 개발자 없이 고객의 사용 환경에 소프트웨어를 설치하여 검사를 수행하는 인수검사 기법은?

① 베타 검사   ② 알파 검사

③ 형상 검사   ④ 복구 검사

30. 소프트웨어 형상관리(Configuration Management)에 관한 설명으로 틀린 것은?

① 소프트웨어에서 일어나는 수정이나 변경을 알아내고 제어하는 것을 의미한다.

② 소프트웨어 개발의 전체 비용을 줄이고, 개발 과정의 여러 방해 요인이 최소화되도록 보증하는 것을 목적으로 한다.

③ 형상관리를 위하여 구성된 팀을 "chief programmer team"이라고 한다.

④ 형상관리의 기능 중 하나는 버전 제어 기술이다.

전문가의 조언 | Chief Programmer Team은 개발 팀의 구성 방식 중 하나로 형상관리와는 관계가 없습니다.

31. 그래프의 특수한 형태로 노드(Node)와 선분(Branch)으로 되어 있고, 정점 사이에 사이클(Cycle)이 형성되어 있지 않으며, 자료 사이의 관계성이 계층 형식으로 나타나는 비선형 구조는?

① tree
② network
③ stack
④ distributed

전문가의 조언 | 문제에서 설명하는 자료 구조는 트리(tree)입니다.

32. 이진 검색 알고리즘에 대한 설명으로 틀린 것은?

① 탐색 효율이 좋고 탐색 시간이 적게 소요된다.

② 검색할 데이터가 정렬되어 있어야 한다.

③ 피보나치 수열에 따라 다음에 비교할 대상을 선정하여 검색한다.

④ 비교횟수를 거듭할 때마다 검색 대상이 되는 데이터의 수가 절반으로 줄어든다.

전문가의 조언 | 이진 검색과 피보나치 수열은 아무런 관계가 없습니다.

33. 소프트웨어의 일부분을 다른 시스템에서 사용할 수 있는 정도를 의미하는 것은?

① 신뢰성(Reliability)

② 유지보수성(Maintainability)

③ 가시성(Visibility)

④ 재사용성(Reusability)

전문가의 조언 | 비용과 개발 시간을 절약하기 위해 이미 개발된 기능들을 파악하고 재구성하여 새로운 시스템 또는 기능 개발에 사용하기 적합한 정도를 재사용성(Reusability)이라고 합니다.

34. 하향식 통합시험을 위해 일시적으로 필요한 조건만을 가지고 임시로 제공되는 시험용 모듈은?

① Stub
② Driver
③ Procedure
④ Function

전문가의 조언 | 하향식 통합 테스트에서 사용하는 시험용 모듈은 스텁(Stub)입니다.

35. 해싱 함수(Hashing Function)의 종류가 아닌 것은?

① 제곱법(mid-square)

② 숫자분석법(digit analysis)

③ 개방주소법(open addressing)

④ 제산법(division)

전문가의 조언 | 해싱 함수의 종류에는 제산법, 제곱법, 폴딩법, 기수 변환법, 대수적 코딩법, 계수 분석법(숫자 분석법), 무작위법이 있습니다.

36. 다음 중 블랙박스 검사 기법은?

① 경계값 분석
② 조건 검사
③ 기초 경로 검사
④ 루프 검사

전문가의 조언 | 조건 검사, 루프 검사, 기초 경로 검사는 화이트박스 테스트에 속합니다.

37. 다음 트리를 Preorder 운행법으로 운행할 경우 다섯 번째로 탐색되는 것은?

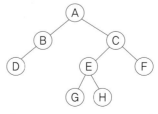

① C
② E
③ G
④ H

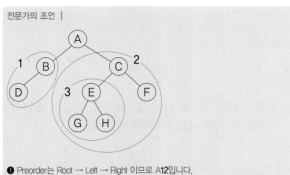

❶ Preorder는 Root → Left → Right 이므로 A12입니다.

❷ 1은 BD이므로 ABD2입니다.

❸ 2는 C3F이므로 ABDC3F입니다.

❹ 3은 EGH이므로 ABDCEGHF입니다.

따라서 다섯 번째로 탐색되는 노드는 E가 됩니다.

40. 테스트 케이스에 일반적으로 포함되는 항목이 아닌 것은?

① 테스트 조건
② 테스트 데이터
③ 테스트 비용
④ 예상 결과

전문가의 조언 | 테스트 케이스에는 비용에 대한 항목이 포함되지 않습니다.

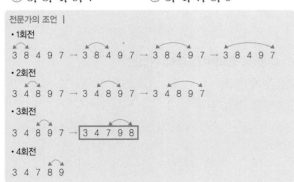 3과목 ▶ **데이터베이스 구축**

38. 다음 자료에 대하여 "Selection Sort"를 사용하여 오름차순으로 정렬한 경우 PASS 3의 결과는?

초기상태 : 8, 3, 4, 9, 7

① 3, 4, 7, 9, 8
② 3, 4, 8, 9, 7
③ 3, 8, 4, 9, 7
④ 3, 4, 7, 8, 9

전문가의 조언 |

• 1회전

3 8 4 9 7 → 3 8 4 9 7 → 3 8 4 9 7 → 3 8 4 9 7

• 2회전

3 4 8 9 7 → 3 4 8 9 7 → 3 4 8 9 7

• 3회전

3 4 8 9 7 → [3 4 7 9 8]

• 4회전

3 4 7 8 9

41. 다음 릴레이션의 카디널리티와 차수가 옳게 나타낸 것은?

아이디	성명	나이	등급	적립금	가입년도
yuyu01	원유철	36	3	2000	2008
sykim10	김성일	29	2	3300	2014
kshan4	한경선	45	3	2800	2009
namsu52	이남수	33	5	1000	2016

① 카디널리티 : 4, 차수 : 4
② 카디널리티 : 4, 차수 : 6
③ 카디널리티 : 6, 차수 : 4
④ 카디널리티 : 6, 차수 : 6

전문가의 조언 | 테이블에 속한 튜플의 수를 카디널리티(Cardinality), 속성의 수를 차수(Degree)라고 합니다.

39. 자료구조에 대한 설명으로 틀린 것은?

① 큐는 비선형구조에 해당한다.
② 큐는 First In - First Out 처리를 수행한다.
③ 스택은 Last In - First out 처리를 수행한다.
④ 스택은 서브루틴 호출, 인터럽트 처리, 수식 계산 및 수식 표기법에 응용된다.

전문가의 조언 | 큐(Queue)는 한쪽에서는 삽입이, 다른 한쪽에서는 인출이 이루어지는 선형 자료구조입니다.

42. 데이터베이스 성능에 많은 영향을 주는 DBMS의 구성요소로 테이블과 클러스터에 연관되어 독립적인 저장공간을 보유하며, 데이터베이스에 저장된 자료를 더욱 빠르게 조회하기 위하여 사용되는 것은?

① 인덱스(Index)
② 트랙잭션(Transaction)
③ 역정규화(Denormalization)
④ 트리거(Trigger)

전문가의 조언 | 데이터 레코드를 빠르게 접근하기 위해 〈키 값, 포인터〉 쌍으로 구성되는 데이터 구조는 인덱스로, 인덱스가 가리키는 데이터와는 별개로 추가적인 저장 공간이 필요합니다.

43. 데이터베이스 설계 단계 중 저장 레코드 양식설계, 레코드 집중의 분석 및 설계, 접근 경로 설계와 관계되는 것은?

① 논리적 설계 ② 요구 조건 분석

③ 개념적 설계 ④ 물리적 설계

전문가의 조언 | 문제에 제시된 내용은 물리적 설계에 대한 설명입니다.

44. 시스템 카탈로그에 대한 설명으로 틀린 것은?

① 시스템 카탈로그의 갱신은 무결성 유지를 위하여 SQL을 이용하여 사용자가 직접 갱신하여야 한다.

② 데이터베이스에 포함되는 데이터 객체에 대한 정의나 명세에 대한 정보를 유지관리한다.

③ DBMS가 스스로 생성하고 유지하는 데이터베이스 내의 특별한 테이블의 집합체이다.

④ 카탈로그에 저장된 정보를 메타 데이터라고도 한다.

전문가의 조언 | 시스템 카탈로그는 일반 이용자도 SQL을 통해 검색할 수는 있지만, 갱신은 허용되지 않습니다.

45. 정규화를 거치지 않아 발생하게 되는 이상(anomaly) 현상의 종류에 대한 설명으로 옳지 않은 것은?

① 삭제 이상이란 릴레이션에서 한 튜플을 삭제할 때 의도와는 상관없는 값들로 함께 삭제되는 연쇄 삭제 현상이다.

② 삽입 이상이란 릴레이션에서 데이터를 삽입할 때 의도와는 상관없이 원하지 않는 값들로 함께 삽입되는 현상이다.

③ 갱신 이상이란 릴레이션에서 튜플에 있는 속성값을 갱신할 때 일부 튜플의 정보만 갱신되어 정보에 모순이 생기는 현상이다.

④ 종속 이상이란 하나의 릴레이션에 하나 이상의 함수적 종속성이 존재하는 현상이다.

전문가의 조언 | 이상의 종류에는 삽입 이상, 삭제 이상, 갱신 이상이 있으며, 종속 이상은 존재하지 않습니다.

46. 다음과 같은 트랙잭션의 특성은?

시스템이 가지고 있는 고정요소는 트랜잭션 수행 전과 트랜잭션 수행 완료 후의 상태가 같아야 한다.

① 원자성(atomicity) ② 일관성(consistency)

③ 격리성(isolation) ④ 영속성(durability)

전문가의 조언 | 문제의 지문은 일관성에 대한 설명입니다.

47. 뷰(VIEW)에 대한 설명으로 옳지 않은 것은?

① DBA는 보안 측면에서 뷰를 활용할 수 있다.

② 뷰 위에 또 다른 뷰를 정의할 수 있다.

③ 뷰에 대한 삽입, 갱신, 삭제 연산 시 제약사항이 따르지 않는다.

④ 독립적인 인덱스를 가질 수 없다.

전문가의 조언 | 뷰는 기본 테이블이나 또 다른 뷰를 이용해서 만든 가상 테이블로서, 기본 테이블과 비교할 때 삽입, 삭제, 갱신 연산에 제약이 있습니다.

48. 다음 SQL문의 실행 결과는?

[R1 테이블]

학번	이름	학년	학과	주소
1000	홍길동	4	컴퓨터	서울
2000	김철수	3	전기	경기
3000	강남길	1	컴퓨터	경기
4000	오말자	4	컴퓨터	경기
5000	장미화	2	전자	서울

[R2 테이블]

학번	과목번호	학점	점수
1000	C100	A	91
1000	C200	A	94
2000	C300	B	85
3000	C400	A	90
3000	C500	C	75
3000	C100	A	90
4000	C400	A	95
4000	C500	A	91
4000	C100	B	80
4000	C200	C	74
5000	C400	B	85

[SQL 문]

```
SELECT 이름
FROM R1
WHERE 학번 IN
    (SELECT 학번
        FROM R2
        WHERE 과목번호 = 'C100');
```

①
이름
홍길동
강남길
장미화

②
이름
홍길동
강남길
오말자

③
이름
홍길동
김철수
강남길
오말자
장미화

④
이름
홍길동
김철수

50. 관계 데이터 모델에서 릴레이션(relation)에 관한 설명으로 옳은 것은?

① 릴레이션의 각 행을 스키마(schema)라 하며, 예로 도서 릴레이션을 구성하는 스키마에는 도서번호, 도서명, 저자, 가격 등이 있다.

② 릴레이션의 각 열을 튜플(tuple)이라 하며, 하나의 튜플은 각 속성에서 정의된 값을 이용하여 구성된다.

③ 도메인(domain)은 하나의 속성이 가질 수 있는 같은 타입의 모든 값의 집합으로 각 속성의 도메인은 원자값을 갖는다.

④ 속성(attribute)은 한 개의 릴레이션의 논리적인 구조를 정의한 것으로 릴레이션의 이름과 릴레이션에 포함된 속성들의 집합을 의미한다.

51. 다음에서 설명하는 스키마(Schema)는?

데이터베이스 전체를 정의한 것으로 데이터 개체, 관계, 제약 조건, 접근권한, 무결성 규칙 등을 명세한 것

① 개념 스키마　　② 내부 스키마
③ 외부 스키마　　④ 내용 스키마

49. 조건을 만족하는 릴레이션의 수평적 부분집합으로 구성하며, 연산자의 기호는 그리스 문자 시그마(σ)를 사용하는 관계대수 연산은?

① Select　　② Project
③ Join　　④ Division

52. 3NF에서 BCNF가 되기 위한 조건은?

① 이행적 함수 종속 제거
② 부분적 함수 종속 제거
③ 다치 종속 제거
④ 결정자이면서 후보키가 아닌 것 제거

53. 다음 정의에서 말하는 기본 정규형은?

> 어떤 릴레이션 R에 속한 모든 도메인이 원자값(Atomic Value)만으로 되어 있다.

① 제1정규형(1NF)

② 제2정규형(2NF)

③ 제3정규형(3NF)

④ 보이스/코드 정규형(BCNF)

전문가의 조언 | 모든 도메인이 원자값인 정규형은 제1정규형(1NF)입니다.

54. '회원' 테이블 생성 후 '주소' 필드(컬럼)가 누락되어 이를 추가하려고 한다. 이에 적합한 SQL 명령어는?

① DELETE

② RESTORE

③ ALTER

④ ACCESS

전문가의 조언 | 기존의 테이블에 새로운 속성(필드, 컬럼)을 추가하는데 사용하는 명령어는 ALTER입니다.

55. SQL에서 스키마(Schema), 도메인(Domain), 테이블(Table), 뷰(View), 인덱스(Index)를 정의하거나 변경 또는 삭제할 때 사용하는 언어는?

① DML(Data Manipulation Language)

② DDL(Data Definition Language)

③ DCL(Data Control Language)

④ IDL(Interactive Data Language)

전문가의 조언 | 스키마, 도메인, 테이블 등의 개체를 정의할 때 사용하는 언어는 DDL입니다.

56. 릴레이션 R1에 속한 애튜리뷰트의 조합인 외래키를 변경하려면 이를 참조하고 있는 릴레이션 R2의 기본키도 변경해야 하는데 이를 무엇이라 하는가?

① 정보 무결성

② 고유 무결성

③ 널 제약성

④ 참조 무결성

전문가의 조언 | 외래키 변경을 위해서는 참조 릴레이션의 기본키도 변경해야 한다는 내용은 참조 무결성에 대한 설명입니다.

57. 트랙잭션을 수행하는 도중 장애로 인해 손상된 데이터 베이스를 손상되기 이전에 정상적인 상태로 복구시키는 작업은?

① Recovery

② Commit

③ Abort

④ Restart

전문가의 조언 | 문제의 지문은 DCL(Data Control Language)의 Rollback에 대한 설명으로, 이처럼 손상된 데이터를 복구 및 복원하는 것을 회복(Recovery)이라고 합니다.

58. E-R 다이어그램의 표기법으로 옳지 않은 것은?

① 개체 타입 - 사각형

② 속성 - 타원

③ 관계 집합 - 삼각형

④ 개체 타입과 속성을 연결 - 선

전문가의 조언 | E-R 다이어그램에서 사용되는 기본 도형 중 관계집합을 표현하는 기호는 없습니다.

59. 병행제어의 로킹(Locking) 단위에 대한 설명으로 옳지 않은 것은?

① 데이터베이스, 파일, 레코드 등은 로킹 단위가 될 수 있다.

② 로킹 단위가 작아지면 로킹 오버헤드가 증가한다.

③ 한꺼번에 로킹할 수 있는 단위를 로킹단위라고 한다.

④ 로킹 단위가 작아지면 병행성 수준이 낮아진다.

전문가의 조언 | 로킹 단위가 작아지면 병행성 수준이 높아지고, 데이터베이스 공유도가 증가합니다.

정답 : 48.② 49.① 50.③ 51.① 52.④ 53.① 54.③ 55.② 56.④ 57.① 58.③ 59.④

60. 결과 값이 아래와 같을 때 SQL 질의로 옳은 것은?

[공급자] Table

공급자번호	공급자명	위치
16	대신공업사	수원
27	삼진사	서울
39	삼양사	인천
62	진아공업사	대전
70	신촌상사	서울

[결과]

공급자번호	공급자명	위치
16	대신공업사	수원
70	신촌상사	서울

① SELECT * FROM 공급자 WHERE 공급자명 LIKE '%신%';

② SELECT * FROM 공급자 WHERE 공급자명 LIKE '대%';

③ SELECT * FROM 공급자 WHERE 공급자명 LIKE '%사';

④ SELECT * FROM 공급자 WHERE 공급자명 IS NOT NULL;

---

61. 운영체제를 기능에 따라 분류할 경우 제어 프로그램이 아닌 것은?

① 데이터 관리 프로그램

② 서비스 프로그램

③ 작업 제어 프로그램

④ 감시 프로그램

62. 교착상태가 발생할 수 있는 조건이 아닌 것은?

① Mutual exclusion

② Hold and wait

③ Non-preemption

④ Linear wait

63. 기억공간이 15K, 23K, 22K, 21K 순으로 빈 공간이 있을 때 기억장치 배치 전략으로 "First Fit"을 사용하여 17K의 프로그램을 적재할 경우 내부 단편화의 크기는 얼마인가?

① 5K   ② 6K

③ 7K   ④ 8K

64. 결합도가 낮은 것부터 높은 순으로 옳게 나열한 것은?

(ㄱ) 내용 결합도	(ㄴ) 자료 결합도
(ㄷ) 공통 결합도	(ㄹ) 스탬프 결합도
(ㅁ) 외부 결합도	(ㅂ) 제어 결합도

① (ㄱ) → (ㄴ) → (ㄹ) → (ㅂ) → (ㅁ) → (ㄷ)

② (ㄴ) → (ㄹ) → (ㅁ) → (ㅂ) → (ㄷ) → (ㄱ)

③ (ㄴ) → (ㄹ) → (ㅂ) → (ㅁ) → (ㄷ) → (ㄱ)

④ (ㄱ) → (ㄴ) → (ㄹ) → (ㅁ) → (ㅂ) → (ㄷ)

전문가의 조언 | 결합도는 가장 낮은 자료 결합도부터 순차적으로 스탬프 결합도, 제어 결합도, 외부 결합도, 공통 결합도, 내용 결합도 순으로 높아집니다.

65. 다음 설명의 ㉠과 ㉡에 들어갈 내용으로 옳은 것은?

가상기억장치의 일반적인 구현 방법에는 프로그램을 고정된 크기의 일정한 블록으로 나누는 (㉠) 기법과 가변적인 크기의 블록으로 나누는 (㉡) 기법이 있다.

① ㉠ : Paging, ㉡ : Segmentation

② ㉠ : Segmentation, ㉡ : Allocatin

③ ㉠ : Segmentation, ㉡ : Compaction

④ ㉠ : Paging, ㉡ : Linking

전문가의 조언 | 동일한 크기로 나누는 가상기억장치 구현 기법을 페이징(Paging) 기법, 다양한 크기의 논리적인 단위로 나누는 기법을 세그먼테이션(Segmentation) 기법이라고 합니다.

66. C언어에서 문자열을 정수형으로 변환하는 라이브러리 함수는?

① atoi( ) ② atof( )

③ itoa( ) ④ ceil( )

전문가의 조언 | 문자열을 정수형으로 변환하는 라이브러리 함수는 atoi( )입니다.

67. WAS(Web Application Server)가 아닌 것은?

① JEUS ② JVM

③ Tomcat ④ WebSphere

전문가의 조언 | WAS의 종류에는 Tomcat, GlassFish, JBoss, Jetty, JEUS, Resin, WebLogic, WebSphere 등이 있습니다. JVM은 자바가상머신으로 다양한 컴퓨터 환경에서 Java 프로그램을 효율적으로 실행하기 위해 사용됩니다.

68. C언어에서 산술 연산자가 아닌 것은?

① % ② *

③ / ④ =

전문가의 조언 | C언어의 산술 연산자에는 +, −, *, /, %가 있습니다. =는 대입 연산자입니다.

69. OSI 7계층에서 물리적 연결을 이용해 신뢰성 있는 정보를 전송하려고 동기화, 오류제어, 흐름제어 등의 전송에러를 제어하는 계층은?

① 데이터 링크 계층 ② 물리 계층

③ 응용 계층 ④ 표현 계층

전문가의 조언 | 문제에 제시된 내용은 OSI 계층 중 데이터 링크 계층에 대한 설명입니다.

70. IEEE 802.3 LAN에서 사용되는 전송 매체 접속 제어(MAC) 방식은?

① CSMA/CD ② Token Bus

③ Token Ring ④ Slotted Ring

전문가의 조언 | IEEE 802.3의 매체 접근 제어 방식은 CSMA/CD 방식입니다.

71. IPv6에 대한 설명으로 틀린 것은?

① 멀티캐스팅(Multicast) 대신 브로드캐스트(Broadcast)를 사용한다.

② 보안과 인증 확장 헤더를 사용함으로써 인터넷 계층의 보안기능을 강화하였다.

③ 애니캐스트(Anycast)는 하나의 호스트에서 그룹 내의 가장 가까운 곳에 있는 수신자에게 전달하는 방식이다.

④ 128비트 주소 체계를 사용한다.

전문가의 조언 | IPv6는 유니캐스트, 멀티캐스트, 애니캐스트의 3가지 방식의 주소 체계를 사용합니다.

정답 : 60.① 61.② 62.④ 63.② 64.③ 65.① 66.① 67.② 68.④ 69.① 70.① 71.①

72. TCP/IP 프로토콜에서 TCP가 해당하는 계층은?

① 데이터 링크 계층

② 네트워크 계층

③ 트랜스포트 계층

④ 세션 계층

73. 다음 중 응집도가 가장 높은 것은?

① 절차적 응집도

② 순차적 응집도

③ 우연적 응집도

④ 논리적 응집도

74. 다음 JAVA 코드 출력문의 결과는?

```
..생략..
System.out.println("5 + 2 = " + 3 + 4);
System.out.println("5 + 2 = " + (3 + 4));
..todfir..
```

① 5 + 2 = 34　　　　② 5 + 2 + 3 + 4
　 5 + 2 = 34　　　　　 5 + 2 = 7

③ 7 = 7　　　　　　　④ 5 + 2 = 34
　 7 + 7　　　　　　　　 5 + 2 = 7

75. 다음은 파이썬으로 만들어진 반복문 코드이다. 이 코드의 결과는?

```
>> while(True) :
    print('A')
    print('B')
    print('C')
    continue
    print('D')
```

① A, B, C 출력이 반복된다.

② A, B, C

③ A, B, C, D 출력이 반복된다.

④ A, B, C, D 까지만 출력된다.

76. C언어에서 변수로 사용할 수 없는 것은?

① data02　　　　　　② int01

③ _sub　　　　　　　④ short

77. 라이브러리의 개념과 구성에 대한 설명 중 틀린 것은?

① 라이브러리란 필요할 때 찾아서 쓸 수 있도록 모듈화되어 제공되는 프로그램을 말한다.

② 프로그래밍 언어에 따라 일반적으로 도움말, 설치파일, 샘플 코드 등을 제공한다.

③ 외부 라이브러리는 프로그래밍 언어가 기본적으로 가지고 있는 라이브러리를 의미하며, 표준 라이브러리는 별도의 파일 설치를 필요로 하는 라이브러리를 의미한다.

④ 라이브러리는 모듈과 패키지를 총칭하며, 모듈이 개별 파일이라면 패키지는 파일들을 모아 놓은 폴더라고 볼 수 있다.

78. UDP 특성에 해당되는 것은?

① 양방향 연결형 서비스를 제공한다.

② 송신중에 링크를 유지관리하므로 신뢰성이 높다.

③ 순서제어, 오류제어, 흐름제어 기능을 한다.

④ 흐름제어나 순서제어가 없어 전송속도가 빠르다.

전문가의 조언 │ UDP는 흐름제어나 순서제어가 없어 전송속도가 빨라 신뢰성보다는 속도가 중요시되는 네트워크에서 사용됩니다.

79. 운영체제의 가상기억장치 관리에서 프로세스가 일정 시간 동안 자주 참조하는 페이지들의 집합을 의미하는 것은?

① Locality   ② Deadlock

③ Thrashing   ④ Working Set

전문가의 조언 │ 프로세스가 일정 시간 동안 자주 참조하는 페이지들의 집합을 워킹 셋(Working Set)이라고 합니다.

80. JAVA에서 변수와 자료형에 대한 설명으로 틀린 것은?

① 변수는 어떤 값을 주기억장치에 기억하기 위해서 사용하는 공간이다.

② 변수의 자료형에 따라 저장할 수 있는 값의 종류와 범위가 달라진다.

③ char 자료형은 나열된 여러 개의 문자를 저장하고자 할 때 사용한다.

④ boolean 자료형은 조건이 참인지 거짓인지 판단하고자 할 때 사용한다.

전문가의 조언 │ char 자료형은 문자 한 글자를 저장할 때 사용하는 자료형입니다.

5과목 │ 정보시스템 구축 관리

81. 다음 내용이 설명하는 것은?

- 블록체인(Blockchain) 개발환경을 클라우드로 서비스하는 개념
- 블록체인 네트워크에 노드의 추가 및 제거가 용이
- 블록체인의 기본 인프라를 추상화하여 블록체인 응용프로그램을 만들 수 있는 클라우드 컴퓨팅 플랫폼

① OTT   ② Baas

③ SDDC   ④ Wi-SUN

전문가의 조언 │ 문제의 지문은 Baas에 대한 설명입니다.

82. 소프트웨어 개발 방법론 중 CBD(Component Based Development)에 대한 설명으로 틀린 것은?

① 생산성과 품질을 높이고, 유지보수 비용을 최소화할 수 있다.

② 컴포넌트 제작 기법을 통해 재사용성을 향상시킨다.

③ 모듈의 분할과 정복에 의한 하향식 설계방식이다.

④ 독립적인 컴포넌트 단위의 관리로 복잡성을 최소화할 수 있다.

전문가의 조언 │ 분할과 정복(Divide and Conquer) 원리를 사용하는 설계 방법론은 구조적 방법론입니다.

83. LOC 기법에 의하여 예측된 총 라인수가 36,000라인, 개발에 참여할 프로그래머가 6명, 프로그래머들의 평균 생산성이 월간 300라인일 때 개발에 소요되는 기간은?

① 5개월   ② 10개월

③ 15개월   ④ 20개월

전문가의 조언 │ 프로그래머의 수가 6명이고, 월 평균 생산이 300 라인이라면 6명이 생산하는 월 생산은 1,800 라인입니다. 총 라인 수가 36,000일 경우 개발에 소요되는 기간은 20(36,000 / 1,800)개월입니다.

84. 다음 내용이 설명하는 소프트웨어 개발 모형은?

소프트웨어 생명주기 모형 중 Boehm이 제시한 고전적 생명주기 모형으로서 선형 순차적 모델이라고도 하며, 타당성 검토, 계획, 요구사항 분석, 설계, 구현, 테스트, 유지보수의 단계를 통해 소프트웨어를 개발하는 모형

① 프로토타입 모형   ② 나선형 모형

③ 폭포수 모형   ④ RAD 모형

전문가의 조언 │ 문제의 지문은 폭포수 모형에 대한 설명입니다.

정답 : 72.③ 73.② 74.④ 75.① 76.④ 77.③ 78.④ 79.④ 80.③ 81.② 82.③ 83.④ 84.③

85. 소프트웨어 공학에 대한 설명으로 거리가 먼 것은?

① 소프트웨어 공학이란 소프트웨어의 개발, 운용, 유지보수 및 파기에 대한 체계적인 접근 방법이다.

② 소프트웨어 공학은 소프트웨어 제품의 품질을 향상시키고 소프트웨어 생산성과 작업 만족도를 증대시키는 것이 목적이다.

③ 소프트웨어 공학의 궁극적 목표는 최대의 비용으로 계획된 일정보다 가능한 빠른 시일 내에 소프트웨어를 개발하는 것이다.

④ 소프트웨어 공학은 신뢰성 있는 소프트웨어를 경제적인 비용으로 획득하기 위해 공학적 원리를 정립하고 이를 이용하는 것이다.

> 전문가의 조언 | 소프트웨어 공학은 소프트웨어의 품질과 생산성 향상을 목적으로 합니다.

86. 다음 암호 알고리즘 중 성격이 다른 하나는?

① MD4
② MD5
③ SHA-1
④ AES

> 전문가의 조언 | AES는 개인키 암호화 알고리즘이고, MD4, MD5, SHA-1은 해시 알고리즘입니다.

87. 다음 LAN의 네트워크 토폴로지는 어떤 형인가?

데이터 전송 방향

스테이션1 스테이션2 스테이션3 스테이션4 스테이션5

① 그물형
② 십자형
③ 버스형
④ 링형

> 전문가의 조언 | 문제의 그림은 버스형(Bus)으로, 한 개의 통신 회선에 여러 대의 단말장치가 연결되어 있는 형태입니다.

88. 정보보호를 위한 암호화에 대한 설명으로 틀린 것은?

① 평문 – 암호화되기 전의 원본 메시지

② 암호문 – 암호화가 적용된 메시지

③ 복호화 – 평문을 암호문으로 바꾸는 작업

④ 키(Key) – 적절한 암호화를 위하여 사용하는 값

> 전문가의 조언 | 복호화(Decryption)은 암호문을 평문으로 바꾸는 과정입니다.

89. 정보 보안을 위한 접근통제 정책 종류에 해당하지 않는 것은?

① 임의적 접근 통제

② 데이터 전환 접근 통제

③ 강제적 접근 통제

④ 역할 기반 접근 통제

> 전문가의 조언 | 접근통제 기술에는 임의 접근통제(DAC), 강제 접근통제(MAC), 역할기반 접근통제(RBAC)가 있습니다.

90. 정보 보안의 3요소에 해당하지 않는 것은?

① 기밀성
② 무결성
③ 가용성
④ 휘발성

> 전문가의 조언 | 소프트웨어 개발이 있어 충족시켜야 할 3대 주요 보안 요소에는 기밀성(Confidentiality), 무결성(Integrity), 가용성(Availability)이 있습니다.

91. 소셜 네트워크에서 악의적인 사용자가 지인 또는 특정 유명인으로 가장하여 활동하는 공격 기법은?

① Evil Twin Attack
② Phishing
③ Logic Bomb
④ Cyberbullying

> 전문가의 조언 | 지인 또는 공공의 무선 AP(Access Point)로 속이는 Evil Twin Attack과 지인 또는 공공의 사이트 또는 이메일로 속이는 Phishing이 중복 정답으로 인정되었습니다.

92. 소프트웨어 비용 산정 기법 중 개발 유형으로 Organic, Semi-Detach, Embedded로 구분되는 것은?

① PUTNAM
② COCOMO
③ FP
④ SLIM

> 전문가의 조언 | 문제에서 설명하는 비용 산정 기법은 COCOMO 모델입니다.

93. 나선형(Spiral) 모형의 주요 태스크에 해당되지 않는 것은?

① 버전 관리　　　② 위험 분석

③ 개발　　　　　④ 평가

전문가의 조언 ｜ 나선형 모형의 주요 태스크에는 계획 수립, 위험 분석, 개발 및 검증, 고객 평가가 있습니다.

94. 정형화된 분석 절차에 따라 사용자 요구사항을 파악, 문서화하는 체계적 분석방법으로 자료흐름도, 자료사전, 소단위명세서의 특징을 갖는 것은?

① 구조적 개발 방법론　　② 객체지향 개발 방법론

③ 정보공학 방법론　　　④ CBD 방법론

전문가의 조언 ｜ 문제에서 설명하는 소프트웨어 개발 방법론은 구조적 개발 방법론입니다.

95. 전기 및 정보통신기술을 활용하여 전력망을 지능화, 고도화함으로써 고품질의 전력서비스를 제공하고 에너지 이용효율을 극대화하는 전력망은?

① 사물 인터넷　　　② 스마트 그리드

③ 디지털 아카이빙　　④ 미디어 빅뱅

전문가의 조언 ｜ 문제에서 설명하는 용어는 스마트 그리드(Smart Grid)입니다.

96. 크래커가 침입하여 백도어를 만들어 놓거나, 설정 파일을 변경했을 때 분석하는 도구는?

① tripwire　　　② tcpdump

③ cron　　　　　④ netcat

전문가의 조언 ｜ 파일 변경 및 인터페이스 취약점을 분석하는데 사용되는 도구는 데이터 무결성 검사 도구로, 종류에는 Tripwire, AIDE, Samhain, Claymore, Slipwire, Fcheck 등이 있습니다.

97. 스트림 암호화 방식의 설명으로 옳지 않은 것은?

① 비트/바이트/단어들을 순차적으로 암호화한다.

② 해쉬 함수를 이용한 해쉬 암호화 방식을 사용한다.

③ RC4는 스트림 암호화 방식에 해당한다.

④ 대칭키 암호화 방식이다.

전문가의 조언 ｜ 해쉬 암호화 방식은 블록 단위로 해쉬 알고리즘을 적용하는 방식으로, 스트림 암호화 방식과는 무관합니다.

98. 공개키 암호에 대한 설명으로 틀린 것은?

① 10명이 공개키 암호를 사용할 경우 5개의 키가 필요하다.

② 복호화키는 비공개 되어 있다.

③ 송신자는 수신자의 공개키로 문서를 암호화한다.

④ 공개키 암호로 널리 알려진 알고리즘은 RSA가 있다.

전문가의 조언 ｜ 공개키 암호화 방식에서 키의 개수는 2n으로, 10명이 사용할 경우 20개의 키가 필요합니다.

99. 다음 내용이 설명하는 것은?

> • 사물통신, 사물인터넷과 같이 대역폭이 제한된 통신환경에 최적화하여 개발된 푸시기술 기반의 경량 메시지 전송 프로토콜
> • 메시지 매개자(Broker)를 통해 송신자가 특정 메시지를 발행하고 수신자가 메시지를 구독하는 방식
> • IBM이 주도하여 개발

① GRID　　　　　② TELNET

③ GPN　　　　　④ MQTT

전문가의 조언 ｜ 문제의 지문은 MQTT에 대한 설명입니다.

100. 세션 하이재킹을 탐지하는 방법으로 거리가 먼 것은?

① FTP SYN SEGMENT 탐지

② 비동기화 상태 탐지

③ ACK STORM 탐지

④ 패킷의 유실 및 재전송 증가 탐지

전문가의 조언 ｜ 세션 하이재킹의 탐지 방법에는 비동기화 상태 탐지, ACK Storm 탐지, 패킷의 유실과 재전송 증가 탐지, 예상치 못한 접속의 리셋 탐지 등이 있습니다.

1. XP(eXtreme Programming)의 기본원리로 볼 수 없는 것은?

① Linear Sequential Method

② Pair Programming

③ Collective Ownership

④ Continuous Integration

> **전문가의 조언** | 모든 과정이 하나의 연결된 선과 같이 순차대로 수행되는 선형 순차 방식(Linear Sequential Method)은 객체지향에 적합한 XP 모형이 아닌 절차지향에 적합한 폭포수 모형에 어울리는 방식입니다.

2. 럼바우(Rumbaugh) 객체지향 분석 기법에서 동적 모델링에 활용되는 다이어그램은?

① 객체 다이어그램(Object Diagram)

② 패키지 다이어그램(Package Diagram)

③ 상태 다이어그램(State Diagram)

④ 자료 흐름도(Data Flow Diagram)

> **전문가의 조언** | 럼바우 분석 기법에서 동적 모델링은 상태 다이어그램을 이용하고 객체 모델링은 객체 다이어그램을 이용합니다.

3. CASE(Computer Aided Software Engineering)의 주요 기능으로 옳지 않은 것은?

① S/W 라이프 사이클 전 단계의 연결

② 그래픽 지원

③ 다양한 소프트웨어 개발 모형 지원

④ 언어 번역

> **전문가의 조언** | CASE의 주요 기능에는 소프트웨어 생명주기 전 단계의 연결, 다양한 소프트웨어 개발 모형 지원, 그래픽 지원 등이 있습니다.

4. 객체지향 기법의 캡슐화(Encapsulation)에 대한 설명으로 틀린 것은?

① 인터페이스가 단순화 된다.

② 소프트웨어 재사용성이 높아진다.

③ 변경 발생 시 오류의 파급 효과가 적다.

④ 상위 클래스의 모든 속성과 연산을 하위 클래스가 물려받는 것을 의미한다.

> **전문가의 조언** | ④번은 상속(inheritance)에 대한 설명입니다.

5. 다음 내용이 설명하는 객체지향 설계 원칙은?

> • 클라이언트는 자신이 사용하지 않는 메서드와 의존관계를 맺으면 안 된다.
> • 클라이언트가 사용하지 않는 인터페이스 때문에 영향을 받아서는 안 된다.

① 인터페이스 분리 원칙

② 단일 책임 원칙

③ 개방 폐쇄의 원칙

④ 리스코프 교체의 원칙

> **전문가의 조언** | 문제의 지문은 SOLID 원칙 중 인터페이스 분리 원칙에 대한 설명입니다.

6. 파이프 필터 형태의 소프트웨어 아키텍처에 대한 설명으로 옳은 것은?

① 노드와 간선으로 구성된다.

② 서브시스템이 입력 데이터를 받아 처리하고 결과를 다음 서브시스템으로 넘겨주는 과정을 반복한다.

③ 계층 모델이라고도 한다.

④ 3개의 서브시스템(모델, 뷰, 제어)으로 구성되어 있다.

> **전문가의 조언** | 파이프-필터 패턴은 데이터 스트림 절차의 각 단계를 필터(Filter) 컴포넌트로 캡슐화하여 파이프(Pipe)를 통해 데이터를 전송하는 패턴입니다.

7. 코드화 대상 항목의 중량, 면적, 용량 등의 물리적 수치를 이용하여 만든 코드는?

① 순차 코드

② 10진 코드

③ 표의 숫자 코드

④ 블록 코드

전문가의 조언 | 표의 숫자 코드는 코드화 대상 항목의 성질, 즉 길이, 넓이, 부피, 지름, 높이 등의 물리적 수치를 그대로 코드에 적용시키는 방법으로, 유효 숫자 코드라고도 합니다.

8. 디자인 패턴 사용의 장·단점에 대한 설명으로 거리가 먼 것은?

① 소프트웨어 구조 파악이 용이하다.

② 객체지향 설계 및 구현의 생산성을 높이는데 적합하다.

③ 재사용을 위한 개발 시간이 단축된다.

④ 절차형 언어와 함께 이용될 때 효율이 극대화된다.

전문가의 조언 | 디자인 패턴에는 다양한 인터페이스와 객체들을 활용하는 방법들이 제시되어 있기 때문에 절차형 언어보다는 객체지향 언어와 함께 이용될 때 효율이 극대화됩니다.

9. DFD(Data Flow Diagram)에 대한 설명으로 틀린 것은?

① 자료 흐름 그래프 또는 버블(Bubble) 차트라고도 한다.

② 구조적 분석 기법에 이용된다.

③ 시간 흐름을 명확하게 표현할 수 있다.

④ DFD의 요소는 화살표, 원, 사각형, 직선(단선/이중선)으로 표시한다.

전문가의 조언 | 자료 흐름도(DFD)는 자료의 흐름 및 변환 과정과 기능을 도형 중심으로 기술하는 방법으로, 시간의 흐름은 명확히 표현되지 않습니다.

10. 그래픽 표기법을 이용하여 소프트웨어 구성 요소를 모델링하는 럼바우 분석 기법에 포함되지 않는 것은?

① 객체 모델링

② 기능 모델링

③ 동적 모델링

④ 블랙박스 분석 모델링

전문가의 조언 | 럼바우 분석 기법의 분석 활동에는 객체 모델링, 동적 모델링, 기능 모델링이 있습니다.

11. UML의 기본 구성 요소가 아닌 것은?

① Things

② Terminal

③ Relationship

④ Diagram

전문가의 조언 | UML의 기본 구성 요소에는 사물(Things), 관계(Relationship), 다이어그램(Diagram)이 있습니다.

12. 소프트웨어의 상위 설계에 속하지 않는 것은?

① 아키텍처 설계

② 모듈 설계

③ 인터페이스 정의

④ 사용자 인터페이스 설계

전문가의 조언 | 모듈 설계는 하위 설계(Low-Level Design)에 속합니다.

13. 다음 중 자료 사전(Data Dictionary)에서 선택의 의미를 나타내는 것은?

① [ ]

② { }

③ +

④ =

전문가의 조언 | 자료 사전에서 자료의 선택을 의미하는 기호는 [ ]입니다.

정답 : 1.① 2.③ 3.④ 4.④ 5.① 6.② 7.③ 8.④ 9.③ 10.④ 11.② 12.② 13.①

14. 소프트웨어의 사용자 인터페이스 개발 시스템(User Interface Development System)이 가져야 할 기능이 아닌 것은?

① 사용자 입력의 검증

② 에러 처리와 에러 메시지 처리

③ 도움과 프롬프트(prompt) 제공

④ 소스 코드 분석 및 오류 복구

15. 요구사항 명세 기법에 대한 설명으로 틀린 것은?

① 비정형 명세 기법은 사용자의 요구를 표현할 때 자연어를 기반으로 서술한다.

② 비정형 명세 기법은 사용자의 요구를 표현할 때 Z 비정형 명세 기법을 사용한다.

③ 정형 명세 기법은 사용자의 요구를 표현할 때 수학적인 원리와 표기법을 이용한다.

④ 정형 명세 기법은 비정형 명세 기법에 비해 표현이 간결하다.

16. 소프트웨어 개발 단계에서 요구 분석 과정에 대한 설명으로 거리가 먼 것은?

① 분석 결과의 문서화를 통해 향후 유지보수에 유용하게 활용할 수 있다.

② 개발 비용이 가장 많이 소요되는 단계이다.

③ 자료 흐름도, 자료 사전 등이 효과적으로 이용될 수 있다.

④ 보다 구체적인 명세를 위해 소단위 명세서(Mini-Spec)가 활용될 수 있다.

17. 애자일 방법론에 해당하지 않는 것은?

① 기능 중심 개발

② 스크럼

③ 익스트림 프로그래밍

④ 모듈 중심 개발

18. 클라이언트와 서버 간의 통신을 담당하는 시스템 소프트웨어를 무엇이라고 하는가?

① 웨어러블　　　　② 하이웨어

③ 미들웨어　　　　④ 응용 소프트웨어

19. GoF(Gangs of Four) 디자인 패턴 분류에 해당하지 않는 것은?

① 생성 패턴　　　　② 구조 패턴

③ 행위 패턴　　　　④ 추상 패턴

20. 바람직한 소프트웨어 설계 지침이 아닌 것은?

① 적당한 모듈의 크기를 유지한다.

② 모듈 간의 접속 관계를 분석하여 복잡도와 중복을 줄인다.

③ 모듈 간의 결합도는 강할수록 바람직하다.

④ 모듈 간의 효과적인 제어를 위해 설계에서 계층적 자료 조직이 제시되어야 한다.

2과목 소프트웨어 개발

21. 소프트웨어 패키징 도구 활용 시 고려 사항으로 틀린 것은?

① 반드시 내부 콘텐츠에 대한 암호화 및 보안을 고려한다.

② 보안을 위하여 이기종 연동을 고려하지 않아도 된다.

③ 사용자 편의성을 위한 복잡성 및 비효율성 문제를 고려한다.

④ 제품 소프트웨어 종류에 적합한 암호화 알고리즘을 적용한다.

> **전문가의 조언** | 패키징 도구 활용 시에는 다른 여러 콘텐츠 및 단말기 간 연동을 고려해야 합니다.

22. EAI(Enterprise Application Integration) 구축 유형 중 Hybrid에 대한 설명으로 틀린 것은?

① Hub & Spoke와 Message Bus의 혼합 방식이다.

② 필요한 경우 한 가지 방식으로 EAI 구현이 가능하다.

③ 데이터 병목 현상을 최소화할 수 있다.

④ 중간에 미들웨어를 두지 않고 각 애플리케이션을 point to point로 연결한다.

> **전문가의 조언** | EAI의 Hybrid 유형은 단말들 사이에 버스와 허브를 미들웨어로 두는 구축 방식입니다.

23. 소스 코드 품질 분석 도구 중 정적 분석 도구가 아닌 것은?

① pmd

② checkstyle

③ valance

④ cppcheck

> **전문가의 조언** | 정적 분석 도구에는 pmd, cppcheck, SonarQube, checkstyle, ccm, cobertura 등이 있습니다.

24. 다음 Postfix 연산식에 대한 연산 결과로 옳은 것은?

$$3\ 4 * 5\ 6 * +$$

① 35

② 42

③ 77

④ 360

> **전문가의 조언** | Postfix(후위 표기 방식) 연산식은 연산자가 해당 피연산자 두 개의 뒤(오른쪽)에 놓인 것을 말합니다. 그러므로 피연산자 2개와 연산자를 묶은 후 연산자를 피연산자 사이에 옮겨 놓고 계산하면 됩니다.
>
> ❶ 피연산자 2개와 오른쪽으로 인접한 연산자 1개를 묶습니다.
>
> $3\ 4 * 5\ 6 * +$
> ↓
> $((3\ 4 *)(5\ 6 *)+)$
>
> ❷ 연산자를 피연산자 사이로 옮깁니다.
>
> $((3\ 4 *)(5\ 6 *)+)$
> $((3 * 4)+(5 * 6))$
>
> ❸ 연산을 수행합니다.
> $((3 * 4)+(5 * 6)) = 12 + 30 = 42$

25. 인터페이스 보안을 위해 네트워크 영역에 적용될 수 있는 것으로 거리가 먼 것은?

① IPSec

② SSL

③ SMTP

④ S-HTTP

> **전문가의 조언** | SMTP(Simple Mail Transfer Protocol)는 전자 우편을 교환하는 서비스로, 인터페이스 보안과는 무관합니다.

26. 검증(Validation) 검사 기법 중 개발자의 장소에서 사용자가 개발자 앞에서 행해지며, 오류와 사용상의 문제점을 사용자와 개발자가 함께 확인하면서 검사하는 기법은?

① 디버깅 검사

② 형상 검사

③ 자료구조 검사

④ 알파 검사

> **전문가의 조언** | 문제의 설명은 인수 테스트의 한 종류인 알파 테스트에 대한 설명입니다.

27. 다음 초기 자료에 대하여 삽입 정렬(Insertion Sort)을 이용하여 오름차순 정렬할 경우 1회전 후의 결과는?

초기 자료 : 8, 3, 4, 9, 7

① 3, 4, 8, 7, 9

② 3, 4, 9, 7, 8

③ 7, 8, 3, 4, 9

④ 3, 8, 4, 9, 7

---

28. 소프트웨어 설치 매뉴얼에 대한 설명으로 틀린 것은?

① 설치 과정에서 표시될 수 있는 예외상황에 관련 내용을 별도로 구분하여 설명한다.

② 설치 시작부터 완료할 때까지의 전 과정을 빠짐없이 순서 대로 설명한다.

③ 설치 매뉴얼은 개발자 기준으로 작성한다.

④ 설치 매뉴얼에는 목차, 개요, 기본사항 등이 기본적으로 포함되어야 한다.

29. 인터페이스 구현 검증 도구가 아닌 것은?

① ESB　　　　　② xUnit

③ STAF　　　　④ NTAF

30. 소프트웨어 형상 관리에서 관리 항목에 포함되지 않는 것은?

① 프로젝트 요구 분석서

② 소스 코드

③ 운영 및 설치 지침서

④ 프로젝트 개발 비용

31. 다음 설명에 해당하는 것은?

> 물리적 저장 장치의 입장에서 본 데이터베이스 구조로서 실제로 데이터베이스에 저장될 레코드의 형식을 정의하고 저장 데이터 항목의 표현 방법, 내부 레코드의 물리적 순서 등을 나타낸다.

① 외부 스키마　　　　② 내부 스키마

③ 개념 스키마　　　　④ 슈퍼 스키마

32. 다음 트리에 대한 INORDER 운행 결과는?

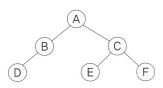

① D B A E C F　　　② A B D C E F

③ D B E C F A　　　④ A B C D E F

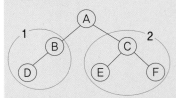

33. n개의 노드로 구성된 무방향 그래프의 최대 간선수는?

① n−1
② n/2
③ n(n−1)/2
④ n(n+1)

34. 다음이 설명하는 테스트 용어는?

> • 테스트의 결과가 참인지 거짓인지를 판단하기 위해서 사전에 정의된 참값을 입력하여 비교하는 기법 및 활동을 말한다.
> • 종류에는 참, 샘플링, 휴리스틱, 일관성 검사가 존재한다.

① 테스트 케이스
② 테스트 시나리오
③ 테스트 오라클
④ 테스트 데이터

35. 빌드 자동화 도구에 대한 설명으로 틀린 것은?

① Gradle은 실행할 처리 명령들을 모아 태스크로 만든 후 태스크 단위로 실행한다.
② 빌드 자동화 도구는 지속적인 통합 개발 환경에서 유용하게 활용된다.
③ 빌드 자동화 도구에는 Ant, Gradle, Jenkins 등이 있다.
④ Jenkins는 Groovy를 기반으로 한 오픈소스로 안드로이드 앱 개발 환경에서 사용된다.

36. 저작권 관리 구성 요소에 대한 설명이 틀린 것은?

① 콘텐츠 제공자(Contents Provider) : 콘텐츠를 제공하는 저작권자
② 콘텐츠 분배자(Contents Distributor) : 콘텐츠를 메타 데이터와 함께 배포 가능한 단위로 묶는 기능
③ 클리어링 하우스(Clearing House) : 키 관리 및 라이선스 발급 관리
④ DRM 컨트롤러 : 배포된 콘텐츠의 이용 권한을 통제

37. 블랙박스 테스트 기법으로 거리가 먼 것은?

① 기초 경로 검사
② 동치 클래스 분해
③ 경계값 분석
④ 원인 결과 그래프

38. 해싱 함수 중 레코드 키를 여러 부분으로 나누고, 나눈 부분의 각 숫자를 더하거나 XOR한 값을 홈 주소로 사용하는 방식은?

① 제산법
② 폴딩법
③ 기수 변환법
④ 숫자 분석법

39. 다음에서 설명하는 클린 코드 작성 원칙은?

> • 한 번에 한 가지 처리만 수행한다.
> • 클래스/메소드/함수를 최소 단위로 분리한다.

① 다형성
② 단순성
③ 추상화
④ 의존성

40. 디지털 저작권 관리(DRM) 기술과 거리가 먼 것은?

① 콘텐츠 암호화 및 키 관리
② 콘텐츠 식별체계 표현
③ 콘텐츠 오류 감지 및 복구
④ 라이선스 발급 및 관리

3과목 **데이터베이스 구축**

41. 다음 설명과 관련 있는 트랜잭션의 특징은?

> 트랜잭션의 연산은 모두 실행되거나, 모두 실행되지 않아야 한다.

① Durability   ② Isolation

③ Consistency   ④ Atomicity

전문가의 조언 | 트랜잭션의 연산은 데이터베이스에 모두 반영되도록 완료 (Commit)되든지 아니면 전혀 반영되지 않도록 복구(Rollback)되어야 한다는 특성은 원자성(Atomicity)입니다.

42. 데이터베이스에 영향을 주는 생성, 읽기, 갱신, 삭제 연산으로 프로세스와 테이블 간에 매트릭스를 만들어서 트랜잭션을 분석하는 것은?

① CASE 분석   ② 일치 분석

③ CRUD 분석   ④ 연관성 분석

전문가의 조언 | 데이터베이스 테이블에 변화를 주는 트랜잭션의 CRUD 연산에 대해 CRUD 매트릭스를 작성하여 분석하는 것을 CRUD 분석이라고 합니다.

43. 정규화된 엔티티, 속성, 관계를 시스템의 성능 향상과 개발 운영의 단순화를 위해 중복, 통합, 분리 등을 수행하는 데이터 모델링 기법은?

① 인덱스정규화   ② 반정규화

③ 집단화   ④ 머징

전문가의 조언 | 시스템의 성능 향상과 개발 운영의 단순화를 위해 정규화된 데이터 모델을 통합, 중복, 분리하는 등 의도적으로 정규화 원칙을 위배하는 행위는 반정규화입니다.

44. 학생 테이블을 생성한 후, 성별 필드가 누락되어 이를 추가하려고 한다. 이에 적합한 SQL 명령어는?

① INSERT   ② ALTER

③ DROP   ④ MODIFY

전문가의 조언 | 테이블에 필드를 추가하는 등의 테이블의 정의를 변경하는 데 사용하는 SQL 명령어는 ATLER입니다.

45. 정규화의 필요성으로 거리가 먼 것은?

① 데이터 구조의 안정성 최대화

② 중복 데이터의 활성화

③ 수정, 삭제 시 이상 현상의 최소화

④ 테이블 불일치 위험의 최소화

전문가의 조언 | 정규화는 중복을 배제함으로써 삽입, 삭제, 갱신 이상의 발생을 최소화시킵니다.

46. 개체-관계 모델의 E-R 다이어그램에서 사용되는 기호와 그 의미의 연결이 틀린 것은?

① 사각형 - 개체 타입

② 삼각형 - 속성

③ 선 - 개체 타입과 속성을 연결

④ 마름모 - 관계 타입

전문가의 조언 | E-R 다이어그램에서 속성은 타원으로 표시합니다.

47. 다음 SQL문에서 빈칸에 들어갈 내용으로 옳은 것은?

> UPDATE 회원 (   ) 전화번호 = '010-14'
> WHERE 회원번호 = 'N4';

① FROM   ② SET

③ INTO   ④ TO

전문가의 조언 | UPDATE문은 항상 SET과 함께 사용됩니다.

> ❶ UPDATE 회원
> ❷ SET 전화번호 = '010-14'
> ❸ WHERE 회원번호 = 'N4';
>
> ❶ 〈회원〉 테이블을 갱신하라.
> ❷ '전화번호'를 "010-14'로 갱신하라.
> ❸ '회원번호'가 "N4"인 튜플만을 대상으로 하라.

48. 릴레이션에 있는 모든 튜플에 대해 유일성은 만족시키지만 최소성은 만족시키지 못하는 키는?

① 후보키   ② 기본키

③ 슈퍼키   ④ 외래키

전문가의 조언 | 슈퍼키는 한 릴레이션 내에 있는 속성들의 집합으로 구성된 키로, 릴레이션을 구성하는 모든 튜플에 대해 유일성(Unique)은 만족하지만, 최소성(Minimality)은 만족하지 못합니다.

49. DBA가 사용자 PARK에게 테이블 [STUDENT]의 데이터를 갱신할 수 있는 시스템 권한을 부여하고자 하는 SQL문을 작성하고자 한다. 다음에 주어진 SQL문의 빈칸을 알맞게 채운 것은?

> SQL> GRANT ____㉠____ ____㉡____ STUDENT TO PARK;

① ㉠ INSERT,   ㉡ INTO
② ㉠ ALTER,   ㉡ TO
③ ㉠ UPDATE,   ㉡ ON
④ ㉠ REPLACE,   ㉡ IN

전문가의 조언 | GRANT문의 기본 형식은 'GRANT 권한_리스트 ON 개체 TO 사용자 [WITH GRANT OPTION];'이지만, 부여받은 권한을 다른 사용자에게 다시 부여할 수 있는 권한에 대한 언급이 없으므로 '[WITH GRANT OPTION]'을 생략하고 작성하면 됩니다.

❶ GRANT UPDATE
❷ ON STUDENT
❸ TO PARK

❶ 갱신(UPDATE) 권한을 부여한다.
❷ 〈STUDENT〉 테이블에 대한 권한을 부여한다.
❸ 'PARK'라는 사용자에게 부여한다.

50. 관계대수에 대한 설명으로 틀린 것은?

① 주어진 릴레이션 조작을 위한 연산의 집합이다.
② 일반 집합 연산과 순수 관계 연산으로 구분된다.
③ 질의에 대한 해를 구하기 위해 수행해야 할 연산의 순서를 명시한다.
④ 원하는 정보와 그 정보를 어떻게 유도하는가를 기술하는 비절차적 방법이다.

전문가의 조언 | 관계대수는 관계형 데이터베이스에서 원하는 정보와 그 정보를 검색하기 위해서 어떻게 유도하는가를 기술하는 절차적인 언어입니다.

51. 다음 SQL문의 실행 결과는?

```
SELECT 과목이름
FROM 성적
WHERE EXISTS (SELECT 학번
FROM 학생 WHERE 학생.학번=성적.학번 AND 학생.학과 IN
('전산', '전기') AND 학생.주소='경기');
```

[학생] 테이블

학번	이름	학년	학과	주소
1000	김철수	1	전산	서울
2000	고영준	1	전기	경기
3000	유진호	2	전자	경기
4000	김영진	2	전산	경기
5000	정현영	3	전자	서울

[성적] 테이블

학번	과목번호	과목이름	학점	점수
1000	A100	자료구조	A	91
2000	A200	DB	A+	99
3000	A100	자료구조	B+	88
3000	A200	DB	B	85
4000	A200	DB	A	94
4000	A300	운영체제	B+	89
5000	A300	운영체제	B	88

①
과목이름
DB

②
과목이름
DB
DB

③
과목이름
DB
DB
운영체제

④
과목이름
DB
운영체제

전문가의 조언 | 〈학생〉 테이블에서 '학과'가 "전산" 또는 "전기"이고, 주소가 "경기"인 튜플의 '학번'을 〈성적〉 테이블에서 조회한 후 해당 튜플의 '과목이름'을 출력하면 됩니다. 결과로 '학번'이 2000과 4000인 사람의 '과목이름'이 차례로 출력됩니다.

❶ SELECT 과목이름
❷ FROM 성적
❸ WHERE EXISTS (
❹　　SELECT 학번
❺　　FROM 학생
❻　　WHERE 학생.학번 = 성적.학번
❼　　　　AND 학생.학과 IN ('전산', '전기')
❽　　　　AND 학생.주소='경기');

❶ '과목이름'을 표시한다.
❷ 〈성적〉 테이블에서 검색한다.
❸ 하위 질의에 결과가 한 건이라도 있으면 참(True), 없으면 거짓(False)을 반환한다.
❹ '학번'을 표시한다.
❺ 〈학생〉 테이블에서 검색한다.
❻ 〈학생〉 테이블의 '학번'과 〈성적〉 테이블의 '학번'이 같고,
❼ 〈학생〉 테이블의 '학과'가 "전산" 또는 "전기"이며,
❽ 〈학생〉 테이블의 '주소'가 "경기"인 튜플만을 대상으로 한다.

정답 : 41.④ 42.③ 43.② 44.② 45.② 46.② 47.② 48.③ 49.③ 50.④ 51.③

52. 로킹(Locking) 기법에 대한 설명으로 틀린 것은?

① 로킹의 대상이 되는 객체의 크기를 로킹 단위라고 한다.

② 로킹 단위가 작아지면 병행성 수준이 낮아진다.

③ 데이터베이스도 로킹 단위가 될 수 있다.

④ 로킹 단위가 커지면 로크 수가 작아 로킹 오버헤드가 감소한다.

53. 사용자 X1에게 department 테이블에 대한 검색 연산을 회수하는 명령은?

① delete select on department to X1;

② remove select on department from X1;

③ revoke select on department from X1;

④ grant select on department from X1;

54. 뷰(VIEW)에 대한 설명으로 틀린 것은?

① 뷰 위에 또 다른 뷰를 정의할 수 있다.

② 뷰에 대한 조작에서 삽입, 갱신, 삭제 연산은 제약이 따른다.

③ 뷰의 정의는 기본 테이블과 같이 ALTER문을 이용하여 변경한다.

④ 뷰가 정의된 기본 테이블이 제거되면 뷰도 자동적으로 제거된다.

55. 데이터 모델에 표시해야 할 요소로 거리가 먼 것은?

① 논리적 데이터 구조

② 출력 구조

③ 연산

④ 제약 조건

56. 제 3정규형에서 보이스코드 정규형(BCNF)으로 정규화하기 위한 작업은?

① 원자 값이 아닌 도메인을 분해

② 부분 함수 종속 제거

③ 이행 함수 종속 제거

④ 결정자가 후보키가 아닌 함수 종속 제거

57. A1, A2, A3 3개 속성을 갖는 한 릴레이션에서 A1의 도메인은 3개 값, A2의 도메인은 2개 값, A3의 도메인은 4개 값을 갖는다. 이 릴레이션에 존재할 수 있는 가능한 튜플(Tuple)의 최대 수는?

① 24   ② 12

③ 8   ④ 9

58. 데이터베이스 설계 시 물리적 설계 단계에서 수행하는 사항이 아닌 것은?

① 저장 레코드 양식 설계

② 레코드 집중의 분석 및 설계

③ 접근 경로 설계

④ 목표 DBMS에 맞는 스키마 설계

59. 한 릴레이션 스키마가 4개 속성, 2개 후보키 그리고 그 스키마의 대응 릴레이션 인스턴스가 7개 튜플을 갖는다면 그 릴레이션의 차수(Degree)는?

① 1 　　　　　② 2

③ 4 　　　　　④ 7

60. 데이터웨어하우스의 기본적인 Olap(On-Line Analytical Processing) 연산이 아닌 것은?

① Translate 　　② Roll-Up

③ Dicing 　　　④ Drill-Down

4과목 프로그래밍 언어 활용

61. UNIX SHELL 환경 변수를 출력하는 명령어가 아닌 것은?

① configenv 　　② printenv

③ env 　　　　　④ setenv

62. Java 프로그래밍 언어의 정수 데이터 타입 중 'long'의 크기는?

① 1byte 　　　② 2byte

③ 4byte 　　　④ 8byte

63. Java에서 사용되는 출력 함수가 아닌 것은?

① System.out.print( )

② System.out.println( )

③ System.out.printing( )

④ System.out.printf( )

64. 운영체제에서 커널의 기능이 아닌 것은?

① 프로세스 생성, 종료

② 사용자 인터페이스

③ 기억 장치 할당, 회수

④ 파일 시스템 관리

65. OSI 7계층에서 단말기 사이에 오류 수정과 흐름 제어를 수행하여 신뢰성 있고 명확한 데이터를 전달하는 계층은?

① 전송 계층 　　② 응용 계층

③ 세션 계층 　　④ 표현 계층

66. 다음 쉘 스크립트의 의미로 옳은 것은?

```
until who | grep wow
do
sleep 5
done
```

① wow 사용자가 로그인한 경우에만 반복문을 수행한다.

② wow 사용자가 로그인할 때까지 반복문을 수행한다.

③ wow 문자열을 복사한다.

④ wow 사용자에 대한 정보를 무한 반복하여 출력한다.

67. 다음 자바 코드를 실행한 결과는?

```
int x=1, y=6;
while (y--) {
    x++;
}
System.out.println("x=" x+"y=" y);
```

① x=7 y=0

② x=6 y=-1

③ x=7 y=-1

④ Unresolved compilation problem 오류 발생

68. 다음 파이썬으로 구현된 프로그램의 실행 결과로 옳은 것은?

```
>>> a=[0,10,20,30,40,50,60,70,80,90]
>>> a[:7:2]
```

① [20, 60]

② [60, 20]

③ [0, 20, 40, 60]

④ [10, 30, 50, 70]

69. 공통모듈의 재사용 범위에 따른 분류가 아닌 것은?

① 컴포넌트 재사용

② 더미코드 재사용

③ 함수와 객체 재사용

④ 애플리케이션 재사용

70. 다음과 같은 프로세스가 차례로 큐에 도착하였을 때, SJF(Shortest Job First) 정책을 사용할 경우 가장 먼저 처리되는 작업은?

프로세스 번호	실행시간
P1	6
P2	8
P3	4
P4	3

① P1

② P2

③ P3

④ P4

71. 4개의 페이지를 수용할 수 있는 주기억장치가 있으며, 초기에는 모두 비어 있다고 가정한다. 다음의 순서로 페이지 참조가 발생할 때, FIFO 페이지 교체 알고리즘을 사용할 경우 페이지 결함의 발생 횟수는?

페이지 참조 순서 : 1, 2, 3, 1, 2, 4, 5, 1

① 6회

② 7회

③ 8회

④ 9회

72. TCP 흐름 제어 기법 중 프레임이 손실되었을 때, 손실된 프레임 1개를 전송하고 수신자의 응답을 기다리는 방식으로 한 번에 프레임 1개만 전송할 수 있는 기법은?

① Slow Start

② Sliding Window

③ Stop and Wait

④ Congestion Avoidance

전문가의 조언 │ 네트워크 내의 원활한 흐름을 위해 송·수신 측 사이에 전송되는 패킷의 양이나 속도를 규제하는 흐름 제어(Flow Control) 방식에는 수신 측의 확인 신호(ACK)를 받은 후에 다음 패킷을 전송하는 정지-대기(Stop-and-Wait) 방식과 수신 통지를 이용하여 송신 데이터의 양을 조절하는 슬라이딩 윈도우(Sliding Window) 방식이 있습니다.

73. 결합도(Coupling)에 대한 설명으로 틀린 것은?

① 데이터 결합도(Data Coupling)는 두 모듈이 매개변수로 자료를 전달할 때, 자료 구조 형태로 전달되어 이용될 때 데이터가 결합되어 있다고 한다.

② 내용 결합도(Content Coupling)는 하나의 모듈이 직접적으로 다른 모듈의 내용을 참조할 때 두 모듈은 내용적으로 결합되어 있다고 한다.

③ 공통 결합도(Common Coupling)는 두 모듈이 동일한 전역 데이터를 접근한다면 공통 결합되어 있다고 한다.

④ 결합도(Coupling)는 두 모듈 간의 상호작용, 또는 의존도 정도를 나타내는 것이다.

전문가의 조언 │ 데이터 결합도는 모듈 간의 인터페이스가 자료 요소로만 구성될 때의 결합도입니다. ①번은 스탬프 결합도에 대한 설명입니다.

74. 응집도의 종류 중 서로 간에 어떠한 의미 있는 연관관계도 지니지 않은 기능 요소로 구성되는 경우이며, 서로 다른 상위 모듈에 의해 호출되어 처리상의 연관성이 없는 서로 다른 기능을 수행하는 경우의 응집도는?

① Functional Cohesion

② Sequential Cohesion

③ Logical Cohesion

④ Coincidental Cohesion

전문가의 조언 │ 모듈 내부의 각 구성 요소들이 서로 관련 없는 요소로만 구성된 경우의 응집도는 우연적 응집도(Coincidental Cohesion)입니다.

75. 자바에서 사용하는 접근 제어자의 종류가 아닌 것은?

① Internal

② Private

③ Default

④ Public

전문가의 조언 │ JAVA의 접근 제한자에는 Public, Default, Private, Protected 등이 있습니다.

76. UDP 특성에 해당되는 것은?

① 데이터 전송 후, ACK를 받는다.

② 송신 중에 링크를 유지 관리하므로 신뢰성이 높다.

③ 흐름제어나 순서제어가 없어 전송속도가 빠르다.

④ 제어를 위한 오버헤드가 크다.

전문가의 조언 │ UDP는 흐름제어나 순서제어가 없어 전송속도가 빨라 신뢰성보다는 속도가 중요시되는 네트워크에서 사용됩니다.

77. 다음과 같은 세그먼트 테이블을 가지는 시스템에서 논리 주소(2, 176)에 대한 물리 주소는?

세그먼트번호	시작주소	길이(바이트)
0	670	248
1	1752	422
2	222	198
3	996	604

① 398

② 400

③ 1928

④ 1930

전문가의 조언 │ 세그먼테이션 기법에서 논리 주소(2, 176)를 물리 주소로 변환하면, 세그먼트 번호(2)에 해당하는 열의 시작주소(222) + 변위값(176), 즉 398입니다.

78. TCP/IP에서 사용되는 논리 주소를 물리 주소로 변환시켜 주는 프로토콜은?

① TCP

② ARP

③ FTP

④ IP

전문가의 조언 │ TCP/IP 네트워크에서 논리 주소를 물리 주소로 변환하는 프로토콜은 ARP(Address Resolution Protocol)입니다.

79. C언어에서 구조체를 사용하여 데이터를 처리할 때 사용하는 것은?

① for

② scanf

③ struct

④ abstract

전문가의 조언 │ C언어에서 구조체를 정의하고 선언할 때 사용하는 예약어는 struct입니다.

80. PHP에서 사용 가능한 연산자가 아닌 것은?

① @ ② #

③ < > ④ ===

5과목 　**정보시스템 구축 관리**

81. 이용자가 인터넷과 같은 공중망에 사설망을 구축하여 마치 전용망을 사용하는 효과를 가지는 보안 솔루션은?

① ZIGBEE ② NDD

③ IDS ④ VPN

82. CMM(Capability Maturity Model) 모델의 레벨로 옳지 않은 것은?

① 최적단계 ② 관리단계

③ 계획단계 ④ 정의단계

83. 다음 설명에 해당하는 생명 주기 모형으로 가장 옳은 것은?

가장 오래된 모형으로 많은 적용 사례가 있지만 요구사항의 변경이 어려우며, 각 단계의 결과가 확인되어야지만 다음 단계로 넘어간다. 선형 순차적 모형으로 고전적 생명 주기 모형이라고도 한다.

① 패키지 모형 ② 코코모 모형

③ 폭포수 모형 ④ 관계형 모델

84. 서비스 지향 아키텍처 기반 애플리케이션을 구성하는 층이 아닌 것은?

① 표현층 ② 프로세스층

③ 제어 클래스층 ④ 비즈니스층

85. 다음 내용이 설명하는 스토리지 시스템은?

• 하드디스크와 같은 데이터 저장장치를 호스트버스 어댑터에 직접 연결하는 방식
• 저장장치와 호스트 기기 사이에 네트워크 디바이스가 있지 말아야 하고 직접 연결하는 방식으로 구성

① DAS ② NAS

③ N-SCREEN ④ NFC

86. 소프트웨어 개발 프레임워크의 적용 효과로 볼 수 없는 것은?

① 공통 컴포넌트 재사용으로 중복 예산 절감

② 기술종속으로 인한 선행사업자 의존도 증대

③ 표준화된 연계모듈 활용으로 상호 운용성 향상

④ 개발표준에 의한 모듈화로 유지보수 용이

87. SoftTech사에서 개발된 것으로 구조적 요구 분석을 하기 위해 블록 다이어그램을 채택한 자동화 도구는?

① SREM ② PSL/PSA

③ HIPO ④ SADT

88. 익스트림 프로그래밍(eXtreme Programming)의 5가지 가치에 속하지 않는 것은?

① 의사소통　　　　② 단순성

③ 피드백　　　　　④ 고객 배제

전문가의 조언 | XP(eXtreme Programming)의 5가지 핵심 가치에는 의사소통(Communication), 단순성(Simplicity), 용기(Courage), 존중(Respect), 피드백(Feedback)이 있습니다.

89. 다음은 정보의 접근통제 정책에 대한 설명이다. (ㄱ)에 들어갈 내용으로 옳은 것은?

정책	(ㄱ)	DAC	RBAC
권한 부여	시스템	데이터 소유자	중앙 관리자
접근 결정	보안등급 (Label)	신분 (Identity)	역할 (Role)
정책 변경	고정적 (변경 어려움)	변경 용이	변경 용이
장점	안정적 중앙 집중적	구현 용이 유연함	관리 용이

① NAC　　　　　　② MAC

③ SDAC　　　　　④ AAC

전문가의 조언 | 등급을 정해두면 시스템에 의해 권한이 부여되는 방식은 강제 접근통제(MAC)입니다.

90. 소프트웨어 개발 모델 중 나선형 모델의 4가지 주요 활동이 순서대로 나열된 것은?

Ⓐ 계획 수립	Ⓑ 고객 평가
Ⓒ 개발 및 검증	Ⓓ 위험 분석

① Ⓐ-Ⓑ-Ⓓ-Ⓒ 순으로 반복

② Ⓐ-Ⓓ-Ⓒ-Ⓑ 순으로 반복

③ Ⓐ-Ⓑ-Ⓒ-Ⓓ 순으로 반복

④ Ⓐ-Ⓒ-Ⓑ-Ⓓ 순으로 반복

전문가의 조언 | 나선형 모델은 계획, 위험 분석, 개발, 평가 과정을 반복하며 수행하는 개발방법론입니다.

91. 소프트웨어 비용 추정모형(Estimation Models)이 아닌 것은?

① COCOMO　　　② Putnam

③ Function-Point　④ PERT

전문가의 조언 | PERT는 프로젝트에 필요한 전체 작업의 상호 관계를 표시하는 네트워크로 각 작업별로 낙관적인 경우, 가능성이 있는 경우, 비관적인 경우로 나누어 각 단계별 종료 시기를 결정하는 방법입니다.

92. 공개키 암호화 방식에 대한 설명으로 틀린 것은?

① 공개키로 암호화된 메시지는 반드시 공개키로 복호화 해야 한다.

② 비대칭 암호기법이라고도 한다.

③ 대표적인 기법은 RSA 기법이 있다.

④ 키 분배가 용이하고, 관리해야 할 키 개수가 적다.

전문가의 조언 | 공개키 암호화 기법은 암호화 할 때는 공개키(Public Key)를, 복호화 할 때는 비밀키(Secret Key)를 사용합니다.

93. 다음이 설명하는 다중화 기술은?

- 광섬유를 이용한 통신기술의 하나를 의미함
- 파장이 서로 다른 복수의 광신호를 동시에 이용하는 것으로 광섬유를 다중화 하는 방식임
- 빛의 파장 축과 파장이 다른 광선은 서로 간섭을 일으키지 않는 성질을 이용함

① Wavelength Division Multiplexing

② Frequency Division Multiplexing

③ Code Division Multiplexing

④ Time Division Multiplexing

전문가의 조언 | 문제의 지문은 파장분할 다중화기(WDM)에 대한 설명입니다.

정답 : 80.② 81.④ 82.③ 83.③ 84.③ 85.① 86.② 87.④ 88.④ 89.② 90.② 91.④ 92.① 93.①

94. 웹페이지에 악의적인 스크립트를 포함시켜 사용자 측에서 실행되게 유도함으로써, 정보유출 등의 공격을 유발할 수 있는 취약점은?

① Ransomware　　② Pharming

③ Phishing　　　④ XSS

전문가의 조언 | 웹페이지에 악의적인 스크립트를 삽입하여 방문자들의 정보를 탈취하거나, 비정상적인 기능 수행을 유발하는 취약점을 크로스사이트 스크립팅(XSS)이라고 합니다.

95. CBD(Component Based Development)에 대한 설명으로 틀린 것은?

① 개발 기간 단축으로 인한 생산성 향상

② 새로운 기능 추가가 쉬운 확장성

③ 소프트웨어 재사용이 가능

④ 1960년대까지 가장 많이 적용되었던 소프트웨어 개발 방법

전문가의 조언 | ④번은 구조적 방법론에 대한 설명입니다.

96. 소프트웨어 정의 데이터센터(SDDC : Software Defined Data Center)에 대한 설명으로 틀린 것은?

① 컴퓨팅, 네트워킹, 스토리지, 관리 등을 모두 소프트웨어로 정의한다.

② 인력 개입 없이 소프트웨어 조작만으로 자동 제어 관리한다.

③ 데이터센터 내 모든 자원을 가상화하여 서비스한다.

④ 특정 하드웨어에 종속되어 특화된 업무를 서비스하기에 적합하다.

전문가의 조언 | 소프트웨어 정의 데이터센터는 데이터센터의 모든 자원을 가상화하여 서비스하므로 특정 하드웨어와 상관없이 독립적으로 서비스를 제공할 수 있습니다.

97. 컴퓨터 운영체제의 커널에 보안 기능을 추가한 것으로 운영체제의 보안상 결함으로 인하여 발생 가능한 각종 해킹으로부터 시스템을 보호하기 위하여 사용되는 것은?

① GPIB　　　　② CentOS

③ XSS　　　　 ④ Secure OS

전문가의 조언 | 문제의 내용은 Secure OS에 대한 설명입니다.

98. NS(Nassi-Schneiderman) chart에 대한 설명으로 거리가 먼 것은?

① 논리의 기술에 중점을 둔 도형식 표현 방법이다.

② 연속, 선택 및 다중 선택, 반복 등의 제어논리 구조로 표현한다.

③ 주로 화살표를 사용하여 논리적인 제어구조로 흐름을 표현한다.

④ 조건이 복합되어 있는 곳의 처리를 시각적으로 명확히 식별하는데 적합하다.

전문가의 조언 | 화살표를 사용하여 논리적인 제어구조로 흐름을 표현하는 표기법은 흐름도(Flowchart)입니다.

99. 다음 내용에 적합한 용어는?

- 대용량 데이터를 분산 처리하기 위한 목적으로 개발된 프로그래밍 모델이다.
- Google에 의해 고안된 기술로써 대표적인 대용량 데이터 처리를 위한 병렬 처리 기법을 제공한다.
- 임의의 순서로 정렬된 데이터를 분산 처리하고 이를 다시 합치는 과정을 거친다.

① MapReduce　　② SQL

③ Hijacking　　　④ Logs

전문가의 조언 | 문제의 지문은 MapReduce에 대한 내용입니다.

100. 소프트웨어 프로세스에 대한 개선 및 능력 측정 기준에 대한 국제 표준은?

① ISO 14001　　② IEEE 802.5

③ IEEE 488　　　④ SPICE

전문가의 조언 | 소프트웨어 품질 및 생산성 향상을 위해 소프트웨어 프로세스를 평가 및 개선하는 국제 표준은 SPICE입니다.

정답 : 94.④　95.④　96.④　97.④　98.③　99.①　100.④